日中戦争再論

軍事史学会編

目次

第三篇　大後方・共産党・ＣＢＩ

第四篇　インテリジェンス・プロパガンダ・メディア

第五篇　書評と研究文献目録

軍事史関係史料館探訪

凡例

一　本書掲載の論文は『軍事史学』投稿規定に基づいて執筆することを原則としたが、各論文の個性を尊重する方針から、地名・人名などの名称の統一は個々の論文内にとどめ、全体としての統一はあえて行わなかった。

一　本書掲載の論文の著作権は軍事史学会に属しており、転載などの事案が生じた際は本学会事務局までお問い合わせ願います。

平成二十年三月一日

軍事史学会・編集委員会

日中戦争再論

まえがき

高橋久志

この度『軍事史学』第四十三巻第三・四号の合併号として、『日中戦争再論』を世に問うことが出来たことは、この上ない喜びである。本書は平成九（一九九七）年十二月、盧溝橋事件(日中戦争)勃発六〇周年を記念して刊行した『日中戦争の諸相』に連なるものである。

本書は、特別寄稿を含めた論文一八編、研究ノート二編、書評一編、更には、日中戦争関連文献目録（先の『日中戦争の諸相』に続く、日本語・英語・中国語の三カ国語の最新文献目録)、そして、史料館探訪二編を収めている。昨年は盧溝橋事件勃発七〇周年に当たったが、本書に見るように、日中戦争をめぐる学際的で国際的な学術研究は、いよいよ発展・深化しつつあると言えよう。かくして本書で扱った研究テーマは実に多種多彩であり、南京事件や通州事件、爆撃下重慶の市民生活、慰安婦問題、蔣介石政権・日本軍・アメリカ・中国共産党などの情報活動の実態、その他国際法から見た汪兆銘政権、戦陣訓から見た日中戦争等々、まことに興味が尽きない内容となっている。

今回の出版に当たっては数多くの応募があり、掲載を見送ったり、惜しくも時間的に間に合わなかった論文が一〇編以上あり、近い将来に再々度特集号の編集が可能とのことである。これは偏に学会員諸氏のご協力と情熱の賜物であり、それと同様に顕彰すべきは、黒沢文貴編集委員長の下に結集した本学会編集委員諸氏の汗と熱意が成せる業である。

そして、わけても特記しなければならないのは、等松春夫編集委員の疲れを知らぬ八面六臂のご活躍である。氏は、『日露戦争（一）―国際的文脈―』(平成十六年十二月)、『日露戦争（二）―戦いの諸相と遺産―』(平成十七年六月)、そして、『PKOの史的検証』(平成十九年三月) に続き、編集責任者としての重責を全うしたのであり、その弛まざる奮闘なしに、本書の刊行は不可能であった。ここに深甚の謝意を表したい。

軍事史学会が合併号としてこうした形の単行本を最初に刊行したのは、百号記念特集号の『第二次世界大戦（一）—発生と拡大—』（平成二年三月）であり、今を去る一八年前のことである。その後、本書のような単行本は、今回で九冊目を数えるに至った。因みに、他には『第二次世界大戦（二）—真珠湾前後—』（平成三年十二月）、『第二次世界大戦（三）—終戦—』（平成七年九月）、そして、『再考・満州事変』（平成十三年十月）がある。

年四回発行する機関誌『軍事史学』は、通常号の他に、時宜にかなった特集号の編集を随時行っている。その内容は、女性を含む若手会員の増加と研究領域の多彩化に伴い、ますます充実しつつある。ヨーロッパ研究を専門とする会員も増えつつあり、近代ヨーロッパ軍事史の特集も編集委員会では視界の中に入っていると聞く。

先月には、東京では第一四三回定例研究会が、そして、関西支部では第七六回定例研究会が開催された。本年の年次大会は、久方振りに広島県呉市（広島国際大学）で「日本のシー・パワー」を共通論題として開催予定であり、パネル・ディスカッションも「軍事史研究と戦争展示」を計画している。最近は本学会のホームページも中藤正道氏のご努力により、内容が豊富となっている。また、平成二十五（二〇一三）年夏には、国際軍事史学会日本大会の開催が、海外から強く要請されている。かくして軍事史学会のより一層の飛翔は、会員一人ひとりの双肩にかかっていると言えよう。本書の刊行が、本学会のダイナミズムに富んだ、明るい未来を照らす先駆けとならんことを、祈念して止まない。

（軍事史学会会長）

巻頭言

多様化する日中戦争研究

波多野　澄雄

最近、日中戦争や日中関係史に関する共同研究や国際会議が盛んである。近年の特徴は、中国側の研究者が国際会議や共同研究に熱心に参加するようになり、中国以外の学術誌やメディアへの発表も目立つようになっている点である。こうした変化は単に、盧溝橋事件から七〇年、日中平和友好条約から三〇年という節目だから、というわけではないようである。その背景には、中国の研究者が第三国、日米英や台湾の研究状況にも目を配るようになったこと、実証主義的研究が主流となり、中国側の史料を金科玉条とするだけでなく日本や台湾の史料にも配慮するようになったという変化がある。つまり、真の意味での「学術交流」の基盤が整ってきたということができる。また、歴史上の人物の描写も多様になり、地方政権や都市の盛衰、人物交流や人の移動、芸術や教育分野の交流に関する研究、満洲国遺産の再検証といった、興味深いテーマ設定も見られるようになり、学術交流の基盤が拡大しつつあることも確かである。

筆者は二〇年前の一九八七年に「盧溝橋事件五〇周年国際会議」にも出席したことがあるが、当時の雰囲気は「交流」とは程遠く、一方的に「日本の侵略と中国共産党の抵抗」というテーゼを振りかざす教条的な議論が多かった。それに較べると現在では「抗日戦争研究」にしても、テーマ設定も多様化し、国家建設や抗日戦争における国民党の役割、その動員能力やガバナビリティなどについて多様な解釈が生まれつつあることが実感できる。

しかしながら、日中戦争の時代に限れば、日本による侵略的意図の一貫性・計画性、そして責任問題に帰着する叙述方法は、多様な局面、多様な選択肢・可能性を重視する日本の叙述方法と基本的に「非対称」であることは否めない。中国人民が日本の「侵略」に抗して「抵抗」を貫いたからこそ、現在の国家の基盤が築かれ、国民統合が進んだという歴史観は動かし難いのである。現在の国の成り立ちと歴史観・歴史研究は切り離すことができないともいえる。日本の研究者は「結果」よりもプロセスを重んずる傾向があるが、中国の研究者は、「結果」から出発し、その過程を軽視する傾向がある、と指摘されるのはそのためである。日本や欧米の研究者の日中関係史の捉え方は、単に二国間関係史というのではなく、東アジア世界全体の「近代化と内発性」を視野に入れた枠組み、国家建設・国民統合の形成とその相互作用としてとらえる方法など、方法論も多様化してきた。ただ、中国の研究者にこのような多様性を求めるのは、やや早計である。

二〇〇六年末から両国政府の支援のもとで始まった、日中双方の研究者による「歴史共同研究」は最終段階にさしかかっている。そのねらいの一つは、歴史問題を日中間の政治外交の舞台から切り離し、専門家の議論に委ねることにある。南京虐殺、慰安婦、靖国参拝、歴史教科書、化学兵器等、解釈や歴史的位置付けについて、政治や外交の場で論争となり、両国の対話が途絶え、友好関係の前進を妨げる、といった事態を避けようというのである。すでに数次の会合を重ねたが、これらの問題について共通の理解に到達することは不可能に近い。

しかし、誤解や先入観に基づく誤りは排除できるのではないか、という、ほのかな期待は芽生えてきた。こうした期待に沿う成果を生み出すためには、まずは、双方の研究者が継続的に対話を重ねることによって、歴史解釈や歴史認識の相違がなぜ生まれているかを深く理解することであろう。さらに、メディアを通じて国民に広く理解を求めることも重要である。なぜなら、日中双方とも問題は国内的配慮にあることが会合の積み重ねを通じて実感できるからである。

（筑波大学）

特集にあたり

日中戦争の多角的再検討

等松春夫

はじめに――日本史上最長・最大の戦争――

ちょうど七〇年前の一九三八年春、前年七月の盧溝橋事件を契機に勃発した「支那事変」は、北京、天津、上海そして前年暮れの中華民国の首都、南京の陥落[1]にもかかわらず終結のきざしを見せなかった。日本の官民は当面の日中紛争がもはや「事変」にはとどまらず本格的な「日中戦争」の様相を呈してきたことに焦燥を覚え始めていた。「蔣介石を対手とせず」という強硬姿勢を打ち出した一九三八年一月のいわゆる近衛声明も、泥沼の長期戦争の予感をまぎらわすための強がりにしか聞こえなかった。事実、この紛争は日中の衝突にとどまらず、英米豪蘭さらにはソ連との全面戦争に至る八年にも及ぶ長期戦争の始まりとなり、明治以来、営々と築き上げてきた中国大陸の諸権益はおろか、やがて日本帝国そのものが崩壊してしまった。日本帝国が自らの墓穴を掘ったのが日中戦争である。

とはいえ、日本帝国にとどめを刺したものが原子爆弾に象徴される米国の圧倒的物量と科学技術であったという記憶が鮮明すぎたためか、そして敗戦後六年に及ぶ米国の占領統治もあって、日中戦争は一部の専門家を除いて戦後日本人の記憶では日米戦争の影に隠れて後退してしまったように見える。しかしながら、持続期間、投入兵力、投下資金、死傷者数、日本および関係各国に与えた影響などあらゆる点で日中戦争は有史以来日本が経験した最大規模の戦争であった。

一九三七年七月に始まり、一九四五年の八月に終結した日中の軍事衝突を狭義の日中戦争とすれば、それは八年一カ月すなわち九七カ月続いた。もし一九三三年九月の柳条湖事件に始まり一九三三年五月の塘沽停戦協定で終った満洲事変をも広義の日中戦争に含めるならば、さらに一年八カ月（二〇カ月）が加算され、日中戦争の持続期間は九年九カ月、すなわち一一七カ月にも及ぶ。また日本降伏後も数万の日本軍人と軍属が国共内戦に巻き込まれ、彼らがすべて帰還したのは終戦後九年も経た一九五四年であった。(2)

日中戦争に投入された延べ兵力を正確に算定することは困難であるが、漢口攻略戦が行われた一九三八年で約五五万、一九四〇年十一月で約七三万、日米開戦時の一九四一年末で約六二万、中国大陸を南北に縦貫する一号作戦が敢行された一九四四年で約六五万、そして一九四五年夏の終戦時には一〇五万にまで膨れ上がっていた。日本陸軍の総兵力の三〇パーセント以上が恒常的に中国戦線に拘束されていたことになる。(3) 中国戦線に投下されていた軍事予算は、ある推計によればアジア太平洋戦争が始まり、日本の主敵が米国になった後でも、総額で対米戦のそれを上回っていた。(4) 日中戦争の人的損害は死者のみで約四五万、負傷者は推計で一〇〇万を超える。(5) 戦死者数のみでは太平洋戦争におけるフィリピン戦線の約五〇万が上まわるが、負傷者を含めた損害は約一五〇万にも達し、これはアジア太平洋戦争中のあらゆる戦線における損害をはるかに引き離す数値である。

征服者としての日本軍が中国の軍民に与えた人的・物的損害が自らの損害に数倍することは言うまでもない。また、八年間の抗戦で国民政府（重慶政権）が弱体化し、中国共産党が再生する契機となった点では、日中戦争は戦後の国共内戦の帰趨に大きく関与した。国共内戦における共産党の勝利は米国の東アジア政策を大きく転換させ、それは戦後日本における米国の占領政策の変化にも反映された。さらに近年においては、いわゆる「歴史認識問題」をめぐって日中戦争は日中関係における摩擦の源のひとつとなっている。(6) 日中戦争の波紋はかくも長く、深く広がり続けている。

以上の諸点から見ても日中戦争は有史以来、日本が戦った最長・最大の戦争であった。本特集「日中戦争再論」は、この戦争を最新の研究成果に基づき多角的に再検討する。以下、日中戦争の流れに沿いながら本特集所収の諸論文を簡単に紹介していきたい。

一　華北から南京へ——戦争の起源と拡大——

塘沽停戦協定で満洲事変が終息した一九三三年半ばから一九三五年の前半までは、日中関係が相対的に安定していた期間であった。しかしながら、日中双方では次の段階についてさまざまな模索が行われていた。満洲事変の成功に味をしめた日本陸軍が、満洲国に接する華北地方の五省をも親日地方政権のもとで実質的に日本の勢力下に置こうとはかる、いわゆる華北分離工作の構想を固めていったのに対し、蔣介石は満洲国建国後に顕在化した日ソ間の対立を勘案しながら新たな対日政戦略を練りつつあった。(7)この過程を中国、日本、ソ連の一次史料を駆使して分析したのが鹿錫俊教授の「日ソ相互牽制戦略の変容と蔣介石の『応戦』決定」である。ソ連との間に外モンゴル・新疆問題を抱え、国内の共産党勢力制圧に苦慮する蔣介石にとって、共に反共を標榜する日本は潜在的な同盟国でさえあった。しかし、日本が頑なに主張する満洲国の承認と一九三五年後半以降に本格化した華北分離工作が、日中和解のわずかな芽をも摘み取ってしまった。華北分離工作の進展という危機に直面した蔣介石が、西安事件に先立ってすでに共産党との接触を開始していたことは印象的である。

その華北分離工作の過程で生じたのが悪名高い冀東密貿易である。これは日本陸軍の後押しで成立した冀東防共自治政府の管轄下で行われ、低関税または無関税で膨大な物資が流入し、中国経済を大混乱に陥れた。(8)この冀東貿易をめぐる日中交渉を取り上げたのが藤枝賢治氏の論文「冀東貿易をめぐる政策と対中国関税引下げ要求」である。

冀東密貿易で悪化した日中関係は、日本陸軍が後ろ盾となった蒙古の徳王の軍隊を国民政府系の溥作義の軍隊が撃破した綏遠事件、第二次国共合作の契機となった西安事件を経て、ついに盧溝橋と上海における全面衝突に至る。日中戦争勃発にあたっての日本陸軍の戦略は短期決戦による国民政府の屈服であった(一撃論)。この戦略に基づき日本陸軍は最新鋭の航空機と機甲兵器を含む大軍を中国に投入する。(9)第二次世界大戦の初期、ドイツ陸軍は航空・機甲戦力を巧みに組み合わせた「電撃戦」で北・西欧を短期間で制圧したが、日本陸軍の「電撃戦」は中国の広大な面積と膨大な中国軍兵力の前に竜頭蛇尾に終り、短期決戦構想は挫折していく。(10)この過程を鳥瞰するのが服部聡氏の「日中戦争における短期決戦方針の挫折」である。

日中戦争開始直後、日本陸軍の主な作戦方向はふたつあった。ひとつめは平津地方を含む華北地域、もうひとつが上海から南京にかけての華中地域である。本来であれば日露戦争の先例に見るごとく、現地における軍事作戦は戦争終結をめざす全般的政戦略の立場から立案され、実施されるべきものである。しかしながら、日中戦争初期における軍事と政戦略の関係は現地における軍事作戦が無軌道に政治を引っ張っていくという最悪のパターンを描いた。この実例を説明するのが岡部直晃氏の「第二軍黄河渡河の政戦両略の意義に関する考察」である。天津地方の平定を主任務としていた第二軍は作戦が進捗し、占領地域の治安維持を主目的とする暫定政権の設立を進める過程で、しだいに蔣介石の中央政府を否認する方針に傾き始め（一九三七年九月末から十月）、さらに暫定政権の管轄地域を拡大するために、ついには黄河を渡り山東省に進攻する（同年十二月中旬）。同時期に進行していた南京攻略戦が蔣介石政権に打撃を与えることによって、その屈服をめざしていたのに対し、第二軍を指揮する北支那方面軍はすでにこの時点で蔣政権の排除と新たな親日政権の樹立をもくろんでいた。「国民政府を対手とせず」の一九三八年一月の近衛声明はこの延長線上に発せられたのであった。

日中戦争では戦場における戦闘員のみならず、民間人にも大きな被害が生じた。開戦直後の一九三七年七月二十九日に発生した通州事件は、華北の親日政権であったはずの冀東防共自治政府の保安隊により多数の日本人居留民（朝鮮半島出身者を含む）が虐殺された事件である。この事件は盧溝橋事件後すでに加熱し始めていた日本の国内世論をいっきに反中の方向に加速させたという点でも不幸な事件であった。広中一成氏は「通州事件の住民問題」において、この事件の実相を一次史料を駆使して再現している。

日本側が犯した違法な殺戮行為の最たるものが、南京事件である。この事件については近年まで「大虐殺派」、「中間派」、「まぼろし派」が入り乱れて侃々諤々の論争が展開されてきた。[11] しかしながら、実証史学的な点からは南京事件の被害者数と発生原因は、ほぼ決着がついているといえよう。このことを改めて確認するのが原剛氏による「いわゆる『南京事件』の不法殺害」である。ナチス・ドイツの人種理論に基づくような確信犯的な殺害行為ではなかったにせよ、あるいは中国側が主張する二〇万から三〇万という犠牲者数が荒唐無稽な誇張であることが明らかであるにせよ、日本軍内部に違法殺害を促進する要因があったことは[12]、原氏が引用する諸々の日本側一次史料からも明らかである。にもかかわらず南京事件が蒸し返されるのは、この事件がいまや実証史学の研究対象というよりは中国の抗日戦争における「記憶の政治学」のシンボルとなってしまったからである[13]。

二 長期戦の諸相——経済と法——

一九四一年十二月八日の日米戦争の開始まで日中戦争は厳密には国際法上の戦争ではなかった。日中双方とも戦争遂行には第三国からの兵器や戦略物資の購入を必要としており、そのためには第三国に中立法が適用される宣戦布告を控えたのである。第三国への依存度がより高いのは日本に較べてはるかに工業化が遅れていた中国であった。ここから日本海軍は第三国から中国への物資流入を阻止すべく、大規模な沿岸封鎖作戦を展開し、一定の効果を上げた。しかしながら宣戦布告をしない平時封鎖では第三国船への取り締まりも不徹底にならざるを得ず、また法幣で決済された日本の対中輸出品が国民政府支配地域に流入し、かえって日本軍占領地域が経済的に疲弊するという、封鎖目的と逆行する現象さえ生じてしまった。中国への封鎖作戦が結果的に失敗に終った根本原因は、対ソ戦と対米戦のみを意識し、対中戦を真剣に検討してこなかった日本陸海軍の基本的誤謬にあったと荒川憲一准教授の「日本の対中経済封鎖とその効果（一九三七～四一）」は結論付ける。

荒川氏の論文でも言及されているように、日中戦争開始後、主要都市や沿岸部を日本軍によって制圧されてしまった国民政府にとって貴重なチャンネルが租界であった。宣戦布告を行わない「事変」であったため、日本軍も第三国の権益が集中する租界の扱いには慎重にならざるを得なかったのである。ここから租界は国民政府の物資調達の拠点になると同時に、抗日テロの策源地となっていった。一九三九年四月、天津の英国租界における親日派高官の暗殺事件に端を発する天津英国租界封鎖と、租界における抗日分子の取り締まりをめぐる日英の交渉を描くのが台湾の若手研究者、王文隆氏の「天津事件と日英中関係」である[14]。このような租界の存在は国民政府への経済封鎖と抗日テロの封殺をめざす日本軍にとって、太平洋戦争の開始に至るまで頭痛の種であり続けた。

軍事的手段による戦争の収拾が困難であることが明

らかになるにつれ、日本側には政治的工作による戦争終結構想が生まれてくる。とはいえ、一九三八年一月の近衛声明で蒋介石政権を否認してしまった手前、重慶政権との交渉は難しかった。いっぽう、日本軍が占領地域に設けた各種の治安委員会や自治政権の力量も疑問であった。そこで行われたのがいわゆる汪兆銘工作である。蒋介石と並ぶ名声を誇る国民党の重鎮の重慶脱出と新中央政府の発足によって、重慶の国民政府を一地方政権化して戦争の外交的解決を図るという構想であった。かくして紆余曲折を経て一九四〇年三月、南京に汪兆銘を主席とする新たな中華民国政府が設立され、少なくとも法形式上は日中戦争は重慶政権と南京政府および南京政府を支援する日本の内戦となった[15]。臼杵英一教授の「汪兆銘『南京国民政府』の法的地位と日中戦争」は、汪兆銘政府設立が引き起こした国際法上および国際政治上の波紋を、英国外務省文書を使用して浮き彫りにする。

日中戦争の長期化にともなって生じたもうひとつの大きな問題が日本軍の軍紀の弛緩と紊乱である。戦争初年の南京攻略戦では多数の非戦闘員を違法に殺傷する悪名高い南京事件が惹起され、この問題の深刻さが改めて認識された。その後も日本軍占領地区における住民への略奪や加害行為が頻発、支那派遣軍は軍紀の建て直しに苦慮することとなった[16]。その一環として発布されたものが有名な「戦陣訓」である。幡新大実氏の「『戦陣訓』と日中戦争」によれば、一九四一年一月に発表された「戦陣訓」は戦場における不法行為を抑制するための一九四〇年四月の支那派遣軍総参謀長布告「派遣軍将兵に告ぐ」、同年九月の陸軍懲戒令の改正から一九四二年二月の陸軍刑法改正に至る流れに位置付けられる文書であり、日中戦争における戦場の実情から導き出された倫理規定であった。その主眼は「死して罪禍の汚名を残」さぬように軍紀の厳守を強調することにあった。この「戦陣訓」が日中戦争の文脈を離れて「生きて虜囚の辱めを受けず」の文言が一人歩きした結果、太平洋戦争において無数の玉砕の悲劇が生まれたのであった。

三　大後方・共産党・CBI

周知のように、国民政府は日中戦争初期に四川省の重慶を臨時首都と定め、日本との長期抗戦体制に入っていった。重慶を中心とする国民政府支配地域は「大後方」と呼ばれた。一九三八年十月の漢口の陥落後も屈服しない重慶政権に対して日本陸海軍航空隊は激しい爆撃作戦を行う。交戦国の国民の戦意の破砕を目的としていた点で、日本軍の重慶爆撃はドイツ軍のイギリス本土爆撃、英米連合軍によるドイツ本土爆撃、米軍による日本本土爆撃にさきだつ本格的な戦略爆撃であり、[17]一九三八年二月十八日の初回から一九四三年八月二十三日の最終回まで五年半にわたり重慶市民は日本軍の猛爆に耐え続けねばならなかった。この日本軍の重慶爆撃が中国軍民に与えた影響を、一次史料と可能な限り広範な体験者への聴き取り調査をもとに分析したのが張瑞徳教授による論文「抗日戦争期大爆撃の影響下における重慶市民の心理的反応」である。日本軍の恒常的な爆撃は重慶の軍民に少なからぬ物的・人的損害を与えるいっぽうで、困難な状況下で抗戦を続ける人々に強固な共同体意識を植え付けたのであった。

日中戦争は他方では共産党の再生をもたらした。国民政府が重慶に逼塞を余儀なくされ、日本軍が占領地の維持に汲々としている間隙をぬって、国民政府軍、日本軍双方の影響が及ばない広大な農村地域に共産党が着々と勢力を扶植していったことはよく知られている。馬場毅教授の「山東抗日根拠地における民兵」は太平洋戦争下の中国大陸各地で進行していたそのような事態の精密な事例研究である。これらの根拠地と解放区の存在が戦後の国共内戦において当初国民政府軍に比較して弱体と考えられていた共産軍の強靭な抵抗の基盤となったのであった。

さて、前述の荒川論文に見られるように、日中戦争開始直後から日本海軍は国民政府に対する大規模な沿岸封鎖作戦を展開し、一九四〇年九月日本陸軍は北部仏印に進駐してハノイ経由の南方ルートを、さらに一九四一年の太平洋戦争勃発後は香港経由のルートと北部ビルマ経由のルートを遮断した。外部からの援助ルートの大半を断ち切られ、苦境に陥った重慶の国民政府を支えるべく展開されたのが米国陸軍航空隊による「ハンプ」と呼ばれた大空輸作戦である。連合軍が集積した戦略物資は英領インド・アッサム州の飛行場から「大後方」の昆明まで輸送機で運ばれ、そこから中国軍と中国戦線に展開する米航空部隊に配分された。西澤敦氏の「対中軍事援助とヒマラヤ越え空輸作戦」はこの大輸送作戦の顛末を政治・軍事両面から描いた論文である。多大の犠牲を払いながら困難なヒマラヤ越え空輸を行った「ハンプ」作戦は大後方を支え続けた動脈であった。

太平洋戦争の開始は、国民政府にとって自国領、ビルマ領、インド領が入り組む新しい戦線（CBI戦線）の出現を意味した。北ビルマに進攻した日本陸軍がビルマ・ルートを切断し、さらには所在の中国軍を駆逐して雲南省の一部までをも占領したのである。

これは重慶の国民政府にとっては、いわば下腹からの脅威を意味した。連合軍にとっては、前述の「ハンプ」輸送作戦を続行しつつも、英領インドと「大後方」間の陸上ルートを打通することが喫緊の課題となった。そのためには雲南省と北ビルマから日本軍を排除せねばならない。かくして一九四四年五月から九月にかけて雲南省と北ビルマでは、南下する米式装備中国軍を中心とする連合軍と、遅滞戦略をとる日本陸軍の間で激闘が繰り広げられた。[18]この戦いで壊滅したミチナ、拉孟および騰越の日本軍守備隊は駐留が二年以上に及び、そのため駐屯地には慰安所が設けられていた。戦闘の激化と共に慰安婦たちも軍と共に戦い、脱出に成功する者、連合軍の捕虜となる者、守備隊と共に玉砕する者があった。浅野豊美教授の「北ビルマ・雲南戦線における日本軍の作戦展開と『慰安婦』達」は、この凄惨な戦いの中で慰安婦達がたどった運命を、一次史料と貴重な聴き取り調査で丹念に跡付けた、戦史と社会史が交叉する分野における野心的な労作である。

四　インテリジェンス・プロパガンダ・メディア

長期戦争において有利に戦いを進めるためには、戦場における正面戦力の充実のみならず、相手の意図を読む諜報とこちらの意図が相手に読まれることを防ぐ防諜が不可欠である。日中戦争でも戦場における戦いと並んで水面下では熾烈なインテリジェンスの戦いが続けられていた。小谷賢氏の「日中戦争における日本軍のインテリジェンス」は、日中戦争における日本の対中国インテリジェンスの戦いを鳥瞰する。小谷氏によれば、総じて作戦・戦闘レヴェルのインテリジェンスの活用には見るべきものがあったが、より上位の政略的レヴェルのインテリジェンス活用の意識が低かったのが日中戦争における日本軍の実情であった。また共産党に対するインテリジェンス対策はほとんど手付かずであった。

日本軍に対抗する国民政府も対日本軍、対共産党、対第三国のインテリジェンス活動を繰りひろげた。岩谷將氏の「『藍衣社』・『CC団』・情報戦」は国民政府の諜報・情報組織を概観した上で、日中戦争中の国民政府のインテリジェンス活動を総合的に評価しようとする試みである。とかくスパイ小説もどきのイメージが先行する藍衣社やＣＣ団の正しい歴史像を理解する上で不可欠の論文といえよう。国民政府のインテリジェンス組織の活動水準は決して低くはなかったが、これらの組織が国民「政府」というよりも蒋介石個人に直結していたことが、インテリジェンス活動による成果を総合的に活用することを阻んでいた。

インテリジェンスはときに物的戦力の不足を補う上で絶大な威力を発揮する。このことを如実に示したのが、戦時中の中国共産党のインテリジェンス活動である。一九三七年以降、表面的には第二次国共合作が成立していたが、一九四一年一月の皖南事変（新四軍事件）以降、合作は実質的に崩れ、共産党勢力は日本軍と汪兆銘政府軍との戦闘のみならず、再び国民政府軍の圧迫にも苦しむこととなった。いっぽう、重慶に逼塞した国民政府が戦後の国共内戦に備えて真剣に日本軍と戦っていないという印象を持ち始めた米国は、華北において果敢に抗日遊撃戦を展開していた共産党[19]との軍事協力を一九四四年以降検討し始める。中国戦線における中国共産党と米国の接近をめぐるインテリジェンスを分析したものが佐々木太郎氏の「太平洋戦争下におけるアメリカと中国共産党のインテリジェンス関係」である。小谷、岩谷、佐々木三氏の研究により、読者は戦時下の中国大陸で展開されていた複雑なインテリジェンスの戦いの一端を見ることができよう。

主として軍事情報をめぐる戦いがインテリジェンスであるとすれば、敵国民および第三国に対して言論ではたらきかける戦いがプロパガンダである。小谷論文が指摘しているように相対的にインテリジェンスにすぐれていた日本側に対して、中国側は巧みなプロパガンダ戦略で対抗した。日中戦争を含む一九三〇年代にはラジオ放送が本格化し、日本の多くの家庭にラジオ受信機が備えられた。ラジオの普及によって直接、家庭に「戦争」を持ち込むことが可能になったのである。川島真准教授の「日中戦争期における重慶発ラジオ放送とその内容」は日本側の傍受記録を中心に、中国が展開した音声言語によるプロパガンダ戦争を再構成したものである。日本の国内では一般国民の短波受信機の所有が厳しく禁止されたため、国民政府の日本語による対日放送が必ずしも広く聴取されていたわけではないが、戦時中繰り返し放送され続けた戦況説明や戦争の惨状は、戦後に至るまで関係各国の日中戦争像の形成に影響を及ぼしていた。

川島論文が扱ったものが電波によるプロパガンダ戦とすれば、中田崇氏の「中国国民党中央宣伝部国際宣伝処の対米宣伝工作」が取り上げるのは、情報の媒介者としてのエージェント（工作員）を通じての中国の対米プロパガンダ活動である。周知のように、日中戦争開始にあたり、蔣介石は長期抗戦を覚悟し、戦争の勝利は中国単独の抗戦ではなく、有力な同盟国との提携で達成されると考えていた。ここで言う有力な同盟国が英米、特に米国であることは言うまでもない。その米国では一九三三年以来政権に在ったローズヴェルト（Franklin D. Roosevelt）大統領は親中的であったが、世論は孤立主義的であり日中戦争への米国の介入を望んでいなかった。そのような状況下、ティンパリー（Harold J. Timperley）、ホワイト（Theodore White）、ドナルド（William Henry Donald）といったジャーナリズムや外交に関わる外国人エージェントは、中国国民党中央宣伝部国際宣伝処[20]の戦略に基づいて、米国の世論を比較的短期間で親中反日に変化せしめた。プロパガンダ戦争における中国の勝利と言えよう。[21]

日中戦争における日本のメディアの動向を扱ったのが駄馬裕司氏の「日中戦争期の新聞業界再編成」である。ラジオや映画という新しい報道媒体に押され気味であった新聞業界は戦争報道により息を吹き返し、また軍への積極的な協力による報道の便宜提供もあったという、巷間流布している「軍部と政府による言論統制の強化と、それに対する新聞の抵抗と敗北」という図式とはかなり異なる実情が明らかにされる。また、戦前すでに過当競争にあった日本の新聞業界が日中戦争の直接・間接の影響で整理統合され、大新聞の圧迫で苦境にあった地方新聞の経営にとっては戦争がむしろ「救いの神」となった。

むすび——今後の研究展望——

以上、本特集に収められた諸論文を手がかりに日中戦争の素描を試みた。軍事史学会では一九九七年の盧溝橋事件勃発七〇年の年に『日中戦争の諸相』という大冊を上梓している。その後一〇年間の日中戦争研究の成果の一端を世に問うことが本特集の目的である。

広中一成氏と長谷川怜氏編集による浩瀚な「研究文献目録」にも明らかなように、この一〇年の間には新しい研究、史料の発掘や、既存の史料の読み直しが蓄積されてきた。高橋勝浩氏が書評で取り上げた「野村乙二朗編『東亜聯盟期の石原莞爾資料』」もそのような史料のひとつである。満洲事変の立役者であった石原莞爾は、一九三七年盧溝橋事件勃発にあたっては参謀本部作戦部長として戦争の回避に尽力、一九三八年以降戦争が長期化すると今度は新たな政治理念に基づく戦争の早期収拾をはかった。その具体的な顕れのひとつが東亜聯盟の結成と東亜聯盟運動であった。石原の人物と理念、東亜聯盟の活動の実効性については毀誉褒貶さまざまな評価があるが、今後もこのような形で日中戦争に関連する史料の発掘と研究を続けていくことが重要であることは言うまでもない。

巻頭言で波多野澄雄教授が指摘されているように、近年における日中戦争の研究は多様化してきている。二〇〇一年から二〇〇五年にかけてハーヴァード大学が中心となって行われた中国、台湾、日本、米国による国際共同研究に基づく成果が刊行されつつある[22]。また、日中二国間では日中歴史共同研究が企画され、二〇〇八年一月にも北京で学術会議が開催された[23]。続く二月にはスタンフォード大学アジア太平洋研究所が主催する歴史教科書をめぐる国際比較共同研究も行われ、中国、台湾、韓国、日本、米国の各国での歴史教科書で扱われている日中戦争の記述に関する議論が活発に交わされた[24]。日中戦争の研究は事実の検証のみならず、現代世界における国家間の相互認識―とりわけ東アジアにおける―にも密接に関わっていることが改めて確認された。

「群盲、象を撫でる」のことわざどおり、巨大な歴史的現象に対して個々の研究者ができるのは現象のある一面を限定的に描くことに過ぎない。しかしながら、そのような地道な作業の蓄積の上にのみ、日本史上最長・最大の戦争である日中戦争の全体像を描くことができよう。本特集がその一里塚になることを願ってやまない。

註

(1) 蔣介石は長期抗戦を見越して早くも一九三七年十一月に臨時首都を四川省の省都である重慶に定め、自身も国民政府首脳部と共に陥落五日前に南京を脱出していた。ただし、当時の日本では南京＝中華民国の首都であり、敵国首都の陥落＝戦争の勝利という単純な見通しが支配的であった。主戦派のいわゆる「一撃論」もこの考え方に基づいていた。このような単純な図式が総力戦の時代にあって通用しなかったことは言うまでもない。

(2) 二〇〇六年夏に日本国内で公開されて話題を呼んだドキュメンタリー映画「蟻の兵隊」は敗戦後、山西省における国共内戦に動員されて戦い、一〇年近く中国に残留を余儀なくされた兵士たちの物語であった。これについては奥村和一『私は「蟻の兵隊」だった』〈岩波ジュニア新書〉、岩波書店、二〇〇六年）および池谷

薫『蟻の兵隊　日本兵二六〇〇人山西残留の真相』（新潮社、二〇〇七年）を参照。

（3）　等松春夫「日中戦争と太平洋戦争の戦略的関係」（波多野澄雄・戸部良一編『日中戦争の軍事的展開』慶応義塾大学出版会、二〇〇六年）所収。

（4）　森本忠夫『魔性の歴史　マクロ経営学からみた太平洋戦争』（〈文春文庫〉、文藝春秋、一九九一年）五七―五八頁。

（5）　臼井勝美『新版　日中戦争――和平か戦線拡大か――』（〈中公新書〉、中央公論新社、二〇〇〇年）二〇七―一一頁。中国政府は近年になって抗日戦争の犠牲者総数を三五〇〇万と主張しているが、根拠が曖昧で学問的にはまったく通用しない数値である。とはいえ、日中戦争における中国軍民の損害が日本のそれに数倍したことは明らかである。

（6）　歴史認識をめぐる日中摩擦については以下が示唆に富む。毛利和子『日中関係　戦後から新時代へ』（〈岩波新書〉、岩波書店、二〇〇六年）一二二―二四頁、一七〇―七二頁。

（7）　加藤陽子『シリーズ日本近現代史5　満州事変から日中戦争へ』（〈岩波新書〉、岩波書店、二〇〇七年）一八五―八六頁。

（8）　臼井『新版　日中戦争』一四―一五頁、四四頁。

（9）　別宮暖朗・兵頭二十八『技術戦としての第二次大戦』（PHP研究所、二〇〇五年）によれば、上海・南京戦は堅固な塹壕陣地の突破と、その後の追撃戦という点で、第一次世界大戦の西部戦線以来のまったく新しい戦術的・軍事技術的展開であった。このようないわば「純粋軍事」研究の観点からも日中戦争はもっと検証されてしかるべきであるように思われる。

（10）　日中戦争初期における日本軍の「電撃戦」の失敗は、ドイツ軍事顧問団によって訓練された三〇万の国民政府軍の精鋭部隊の奮戦によるところも大きかった。しかし、これら精鋭部隊の大半は上海防衛戦で壊滅した。ゲルハルト・クレープス「在華ドイツ軍事顧問団と日中戦争」（軍事史学会編『日中戦争の諸相』錦正社、一九九七年）三〇四頁、三一〇頁。

（11）　南京事件に関する近年の論争は秦郁彦『増補版　南京事件「虐殺の構図」』（〈中公新書〉、中央公論新社、二〇〇七年）の増補部分である第九、一〇章に詳しい。

（12）　日中戦争における日本軍による中国軍民虐殺の背景にあった当時の日本人の中国人蔑視感については原剛「日露戦争の影響――戦争の矮小化と中国人蔑視感――」軍事史学会編『二〇世紀の戦争』（錦正社、二〇〇一年）一四―一六頁を参照。

（13）　この問題を正面から扱ったものにジョシュア・A・フォーゲル編『歴史学の中の南京大虐殺』岡田良之助訳（柏書房、二〇〇〇年）がある。ただし、同書では一九九〇年代後半以降に日本で進展した研究が充分に反映されていない憾みがある。特に虐殺の被害者総数について近年、中国政府が主張するプロパガンダ的数値をそのまま採用している点は学問的に問題が多い。

（14）　太平洋戦争開始までの日中戦争と日英関係の概観は以下を参照。アントニー・ベスト「日中戦争と日英関係――一九三七―一九四一年――」相澤淳訳（軍事史学会編『日中戦争の諸相』)。特に天津事件については三四八―五〇頁を参照。

(15) 汪兆銘の南京政府をはじめ、日本への協力政権および協力者はかつては「漢奸」として断罪されてきた。しかし、それで済ませられる単純な現象ではなかったことが近年論じられている。たとえば以下を参照。丸川哲史『日中一〇〇年史 二つの近代を問い直す』(〈光文社新書〉、光文社、二〇〇六年)一〇三―五頁。井上寿一『日中戦争下の日本』〈講談社選書メチエ〉、講談社、二〇〇七年)一五〇―五四頁。

(16) 日中戦争と軍記の問題については以下を参照。北博昭『日中開戦 軍法務からみた戦争』(〈中公新書〉、中央公論社、一九九四年)。

(17) 戦略爆撃の歴史の中における重慶爆撃の意味については以下を参照。前田哲男『新訂版 戦略爆撃の思想――ゲルニカ・重慶・広島――』(凱風社、二〇〇六年)。

(18) この戦いの概要については浅野豊美「北ビルマ・雲南作戦と日中戦争」(波多野澄雄・戸部良一編『日中戦争の軍事的展開』)を参照。

(19) 太平洋戦争開始後は「日本軍と真剣に戦わない国民政府、真剣に抗日戦争を遂行する共産党」という一般的印象があるが、近年ではこれを疑問視する研究も少なくない。たとえば謝幼田『抗日戦争中、中国共産党は何をしていたか 覆い隠された歴史の真実』坂井臣之助訳(草思社、二〇〇六年)によれば、「日本軍と真剣に戦う共産党」像は共産党の巧みなプロパガンダ戦略で広められたもので、米国政府自身もその術中に陥ったという。同様の見解は、古くはウェデマイヤーの回顧にも見られる。アルバート・C・ウェデマイヤー『第二次世界大戦に勝者なし ウェデマイヤー回想録(下)』妹尾作太男訳(〈講談社学術文庫〉、講談社、一九九七年)第二一章「暗躍する共産主義者」。

(20) 国民党国際宣伝処の概要については北村稔『「南京事件」の探求――その実像をもとめて――』(〈文春新書〉、文藝春秋、二〇〇一年)の二五―六四頁を参照。

(21) このような中国のソフト・パワー戦略については以下を参照。小林英夫『日中戦争 殲滅戦から消耗戦へ』(〈岩波新書〉、岩波書店、二〇〇七年)一三三―四八頁。

(22) 日本では慶應義塾大学出版会から刊行。本特集巻末の研究文献目録を参照。なお、この国際共同研究については以下を参照。波多野澄雄「国際共同研究『日中戦争(一九三一―一九四五)』について」(『国際問題』五〇一号、二〇〇一年十二月)九四―九七頁。

(23) 近現代史部門においては本学会から北岡伸一氏(東京大学教授)、波多野澄雄氏(筑波大学副学長)、庄司潤一郎氏(防衛研究所第一戦史室長)が参加。

(24) Divided Memories: History Textbooks and the War in Asia, organized by the Walter H. Shorenstein Asia-Pacific Research Center, Stanford University, 11-12 February 2008. この会議では中国、韓国、台湾、日本、米国でもっとも採択率が高い高校歴史教科書十数点が比較検討された。日中戦争に関する各国の歴史教科書の記述は総

じて以下のように言えよう。

中国：日本の帝国主義的侵略に対する中国人民の果敢で粘り強い抵抗。抗日における中国共産党の主導的役割。日本の侵略の計画性と日本軍の残虐性の強調。この点では「田中メモランダム」など明らかな偽書までも根拠として採用。戦後日本の無反省を糾弾。靖国神社問題に関する日本側の不誠実の非難。これについては日本の高校でもっとも採択率の低い「新しい歴史教科書をつくる会」編の『新しい歴史教科書（改訂版）』（扶桑社、二〇〇五年）を批判の根拠としている点が問題である。韓国：日中戦争における朝鮮半島の人的物的資源の搾取を強調。台湾：事実の客観的記述。かつての国民党中心史観的記述は後退。いっぽうでは日中戦争が日本の台湾統治政策にどのように影響したかが分析されている。日本：事実経過の客観的記述。南京事件における犠牲者数などの論争点も網羅しているが、断定は避けている。叙述に対する熱意がなく、歴史年表を文章化した感が強い。米国：事実経過の客観的記述。歴史解釈に関する異なる見解を併記して学習者自身に考えさせるアプローチをとっている。この会議に基づく研究書は近い将来、スタンフォード大学出版部より刊行の予定である。

なお、日中戦争をめぐる中国における歴史教育の現状については以下を参照。西村克仁『日本は中国でどう教えられているのか』（平凡社新書）、平凡社、二〇〇七年）。

（編集担当　玉川大学）

第一篇　華北から南京へ

——戦争の起源と拡大——

特別寄稿

日ソ相互牽制戦略の変容と蔣介石の「応戦」決定

——再考　一九三五年における中日ソ関係の転換過程——

鹿　錫　俊

はじめに

日中戦争史と日中関係史の研究において、一九三五年を中国国民政府の対外政策の転換点と見るのは多くの先行研究によって既に定説となっている。[1] 本稿が目指した一九三五年の再考は、転換という「結果」を否定するのではなく、「中日ソ三国の相互作用」という視点と若干の新史料の分析とを加えることで、蔣介石の外交戦略の変遷経緯の追跡を通じて、対日政策と対ソ政策をめぐる中国の転換の「過程」とそれをもたらした「原因」を再検討することである。

このような再考の主な理由は二つある。

第一に、一九三五年の転換の契機となった日本の華北分離工作の重要な背景に対ソ戦準備があったことは、先行研究に究明された通りである。[2] 他方、蔣介石ら中国指導部は遅くとも一九三三年から特にソ連との関連から対日政策を構想していた。そのため、日中関係、日ソ関係、中ソ関係といった二国間関係に絞る検証を基本としたこれまでの研究スタイルを越えて、当時極めて密接な相関関係にあった中日ソ三カ国の内在的相互作用を重視し総合的に再検討を行うことは、一九三五年の歴史に対するより深い理解につながると思われる。

第二に、日本側と旧ソ連側の史料公開の努力に加えて、近年台湾における中華民国期史料公開の進展、とりわけ蔣介石機密文書（蔣介石檔案）と中国国民党中央政治会議速記録など、長年最高機密とされていたものが閲覧できるようになったことは、こうした研究の史料的な条件を大きく改善した。特に、日本側の重要記録が終戦時の混乱の中、処分されたり失われたりして、史料上の空白点をもたらしたことに対して、こういう中国側の一次史料が空白を埋めたことによって、一九三五年についての多くの疑問を解いてくれた。このような理由と関連して、本稿は各当事者の実相をより良く比較するために、史料の使用にあたっては出来る限り原型を損なわないように心掛けた。

一 序論　満洲事変後の中ソ関係と蔣介石の日ソ相互牽制構想

一九三五年における中日ソ関係の転換過程を考察するには、一九三一年の満洲事変勃発から一九三五に至るまでの中国の対ソ関係と蔣介石（軍事委員会委員長）の日ソ相互牽制構想を整理し、背景として紹介しておく必要がある。これについて筆者は幾つかの論考[3]を発表したので、第一節ではこれらを基にまとめたい。

まず中国の対ソ関係を段階別で見てみる。

満洲事変勃発から一九三二年十月の対ソ国交回復の決議に至るまでの時期は中国の対ソ関係の第一段階である。この間、中国は日本と対決しながら、ソ連とも外モンゴル問題、中東鉄道問題と中国共産党問題などをめぐる対立下にあり、国交を断絶したままであった。汪精衛（国民政府行政院長）の表現を借りて言えば、中国にとってソ連は日本という「虎」と大差のない「狼」であった[4]。加えて、当時の世界的な反ソ反共の雰囲気の中、日本に口実を与えず、英米・国際連盟の同情を失わないという国際政治への配慮も不可欠だった。したがって、この段階においては国民政府は「連ソ制日（ソ連と連合して日本を制す）」を否定しただけではなく、ソ連との国交回復も回避しようとした。最後には対ソ国交回復を決議したが、その狙いは「連ソ制日」という積極的な発想ではなく、「日ソ結託」の阻止とソ連の対「満洲国」承認の防止という防御的な必要にあった。

一九三二年十月の対ソ国交回復の決議から一九三三年五月の塘沽《タンクー》停戦協定に至るまでの時期は中ソ関係の第二段階である。この段階では、国民政府は日本による熱河省占拠、長城作戦という対中侵略の拡大に対抗するため、対ソ接近による日本牽制を試みた。しかし、この間、日ソ関係ではソ連の妥協と譲歩により中国が望んだような衝突は実在せず、中ソ関係ではソ連は従来の中国共産党支持と国民党打倒（＝国民党一党支配を国体とした国民政府の転覆）という方針を固持していた。その上、一九三三年五月、ソ連は中国による対日制裁の要請を全て拒否し、中東鉄道の「満洲国」への売却を日本に提案した。そして、この前後、ソ連が満洲事変の直後に中国新疆省の地方政府と中国の主権を損なう秘密協定を結んだことが暴露された。そこで、新疆問題は外モンゴル問題、中東鉄道問題と並んで中ソ間の主権紛争の新たな焦点として浮上した。中日ソ間のこうした相互作用によって、国民政府は同月末に締結した塘沽停戦協定を契機に対日では妥協政策に転じ、対ソでは「冷淡」を基調とした第三段階（一九三三年五月から一九三四年四月まで）に移入したのであった。

ところで、近年台湾で公開された蔣介石檔案によれば、第三段階に入ると、蔣介石は中日ソ関係をめぐる国際政治とそれに対する中国のとるべき戦略について、様々な視点から考えていたことが明らかである。幾つかの例を見てみよう。

一九三三年六月、中日ソ間の内在的関連性と国際政治の現状について、蔣介石は次のように分析した。「日本は中国を敵視しながら中国を恐れている。ソ連は中国を憎みながら中国の機嫌を取ろうとする。英米は日ソに対抗するために中国を利用しようとしているが、領土に対する野心がない。全般から見て、我々は英米を与国としなければならない」(5)。

七月、蔣介石は「日患急、露患緩。露患大、日患小」(6)という持論を再度強調するとともに、中国の「以夷制夷」に対する日本の非難について、「日本の目的はわが国に国際外交の放棄を逼迫し、日本の言いなりになるような環境を作らせ、最後に『満洲国』の承認と東北四省の割譲を内容とする条約を締結させることにある。これは明らかにわが国の国際路線を断絶させるための陰謀である」と断じた(7)。

八月、蔣介石は、国際間のバランスが崩れた現在、満洲事変前のスローガンでは国を救えないと指摘した上で、「国際間の矛盾が錯綜する中、中国はそれに対する適切な運用から生存を求め、他者を利用しつつ他者に利用されないというようにしなければならない。これができるならば、中国は復興のチャンスを獲得しうる」と指摘した(8)。

九月、蔣介石は「日本はわが国の軍事面と政治面の整備を恐れ、我々を友として信頼しない。しかし、日本の弱点は中国の協力を必要とせざるを得ないということにある」と述べた(9)。

十月、蔣介石は国際情勢の方向性を次のように予測した。「(一) 英米は中国が日本と講和を行うことを恐れている。(二) ソ仏は日独に対抗するために連合をしようとしている。(三) 日本はソ連と決戦して、サハリンの油田を占領し極東の問題を解決した後にアメリカと戦う。(四) 日本は先に中国との平和を実現した後に今後の戦略を決定するだろう」(10)。

また、この間、日ソ関係をめぐる観察は蔣介石の日課になった。すなわち、「如何にして日ソ戦争のチャンスを活かし、如何にしてこの戦争を中国の自立への準備の都合に合わせるか」ということに照準を合わせていたのである。[11]そのため、一九三三年十月に蔣介石は、日本に対しては「共産党の利害を告げ、東北を中国に返還しなければ中国は安定されず、日中両国の将来はこれによって決定されることを説明する」こと、「日本の全力をソ連への対応に集中させる」ことなどを考えたのであった。[12]

他方、一九三三年末頃、ソ連はヒトラー登場以来増大しつつあるドイツの脅威と従来の日本の脅威という二正面からの挾撃を避けるため、集団安全体制創設の一環として対中関係の改善を模索し始めた。一九三四年一月にソ連のこうした動向を察知した蔣介石は、[13]二月に国民政府軍事委員会参謀次長の楊傑を団長とする軍事視察団をソ連に派遣し、実地の考察を行わせた。その後、ソ連当局からの好意的な対中メッセージが視察団によって蔣介石に寄せられた。[14]これと反対に、日本側は四月に「公然と中国を日本の保護国とみなす」[15]ような「天羽声明」を発表した。こうした日ソ両国の異なる対応を受けて、五月五日、蔣介石は塘沽停戦協定以来の対ソ冷淡姿勢を改め、「ソ連と感情を疎通する」[16]ことを決定した。ここに、国民政府の対ソ政策の第四段階が始まった。

しかし、蔣介石檔案によれば、第四段階の対ソ政策も一方的な連ソ制日ではなく、あくまでも対日政策をセットとした「日ソ相互牽制」戦略にほかならなかった。蔣介石は次のような発想に基づいて対日対ソ関係を処理しようとしていたからである。

(一) 日本は中国の外患であるが、ソ連も中国の外モンゴルや新疆を侵害しているから中国の外患である。しかもソ連は世界革命と中国共産党による中国赤化を狙っているため、中国にとっては最終最大の敵である。

(二) 日ソ両国は敵対関係にあり、最終的には戦争を回避できない。他方、日本の対ソ問題もソ連の対日問題も中国の協力がなければ解決できない。そこで、日ソ両国はともに中国を圧迫しながら中国を与国にしようとしている。これは中国に外交上のチャンスをもたらしている。中国はこれを活用して、以ソ制日(ソ連を以て日本を制す)と以日制ソ(日本を以てソ連を制す)を同時に図らなければならない。また、中国にとっては、日患とソ患の解消はできる限り自国による軍事対決という道を避け、日ソ戦争をはじめとする「国際的な変化」によってその達成を求めるべきである。

(三) そのために、中国は日ソ間の対立と来るべき日ソ戦争に対して、どちらにも偏らず中立の立場を貫くことを大原則にしなければならない。この原則によって、日ソ双方の矛盾とそれぞれの対中必要を利用しながら日ソ両国を相互に牽制することができる。[17]

以上の発想に立脚した蔣介石の日ソ相互牽制戦略は、一九三四年五月にまずソ連に対して着手された。しかし、その本質に内包された両義性により、対ソの側面における蔣介石の言動とそうでない側面のそれとの間には大きなズレがあった。蔣介石の本音をより深く確かめるために、二つの場面を比較してみよう。

まず対ソの側面についていうと、「ソ連と感情を疎通する」ことを決定した直後、蔣介石は帰国休暇中の顔惠慶駐ソ大使に対し迅速な帰任を催促した。[18] また、六月下旬には駐中国ソ連大使ボゴモロフを宴会に招き、「如何なる不測の事態があっても、中国はソ連を支持し、可能なことを尽くして対ソ友好を証明する」と表明した。[19] ソ連の対中意向を確かめるために、七月下旬、蔣介石は清華大学教授の蔣廷黻に自分の個人代表として訪ソし中ソ協力の可能性を探ることを指示した。[20] 九月にソ連が国際連盟に加盟し常任理事国に選ばれた。これを受けて蔣介石の対ソ接近は一層積極的になった。十月十六日、蔣介石の直接の働きかけによって蔣廷黻とソ連外交当局との会見が実現した。蔣廷黻は、中ソ両国は多くの共通の利益を持っており、ソ連の利益が何らかの侵害を受けた場合には中国に必ず波及すること、一定の条件下で中国はソ連とともに侵略者と戦うことなどを中心に、中ソ提携に関する蔣介石の主張をソ連側に伝えた。[21]

だが、対ソ以外の側面を見ると、こうした対ソ表明と反対する志向が明らかになる。すなわち、蔣介石は「ソ連と感情を疎通する」ことを決めた同日（一九三三年五月五日）の日記に、日本に対して「誠意を以て説得し悟らせること」も綴っていた。[22] また、日本を説得するための主要論点として「中国共産党掃滅」と「反ソ防ソ」における日中間の共通利害を考えていたことがその後の蔣介石檔案に示されていた。[23] 日ソ間の緊張が高まった一九三四年八月、蔣介石は日ソ戦争が勃発した場合、中国は「参戦せず、始終中立の立場に立つ」こと、「何れの一方にも加入せず、自由処置の余地を確保する」ことを強調した。[24] つまり、中立による日ソ相互牽制という方針を再確認したのであった。さらに、同年九月に蔣介石は「ソ連は中国との協力関係の構築を急いでいるが、禍を中国に転嫁する下心が変わっていない」[25]と、ソ連による対中改善の本音を喝破し、ソ連と日本に逆利用されないような日ソ戦争の利用策に苦慮していた。蔣廷黻とソ連との会談の直前の十月初頭には、蔣介石は「ソ連との友誼の樹立と信頼の醸成は我が外交に新たな路線を付け加えると同時に、新疆問題の複雑化も免れられる」と、対ソ工作が持つ「制日」と「制ソ」という一石二鳥の役割を強調した(26)。

要するに、満洲事変以降の中日ソ三カ国関係は利害が錯綜した複雑な構造であった。それゆえ、蔣介石をはじめとする中国の為政者にとって、内政上の必要と外交上の必要は時に対立し、外交においては対ソの必要と対日の必要とはほとんど相克関係にあった。したがって、彼らは互いに矛盾する多方面の課題に総合的に対応しつつ、多方面の可能性に同時に備えなければならなかった。そのうち、一方の選択肢の実現に努めると同時に、反対するもう一方の選択肢も用意しておかなければならないのである。それゆえ、中日ソ関係の総合的な対応に関する蔣介石の思惑の内実が決して単純なものではなく、相反するものが矛盾し合いながら相互に補完し合うという仕組みを持っていた。その結果、日ソ相互牽制を目標とした蔣介石の外交には多重な両面性が存在した。これは、対ソ関係においてはすでに見たように、制日を図るための接近と、赤化防止、新疆主権維持などを確保するための抗争という両面として顕れていた。以下、一九三五年の中日ソ関係の変転過程を考察することに入るが、この時期においては蔣介石外交の多重な両面性が一層複雑な様相を呈した。

二　一九三五年初頭の対日親善

一九三五年の中国の対日関係は、親善をスローガンにスタートした。その背景には複雑な要素が絡んでいた。

第一は、蔣介石の日ソ相互牽制戦略の対日の面に関わるものであった。一九三四年十一月、蔣介石は、日本が中国への懸念を解消しない限り対ソ戦争には突入しないであろうというこれまでの観察に基づいて、中国の「対日諒解」によって中国に対する日本の懸念を消し、それによって日ソ衝突を促すことを考えていた(27)。それまで蔣介石は「先其所愛、微與之期〔其ノ愛スル所ヲ先ンジ、微カニ之ト共同歩調ヲ取ル〕」という中国の古訓を対日戦略の要にすべきであると主張してきたが、一九三五年一月に彼は再度この主張の重要性を強調した(28)。総じて言うと、一九三五年初頭に始まる国民政府の対日親善の背後には、中国の対日親善と対ソ抗争という希望を日本に持たせることで日ソ戦争を促そうとする蔣介石の戦略が作用していたことは否定できない。

第二は、日本側の対中圧迫を軽減する必要性であった。これは日本の動向に対する厳しい情勢判断に依拠したものである。なぜなら、年明け以来、日本軍の大連会議に関する一連の情報があった(29)ほか、汪精衛が一月十六日の国民党中央政治会議第四四〇次会議で指摘したように、三月から日本が連盟に対する条約上の義務を解消し、如何なる国際法的な拘束も受けなくなるということに対する中国指導部の危惧もあったからである。[30]

以上の二点から、一九三五年初頭の「親日」の根底には「抗日」の動機があったことが明らかである。しかし、対ソ政策と同様、蔣介石の対日政策にも矛盾した両面があった。以下に抗日の一面と同居していた親日の一面を具体的に見てみる。

まず注目しなければならないのは、この時点では、日中間の紛争について、蔣介石は汪精衛と同様、軍事対決よりも、反共防ソにおける日中両国の共通利害論を含む論点から、「日本を説得し悟らせる」ことに一定の期待を抱いていたことである。このような期待から、一九三四年秋、蔣介石は自らの考えを陳布雷に語り、「敵か友か――中日関係の検討」と題する論文にまとめさせた。さらに、それを「徐道隣」の名前で年末の『外交評論』誌に公表した。これの「日本の目覚めを促す」ことを目的とした論文の中で、[31]蔣介石は日本に対して、究極のところ日中両国は提携すべきであり、日中関係の悪化ないし戦争の勃発は双方の共倒れとソ連や中国共産党の焼け太りをもたらすだけであると説き、双方がともに自らの非を是正し、現在の行き詰まりを打開せよ、と呼び掛けた。[32]また、日中関係を改善するための措置として、蔣介石は、日本が中国の統一を妨害しないこと、漢奸を作らず、利用もしないこと、麻薬を販売しないこと、中国は排日教育を是正すること、という交換条件を一月十七日の日記に綴った。[33]

一月二十二日、日本では広田弘毅外務大臣が中国に対する不脅威、不侵略を唱えた親善演説を行った。この出来事も蔣介石らの期待感を一層高め、その対日親善の促進要因となった。国民政府指導部は広田演説に呼応して迅速に動いた。広田演説の翌日、汪精衛は国民党中央政治会議第四四一次会議において、広田演説は「ここ数年見られなかった比較的に合理なものである」と賛意を示した。[34]三十日、蔣介石は中央諸部門の責任者を晩餐会に招き、今後の対日方針を検討した。席上、汪精衛は中央を代表して「主権を失わないという原則の下で中日間の親善を図り、目下の難関を打開する」という旨の「外交方針に関する提案」を示した。[35]翌日、蔣介石は「日本の態度は緩和に転じた。東北の失地を返還してくれるかもしれない」と楽観論を述べた。[36]二月一日、蔣介石は広田演説には誠意があると肯定した上で、「中国は反日感情を解消し、日本は中国に対する優越感を改めよ」と呼び掛けた。[37]六日、国民党中央政治会議は、日本製品に対する調査の中止と各種の抗日組織の活動の中止を決議した。[38] 二十日、汪精衛は「日本は広田演説に対する中国の回答を希望している」という蔣作賓（駐日公使）の来電を受けて、国民党中央政治会議第四四五次会議において、対日回答の骨子を次のように提示した。

（一）「満洲国」の不承認と東北の不割譲を中国の最低限度とする。それ以外は日本側の要求にできるだけ対応する。これは今年の対日方針である。たとえば、中国の教科書に排日や日本侮辱の内容があるという日本の批判に対して、中国は日本の書籍にある中国侮辱の内容改正を要求するとともに、中国側の日本侮辱の内容を削除する。

（二）中国は近代国家になるため統一と建設を必要とすること、そのために内外ともに平和を望み、日本との相互提携の実現を願うことを日本に説明する。

（三）広田演説は中国のこれまでの主張に合致し、中国は相当に満足している。誠意を以て和平を図るならば、中日間の全ての問題は合理的に解決できる。[39]

翌二十一日、国民政府はこの骨子を基調とした「汪精衛対日親善談話」を中国の各新聞に公表した。

同時に、蔣介石は帰国中のハーグ国際司法裁判所判事の王寵恵に、日本経由で帰任し、日本当局と折衝することを指示した。その目的は「東京で日本当局と意見を交換し、その真意を探る」[40]ことにあった。王寵恵は、汪精衛ら対日責任者と訪日の要領を詳細に検討した上で、二月十九日から三月五日まで日本に滞在した。南京の中国第二歴史檔案館所蔵の王寵恵訪日報告書によると、日本滞在中、王寵恵は岡田首相、広田外相、牧野内大臣、近衛貴族院議長、鈴木政友会総裁、若槻民政党総裁、杉山参謀次長、大角海軍大臣、荒木陸軍大将、真崎教育総監、加藤海軍大将など日本側要人と相次いで会談し、精力的に交流を行った。[41] そのうち、二月二十六日に行われた広田外相との会談では、王寵恵は中国当局が一月末に決定した対日新方針に基づいて、日中関係に関する「中国側の原則」を伝えた。日本側の記録によると次のような内容である。

（一）日支関係ハ平和的方法ニヨリ処理セラルヘキコト。

（二）両国ハ対等ノ交際ヲナスヘキコト。殊ニ支那ヲシテ国際法上平等ノ立場ニ立ツニ至ラシムルコト肝要ニシテ例ヘハ不平等条約ノ撤廃ニ付日本ニ於テ成ルヘク速ニ話合ヲ進メラルルコトヲ得ハ両国ノ関係改善ヲ促進スヘシト思考ス。

（三）両国ハ友情ヲ以テ相交ハルヘキコト、支那ニ於テハ排日等ニ関シ今後共充分取締ヲ励行スヘク一方日本側モ亦之ニ『ミート』セラレ度例ヘハ事実ノ真否ハ承知セサルモ噂ニ聞クカ如キ殊更地方政権ヲ支援スルカコトキコトハ避ケラレ度又北支ニ於テ衛生上種々有害ナル業務ニ従事シ居ル鮮人等ニ対シテハ充分取締ヲ加ヘラレ度。[42]

また、王寵恵訪日報告書によると、「満洲国」問題の解決という対日要求への代価として、彼は戦時における中日両国の協力案を日本に提示することも指示された。ただ、日本側は王寵恵に対し「日中両国の共同防ソ」を繰り返し要求するだけで、王寵恵による「満洲国」問題解決の要求を「問題外」として頑なに拒否した。そこで、王寵恵はこの案を提示せずに、それを「今後の駆け引きの交換条件とした」。[43]

他方、王寵恵訪日に合わせて、中国国内では二月二十七日、蔣介石と汪精衛は連名で反日運動厳禁を通告し、国民党中央政治会議も各新聞社に排日と排日貨の言論を禁止することを通達した。[44] この前後、蔣介石は日本赴任の蕭叔暄武官に蔣の写真を「松井など日本の諸友人に贈る」ことを指示し、[45] 三月二日には、自分の見解が二月二十日付の汪精衛談話と一致であることを表明して、対日改善の熱意をアピールした。[46]

このように、蔣介石と汪精衛らが主導した一九三五年初頭の中国の対日親善政策の根底には、抗日的な要素と、防ソをめぐる共通利害論や日中紛争の平和的解決論に基づく親日的な要素という相反する二者が交叉していた。

三　日本側の蔣介石認識とその正否

中国の対ソ対日の動きが活発化するとともに、日本では、ソ連に対する脅威感の高まりと日ソ関係をめぐる中国の向背の重要性に対する認識の深まりによって、中ソ関係への警戒が増幅した。そのために、蔣廷黻訪ソの直後から、日本側が入手した中ソ接近の情報は増え始めた。

例えば、一九三四年十一月二十四日、在中国日本公使館武官は国民政府の抗日親ソ政策の観察として次のように軍部中央に報告していた。「イ、過般蔣介石北平病院ニ入院スルヤ猶テ同地ニ滞在中ノ顔恵慶モ亦急遽同病院ニ入院セルカ右ハ親蘇政策ノ論議セラレタルコトヲ想像シ得ルコト。ロ、何澄カ蔣介石ノ親蘇政策ハ決定的ナリ親米抗日政策ハ一応首肯セラレサルニアラサルモ親蘇政策ヲ採リ支那ヲ思想的ニ破壊セントスルハ言語道断ナリト憤慨シ（中略）ニ、宋子文ハ蘭州ニ於テ蘇国要人ト秘密ニ会合セリトノ情報アルコト。ホ、四川ノ共匪ニ対シ蔣介石ハ積極的ニ工作スルノ意思ナキコトハ何応欽ノ談話ノ中ニモ想像シ得ルトコロナルカ右ハ蘇国ト何等カノ了解アルニアラヤヲ疑ハシムルモノナルコト等蘇支関係ノ尋常ナラサルノ諸症候ヲ認ム」(47)。

反蒋運動を続けていた国民党の西南派も「蒋介石が連ソ抗日を図っている」という情報を日本に漏らし、両者の離間を企てた。例えば、同月、西南派中枢の胡漢民は次のような情報を日本側に寄せた。「陳中孚帰来シテノ話ニ依レハ貴国朝野ノ名士達ハ満洲事変三カ年間ニ於ケル支那ノ実情ニ対スル認識十分ナラス今尚蒋介石ノ勢力ヲ観ルニ事変前ノモノト大差ナキモノト為シ之ヲ軽視セラルアルカ如キモ蒋ハ事変後国際聯盟トノ合作、英米伊蘇等トノ握手ニ依リ想像以上ニ基礎ヲ固メアリ西南派ノ苦衷モ此点ニ存シアルナリ貴国朝野ニ於カレテハ東亜ノ和平確立ノ見地ヨリ速ニ支那ノ実情ヲ厳密ニ検討シ明確ナル認識ノ下ニ施策ヲ講セラレンコトヲ希望シテ止マス」(48)。また、一九三五年一月、「南京政府の対日親善は偽装だ」という趣旨の胡漢民対日談話が上海の新聞に載せられた(49)。

一九三五年年頭から顕著となった中国側の一連の対日親善の動きをめぐって、中国のマスコミはこれを国民政府の対日屈服として報道した。国民政府指導層の内部でさえ、例えば教育部長の王世傑は「汪と蒋はみな対日妥協に傾いた」(50)と日記に不満を綴り、中央宣伝委員会主任委員（委員長）の邵元冲は最高当局の対日屈服政策に抗議するため辞任を申し入れた(51)。しかし日本側、特に軍部の対中認識は上記の背景によって、それと正反対であった。一月八日、花谷正（済南駐在武官）は青島での談話で、蒋介石の健康を激しく呪うとともに、「国民政府には対日親善の意思が絶対にない、いわゆる親日は仮面に過ぎない」と非難した(52)。一月中旬、日本軍部の高官が中国の駐日武官に対して、「蒋介石は対内関係により日本への親善があり得ない」と断言した(53)。有吉明公使も一月下旬に国民政府外交部に対して、「中国は世界に向けて排日停止を宣言したが、それに反する証拠がある」として、中国の排日状況をまとめた一冊の資料を提出した(54)。

一月下旬、中国の主要新聞紙は国民政府の意向により『外交評論』から「敵か友か」を転載し、対日説得キャンペーンを展開した。有吉はそれを外務省に報告し、「陳布雷の執筆であるという説もある」という付言を付けたものの、「右ハ現今ノ支那外交当局ノ言ヒ分ヲ良ク代弁シ居ルモノト認メラレ」ると指摘したのみで、特に重視しなかった(55)。有吉報告と同様、二月二十一日の蒋作賓公使の電報によると、「敵か友か」は日本国内においても「如何なる注目と批評も引き起こさず、僅か某新聞に極短い言及があっただけである」という有様であった(56)。

また、坂根準三（駐青島総領事）は三月十四日付の広田外相宛電報で、中国の各新聞の日中時局問題の報道振りについて、「従前ニ比シ冷静ナル態度ヲ以テ日支一般問題ヲ取扱ハントスル傾向アリ」と認めながらも、「其ノ論調ハ未夕極メテ浅薄御座成的ノモノニテ即チ日支提携ハ両国平等ノ立場ヨリ行ウヲ要シ従ツテ日本ノ非違ニ依リテ喪失セル東三省ヲ返還スルカ先決問題ナリト論セサルハナク根本的ニハ尚何等ノ変化ヲ認メラレス認識マダマダ不十分ナルヲ観取セラル」と断じた。[57]

こうした背景の下で、五月二日に親日分子の白逾桓、胡恩溥が天津の日本租界内で暗殺されると、中国に駐在する現地軍をはじめ日本側の蔣介石不信は一気に爆発した。十一日、高橋坦武官は白・胡事件を根拠にして、蔣介石が表では親善、裏では抗日という二重外交を進めてきたと非難した。[58]十七日、日中両政府は公使館を大使館に昇格させ、国交増進の意思を表明したが、その直後日本現地軍は暗殺事件などを根拠に二重外交の是正を中国に求めた。[59]六月九日から二十七日に至る間には現地軍はいわゆる「梅津・何応欽協定」と「土肥原・秦徳純協定」を中国に強要し、国民政府の中央軍と国民党の機関を河北省と察哈爾省から撤退させた。この華北分離工作の動機について、六月十二日、若杉要（大使館参事官）は広田外相宛の電報で、「各地駐在武官等ノ抱懐スル根本方針ハ主トシテ蔣介石ニ対スル絶対不信用ニ基キ、其ノ勢力ヲ排除スル為、表面上北支独立ノ形式ヲ避ケナガラ其ノ実ハ北支五省ノ自治政権樹立ヲ目標トシ」ていると報告した。[60]

上記の事実から、日本現地軍の華北分離工作の主要因の中に蔣介石の二重外交に対する「絶対不信」があったことが分かる。既述の蔣介石の言動を見れば、それを「二重外交」と名付けることには誤りがない。しかし、問題はこの二重外交に対する日本側の認識と対応にあった。

まず、蔣介石外交における多重な両面、たとえばソ連に対する制日をはかるための接近と国益を維持するための抗争、日本に対する平和的解決を目指すための親善と最低限度を守るための抵抗などは、本来、多方面の課題を解決するための多方面の必要に基づく方策であり、いずれの側面も真実であった。しかし、日本軍部の対中政策担当者は、中ソ関係についてはその接近の一面のみを真実とし、対抗の一面を無視した。そして、日中関係については中国の対抗の一面のみを真実とし、親善をはかる一面を偽装として否定した。

次に、第二節で見たように、蔣介石ら中国の為政者が理解した対日親善は、「満洲国」の不承認、領土の不割譲を最低限度としつつ、他の問題に対してはできるだけ日本の要求に対応すること、紛争の平和的解決を目指すこと、公正で対等に交渉すること、双方がともに自らの欠点を是正することを中心とするものであった。しかし、日本が中国に要求した親善は、実質的には、「満洲国」問題はもちろん、全てにおいて日本に無条件に服従することであった。換言すれば、この主旨と異なるもの、例えば問題の公正かつ平等な解決を要請することは親善への違反と見なされた。

こうした二つの錯誤があったからこそ、中国の対日政策についても対ソ政策についても、日本側は併存する二つの真実の一つしか理解できず、その対応も一面的になってしまったのであった。

日中関係に対する日本の認識の錯誤は第二節で述べた史実に示されたので、以下、蔣廷黻訪ソ以降の中ソ関係の実相を振り返ることによって、中ソ関係に対する日本の認識の錯誤を確かめる。

国民党中央政治会議の速記録によれば、蔣廷黻訪ソ以降の中ソ関係は最初からソ連の新疆赤化がもたらした対ソ不信の影に覆われていた。[61]そこで、顔恵慶大使のソ連帰任が一九三五年二月になって渋々実現したが、彼に対する国民政府の指示は、「ソ連側が中ソ貿易問題に言及すれば中国も互恵的な条件で応じること、新疆問題をめぐって中国はソ連と交渉する意思があるが、ソ連と新疆地方政府との直接交渉は認めないこと」という二点だけで、極めて消極的なものであった。[62]他方、三月十日にソ連が北満鉄道譲渡基本協定等に仮調印を行うと、国民政府は直ちにそれに抗議した。[63]同月二十一日、顔恵慶はソ連外務人民委員リトヴィノフとの会談において、新疆問題を再度批判した上、リトヴィノフによる中ソ不可侵条約の締結要求も拒否した。[64]四月末、一時帰国から中国に帰任したばかりのボゴモロフ大使は「ソ連は新疆を侵略する野心がない」と釈明した。それに対して、汪精衛は五月一日の国民党中央政治会議第四五五次会議において、次のように指摘した。「新疆では軍の教官は全てソ連の共産党員である。ソ連の探偵は政府機関に溢れ全ての実権を握り、随時人を逮捕し殺害することができる。また、新疆は商務も経済もソ連に支配されているうえ、毎年一二〇余人をソ連に留学させている。要するに、新疆省は形式上まだ中華民国に属するが、実態は逆である」。[65]これを受けて、同会議では、「中共軍もソ連と連絡している。もし中共軍が新疆に入ったら危害が絶大である。対日戦略のために新疆を奪おうとするソ連は、対ソ戦略のために東北を奪った日本と全く同類である」と、ソ連を批判した。さらに「劇毒物であるソ連は欧州において毒性が少々軽減したように見えるが、極東においては依然極めて危険である」と発言した委員もいた。[66]

総じて言うと、一九三四年の蔣廷黻訪ソから一九三五年半ばの日本による華北分離工作開始までの期間、日本側はもっぱら中国の連ソ傾向を懸念していたが、実際には、中国の為政者は新疆におけるソ連の行動に刺激され、反ソ感情を高めていた。加えて、日本への刺激を避けるという対日配慮もあったため、国民政府はソ連による不可侵条約締結の要求を拒否し、通商条約をめぐる交渉も遅らせていた。[67]他方、蔣介石は以ソ制日を秘密裏にはかりながら、以日制ソも思考していた。五月八日の蔣介石日記には「日本が東北（筆者註：「満州国」地域を指す）を返還してくれれば、中国は日本と共に防ソを行い、さらに鉄道問題を交渉し、日本人教官を招聘する。日本が長城以内の戦時特殊状態を解消してくれれば、中国は日本と経済面の協力を行う」と、防ソを駆け引きとした日中利益交換案を記述していた。[68]

四　抗日論の高まりとソ連カードの二重利用

ところで、蔣介石の戦略にある多重な両面はいずれも真実であると同時に、表と裏、公開と隠蔽との区別もあった。具体的な政策の展開にあたっては蔣介石は相手によって話を変えるということもした。対日関係の処置を唐有壬（国民政府外交部次長）の表現を引いて言えば、「蔣介石ハ親日ニアラサルハ勿論排日ニモアラス其ノ利益ノ如何ヲ考慮シ随時方案ヲ定メ行ク方針ニテ外交ノミナラス内政上ニ於テモ二重政策ニシテ例ヘハ汪兆銘、黄郛等ニ対スル言説ハ宋子文、孔祥熙等ニ対スルモノトハ全然区別アリ」。[69]特に、当時の国内外の環境を考慮して、多くの場合、蔣介石は日ソ相互牽制戦略に内包した対ソ接近と対日抵抗の側面を隠さざるを得なかった。そのため、諜報活動を通じて形成された日本軍部側の中国観とは反対に、指導層を含む中国人の多くは一九三五年初頭以降の自国の対外政策について、ソ連との対立と日本への親善、妥協、譲歩という側面しか知らなかった、または見なかった。このような状況下で日本の華北分離工作に直面することになっただけに、抗日論は一気に噴出した。その矛先は日本と対日親善政策を推進した自国の当局に同時に向けられた。

他方、蔣介石は当時四川省の剿共前線に止まっていたため、南京では汪精衛を中心とする国民党中央政治会議メンバーが危機処理の難局に立たされた。国民党中央政治会議の速記録によると、最初の国際的な対抗措置は、在外公館を通して関係諸国に日本への干渉を求めることであった。[70]しかし、六月十二日の国民党中央政治会議第四六一次会議において、英米等が華北問題に冷淡であり、「外交においても中国が為すすべがない」ということが報告された。[71]それでも、出席者の多くは日本に強硬に対応しなければならないと主張した。今回の事件が日本の一貫した侵略政策に起因し、その目的は中国の統一と復興を壊滅し、日本の属国に化させることにあるという判断、そして、「一九三一年の東北喪失は張学良に責任を負ってもらったが、今度の華北問題は国民党中央が責任を問われる」という危惧があったからである。[72]だが、翌日の国民党中央政治会議臨時会議では、英米の支援が期待できないことが再確認された。また、自国による軍事抵抗も財政上の事情により不可能だという結論も出された。[73]これを受けて、六月十九日の国民党中央政治会議第四六二次会議は対ソ連合の是非を議論したが、一九三三年以来連ソ制日論を否定してきた汪精衛は、「ソ連は満洲の権益をめぐっては譲歩を惜しまず、むしろ新疆の経営に全力を尽くしている」として、連ソには効果がないと断じた。また、汪はこの視点から、中国には「対日絶対抵抗」、「日本の要求の承諾および対日協力」と「忍耐政策による国内建設に専念」という三つの道があるが、政府は当面これまで取ってきた「忍耐政策による国内建設に専念」するという方針を維持しなければならないと主張した。[74]しかし、会議の多数意見は対日抵抗論であった。すなわち、「日本は中国に機に乗じられないように第二次世界大戦の勃発前に中国を支配することを狙っている。その方法は中国の統一を破壊すること、中国を統一する実力を有する人を打倒すること、中国の建設特に軍事面の建設を阻止すること、国民党を打倒することである」という認識と、「日本は中国を友にするのではなく、奴隷にしようとしている」という認識に基づく論理であった。[75]また、国民党中央政治会議のこうした雰囲気と呼応して、これまで行政院長兼外交部長として表舞台で対日外交特に親善政策を主導してきた汪精衛に対する批判が急速に広がった。その結果、汪精衛は六月三十日、病気を理由に南京を離れた。折しも七月二日、有吉明(六月より駐中国大使)はいわゆる「新生事件」[76]を理由に国民政府に責任者の懲罰と謝罪を要求してきた。これは翌三日の国民党中央政治会議第四六四次会議に取り上げられ、対日感情をさらに悪化させた。発言者は、「日本との親善を保つために国民党の中央委員までも保障を失うならば、中国が日本の奴隷に甘んじることに等しい」と、中国は生死存亡の瀬戸際に至ったと結論した。[77]その後、十七日の国民党中央政治会議第四六六次会議も「新生事件」を中心に議論を展開したが、日本に対する憤慨と反発の感情は一層高まった。[78]

汪精衛の威信の低落とともに、国民党中央政治会議では最高実権者の蔣介石に今後の対応の指揮を請う声が強くなった。蔣介石の対応はどうだったか。六月一日、剿共戦前線で華北の事態に関する報告を受けた蔣介石は日本には理が通じないと憤慨しつつ、「最後の関頭に至るまでは忍耐しなければならない」と決めた。[79]この決定の背後に、政策の諸方面を熟知する蔣介石は一面しか知らない者と違って、日本側の批判が一面の真実に当たっていることを分かったという要因があったと思われる。したがって、その後、蔣は「河北と天津をめぐる問題については日本側の要求をできるだけ受け容れ、速やかに解決する。暫時緩和を図る」[80]こと、「外交の運用に着眼し、日本の軍人と折衝し体面を与える」[81]ことなどを汪精衛らに指示した。六月十日、国民政府は排日的言行の禁止を趣旨とした「邦交敦睦令」を公布した。しかし日本による圧迫の高まりとともに、六月二十六日、蔣介石は情勢の変化を理由として、中国は一月以来の対日原則を維持してもいいが、「最終的な決心を行わなければならない」と、外交面の交渉と軍事面の準備を同時に進めることを主張した。[82]また、国際情勢について、蔣介石は「従来、英米に対して一般の人は楽観し過ぎ、重視し過ぎたが、今や悲観し過ぎ、軽視し過ぎている」[83]と述べ、汪精衛の悲観論を否定し、外交による難局打開の努力を継続する理由を強調した。

ところが、日ソ相互牽制戦略に基づく当然の選択として、実際の外交的努力において、蔣介石が注目したのは英米ではなく、ソ連カードの正反両面の二重利用であった。

正の面の利用はソ連に対する共同対日の働きかけであった。七月四日、汪精衛の病欠によって行政院長代行の役を依頼されたばかりの孔祥熙（行政院副院長）は蔣介石の指示を受けて、予約も入れずにソ連大使ボゴモロフを訪ねた。会談において、孔は日本が中国に対ソ軍事同盟を強要していると告げた上で、「日本の次の目標は綏遠への浸透であり、その次は外モンゴルへの侵攻であろう」ということを理由に、「ソ連政府は中国と相互援助条約を締結する用意があるか」と、中ソ間の抗日協力の可能性を打診した。しかし、ボゴモロフ大使は「ソ連政府は対中関係を改善したい」と応じつつ、不可侵条約と通商条約に対する国民政府のこれまでの拒絶姿勢を批判した。そして、「相互援助は不可侵条約と通商条約を締結した後の話だろう」と孔祥熙の打診を拒んだ。[84]

反の面の利用は日本に対する、「共同防ソ」を駆け引きとした折衝であった。「先其所愛、微與之期」を対日外交の要とした蔣介石にとって、これは王寵恵訪日のとき試行できなかった案の再試行であった。防ソ問題を最も重視するのが軍部であるとの観察によって、具体的な折衝は磯谷廉介（日本大使館付武官）を相手にした。蔣介石は磯谷との直接会談も考えたが、[85]余地を残すために、自分の腹心で、日本人との交流も深い陳儀（福建省政府主席）を通じて七月から上海で交渉を始めさせた。陳儀は会談の全過程において詳細を蔣介石に報告し、指示を得ていた。何応欽（軍政部長）も陳儀の会談に密接に関与した。

陳儀は七月二十五日の極秘会談において、「私案」の形で左記の「中日友好条約の要綱」を磯谷に提示した。

中日両国は共存共栄を実現し、東亜の永遠な平和を守るために左記の諸原則を定める。

（一）　双方は誠意を以て相互に相手国の独立、主権および行政の完全を尊重する。

（二）　如何なる一方も相手国に対する破壊、侵害を行わず、また相手を害した者を庇護しない。

甲　軍事問題

（一）「防ソ」を両国の共通目的とする。

（二）　この目的を達成するため、機材、技術と資源において相互援助を行う。

（三）　上海停戦協定と塘沽停戦協定を直ちに撤廃する。

乙　経済問題

（一）　平等互恵と貿易の平衡を原則とする。

（二）　中国は、必要とする工業製品のうち、日本国製品の価格が他国と同様または比較的安価であるならばできる限り日本国製品を購入する。

（三）　日本は、必要とする工業原料をできる限り中国から購入し、中国が製造した工業製品に対しても、上記と同様な原則に基づいて中国から購入する。

（四）　中国政府は自力で財政、金融、産業を発展する場合、日本は善意によってできる限り協力する。

（五）　中国は、条件が適切であればできる限り日本の対中投資を受け入れる。

（六）　両国間の工業の協調を図る。

（七）　両国間の経済の互恵的発展を図る。そのため、日本は率先して不平等条約を撤廃する。

丙　文化問題

（一）　東洋文化の発展と儒教思想の高揚について、双方は共同で努力し、東洋精神の特色を守る。

（二）　双方の民間における学術文化協力を増進するための団体や事業に対して、両政府は奨励と扶助を与える。(86)

陳儀が示したこの「中日友好条約の要綱」の注目すべき点は、「満洲国」解消要求を避けたこと、軍事面における共同防ソを明確に打ち出したこと、という二点である。裏を返せば、蔣介石ら最高当局は二月の王寵恵訪日において日本に求めた「満洲国」の解消問題を回避した上、王寵恵が提示しなかった日中軍事協力を明確に提示することによって、日本の対中政策の改善を実現しようとしたのであった。内容は余りにもデリケートであったため、陳儀はこれを磯谷に閲覧させた後、直ぐ回収した。(87)

五　磯谷「日中直接交渉要領案」の衝撃と連ソ制日論の昂揚

ところで、この中国側のぎりぎりの妥協案に対して、磯谷は、「これらの原則は素晴らしいが、遅すぎる。第二歩だ。今や第一歩として国民党が自らの内外政策を一変させることがまず求められる」と否定し、国民党の抜本的な改革は日中間の対ソ軍事協力が先決条件であるとした。(88)そして、それを貫徹するための措置として、磯谷は「ソ連型の国民党の一党支配」の廃止を要求した。(89)これは「党治」(国民党の一党支配)を国是とした国民政府の死を要求するに等しかった。(90)そのため、陳儀から報告を受けた蔣介石は七月三十日に、磯谷に代表される日本軍部のこうした要求を「中国の致命傷」であるとして、「国家が窮極の危険に遭遇した」と日記に書き付けた。(91)

一一日後の八月十日、磯谷は中国側の「中日友好条約の要綱」への対案として、次のような「日中直接交渉要領案」を淞滬警備司令部の甘海瀾を通じて陳儀に返した。

第一歩

(一)　中国は満洲事変と上海事変に対し全責任を以て直接交渉を行い、解決を図る意思を表明する。

(二)　中国の現状に鑑み、右交渉を成立させるため蔣委員長本人の登場を求める。

(三)　両事変の原因は国民政府が広州時期に採用した容共政策にあった。現在、国民政府は共産主義を排除しようとしているが、共産主義的な政策は対内的にも対外的にも現存している。このような政策は日中間の国交を妨害し東亜の和平を攪乱しているため、徹底的に是正しなければならない。

(四)　①右政策の「一国一党」主義を放棄すること。②国民党の組織を全て廃止すること。③黄埔軍校出身の軍人を基幹組織とした中央軍を改造すること。④国民党が組織した全ての秘密団体を解散し、日中親善に反する裏の策動を根絶し、日中提携の精神を妨害する全ての行為を禁止すること。

(五)　満洲事変勃発以降日満間で成立した諸条約ならびに協定について、中国は秘密文書を日本に提出することによってこれを一律に承認する。

(六)　中国は満洲国を承認する空気を次第に醸成させることに努力する。満洲国を公式に承認したとき、すなわち下記第八項を実現したとき、中国は満洲国との交渉を開始する。なお、上記諸項目の達成を目的とする日中直接交渉を行う期間、中国は日中間の秘密文書によって満洲国の内治と外交を黙認する。

（七）両事変によって成立された停戦協定を改正・補修した上、協定の精神に基づいて将来の華北、上海両地方の安定と秩序を維持する。

第二歩

（八）右の諸項目は直接交渉によって実現されたことを確認した以後、日中両国は政府の名義により東亜の平和を確立するために、相互平等の精神に基づいて軍事、外交、財政、産業、文化等諸条約を締結し、相互援助と協力を実現させる。[92]

こうした対案によって、磯谷が求めた「第一歩」の具体的な中身が明らかになった。蔣介石は日本との共同防ソを代価にその対中改善を勝ち取り、政権を守ろうとしたが、磯谷が求めた共同防ソの先決条件は「満洲国」の承認と国民党の壊滅（＝国民政府の解体）そのものであった。

これまで、日本の対中目標は主として中国から権益を獲得することであり、国民党の壊滅や国民政府の打倒ではなかった。つまり、中国の主権を侵害しても中国の政権を否定しなかったのであった。したがって、国民党およびその統治下の国民政府にとっても、政権さえ維持できれば主権の損失をいずれ回復できるので、国家の致命傷にはならないと見ていたのであった。[93]しかし、今や磯谷が日中協力の前提として要求した「第一歩」は、日本軍部の対中目標はすでに中国の主権を侵害することに止まらず、国民党の政権を壊滅することまでも目指していることを明確に示した。政権の維持を最重要視してきた蔣介石ら国民党指導者にとって、衝撃は極めて大きかった。蔣介石は磯谷の「第一歩」を中国を滅ぼすための条件と評して憤慨した。[94]

他方、陳儀・磯谷間の秘密交渉が行われている間、華北の事態を利用したソ連の対中活動は活発化した。支那駐屯軍の諜報によると、ソ連大使ボゴモロフは七月十九日に天津を訪ね、ソ連領事館において、「今回ノ北支事件ヲ契機トシテ北支ハ日本ノ欲スル儘ニ委スルノ已ムナキ情態トナルヘシ而シテ欧米ノ対日圧力ハ昔日ノ如ク強カラサルヲ以テ支那ノ被圧迫民衆ヲ救フハ一ニ蘇聯ノ力ニ俟タサルヘカラサルコトヲ手段ヲ尽シ支那民衆ニ理解セシムヘシ」と指示したという。[95]

また、反ファシズム統一戦線を新方針として定めるためのコミンテルン第七回大会が七月二十五日からモスクワで行われた後、中国現地におけるソ連大使館の対中工作が一層積極的になった。同月二十九日、親日派の唐有壬は次の内話を須磨弥吉郎（南京総領事）に伝えている。「帰任以来ノ『ボ』ノ態度ハ極メテ面白カラス政府部内ノ各要人連特ニ孫科初メ立法院方面トノ個別的接触ニ努メ居レル（中略）要スルニ第一次五箇年計劃ノ成功並ニ其ノ後ノ蘇聯内政ノ発達及一方日本力遂ニハ侵呑セントスルモノナル点ヲ高唱シ親蘇派ノ形成ヲ策シ居ル模様ナリ」。「当地最近蘇聯大使館ニハ数名ノ増員ヲ見従来ノ刊行物ニ依ル宣伝ヲ避ケ前述ノ如ク個人的ニ親蘇派ノ形成ヲ企ツルコトニ方針ヲ定メタルモノノ如ク要スルニ『コミンテルン』ハ蘇聯政府機関（例ヘハ大使館）ト合体シテ文化的芸術的方面ノ機会ヲモ利用シ支那ニ食込マントスル方策ナルヤ観取セラル」。続いて、唐有壬は親日派らしく、「日支関係機微ナル此ノ際蘇聯ノ離間策ニ乗セラルルコトハ遺憾ナルニ付自分（唐）等ニ於テモ充分注意中ニシテ又目下ノ所蘇聯ヨリ纏マリタル申出ハ無之モ乗セラルル機会ヲ作ラハ如何ナル手ニ出ツヘキヤ大ニ警戒ヲ要スル次第ナルニ付テハ日本側ニ於テモ離間ノ口実ヲ与ヘラレサル様特ニ留意セラレレ様致度シ」と須磨に念を押した。[96]

二日後の八月一日、須磨は「河北問題ノ動機ト英米蘇聯ノ態度蘇聯ト提携某国ヲ制スルハ可能性アリ」と題する「蔣派軍人」の演説も入手した。次のような要旨である。「日本ハ外務、軍部ノ二重外交ナリト云フモ其ノ終局ハ大陸政策ナル点ニ於テ一致セリ今回ノ河北問題ノ如キモ其ノ野心遂行ノ第一歩ノミ（中略）之ニ関連シ英米ノ態度ヲ検討スルニ英ハ実利主義ナレハ南支ニ於ケル十二億ノ投資ヲ危険ニ曝シテ迄モ北支ニ干渉スルコトナカルヘク米ニ至リテハ易々比島独立方案ヲ通過シタルニ見ルモ其ノ極東ニ対スル熱意ノ程ヲ知リ得ヘシ然ルニ蘇聯ハ日英何レトモ提携シ難キ立場ニ在ルヲ以テ此ノ際支那ハ先ツ之ト不可侵条約ヲ締結シ軍事経済共ニ提携セハ某国ヲ牽制スル可能性アリト云フ」。[97]

以上の日本側の情報は華北分離工作以降の中ソ関係の傾向を正確に捕捉していた。事実、七月以降、孔祥熙の対ソ打診とともに、国民政府の内部では、日本の「得寸進尺（一寸を得ればさらに一尺進もうとする貪欲）」と「今や列国のなかソ連だけが利用できる」という二つの理由から、主義による中ソ相互援助ができなくとも、利害による中ソ相互援助を図り、ソ連と極秘に軍事同盟を結成しなければならないと主張する声が高まった。[98] 蔣介石も対日対ソ政策を再選択するために、駐ソ大使館の鄧文儀武官を新疆に派遣し、中ソ関係の主な障害となっている新疆問題の再調査を行わせた。[99] また、八月七日の国民党中央政治会議第四六九次会議では、多くの委員は病欠中の汪精衛を対日屈服外交の張本人として激しく非難した。そして、外交部長を兼任する汪精衛の政治力を制限するために、外交委員会の再設置と、「命賭けを後ろ盾とする」外交の励行を主張した。[100] 翌日、汪精衛は辞任に追い込まれた。その後、蔣介石の慰留により汪精衛は二十二日に辞任を撤回したが、対日外交における発言権は著しく弱まった。

こうした中、蔣介石に厚く信頼されている在華ドイツ軍事顧問団長のアレクサンダー・フォン・ファルケンハウゼン（Alexander von Falkenhausen）は、七月三十一日に蔣介石に会って「時局対策」を話した上、八月二十日には自分の「日本駐在五年間の経験と日本軍部に対する深い認識」を強調しながら、それを時局対策書として提出した。その中では次のような論点を力説した。

目下、中国に対する最も厳重な脅威は日本である。日本は利害関係をめぐって中国と真っ向から対立したため、中国の団結と強大化を破壊するために手段を選ばない。日本国内には表面上軍人派と外務派に分けられているが、対中積極論は如何なる場面においても力を持つ。中国は日本の軍人が政策を主導することを想定して方針を定めなければならない。日本の要求を抵抗せずに呑むことは絶対に回避しなければならない。日本が中国の真面目な抵抗に遭えば局面は大きく変化するだろう。

国際情勢について。列強は現在、中国の問題に対して共同干渉も単独干渉もできない。九カ国条約は紙屑に過ぎない。中国は自衛を行わなければ誰も助けてくれない。反対に、国家の自衛に全力を傾ければ、外交上の援助を得る可能性がある。そのうち、ソ連の態度は特に検討すべきである。ソ連はフランスとの条約を成立させた後、西方への憂慮を軽減できた。極東の問題をめぐって、ソ連は日本に譲歩しがちであるが、日本との戦争を回避できなくなった場合、ソ連の軍事力は軽視できない。ソ連は中国における日本の勢力拡張を座視するに忍びないだろう。[101]

後述の史実から、これらの論点は対日対ソ関係をめぐる蔣介石の思考を補完したものとして活かされたことが推察できる。

六　蔣介石の新しい対日案

ところで、蔣介石は一九三五年八月の時点では、対日の面でも対ソの面でもまだ最後の決断をできていなかったと思われる。主な理由として次の五点が挙げられよう。

第一に、ボゴモロフは中国の抗日戦を促進しているものの、相互援助に関する中国側の打診については依然として明確な回答を与えていなかった。他方、コミンテルン第七回大会を転機としたソ連の対中政策の転換についても、この時点で、蔣介石はまだ正確な情報を入手していなかった。したがって、ソ連の態度は未だに未知数のままであった。[102]

第二に、中ソ関係の主要障害となった新疆問題について、現地調査を指示された鄧文儀武官はまだ蔣介石に報告を寄せていなかった。[103]そのため、新疆問題への懸念は依然として蔣介石の連ソ決心を妨げていた。

第三に、日本は中ソ関係を離間しようとしているとの判断に基づいて、蔣介石はそれを逆手にとって防ソ問題を利用して日ソ関係の離間を図ろうとしていた。[104]また、蔣介石は日本政局の内紛を促すためにも対日関係を改善し、その対中懸念を解消しなければならないと考えていた。[105]

第四に、武力による対日抵抗について、蔣介石は七月二十五日の磯谷による口頭要求を受けた直後、対日抗戦のための軍指導部人選を勘案し、日本の侵略に対する応戦に向けて大きく傾斜し始めた。[106]しかし、準備を整えるまでの時間稼ぎが必要であること、中国共産党問題を優先的に解決する必要があること、[107]などの理由から、八月になって、蔣介石は「主権と領土を失わないという範囲のなかで忍耐に努める」ことを国民党中央政治会議に再確認した。[108]

最後に、蔣介石は磯谷の対案を確認して日本軍部への望みを諦めたが、日本政府との外交交渉については依然として一定の期待を持っていた。しかも帰国中の蔣作賓（一九三五年六月より駐日大使）と新しい対日案を練っている。したがって、新しい対日案に基づく蔣作賓による日本政府との交渉の結果が分かるまで決断を控えたいと考えていた。

蔣作賓による交渉の経緯を具体的に見てみる。

蔣作賓大使は華北新事態以後の対日政策に関する指図を仰ぐため七月十日に帰国した。その後、彼は四川省剿共前線の蔣介石と「行ヲ共ニシ其ノ間種々意見ノ交換ヲ為シ」[109]た。蔣介石檔案によると、日本政府とのこれからの交渉について、蔣介石が定めた指針は、日中双方をともに利する条件をもって説得すること、中国側の現時点の目標を華北における中国軍の駐屯権の確保と広東・広西を統一すること（筆者註：すなわち日本が西南派を支持しないこと）に置くこと、「以大事小」の古訓を日本側に強調すること、[110]であった。また、蔣介石は前記の陳儀・磯谷秘密会談の情況も蔣作賓に通報させた。[111]磯谷の書面対案を受けた後の八月十五日、蔣介石は廬山で要人達と五時間かけて日本問題を再検討したが、汪精衛は欠席したままであった。[112]要するに、新しい対日交渉の基本方針は蔣介石主導の下で決定されたのである。[113]そのうち、「満洲国」問題については、蔣介石はそれを「不問にする」ことを日本に対する新しい譲歩とすることを定めるとともに、「満洲国」を承認しないこと、国際連盟を脱退しないことという二項を中国が最後まで守るべき政策の基準とすることも決定した[114]。

この基本方針に基づいて九月七日、蔣作賓は東京で広田弘毅外相と会談を行った。日本側の記録によると、蔣作賓はまず次のような「蔣介石の信念」を広田に伝えた。「支那トシテモ以前ノ様ニ（右ハ誤解ニテ真実ハ然ラサルモ）御国ヲ軽視又ハ憎悪スル様ナ感情ヲ捨テ御国トシテモ支那ヲ平等ニ待遇スルコト換言スレハ貴大臣ノ日頃愛誦セラルル（孟子）ノ『大ヲ以テ小ニ事フル者ハ天ヲ楽者也。小ヲ以テ大ニ事フル者ハ天ヲ畏ルル者也』ノ精神ヲ以テ支那ヲ遇スヘシト云フニアリ[115]」。

続いて、蔣作賓は「蔣介石の原則」として、王寵恵が二月に示した諸原則を踏まえて次のように提示した。

（一）日支両国ハ相互ニ相手国ノ国際法ニ於ケル完全ナル独立ヲ尊重スルコト。具体的申セハ支那カ外国ヨリ強制セラレテ締結シタル一切ノ条約即チ一切ノ不平等条約ノ撤廃之ナリ不平等条約ノ内容ニ関シテハ詳細申上クルノ要ナシト存スルモ例ヘハ租借地、租界、領事裁判権、駐屯軍、支那政府ノ許可ナクシテ軍隊ノ支那領内通過又ハ軍艦ノ領水内遊行碇泊等。総テ国際法上完全ナル独立国トシテ享有スヘキ権利ヲ尊重セラルルト共ニ独立国ニ対スル国際法上ノ義務ヲ遵守スルコト即チ日支両国カ御互ニ完全ニ平等ノ地位ニ立ツコト。

（二）日支両国ハ真正ノ友誼ヲ維持スルコト。日支両国ハ相互ニ相手国ニ対スル非友誼的行動例ヘハ統一ノ破壊、社会秩序ノ紊乱、誹謗破壊等一切ノ行為ヲナササルコト。

（三）今後日支両国間ニ於ケル一切ノ事件ハ平和的外交手段ニヨリ解決スルコト。茲三四年ノ間稍々モスレハ外交機関ニ非ル任意ノ個人ヨリ自由勝手ナル要求アリ又甚シキハ暴力手段ニ出テラルルコト間々アリ右様ノ事態ニテハ日支親善ハ到底出来サレハ今後ハ外交機関ニ依リ平和的手段ヲ以テ処理サラレ度キコト。

以上三原則ハ王寵恵渡日ノ際閣下ノ御承諾ヲ得タルモノナリ。尚右ノ外右三原則ニ依リ日支両国カ真ノ友達トナルニ於テハ相互ニ相手国ニ対シ疑惑又ハ警戒ノ感情無キニ至ル次第ナレハ日支提携実現ノ為ニハ更ニ上海停戦協定塘沽停戦協定及北支事件ニ関連スル両国間ノ取極ヲ取消スコト之ヲ要スルニ満洲問題ヲ除外スルノ外日支両国間ノ関係ヲ九月十八日以前ノ状態ニ復スルコト必要ナリ。[116]

以上は日本に対する要求にあたるものであるが、その実現に対する中国側の見返りとして、蔣作賓は次の諸点を提示した。

支那全国民ノ心底ニハ遠慮ノナイ所排日排貨ノ決心相当根強ク植付ケラレ居ル処蔣氏ハ責任ヲ以テ之カ取締改善ニ当ル決意ヲ有シ居レリ。次ニ満洲問題ハ支那人トシテ到底忘レ得サル事件ニシテ満洲国ノ独立ヲ絶対承認シ得ス但蔣委員長ハ今日ハ之ヲ『不問ニ附ス』トノ意向ナリ。『不問ニ附ス』トハ貴国ニ対シ貴国ノ満洲国承認ノ取消ヲ要求セスト云フ意ナリ。之モ実ニ至難ノコトニシテ万一之ヲ公言センカ直チニ暗殺サルヘシ然レ共蔣委員長ハ此ノ問題ノ為日支親善ノ阻止セラルルハ如何ニモ残念ナルニ付暫ク之ヲ不問ニ附サントスルナリ。

若シ日本カ前記三原則ニ加フルニ上海及塘沽停戦協定竝ニ北支事件ニ関スル取極ノ廃棄ニ同意シ下サルニ於テハ支那トシテモ経済提携ノ相談ヲ為シ易シ。日支経済提携ニ付日本ニ具体的意見アルヤ否ヤハ承知セス又我々ノ観測スル所ニテハ日本ハ右ニ関シ具体案ヲ有セサルモノノ如キモ蔣委員長ハ支那ノ主権ヲ毀損セサル範囲内ニ於テ日支両国ニトリ有益ナコトハ進ンテ御相談セントノ準備ヲ有ス。

（中略）共産党討伐ノコトニ関シテハ世間ニ色々ノ風評アリ御国ノ一部ニテハ蔣介石ハ剿共ニ名ヲ藉リ日支提携ノ遷延ヲ計リ居レリ等ノ宣伝ヲナス向アルモ右ハ蔣委員長ノ真意ニ非ス。蔣氏ハ支那ニ於ケル共産党ノ跋扈ハ支那ノミナラス貴国ニトリテモ一ノ脅威ナリ共産党ハ両国ノ存在ト両立セサルモノト考ヘ全力ヲツクシテ之カ討伐ニ従事シ居ルモノナリ。尚日支経済提携ノ具体案ニ付テハ後日詳細討論スルコトト致スヘキモ何レニセヨ日本カ前記根本原則ニ同意サレ漸次提携ヲ促進シ行カルルニ於テハ其ノ進行振ニ依リテハ蔣委員長ハ経済的提携ヨリ更ニ一歩ヲ進メ両国ハ『或ル共同ノ目的』ニ対シ軍事上ノ相談ヲ進ムル決心ヲモ有ス。[117]

この新提案を通して、蔣介石は「満洲国」問題について、七月の「中日友好条約の要綱」よりさらに後退して、「満洲国」問題を「不問ニ附ス」ことを明示し、新たな譲歩を行った。そして、防ソ協力問題についても、「中日友好条約の要綱」のような明確な表現を曖昧な表現にしたものの、連ソ論が昂揚している中でも、防ソ協力を中国の三原則を実現するための交換条件として再度提示した。

だが、この時点の日本の為政者にとって、「満洲国」問題はずっと前から「問題外」となっており、それを不問にするのは何の意味もなかった。これよりも、広田が注目したのは諜報活動によって浮き彫りにされた中国の連ソ傾向であった。それゆえ、蔣作賓が伝えた蔣介石の新提案に対する広田の質問は主に中ソ関係を焦点にして行われた。次のような内容である。

「支那ノ外交ニハ由来以夷制夷即欧米ノ相当ナル国ト聯絡ヲトリ日本ヲヤッツケルト云フ考アリ現ニ本日此ノ御話ヲ聴ク反面ニ南京電報ハ露国ト提携シテ日本ニ当ルトノ報道ヲ伝ヘ日本人ノ間ニハ此ノ種報道ヲ信スルカ如キ心理状態ニアル者ノ存スルモ事実（中略）」

「日本人中ニハ国民党ハ共産党ナリトノ考ヲ有スル者アリ蘇聯ニ対スル貴国ノ関係ハ御国ノ方ニテ余程明確ニシ置ク必要アリ。支那ハ外蒙古ニ対スル露国ノ策動ヲ不問ニ附シ満洲国ノ問題ヲノミ云々スト日本人ハ考ヘ居レリ赤化ニ対シテハ日本モ満洲モ同様ナル関心ヲ有シ居リ赤化防止ノ為ニハ日満支カ具体的ニ話合ヲナシ案ヲ立ツヘキニテ之東亜ニ立国スル諸国ノ責任ナリト思考ス（中略）」

「莫斯科ニ於ケル『コミンテルン』ノ報道ニ依ルモ蘇聯ハ支那ニ対シ相当ノ工作ニ出テ居ルカ如シ、万一些少ナリトモ此ノ傾向顕ハレ来ルニ於テハ東洋ニハ相当ノ刺激ヲ与フヘシト思ハル点充分御注意アリ度シ[118]」。

広田のこうした疑問に対して、蔣作賓は「在支露大使ノ行動等信スルニ足ラス」と否定した。しかし、会談の最後、蔣作賓は「本日ノ会談殊ニ『共同ノ敵』等ノコトカ外部ニ露見スル時ハ国民政府トシテ甚ク困難ナル立場ニ立ツニ付御裁量ニヨリ発表ノ場合ニハ充分御注意願ヒ度シ」と広田に要請した[119]。これは連ソ論が昂揚した中国の国内情勢を配慮した発言であろう。

七　日本の回答とソ連側新政策の判明

中国にとって、九月七日に提示した対日新提案は「中日関係の緩和と改善をはかる[120]」ための最後の努力であった。それゆえ、日本側の回答は中国のその後の対日対ソ関係の方向性に決定的な影響を及ぼすものになる。回答を待つ間、蔣作賓は「日本の各方面は我が誠意をかなり理解した」という楽観的な報告を蔣介石に寄せた[121]。蔣介石も、九月二十三日に何応欽に日本の軍事演習を視察するための訪日を指示し[122]、対日新提案の効果に期待した。

だが、九月二十四日から十月上旬にかけて、日本側から寄せられた二つの回答は蔣介石の期待を裏切った。日本側の第一番目の回答は、支那駐屯軍司令官に着任したばかりの多田駿によるものであった。九月二十四日、彼は天津で次のような談話を発表した。

「日満支共存の素地をなす北支のいわゆる明朗化は北支民衆の力により徐々に達成さるべきものであるが、これを阻害する国民党部及び蔣介石政権の北支よりの除外には威力の行使もまた已むを得ないであらう。この根本主張に基く我軍の対北支態度は（一）北支より反満抗日分子の徹底的一掃、（二）北支経済圏の独立（北支民衆の救済は北支財政を南京政府の隷属下より分離せしめるの外ない）、（三）北支五省の軍事的協力による赤化防止の三点にして、これらのためには北支政治機構の改正確立を必要とするが、さしづめ北支五省連合自治体結成への指導を要する」[123]。

さらに、翌二十五日に記者団に配布された支那駐屯軍司令部のパンフレット『対支基礎的観念』は上記の談話を踏まえて、支那駐屯軍の中国観と蔣介石観を示した。すなわち、華北事件の結果、蔣介石と国民政府は親日の立場を表明したが、これは一時的糊塗にすぎない。中国国民党はソ連共産党と類似した組織形態を有するため、親日よりも親ソに転換する可能性が大きい。蔣介石がソ連と連合し、日本の政策を妨害する証拠もある。日本と新軍閥の蔣介石とは共存できない関係にある。しかも、中国共産党は国民党の悪政によって生じたものだから、防共を実現するためには先ず国民党の悪政を除去しなければならないのである[124]。

このような「多田声明」と呼ばれた対中方針に基づいて、日本の現地軍は直ぐに「北支五省連合自治体結成」を名目とした第二段の分離工作を開始し、蔣介石と国民政府に新たな衝撃を与えた。国民党中央政治会議第四七八次会議は「多田声明」を国民党打倒を明示したものとして認識した[125]。蔣介石は、「多田声明」とそれに伴って発生した華北新事態によって「折角ノ剿共事業モ挫折スヘク、極力抑ヘ来レル潜行的反日気分ヲ激成」されたとして、孔祥熙を通じて日本に抗議した[126]。要するに、国民政府は「多田声明」を磯谷の「日中直接交渉要領案」を踏襲した日本軍部の本音の再表明として受け止めたのである。

「多田声明」に次いで、日本側の第二番目の回答は広田外相によるものであった。周知のように、日本国内では十月四日に「対支政策に関する外・陸・海三相間諒解」が達成された[127]。十月七日、広田は蔣作賓との会談で、それを九月七日の中国新提案に対する日本の対案として提示した。

次のような三原則である。

（一）　日本ハ東亜ノ平和維持ヲ最モ顧念シ居ル處右ハ単ニ日支両国間ノ諒解ノミナラス満洲国ヲ加ヘタル日満支三国間ノ諒解提携ニ依リ始メテ達成セラルル次第ナルカ之カ為ニハ先ツ日支間ニ真ノ親善関係ヲ確立スルコト肝要ナリト思考スル處日本官民ニ於テハ支那側ニテハ常々欧米ノ勢力ヲ利用シテ日本ヲ牽制スル傾向アリト疑ヒ居ルヲ以テ所謂以夷制夷ノ態度ヲ改メラレ度此ノ際支那側ニ於テ尠クトモ排日殊ニ日貨排斥、排日教育等ヲ全然止メルト共ニ更ニ進ンテ積極的ニ日支提携ノ実ヲ挙クル様一層努力スルコト

（二）　日満支三国ノ関係調整ノ為ニハ支那側ニ於テ此ノ際満洲国ノ承認ヲ断行スルコト最上ナルモ支那側トシテモ對内其ノ他ノ関係上正式承認ヲ困難トスル事情アルヘキヲ以テ若シ承認困難ナルニ於テハ差当リ満洲国ノ独立テフ既存ノ事實ヲ無視スルコトナク之カ存在ヲ事実上承認スルコトニ依リ少ク共満支接壌地域タル北支ニ於テハ日満支三国間ニ事実上充分ナル経済的文化的提携ノ出来得ル様スルコト

（三）　赤化勢力ノ侵播ハ単ニ支那ニ取リテノミナラス日満両国延イテハ東亜全般ニ對スル脅威ナルヲ以テ之ニ對抗スル為日満支三間間ニ虚心坦懐、共同ノ方策ヲ相談スルコト。[128]

これは後に「広田三原則」と称されたものの具体的な内容であった。九月七日の中国提案が中国の三原則の実行を日中関係調整の先決条件とした。これに対して、広田は日本側の「三点ハ国交提携ノ為絶対必要条件ニシテ先日御話ノ支那側三原則ナルモノモ右三条件ニ付日支間ニ話合出来タル後始メテ御相談ニモ応シ得ヘク」として、日本の三原則の実行を日中提携の「絶対必要条件」とした。[129]

この広田による日本政府側の回答について、蔣介石は十月十三日の汪精衛宛電報において、「以夷制夷の放棄、満洲国の尊重、赤化防止の同盟結成という日本の三箇条は形式では比較的軽くなったように見えるが、その中身は中国の国際連盟脱退、満洲国承認と日中対ソ同盟というこれまでの諸要求の変形であり、またはこれらを実現するための第一歩である。それ故に含意が深刻であるので、慎重に検討しなければならない」と分析し、中国は自国の主権と統一を守ることを根本として堅持していかなければならないと強調した。[130]

総じて、国民党の打倒を再表明した多田声明はもちろんのこと、日本の三原則を中国の三原則より優先すべき絶対

必要条件とした広田三原則も蔣介石ら国民政府指導部の許容できないものであった。加えて、多田声明をめぐって、国民政府は蔣作賓大使を通じて広田ら日本政府筋と交渉したが、広田は「承知しない」と答えただけであった。[131] 日本の軍部と政府との間におけるこのような矛盾と混乱は国民政府を失望させるとともに、その対日不信を一層増幅した。[132] 十月九日、孔祥熙は須磨に対して、日本の「単一意思無キコト」は日中関係の「最難関」であり、「収拾スヘカラサル結果トモナルヘシト言ヘル」と強く非難した。[133]

ちょうどこの間に、ソ連側の動きをめぐる新たな情報が次々と蔣介石と国民政府に伝えられた。これは日本側の二つの回答との比較の中で、蔣介石と国民政府を新たな対ソ認識へ導くことになった。

第一は主権問題に関わるものである。前記のように、日本側は軍が多田声明の通り第二段の華北分離工作を進め、政府は広田三原則によって中国が求めた前提と順序を否定した。中国にとっていずれも新たな主権侵犯にほかならない。これと反対に、中ソ間では主権問題の多くは元々国民政府誕生以前の既存問題であったが、国民政府誕生以後の唯一の新しい問題であり、蔣介石の日ソ相互牽制戦略の要因ともなっている新疆問題をめぐっても、この時点に国民政府指導部を安心させる「朗報」が到来した。それは鄧文儀の新疆視察報告であった。既述のように、蔣介石は日ソ関係に対する再選択のため、七月に鄧文儀を新疆視察に行かせた。日本による華北分離工作後に連ソ制日論に転向した鄧文儀は、新疆当局の接待攻勢を受けて、十月に次のような主旨の調査報告を中央に送った。「新疆は近年かなり進歩しており、ソ連との関係は外部に喧伝されていたようなものではない。各界で綿密に考察した結果、赤化宣伝の事実もなかった。以前報じられた新疆とソ連との結託説も完全な誤りである」。[134] これは事実に反していたが、この時点では真実と見なされた。そして、連ソ政策への転換を促進するものとなった。[135]

第二は政権問題に関わるものである。前記のように、日本では「多田声明」は蔣介石と国民党が最も憎んだ磯谷対案の縮図であった。実際にも、この頃再度行われた日本軍の大連会議では「支那ハ統一セラルヘキモノニ非サルコト」と「西南ハ従来通リ之ヲ援助スルコト」[136] が決定された。これはいずれも前記の蔣介石の政策目標に反するものであった。そして、広田三原則は軍部の条件より緩やかに見えたものの、当時の内外情勢の中で、これを絶対条件として実行すれば国民政府は自ずと崩壊するのである。これと反対に、この時点に、蔣介石ら国民政府指導部は駐ソ大使館などから入手したコミンテルン第七回大会の具体的な情報、とりわけソ連側と中国共産党駐コミンテルン代表団の発言から判明したソ連側の対中新政策は日本とは対照的であった。すなわち、ソ連当局は国共合作による中国の抗日戦を実現するために従来の国民党打倒方針を改め、国民政府を中国の正統政府として認めたと思われたのであった。[137]これによって、蔣介石らは、日本とソ連は国民党政権を打倒するか擁護するかという国民党にとっての致命的な問題をめぐって、逆の選択を行ったことが確認できたのである。

八　連ソへの傾斜と対日「応戦」決定の登場

日ソ双方をめぐる右のような比較と政策の再検討を背景に、十月以降、蔣介石と国民政府の対ソ政策と対日政策とは相反する方向へ向かった。

先ず対ソ政策の面を見てみよう。十月初頭、「北支五省自治」を名目とした日本軍の華北分離工作の再開に直面して、蔣介石は、日本の目的が中国を奴隷にすることであり、現状での日中共同防ソは中国を攻守両難のジレンマに陥れることであると断じて、日本が最も危惧する中ソ連合の視点から対応を考えようとした。[138]同じ頃、国民政府の中枢では高級幹部の極秘会議が繰りかえされた結果、蔣介石の一致抗日の主張への合意が形成された。また、極秘会議では、「中国の弾薬と給養は何れも三カ月しか維持できず、日本との持久戦を勝ち抜くためにはまずこの補給問題を解決しなければならない」という現状認識に立って、対応策を検討した。その結論は、「英米と中国との距離が遠い。遠方の水は間近の火事を救うことができない。どう考えてもソ連のほうが役立つ。しかも、日本が必ずソ連を攻撃するとの情報もある。中国はソ連と協力関係を結び、武器と給養を援助してもらわなければならない」という主旨であった。[139]そこで、十月十八日、孔祥熙はソ連大使を再訪し、「日本が反ソ軍事協定の締結という新しい要求を中国に強要している」と通報した上で、「日本人は、中国戦線を抑えなければ対ソ開戦ができないので信頼できる政権を華北に樹立したいと言っている。彼らは蔣介石を信頼していない。もし蔣介石が軍事同盟の締結に同意すれば日本は華北に対する南京の主権には反対をしないだろうが、逆のことになれば南京政府を潰すだろうと彼らは宣告した」と語った。[140]同日夜、蔣介石と孔祥熙は共同でソ連大使と会談した。蔣介石は、「中ソ両国は同じところから脅威を受けている」ことと、本国代表の最近の報告により中国側は新疆問題に対する懐疑を解消したことを前置きしてから、「中国軍の総司令」として、ソ連政府が中国と極東平和を保証できるための協定を結ぶことに同意できるか否か、もし同意できるならばこの協定に対してソ連側の具体的考えがあるか否か、とソ連大使に尋ねた。ボゴモロフ大使はソ連当局の最近の指示に基づいて、「ソ連政府はソ中関係を根本的に改善することを希望している」と蔣介石らに返答した。[141] 十月二十六日、蔣介石は「日本が恐れているのはソ連である。現在の外交ではソ連に特に注目しなければならない」という点を再確認した。[142]

他方で、対日政策をめぐっては、瀬戸際に立つ前は忍耐、慎重、善隣という旨を厳守するが、瀬戸際に立ったら日本の侵略に応戦するという方針が決定された。十月十三日、蔣介石はこれを「最後の方針と不変の原則」として華北の責任者に直接伝えることを熊斌（参謀本部次長）に命じた。[143] 十五日、熊斌は北平で蔣の方針を華北の責任者達に伝えた。会場でこれを筆記した徐永昌（山西省主席）の当日の日記によると、その要旨は次の通りである。

広田と日本軍部の対中新政策は三原則に示されている。目下、日本は決定した政策を進めており、それを達成できなければ全般的な圧迫を中国に加えるであろう。すなわち、日本は分裂という手段を行使し、中国において、満洲国以外に、蒙古国、華北国、華中国、華南国などの諸国を作るであろう。

日本は戦わずして勝利を勝ち取るという手段を用いている。中国は戦っても屈服しないという対策でそれに応じるべきである。

以前の中国は日本との間で南北対抗の局面に置かれ、持久戦が維持できなかったから、戦争を回避する政策をとった。しかし、今や四川省と貴州省などでの剿共戦が成功したため、中国は日本と東西対抗の形勢を形成し、長期にわたって日本を困らせることができるようになった。今後一致団結を実現できれば、独立と生存を勝ち取れよう。たとえ極限まで負けたとしても我々は決して屈服しない。

この指示とともに、熊斌は参謀本部が作成した「国防大綱」も通達した。[144]

こうした応戦方針を決意すると、蔣介石はそれを二つの対抗措置に反映させた。

第一には、十月十八日、蔣介石は汪精衛が作成した広田三原則への回答案から軟弱な表現を削除した上で、中国側の原則をより明確に示した強硬な内容に改めた。[145] 十月二十一日、蔣作賓大使は広田外相との会談で、それを日本側に公式に提示した。この「十月二十日附書物」を日本外務省は「非公式ニ借用ノ上写ヲ作成」した。次のような内容である。

若シ日本帝國カ中華民國ノ提出シタ日華親善基本前提條件タル三大原則ヲ完全ニ實行スレハ中華民國ハ日本帝國ニ對シテ下ニ述ヘル意思ヲ表明スル

廣田閣下ノ提出セラレタ第一點ニ關シテハ中華民國ハ原來夷ヲ以テ夷ヲ制スル考ハ無イコレマテ日華兩國間ノ紛糾ハ凡テ兩國ノ親善關係ヲ樹立スルコトカ出來ナイカラ起ツタノテアル今親善關係ヲ實現スル爲中華民國カ其他各國トノ關係事件ニ付イテ決シテ日華兩國ノ關係ヲシテ不良ノ影響ヲ蒙ラセス殊ニ消極的ニハ日本帝國ヲ排除シ積極的ニハ日本帝國ヲ妨害スル意味カ有ルコトヲ含マセナイ日本帝國ニ於カレテモ其他各國トノ關係事件ニ付イテ中華民國ニ對シテ同樣ノ方針ヲ取ラレルコトヲ希望スル

廣田閣下ノ提出セラレタル第二點ニ關シテハ日本帝國ハ既ニ中華民國ノ滿洲國ニ對シテ承認スルコトカ出來ナイコトヲ諒解セラレタカラ今後中華民國ハ滿洲ニ對シテ政府間ノ交渉ハ出來ナイカ其ノ地方ノ現狀ニ對シテハ決シテ平和的以外ノ方法ヲ用ヰテ變端ヲ惹引スルコトヲ爲サス且關內外人民ノ經濟聯絡ヲ保持スル方法ヲ講ス

廣田閣下ノ提出セラレタ第三點ニ關シテハ中華民國カ赤化防止ニ對シテ數年以來既ニ最大ノ努力ヲ盡シ其ノ剿除ニ從事スル爲重大ノ犧牲ヲ惜マナカツタ今ハ赤禍ハ既ニ心配スルニ足ラナイ狀況ニ在ル中華民國北邊一帶ノ境界地方ニ於テ如何ニ防備スルカニ至ツテハ若シ日本帝國カ中華民國ノ提出シタ日華親善基本前提條件タル三大原則ヲ完全ニ實行シタナラハ中華民國カ自己ノ主權ト獨立ヲ妨害シナイ原則ノ下ニ日本帝國ト有效ノ方法ヲ協議スルタラウ上ニ述ヘタコトハ廣田閣下ノ提出セラレタ三點ニ對スル答復テアル本年九月七日蔣大使カ中華民國政府ヲ代表シテ廣田閣下ニ對シテ提出シタ一切ノ條項ヲ日本帝國カ必ス實行シ滿洲問題ヲ除イテ一切九・一八以前ノ狀態ニ回復スルヲ要ス上海停戰協定塘沽停戰協定竝ニ本年六月間華北事件ノ日華兩國軍人間ノ商議等ハ孰レモ中華民國ヲシテ其ノ領土內テ十分ニ主權ヲ行使スルコトカ出來ス從ツテ時ニ發生スル所ノ紛糾ヲ鎭壓スルコトカ出來ナクナラシメル計リテ徒ニ日華兩國間ノヤウヤク好轉シ始メタ感情ノ融和ヲ傷ケルノテアルカラ日本帝國ノ即時ニコレラ協定及ヒ商議ヲ撤銷シ以テ中華民國地方秩序ノ安寧ト日華關係ノ根本改善ヲ誤《ママ》ラレルコトヲ切望スル(146)

この回答において特に注目すべきことは、中国の三大原則の完全実行を日中親善の「基本前提条件」として再度強調したことと、共同防ソに関する内容が大きく後退し、有名無実のものに改められたことである。十月二十二日、日本との開きが「余りに大きい」と痛感した須磨総領事は汪精衛に対し、中国の返答を「意外」、「本末転倒」、「無誠意極まり」として強く非難した。[147]

蔣介石の第二の対抗措置は、上海・福岡間航空協定の締結を拒否したことである。この航空協定の締結は日中間の懸案であった。十月二十二日夜、汪精衛は対日関係の緩和を図るために、須磨との会談で協定を締結することに同意した。しかし、報告を受けた蔣介石は直ちにそれを否定した。面目を潰された汪精衛はこれは行き過ぎだと蔣に苦言を呈したが、[148]二十四日、蔣介石は汪に対して、「日本が言った善は善として信用しない。日本が言った悪や力は恐れる必要がない。まず外交の常軌を回復しなければならない」と返答した。[149]

こうした中、十月二十八日の広田・蔣作賓会談では、広田は中国側の三原則をはっきり拒否した上で、中国の「十月二十日付書物」の内容「夫レ自体力既ニ日支両国ノ関係ニ非常ナル刺激ヲ与ヘラルル」と批判した。他方、蔣作賓は共同防共について、「将来必要アレハ協議スヘキモ今日ハ其ノ必要ナシ」と、二十一日に提示した回答より一層はっきりした形でそれを否定した。広田は「赤化防止ノ必要ニ付日支両国ノ間ニ非常ナル認識ノ相違アルコト明ナリ」と指摘しつつ、「新聞ニヨリ考ヲ変ヘテハ問題ノ解決ハ出来サルヘシ新聞ニ読マレテハ実際ノ考ニ付キ判断ヲ誤ル、人気取外交ハ有害無益ナリ」と非難した。これに対して、蔣作賓は、「同感ナリ。但最近ハ単ニ新聞情報ノミナラス新聞記事ト同様ナル事件カ事実トシテ表面ニ顕レ居ルハ遺憾ナリ」と応酬した。こうして、防共問題をはじめ対日対ソ政策における中国の変容はより明確になった。[150]

その後の中国の政策は従前の「中立による日ソ相互牽制」から「対ソ連合」と「対日応戦」という方向に向けて展開していく。

十一月一日、汪精衛が抗日派に狙撃され負傷した。後に彼は行政院院長を辞任して、再度政治の舞台から身を引いた。それに伴って「親日派」と批判されてきた勢力が衰退した。

十一月三日、国民政府は日本の反対を押し切って、英米の支援を受けながら幣制改革を実施し、抗日戦を支える財政的基盤を強めていく。

十一月中旬、中国国民党第五回全国代表大会が招集された。蔣介石は大会で平和を維持するための忍耐を呼び掛けるとともに、日本の行動が中国の忍耐の限界線を越えたら中国は犠牲を惜しまないという「最後の関頭」演説を行った。[151]会議中における中国指導部の雰囲気について、十一月十七日、須磨は南京から次のように報告した。「支那ノ対露関係ハ最近何等カ新タナル発（展）アリシヲ思ハシムルモノアリ特ニ鄧武官新疆視察帰来後、従来ノ南京側対盛世才ノ確執緩和セラレタルヤノ風アリ又五全大会中剿匪ニ関スル記事一切新聞紙面ヲ去リ居ル事実アリ（中略）要スルニ航空連絡交渉決裂以来懸案解決ニ対スル支那側ノ態度ハ目ニ見エテ不熱心トナリ蔣介石以下多数国民党中央委員カ北支問題ニ対スル我方出方ニ依リテハ飽迄抗争セントスル気配濃厚ナルモノアル次第ナリ」[152]。須磨の予測を裏付けるように、二十五日に日本軍の指導により殷汝耕が冀東防共自治委員会を樹立し、国民政府からの離脱を宣言したが、国民政府は直ちに殷汝耕を国賊として逮捕令を出した。

こうした対日政策の強硬化と対応して、対ソ連および対中国共産党政策の面では、十一月以降、蔣介石は曽養甫、鄧文儀および陳立夫らの国民党要人を次々とソ連側と中国共産党側へ送り、一致抗日を実現するための中ソ連合と国共合作を働き掛けた[153]。これを背景に、十一月二十日、ボゴモロフ大使は当局の指示に基づいてソ連が中国に軍用資材を供給することに同意する旨を孔祥熙に知らせた[154]。

おわりに

日本側は中国の対日対ソ政策の変化を敏感に感じ取っていた。例えば、関東軍参謀部は十月十七日付の調書で次のように論じた。「第三インターカ最近第七次大会ニ於テ各種反帝国主義団体ノ合同団結ヲ策シ其ノ赤化重点ヲ支那ニ指向スヘク決議セルニカカハラス紅軍討伐ニ手ヲ焼キ又我対北支工作ニ脅威ヲ感セル蔣介石ハ敢テ之レニ抗議セサルノミナラス反テ再ヒ親蘇容共政策ニ転シ一面日本及列強ヲ牽制スルト共ニ他面之レヲ以テ紅軍ヲ政治的ニ解決シ四川省方面ニ今後ノ対日根拠地ヲ求メントシツツアルモノノ如ク」[155]。

また、日本国体研究会も十月二十三日付の文書で次のように分析した。「日本の積極的進攻と欧米派の牽制の中間に於ける蔣介石が、一面に於いて日本と妥協し、赤化防止の共同防衛の立場に立たん気勢を示し、他面蘇聯と妥協して共産軍と地域協定を行ひ、英、米の国際資本によって日本の侵攻を阻止せんとする、二重の構へを持つことは必然あり得ることである」[156]。

さらに、十一月七日、須磨は唐有壬らの話を次のように報告した。「親日派ノ凋落近キアリ而モ其ノ責任ハ日本側ノ強ガリ一方ノ態度ニ帰スへシ（中略）所謂多田声明以来日本ノ対支意見ハ支那側ノ期待ト全ク相反スルモノナリトノ危惧漲リ今回袁良ノ如キ又先ノ陶尚銘ノ如キ排日派ヨリ見レハ漢奸タル程ノ親日派サヘ日本側ニ追出サルルニ至ツテハ親日派ノ勢威全ク行ハレス殊ニ北支ニ対スル日本ノ意図ハ執拗ナルモノアルヲ観テ蒋介石ハ奮然之ニ対抗ノ決心ヲ為シ」た。(157)

同月十二日には、日本外務省は有吉大使に宛てた電報で、「十月二十日付蒋大使書物ニアルカ如キ支那側態度ハ満洲事変ノ原因ヲナセル王正廷ノ所謂『革命外交』ト其ノ軌ヲ一ニスルモノニシテ此ノ点支那側ニ根本的錯誤アルモノト認メラルル」と嘆き、今後の日中関係に懸念を示した。(158)

こうした日本側の観察は、蒋介石と国民政府のこれからの方向性をよく察知していた。しかし、自己反省が非常に不十分であるとともに、右のような方向性をもたらした因果関係についての分析も乏しかった。したがって、本稿はこれを補うことを兼ねて、ここまで考察した結果から特に次の四点を改めて提示し、結びとしたい。

(一) 中日ソ関係の特殊な構造により、中国の「連ソ制日」への傾斜は満洲事変の当初から決定的になったものではなかった。それどころか、一九三五年前半の時点に至っても、蒋介石ら中国指導部の日ソ関係への指針は中立による相互牽制であった。

(二) 対日対ソ政策をめぐる選択にあたって、蒋介石ら中国指導部はイデオロギー的な考慮からも一定の影響を受けたが、国家の主権の防衛と国民党の政権の維持という国益・党益への考慮は政策決定における最も重要な鍵であった。

(三) 右の点と関連して、蒋介石ら中国指導部は日ソ関係への対応において、「中立による相互牽制」を図りながら、日本との共同防ソ（または共同防共）を主権の防衛と政権の維持を勝ち取るための交換条件とした対日交渉も繰り返して試した。

(四) 蒋介石ら中国指導部のこのような試みを断念させ、さらにそれを日本側の願望に反して対ソ連合と対日応戦の方向へ転換させた外部の決定的な要因は、中国の主権問題と政権問題（特に後者）をめぐる日ソ双方の異なる対応であった。

最後に、次のことも指摘しておきたい。すなわち、一九三五年十一月の国民党第五回大会を契機に中国の対ソ対日政策の方向性が決定されたが、それを実際の行動、つまり、真の「連蘇」と「応戦」の実行に化するには、中ソ間・国共間の相互不信、日中・日ソ間の駆け引き、蒋介石の多重な両面性というこれまでの諸要因がみな残存していたため、まだ多くの紆余曲折をたどらなければならなかった。紙幅の関係で、これについての考証は別の論文に譲ることにする。

註

(1) 管見の限りで筆者が特に参照したものは次の通りである(刊行年順、単独論文は省略)。日本国際政治学会太平洋戦争原因研究部編 島田俊彦・宇野重昭『太平洋戦争への道 第三巻 日中戦争』(上)(朝日新聞社、一九六二年)。Coble, Parks M., *Facing Japan: Chinese Politics and Japanese Imperialism, 1931-1937* (Cambridge, Mass. :Harvard University Press, 1991). 酒井哲哉『大正デモクラシー体制の崩壊――内政と外交――』(東京大学出版会、一九九二年)。余子道『長城風雲録――従榆関事変到七七抗戦――』(上海書店、一九九三年)。井上寿一『危機のなかの協調外交――日中戦争に至る対外政策の形成と展開――』(山川出版社、一九九四年)。劉維開『国難時期応変図存問題之研究――従九一八到七七――』(台北:国史館、一九九五年)。秦郁彦『盧溝橋事件の研究』(東京大学出版会、一九九六年)。軍事史学会編『日中戦争の諸相』(錦正社、一九九七年)。ボリス・スラヴィンスキー、ドミートリー・スラヴィンスキー『中国革命とソ連――抗日戦までの舞台裏――』加藤幸廣訳(共同通信社、二〇〇二年)。臼井勝美『日中外交史研究――昭和前期――』(吉川弘文館、一九九八年)。日本国際政治学会編『両大戦間期の国際関係史』(季刊『国際政治』第一二二号、一九九九年)。許育銘『汪兆銘与国民政府――一九三一年至一九三六年対日問題下的政治変動――』(台北:国史館、一九九九年)。周美華『中国抗日政策的形成――従九一八到七七――』(台北:国史館、二〇〇〇年)。家近亮子『蔣介石と国民政府』(慶應義塾大学出版会、二〇〇二年)。安井三吉『柳条湖事件から盧溝橋事件へ――一九三〇年代華北をめぐる日中の対抗――』(研文出版、二〇〇三年)。内田尚孝『華北事変の研究――塘沽停戦協定と華北危機下の日中関係 一九三二―一九三五年――』(汲古書院、二〇〇六年)。彭敦文『国民政府対日政策及其変化――従九一八事変到七七事変――』(社会科学文献出版社、二〇〇七年)。

(2) 例えば、芳井研一「華北分離工作の背景」(新潟大学人文学部『人文科学研究』第七一輯、一九八七年)。

(3) 主に次の拙稿を参照されたい。「日中危機下中国外交の再選択――国民政府対ソ復交の考察――」(『一橋論叢』一九九七年一月号)一四一―六七頁。「『連ソ』問題をめぐる国民政府の路線対立と『二重外交』」(『北東アジア研究』第一号、二〇〇一年三月)一七―四一頁。「蔣介石的中日蘇関係観与『制俄攘日』戦略:一九三三―一九三四」(『近代史研究』総第一三六期、二〇〇三年七月)五〇―八八頁。「満洲事変期における中国の対ソ政策」(『ロシア史研究』第七八号、二〇〇六年五月)四六―五九頁。なお、紙幅を節約するために、本稿の序論では史料の引用と出典の紹介を必要最小限にすることにした。詳細は上記の拙稿に示されている。

(4) 「専家会議速記録」〈一九三二年八月〉(台北:中国国民党党史館蔵)(政一〇/六・二。以下中国国民党党史館を党史館と略称)。

(5) 蔣中正檔案:『事略稿本』〈一九三三年六月二十日の条〉(台北:国史館蔵)(以下『事略稿本』と略記。なお、蔣中正檔案と表記した史料は全て国史館の所蔵なので、所蔵先を省略する)。

(6) 蔣中正檔案:『困勉記』〈一九三三年七月七日の条〉(以下『困

勉記』と略記)。
(7) 「蔣介石発黄郛、何応欽宛電報」〈一九三三年七月六日〉(『事略稿本』)。
(8) 『事略稿本』〈一九三三年八月八日の条〉。
(9) 『困勉記』〈一九三三年九月十五日の条〉。
(10) 同右〈一九三三年十月十日の条〉。
(11) 『事略稿本』〈一九三三年七月二十一日の条〉。
(12) 『困勉記』〈一九三三年十月十二日の条、十月二十日の条〉。
(13) 同右〈一九三四年一月二十八日の条〉。
(14) 「外交部総務司発蔣介石宛電報」〈一九三四年三月九日〉。蔣中正檔案:『特交文電』参、第六冊之四。
(15) これは天羽声明に対する中国の捉え方である。
(16) 『事略稿本』〈一九三四年五月五日の条〉。
(17) この三点はこの時期の『困勉記』等蔣介石檔案のほか、下記の蔣介石の言説も参照してまとめたものである。「東亜大勢与中国復興之道」〈一九三四年三月五日〉、「中国之外交政策」〈一九三四年三月七日〉、「中国之辺境問題」〈一九三四年三月七日〉、「抵禦外侮與復興民族」〈一九三四年七月十三日〉、中国国民党中央委員会党史委員会編『総統蔣公思想言論総集』(台北:中国国民党中央委員会党史委員会、一九八四年)第十二巻、九五—九九頁、一〇一—四頁、一〇五—一〇頁、三〇二—一七頁。
(18) 顔恵慶『顔恵慶日記』〈一九三四年六月二十日の条〉(北京:中国檔案出版社、一九九六年)第二巻、八一九頁。
(19) 「ボゴモロフ発ソ連外交人民委員部宛電報」〈一九三四年六月二十二日〉。李嘉谷編『中蘇国家関係史資料彙編(一九三三—一九四五)』(北京:社会科学文献出版社、一九九七年)四三—四四頁。
(20) 蔣廷黻『蔣廷黻回憶録』(台北:傳記文学出版社、一九八四年再版)一五三頁。
(21) 「ストモニャコフ外務人民委員代理と蔣廷黻との談話記録」〈一九三四年十月十六日〉。Документы Внешней Политики СССР(『ソ連対外政策文書集』)(M. 1971), T. 17, стр. 640-644.(以下*ДВП*として引用)。中国語訳は、「中蘇外交文件選譯」李玉貞訳(『近代史資料』総七九号)二一〇—一四頁。
(22) 『困勉記』〈一九三四年五月五日の条〉。
(23) たとえば『事略稿本』〈一九三四年八月十二日の条、八月十七日の条〉など。
(24) 『困勉記』〈一九三四年八月十六日の条、八月二十日の条〉。
(25) 同右〈一九三四年九月十六日の条〉。
(26) 「蔣介石発孔祥熙宛秘電」〈一九三四年十月一日〉(南京:中国第二歴史檔案館蔵、全宗号三)。
(27) 『困勉記』〈一九三四年十一月二十八日の条〉。
(28) 同右〈一九三五年一月十七日の条〉。
(29) たとえば、「沈鴻烈来電」〈一九三五年一月九日〉(蔣中正檔案:『特交文巻・親批文件』総二八三六号)。
(30) 「中国国民党中央執行委員会政治会議第四四〇次会議速記録」〈一九三五年一月十六日〉(党史館蔵、類〇〇・一、号一四一。以下注において中国国民党中央執行委員会政治会議を中央政治会議と略称)。
(31) 『困勉記』〈一九三五年一月四日の条〉。
(32) 蔣介石と汪精衛の当時の考え方については、汪精衛「十年来和平運動経過」(党史館蔵、七一五・一/一七四)。「敵か友か」の全文は『総統蔣公思想言論総集』第四巻、一三八—六六頁。

(33)『困勉記』〈一九三五年一月十七日の条〉。

(34)「中央政治会議第四四一次会議速記録」〈一九三五年一月二十三日〉（党史館蔵、類〇〇・一、号一四二）。

(35)邵元冲『邵元冲日記』〈一九三五年一月三十日の条〉（上海：上海人民出版社、一九九〇年）一二〇六—七頁。

(36)『事略稿本』〈一九三五年一月三十一日の条〉。

(37)一九三五年二月二日付『中央日報』第一張第二版。

(38)「中央政治会議第四四三次会議決議」〈一九三五年二月六日〉（党史館蔵、政治〇〇一／三一）。

(39)「中央政治会議第四四五次会議速記録」〈一九三五年二月二十日〉（党史館蔵、類〇〇・一、号一四二）。

(40)「蔣介石発汪精衛宛電報」〈一九三五年二月八日〉（『事略稿本』）。

(41)王寵恵「到東後之大概情形」〈一九三五年三月四日〉（中国第二歴史檔案館蔵、三〇一七／五三）。

(42)「昭和十年二月二十六日王寵恵ヨリ広田大臣ニ提示セル三原則」（外務省外交史料館蔵、A・一・一・〇・一〇（第四巻））。

(43)王寵恵「到東後之大概情形」〈一九三五年三月四日〉（中国第二歴史檔案館蔵、三〇一七／五三）。

(44)朱匯森編『中華民国史事紀要』〈一九三五年一至六月〉（台北：国史館、一九八七年）二一四頁。

(45)「蔣介石発楊傑宛電報」〈一九三五年二月二十四日〉（蔣中正檔案：『籌筆』）。

(46)「蔣介石発汪精衛宛電報」〈一九三五年三月二日〉一九三五年三月三日付『中央日報』第一張第二版。

(47)「上海公使館付武官発参謀次長宛電報」支第七七五号〈一九三四年十一月二十四日〉（外務省外交史料館蔵、A・二・二・〇 C／R一）。

(48)「和知中佐発参謀次長宛電報」廣第一〇六号〈一九三四年十一月二十七日〉（外務省外交史料館蔵、A・一・一・〇・九（松））。

(49)「中央政治会議第四四〇次会議速記録」〈一九三五年一月十六日〉（党史館蔵、類〇〇・一、号一四一）。

(50)王世傑『王世傑日記（手稿本）』〈一九三五年一月十三日の条〉（台北：中央研究院近代史研究所、一九八九年）第一冊、一一一—一一二頁。

(51)『邵元冲日記』〈一九三五年二月二十七日の条〉一二一七頁。

(52)「沈鴻烈来電」〈一九三五年一月九日〉。

(53)「楊傑発蔣介石宛電報」〈一九三五年一月十二日〉（同右、総二八九六号）。

(54)「中央政治会議第四四二次会議速記録」〈一九三五年一月三十日〉（党史館蔵、類〇〇・一、号一四二）。

(55)「有吉明発広田弘毅宛電報」機密公第七九号〈一九三五年一月三十一日発〉（外務省外交史料館蔵、A・一・一・〇・九—八（第二巻））。

(56)「外交部総務司発蔣介石宛電報」〈一九三五年二月二十一日〉（蔣中正檔案：『領袖特交文電専案整理』（三）、二四〇三五七六六号）。

(57)「坂根準三発広田弘毅宛電報」普通第一七〇号・一九三五年三月十四日（外務省外交史料館蔵、A・一・一・〇・九—八（第二巻））。

(58)「何応欽発蔣介石宛電報」〈一九三五年五月十一日〉〔蔣中正檔案：『領袖特交文電専案整理』(三)、二四〇三七三〇〇号〕。
(59)「中央政治会議第四六〇次会議速記録」〈一九三五年六月五日〉(党史館蔵、類〇〇・一、号一四三)。
(60)「若杉参事官発広田外相宛電報」〈一九三五年六月十二日〉(木戸日記研究会編『木戸幸一関係文書』東京大学出版会、一九六六年)二五一頁。
(61)「中央政治会議第四四一次会議速記録」〈一九三五年一月二十三日〉(党史館蔵、類〇〇・一、号一四二)。
(62)「中央政治会議第四四五次会議速記録」〈一九三五年二月二十日〉(同右)。
(63)「中央政治会議第四四九次会議速記録」〈一九三五年三月二十日〉(同右)。
(64) ボリスほか『中国革命とソ連』三一五—一七頁。
(65)「中央政治会議第四五五次会議速記録」〈一九三五年五月一日〉(党史館蔵、類〇〇・一、号一四三)。
(66) 同右。
(67)「ボゴモロフ大使発外務人民委員部宛電報」〈一九三五年七月四日〉(*ДВП* (M. 1972), T. 18, cтp. 437-38. 中国語訳は『近代史資料』総七九号、二一八—一九頁。
(68)『困勉記』〈一九三五年五月八日の条〉。
(69)「須磨総領事発広田外務大臣宛電報」第一二二七号〈一九三五年十一月七日〉〔外務省外交史料館蔵、A・一・一・〇・一〇(第五巻)〕。
(70)「中央政治会議第四六一次会議速記録」〈一九三五年六月十二日〉(党史館蔵、類〇〇・一、号一四四)。
(71) 同右。
(72) 同右。
(73)「中央政治会議第三七次臨時会議速記録」〈一九三五年六月十三日〉(同右)。
(74)「中央政治会議第四六二次会議速記録」〈一九三五年六月十九日〉(同右)。
(75) 同右。
(76) 一九三五年五月の週刊『新生』(杜重遠主宰)に載せられた「閑話皇室」という記事は、日本側に日本の皇室を冒瀆したものとされ、謝罪と処罰を要求された。日本の圧力により、七月、国民党中央宣伝委員会委員長葉楚傖は責任者として日本側に陳謝し、杜重遠も禁錮刑に処された。
(77)「中央政治会議第四六四次会議速記録」〈一九三五年七月三日〉(党史館蔵、類〇〇・一、号一四四)。
(78)「中央政治会議第四六六次会議速記録」〈一九三五年七月十七日〉(同右)。
(79)『困勉記』〈一九三五年六月一日の条〉。
(80)「蔣介石発孔祥熙宛電報」〈一九三五年六月四日〉〔蔣中正檔案：『特交檔案・分類資料(中日戦争)国交調整』第三巻〕。
(81)「蔣介石発汪精衛宛電報」〈一九三五年六月十五日〉(『事略稿本』)。
(82)「蔣介石発何応欽宛電報」〈一九三五年六月二十六日〉(同右)。
(83)『困勉記』〈一九三五年六月十六日の条〉。
(84)「ボゴモロフ大使発外務人民委員部宛電報」〈一九三五年七月四日〉(*ДВП*, T. 18, cтp. 437-38. 中国語訳は『近代史資料』総七九号、二一八—一九頁。
(85)「蔣介石発何応欽宛電報」〈一九三五年六月九日〉(蔣中正

檔案：『革命文献拓影』第二五巻）。

(86)「何応欽発蒋介石宛電報」〈一九三五年八月六日〉（蒋中正檔案：『領袖特交文電専案整理』「迭肇事端」（三）、二四〇三四七〇一号）。なお、「何応欽発蒋介石宛電報」〈一九三五年七月二十五日〉（蒋中正檔案：『特交檔案・分類資料（中日戦争）国交調整』第二巻も参照）。

(87)「何応欽発蒋介石宛電報」〈一九三五年七月二十五日〉（蒋中正檔案：『特交檔案・分類資料（中日戦争）国交調整』第二巻）。

(88) 同右。

(89)「何応欽・陳儀発蒋介石宛電報」〈同右〉（同右）。

(90) 磯谷ら日本軍人による党治廃止の要求はこの頃ずっと繰り返されていた。そのため、七月二十五日の磯谷発言の一日前に、国民党中央政治会議はすでに「国民政府は国民党から生まれたものだから、党治の廃止は国民政府の廃止にイコールものだ」と反発していた（「中央政治会議第四六七次会議速記録」〈一九三五年七月二十四日〉（党史館蔵、類〇〇・一、号一四四）。

(91)『困勉記』〈一九三五年七月三十日の条〉。

(92)「陳儀発蒋介石宛電報」〈一九三五年八月十四日〉（蒋中正檔案：『領袖特交文電専案整理』「迭肇事端」（三）、二四〇二〇七五三号）。

(93)「鄧文儀武官と中国共産党代表潘漢年との会談記録」〈一九三六年一月十三日〉（『党史研究資料』第四期、一九九四年四月）三―五頁を参照。

(94)『困勉記』〈一九三五年八月三十一日の条〉（本月の反省）。

(95)「天津軍参謀長発参謀次長宛電報」〈一九三五年七月二十四日〉（外務省外交史料館蔵、A・一・一・〇 C／R一）。

(96)「須磨総領事発廣田外務大臣宛電報」第七五五号の一、二〈一九三五年七月二十九日〉（同右）。

(97)「須磨総領事発廣田外務大臣宛電報」第七六六号〈一九三五年八月一日〉（外務省外交史料館蔵、B・一・〇・〇 C／R二）。

(98)「王柏齢発蒋介石宛電報」〈一九三五年七月五日着〉（蒋中正檔案：『特交檔案・分類資料（中日戦争）国交調整』第三巻之四）。

(99) 鄧文儀『冒死犯難記』（台北：学生書局、一九七三年）下冊、二四頁、三三―四九頁。

(100)「中央政治会議第四六九次会議速記録」〈一九三五年八月七日〉（党史館蔵、類〇〇・一、号一四四）。なお、『王世傑日記（手稿本）』〈一九三五年八月九日の条〉（第一冊）一六―一七頁も参照。

(101) 抄訳。詳細は「総顧問法肯豪森関於応付時局対策之建議」〈一九三五年八月二十日〉（『民国檔案』一九九一年第二期）二四――二八頁。

(102) 中国共産党駐コミンテルン代表団の「八一宣言」の公表は、文書上の日付と異なって、一九三五年十月一日であった。加えて、当時の内外環境と通信条件の制約により、ソ連の状況とそれに関する正確な情報の入手との間にも相当な時間差があった。「鄧文儀武官と中国共産党代表潘漢年との会談記録」〈一九三六年一月十三日〉、「鄧文儀武官と中国共産党代表王明との会談記録」〈一九三六年一月十七日〉（『党史研究資料』第四期、一九九四年四月）三―五頁、五―一〇頁および向青ほか編『ソ連と中国革命』（北京：中央編訳出版社、一九九四年）第十二章を参照。

(103) 「中央政治会議第四八〇次会議速記録」〈一九三五年十月二十三日〉から、鄧文儀の新疆調査報告が一九三五年十月後に中央に提出されたことが推察される（党史館蔵、類〇〇・一、号一四五）。
(104) 『困勉記』〈一九三五年七月二十九日の条〉。
(105) 同右〈一九三五年八月二十九日の条〉。
(106) 同右〈一九三五年八月五日の条〉。
(107) 同右〈一九三五年八月間の関係記録〉。
(108) 「中央政治会議第四七〇次会議速記録」〈一九三五年八月十四日〉（党史館蔵、類〇〇・一、号一四四）。
(109) 「広田大臣蔣大使会談録（第二回）」〈一九三五年九月七日〉〔外務省外交史料館蔵、A・一・一・〇・一〇（第四巻）〕。
(110) 『困勉記』〈一九三五年七月二十三日の条、七月二十八日の条〉。
(111) 「蔣介石発楊永泰宛電報」〈一九三五年七月二十八日〉（蔣中正檔案：『籌筆』）。
(112) 『困勉記』〈一九三五年八月十五日の条〉。
(113) 同右〈一九三五年七月二十八日の条〉。なお、沈雲龍編著『黄膺白先生年譜長編』（台北：聯経出版事業公司、一九七六年）下冊、八九〇―九一頁。
(114) 『困勉記』〈一九三五年八月二十八日の条〉。
(115) 「広田大臣蔣大使会談録（第二回）」〈一九三五年九月七日〉。
(116) 同右。
(117) 同右。
(118) 同右。
(119) 同右。
(120) 「中央政治会議第四七五次会議速記録」〈一九三五年九月十八日〉（党史館蔵、類〇〇・一、号一四五）。
(121) 「蔣作賓発蔣介石宛書簡」〈一九三五年九月二十二日〉（蔣中正檔案：『特交檔案・分類資料（中日戦争）国交調整』第二巻）。
(122) 『事略稿本』〈一九三五年九月二十三日の条〉。
(123) 一九三五年九月二十五日付『東京朝日新聞』（朝刊）二面。
(124) 国民政府が入手した文書の中訳文は、中国第二歴史檔案館編『中華民国史檔案資料彙編』第五輯第一編外交（一）（江蘇古籍出版社、一九九四年）二三〇―四三頁。
(125) 「中央政治会議第四七八次会議速記録」〈一九三五年十月九日〉（党史館蔵、類〇〇・一、号一四五）。
(126) 「須磨発広田大臣宛電報」第一〇九六号〈一九三五年十月十日着〉〔外務省外交史料館蔵、A. 一・一・〇・一〇（第四巻）〕。
(127) 外務省編『日本外交年表竝主要文書』下（原書房、一九八八年第六版）三〇三―四頁。
(128) 「広田外相蔣大使会談要録」〈一九三五年十月七日〉（同右）三〇四―五頁。
(129) 同右。
(130) 「蔣介石発汪精衛宛電報」〈一九三五年十月十三日〉〔秦孝儀主編『中華民国重要史料初編・対日抗戦時期』緒編（三）（台北：中国国民党中央委員会党史委員会、一九八一年）六四二―四三頁。
(131) 「中央政治会議第四七八次会議速記録」〈一九三五年十月九日〉および「広田外相蔣大使会談要録」〈一九三五年十月七日〉を参照。
(132) 『困勉記』〈一九三五年九月二十九日の条〉。
(133) 「須磨発広田大臣宛電報」、第一〇九六号〈一九三五年十月十日着〉〔外務省外交史料館蔵、A. 一・一・〇・一〇（第四巻〕」。

(134)「中央政治会議第四八〇次会議速記録」〈一九三五年十月二十三日〉(党史館蔵、類〇〇・一、号一四五)。

(135) 一九三六年一月、日本側は諜報によって、鄧文儀の新疆調査旅行の概要を把握した。「新疆省事情竝蘇支関係」と題する文書は次のように述べている。「本年七月南京政府カ鄧武官ヲ新疆ニ派遣セル当時ハ蔣介石ノ紅軍討伐思ハシカラス殊ニ中国ノ将来ハ寒心スヘキモノアリ依テ同武官ヲシテ新シク同省ニ於ケル一般政情殊ニ「ソ」側ト盛世才トノ関係及「ソ」側ノ同省ニ対スル政治及軍事方面ノ策動ニ付内査、同省ノ実情ヲ深ク視察研究セシメ果シテ同省カ「ソヴィエト」化シ盛カ「ソ」側ニ操縦セラレ居ル様ナラハ鄧武官ヲ辺防督辦ニ新任シ盛ニ代ラシムルト共ニ対新疆政策ヲ講スルニアリシカ「ソ」側及盛世才ハ同省ノ内情暴露ヲ恐レ鄧武官迪化着後総ユル御馳走政策ト甘言好餌ヲ以テ彼ヲ迎ヘ省政府及「ソ」側要人随伴伊犂、〇〇、哈密「カンガル」各方面ノ視察ヲ遂ケ同武官ハ盛及「ソ」側要人トノ数次ノ会見ニ於テ全ク彼等〇連中ノモノト化シ時偶々日本カ北支方面ニ対シ積極的行動ヲ開始シ欧米派及藍衣社党員等ノ中央ニ於ケル暗躍台頭セルヲ看破セル鄧ハ愈々「ソ」側ト親善関係ヲ結フヲ有利ト観テ新疆省独立建設ノ善後策ニ付討議シ他方「ソ」側トシテハ右共和国建設ノ為ニ第二次借兵ニ応スル用意アリトサエ伝ヘラレタ」。「鄧武官ハ新疆滞在中新疆省ノ保全ヲ計ル途ハ此ノ際「ソ」聯ト握手シ親露政策ニ出ツルヲ得策トスルノ見解ニ到達シタルモノノ如ク(中略)中央ニ於ケル欧米派及藍衣社要人一派ト連絡親「ソ」政策ニ働キカケアルハ見逃ス可カラス　鄧文儀ハ藍衣社ノ首領係ニシテ排日家トシテ知ラレ蔣介石ノ股肱トシテ活躍シアルハ最モ注意ヲ要ス」〔〇は判読不能の字である。〕(外務省外交史料館蔵、A・二・二・〇・C／R一―二)。

(136)「岡村少将来談要領」〈一九三五年十月十八日〉(外務省外交史料館蔵、A・一・一・〇・一〇(第四巻))。

(137)「鄧文儀武官と中国共産党代表潘漢年との会談記録」〈一九三六年一月十三日〉を参照。

(138)『困勉記』〈一九三五年十月二日の条、十月三日の条〉。

(139)「鄧文儀武官と中国共産党代表潘漢年との会談記録」〈一九三六年一月十三日〉。「鄧文儀武官と中国共産党代表王明と会談記録」〈一九三六年一月十七日〉。

(140)「ボゴモロフ大使発外務人民委員部宛電報」〈一九三五年十月十九日〉(*ДВП*, T. 18, стр. 537–39. 中国語訳は『近代史資料』総七九号、二一九―二二一頁。

(141) 同右。

(142)『困勉記』〈一九三五年十月二十六日の条〉。

(143)「蔣介石発熊斌宛電報」〈一九三五年十月十三日〉(『中華民国重要史料初編・対日抗戦時期』緒編(二)七〇一頁。

(144) 中央研究院近代史研究所編『徐永昌日記』〈一九三五年十月十五日の条〉(台北：中央研究院近代史研究所、一九九〇年)第三冊、三一八―一九頁。

(145) 修正の具体的な内容は、「楊永泰発蔣作賓宛電報」〈一九三五年十月十八日〉(蔣中正檔案：『革命文献拓影』(二六))。

(146)「中華民国二十四年十月二十日附書物寫」(丁参事官ヨリ非公式ニ借用ノ上寫ヲ作成セルモノ)(外務省編『日本外交年表竝主要文書』下)三〇六―八頁。

(147)「須磨総領事発広田外相宛電報」第一一八六号〈一九三五年十月二十三日着〉（外務省外交史料館蔵、A・一・一・〇・一〇）。

(148)『困勉記』〈一九三五年十月二十四日の条〉。

(149)「蔣介石発汪精衛宛電報」〈一九三五年十月二十四日〉〔蔣中正檔案：『革命文献拓影』（二六）〕。

(150)「広田大臣蔣大使会談録（第五回）」〈一九三五年十月二十八日〉〔外務省外交史料館蔵、A・一・一・〇・一〇（第四巻）〕。

(151)詳細は「接受蔣委員中正関於外交之建議案」〈一九三五年十一月十九日五全大会通過〉（『革命文献』第七六輯）二四八—五一頁。

(152)「須磨発広田外相宛電報」第一二七七号〈一九三五年十一月十七日〉（外務省外交史料館蔵、A・一・一・〇・一〇）。

(153)全般については、楊奎松『失去的機会？　戦時国共談判実録』（桂林：広西師範大学出版社、一九九二年）。陳立夫訪ソについては、拙稿「日本對中国的観察与陳立夫訪蘇計劃的泄密」（『党的文献』総第七十九期、二〇〇一年一月）八五—九三頁。

(154)ボリスほか『中国革命とソ連』三三一頁。

(155)関東軍参謀部「蘇連邦ノ新疆赤化ノ状況ニ就テ」〈一九三五年十月十七日〉〈外務省外交史料館蔵、A・二・二・〇・C／R一—三〉。

(156)日本国体研究会「新支那政策と国民政府」〈一九三五年十月二十三日〉〔外務省外交史料館蔵、A・一・一・〇・一〇（第四巻）〕。

(157)「須磨総領事発広田外務大臣宛電報」第一二二七号〈一九三五年十一月七日〉〔外務省外交史料館蔵、A・一・一・〇・一〇（第五巻）〕。

(158)「広田大臣発在支有吉大使宛電報」亜一機密第一五二号〈一九三五年十一月十二日〉（外務省外交史料館蔵、A・一・一・〇・一〇）。

付記

本稿は、日本学術振興会科学研究費補助金（基盤C・課題番号一四五二〇一〇五　代表：鹿錫俊）「中国国民政府の対日政策——特にソ連・中国共産党要因との関わりを中心に（一九三四—一九三七年）——」の研究成果である。

内田知行先生は初稿を丁寧に読み、率直で有益な助言をくださった。記して厚く御礼を申し上げる。

（大東文化大学）

冀東貿易をめぐる政策と対中国関税引下げ要求

藤枝賢治

はじめに

一九三五年に関東軍を中心とする陸軍は、華北に地方実力者の連合による親日派政権を樹立しようとしたが失敗し、やむを得ず十二月に中国河北省東北部（冀東地区）を統治する傀儡の冀東防共自治政府（十一月成立の冀東防共自治委員会を改組、通称冀東政府）を成立させた。それ以降、日本製品の対中国密輸出の経由地は、山東省から冀東へと移った。冀東貿易は主に大連から冀東沿岸へ船で輸送する形が採られ、一九三六年三月の冀東沿岸解氷や、冀東政府による日本製品への査験料（通過税）徴収開始によって本格化した。これに対し国民政府は、関税収入減少をもたらす冀東貿易を廃止するよう日本側に要求すると共に、地方実力者の宋哲元に北平・天津両市などの統治権を承認する形で冀察政務委員会（冀察政権）を成立させたものの、貿易を阻止することができなかった。査験料徴収を伴う貿易は、日本側から冀東特殊貿易と呼称され、三月から五月にかけて盛行したものの、六月以降に貿易品の価格低下や中国国民政府の取締りによって衰退した。

冀東貿易に関しては、日中関係に与えた悪影響の大きさから、数多くの先行研究がある。秦郁彦氏は、関東軍が冀東貿易の推進により、国民政府の関税収入に打撃を与えると共に、査験料収入を主に内蒙古工作の資金源に充てていたことを論じている[1]。島田俊彦氏は、密輸品の陸揚地が冀東地区へと移ったのを受け、冀東特殊貿易が冀東政府と関東軍の手で財源確保を主目的に開始されて六月以降に衰退したことや、海軍・外務省やイギリスが冀東貿易に批判的であったこと、冀察政権が流入する冀東貿易品に通過税をかけたことを論じている[2]。坂本雅子氏は、三井物産が冀東貿易を関東軍の華北分離工作に加担する形で、日本の独占品目である砂糖・人絹を中心に正規貿易量を上回るまで進めたことが、国民政府・軍閥や中国民族資本との矛盾を深刻化させ、日中戦争へと繋がったと論じる。[3] 今井駿氏は、日本が冀東貿易で対中国輸出量回復と生産経路支配を図ったことが、中国国内各階級の統一による抗日運動を生起したと論じる。[4] 中村隆英氏は、冀東貿易が一九三三年五月の塘沽《タンクー》協定成立直後から開始され、一九三六年三月には高値をつけ、五月には正規輸入品を完全に駆逐したものの、価格低落と国民政府の取締りで衰退したとする。[5] 金京鎬氏は、内蒙古工作費や冀東政府の財政が、冀東貿易や阿片流通関与で調達されたことを論じている。[6] 孫準植氏は日中両国の史料により、冀東貿易の発生原因、手段と規模、中国側に与えた被害、国民政府側の対抗策に加え、中国・日本・欧米諸国の論評について論じ、査験料の大半が内蒙古等への工作に使用されたとし、冀東貿易に対する中国民衆の反感が日中戦争の要因になったと結論付けている。[7]

このように従来の研究では、冀東貿易で打撃を蒙った中国側の立場に立脚するものや、貿易量の推移に関する論考が主流となっている。その一方で貿易推進の当事者である日本側の政策に関する研究が不足している。冀東貿易は、対中国工作費工面や冀東政府財政強化に寄与するだけでなく、日本に対中国輸出量の回復をもたらすことで、貿易収支を好転させた。その一方で、中国の領土保全と列国の中国における機会均等を規定した九カ国条約への対抗手段であるため、対中国・欧米外交に悪影響を与えた。このように冀東貿易は日本の国益にとって利点と欠点を有していたため、支配地拡大や対中国輸出拡大を重視する貿易推進派と、一九三五年後半以降悪化していた対中国関係の改善を重視する貿易廃止派に分立した。両派とも国益重視の観点から意見を主張したのであり、貿易の盛衰を受けて、持論を硬化させたり、逆に転換させたりしたことが考えられる。推進派は、いかに冀東貿易を正当化して、日本国内の消極派や国民政府に対抗したのか。一方の廃止派は、貿易の隆盛期において、どのように推進論へ対処したのか。推進派と廃止派共通の目標はあったのか。本論では、一九三六年における日本・冀東政府側の冀東貿易に対する政策に注目することにより、翌年の林銑十郎内閣による対中国協調外交との関連性について考えたい。

一　冀東貿易推進派の見解

冀東政府は、一九三六年二月十二日に査験料徴収を決定し、三月に満洲国国境に近い秦皇島等五カ所に弁事処を設け、国民政府関税の四分の一に相当する額の徴収を開始した。[8] 三月十三日には冀東沿岸の解氷を受け、海路による貿易が開始された。[9]

冀東貿易開始の理由を論じるに当たり、従来の研究では中国側関税率の問題が重視されてこなかった。島田氏は、冀東特殊貿易を主導した竹下義晴山海関特務機関長の談話を論拠に、冀東財政援助が主目的であり、国民政府への輸入関税率低減要求は第二の目的に過ぎないとし、[10] 孫氏は、中国側の関税調整が冀東貿易の直接的な原因ではないと論じている。[11]

しかし実際には、関税率問題は冀東貿易開始の理由として、冀東政府財政援助と並ぶ重要性をもっていた。中国側関税率は、中国側が一九三〇年五月六日の日華関税協定調印による関税自主権回復以降、急速に上昇した。調印前の一九二九年には平均税率が八・五％であったのが、一九三五年には三倍強の二七・二％に上昇している。[12] たしかにこの措置は中国側にとって税率適正化であったが、日本側にとって減収であった。大阪市産業部の入手情報によれば、冀東政府は査験料徴収の開始以前に、国民政府へ関税率を現行の四分の一に引き下げるよう要求していた。[13] 査験料が国民政府関税の四分の一であることを考えると、冀東政府が中国側の関税率上昇を冀東貿易開始の理由と位置付けていたことがわかる。よって同政府は関税率低減の条件で、査験料徴収の中止を考えていたものと思われる。

日本と冀東政府にとって査験料徴収は、国民政府の高関税率に対抗する手段として重視されていたのである。

冀東特殊貿易開始後も、日本側から「純密輸」と呼称された、査験料徴収から逃れる形の輸出が続いていた。海軍旅順要港部による四月の報告では、冀東貿易の利益が小さいために「本運輸業者ハ極秘裡ニ天津、青島方面ノ商人ト結託シ脱税輸送ヲ試ミントスルモノ相当アル模様ナリ。而シテ彼等ハ表面仕向地ヲ冀東方面ト為シ居ルモ船体・機械ノ破損、故障ヲ理由トシ或ハ燃料ノ不足又ハ荒天避泊等ノ名目ノ下ニ目的地ニ入リ、予メ手配シ置キタル所ニ依リ迅速且ツ巧妙ニ陸揚スル趣ナリ」[14] とある。砂糖一俵当たりの利益は、冀東経由が二円三十銭であったのに対し、山東経由は二円七十銭、天津経由に至っては六円二十銭に上っている。[15] この利益差が原因で「純密輸」が天津・山東省を陸揚地として存続していたのに対抗して、冀東政府は取締りを進めることで査験料確保を図った。五月十五日に殷汝耕は、冀東政府所在地の通州において、北平駐在の外国人記者団に対し、海岸線に偵察隊を置いて取り締まっているため、冀東に密輸は存在しないとする見解を表明した。[16] こうして取締りを外国向け宣伝に利用することで、イギリスなど密輸反対国に抗弁したのである。

冀東貿易は、国民政府の関税収入や中国側手工業者等に打撃を与える一方、日本人だけでなく一部の中国人にも利益をもたらしていた。南満洲鉄道（以下、満鉄）資料課によって五月に作成された極秘扱の調査書である「冀東貿易状況」では、冀東貿易関係者の中でも廻船店と指定通関運送店に与えた影響について、「大連ノ廻送店及冀東沿岸陸揚地三箇所ノ指定陸揚運送店ハ、通関、陸揚運送ニ対シ一定ノ手数料ヲ徴収スルヲ以テ、貿易数量ノ増加ニ伴ヒ確実且相当ノ利益ヲ挙ケツツアリ(17)」としている。冀東陸揚地では主に日本人が運送店に指定され、多大な利益を上げていた(18)。中国人の中には冀東貿易船の船主になる者や、集散地の大連で日本企業と共に人絹や砂糖を扱う者がいた(19)。冀東地区では日本人だけが利益を独占していたのではなく、現地有力者や零細農漁民も貿易に協力していた(20)。このように冀東貿易は、大連や冀東地区の中国人に利益を与えたのである。

　このことを受け、満鉄は「冀東貿易ニヨリ最好影響ヲ受クル者ハ支那人ナリ(21)」として、冀東貿易を正当化する見解を示した。華北の人絹織物工業家に与えた影響については、

　河北、山東、山西ハ人絹ノ一大企業地ナルカ、輸入税ノ大中引上ニ依ル原材料商ト経済不況ニ依ル需要ノ減少ニ依リ近年来各工場ハ営業不振ニ陥リ、破産、休業者続出ノ状態ナリキ。然ルニ昨年十月末ヨリ冀東貿易カ始マリ十二月ヨリ市場崩レタル為、原料人絹糸カ非常ニ安価トナリタルヲ以テ俄ニ活気ヲ呈シ、安価品ニ対スル需要ノ抬頭ト相俟ツテ久方振リニ営業成績好転セリ(22)。

との見解を示した。冀東貿易は、原料を外国製に依存する人絹織物の原料費・製品販売価格の低下を生み、需要・生産を拡大させたため、生産の主要な担い手である華北の中農層に利益を与えた(23)。一方で満鉄は、綿織物の担い手である貧農層への打撃について触れていない。人絹以外の工業については、「近来不振ヲ続ケツツアル北支ノ一般工業モ亦、最近各種原材及材料類カ弗々安価ニテ冀東ヨリ輸入サルルヲ以テ採算上漸次有利トナリツツアリ(24)」としており、さらに

　冀東貿易ノ発生ニヨリ砂糖、人絹糸、綿布、雑貨、其ノ他ノ生活必需品及工業原材、材料カ格安ニ輸入サルル関係上、北支ニ於ル之等商品及製品ノ市価ハ著シク下落セリ。時偶々経済界ノ不振官憲ノ苛剣誅求、弊政政策ニ伴フ物価ノ急騰等ニ依リ北支民衆ハ著シク生活難ニ陥レル折柄、冀東貿易ノ北支民衆ニ与フル好影響ハ甚大ナリ。依テ北支民衆ハ冀東貿易品ヲ歓迎購入シ冀東貿易ノ旺盛ニ間接的援助ヲ与フル状態ニアリ(25)。

とし、冀東貿易による製品価格の低下が、華北住民の生活向上に役立っているとの認識を示した。天津の状況については、

砂糖、人絹糸ノ正規輸入商ハ邦商、華商共ニ取引杜絶ト「ストック」ノ値下リニ依リ大打撃ヲ蒙リ、其ノ他ノ正規輸入商又取扱品カ弗々冀東ヨリ輸入サレ、正規輸入品ニ対スル需要激減セル為、打撃ヲ蒙レリ。依テ之等正規輸入商モ已ムナク冀東貿易業者ト連絡ヲトリ冀東貿易品ヲ取扱ヒ漸ク営業ヲ続ケツツアリ。[26]

とし、冀東貿易品が正規貿易商に、消極的理由ながら受容されたことを強調する一方で、冀東貿易が原因で多数の正規貿易商が廃業に追い込まれたことには触れていない。このように満鉄は、冀東貿易が日中両国、特に中国の民衆に利益を与えていると断じ、貿易に関する負の側面を無視する形で貿易推進論を展開したのである。

冀東政府は日本側に対し、日本製品のみを査験料徴収の対象とし、他国製品の冀東陸揚げを禁止する建前をとった。このことは、「日本ニ対シ好意ヲ示ス意味ヨリシテ陸揚品ハ日本品ニ限リ許ス事トシ、其ノ他外国品ノ陸揚ハ禁止セリ[27]」とする青島日本商工会議所の報告に表れている。七月に殷汝耕の甥である殷体新は、日本外交協会主催の座談会において、日本製品のみ徴収対象とすることを言明している。[28] 日本側、特に対中国輸出に関わる商工業者に対しては、日本製品のみを対象とする建前をとることで、特殊貿易への支持を取り付けようとしたものと思われる。実際には、外国製品に対して国民政府関税率の八割に当たる査験料の徴収で通関させるように冀東政府は定めていた。それだけでなく、「験査員は税関事務に経験ある者少なく随つて商品に対する智識乏しくその鑑定眼を欠くが如く、尚相当量の外国品輸入され居るに非ずやと思わ」れる状態であったように、[29] 外国産品が日本産として流入される情況を野放しにした。冀東政府は、日本製品向け査験料を外国製品より優遇することで日本側に寄与するだけでなく、外国産品も中国に流入させることにより、中国関税収入への打撃を拡大させたのである。

二　貿易廃止派による推進論への傾斜

日本人にも冀東貿易によって不利益を蒙る者は存在した。冀東貿易によって山東省経由の内陸向け輸出が致命的な打撃を受けつつあったため、山東半島の青島に拠点を置く日本人居留民は冀東貿易に批判的であった。このことは、「天

津より搬入せらるる人絹、砂糖、加工綿布、海産物等の各種高率関税品涛々として奥地市場に氾濫し、この儘に推移すれば当地対奥地との取引を全く絶望に帰せしむる憂ひを生ずるに至つたのである。斯くては過去二十年奥地市場開拓の努力は総て水泡に終るべく今や将に当地商工業者の将来に死活の重大問題となりつつあり」[30]として、冀東から天津経由による貨物の流入で打撃を蒙ったとする青島日本商工会議所の報告に表れている。山東経由の密輸も一九三四年までは、地方実力者の韓復榘による保護[31]によって盛行したが、一九三五年春より激減した。[32]山東経由の貿易が激減したことを受けて、商工会議所は「吾人としては正常なる取引を擁護するために斯くの如き密輸入品の侵入を飽迄も阻止せねばならぬ」[33]として正規貿易復活を主張した。その一方で「冀東政府の通過税に関しては吾人の最も関心を要すべき問題であると共に、国民政府の不当なる関税引上げが斉らせる当然の新現象として特にその対策に付刮目したい」[34]として、中国側へ関税率低減を要求する手段としての査験料徴収には好意的であった。同様に上海商工会議所も、密輸盛行の原因を国民政府の高関税政策に帰し、[35]関税引下げ策としての活用を提唱している。青島居留民は冀東特殊貿易を関税問題解決目的の一時的手段として消極的に受容しながら、低関税率の正規貿易復活を望んだのである。

外務省は対中国関係修復の必要性から、冀東貿易に批判的であった。三月に天津総領事館は、冀東政府否認の立場をとると共に、冀東政府の査験料徴収が、国民政府否認の関税徴収権を規定する中国関税自主承認の交換条件に違反するとして批判したに留まらず、[36]冀東政府の査験料未納入品没収に対抗する手段の行使まで考慮に入れている。その一方で総領事館は、「密輸入の行はるるは取締不徹底の中国海関の負ふべき責任であり、我当局の関知するところに非らず」[37]として無視する態度をとっており、冀東貿易に原則上反対しながらも実際上黙認する方針を採らざるを得なかった。外務省本省の曽根益事務官は、冀東貿易に反対しながらも、中国側の関税引上げが密輸の根本的理由であると考え、[38]関税問題解決の観点からは冀東貿易に批判的でなかった。本省も原則上批判的ながら、黙認する方針であったと思われる。

一九三六年五月に作成された満鉄の調査記録によると、「検査料ハ国民政府ノ輸入税ノ四分ノ一乃至六分ノ一ノ低率ナルモノナルニヨリ、三月中旬ノ解氷以来冀東貿易ハ益旺盛トナレリ」[39]としている。査験料の徴収開始以前には、荷主が徴収に反対していたものの、[40]徴収の開始は陸揚量の増大すなわち貿易拡大をもたらした。冀東貿易は、既に冀東政府成立時から当局によって取締りが緩和されていたが、[41]

査験料徴収で日本・冀東政府に公認されたことで、さらに拍車がかかったのである。

冀東貿易が拡大するにつれ、外務省でも冀東特殊貿易を承認する動きが強まった。五月十四日付の在中国大使館発本省宛外交公電の欄外に、若杉要代理大使は「冀東政権ニ於テハ本春関税率ヲ従来ノ約1／4ニ低下シ一方密輸ノ取締ヲ厳重ニセリ、之カタメ冀東方面ニ対スル我ガ輸出ハ著シク増加セルモ密輸ハ大イニ減少シ現在ハ極メテ小額ナルガ如シ」[42]と書き込んでいる。若杉は、冀東政府の取締りを逃れた輸出のみを「密輸」と表現し、査験料徴収を介したものを「輸出」とすることにより、特殊貿易を合法視した。彼は、上海にある東亜同文書院出身の中国通で、対中国政治工作の放棄と経済提携実現を求める外交官であった[43]。対中国宥和論者の若杉が冀東貿易容認に傾いたのは、注目に値しよう。このように冀東貿易の拡大に伴い、外務省も現状を追認するようになったのである。

天津に配置された陸軍部隊である支那駐屯軍は、冀察政権に国民政府からの実質的独立を指導する中で、冀東を吸収した上で海関を接収させる方針をとったため、冀東政府の査験料徴収には関税収入の攪乱を理由に反対していた[44]。支那駐屯軍の目的は、冀察政権を親日化した上で関税収入を接収させることにより、冀察を通じて日本側に利益をもたらすことであった。しかし反国民政府系の冀東政府による査験料徴収から、国民政府公認の冀察政権による関税徴収に移行させることで、国民政府との対立を緩和するように図った点では、冀東政府に通過税徴収権があると主張する推進派との違いが見られる。

しかし冀東貿易の拡大を受けて、支那駐屯軍もこれを支持するようになった。六月一日、前の支那駐屯軍司令官で、第十一師団長に就任したばかりの多田駿は、「北支住民は従来の南京政府下における苛斂誅求から解放されて冀東政府により正常な税率を課せられた廉価な物資の供給を受け生活の向上を喜びつつあるのであつて、南京政府の密輸呼ばはりは全然不当の中傷である」[45]と断じたのである。

三　貿易衰退に対する解決策

国民政府は、一九三六年五月になってから冀東貿易阻止へ本格的に乗り出した。十五日に七項目から成る「防止路運走私辦法」を施行したのを皮切りに、冀東貿易品の輸送を鉄道上で防止するための法律や冀東貿易業者への罰則を次々と制定した[46]。二十日には、輸送遂行のために検査員等に暴行を働く者や多額の貿易品を扱う者に対し、死刑を含む厳罰に処すことを定める「懲治偸漏関税暫行条例」を施行した。二十二日には、「稽査進口貨物運銷暫行章程」全二十条を公布することにより、輸入品検査や正規貿易品取扱商人への保護が可能となった[47]。六月三日には、冀東貿易品を取り扱う者を密告した時に政府から与える褒賞金を、三月の制定時より増額した[48]。七月二十三日には、天津海関が一般民衆にもわかりやすい法令を発布することで密告者を激増させ、連日にわたり冀東貿易品を没収することに成功した[49]。法令発布の効果は絶大であり、中国人だけでなく日本人にも密告者を出現させるまでに至らしめたのである[50]。

　中国側による取締りの本格化は、冀東貿易品の急激な減少をもたらした。六月十三日に在上海総領事館は、

支那側ニ於テハ北支方面ヨリ中支就中当地方ヘノ密輸防止ニ躍起トナリ居ルコトハ屢次往電ノ通ナル処、少クトモ当地方ニ於テハ右密輸防止ハ極メテ効果的ニ実行セラレ居リ、最近ハ北支方面ヨリ流入シ来レル密輸品ハ漸次影ヲ潜ムルニ至リ、其ノ結果密輸品ノ安値ニ脅カサレ居タル当地各業界ハ漸ク其ノ重圧薄ラキツツアル模様ナリ。例ヘハ邦糖ノ如キ茲三箇月間程密輸品ノ脅威ト輸入税引上説ニ依ル輸入手控トノ為殆ト全ク商談ヲ見サリシカ、最近ニ至リ二万数千俵ノ商談成立シ、人絹糸モ右同断密輸品ノ流入減退ニ依リ在貨薄ト共ニ相場ハ七十元以上ノ反騰ヲ示スニ至リ、又毛織物ノ如キモ他ノ事情モアルヘキモ密輸取締ノ峻厳化ニ依リ人気ハ見直シ逆鞘ニテ輸入商談ハ窺ハレサルモ気配ハ頗ル良クナレル模様ニシテ、更ニ綿布類モ最近ノ活況ノ裏ニハ密輸取締ノ徹底化ニ相当人気カ好転セルコトハ争ハサレサル所ナルカ如シ[51]。

という状況を、外務省本省宛に打電した。ここには、冀東貿易衰退による日本製品急騰で、中国製品が日本製品流入の脅威から解放されたことに加え、中国で生産可能な毛織物や綿布が、輸入原料に頼る人絹製品への競争力を回復していたことが窺われる。また冀東貿易の衰退は、冀東方面から天津駅に到着する荷物が急激に減少したことにも顕れている。砂糖の到着量は、一九三六年四月と五月にそれぞれ二十八万俵前後であったが、六月には五万四千俵余、七月には二万五千俵余に激減した。人絹の到着量も、四月の二万七千俵弱、五月の一万三千俵から、六月は八千俵、七月には三千四百俵にまで減少している[52]。

　貿易推進派は、冀東貿易の衰退を受けて、その将来性を憂慮した。満鉄は六月下旬から七月上旬の間に作成した調査書の中で、「四月中の相場は十二月二〇弗廿日一九弗廿三日一八弗三十日一七弗二十仙と漸落、五月に至れば支那側取締の厳重化により奥地及南方への荷動減少、相場愈々

軟弱既に冀東廻り採算割を演じ十五日一六弗八〇仙が三十日には一六弗五〇仙、六月五日一五弗八〇仙となり、冀東第一回積荷より見れば十一弗以上の暴落となつた当時天津在庫推定一〇万俵、大連冀東向約定物在庫三十二万俵にて、行先愈々暗澹たる状態を呈するように至つた。(53)」とし、採算悪化と中国側の取締りを受けて、冀東貿易の将来について悲観的になったのである。

海軍は、中国方面の警備・作戦を任務とする第三艦隊を中心に、密輸を海上で取り締まることを担当していたため、冀東貿易問題を重視した。三月末の時点では、特殊貿易を対中国関税率低減要求の手段として評価したために反対はしなかった(54)ものの、意見書において「特殊貿易」と表記せず、あえて「密貿易」とした(55)ことからわかるように、冀東貿易を全面的に肯定した訳ではなかった。四月に貿易が拡大すると、外務省などと同様、関税率低減要求を重視することにより、貿易推進の考えに傾いたものと思われる。

六月以降の冀東貿易衰退を受け、海軍は政策を見直した。第三艦隊は、六月二十四日に軍令部へ貿易対策に対する意見について打電した。第三艦隊の構想は、「権宜ノ手段トシテ一時的ニ之ヲ観過スルハ或ハ已ムヲ得ザル(56)」として、冀東貿易を関税率低減交渉の手段として利用する点では、三月末以来一貫していた。しかし、冀東貿易を「久シク放置スルニ於テハ経済自然ノ通則トシテ或ル点ニテ飽和平衡状態トナリ、右3F機密第八五号ノ目的達成ノ用ニモ供シ得ザルノミナラズ、英支ノ巧ナル宣伝ニヨリ徒ラニ汚名ト不評判ノ濡衣ヲ被セラレ、且不健全ナル密業者ヲ一時的ニ庇護スルニ過ギズシテ、真ニ国家海外発展ノ礎石タルベキ正業者ヲ疲弊衰滅セシムル虞アリテ、既ニ青島、中支方面ニ其ノ兆著シキモノアリ(57)」として、「青島ニ於テハ政治問題化」しつつある状況を重視していた。さらに、「密輸問題取扱ニ関スル帝国政府ノ方針御内示ヲ得度、若シ密輸ノ観過或ハ陰ニ之ヲ奨励スルガ如キ空気ノ醸成ガ中央ノ方針ニ拠ラズシテ、単ニ出先ノ独断的行為ニ過キザルニ於テハ、第三艦隊ハ警備本来ノ任務ニ鑑ミ、実質的ニ支那権力ノ及バザル地帯ニ於テハ、我方ヨリ自発的ニ密輸船ヲ支那海岸ヨリ追ヒ払フコトモ一方法トシテ考ヘラルル次第ナリ(58)」として、日本政府や海軍中央から冀東貿易取締りの指示があれば、それに従う考えを固めた。また、「支那ニ於ケル密輸入ヲ日本官憲ガ法的根拠ヲ以テ取締ルコト困難(59)」として、特殊貿易を密輸として扱うことで非合法とするだけでなく、日本租界を除く中国領土が日本官憲の管轄外にあることを論拠に、冀東地区も中国の一部であるとの認識を示すことにより、冀東政府による査験料徴収を批判した。第三艦隊は冀東貿易廃止論に傾いたのである。

第三艦隊から軍令部が政策立案の要請を受けた後、海軍省と関係各省は、中国関税や冀東特殊貿易の問題について折衝し、処理要綱を決定させた。要綱の内容は、七月十五日に海軍次官から軍の関係部署へ打電された[60]。日本政府は要綱において、まず冀東政府による査験料徴収が、ワシントン関税条約第六条によって定められた中国関税率均一の原則に違背するものとして支持できないことを示した。それにもかかわらず査験料徴収に踏み切った理由として、国民政府が冀察政権に約束していた河北省関税収入のうち月額百万元の譲与を実行しないことにあると断じた。そのような見地から処理要項として、

(1) 南京政府ヲシテ河北省関税収入ヨリ外債負担部分及海関維持費ヲ除キタル剰余ヲ冀察政権ニ確実ニ移譲セシム（冀察、冀東間ノ分前ハ別途研究ノ要アリ）。之ガ為支那駐屯軍ノ宋哲元ニ対スル内面指導ニ依リ冀察政権ヨリ南京政府ニ要求セシムルト共ニ之ト併行シ、駐支大使ヨリ直接南京政府ニ要望ス。

(2) 右移譲実現ノ上冀東政府ヲシテ其ノ特殊関税ヲ撤廃セシム。

(3) 冀察政権ガ右関余ノ移譲ヲ受ケタル上ハ、我方トシテハ監督ヲ厳ニシ之ガ濫費ヲ阻止シ其ニ相当スル額ヲ冀察ノ経済開発ニ充当セシムルモ、

(4) 南京政府ニ対シテ極力一般関税引下ヲ要求シ之ガ為ニ正式外交ニ依ル外、冀察側ヲシテ南京側ニ対シ密輸品取締ノ見地ヨリ主トシテ典型的密輸品ニ対スル関税引下方ヲ要求セシメ、右外交交渉ヲ援助セシメ、

(5) 前項冀察側ノ要求ハ概ネ左ノ条件ヲ適当トス

(イ) 一九三一年以降二割以上ノ税率引上ヲ見タル品目ニ付テハ二割ノ低減。

(ロ) 砂糖、人絹糸、毛織物、絹織物、洋紙、海産物ニ付テハ一九三一年固定税率迄引下グ。

とすることに決定した。要綱では政策目標として、冀察政権親日化や関税収入の冀察経済開発への充当によって河北省を日本の経済基盤にすることや、国民政府への関税率低減要求が挙げられている。このように中国進出政策を推進する一方、対国民政府宥和のために冀東特殊貿易廃止が唱えられている。冀東政府による徴税を廃止し、国民政府の地方行政機構という形式をもつ冀察政権に関税徴収権を委ねることは、徴収権を国民政府に一元化する建前に近付けたと言えよう。また、欧米諸国との対立回避という側面からも、廃止が提唱されている。中国側関税に比べて低率の通過税徴収がワシントン関税条約に抵触し、欧米諸国との

外交関係悪化を招くからである。要綱で示されているように、貿易全盛期に推進論に傾きかけていた日本政府や海軍は、冀東貿易衰退を受けて再度廃止論に転じ、漸進的な華北進出と日本製品の輸出力回復を果たそうとしたのである。

四　冀東貿易回復と関税率低減要求

冀東貿易衰退によって廃止論が再び勢いを増す中で、貿易推進派は廃止論への対抗策を強化する必要があった。そこで殷体新は七月に開かれた日本外交協会向けの座談会において、冀東政府の見解を表明した[61]。彼は「冀東政府成立以来、日本側の多大なる援助諒解の下に其の取締り方針を決めて、税を完全に納めることにし、五ヶ所に検査所を設け従来の海関税率の四分の一の税率で税を徴収することにした。之が行われるやうになつて以来密輸入の形跡は全然絶つてしまつた」とした上で、中華民国成立時から続く広東における密貿易横行や、対ソ国境における税関の機能停止状態を挙げ、「冀東としては決して密輸入ではない」と断じた。冀東政府は査験所を通さない輸出入のみを「密輸」と見なす論調を張ることにより、日本に対して冀東貿易の継続を訴えたのである。

冀東貿易は衰退したとはいえ、冀東政府へ査験料収入をもたらし続けていた。特殊貿易が日中各方面に注目され続けていたことは、冀察政権が冀東貿易品を対象に、国民政府制定関税率の八分の一に相当する額で徴税を開始したことに顕れている。冀察政権は、天津にある滄塩海防稽査処を冀察稽査処と改組して徴税を行わせ、三十一日に処長以下を任命した。こうして冀察政権は実質的に冀東貿易を公認し、十月二十七日に徴収効果が期待通り上がらないとの理由で稽査処を閉鎖するまで課税を続けた[62]。冀察政権による実質的公認は、冀東貿易業者にとって好条件となった。九月二日に徴税が開始されるとすぐ、国民政府側の公安員が冀東貿易品の取締りに協力しない等の理由で、冀東経由の日本製品流入量が回復する兆しを見せた[63]。九月に冀東政府の査験料収入は漸増に転じ、十月の輸送総額が九月の三割増しに達するまでになった[64]。十一月二十六日には、

十一月以降ノ荷動ハ的確ナル数字ノ入手困難ナルモ、十月迄ニ比シ大体砂糖ハ変化ナク、人絹糸ハ一割五分、雑品ハ三割方増加セルカ（詰リ八分ノ一税ヲ徴収シ来レル稽査処ノ廃止ニ依リ却テ荷動増加セル訳ナリ）、更ニ殷汝耕カ当館員ニ語リタル所ニ依レハ、同政府ノ輸入税収ハ本年三月ヨリ六月迄五百万元、七月二十万元、八月一十二万元、九月十六万元、十月三十三万元ヨリ十一月ハ四十万元以上ニ達スル模様ニシテ、之ニ依リテモ低税品ノ対奥

地取引カ活発ニ継続シツツアルコトヲ観取サル（殊ニ今後ハ河川結氷期ヲ控ヘテ一層顕著ナル流出ヲ見ルヘシ）[65]。

とする天津総領事館の報告が外務省宛に送られた。この報告では、まず十一月の取扱量が先月より伸びており、冀察政権による冀東貿易品への徴税中止による影響を受けていないことが表されている。冀察政権は徴税を中止したものの、冀東貿易品取締りに非協力的であった。そのために取締り効果を上げられなかった国民政府は、直属機関である私稽査総所を天津に移し、津浦・平漢両線で冀東貿易品を取り締まることで対処した。これに対し貿易品取扱業者は、トラックによる山東方面への夜間強行突破により、取締りの影響を抑えた[66]。報告の中に現れる殷汝耕から総領事館員への談話からは、冀東政府が査験料収入の回復傾向を受けて、特殊貿易の継続・拡大に自信を深めていたことが窺われる。さらに総領事館は、貿易量の拡大や、今後の河川凍結による流通量拡大を受けて、貿易品が中国奥地まで流通するという予測をしている。このような冀東貿易の回復振りからは、貿易推進派が自信を強めていた様子が窺われよう。さらに「北支方面特殊貿易ハ十二月ニ入リテ俄然殷盛ヲ極メ其ノ数量ニ於テハ十一月中ノ約二倍ニ達スルノ盛況ヲ呈スルニ至レリ、従ツテ汽船ノ運航ヲ開始セシモノ日本船三隻、満洲及中国船各一隻、計五隻ニシテ何レモ相当ノ利益ヲ収メツツアリ[67]」とあるように、一九三六年末でも冀東貿易取扱量は拡大し続けた。これに対し国民政府は、一九三七年二月中旬に冀察政権との折り合いがついて現地の軍・警察の協力が得られるまで、有効な対抗策を出せずにいた[68]。冀東貿易の拡大は、冀東政府や関東軍などに代表される対中国強硬派を勢いづかせ、日中関係を悪化させたのである。

冀東貿易が回復に向かう中で、日本は中国側に対し、懸案であった対中国関税率低減要求を試みた。一九三六年九月に、日本側は川越茂を全権として、張群外交部長を相手に、日中国交調整を目的とする一連の交渉を開始した[69]。その最中に川越は、十月二日の四省会議の決定に基づく内容の訓電を受け、須磨南京総領事と共に交渉を進めた。訓電には、遅くとも二、三カ月後に中国側が受容する程度にまで関税率を引き下げさせる内容が含まれていた[70]。訓電を見る限りにおいて、日本側から先に冀東貿易への脅威を煽ることで中国側に関税率低減を強いるのでなく、むしろ中国側の意見を重視して進めるという交渉姿勢が表れており、六月以降海軍や外務省で再浮上した冀東貿易廃止論と符合している。このような日本側の姿勢に対し、十月十三日に中国側の高宗武外交部亜洲司長は、三、四カ月以内に関税率低減を実行するとはしたものの、条件として密輸取締りへの協力を求めた。[71]十九日の川越＝張群間の会談においても、中国側は関税率低減の条件として、密輸取締りを求めた。[72]中国側は、日本による冀東貿易廃止を絶対的条件としながらも、関税率低減で対日協調を図っていたのである。一般的に川越＝張群交渉は、日中両国で平行線を辿ったまま、十一月の綏遠事件で頓挫したと評価されている。ただ、関税率低減や冀東貿易の両問題に関しては、日中間の対応を見る限り、大筋で合意に向かいつつあったと言えよう。関税率低減問題の交渉は、林内閣成立まで持ち越された。林内閣は、川越＝張群会談の方針を継承し、冀東貿易と冀東政府の廃止へ向けて本格的に取り組むことで中国への宥和を図り、引き換えに関税率低減を実行させようとしたのである。[73]

おわりに

冀東貿易をめぐっては、関東軍・冀東政府・満鉄が推進派であった。一方、対中国関係や経済的損失の観点から、外務省・海軍・青島居留民に加え、貿易開始当初は支那駐屯軍も廃止論を展開していた。貿易推進派は、冀東政府による査験料獲得目的の「純密輸」取締りを、冀東貿易「合法」化の論拠にするだけでなく、冀東貿易の恩恵に授かる中国人の存在を強調することにより、日本国内の貿易廃止派に対抗した。また冀東政府は、日本製品の査験料を優遇することで日本側に寄与すると共に、外国製品をも中国本土に流入させることにより、中国関税収入への打撃を拡大させたのである。

貿易推進派と反対派の共通目標は、中国側関税率の低減であった。冀東貿易の廃止を提唱していた各組織も、中国側に関税率を低減させるための交渉材料としての価値は認めており、貿易量拡大を受けて五月までには推進論に傾いた。関税率低減要求は、冀東政府や対中国工作の財源確保と並ぶ、冀東貿易の重大な要因だったのである。

一九三六年六月に冀東貿易が衰退に転じると、第三艦隊などから貿易廃止論が再浮上した。これを受けて日本政府は、河北省の日本経済圏編入や関税率低減を条件に冀東貿易を廃止し、名目上とはいえ国民政府に関税徴収権を一任する内容の要綱を成立させた。十月には、関税率低減要求の切り札として冀東貿易問題を利用する方針に沿って対中国交渉を開始し、中国側から貿易廃止を条件に関税率低減に応じる言質を得た。この交渉は結局失敗に終わったものの、貿易廃止と引き換えに関税率低減を引き出す方針は、一九三七年三～六月の林内閣に継承された。その一方で、九月以降に冀東貿易の取引量は回復に転じており、貿易推進派を再度勢いづかせることになった。

中国側関税率の低減は日本側の重要目標であったため、一九三六年中に冀東貿易廃止の無条件実行という意見は出なかった。しかし冀東貿易の衰退と九月以降の貿易量回復を経て、海軍や外務省などが条件付廃止に向けた動きを再び活発化させ、貿易を推進する冀東政府や関東軍などの対中国強硬派と対立するようになった。この対立は一九三七年ますます先鋭化し、そのまま日中戦争に突入したのである。

註

（1）秦郁彦『日中戦争史』（河出書房新社、一九六一年）八七―九〇頁。

（2）島田俊彦「華北工作と国交調整（一九三三～一九三七年）」（日本国際政治学会太平洋戦争原因研究部編『太平洋戦争への道　開戦外交史3　日中戦争（上）』朝日新聞社、一九六二年）。

（3）坂本雅子「三井物産と『満州』・中国市場」（藤原彰・野沢豊編『日本ファシズムと東アジア』青木書店、一九七七年）。同『財閥と帝国主義――三井物産と中国――』（ミネルヴァ書房、二〇〇三年）三四二―五三頁。

（4）今井駿「いわゆる冀東密輸についての一考察」（『歴史学研究』第四三八号、一九七六年。同『中国革命と対日抗戦――抗日民族統一戦線史研究序説――』（汲古書院、一九九七年に再録）。

（5）中村隆英『戦時日本の華北経済支配』（山川出版社、一九八三年）。

（6）金京鎬「冀東の阿片密輸に関する一考察」（『東亜経済研究』五〇―一・二、山口大学東亜経済学会、一九八六年）。

（7）孫準植『戦前日本在華北的走私活動（一九三三～一九三七）』（台湾：国史館、一九九七年）。

（8）青島日本商工会議所の調査による北支那協会の記録（一九三六年三月、東京大学社会科学研究所蔵島田俊彦文書「昭和十一年　北支密輸及冀東特殊貿易」所収。以下「北支密輸」と略記）。

（9）北村明恵「冀東政府における人絹」（新潟大学東アジア学会編『東アジア　歴史と文化』第一二号、二〇〇三年）。

（10）島田「華北工作と国交調整」。

（11）孫『戦前日本在華北的走私活動』一〇四頁。

（12）『冀東貿易の実情』（南満洲鉄道天津事務所調査課、一九三六年）二〇―二二頁。

（13）『東京朝日新聞』一九三六年三月六日付朝刊。

（14）「北支那ニ於ケル発動機船現況　其二」［旅順要港部発軍令部、海軍省、各鎮他宛秘情報第一二号〈一九三六年四月二十二日〉（「北支密輸」所収）］。

（15）同右。

（16）「冀東政府の北支密輸否認」（『支那』第二七巻六号、東亜同文会、一九三六年七月）。

（17）「冀東貿易状況」（南満洲鉄道資料課、一九三六年五月二十七日平野栄執筆、六月二十日発行）。

（18）『冀東貿易の実情』二六―二七頁では、昌黎にある正栄洋行が日本人居留民団の経営であることや、留守営と北戴河で指定された旭組が殷汝耕の友人である日本人が経営していたことが記されている。

(19) 大連の業者組織については孫『戦前日本在華北的走私活動』二三二―五三頁を参照。

(20) 孫『戦前日本在華北的走私活動』二五三頁。

(21) 「冀東貿易状況」。

(22) 同右。

(23) 今井「いわゆる冀東密輸についての一考察」。

(24) 「冀東貿易状況」。

(25) 同右。

(26) 同右。

(27) 青島日本商工会議所「冀東沿海よりの密輸入に関する調査並其及ぼす影響についての考察（一九三六年三月十六日）」（島田俊彦・稲葉正夫編『現代史資料8　日中戦争1』みすず書房、一九六四年）一六六―七五頁。

(28) 「冀東防共自治政府を語る　殷体新氏との座談会記録」〔日本外交協会、一九三六年七月（島田俊彦文書「昭和十・十一年　北支自治運動（冀東政府・冀察政権）」所収〕。

(29) 『冀東貿易の実情』二六―二七頁。

(30) 青島日本商工会議所の調査による北支那協会の記録。

(31) 「北支ニ於ケル密輸貿易ノ実情」〔旅順要港部秘情報第七号〈一九三六年三月二十四日〉（「北支密輸」所収）〕。

(32) 「冀東沿海よりの密輸入に関する調査並其及ぼす影響についての考察」。

(33) 同右。

(34) 青島日本商工会議所の調査による北支那協会の記録。

(35) 「密輸入防止に国民政府深慮を欽く　国内問題を国際関係に誘導　北支税収損失を海関が公表」（上海商工会議所「金曜パンフレット」第一六九号、一九三六年五月）。なお同会議所は青島居留民と違い、冀東貿易のもたらす負の要素を問題視していない。

(36) 「冀東沿海よりの密輸入に関する調査並其及ぼす影響についての考察」。

(37) 同右。

(38) 今井「いわゆる冀東密輸についての一考察」。

(39) 「冀東貿易状況」。

(40) 「冀東政府新税率制定問題ニ就テ」〔旅順要港部秘情報第八号〈一九三六年三月二十五日〉（「昭和十・十一年　北支自治運動」所収）〕。

(41) 島田「華北工作と国交調整」。

(42) 上海若杉要代理大使発有田八郎外務大臣宛電報第三一四号〈一九三六年五月十四日〉（「北支密輸」所収）本文上の若杉による書き込み。

(43) 劉傑「『中国通』外交官と外務省の中国政策」（軍事史学会編『日中戦争の諸相』錦正社、一九九七年）。

(44) 青島日本商工会議所の調査による北支那協会の記録。

(45) 『東京朝日新聞』一九三六年六月二日付朝刊。

(46) 鉄道輸送関連の密輸取締法案制定については、孫『戦前日本在華北的走私活動』二七七―八七頁、貿易業者の罰則については同、三八七―九三頁を参照。

(47) 関連法案については、同右、三九三―四〇五頁を参照。

(48) 同右、四〇五―六頁。

(49) 同右、四一〇―一一頁。

(50) 天津田尻総領事代理発有田外務大臣宛第三三五号電（一

九三六年八月三日〉（「北支密輸」所収）。
(51) 上海石射総領事発有田外務大臣宛第二二三号電の軍令部用写〈一九三六年六月十三日〉（「北支密輸」所収）。
(52) 旅順要港部司令部「北支方面特殊貿易ノ現況　其六」〔旅順要港部秘情報第一九号〈一九三六年十月二十五日〉（「北支密輸」所収）〕別表二。
(53) 『冀東貿易の実情』。貿易衰退が決定的になる七月以降について記述がないため、一九三六年六月下旬か七月上旬の作成と推定される。
(54) 島田「華北工作と国交調整」。
(55) 「密輸問題ニ対スル当艦隊ノ見解」〔一九三六年三月二十七日に出した第三艦隊の見解、第三艦隊警備報第七号「北支密輸問題竝ニ支那税関監視船ノ不法行為ニ対スル第三艦隊ノ態度」同年七月十五日の註一として引用（「北支密輸」所収）〕に、「現在冀東方面ヨリスル密貿易ノ趨勢ハ旺盛ヲ極メ」とする一節がある。
(56) 「北支密輸問題ニ対スル第三艦隊ノ態度」（第三艦隊機密第五六七号電〈一九三六年六月二十四日〉第三艦隊警備報第七号の第一項として引用）。
(57) 同右。
(58) 同右。
(59) 同右。
(60) 「支那関税及冀東特殊貿易ニ対スル中央ノ処理要綱」（昭和十一年七月十五日官房機密第四四七番電「北支密輸問題竝ニ支那税関監視船ノ不法行為ニ対スル第三艦隊ノ態度」の第二項として引用）。
(61) 「冀東防共自治政府を語る　殷体新氏との座談会記録」。
(62) 島田「華北工作と国交調整」。
(63) 『東京朝日新聞』一九三六年九月四日付朝刊。天津の稽査処事務所設置は九月八日である（島田「華北工作と国交調整」）。
(64) 旅順要港部司令部「北支ニ於ケル発動機船貿易ノ現況　其七」〔旅順要港部秘情報第二〇号〈一九三六年十一月十五日〉（「北支密輸」所収）〕。
(65) 天津堀内総領事発有田外務大臣宛第五三二号電〈一九三六年十一月二十六日〉（「北支密輸」所収）。
(66) 「北支ニ於ケル発動機船貿易ノ現況　其七」。
(67) 「北支方面特殊貿易ノ現況　其九」〔旅順要港部秘情報第一号、旅順要港部司令部〈一九三七年一月二十九日〉（「北支密輸」所収）〕。
(68) 孫『戦前日本在華北的走私活動』四四三頁。
(69) 川越＝張群会談の経過については、島田「華北工作と国交調整」を参照。
(70) 「十月二日四省会議に於て決定の川越大使宛訓令（第二次訓令）」（島田・稲葉編『現代史資料8　日中戦争1』）二九七頁。
(71) 南京須磨総領事発本省有田外務大臣宛第八三〇号電〈一九三六年十月十四日〉（同右）三二五頁。
(72) 南京須磨総領事発本省有田外務大臣宛第八五〇号電〈一九三六年十月二十日〉（同右）三二七頁。
(73) 林内閣の方針は、冀察政権の国民政府寄り傾斜に伴う変更点はあるものの、冀東貿易廃止や対中国関税引下げ要求については一九三六年から継承されたものであった。佐藤外相時代については、臼井勝美「佐藤外交と日中関

係　一九三七年三～五月」（臼井『日中外交史研究　昭和初期』吉川弘文館、一九九八年）、拙稿「『佐藤外交』の特質　華北政策を中心に」（『駒沢大学史学論集』第三四号、二〇〇四年）を参照。

（駒澤大学大学院）

日中戦争における短期決戦方針の挫折

服部　聡

はじめに

「暴支膺懲」や「対支一撃」を打ち出した日本軍は、限定戦争と短期決戦の方針で日中戦争に臨んだ。しかし、そのような日本軍の思惑に反し、結果的に、日中戦争は長期化と拡大の一途を辿り、ついには、中国以外の列国をも相手とした太平洋戦争へと発展した。そのような失敗の原因には、一面では、侵略戦争という、この戦争の性質に起因する国際的な道義の問題があり、一面では、外交戦略と軍事作戦の統合をめぐる政治外交と戦争指導の問題があった。そして、それらの問題については、相応の研究が積み重ねられてきた。

だが、その一方で、日中戦争は、「戦争」である以上、軍事的な戦略・戦術の問題という観点からも追究される必要がある。そして、その際に重要となるのが、戦争の限定化に失敗するに至った原因、すなわち、短期決戦方針が挫折した原因である。しかし、軍事的な問題としての日中戦争については、研究者層の薄さなどに起因して、あまり追究されてこなかった。

筆者は政治外交の研究者であるが、以上の問題点を踏まえた上で、開戦から徐州作戦までの軍事作戦という観点から、日中戦争に考察を加えてみることにしたい。そして、その際に、比較対象として、ナチス・ドイツ軍の軍事作戦を援用することにしたい。徐州作戦に至るまでの一連の作戦において、日本軍は、持てる機甲兵力のほぼ全てを投入しており、また、航空機による地上作戦の支援などを実施した。その点で、日本軍が展開した軍事作戦は、後年にナチス・ドイツ軍が展開することとなる電撃戦（Blitzkrieg）と相似しているためである。日中戦争において日本軍が展開した軍事作戦とナチス・ドイツ軍の軍事作戦との比較は、軍事作戦という観点から日中戦争を考察する際に、何らかの示唆を与えるものとなろう。

一　戦車と航空機の運用思想

(一)　日本陸軍における戦車の運用思想

第一次世界大戦後の一九二五年五月、久留米(第一戦車隊)と千葉(歩兵学校教導隊戦車隊)において、日本陸軍初となる中隊規模の戦車隊が、英仏製戦車によって編成された。その後、戦車の国産化により、国産戦車によって戦車隊が編成されてゆくのであるが、そこで問題となったのが、戦車の運用というソフトウェアであった。日本陸軍は、戦車の国産化に先立って一九二〇年に策定された「陸軍技術本部研究方針」によって、陸軍装備の近代化・機械化の方針を打ち出したのであるが、装甲車については、偵察用車両としてこれを研究することと、戦車については、フランスのルノー戦車を研究すると定めるに止まっていた。戦車をどのような兵器体系として位置づけて開発・運用してゆくかという問題について、日本陸軍は、明確な像を持ち得なかったのである。(1)

こうした中で、イギリスと並ぶ戦車先進国であったフランス陸軍は、一九二二年に「大部隊戦術的用法教令草案」を作成しているのであるが、同案は、戦車を陣地突破兵器として定義した上で、歩兵に随伴して戦闘する軽戦車と、大火力によってこれを支援する重戦車とに区分していた。そして、日本陸軍は、第一次世界大戦での塹壕戦の戦訓を強く反映したこのフランスの運用思想を、そのまま輸入することとなった。(2) すなわち、戦車は、陣地突破(敵機関銃座の破壊・無力化)を図る歩兵の補助兵器という位置づけで運用されることとなったのであり、こうした思想は、その後の国産戦車の開発・設計に反映されることとなった。そして、こうした中で、日本軍戦車隊が初めて実戦を経験することになったのが、一九三一年九月に勃発した満州事変であった。

満州事変が勃発すると、英仏製戦車によって臨時派遣戦車第一中隊が編成され、満州に送られて作戦行動に加わった。そして、翌年一月に上海事変が発生し、増援として混成第二四旅団と第九師団の派遣が決定されると、第一戦車隊にも出動命令が下されることになった。その結果、八九式中戦車五両とルノーNC戦車一〇両からなる独立戦車第二中隊が編成され、第九師団の指揮下で、上海での戦闘に投入された。(3)

地形的な制約等から、満州と上海に投入されたこれら日本戦車隊は、さしたる活躍を見せなかった。しかし、一九三三年二月から開始された熱河作戦では、威力を発揮することになった。この作戦には、国産戦車によって再編成された臨時派遣戦車第一中隊が投入されたのであるが、同中隊は、運用思想通りに、歩兵に協同する陣地突破兵器として威力を示したのである。(4)

満州事変は、日本戦車の成果と課題を明らかにした。国産戦車として初の実戦を経験することになった八九式中戦車は、輸入戦車に劣らぬ性能を示し、その後の国産戦車の開発に弾みをつけることになった。だが、その一方で、熱河作戦に投入された八九式中戦車と九二式重装甲車(履帯式)は、相応の機動力を発揮した一方で、狭い道幅や弱い橋梁など、中国大陸における道路事情の劣悪さから、行軍速度を著しく低下させるという問題も明らかにした。こうしたことから、陣地突破兵器としての戦車の価値が再確認された一方で、戦車を軽量化させる必要が認識されることになり、より軽量な九四式軽装甲車(履帯式)や九五式軽戦車の開発へとつながった。(5)その結果、日本陸軍は、日中戦争勃発の時点で四種類の戦車と履帯式装甲車を装備するに至り、機甲兵器を持たない中国軍に対して、一方的に優位な立場に立つことになった。

(二) 航空機とその運用思想

第一次世界大戦では、制空権の確保を目指した航空撃滅戦や、地上戦に対する航空支援など、様々な形態の航空戦が展開されていた。しかし、結局本格的な航空戦を経験しなかった当時の日本陸軍は、戦車と同様に、運用方法を確立するには至らなかった。そのため、日本陸軍は、戦車と同様に、航空機についても、フランス式の運用方法に基づいて、フランス機によって航空戦力を整備してゆくことになった。そして、その後、戦車と同様に、航空機の国産化が図られた。(6)

こうした経緯を経て、満州事変後の一九三三年に軍需審議会が設置され、同審議会が定めた「陸軍航空機材研究方針」によって、陸軍が使用する航空機の種類(偵察機、戦闘機、軽爆撃機、重爆撃機の四種類)とその仕様が、改めて定義されることになった。同方針は、その二年後に改正され、これによって、日本陸軍航空部隊の戦略的な位置づけが明確化された。すなわち、日本陸軍航空部隊は、戦場における制空権の確保(航空撃滅戦)を任務とし、そのために、戦闘機による空中戦と、軽・重爆撃機による敵飛行場への爆撃によって、敵機を撃滅するというものである。(7)こうした戦略思想は、その後、太平洋戦争の終戦まで生き続けることになるのであるが、後に大規模な戦略爆撃を実施し、日独の戦争経済に大打撃を与えた米英空軍や、対地攻撃による地上軍援護を主任務とし、その手段として急降下爆撃を徹底的に重視したドイツ空軍などと比べると[8]、戦争手段としての位置づけは曖昧であった。

その後、日本陸軍は、こうした方針に基づいて、様々な国産軍用機の開発を進めてゆき、盧溝橋事件勃発の時点で、九三式重・軽爆撃機（ともに双発機）、九五式戦闘機（複葉機）といった航空機を、航空部隊の主力とするようになっていた[9]。また、日本海軍航空部隊は、陸軍の重爆撃機に相当する九六式陸上攻撃機（双発機）、九二式艦上攻撃機（複葉機）、九四式・九六式艦上爆撃機（複葉機）、九五式艦上戦闘機（複葉機）、九六式艦上戦闘機（単葉機）を主力としていた[10]。中でも、陸軍の九五式戦闘機と海軍の九六式艦上戦闘機は特に優れた機材であり、八九式中戦車とともに、当時の世界水準に達する優秀な兵器であった。

日本軍は、日中戦争の勃発までに、以上のような航空機を手にすることになり、陸軍だけで五三個中隊の航空兵力を保有するに至っていた。これに対して、創設二年目を迎えていた中国空軍は、陸上飛行隊七個と水上飛行隊七個を保有していたものの、実戦に使用できる航空機は一〇〇機程度しかなかった。しかも、一般的に中国空軍のパイロットは技量が低く、この点でも中国空軍は劣勢であった[11]。そのため、質と量の両面で勝る日本軍航空部隊は、中国上空の制空権を容易に手にすることができ、偵察や地上作戦に対する航空支援など、航空戦力を最大限に活用することができた。盧溝橋事件は、日本軍が、以上のような戦車と航空機、そして運用思想を有する環境の下で勃発することになったのである。

二 日中戦争の勃発と短期決戦の追求

（一） 華北作戦——戦車隊の投入と包囲殲滅戦の失敗——

盧溝橋事件が勃発した一九三七年七月の時点で、日本の戦車隊は、質と量の両面で大幅に増強されていた。一九三三年に行われた戦車部隊の増強により、第一戦車隊と歩兵学校教導隊戦車隊は、それぞれ戦車第一連隊と戦車第二連隊へと拡大された。そして、戦車第一連隊から株分けされた戦車第三大隊が満州の公主嶺に配備され、その翌年には、戦車第二連隊から株分けされた戦車第四大隊が奉天に配備された。また、この年には、日本陸軍初の機械化部隊となる独立混成第一旅団（人員四、七〇〇人、戦車・装甲車一七七両）が公主嶺において編成されており、満州に配備された二つの戦車大隊は、自動車化された独立歩兵第一連隊とともに、同旅団の中核を構成することになった。[12]

日中戦争は、こうした状況の下で勃発することになったのであるが、盧溝橋事件が発生すると、支那駐屯軍を支援する目的で七月十一日に第一次動員令が発令され、独立混成第一旅団は、第一一混成旅団とともに、関東軍から派遣されることになった。また、朝鮮軍からは、第二〇師団が派遣された。そして、その後、廊坊事件（二十五日）と広安門事件（二十六日）が相次いで発生すると、二十七日に第二次動員令が発令され、内地からも三個（第五、第六、第一〇）師団が華北に派遣されることになった。

また、このようにして内地師団の派遣が決定されると、戦車第一連隊と戦車第二連隊から、それぞれ戦車第一大隊と第二大隊が編成され、両大隊は、これら内地師団とともに華北に派遣されることになった。両大隊を合わせると八九式中戦車七八両、九四式軽装甲車四一両となり、これにより、事実上、ほぼ全ての日本戦車が華北に投入されることになったのである。日本陸軍が、いかに戦車隊に期待をかけていたかを窺うことができよう。そして、このようにして、内地からも増援を受けることになった支那駐屯軍は、その到着に先立って、二十七日から中国第二九軍への攻撃を開始し、数日の内に、北平・天津付近の中国軍を一掃した。[13]

このようにして、盧溝橋事件は大規模な武力衝突へと発展していったのであるが、そうした中で、八月九日に第二次上海事変が発生する。その結果、十三日に第三次動員令が発令され、三個（第三、第一一、第一四）師団が、上海および青島に派遣されることになった。このうち、第三師団と第一一師団は、上海派遣軍として上海に派遣されたのであるが、第一四師団は、その後の作戦変更によって、支那駐屯軍に合流することになった。

一方、盧溝橋事件の発生以来、日本政府は、武力衝突の拡大を回避する方針をとっていたのであるが、第二次上海事変が発生すると、そうした方針を撤回することになった。蔣介石は、八月九日に対日抗戦を宣言し、十五日には、総動員令を発令するとともに三軍の司令官に就任した。これに対して、日本政府もまた、八月十五日に「支那軍の暴戻を膺懲」するとの声明を発表し、十七日の閣議において不拡大主義の撤回を決定したのである。その結果、陸軍省部は、二十四日の第四次動員令によって、三個（第一六、第一〇八、第一〇九）師団の動員を決定すると、これら三個師団を支那駐屯軍への増援として差し向けた。[14]

このように、四次にわたる動員の結果、八個の師団と二個の旅団の増強を受けることになった支那駐屯軍は、八月三十一日に寺内寿一大将を司令官とする北支那方面軍へと改組され、二個(第五、第一〇九)師団を方面軍直轄とし、それぞれ三個師団によって、第一軍(第六、第一四、第二〇)と第二軍(第一〇、第一六、第一〇八)を構成することになった。一方、七月に行われた支那駐屯軍の攻撃によって、中国軍は北平・天津付近から駆逐されたのであるが、その後、中国軍は、二九個師団(二三万人から四〇万人)と推定される兵力を、保定から滄県の付近に展開させ、反撃の機会を窺っていた。北支那方面軍に与えられた役割は、これらの中国軍に対する短期決戦の敢行であり、この「対支一撃」によって中国軍に大打撃を与え、中国政府の早期屈服を図るというのが、その戦略目標であった[15]。

こうした役割を与えられた北支那方面軍の作戦は、まず、第二軍が、天津付近から津浦線沿いに徳県方向に急速に南下し、その後に西進して中国軍の退路を塞ぎ、その一方で、第一軍は、北平付近から京漢線の西側沿いに南下した後に東進し、中国軍を攻撃するというものであった。これによって中国軍を挟撃し、包囲殲滅戦によって一気に勝敗を決するというのが北支那方面軍の作戦であり、第二軍が金床の役割を、そして、第一軍が金槌の役割を、それぞれ担う形となった。そのため、第二軍に一個の重砲旅団が配属されたのに対して、金槌の役割をする第一軍には、二個の重砲旅団と、内地から派遣された二個の戦車大隊が配備された。これによって、打撃力の強化が図られたのである[16]。

また、こうした地上作戦を支援するために、航空部隊が充てられることになり、第一軍には第一飛行団(戦闘機・軽爆撃機各一個大隊、重爆撃機一個中隊)が、第二軍には第四飛行団(戦闘機・軽爆撃機・偵察機各一個大隊、戦闘機一個中隊)が協力することになった。また、飛行兵団直轄部隊として、偵察機二個大隊、重爆撃機一個大隊、戦闘機一個中隊が用意された。当時、日本陸軍の総航空兵力は、偵察機一五個、戦闘機二一個、重爆撃機八個、軽爆撃機六個、混成三個の中隊であったが、その約三分の一の兵力が、北支那方面軍に割り当てられることになったのである[17]。

しかし、以上のような作戦と陣容で九月十四日から開始された華北作戦であったが、結果的には失敗に終わる。金床と金槌がうまくかみ合わず、また、叩き潰すべき対象であった中国軍も、金床と金槌の間をすり抜けてしまったのである。まず、兵力を増強した中国軍が永定河付近において日本軍との決戦を企図していると判断した第一軍は、当初の作戦を変更し、保定より遙か手前の定興周辺において、第一軍単独で中国軍を包囲することを決定した。すなわち、金槌のみが振り下ろされることになったのである。そのため、第一軍の各師団は急速に南下したのであるが、退避戦

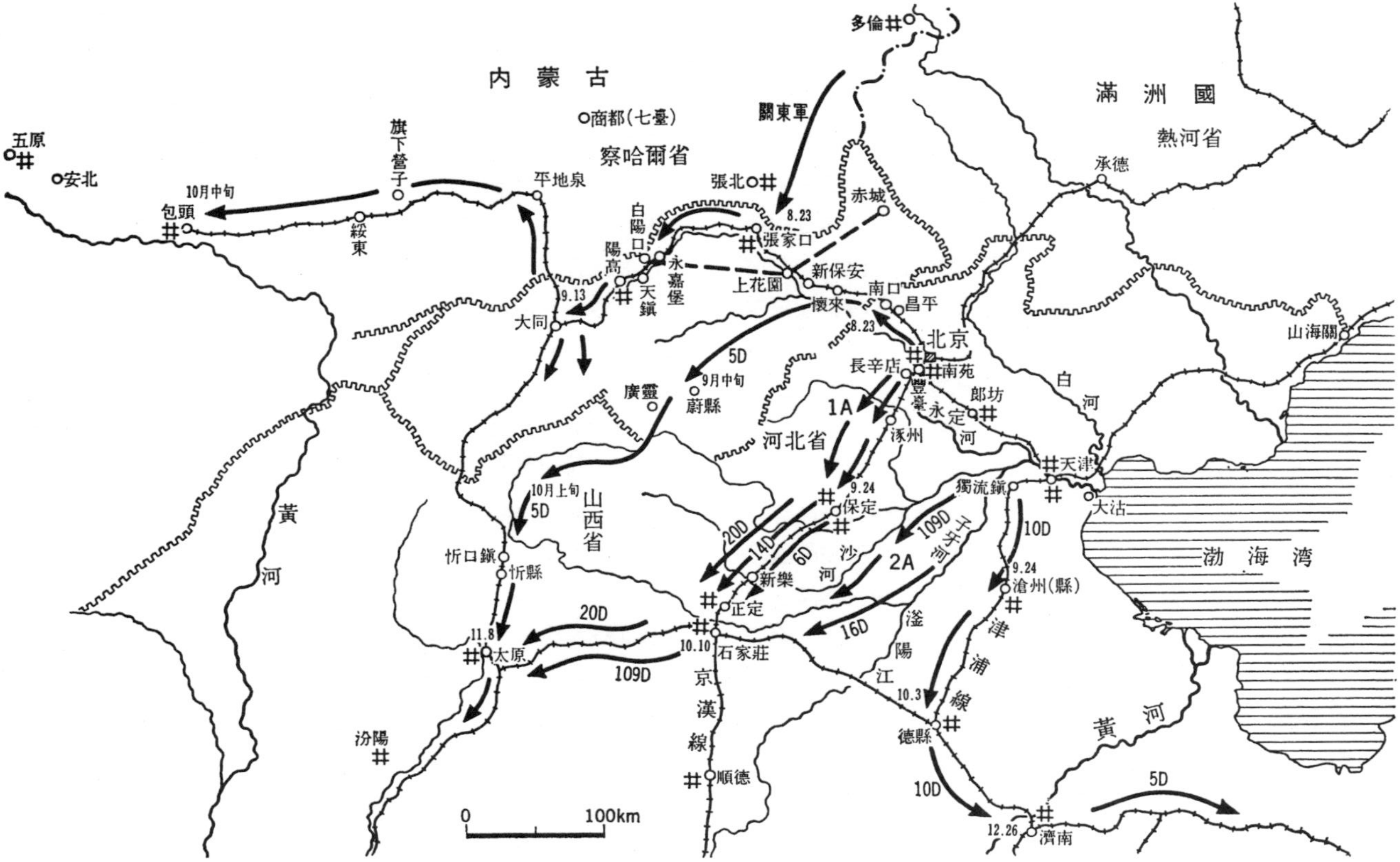

図1　昭和12年の北支作戦図〔防衛庁防衛研修所戦史室『戦史叢書74　中国方面陸軍航空作戦』(朝雲新聞社、1974年) p.31〕

略に出た中国軍が第一軍との正面対決を回避して撤退したため、第一軍は、中国軍を包囲することはできなかった。

一方、このようにして金槌が振り下ろされていた時に、金床は用意できていなかった。第一軍が南下を開始したとき、第二軍は編成を完了しておらず、第一〇師団のみで作戦を実施せざるを得なかったのである。さらに、第一軍と呼応して、滄県を経て保定の南方へ進出することになっていたその第一〇師団も、地勢や天候の悪さ、さらには中国側の強い抵抗を受けたことで、第一軍に比べて進撃速度が鈍ることになった。そのため、第一軍との連携を欠いた第二軍は、第一軍に対して金床を用意することができず、第一軍と連携した戦略的包囲態勢の形成に失敗した。その結果、その後、第一軍と第二軍は、十月下旬に至るまで、撤退する中国軍を追撃して南下を続けたのであるが、中国軍の撤退を阻止すべく、航空部隊によって交通線の切断が図られたものの、撤退する中国軍を捕捉することはできなかった。[18] 戦車と航空部隊を大量に投入することで、北支那方面軍には、中国軍に大打撃を与えることが期待されていた。しかし、中国軍の捕捉に失敗したことで、その戦略目的を達成することはできなかったのである。

（二）　上海作戦――上陸作戦の成功と追撃戦の失敗――

一方、退避戦略をとった華北とは異なり、中国軍は、上海での戦闘においては徹底抗戦に出た。これは、国際都市上海で激戦を展開することで、日本の不当行為を国際世論に訴え、対日非難を喚起しようという、ジュネーヴ会議の開催をにらんだ中国側の政略的判断によるものであった。そのため、中国軍は、中央軍の約三分の一にあたる約一五個師を上海周辺に集めて、日本軍と激戦を展開することになったのである。[19]

一方、第二次上海事変が発生すると、日本陸軍は、兵力において圧倒的に不利な状況にある海軍特別陸戦隊を支援する目的で、上海派遣軍（司令官松井石根大将）を上海に派遣していた。しかし、その上海派遣軍も、兵力に勝る上に精鋭部隊を集めた中国軍が徹底抗戦に出たことで、苦戦を強いられた。上海派遣軍には、支援部隊として、重砲一個連隊や飛行一個中隊などとともに、八月二日に久留米において新編された戦車第五大隊（八九式中戦車によって編成）が配属されていた。しかし、第一次上海事変の時と同様に、運河やクリークの多い地形に阻まれて、威力を発揮できなかった。[20]

このような状況を受けて、陸軍中央は九月十一日、九月一日の第五次動員令によって動員された第一〇一師団と、同九日の第六次動員令によって動員された三個（第九、第一三、第一八）師団の中から二個師団を抽出し、三個（第九、第一三、第一〇一）師団を、上海派遣軍への増援として派遣することを決定した。そして、これらの増援は、十月一日までに、上海と滸浦鎮と間の地域に上陸し、直ちに戦闘に加わった。だが、こうして増援を得ることになったものの、それでもなお、上海派遣軍は、中国軍の三分の一程度の兵力にしかならなかった。しかし、そうした状況にもかかわらず、上海派遣軍は、その後、中国軍の頑強な抵抗を受けつつも、上海における橋頭堡を徐々に拡大していった。その原動力となったのが、中国軍側が保有していなかった重砲による火力支援と、圧倒的に優勢な日本航空部隊、さらには、日本海軍の艦艇による艦砲射撃の支援であった[21]。

華北において決戦を挑むことになった北支那方面軍には、大規模な航空部隊が充てられていた。しかし、上海派遣軍に対して陸軍が用意した航空部隊は、独立飛行中隊一個に止まった。その理由は、華中・華南を管轄する海軍との作戦協定の存在と、上海周辺に飛行場が得られなかったという事情であり、そのため、上海での航空戦力は、海軍が提供することになった。そして、その海軍は、第二次上海事変発生直後から、合計で二一〇機を超える航空機（空母艦載機や、台湾基地と大村基地から進発する陸上攻撃機など）を上海での戦闘に投入していた。だが、中国軍も上海での戦闘に空軍を投入していたこともあって、これら海軍航空隊の目標は、陸軍部隊の支援ではなく、上海周辺の制空権確保に向けられた。そのため、中国空軍を相手にした航空撃滅戦が海軍航空隊の主な任務となり、上海周辺の制空権が確保された後も、海軍航空隊は、航空戦の範囲を南京や広東に拡大させていた[22]。

こうしたことから、上海派遣軍に対する航空支援は二次的なものとなり、苦戦に陥っていた上海派遣軍は、航空支援を熱望することになった。その結果、陸軍中央は、九月十一日に上海派遣軍に対する増援の派遣を決定した際に、これと併せて、第三飛行団を上海に派遣することも決定した。この第三飛行団は、それぞれ、戦闘機、偵察機、軽爆撃機、重爆撃機によって構成された四個の中隊によって編成され、新設された王濱飛行場に展開することになった同飛行団は、十月中旬から、上海派遣軍による地上作戦の支援にあたった[23]。

上海派遣軍は、このようにして、三個師団の増援と航空部隊の支援を得ることで、徐々に戦況を有利にしてゆくことになったのであるが、戦況を最終的に決したのは、新たに編成された第一〇軍による奇襲上陸であった。華北作戦は十月下旬に終了したのであるが、その失敗は、十月初めの時点で明らかとなりつつあった。そのため、その後の軍事作戦を検討した参謀本部は、十月十日に、上海作戦の拡大を決定し、中国側が徹底抗戦に出ていた上海を、新たな決戦の場とすることになった。そして、その作戦のために、新たに第一〇軍が編成され、同軍によって、上海南方で上陸作戦が実施されることになったのである。

第一〇軍は、柳川平助中将を司令官に、華北作戦終了後に北支那方面軍から転用した第六師団と重砲旅団一個に、第六次動員令発令後に満州で待機していた第一八師団、それに、十月十二日の第一一次動員令によって新たに動員された第一一四師団によって編成された。そして、支那派遣艦隊の支援を受けた第一〇軍は、十一月五日早朝、杭州湾に奇襲上陸した。この作戦の成功を受けて、参謀本部は、七日に、暫定的ながら、上海派遣軍と第一〇軍をもって中支那派遣軍（司令官松井石根大将）を編成し、華北作戦と同様に、中国軍に大打撃を与え、中国側の抗戦意思を挫く旨の命令を下した。(24)

一方、中国軍は、それまで、兵器において勝る日本軍を相手に敢闘し、日本軍に多大の損害を与えていた。しかし、その一方では、中国軍もまた、兵器において勝る日本軍によって多大な損害を強いられていた。こうした中で実施された第一〇軍による杭州湾上陸作戦は、日本軍を上海周辺に閉じこめていた中国軍を背後から攻撃する形となり、中国軍が逆包囲される可能性を作り出すことになった。その結果、大損害を受けていた中国軍は混乱に陥り、中国軍の戦線は崩壊し始めた。このような状態となると、中国軍としても徹底抗戦を断念せざるを得ず、十一月九日に蔣介石が撤退命令を発すると、内陸への撤退を開始した。

このように、第一〇軍による杭州湾上陸作戦は大成功を収めたのであるが、中国軍が撤退を開始すると、中支那方面軍は、華北作戦と同様に、撤退する中国軍を捕捉すべく追撃戦を展開することになった。中支那方面軍は、北支那方面軍から転用された第一六師団も投入して、内陸への進攻作戦を開始したのである。そして、よく知られているように、この作戦は、中支那方面軍が参謀本部を押し切る形で、南京への追撃戦へと発展した。(25)

上海から南京までの距離は約四〇〇キロであったが、中支那方面軍による南京への追撃戦には、上海派遣軍の戦車第五大隊と軽装甲車一個中隊に加え、華北から転用された軽装甲車二個中隊が参加しており、合計一〇〇両以上の戦車と装甲車が、南京への追撃戦に参加することになった。そして、上海での戦いでは十分な活躍の場を得られなかった戦車隊は、南京への追撃戦では威力を発揮した。しかし、

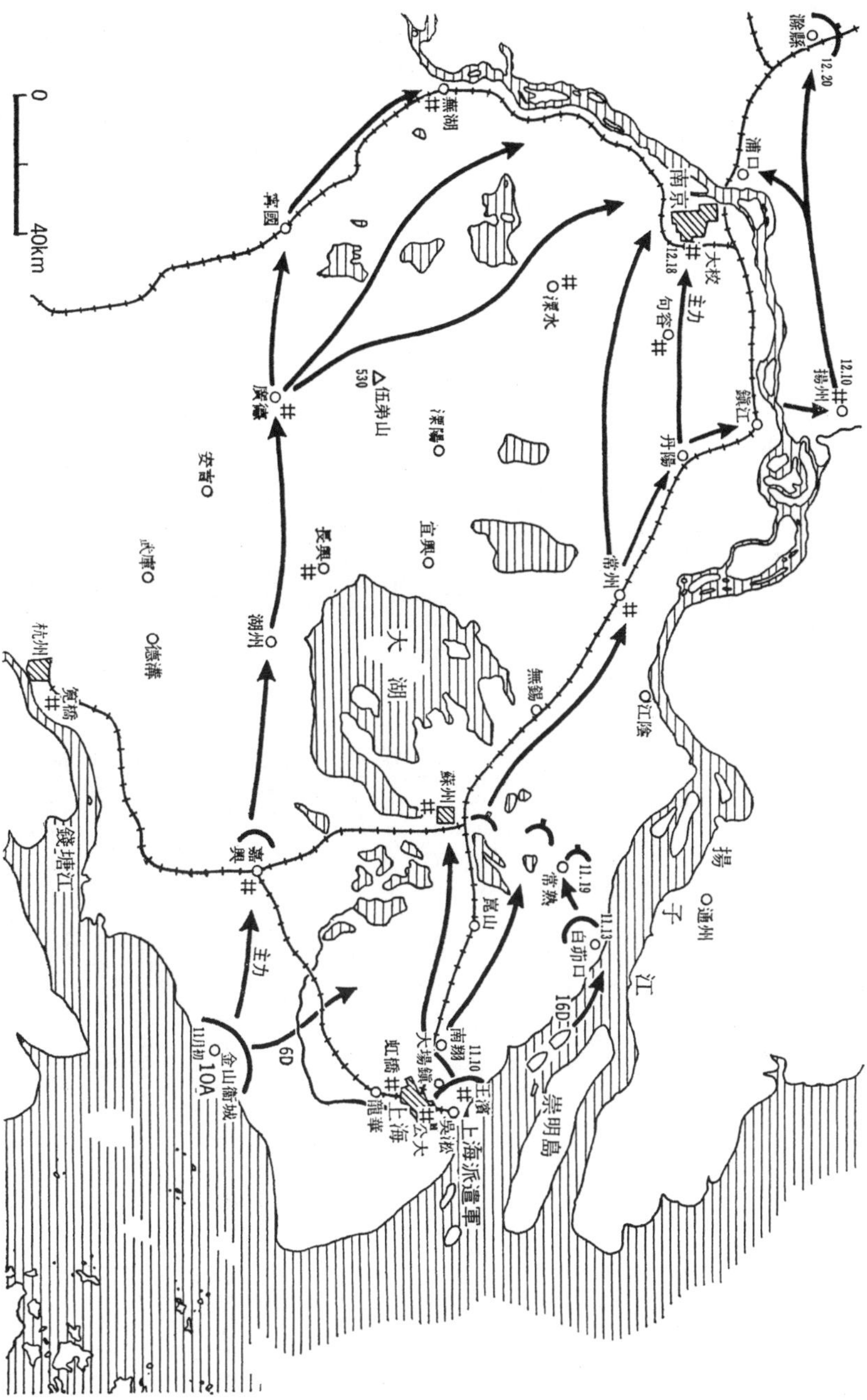

図2　上海、南京作戦関係地名図（『戦史叢書74　中国方面陸軍航空作戦』）

それは、敗走する中国軍の捕捉ではなく、日本陸軍の運用思想となっていた陣地攻略においてであった。中国軍は、南京周辺に多数の機関銃陣地からなる堅固な防御陣地を構築していたのであるが、これらの陣地に対する突破攻撃に、戦車隊は威力を発揮したのである。[26]

また、この南京作戦には、陸海軍の航空部隊も協力しており、[27]このような、戦車隊と航空部隊の支援を受けた南京への進撃は、一日平均四〇キロにおよぶ急速なものであった。これは、歩兵部隊の進撃速度としては限界に達するものであったが、それでも、退却する中国軍を捕捉することはできなかった。そして、十二月十三日、南京は陥落したのであるが、中国軍に大打撃を与え、中国側の抗戦意思を挫くという戦略目標の達成は、ここでも失敗に終わった。

(三) 徐州作戦――三度繰り返された失敗――

首都南京占領をもって、短期決戦による戦争終結を目指した軍事作戦は、一つの区切りを迎えることになった。しかし、トラウトマン工作が決裂し、さらには国民政府の存在を否定したことで、日本政府は、戦争を政治的に解決する道を自ら閉ざしており、その後も、軍事作戦によって戦争の解決を模索するしかなかった。だが、一九三八年二月十六日の御前会議では、当面の間、大規模な軍事作戦は実施しないことが決定されており、南京占領後の軍事作戦は、占領地の治安維持や、都市や後方基地に対する爆撃などに抑えられることになった。[28]

こうした決定を受けて、南京占領後、華北および華中の日本軍は、投入した兵力を現地に留め置き、すでに占領した地域を確保する一方で、占領地のさらなる拡大を図った。北支那方面軍は済南を経由して南下を続け、中支那派遣軍もまた、南京から北西方面へと占領地の拡大を図ったのである。このような両軍の進出方向は、結果的に徐州へと向けられていたのであるが、[29]これに対して、中国側も、四〇万もの兵力を徐州付近に集結させていた。そうした中で、北支那方面軍の第五師団の一部と第一〇師団の一部が徐州北東の台児荘において中国軍の大部隊と遭遇し、大規模な戦闘となった。[30]この戦闘の結果、日本軍は撃退されたのであるが、徐州付近に中国側が大軍を集結させているという状況は、日本軍にとっては、華北や上海で失敗した戦略的包囲殲滅戦を挑むまたとないチャンスでもあった。その結果、大規模な軍事作戦を否定した方針はあっさりと撤回されることになり、徐州付近に集結する中国軍への戦略的包囲撃滅戦として、徐州作戦が開始されることになった。[31]

五月初めから開始されることとなったこの作戦には、北支那方面軍は五個(第五、第一〇、第一四、第一六、第一一四）師団を、また、中支那派遣軍は三個（第三、第九、第一三）師団を、それぞれ投入した。そして、やはり戦車隊が投入され、それまでの作戦に投入されていた三個の戦車大隊全てが、この作戦に投入されることになった。戦車第二大隊は、北支那方面軍攻撃軸の最も西側を進む第一六師団に配属され、戦車第一大隊は、中支那派遣軍攻撃軸の最も西側を進む第一三師団に、また、戦車第五大隊は、最も東側を進む第三師団に、それぞれ配属された。[32]

一方、華北作戦に投入された第一飛行団と第四飛行団、そして上海作戦に投入された第三飛行団は、南京占領後も、それぞれの地域で中国軍に対する航空戦を展開していたのであるが、当然のことながら、これらの航空部隊も徐州作戦に協力することになった。この時期、各航空部隊では、各機種とも最新型となる九七式への更新が進められており、戦力の強化が図られていた。戦力強化の進んだこれら航空部隊の役割は、偵察を中心とした地上部隊への支援と、隴海線に対する爆撃を中心とした中国軍の退路遮断であり、南京地区に展開して航空撃滅戦を展開していた海軍航空隊も、この作戦に協力することになった。[33]

このように、徐州作戦は、ここでも、戦車を最大限に投入した空陸一体の作戦として進められることとなり、最も西側を進むことになる第一、第二の両戦車大隊は、自動車化された歩兵大隊や砲兵部隊などを加えて、臨時的なものながらも機甲部隊を構成した。これにより、部隊としての機動力の向上が図られたのであるが、徐州作戦が戦略的包囲を狙ったものである以上、当然の措置といえた。そして、こうした措置は、相応の成果を上げ、戦車第一大隊を中核にした岩仲支隊は、五月十四日に、徐州西方で隴海線に到達し、鉄橋を爆破して、中国軍の撤退を妨害することに成功した。[34]

この戦果は、日本国内では、「神速岩仲部隊」として大々的に報じられたのであるが、作戦自体は失敗に終わった。隴海線が切断され、五月十九日に第一三師団が徐州を占領したものの、投入された兵力が中国軍に対して少な過ぎたことから、有効な戦略的包囲網を作り上げることができなかったのである。大規模な兵力が投入された徐州作戦であったが、その実態は、第五師団と第一〇師団が一カ月間の激闘を繰り広げたに過ぎず、その他の部隊は、長距離の機動をしたに過ぎなかったのである。[35]

そのため、徐州西方の漢口へ向けて追撃戦が実施されることになったのであるが、第一四師団が六月六日に開封を占領すると、中国側は、黄河の堤防を決壊させ、日本軍の追撃を阻止した。[36] これにより、徐州作戦は一段落することになったのであるが、日本軍は、地域占領によって戦術的

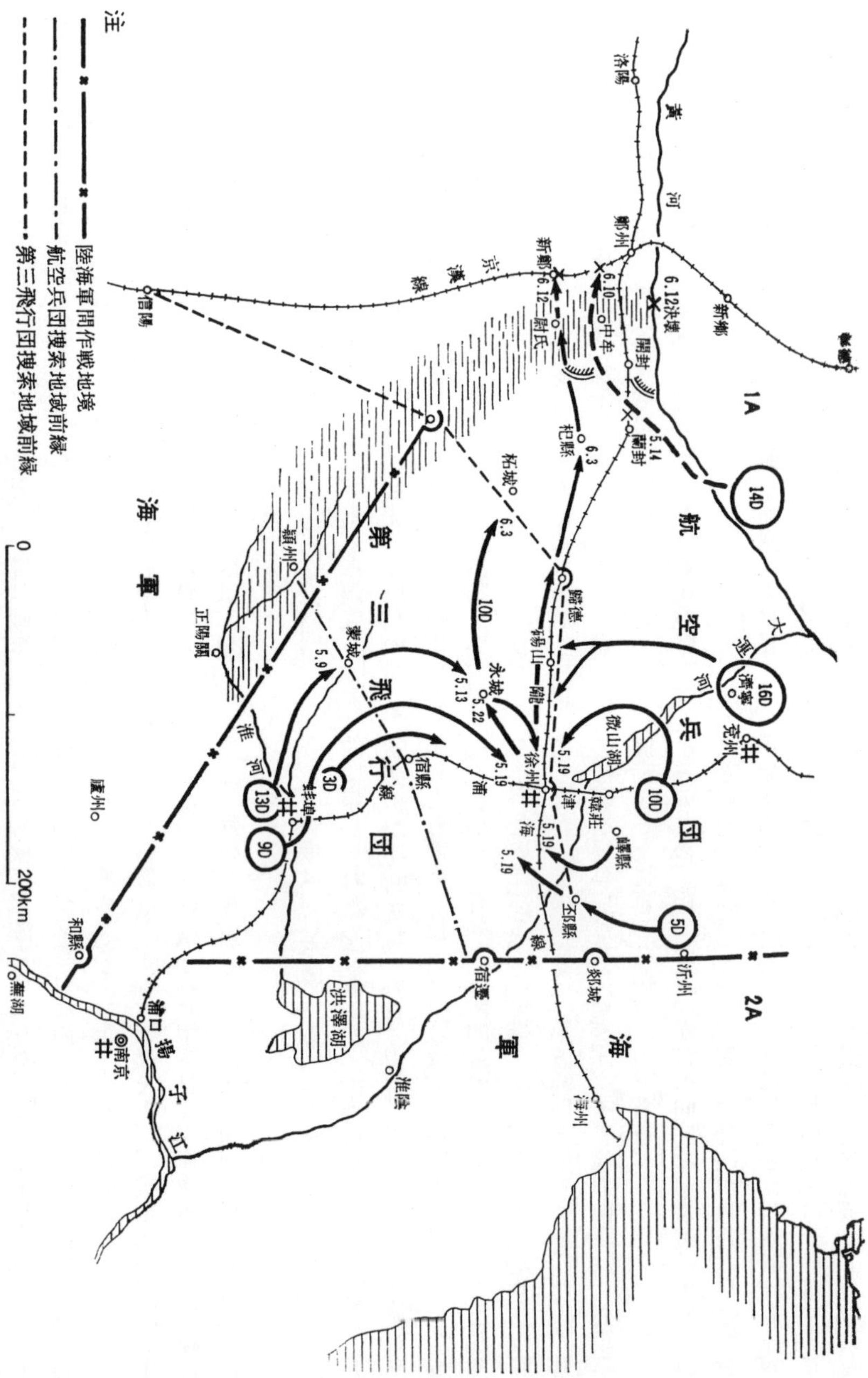

図3　徐州会戦陸海軍航空作戦（捜索）担任概況図〈昭和13年4月〉（『戦史叢書74　中国方面陸軍航空作戦』）

には成功を収めたものの、中国軍に大打撃を与えるという戦略目標の追求には失敗するという、従来のパターンが繰り返された。そして、以後、日本軍は、中国軍に対して包囲殲滅戦を挑む機会を得ることはできなくなり、短期決戦による戦争の早期解決は不可能となった。その結果、日中戦争は長期化することになり、戦争手段も、軍事作戦から、傀儡政府の樹立や国民政府を支援する第三国への対策などの、政略・謀略へと重点が移されてゆくのである。

三　短期決戦方針の挫折とその原因

（一）　日本戦車隊の限界——戦車とその運用——

日中戦争は、日本陸軍にとっては、日露戦争以来の本格的な戦争であった。そして、それはまた、戦車隊の投入や航空戦など、第一次世界大戦後の新しい形態の戦争を、本格的に経験する場でもあった。特に、戦車隊と航空部隊による空陸一体の作戦は、後にナチス・ドイツ軍が展開して大成功を収めることとなる電撃戦と類似するものであった。だが、盧溝橋事件から徐州作戦に至るまでの一連の軍事作戦において、日本軍は、ナチス・ドイツ軍のような成功を収めることはできなかった。その原因はいくつか考えられるが、第一に挙げられるのは、中国軍が決戦を回避し、退避戦略をとったことで、日本側の戦略であった短期決戦に持ち込めなかったという点である。

緒戦の華北作戦を決戦の場と位置づけた日本陸軍は、北支那方面軍を編成した上で、総航空兵力の約三分の一と、持てる戦車のほぼ全てを、この作戦に投入した。しかし、中国側は、徹底抗戦の姿勢を示し、兵力量において勝っていたにもかかわらず、退避戦略をとった。そのため、決戦は生起せず、追撃を図ったものの、日本軍は、中国軍を捕捉・包囲することができなかった。こうした展開は、その後、上海から南京占領に至る作戦や徐州作戦でも繰り返され、「対支一撃」による国民政府の屈服という当初の戦略は完全に挫折した。

こうした結果をもたらすことになった大きな原因として考えられるのが、日本における戦車の運用思想と、これに起因する戦略単位での機動力の不足である。第一次世界大戦の最中から、ヨーロッパ各国では、戦車の運用方法が研究されていた。戦車を初めて開発・実用化したイギリスでは、大量の高速戦車を地上部隊の主力に据え、機械化歩兵と航空機の支援を受けながら陣地突破と機動戦を行うという戦術理論が、ジョン・F・C・フラー（John Frederick Charles Fuller）らによって提唱されていた。[37] こうした理論は、日本にも紹介されたのであるが、日本陸軍は、こうした先進的なイギリスの理論を導入せず、前述のように、歩兵を主力とし、戦車をその支援兵器と位置づけたフランスの理論を導入した[38]。

フランスから理論を導入した理由は、単にイギリスに比べてフランスが陸軍大国であったということなのか、あるいは、戦車の大量整備を謳ったイギリスの理論が経済的に実現不可能であったためなのかは明らかではない。しかし、結果的に見て、フランスの理論は、誤ったものであった。フランスの理論は、塹壕戦・陣地戦という第一次世界大戦の戦訓に加え、マジノ線を盾とした防戦という、戦略的攻勢を否定した戦後フランスの国防戦略を反映したものであり、戦車という兵器の特性を基にして、論理的に導き出されたものではなかったためである。

一方、将来戦をほぼ正確に予測したフラーらの理論は、対立することになった騎兵部隊から激烈な抵抗を受けたため、イギリス陸軍で活かされることはなかった。しかしながら、この理論は、ハインツ・W・グデーリアン（Heinz Wilhelm Guderian）という鬼才の軍人と、ヒトラーというパトロンを得たことで、ドイツ陸軍において具体化することとなった。グデーリアンは、ヴェルサイユ条約によって軍備に制限を受けていたドイツは、地政学的に、少ない兵力で内戦作戦を強いられることになると、その国情を理解していた。そのため、戦略的各個撃破を図る上で重要となる機動力を重視したグデーリアンは、自動車化部隊を創設する必要を主張していた。そして、その後、フラーらの理論の影響を受け、戦車の持つ打撃力と機動力に着目したグデーリアンは、敵陣地に加えて敵戦車をも破壊可能な高速戦車を主力に、機械化した歩兵や砲兵を組み合わせた諸兵科連合体として、機甲部隊（単なる戦車隊ではない）を創設する必要を提唱するようになった[39]。

こうしたグデーリアンの理論は、ヒトラーの関心を引くことになり、ドイツでは、再軍備の開始とともに、戦車の開発と戦車を主力に据えた機甲部隊の整備が、急速に進展することになった。その結果、ドイツ陸軍は、一九三九年のヨーロッパ戦争の勃発までに、戦略単位として高い機動性を発揮する機甲師団や自動車化師団を作り上げ、対ポーランド戦には、四個の機甲師団と三個の自動車化師団、そして一個の機甲旅団を投入するに至った。これに対して、日中戦争勃発時、日本陸軍が投入することになった機械化部隊は、独立混成第一旅団のみであり、その他に、三個の戦車大隊が用意されたに過ぎない。しかも、関東軍の部隊である独立混成第一旅団は、華北作戦から徐州作戦に至る一連の主作戦には投入されず、華北作戦の支作戦として関東軍が実施したチャハル作戦に投入されただけであった。

歩兵部隊の平均的な行軍速度は、一日あたり約二六キロとされているのであるが、これに対して、ドイツ軍の機械化歩兵は、一日あたり七〇キロ、最大で二〇〇キロまで行軍することができたとされている。上海から南京へ進撃した中支那方面軍は、一日平均四〇キロという、歩兵部隊としては限界に達する行軍を強行したものの、結局、逃走する中国軍を捕捉することはできなかった。中国軍が退避戦略をとったとしても、撤退する中国軍を捕捉・包囲することで、武装解除か決戦を強いるということは可能であった。華北作戦から徐州作戦までに至る一連の作戦において、日本陸軍が中国軍の捕捉に失敗した大きな原因は、こうした戦略単位での機動力の不足であり、こうした展開は、戦車に対する日本陸軍の期待が、戦略的な機動力よりも、陣地突破のための打撃力に指向されていたことに照らし合わせれば、当然の結果でもあった。

(二) 国力の限界——機械力の不足と兵力差——

だが、仮に、日本陸軍がドイツ陸軍のような戦車の運用方法を確立していたとしても、ドイツ陸軍のような電撃戦によって日中戦争を短期に終結させることは、おそらく不可能であったと思われる。その第一の理由は、日本の国力、すなわち経済力と動員力である。

対ポーランド戦を例にとると、開戦時、ドイツ陸軍は、戦車三、一九五両と航空機四、一六一機を用意しており[40]、これに対して、日本陸軍は、各作戦毎に一〇〇両弱の戦車・装甲車を投入したに過ぎない。すなわち、兵器の質において、中国軍に対して圧倒的に優位にあったとはいえ、日本陸軍は、ドイツ陸軍のような電撃戦を行えるだけの量的な機械力を欠いていたのである。日中戦争勃発後の一九三八年の時点でさえ、日独の軍事費には倍以上の開きがあり、工業生産高については約四倍の開きがあった[41]。しかも、世界第三位の海軍力を維持する日本とは違い、ドイツは、それらの国家リソースを、陸軍と空軍に集中的に投下していた。そのため、日本陸軍は、ドイツ陸軍のような大規模な機甲部隊を整備して、中国軍に対して電撃戦を挑むというようなことは、経済的に不可能な状況にあったのである。

また、兵器の質において日本軍が優位な状況に立っていたとはいえ、中国軍と日本軍の間には、兵力の絶対量において大きな隔たりが存在していた。ドイツ陸軍は、対ポーランド戦に歩兵師団三八個、機甲師団四個、自動車化師団三個、機甲旅団一個を投入した。これに対して、ポーランド軍は、歩兵師団三九個、騎兵旅団一一個、機甲旅団二個を投入しており、兵力的には、ドイツ軍の方がやや多い[42]。そして、空軍ではドイツ側が質・量ともに圧倒しており、途中からソ連も参戦したことで、最終的には、ドイツ側は、兵力においてポーランド側を圧倒した。

一方、翌年五月からの対西方作戦では、ドイツ軍は、一六個の機械化師団を含む一三五個師団を投入しているのであるが、これに対して、オランダ・ベルギーを含む英仏連合軍は、軽機甲師団と機甲師団三個ずつを含む一三〇個弱の師団を投入している。兵力的にドイツ側の方が少ない（二七六万人対三七四万人）のであるが、日中戦争における日中間ほどの巨大な格差ではない。また、航空戦力においてこそドイツ側は優位にあったものの（ドイツ軍約三、六〇〇機に対して連合軍約二、七〇〇機であり、ドイツ側は質的にも優位にあった）、戦車においては、英仏側優位の状態でほぼ拮抗しており（ドイツ軍二、五七四両に対して英仏軍は三、八〇八両であるが、質的にはドイツ側優位）、こうした状況の下で、ドイツ軍は、連合軍に対して勝利を収めている。(43)

兵力量においてほぼ拮抗するという条件の下で、対ポーランド戦の勝敗を決したのは、戦車や航空機といったハードウェアにおける質と量にわたる格差であり、対西方作戦の勝敗を決したのは、先進的な戦車の運用思想と、これを基礎にして、連合軍の意表を突く形で立案された作戦（アルデンヌ森林地帯の突破）という、ソフトウェアの優劣であった。これに対して、華北作戦から徐州作戦に至る作戦において、日本軍は、絶えず、中国軍に対して半分以下という、あまりにも少なすぎる兵力で作戦を展開した。そのため、仮に、日本陸軍が、機甲師団や自動車化師団を整備できていたとしても、戦力の基礎となる歩兵師団の兵力さえおぼつかない状態であった以上、中国軍に対して有効な戦略的包囲を形成し、決戦や武装解除を強要できたかは疑問がある。実際、杭州湾上陸作戦の時点で、日本陸軍の動員力はほぼ限界に達していたのであるが、それでもなお、中国軍に対して十分な兵力量を確保したとはいえなかった。すなわち、戦車の運用思想というソフトウェアの欠陥と、戦車の量的不足というハードウェアの弱点が克服されていたとしても、戦略的兵力量という致命的な制約のため、短期決戦によって日中戦争を決着させることは、ほぼ不可能であったと考えられるのである。

（三）政戦略の限界——戦争準備と戦争指導——

そして、このように、戦略環境が日本軍にとって厳しい状況にあったことに照らし合わせると、重要となってくるのが、第二の問題としての戦争準備である。ドイツ軍は、対ポーランド戦に五カ月程度の準備期間を確保することができた。一方、翌年五月からの対西方作戦においては、準備に八カ月の時間を費やし、何度も作戦計画を練り直して

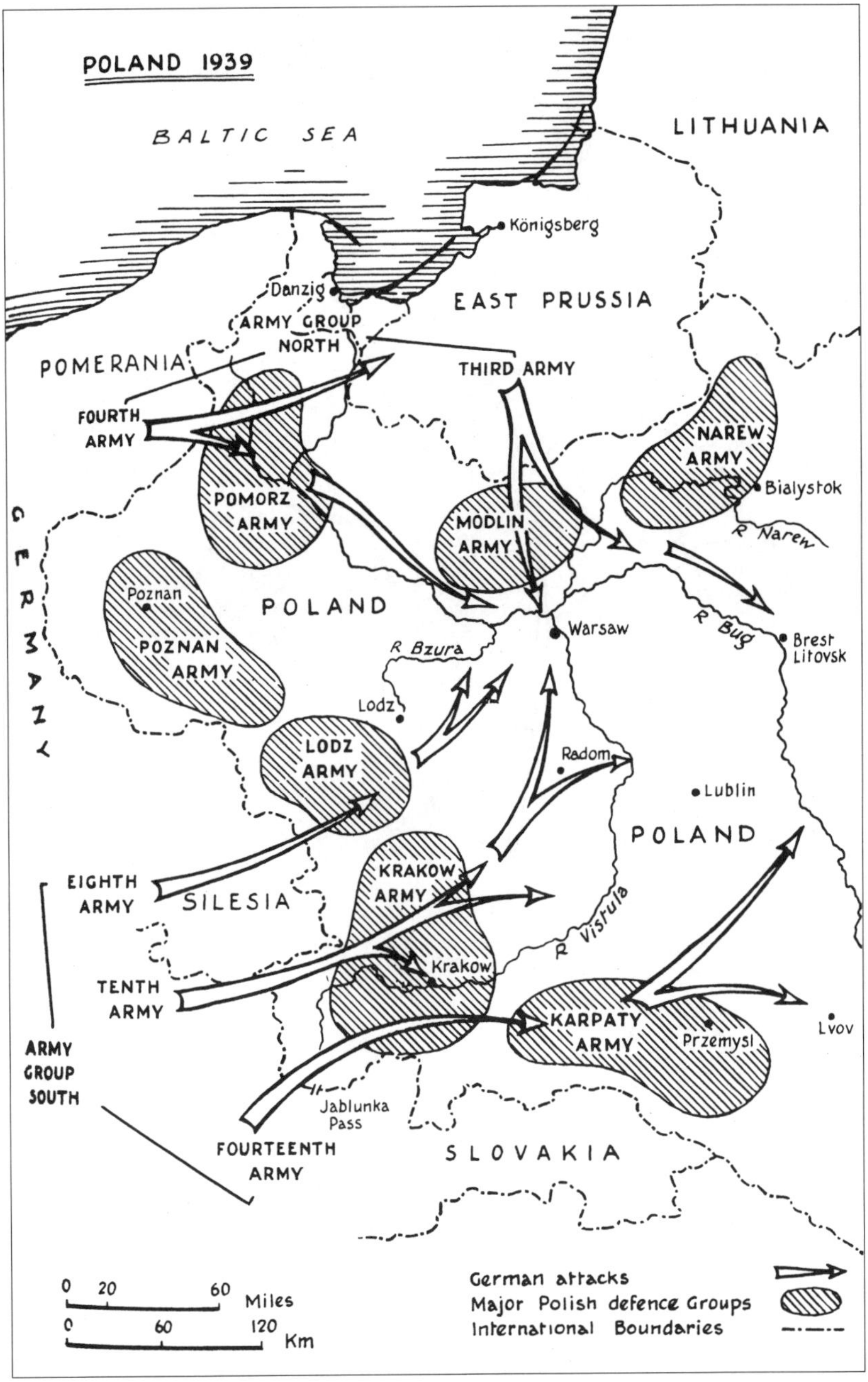

図4　ポーランド（1939年）（Mattlew Cooper, *The German Army 1933-1945*）

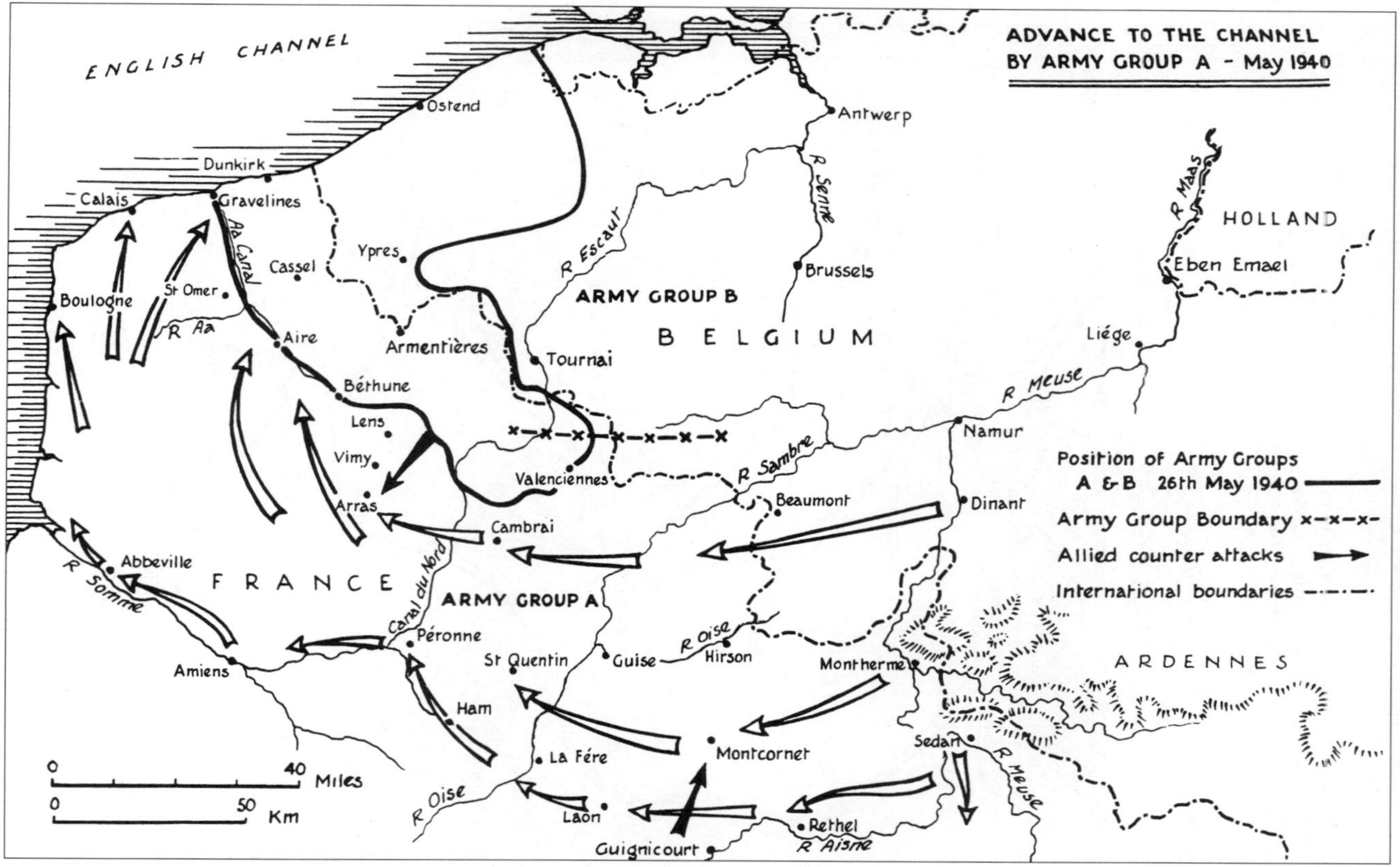

図５　対フランス作戦（Matthew Cooper, *The German Army 1933–1945*）

いる。その結果、綿密な準備の下で作戦を開始したドイツ軍は、英仏軍に対する大規模な戦略的包囲に成功し、短期間の内に、陸軍大国フランスを降伏に追い込むことに成功したのであった。(44)

しかし、ポーランドにせよ、フランスにせよ、その国土は広大とはいえず、中国軍のような退避戦略をとることは不可能である。特に、フランスは道路事情がよく、中国とはインフラの状況が全く異なっていた。そのため、日中戦争と比較する対象としては必ずしも適当ではない。そこで比較したいのが一九四一年六月に勃発した独ソ戦であり、具体的には、ドイツが、短期間の内にソ連を屈服させることを狙ったバルバロッサ作戦である。中国大陸との地勢的な差異はあるものの、大兵力を有していたソ連は国土が広大であり、道路事情も良好ではなかった。これらの点において、独ソ戦は、日中戦争との類似点が多く見出せるためである。

ドイツ軍の見積もりによれば、独ソ開戦の時点で、ソ連軍の擁する総兵力は、一五一個の歩兵師団と三二個の騎兵師団、そして三八個の機械化旅団であり、これに対するドイツ軍の総兵力は、一六二個の歩兵および山岳師団と一個騎兵師団、機械化師団一〇個、機甲師団二一個、警備師団九個という構成であった。(45)また、旧式化が進んでいたものの、ソ連空軍は約八、〇〇〇機の航空機を保有していると見積もられており、これに対して、ドイツ空軍は、約二、八〇〇機の航空機をバルバロッサ作戦に用意した。(46)ドイツ軍は、北欧、西部ヨーロッパ、アフリカの各方面に兵力の分散を余儀なくされており、国土の広さ等を含めて総合的に勘案すると、ソ連軍断然優位の情勢にあったといえよう。

そのため、ドイツ軍は、この作戦の準備に一年近い時間を費やしており、やはり、ソ連の国土の広大さを考慮するドイツ軍の基本戦略は、短期決戦による長期戦の回避となった。ドイツ軍は、占領域の確保・拡大ではなく、戦略的包囲によるソ連軍戦力の破壊と、モスクワへの侵攻によるソ連軍への決戦の強要を、対ソ作戦の主眼に据えたのである（ただし、こうした作戦計画は、後にヒトラーによって歪められることになる）。

そして、こうした方針に基づいて、ドイツ軍は、開戦劈頭からソ連軍に大打撃を与えるべく、未明の奇襲をもって開戦しており、開戦第一日目から大打撃を受けたソ連軍は、その後、枢軸軍によってたびたび形成された戦略的包囲によって、数万人単位で戦力を失い続けている。しかし、このように、綿密な準備の上で、大量の機甲部隊と航空機を投入したにもかかわらず、結果的に、ドイツ軍は短期決戦に失敗し、長期戦に引きずり込まれることになった。(47)そし

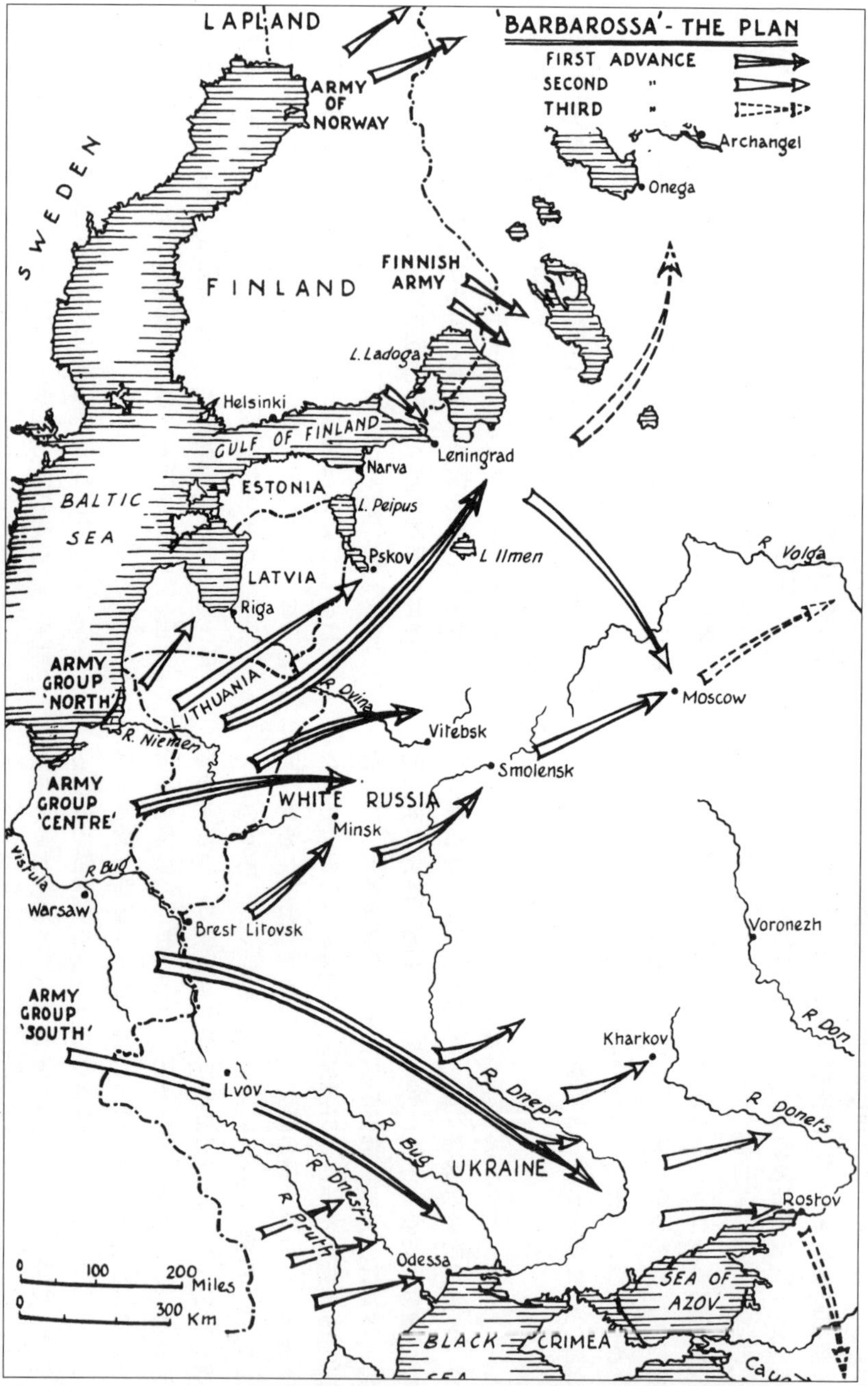

図6　バルバロッサ作戦（Matthew Cooper, *The German Army 1933-1945*）

て、兵器における質的優位こそ保ち続けたものの、最終的には、その後ソ連軍が繰り出すこととなった物量と人的資源の前に屈することになった。最終的に勝敗を分けたのは、戦力の基盤となる国力であった。

以上のように、対ポーランド戦から独ソ戦に至るまでのドイツ軍は、数的にほぼ拮抗する相手に対して、周到な準備を整えた上で、いずれも奇襲によって作戦を開始した。これに対して、日本軍は、装備に劣るとはいえ遙かに巨大な中国軍と広大な中国大陸を相手に、十分な戦争準備と決意もないままに、泥縄式に戦争に突入している。盧溝橋事件を全面戦争へと発展させる論拠となった「対支一撃」論は、詳細な作戦計画や戦後処理策を欠いた、希望的観測と楽観に満ちた観念論でしかなく、そのため、盧溝橋事件から杭州湾上陸作戦に至るまで、日本陸軍は、戦力の逐次投入を重ねるという愚を犯した。そして、華北作戦から徐州作戦に至る一連の作戦も、戦略目標の達成に失敗した結果重ねられた、場当たり的な戦争指導の産物であり、杜撰極まりないものであった。

以上の論点をまとめると、戦車や航空機の量的不足や、絶対的兵力量の不足といったハードウェア的な問題は、国力的に見て克服不可能であり、さらに、ソフトウェアにおいては、戦車の運用思想といった戦術に加え、その上位概念となる戦争準備や戦略・戦争指導も拙劣なものであったということになる。すなわち、日中戦争における短期決戦方針は、成功する要因をほとんど備えておらず、挫折すべくして挫折したと結論づけられるのである。

おわりに

日中戦争は、軍事のリアリティから見ても、太平洋戦争と同様に無謀な戦争であった。なぜ、そのような戦争を開始することになったのであろうか。そこには、中国大陸をめぐって厳しさを増していた当時の日本の戦略環境を指摘することができる。五カ年計画による飛躍的な経済成長の結果、極東ソ連軍は著しい増強を続けており、日本陸軍の手には負えない存在となりつつあった。一方、一九三五年の幣制改革以降、中国では、統一国家としての実体化が進み、抗日運動の高まりとともに、中国が強大化してゆく可能性が作り出されていた。その結果、日本と「満州国」は、中ソによる挟撃の可能性に直面していたのであるが、そうした中で、ソ連では、一九三七年五月から赤軍幹部の大粛清（いわゆるトハチェフスキー事件）が始まり、ソ連軍の弱体化がもたらされていた。

そのため、そうした中で発生した盧溝橋事件は、未だ弱体な状態にある中国に軍事的打撃を与え、その台頭に歯止めをかける好機として捉えることができた。なぜなら、その背景には、軍事力による日本の恫喝に中国政府が屈するという、それまでの日中関係の常態があったためである。[48]日本陸軍および政府が、「対支一撃」論の下で、泥縄式に中国との全面戦争に突入してゆくことになった背景には、そのような状況を踏まえた、政略的な判断が作用していたと見ることができる。しかし、その前提となる、中国軍との短期決戦に対する日本陸軍の読みと準備は、あまりにも杜撰かつ拙劣であった。そうなると、短期決戦の可否を深く追究することなく、日本陸軍を中国との全面対決へと向かわせることになった最大の原因は、中ソの台頭に対する焦りであり、これに中国と中国軍に対する過小評価が重なったことで、「対支一撃」論が登場することになったということができそうである。これは、後年、対英戦に行き詰まったヒトラーが、米英とソ連による挟撃の可能性を恐れて対ソ開戦に踏み切ったのと、同じ論理と展開である。すなわち、「対支一撃」論に基づいた短期決戦は、「可能な作戦」ではなく、「可能であるはずの作戦」か「可能でなければならない作戦」だったのであり、にもかかわらず、「可能となる条件」は、兵器における質的優位以外には何一つ揃っていなかったのである。

註

（1）加登川幸太郎『帝国陸軍機甲部隊』（原書房、一九八一年）四二―四五頁。
（2）同右、五九―六三頁。
（3）同右、九四―九六頁。
（4）同右、九七―一〇〇頁。
（5）同右、一〇〇―五頁。
（6）防衛庁防衛研修所戦史室『戦史叢書52　陸軍航空の軍備と運用(1)』（朝雲新聞社、一九七一年）一一―二九七頁。
（7）同右、四一四―一六頁。
（8）W・マーレイ『ドイツ空軍全史』手島尚訳（朝日ソノラマ、一九八八年）二二―六一頁。
（9）『戦史叢書52　陸軍航空の軍備と運用(1)』四一七―二二頁。
（10）防衛庁防衛研修所戦史室『戦史叢書95　海軍航空概史』（朝雲新聞社、一九七六年）三四―四二頁。
（11）『戦史叢書52　陸軍航空の軍備と運用(1)』五八八―九四頁。
（12）加登川『帝国陸軍機甲部隊』一〇一―八頁。
（13）防衛庁防衛研修所戦史室『戦史叢書86　支那事変陸軍作戦(1)』（朝雲新聞社、一九七五年）一三八―一二九頁。加登川『帝国陸軍機甲部隊』一六四―六五頁。
（14）『戦史叢書86　支那事変陸軍作戦(1)』二五七―八九頁。
（15）同右、二八九―九三頁。
（16）同右、三一九―二四頁。
（17）防衛庁防衛研修所戦史室『戦史叢書74　中国方面陸軍航空作戦』（朝雲新聞社、一九七四年）三六―四二頁。

(18)『戦史叢書86　支那事変陸軍作戦(1)』三一九—六七頁。
(19) 楊天石「一九三七、中国軍対日作戦の第一年」陳群元訳（波多野澄雄・戸部良一編『日中戦争の軍事的展開』慶応義塾大学出版会、二〇〇六年）。
(20)『戦史叢書86　支那事変陸軍作戦(1)』二七五—八〇頁。加登川『帝国陸軍機甲部隊』一六八頁。
(21)『戦史叢書86　支那事変陸軍作戦(1)』二九八—三〇〇頁、三七九—八三頁。防衛庁防衛研修所戦史室『戦史叢書72　中国方面海軍作戦(1)　昭和十三年四月まで』（朝雲新聞社、一九七四年）三五三—六七頁、三九三—四〇二頁。
(22)『戦史叢書74　中国方面陸軍航空作戦』四二—四六頁。『戦史叢書72　中国方面海軍作戦(1)』三三五—五三頁、四〇二—二三頁。
(23)『戦史叢書74　中国方面陸軍航空作戦』四七—四九頁。
(24)『戦史叢書86　支那事変陸軍作戦(1)』三八四—四〇三頁。
(25) 同右、四一六—二九頁。
(26) 同右。加登川『帝国陸軍機甲部隊』一六八頁。
(27)『戦史叢書74　中国方面陸軍航空作戦』五二—五三頁。
(28) 防衛庁防衛研修所戦史室『戦史叢書89　支那事変陸軍作戦(2)』（朝雲新聞社、一九七六年）一—一〇頁。
(29) 同右、一一—二三頁。
(30) 同右、二四—四三頁。
(31) 同右、四三—五二頁。
(32) 同右。
(33)『戦史叢書74　中国方面陸軍航空作戦』五七—八六頁。
(34)『戦史叢書89　支那事変陸軍作戦(2)』五二—七二頁。加登川『帝国陸軍機甲部隊』一七五—七七頁。
(35) 井本熊雄『支那事変作戦日誌』（芙蓉書房、一九九八年）二一四頁。
(36)『戦史叢書89　支那事変陸軍作戦(2)』七三—七九頁。
(37) ケネス・マクセイ『米英機甲部隊』菊池晟訳（サンケイ新聞社出版局、一九七三年）一〇—一六頁。
(38) 加登川『帝国陸軍機甲部隊』五二—六三頁。
(39) Heinz Guderian, *Achtung-Panzer!* (London :Cassel, 1995), Matthew Cooper, *The German Army 1933–1945* (Lanham : Scarborough House,1990), pp.139-58.
(40) *Ibid.*, p.155. マーレイ『ドイツ空軍全史』七六頁。
(41) B・Rミッチェル編『マクミラン世界歴史統計Ⅰ　ヨーロッパ篇　一七五〇—一九七五』中村宏監訳（一九八三年、原書房）。B・Rミッチェル編『マクミラン世界歴史統計Ⅱ　アジア・アフリカ篇』北村甫監訳（一九八四年、原書房）。Jeremy Noaks and Geoffrey Pridham, ed., *Nazism 1919–1945, Vol.2 :State, Economy and Society 1933–1939* (Exeter:University of Exeter Press, 1995). 一二円＝一四・五マルクのレートで算出。
(42) Cooper, *The German Army 1933–1945*, pp.169–72.
(43) *Ibid.*, pp.195–243. マクセイ『米英機甲部隊』五〇—五一頁。
(44) Cooper, *The German Army 1933–1945*, pp.195–243.
(45) *Ibid.*, pp.261, 275.
(46) マーレイ『ドイツ空軍全史』一四五—四六頁。
(47) Cooper, *The German Army 1933–1945*, pp.259–338.
(48) 服部聡「盧溝橋から南京へ」（波多野・戸部編『日中戦争の軍事的展開』）七三—八〇頁。

（大阪大学非常勤）

研究ノート

第二軍黄河渡河の政戦両略の意義に関する考察

――北支那方面軍における蔣介石否認論の形成と占領地の拡大について――

岡部直晃

はじめに

支那事変初期の軍事面に関する研究は、盧溝橋事件をのぞき華北に関するものは少ない。秦郁彦氏の一連の研究を中心に、最近では波多野澄雄氏、服部聡氏、楊天石氏の研究がある。(1)波多野氏の研究(2)は佐官級の中堅スタッフに重点を置き、服部氏の研究(3)は先行研究の要約と関係者の派閥分けという側面が強く、楊氏の研究(4)は中国側の蔣介石と現場指揮官とのやりとりを中心としたものである。また、加藤陽子氏が興亜院設置の前段階に関する研究で北支那方面軍の特務部に注目した研究が最近出された。(5)しかし加藤氏の研究は興亜院設置問題という中央からの視点による研究であり、軍事面に深く立ち入った研究ではない。以前筆者が明らかにしたように、(6)方面軍が軍以下の部隊と性質が違うのは、「方面軍統帥は軍統帥に比し、政略上の考慮を加味せらるること多く、その作戦指導は外交、内政、経済とくに戦争資源と密接なる関係を有す」(7)る点である。そのため、北支那方面軍は軍隊の統帥だけではなく、「平津地方及其附近主要地ヲ占拠シ是等地方ノ安定確保」(8)を北支政務指導要綱に基づいて行うことも命令された。以上のことから、支那事変の初期段階の解明には政戦両略の面から出征した軍隊の行動を明らかにする必要があると考える。

そこで、本稿では政略と戦略の観点から北支那方面軍に注目し、支那事変の解決策に対する北支那方面軍の判断及びそれを実現するために取った行動について考察することを主な目的とする。そしてその行動が支那事変の行方にどのような影響を与えたのかを検討していきたい。

一　北支那方面軍と蔣介石否認論の登場

これまでの研究では盧溝橋事件解決方針をめぐる対立として、所謂拡大派と不拡大派の対立が注目されてきた。しかし、劉傑氏の指摘するように「『拡大派』と『不拡大派』の何れも事件を全面戦争まで拡大していくような発想を持っていなかったというのが一般的な認識[9]」とあるように、拡大派といえども事変の全面的な拡大は企図しておらず、蔣介石を早期に屈服させることを狙っていた。また、不拡大方針放棄後に編成された北支那方面軍への命令の冒頭は、「敵ノ戦闘意志ヲ挫折セシメ[10]」であり、この「敵」が蔣介石率いる南京政府であることは異論の余地はないと思う。すなわち、盧溝橋事件から約二カ月間、どんな形を取るにせよ蔣介石を対手としない支那事変の収拾は考えられていなかった。[11]命令に基づき北支那方面軍では現地に政権をつくることとされていたが、[12]これに関し外務省東亜局長の石射猪太郎は「この両政府の樹立計画は陸・海・外事務当局会議において終始検討され、その結果によって必要な訓令が現地軍に発せられた[13]」のであり、「私は両政府の樹立を陸軍と争わなかった。両政府が現地軍の傀儡になることは十分わかっていたが、傀儡にせよ何にせよ無いよりはましな現地の情勢であった。[14]」との判断を示し、「要は第二の満州国が出来さえしなければよいのだ[15]」と回想している。また、北支那方面軍で実際に中華民国臨時政府の樹立に当たった北支那方面軍特務部員根本博大佐は杉山元陸軍大臣から「現在の治安維持会はゴロツキの集団であるから、支那人の苦痛も甚だしく、その結果は日本軍の責任に転嫁されるのだから、是非とも相当の人物を引き出してそれに政治らしい政治をやらせる必要がある[16]」と言われたことを回想しているように、華北に日本の息の掛かった政権を樹立することは、占領地域内の治安維持上必要とされたに過ぎなかった。また、杉山は北支那方面軍参謀長岡部直三郎少将にも「領土的野心の存在を疑われざるため、満州接壌地に日本の力による中立地帯の設定、乃至は独立政権の樹立等はこれを行わ[17]」ない方針を示した。このように、北支那方面軍による新政権樹立は規定の方針であり、占領地の治安維持を目的としたものに過ぎなかったのである。では、蔣介石否認論はどこから登場してきたのだろうか。

管見の限り最も早い蔣介石否認論は、関東軍によるものである。昭和十二（一九三七）年九月四日の「時局ニ関スル意見具申」において関東軍は、中ソ不可侵条約締結を受け、「南京政府ニ対スル認識ヲ根本的ニ更改」し「赤化ノ禍害ヲ除キ真ニ日満支提携ヲ庶幾トスル為新タナル中央政権ノ成立ヲ促進スヘキ」事を主張した上で、まず北支に強力な自治政権をつくることを主張した。[18] さらに、「南京政府ノ反省ヲ期待スルカ如キハ現実ノ事態ヲ無視スルモノ」と断じ、いち早く新中央政権の樹立と南京政府の否認を主張した。[19]

一方、当事者たる北支那方面軍は同日、北支那方面軍司令官寺内寿一大将が特務部長喜多誠一少将に対し治安維持を主眼とする訓令を出し、[20] 二日後には岡部参謀長は「南京政権ヲ対象トスル」謀略の実施も含んだ内容の指示を出したように、[21] 直ちに中ソ不可侵条約締結発表を踏まえた対応は行わなかった。以後の政権樹立工作の過程については加藤陽子氏の研究[22]に詳しいのでそちらに譲り、本稿では北支那方面軍が蒋介石否認論を打ち出していく過程を追うことにしたい。

北支那方面軍が独自に支那事変の解決を研究し始めたのは、戦線が保定—独流鎮の線に達した九月下旬である。すなわち、臨参命第八八号に示された平津地方及び周辺の要地の確保・安定は達成されたが、敵の戦闘意志を挫折させるための敵主力の捕捉・撃滅には失敗したことによる。つまり、北支那方面軍は敵野戦軍を撃滅し戦争終結の動機を得ることにするのか、中部河北省の安定確保にするのかの判断を迫られることになった。どちらを選ぶかは、最終的に事変を武力によって解決させるのか、外交的手段を中心に処理するのかという、事変処理の根本方針にかかわる重大事項であった。[23] しかし、「中央部ハ依然遠大ナル構想ト透徹セル見通シトヲ持スルコトナク出来得ル限リ作戦終局ヲ速ヤカナラシメンコトニ一意専念スルノ状態[24]」であり、新たな状況に対応する命令や指示はすぐには出さなかった。この状況に至り方面軍は新たな状況判断[25]を作成し、方面軍の新しい方針を定めた。しかしながらここでも北支那方面軍は山西省、山東省、河南省に追撃を加え、徐州方面に進撃し、戦略上の要点を奪うことで「南京政府ノ長期抵抗ノ企図ヲ破摧スルヲ要ス[26]」というものであった。この段階に至れば「赤化ノ恐怖時代ヲ現出スルニ至ルコト明ラカナリ」として、近き過去に赤化の恐怖を体験した民衆や、資本主義的国家の建設途上にある現政権が赤化の危険を冒すことはあり得ないと断じ、[27] 蒋介石の屈服を予期していた。これに先立つ九月二十五日には特務部においても北支政権についての研究が為されたが、「実質的ニ南京ト分離スルヘキモ当初ヨリ独立ヲ宣言シ或ハ易幟ヲ行ウカ如キ態度ヲ取ラシメス[28]」と、蒋介石との決定的な対立は避ける姿勢であった。しかし、中央に伝達するためにつくられた九月三十日に出された「事変収容策案ニ関スル意見」においては、踏み込んだ意見が出された。すなわち、「少クモ当方面軍ノ関係スル範囲ニ於テハ今ヤ作戦的終局既ニ見透シノ付キ得サルニ至レル」[29]現状を前提に中央部に方針を定めることを要請した上で、「帝国ハ反共、日支親善、日支共存共栄ヲ政策ノ基調トスル政権ニ依リ統治セラルル支那全体ヲ和平交渉ノ対象トス」[30]ることを今後の方針として提案した。こうして蒋介石否認論は具体性を帯び始めるのである。

二　蒋介石否認論と作戦地域の拡大

昭和十二年十月になると、北支那方面軍は本格的に親日的新政権の設立工作を開始した。前節で見たように軍事面においては作戦が新たな段階に達したこと、政略面では九月下旬に治安維持連合会の設置も済み、特務部が新たな行動を開始できるようになったからである。喜多少将は九月二十九日陸軍次官の招きによって上京した。その際、「北支政権樹立ニ関スル一案」[31]を示し、新政権樹立構想などを話し合った。喜多少将は天津帰着後の十月十五日方面軍参謀長に対して、一・華北政府、二・連省自治政府、三・中央的色彩政府の三案が示された。[32]それに基づいて十月二十二日には特務部首脳によって会議がもたれた。[33]それによれば、もっぱら「南京政府が何處迄モ長期抵抗スル場合北方ニ一政権ヲ樹立スルヲ要スル場合」[34]のみの研究とされ、蒋介石が屈服した場合の対応は考慮されなかった。そして、これから設立する政権の性格については「北支ニ樹立スヘキ新政権ヲ真乎ノ政権トシ日本ハ南京政府トハ関係ヲ断絶スル」[35]と、明確に蒋介石政権との断絶を打ち出した。そのほか、溥儀の担ぎ出しは行わず現状では民主政体とし、経過期間を置いた後大総統制とすることや、指導精神としては新民主義を掲げ、三民主義、共産主義に対抗することを新政権の骨子とすることが確認された。[36]また、大総統制への移行の手段は継続して研究することとされた一方、その際利用する人物として十二人の人物がリストアップされた。[37]また、この間の十月十八日には、特務部が擁立工作をしていた人物の一人である王克敏が香港から脱出し、家族の反対を押しきって華北へ来る意思のあることが確認された。[38]特務部による政権構想は、北支那方面軍編成前の現地に於ける治安対策から、国民政府に変わる親日的新政権の樹立へと大きく変わったのである。

十一月四日、方面軍参謀長によって陸軍次官に対し、特別機密費の申請が行われた。[39]内訳は、新政権樹立工作関連資金が四百万円、そのための特務部の活動資金半年分が六十万円である。理由として挙げられているのは、「蒋ノ統制力ヲ破壊シ以テ彼ヲ屈服ニ導」き、「北方ニ新政権ヲ、而モ全支ニ呼ヒ掛ケル真平ノ支那政権ヲ樹立スルコトハ絶対的ニ必要[40]」という前提の下、国民政府に代わるべき新政権の樹立時期は作戦が順調に進展している今が好機であるため、としている。機密費のため細かい明細や決算は残っていないが、この申請から一月足らずで中華民国臨時政府が成立したこと、一カ月後の方面軍参謀長の東京出張の際にこれに対する不満がないことから、恐らくは機密費の申請は許可されたものと推察できる。すなわち、陸軍省の意見が八月下旬の「満州接壌地に日本の力による中立地帯の設定、乃至は独立政権の樹立等はこれを行わず[41]」という方針が百八十度変わり、陸軍省において北支那方面軍の目指す新政権樹立が公認されたことを意味する。

　更に十一月八日には参謀部が「北支政権樹立ニ関スル基礎的観察[42]」という研究を行った。支那事変の戦争目的を「支那及之ヲ続ル列強ヲシテ帝国カ東亜ノ安定勢力タルノ地位ヲ自認セシメ以テ帝国ノ意志ニ追随セシメ之ニヨリ極東禍乱ノ根源ヲ絶タントスルニ在リ[43]」と定めた。その上で、「南京政府ヲ圧倒撃滅シ之ニ代ワルヘキ思想ト方針ヲ持スル新政権ノ出現ニ依ツテ新タナル出発点ヨリ支那ノ内部ヲ立テ直スコト[44]」を具体的目標とし、「殊ニ蘇支聯合ノ結成ヲ見タル今日ニ於テ特ニ然リトス[45]」と、強い決意を示した。その上で、蒋介石政権が抵抗を続ければ続けるほど政権は赤化し民衆がついてこなくなることを予想し、赤化した蒋介石政権に離反した民衆の受け皿を来るべき北支政権が担うべきであると判断している[46]。

　一方特務部では以後具体的な新政権構想が研究されていった[47]。まず確認されたのは、北支那方面軍の占領地域を新政権の支配地域とし、それが広がるにつれて新政権の支配地域も広がることである。また、再び将来武力を行使しなくてもいいように、進んで現地住民と親善を図り、第三国が介入する余地を与えないこととされた。次いで、現地の政務は方面軍司令官の指示の下に特務部によって大綱を掌握し、現地政権によって実施せしむることとなった。その中でも特に特務部の管掌すべき事項として、

（一）軍備、交通、通信ニ関シテハ作戦上ノ要求ニ基キ我方ニ於テ強ク把握シ

（二）文教、金融及ヒ重要ナル産業ニ関シテハ日満支ノ提携ヲ実現スル如ク我方ノ人的及ヒ物的要素ヲ強化シ

（三）其他ニ関シテハ全然内面指導ニヨルモノトス[48]

の三点が挙げられた。政体その他に関しては、基本的に前述の特務部首脳者会議とほぼ同様である。そしてこの政権の最終的な目的は、

中央政権ノ樹立ハ特務部本部ノ担任トシ廣ク全支ヨリ選抜セル一流政客ヲ集メ皇軍作戦ノ進捗及一般国際情勢ノ動向ニ注意シ努メテ速カニ先ツ時局収拾委員会等ノ名義ニテ時局ノ収拾ヲ全支ニ呼ヒ掛ケ次テ国民政府及蔣介石ニ時局収拾能力無キコトヲ天下ニ聲明シ北方ノ眞平ノ中華民国ノ新政府ヲ樹立シ旗易ム(49)

こととし、事変収拾の最終的目標として、

一、支那中央政権ハ其立国ノ根本ヲ對日依存トシ抗日容共政策ヲ清算スルコト
二、軍事、外交、交通、経済、通商ノ各般ニ亘リ日支間ノ特殊関係ヲ結成スルコト
三、満支国交ノ成立
四、領土的企図ヲ放棄シ北支ニ於テハ交通資源ノ把握開発ニ重点ヲ置キ南支ニ於テハ通商貿易ノ発展ヲ主トス(50)

という四点を掲げた。また、鉄道や航空などの交通機関や重要資源は軍の管理下に置くこととし、日本が大陸で発展するための礎とさせるべきであるとした。

以上のことを特務部の根本大佐は十一月二十八日の東京出張に先立つ二十六日にまず方面軍参謀長に、次いで方面軍司令官に報告し、承認を得た。なお方面軍参謀長はその際根本大佐に対して、参謀本部・陸軍省の両方に今後の方針を明確にするよう伝言を依頼した(51)。

十一月二十九日にも喜多少将は方面軍参謀長に対し、十二月早々にも具体案を作成し司令官の認可を受けるつもりであると申告した。そしてできたのが、十二月一日に書かれた「新政権樹立案(52)」である。これが新政権樹立に関する現存する最後の文書だが、しかしこれでもまだ多少の修正があったようである。まず第一項を見ると、

一、北支政務指導計画ニ基キ近ク新政権ヲ設立ス
新政権ノ名称ハ中華民国新民政府トシ首都ヲ北京ニ置キ国旗ヲ附図ノ如ク定ム

とあるように、最終的な新政権の名前である「中華民国臨時政府」ではない。これには行政委員長にして実質的なトップとなった王克敏による配慮があったとされている。しかしながらその他の点については、特務部の案が通った。

新政権の人選については、新政権は早めに設立させるが、北支の特性に鑑み、特に注意することとした。そして、

支配地域は実質的に日本軍占領地域であり、拡大されるに従って逐次支配地域は拡大させるものとした。

このように、北支那方面軍は時間の経過と共に蔣介石政権の否認、蔣介石政権に代わる新政権の樹立と、国交の締結という方針を明確にしていった。ただし、新政権の支配地域は日本軍の占領地域というのが前提であるため、占領地域の拡大が急がれることとなった。次節では、占領地域の拡大がいかに為されたかについて述べたい。

三　第二軍の黄河渡河

これまで見てきたように、北支那方面軍にとって占領地域の拡大は、樹立過程にある新政権を育成し中央政府とする構想にとって必要不可欠であった。そこで本節では北支那方面軍が戦線を拡大していった過程を描き出していく。その中でも戦略的価値の高い第二軍による黄河渡河に焦点を当て、参謀本部がなぜ徹底的に抑制しつつも、最終的に北支那方面軍に黄河渡河を行わせたのか検討していく。

山東省においては当初青島への上陸が検討されたが、実施直前に中止され兵力は北支那方面軍へと転用された[53]。一方第二軍方面においても前線は逐次前進し、十月三日に徳州を占領したあと本格的に山東作戦が検討され始めた。そこで、第二軍においては陸路津浦線を南下する形での山東作戦の実施が検討されるのである[54]。なお、当時の黄河は概ね十二月上旬から四月頃にかけて結氷し、この期間の渡河作戦は実施不可能とされていた[55]。

北支那方面軍においては十月八日に作成された『第二期作戦案』において、第二軍は「済南方面ニ対スル作戦ヲ準備セシム[56]」ることとされた。それに基づき十七日には黄河南岸の済南攻略準備の命令が第二軍に出され、十一月十五日には済南の偵察を続行する命令が出された[57]。なお、十月二十七日に岡部北支那方面軍参謀長と第二軍参謀長鈴木率道少将が会見した際、作戦の進捗状況から見て年内の黄河渡河は不可能という意見で一致し[58]、翌日北支那方面軍司令官寺内寿一大将の了解を得た[59]。この会見の結果を参謀本部に連絡したところ、参謀次長多田駿中将より、山東作戦は山西、上海両方面で戦果を上げた後実施予定であること、しかし済南攻略のための偵察とその報告を適時行って欲しいとの返事があった[60]。以後、多田と岡部との間で黄河渡河に関する意見の交換が行われたが、積極的な津浦線南下を主張する岡部に対し、多田は太原、石家荘、徳州の線以北の安定確保を命じた臨参命第一三三号を基礎として方面軍は行動すること、黄河渡河の時期は全般的な情勢を見て中央が決定する旨を回答している[61]。

このように参謀本部と北支那方面軍は黄河渡河をめぐっ

て意見を戦わせていたが、当事者たる第二軍は、北支那方面軍の命令[62]に基づき黄河渡河作戦の準備を着々と進めていった。十一月十四日には第二軍作戦参謀鵜沢尚信中佐が黄河渡河作戦案[63]を作成した。更に、その二日後には第二軍は状況判断を作成した[64]。その内容は、山東省の軍閥韓復榘に対する謀略が失敗し黄河大鉄橋を破壊するなど日本との交戦意志を明確に現したという新たな状況及び昭和十二年は例年に比べ温暖で黄河の結氷が十二月上旬末と遅くなりそうなことから、敵の準備が整わない今一気に黄河を渡河すべきであるというものである。この状況判断をもとに十一月十九日、第二軍は北支那方面軍に黄河渡河の意見具申を行った。方面軍の判断は、政戦両略上済南攻撃の価値は高く、韓復榘の寝返りが期待できなくなった今日、政略上なるべく早期が望ましく、戦略上第二軍の現兵力をもって行えるのであれば方面軍全般の作戦に支障をきたさないため問題ない、というものであった[65]。北支那方面軍は司令官の同意を得て参謀本部に黄河渡河の意見具申を行った[66]。

この意見具申を受けた参謀本部では、対ソ戦に対する考慮から第二軍の黄河渡河には慎重で[67]、岡部からの再三再四に亘る黄河渡河作戦に対する照会に対し、十二月四日「済南攻略ニ関シテハ全般ノ関係上黄河解氷前ニハ之ヲ行ハサルコトニ定メラル[68]」と打電した。更に、黄河渡河作戦の実施を訴えに東京に出張してきた岡部に対し多田は「兎に角更に山東に戦面を拡大すると云ふことは不同意だ、此の線は何処から何処と切ることは出来ないから之が前へ延びる端緒になるから[69]」と言って、同意を与えなかった[70]。このように参謀本部は非常に山東作戦の年内実施には抑制的であり、第二軍内にある「東海道飛躍を決行するや否やは今や議論の時期に非ずして『イエス』か『ノー』を定べき秋のところ[71]」として、陸軍中央や方面軍司令部の合意がなくても「ただの独断では方面軍司令部決意せざること明瞭なるに附き第一線より引摺られる外無之何かの第一線のきっかけを利し已むを得ず方面軍司令部をして之に合意せしめ飛躍するは強ち公算なきに非ずと存候[72]」という強硬な意見を北支那方面軍は押さえざるを得なかった[73]。

しかし、十二月中旬になると済南における日本人の権益は逐次破壊されつつあり、邦人の保護が問題となってきた[74]。更に、南京の陥落と中華民国臨時政府の樹立で中国の政情が大きく変わったこと、現在に至るまでまだ黄河が結氷していないこと、野戦重砲旅団による偵察の結果敵が済南より撤退を始めているという情報をもとに、第二軍は十二月十六日に北支那方面軍に対し重ねて黄河の渡河作戦の実施を意見具申した[75]。北支那方面軍は内容を整理して即日参謀本部に黄河渡河の意見具申を行った[76]。これに対して参謀本部では一貫して不賛成だった多田が、参謀本部作戦課長河辺虎四郎大佐の「課長以下部員が皆現地の考へに同意して居るものですが」との説得により、遂に第二軍の黄河渡河に賛成した。[77] 参謀本部では直ちに海軍の同意を取り付ける作業を開始したが、[78] 翌日作戦部長名で内報が岡部宛に出された。[79] 北支那方面軍では一刻を争うことから内報の段階の十二月十八日午前九時半、第二軍に対し「第二軍ハ済南ヲ攻略シテ仝地附近ヲ占拠スヘシ」[80] と命令を出した。これにより第二軍は以前につくった作戦計画に基づき渡河作戦を行い、昭和十二年内のうちに済南の攻略に成功した。[81]

保定会戦の後、北支那方面軍は中央より示された拘制線を越える追撃戦を行った。このことに対して北支那方面軍は

> 方面軍ハ河北省中部ニ侵入セル敵ヲ撃滅スヘキ任務ヲ有スルニ鑑ミレハ当面ノ戦況上少クモ有力ナル一部ヲ以テ追撃ヲ実行スルハ越軌ノ行動ニ非ス方面軍ハ是ヲ戦術上至当ナル独断ナリト見解シアリ勿論結果ニ於テ遂ニ方面軍兵力ノ大部ヲ中央部ヨリ示サレタル拘制線以南ニ進ムルコトトナリ中央部ノ意図ニ反シタルコトハ方面軍ニ於テモ認ムル所ナルモ方面軍緊急ノ問題トシテ戦勝ノ途ヲ執ラントセハ蓋シ止ムヲ得サルニ出テタルモノトス
>
> 公平ニ観テ方面軍ノ処置カ中央ノ意図ニ反シタルコトハ否定スヘカラサル所ナルモ其ノ原因ヲ尋ヌレハ中央カ一面ニ於テ敵ノ撃滅ヲ命シ一面ニ於テ作戦軍ヲ地域的ニ拘束シタル所ニ存スル矛盾カ此ノ結果ヲ招来セルモノト謂ハサルヘカラス[82]

との見解を持っていた。その後も次々に中央から示された拘制線を越えて北支那方面軍は兵力を展開していったが、[83] このような見解を持つ北支那方面軍に対し参謀本部第一部長下村定少将は、

> 貴軍カ終始中央部ノ意図ヲ十分ニ尊重セラレ屡々方面軍トシテハ定メテ遣リ悪クカラント思ハルル如キ問題ニ就テ断呼中央ノ命令指示ヲ励行セラレツツアルコトハ小官等ノ立場上深ク感謝シアル処ナリ[84]

という書簡を送っている。このように参謀本部は北支那方面軍による積極的な統帥に対し、「感謝」していたのであり、黄河渡河には慎重な参謀本部も、戦線の拡大そのものを強くは抑制してこなかったのである。

こうして参謀本部の戦線を拡大しないという方針は目前の状況により自ら覆さざるを得なくなり、「以上ノ如クシ

テ過去二ヶ月ニ亘ル山東作戦ヲ繞ル経緯ハ終局方面軍ノ意図ノ如ク実現スルニ至リ解決[85]」したのである。

おわりに

以上に見てきたように、北支那方面軍は作戦の進捗と共にその目標を大きく塗り替え、蔣介石政権の否認、新政権との国交樹立を目的とし、特務部による新政権樹立工作を行いつつ、新政権の支配地域となる占領地域の拡大に努めた。南京攻略までの作戦が「敵ノ戦争意志ヲ挫折セシメ戦局終結ノ動機ヲ獲得[86]」し、「支那側の反省恭順を誘致し事態を不拡大に収拾せんとする[87]」ことを主眼に行われた作戦であった。それに対して黄河渡河作戦は、最後の局面まで「何処まで行っても戦線を切れない[88]」という懸念のもと、「黄河以南に其の戦線を延伸することは無際限なる拡大の因を造成する虞あるのみならず、山東に其の戦局の拡延することは政略上にも新正面を現出すること[89]」から参謀本部は実施に反対し、北支那方面軍を抑制し続けてきた。しかし、邦人保護と敵の撤退という環境の変化及び十二月下旬まで渡河作戦が可能であったという自然条件が重なり、ついに条件付で許可を与えたのであった[90]。このことは政略的には「帝国政府ハ爾後国民政府ヲ対手トセス帝国ト真ニ提携スルニ足ル新興支那政権ノ成立発展ヲ期待シ是ト両国国交ヲ調整シテ更生新支那ノ建設ニ協力セントス」という第一次近衛声明への弾みとなった。更に、戦略面においても「当分（少なくも秋季の候まで）何れの方面に於ても堅く占拠地域の拡大を控制し、敵の進攻に対しては現地に於て之を撃砕するの主義に徹し、第一戦各兵団は軍紀の振粛を図り、新たに戦線に補充せらるゝ兵員の訓練を向上すべき[91]」という昭和十三（一九三八）年二月に打ち出した方針は「何トスルモ十三《(ママ)》年十二月ノ沈滞セル空気ヲ打開セザルベカラズ二月下旬始メノ御前会議ハ当分無為ニ過スコトヲ議決シツヽモ其列席者各々ガ何カ割切レザルモノヲ胸ニ残セシハ事実ナリ作戦課長之ヲ現地軍ニ伝達セルモ第一線ハ固ヨリ対手トセズ[92]」という空気のもと一蹴され、徐州、武漢への道を開くことになった。参謀本部は黄河渡河を認めた結果、その後の戦力回復、戦線整理の実施を行えなくなり、自縄自縛の状態となって支那事変を拡大せざるを得なくなるのである。また、北支那方面軍により樹立された中華民国臨時政府の支配地域が拡大していったことは、蔣介石政権の否認という路線に力強さを与えることとなったのである。

註

（1）波多野澄雄・戸部良一編『日中戦争の国際共同研究2 日中戦争の軍事的展開』（慶應義塾大学出版会、二〇〇六年）。
（2）波多野澄雄「日本陸軍における戦略決定 一九三七―一

九四五」（同右、第五章）。
（3）服部聡「盧溝橋から南京へ」（同右、第三章）。
（4）楊天石「一九三七、中国軍対日作戦の第一年」陳群元訳（同右、第四章）。
（5）加藤陽子「興亜院設置問題の再検討――その予備的考察――」（服部龍二・土田哲夫・後藤春美編『戦間期の東アジア国際政治』〈中央大学政策文化総合研究所研究叢書六〉第一〇章、中央大学出版部、二〇〇七年）。
（6）岡部直晃「支那事変初期の方面軍に関する考察」（『軍事史学』第三十八巻第一号、二〇〇二年六月）。
（7）「統帥参考」第五六項（大橋忠夫『戦闘綱領』建帛社、一九七三年）。
（8）「臨参命第八八号」（臼井勝美・稲葉正夫編『現代史資料9　日中戦争2』みすず書房、一九六四年）三六ページ。
（9）劉傑『日中戦争下の外交』（吉川弘文館、一九九五年）六二ページ。
（10）「臨参命第八八号」。
（11）加藤陽子氏も「興亜院設置問題の再検討」において「八月三十一日の北支那方面軍編制時点で陸軍省として、……（中略）……新政権樹立の考えなどがあったとは史料上認められない」と述べている。
（12）「臨参命第八八号」に基づき、「北支政務処理要綱」に従って占領地域内の行政を行うこととされた。
（13）石射猪太郎『外交官の一生』（読売新聞社、一九五〇年）二七一ページ（改訂版：太平出版社、一九七二年、文庫版：中央公論社、一九八六年）。
（14）同右。
（15）同右。
（16）中田実「根本中将回想録」〈『軍事史学』第十一号、一九七四年〉。
（17）岡部直三郎『岡部直三郎大将の日記』〈昭和十二年八月三十日の条〉（芙蓉書房、一九八二年。以下『岡部日記』と略記）。
（18）「時局ニ関スル意見具申」（臼井・稲葉編『現代史資料9　日中戦争2』）三九ページ。
（19）同右。
（20）「喜多少将ニ与フル訓令」（臼井・稲葉編『現代史資料9　日中戦争2』）。
（21）同右。
（22）加藤「興亜院設置問題の再検討」。
（23）春仁王は陸大でこの時期の北支那方面軍の研究を行っていたが、『支那事変初期ニ於ケル北支那方面軍ノ作戦ニ関スル研究』（防衛省防衛研究所所蔵史料）において、「保定占領ヨリ石家荘占領ニ至ル間即チ九月下旬乃至十月上旬ノ頃ハ方面軍トシテ最初ニ遭遇セシ作戦ノ転機ニシテ此ノ時ニ處スヘキ方面軍司令官ノ決心竝ニ其ノ時機ニ於ケル状況判断ノ亦重要ナル研究問題タリ」と指摘している。
（24）「作戦地域ニ関スル経緯」（「北支那作戦史要三ノ三」防衛省防衛研究所所蔵史料）。
（25）「一般状勢判断〈九月二十九日〉」。
（26）同右。
（27）同右。
（28）「北支政権樹立ニ関スル一案」（「北支那作戦史要三ノ三」）。
（29）「事変収容策案ニ関スル意見」（同右）。

(30) 同右。
(31) 「北支政権樹立ニ関スル一案」。
(32) 『岡部日記』。
(33) 「北支政権ニ関スル第一次研究」(「北支那作戦史要三／三」)。
(34) 同右。
(35) 同右。
(36) 同右。
(37) 「北支政権ニ関スル第一次研究」によれば、以下の人物である。靳雲鵬、江朝宗、曹汝霖、温壽泉(山西)、王克敏、周作民、王揖唐、李思浩、湯爾和、張孤、何其鞏(山東)、高凌霨。
(38) 『岡部日記』(昭和十二年十月十八日の条)。
(39) 「特別機密費配當アリ度件申請」(「北支那作戦史要三／三」)。
(40) 同右。
(41) 『岡部日記』(昭和十二年八月三十日の条)。
(42) 「北支政権樹立ニ関スル基礎的観察」(「北支那作戦史要三／三」)。
(43) 同右。
(44) 同右。
(45) 同右。
(46) 同右。
(47) 「北支那政務指導計画案」(「北支那作戦史要三／三」)。
(48) 同右。
(49) 同右。
(50) 同右。
(51) 『岡部日記』(昭和十二年十一月二十六日の条)。
(52) 「新政権樹立案」(「北支那作戦史要三／三」)。
(53) 防衛庁防衛研修所戦史室『戦史叢書86　支那事変陸軍作戦(1)　昭和十三年まで』(朝雲新聞社、一九七五年)二七〇―七五ページ。
(54) 「山東作戦ニ関スル経緯」(「北支那作戦史要三／三」)。
(55) 同右には以下のように記してある。「済南攻略ヲ準備スルハ十二月ニ入ルヘキコト当然ナルヲ以テ黄河ノ結氷等ノ事情ヲ考ヘ明春以前ニ該作戦ヲ実施スルハ不利ナル旨中央ニ伝フル所アリ　尚黄河ハ北満ノ河川ト異リ完全ニ結氷セス不完全ノ状態ニ結氷スルニ止ルヲ以テ冬季ハ渡河作戦ニ適セサレハナリ」。
(56) 「第二期作戦案」(「北支那作戦史要三／三」)。
(57) 「方軍作命甲第七九号
北支那方面軍命令　十月十七日午前十時　於天津方面軍司令部
(中略)
五、第二軍ハ追撃中ノ各部隊ヲ概ネ南和附近以北ニ集結シタル後逐次軍主力ヲ徳県附近ニ集結シ済南攻略ヲ準備スヘシ
(後略)」
(「北支那作戦史要三／三」)。
(58) 「山東作戦ニ関スル経緯」及び『岡部日記』(十月二十七日の条)。
(59) 『岡部日記』(十月二十七日の条)。
(60) 「山東作戦ニ関スル経緯」。
(61) 「山東作戦ニ関スル経緯」及び『岡部日記』(十一月五日

の条〉。

(62)「方軍作命甲第七九号」など。

(63)鵜沢尚信「第二軍黄河渡河計画案」〈靖国神社蔵〉。鵜沢尚信関係の資料は筆者も参加している鵜沢家文書研究会にて整理した資料の一部である。鵜沢家文書については同研究会編「鵜沢総司　明治三十年児玉源太郎清国視察随行日記」(『軍事史学』第四十三巻第二号、二〇〇七年九月）を参考にされたい。

(64)「黄河北岸掃蕩作戦末期ニ於ケル状況判断」(「北支那作戦史要三／三」)。

(65)『岡部日記』〈十一月十九日の条〉。

(66)同右。

(67)「下村定大将回想応答録」(臼井・稲葉編『現代史資料9　日中戦争2』)三九四ページ。

(68)「山東作戦ニ関スル経緯」。

(69)「河辺虎四郎少将回想応答録」(小林龍夫ほか編『現代史資料12　日中戦争4』(みすず書房、一九六五年）四五〇ページ（以下「河辺虎四郎少将回想応答録」と略記)。

(70)同右及び『岡部日記』〈十二月十一日、十二月十三日の条〉。

(71)「昭和十二年十一月二十九日付岡本中佐発鵜沢宛覚」(靖国神社蔵)。なお、引用文中の「東海道」は前後の文脈から見て黄河のことであると筆者は推定。

(72)同右。

(73)北支那方面軍自身は黄河渡河に賛成であるが、参謀本部の同意がない以上第二軍に対して黄河渡河を命令するわけにもいかず、「済南作戦ニ関シテハ前述ノ如キ頗ル不愉快ナル経緯ヲ繰リ返シ」「中央ノ態度ニ対シ釈然タリ得サルハ甚シ止ムヲ得サルナリ」(「山東作戦ニ関スル経緯」)という状況であった。また、十二月十五日には「第二軍ハ黄河以北ノ敵ヲ破摧セハ主トシテ津浦沿線ノ安定確保ニ任スルト共ニ済南攻略ノ為偵察ヲ続行スヘシ」(「北支那作戦史要三／三」)という命令を出し、重ねて第二軍の黄河渡河を抑制していた。

(74)「山東作戦ニ関スル経緯」。

(75)同右及び『岡部日記』〈十二月十六日の条〉。

(76)『岡部日記』〈十二月十六日の条〉。

(77)「河辺虎四郎少将回想応答録」。

(78)同右。

(79)同右及び『岡部日記』〈十二月十七日の条〉。

(80)「北支那作戦史要三／三」。

(81)同右。なお、渡河作戦の詳細については、「鵜沢尚信日誌　昭**12.9.3-12.10.28**　第二軍作戦参謀陣中日記」(偕行文庫蔵）に記述がある。なお、偕行文庫には「鵜沢尚信資料　第二軍作戦参謀陣中日誌　昭**12.11.14-13.2.1**」という史料もあるが、実際には両史料の内容は昭和十二年九月から十三年二月までの内容が交雑して記載されている。

(82)「作戦地域ニ関スル経緯」(「北支那作戦史要三／三」)。

(83)関係する命令、指示を見る限り、参謀本部の拘制線の示し方は「概ね～の線以北の地域を確保し、その安定に任ずべし」であり、指示された線より内側の地域の安定を図るため、必要であってもその外側へ軍隊を進めてはいけないと、強く抑制するものではなかった。

(84)十二月一日付「参謀本部第一部長下村少将ヨリ方面軍参謀長ニ宛タル書簡」(「北支那作戦史要三／三」)。

(85)「山東作戦ニ関スル経緯」。
(86) 北支那方面軍に出された「臨参命第八八号」、中支那方面軍司令官に出された「臨参命第一三八号」に共通する言葉。なお、北支那方面軍司令官に出された「臨参命第一一二号」には類似する言葉として「敵ノ戦意ヲ喪失セシムル目的」という言葉が使われている。
(87) 河辺虎四郎「河辺虎四郎　北支事変に関する感想」(防衛省防衛研究所蔵)。
(88)「河辺虎四郎少将回想応答録」。
(89) 河辺「河辺虎四郎　北支事変に関する感想」。
(90)「河辺虎四郎少将回想応答録」。
(91) 河辺「河辺虎四郎　北支事変に関する感想」。
(92) 稲田正純「支那事変戦争指導関係資料」(防衛研究所蔵)。

(関東学院中・高等学校、川村高等学校非常勤)

通州事件の住民問題
——日本居留民保護と中国人救済——

広中一成

はじめに

本稿で取り上げる通州事件とは、盧溝橋事件の勃発から三週間後の一九三七年七月二十九日に起きた冀東防共自治政府保安隊による日本軍および日本居留民を襲撃、殺害した事件のことである。[1]本稿はこの通州事件について、事件の経過を克明に記録した通州兵站司令部の「陣中日誌」をもとに、その実態に迫るものである。

通州事件が起きた通州（通州は通称。実際の地名は通県。以下、通州）は、北平（現在の北京）の東郊に位置し、事件当時は親日政権である冀東防共自治政府（以下、冀東政府）の統治下にあった。[2]通州城内には冀東政府の政庁のほか、支那駐屯軍通州守備隊の兵営や通州特務機関など日本軍の関連施設が点在していた（図1参照）。

通州事件発生前、通州城内には冀東政府の軍事組織である保安隊のうち、第一総隊（総数約一、五〇〇人。総隊長張慶余）の一個区隊および教導総隊（総数約三、〇〇〇人。総隊長は殷汝耕だが、実権は副総隊長を兼務していた張慶余と第二区隊長の沈維幹が握っていた）[3]が駐屯し、城外には第二総隊（総数約二、〇〇〇人。総隊長張硯田）の一個区隊が配備されていた。これら部隊は支那駐屯軍から派遣された兵士らによって軍事訓練が施され、日本軍の友軍として治安維持活動に従事していた。しかし、保安隊はもともと日本軍と敵対関係にあった旧東北軍（張学良軍）の一部を改編してできた部隊だったため、部隊内の対日感情は決して良いとはいえず、幹部の中には反日感情を強く抱く者も存在した。[4]なかでも、以前より抗日運動に共鳴していた張慶余は、盧溝橋事件発生後、河北省政府主席で第二十九軍第三十七師師長の馮治安と密かに会い、日本軍の北平攻撃を合図として、張が通州で、馮が北平南部の豊台でそれぞれ反乱を起こす計画を立

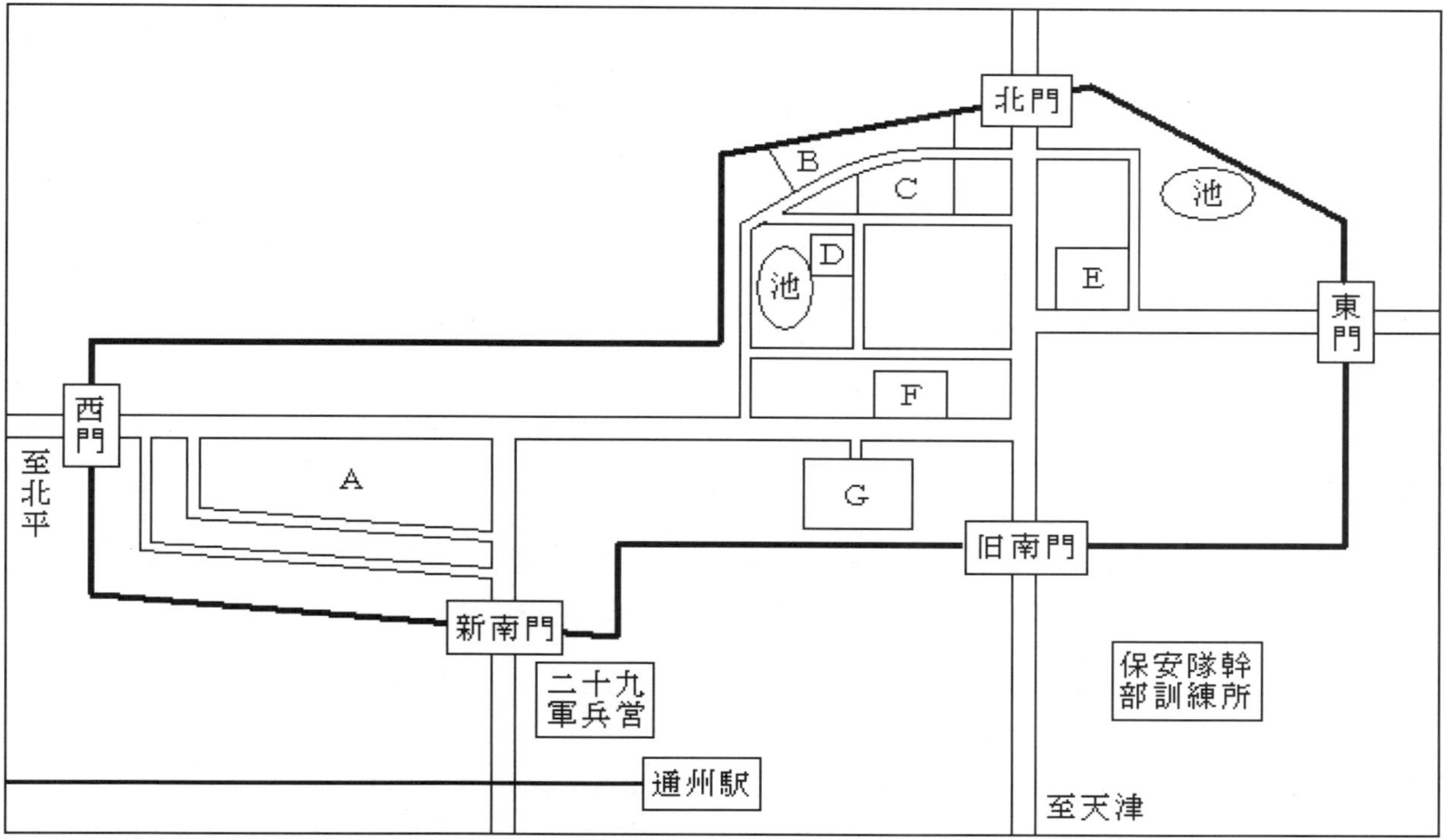

図1　通州城内と主な施設の所在地

（註）地図中の施設＝A:通州守備隊兵営、B:保安教導総隊部、C:冀東政府政庁、D:近水楼（最も居留民の殺害が激しかった日本旅館）、E：第一保安総隊部、F：領事館警察、G：通州特務機関。

（出所）「通州事変当時彼我関係位置要図」（荒牧『痛々しい通州虐殺事変』所収）をもとに作成。

てていた。[5]

一九三七年七月二十八日、日本軍は北平南部への攻撃を開始した。この攻撃をきっかけに、張慶余は張硯田と図って、七月二十九日未明、通州で反乱を起こした。張慶余に率いられた保安隊は通州守備隊や特務機関、冀東政府関連施設を襲撃するとともに、城内の日本居留民を次々と捕え殺害した。通州の領事館警察の調べでは、この時殺害された居留民は合わせて二二五人（うち日本人一一四人、朝鮮人一一一人）にのぼった。[6]事件の模様は日本国内および満洲、朝鮮、台湾の日系新聞で大々的に報道され、日本人に大きな衝撃を与えるとともに、「暴支膺懲」のスローガンの下、日中戦争初期段階における日本人の反中国世論を高めた。

これまでの通州事件の研究を振り返ると、議論の中心は事件の発生原因の解明に置かれた。一九八二年に張慶余の回想録が公表されて事件発生の真相が明らかになると、それをもとにした研究が日中双方で発表された。例えば、一九八七年に中国で林華が発表した研究は張の回想録を初めて用いた代表的な研究で、[7]この研究は一九八九年に岡野篤夫によって日本に紹介された。[8]また、山中恒や江口圭一は日本軍の史料をもとに通州事件を論じ、居留民の保護を怠った日本軍にも事件発生の責任があったと指摘した。[9]その一方、一連の事件経過については一部回想録が伝えるのみで、当時の史料に基づいた歴史的検証はいまだ充分とはいえない。[10]

通州事件に関する一次史料は決して多くない。その中で、防衛省防衛研究所図書館に所蔵されている通州兵站司令部の「陣中日誌」は事件の経過を知る上で貴重な一次史料である。[11]「陣中日誌」を記した通州兵站司令部司令官の辻村憲吉中佐は、通州事件で通州守備隊隊長として部隊の陣頭指揮を執った。「陣中日誌」から辻村の足跡を丹念にたどることで、通州事件の実像に少しでも迫ることができよう。よって、本稿では「陣中日誌」を用いて、軍事史的側面から事件の実態をとらえ直したい。

検討を進めるに当たって、本稿では通州事件における日本軍と通州住民との関係に着目し、次のふたつの課題を設定する。ひとつは、通州事件でなぜ居留民が殺害されたのかという問題である。事件発生当時、通州守備隊は通州城内に駐屯していた。在外派遣部隊の重要任務のひとつに居留民の保護がある。それにもかかわらずなぜ守備隊は事件時、保安隊の居留民殺害を食い止めることができなかったのか。食い止められなかった原因に守備隊のいかなる問題があったのか。

もうひとつは、今まで不明確だった通州治安維持会の活動実態の検証である。通州事件では保安隊の攻撃で冀東政府が崩壊したため、通州は一時日本軍が統治する形となった。事件後、日本軍は通州治安維持会を結成し、通州の治安回復と復興作業を実施した。当時、通州には事件の戦火を避けるため城外に逃れたものの、事件で通州が廃墟と化したことで城内へ戻るに戻れなくなっていた多くの中国人避難住民が存在し、大きな問題となっていた。通州治安維持会がこの問題にどう対処し、どのような結果を見たか。本稿はこのふたつの課題を検討するものである。

一　通州事件における通州守備隊の行動

（一）　通州をめぐる状況

本章では通州事件で居留民が殺害された原因の一端を通州事件前後における通州守備隊の活動経過から探る。先ず本節では盧溝橋事件発生から通州事件発生直前までの通州をめぐる状況について、また通州守備隊とはいかなる組織だったのか整理する。

盧溝橋事件の発生直後から現地では停戦に向けた話し合いが行われ、七月十一日夜、日中双方の現地代表による停戦協定が成立した。しかし、この日の午後、日本政府は五個師団の華北派兵を決定していた。

十三日午後、陸軍中央は「北支事変処理方針」を決定し不拡大方針を徹底したが、中国軍の出方によっては「断乎タル決意」で臨むとした。この決定に基づき、支那駐屯軍司令部は十五日、「支那駐屯軍作戦計画」を作成し、今後の具体的な作戦計画を策定した。[12] 一方、国民政府は中央軍を続々と北上させ、日本軍の攻撃に備えた。[13]

盧溝橋事件発生時、通州には守備隊として支那駐屯歩兵第一連隊第一大隊の一個小隊約四十五人と通州憲兵分遣隊七人が駐屯していた。[14] その後、十八日夜には天津から前線に向かう途中の同歩兵第二連隊（連隊長萱島高中佐。以下、萱島部隊）が到着し、守備隊兵舎近くの通州師範学校に宿営した。[15] この時通州は「支那駐屯軍作戦計画」に基づいて、豊台とともに兵站の基点として軍需品や一カ月分の食糧が集積され、前線を維持する補給基地として重要な役割を担っていた。[16]

七月二十五日、天津の北西に位置する廊坊で通信線補修とその援護のために派遣されていた支那駐屯軍の一個中隊が第二十九軍第三十八師（師長張自忠）の攻撃を受けて死傷者を出し（廊坊事件）、翌二十六日には、北平の広安門でも日中両軍の衝突が起きた（広安門事件[17]）。

広安門事件の発生を受け、通州特務機関（機関長細木繁中佐）では直ちに対策が協議され、かねてより通州城外で不穏な動きをしていた第二十九軍の一個営（営長傅鴻恩）

に対し、二十七日の午前三時までに武装を放棄するよう通告した。

しかし、期限を過ぎても傅鴻恩側からの回答がなかったため、二十七日午前四時、萱島部隊が傅鴻恩部隊に対し攻撃を開始し、傅鴻恩部隊を通州城外から掃討した(18)。この戦闘の際、天津から飛来した関東軍の飛行隊が通州城外にあった第二十九軍兵営近くの保安隊幹部訓練所を誤爆し、保安隊員十数人が死傷する惨事となった(19)。誤爆を知った細木は冀東政府側に陳謝するとともに、二十八日、各総隊幹部を召集して誤爆の経緯について説明し、彼らの慰撫につとめた(20)。しかし、保安隊員の「一部ニハ激昂セル輩」もいて、誤爆が保安隊内に少なからぬ動揺をもたらした(21)。

傅鴻恩部隊を掃討した萱島部隊は二十七日夕方、小山砲兵部隊とともに通州を離れ北平南部に位置する南苑に向かった。そして、萱島、小山部隊と入れ替わるように天津から辻村憲吉通州兵站司令官が通州に到着し、通州守備隊の編成に取りかかった。

辻村は一九一二年十二月、歩兵少尉に任官後、隊付将校などを経て、一九三七年七月十九日、歩兵中佐として支那駐屯軍司令部付となった(22)。廊坊事件発生前日の七月二十四日、天津の支那駐屯軍司令部に到着した辻村は、兵站要員として香月清司支那駐屯軍司令官の隷下に入った(23)。二十五日、辻村は通州兵站司令官に任命されると、矢野兵站部長から「通州警備隊長ヲ指揮シ、且同地軍野戦倉庫長及兵器部出張所長ヲ区署シ、通州付近ニ於ケル兵站業務ヲ実施ス」るよう命じられた(24)。

二十七日午後二時、辻村は田坂兵站主任から兵站部長命令を受け、弾薬の補給に当たっていた山田自動車部隊(部隊長山田正大尉)とともに、天津を発った。辻村一行が通州守備隊兵営に到着したのは、同日午後八時三十分のことだった(25)。

辻村が通州に到着した時点で、通州守備隊は通州兵站司令部二人、山田自動車部隊五十三人、通州警備隊四十九人(隊長藤尾心一中尉)、通州憲兵分遣隊七人(隊長松村清准尉)、その他、病馬収容班五人、野戦倉庫員二人、軍兵器部員二人の合計一二〇人で構成されていた(26)。

ちなみに、前掲の山中と江口の研究では、通州駐屯部隊を前線へ派遣したことが通州事件を防止できなかった原因だったと指摘していたが、確かに通州に宿営していた萱島部隊は通州事件発生直前に通州を発ったが、依然として辻村ら一二〇人の通州守備隊は前線に向かうことなく通州に留まっていた。問題なのはなぜ居留民の保護を任務とする彼らが通州を守備していたにもかかわらず、居留民を保護することができなかったのかということである。次に通州事件の経過をたどりながらこの問題を検討する。

(二)　通州事件の経過

通州事件発生後、救援に駆けつけた部隊が生存者から行った聞き取りによると、萱島部隊が通州を発った翌日の二十八日の昼頃から、保安隊の将兵が車や人夫を使って自分の荷物を運び出していたのを目撃されていた[27]。また同じ頃、一部の居留民は保安隊員が城内の日本人家屋を調べて印をつけているのを不安に思い、守備隊内に避難し始めていた[28]。実際にこの不安は的中し、事件後、救援活動を行った兵士がチョークで三角印やバツ印が書かれている居留民の家に入ると、室内が滅茶苦茶に荒らされていた[29]。

居留民たちが保安隊の動きに警戒感を強める一方で、二十七日、通州守備隊と特務機関、領事館警察は協議を行い、居留民の保護に関し、特に処置はとらないという意見にまとまり[30]、通州守備隊は平常通り兵営の門を守備するだけに終わった[31]。なぜ、この時日本軍側は居留民の不安をよそに彼らの保護に万全の対策をとらなかったのか。「陣中日誌」にはこの協議についての記述がないため、その理由を探ることは難しいが、そのような結論に至った要因のひとつとして考えられるのが、保安隊全体を指揮監督する立場にあった通州特務機関が保安隊に関し充分な情報を得ていなかったという点である。

保安隊にはそれぞれ通州特務機関から日本人顧問が派遣され、保安隊の監視に当たっていた。日本人顧問の業務内容を定めた「停戦地域顧問服務規定」によると、顧問は特務機関長の許可なくみだりに担当所在地を離れてはならず、また所管事項については「カメテ多ク機ヲ失セス機関長ニ報告スヘシ急ヲ要セサルモノハ定時会報ノ際並ヒニ旬報(月二回)ヲ以テ報告スヘシ」とされ、保安隊に関わる情報について特務機関に伝える役割を担っていた[32]。

しかし、香月支那駐屯軍司令官が後に竹田宮恒徳王のヒアリングに応じた際、通州事件が起きる前にいくつかの徴候があったにもかかわらず、「只それが吾々に判らなかつたと云ふのは当時軍事顧問と云ふものを軍が確かり握る制度になつて居らなかつたと云ふ点に原因があります」と語り、通州事件発生前の段階で、軍の顧問制度がうまく機能していなかった事実を明らかにした[33]。そのような制度上の問題があり、また戦争状態にある中で、通州特務機関が保安隊に関する的確な情報を顧問から得ることができただろうか。二十七日、特に処置はとらないという通州守備隊らが出した結論は、不明確な情報のもとに導き出されたものだった可能性がある。このような状況の中、通州事件は発生した。

七月二十九日午前三時、通州城外南方で発せられた銃声を合図に、保安隊が反乱を起こした。兵営内の警備隊兵舎で就寝中だった辻村は銃声で目を覚ますと、藤尾警備隊長とともに兵舎屋上にあがり状況を確認後、藤尾部隊と山田部隊に対し戦闘配置に就くよう命じた。[34] 藤尾部隊は兵舎外側陣地と兵舎屋上に布陣し、山田部隊も兵営内の野戦倉庫と病馬収容班厰舎の守備に就いた。[35]

張慶余に率いられた保安隊およそ一、〇〇〇人（その後三、〇〇〇人あまりに増加。図2参照）は午前四時、新南門の近くにある守備隊兵営を取り囲んだ。[36] この時、守備隊は全て兵営内にいたため、保安隊の包囲を突破しない限り兵営外に一切脱出することができなくなった（図3参照）。外部との通信についても辻村は救援を求める電報を記録として残っているだけでも午前五時三十五分から九時二十分にかけて合計五回発信しているが、応答が来た形跡はない。[37] 寺平によれば、兵舎屋上で戦闘中だった辻村は通信所から戻って来た藤尾から有線が切断され、無線も応答がないことを知らされたという。[38] このことから、通州事件は張慶余らによる計画的反乱だったことがうかがわれるが、一方で、不意を突かれる格好となった通州守備隊は事件発生からわずか一時間あまりで保安隊に包囲され、外部との関係も完全に断たれてしまった。これにより、通州守備隊は居留民を保護する手だてを失い、保安隊の居留民殺害を招く結果となった。では、保安隊に囲まれた通州守備隊はその後どうなったのか。

兵営を取り囲んだ保安隊に対し、守備隊は手榴弾を使って抵抗を続けていたが、午前十一時になり保安隊は兵営に向けて砲撃を開始し、砲弾が守備隊兵営の壁や屋上に命中した。さらに正午頃、兵営内に飛んできた砲弾が補給用の銃砲弾を積んでいた自動車に当たり車両十七台が燃えたほか、集積してあったガソリンにも着弾し、火災による黒煙が空を覆った。[39] 後に萱島はこの黒煙を前線に向かう途中で発見し、通州で何らかの事件が起こっていると知ったと語っているが、この証言は通州事件が発生から半日以上経過していたにもかかわらず、通州事件の具体的な情報が前線に何ら伝わってなく、依然として通州が孤立状態だったことを物語っている。[40]

守備隊が兵営内で身動きがとれないでいる間、通州城内では一部の保安隊が居留民を襲い殺害していた。[41] 辻村が居留民殺害の事態を知ったのは翌三十日午後二時頃のことであり、[42] 結局守備隊は保安隊の居留民殺害の行為を何ら食い止めることができなかった。

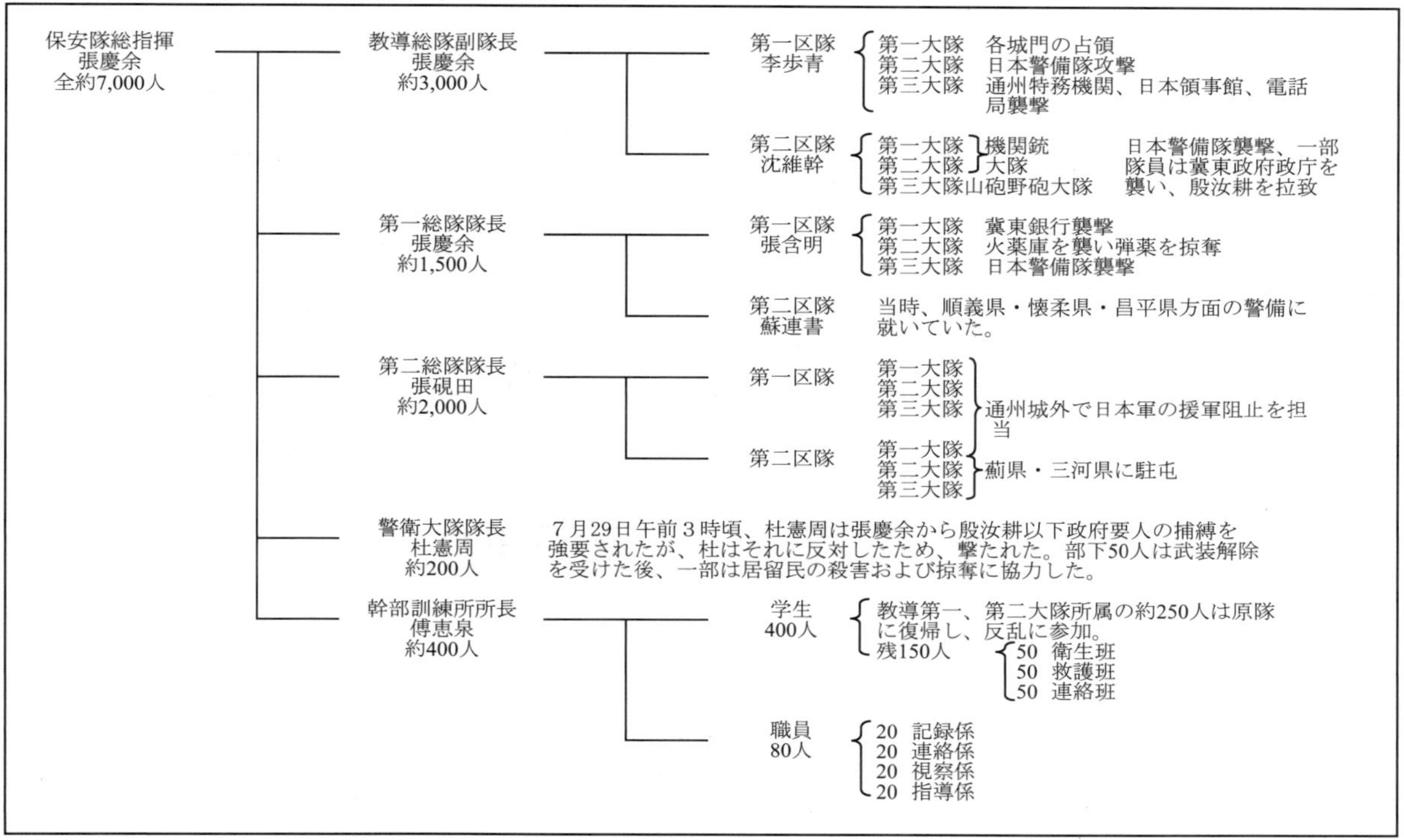

図2　反乱を起こした保安隊の位置と役割

（註）　原典は縦書き。見やすさを考慮し、語句を一部書き改めた。兵数の誤差はそのままとした。

（出所）　通州兵站司令部「戦闘詳報」をもとに作成。

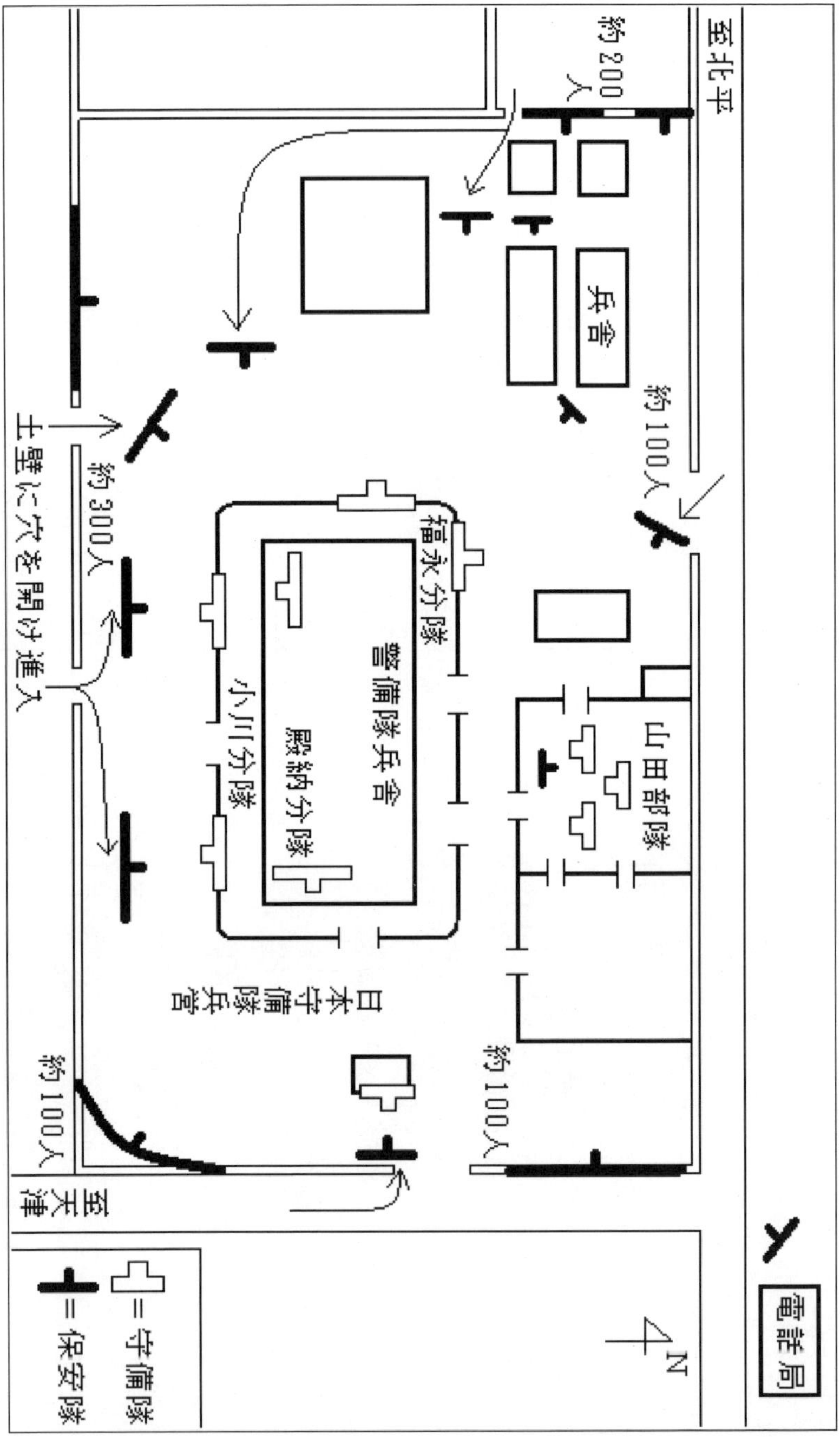

図3　通州事件発生直後（7月29日午前4時）の通州守備隊兵営

（出所）「通州付近辻村部隊戦斗経過要図（其一　本文第一時期）」（通州兵站司令部「戦闘詳報」所収）をもとに作成。

二　通州事件「その後」

（一）　通州治安維持会の結成

本章では通州事件終結後、事件で遭難した居留民の保護や通州の治安維持および復興活動を目的に組織された通州治安維持会について、その活動の実態を探る。先ず、通州治安維持会の成立過程について検討する。

三十日午後四時二十分、河辺正三支那駐屯歩兵旅団長の指示を受け、萱島部隊が救援のため通州に駆けつけた(43)。この時すでに保安隊の主力は北平で第二十九軍と合流するため通州を発っていた(44)。萱島部隊は通州各城門に兵士を配置し警戒態勢を整えた上で、居留民の救出と遺体の収容作業を開始した(45)。

保安隊に襲撃された通州守備隊のうち、辻村が率いていた通州兵站司令部（以下、辻村部隊）は三十一日から活動を再開した。活動を始めるに当たって、辻村部隊は萱島部隊との間で任務の分担を行った。その結果、辻村部隊は居留民の保護および遺体の処理、中国人住民への宣撫、城内の治安維持など計八項目の任務を担当することとなった(46)。

一方、支那駐屯軍司令部は八月三日、通州事件で保安隊の襲撃を受け機関長以下ほとんどの機関員を失った通州特務機関について、後任が着任するまでの間、辻村に機関長を代行するよう命じた(47)。この時、冀東政府は再建に向けての準備中で事実上機能していなく(48)、通州城内の治安維持活動は、しばらくの間辻村が取り仕切ることとなった。そして、その活動を統轄するために組織されたのが通州治安維持会だった(49)。では、通州治安維持会はいかにして組織されたのか。

通州治安維持会の結成を提案したのは辻村だった。八月五日、通州で日本軍、「中国側」、「民間側」の三者による治安維持に関する初めての協議が開かれた(50)。この協議には日本軍から関東軍の酒井鎬次旅団長や辻村ら十一人(51)、「中国側」からは王季章冀東政府通州県長、宋漢波通州商務会会長が出席した。他方、「民間側」からの出席者は長友利雄通州県政府顧問、川本定雄密雲県政府顧問、佐藤虎雄昌平県政府顧問の三人が名を連ねた。彼らは実際には「民間側」ではなく、いずれも以前より通州特務機関から派遣されていた冀東政府の日本人顧問だった。つまり、この協議は全く日本軍の主導で行われたものであり、「中国側」が口を挟む余地はなかった。

協議の中で、治安維持の業務に関し辻村は治安維持会の結成を提案し、全員の賛同を得ることができた。これにより、通州治安維持会は発足した。当初会長には酒井旅団の名倉高級参謀が就任し、副会長には辻村（警務関係担当）、王（行政関係担当）、宋（商務関係担当）、川本がそれぞれ就いていたが、後に委員の改編が行われ、八月十四日に図4のような形で辻村を会長とする組織としてまとまった。

図4から通州治安維持会はいかなる組織か検討すると、同維持会は建前上、日本軍、居留民、警察、通州県政府からなる連合組織だったが、重要なポストは全て日本軍が握り、委員の構成面から見ると、日本軍の全面的な指導下で運営されていたことがわかる。

一方、組織の運営方法について見てみると、そこにはひとつの特徴があった。当時華北の日本軍占領地には、通州治安維持会以外にも日本軍によっていくつもの治安維持会が結成されていた。例えば、通州事件とほぼ時を同じくして設立された北平特別市地方維持会や天津市地方治安維持会がそれである。[52]それら治安維持会はいずれも親日的中国人が組織の要職に据えられ、内面指導という形で特務機関や日本人顧問が背後で彼らに指示を与えていた。しかし、通州治安維持会はこれらと異なり、辻村ら日本軍将校が組織の要職に就いて直接指示を与えるという仕組みだった。その上、通州治安維持会は解散するまでの間ほぼ毎日会議を開き、各担当者からその日の業務状況について報告がなされるとともに、その後の対応についても議論が行われて

図4　通州治安維持会組織図

会長	辻村憲吉通州兵站司令部司令官
委員	新川通州警備隊長、財前通州憲兵分遣隊長、武田主計少尉、酒井兵団副官部員、玉木大尉
（民間側）	宇佐美義雄通州居留民会会長
（警察側）	田口弥八
（中国側）	長友利雄通州県政府顧問、王季章通州県長、宋漢波通州商務会会長、韓采玕

総務部	部長	王季章
	副部長	長友利雄
警務班	主任	長友利雄
行政班	日本側	田口弥八
	中国側	韓采玕
衛生班	主任	王鉄民
土木班	主任	五十川国記
電業班	主任	史通

（註）8月24日に支那駐屯軍司令部に提出された「通州兵站司令部旬報第三号」では、委員のうち、玉木大尉が長谷川酒井旅団憲兵隊長に、田口弥八が福島治に変更されている。また、長友利雄が中国側から民間側の一員となっている。

（出所）通州兵站司令部「陣中日誌」8月14日と16日の記録をもとに作成。

いた。逐一現場の状況を把握し、直ちに対策を講じるという通州治安維持会の運営方法は後に通州が急速に復興を果たすひとつの要因につながったと見ることができる。

では、通州治安維持会は結成後、通州においていかなる活動を行ったのか。そして、通州はいかにして急速な復興を果たしたのか検討する。

（二）　通州治安維持会の活動とその成果

通州治安維持会が行った活動は主にふたつあった。ひとつは通州事件で遭難した居留民の保護、もうひとつは通州の復興作業だった。とりわけ後者は通州治安維持会の活動の中心だった。ここでは通州治安維持会が行った復興作業に焦点を当て、その活動によって通州がいかにして復興を遂げたのか見ていく。

まず、復興作業をするに当たり、通州治安維持会が直面していた問題は一体何だったのか検討する。

通州事件は多くの居留民が殺害されたことに大きな注目が集まったが、その一方でそれ以上に深刻な問題が発生していた。それは事件の戦火を避けるため城外に逃れた多くの中国人住民が、城内での戦闘が終結したにもかかわらず、廃墟と化した通州に戻るに戻れないまま難民化していたということである。これは八月一日午後一時、ひとりのアメリカ人宣教師が、通州兵站司令部に対し、通州城外の教会に収容している約一万人の中国人が食糧に窮しているため、早急に彼らを城内へ戻すよう要請して来たことから、事態が明るみとなった[53]。

当時の通州において、一万人にのぼる避難住民の数は一体どれくらいの規模だったといえるか。通州事件発生時の通州城内の総人口ははっきりしないが、一九三六年の統計では通州城内を管轄地域とする第一警区（現在の北京市通州区の中心街一帯）の人口は四万九九〇〇人だったことから[54]、通州事件時の通州城内およびその周辺の総人口は五万人を超えていたと推定される。すなわち、通州事件によって人口の五分の一に当たる住民が城外へ避難を余儀なくされていたことになる。治安維持の任務に当たっていた辻村部隊にとって、治安を確立させる以上、一万人もの避難住民をそのまま城外に放置させておくことは許されるものではなかった[55]。この問題の解決は結局通州治安維持会に託された。では、この問題がどのように解決されていったのか。

通州治安維持会は差し当たって円滑に住民を城内に帰還させるための仕組みを整えた。八月六日午後四時、通州城内の電話局で開かれた会議で、避難住民の処置をめぐって話し合いが行われ、帰還作業は翌七日午後から開始し、先ず一家族一人を基準にして避難住民を城内に帰還させる方法で進めることが確認された。[56]

実際の作業は予定より一日遅れ、八日から開始された。作業に当たっては通州の郷長が監督となり、避難住民は五人一組となって新南門から入城することになった。また、北門と東門からは商務会員の監督のもと、一般商人の出入りも許可された。[57] しかし、この作業は開始早々ある問題に直面し暗礁に乗り上げた。その問題とは一体何か。

それは、避難住民が日本軍に対する恐怖心から入城を拒む事態が発生したことである。八月九日、治安維持会の協議の中で、行政担当の長友からの報告で八日の帰還作業の過程で、中国人男性三〇〇人と女性二〇〇人が城門までやって来たにもかかわらず恐怖心から入城しなかったことが明らかとなった。[58] 中国人住民の不安を和らげる宣撫工作はすでに七月三十一日から行われていたが、[59] この報告から中国人避難民の側に依然として日本軍の軍事行動の巻き添えになるのではないかといった日本軍への不安が拡がっていることが明らかとなった。また、帰還作業の停滞は都市機能の麻痺をも引き起こし、この時通州城内で「開店シタルモノ僅カ一、二軒ニシテ他八戸ヲ閉鎖シアル状況」だった。[60] では、この状況を打開するため、辻村はいかなる政策を実施したのか。

ひとつは、避難住民の帰還を促進するため、彼らに対し食糧を配給した。八月十日の治安維持会の協議で、辻村は新南門外にある教会で入城を拒んでいた避難住民およそ一、〇〇〇人に対し城内への帰還を促すため、十一日から城内の教会を通じて、住民らへ粟を配布することを決めた。[61] また、宋漢波が副会長となっていた通州臨時治安委員会に対し、施米用として確認できるだけでも五度に亘って食糧を供給した。[62] このほかに、商店がほとんど閉鎖し極度の物資不足にあえいでいた通州城内の住民に対しても、日本軍の食糧が逐次分け与えられた。[63] 以上は兵站業務をつかさどっていた辻村ならではの取り組みだったといえ、また、食糧事情の改善は通州の秩序回復の手助けにもなった。

もうひとつは、宣撫工作の強化である。通州から保安隊が去って以後も、一部の保安隊員は便衣兵となって通州城外に潜み住民らを殺害したり、金品を強奪したりしていた。なかでも、通州東北近郊の平家疃では保安隊が集団で現地住民を襲撃し、衣類や食糧を強制的に徴発する事件が起こり、治安を悪化させていた。[64]

この事態を受け、辻村は八月二十日、通州宣撫班に対し、警備隊・憲兵隊・治安維持会と緊密に連絡をとるとともに、城内外の住民に対しては日本軍を信頼させ、宣撫の重点を人心の安定、住居への帰宅、復業を促すことに置き、また城内外の要所へのビラの貼付、情報収集、連絡員の教育を始めるよう指示した。[65]

これら政策は果たして成功を収めたのか。もし成功したとすればその成果はどれくらいのものだったのか。九月二日、通州兵站司令部から支那駐屯軍司令部に提出された「通州兵站司令部旬報　第四号」によると、通州城内の居住者数は事件後より累計して一万六三一四人となったとしている。[66]この数から推察して辻村が実施した政策は効果を上げつつあり、復興作業開始当初から問題となっていた約一万人の避難住民の帰還問題も解決の方向に向かったと見なすことができよう。

一方、通州の復興状況についてはどうか。「旬報」によると、「城内治安ハ殆ント回復シ支那人店舗モ営業ヲ開始セルモノ約八割ニ達シ」たとあり、都市機能が改善されたことがはっきりと示されている。[67]十月五日、通州に取材に訪れた『文藝春秋』特派員の柳澤彦三郎は通州で中国人商店や日本風の喫茶店、日本人旅館が開業している様子を目にしている。[68]これは通州で都市インフラが復旧整備されていた証拠といえよう。

「陣中日誌」では復興作業の成功は辻村が実施した政策によるものであるとして、次のような言葉で評している。

「華人《ママ》ニ対スル施米ハ宣撫班ノ工作ト相俟チ民心安定ニ効果多ク入城者増加ノ一原因ト認メラル」[69]。

通州治安維持会の会長として通州の復興に力を注いだ辻村は、九月六日、北支那方面軍司令部付に任命された。[70]そして、九月十日、治安の回復が確認されたとして、通州治安維持会はその業務を通州県政府側に引き渡し、その役目を終えた。[71]

おわりに

本稿は「陣中日誌」をもとに、通州事件に関するふたつの課題を検討した。通州事件で居留民が殺害された原因はどこにあったのか。通州事件発生前、通州では事件発生の前兆ともいえる保安隊の不審な行動が見られた。しかし、保安隊を監視し情報を特務機関に伝達する顧問制度が充分機能していなかったことで、保安隊について的確な情報が通州守備隊や特務機関に伝わらず、居留民の保護に関して何ら対策がとられなかった。その結果、通州事件が発生した際には、全く対応をとることができず、保安隊の居留民殺害という事態を招いた。通州事件は保安隊側の事前の計画だけでできたものではなく、事件直前での日本軍側の判断ミスも重なって発生したものだった。

通州事件はその後どうなったのか。特に事件後に日本軍によって結成された通州治安維持会はいかなる活動を行ったのか。保安隊が北平へと去った後、通州では通州兵站司令部の辻村司令官を中心とする通州治安維持会が発足した。当時、通州で大きな問題となっていたのが一万人に及ぶ中国人避難住民の収容問題だった。この問題を解決するため、通州治安維持会は避難住民への食糧の配給を実施し、また宣撫工作を強化することで、避難住民の間に拡がっていた日本軍に対する不信感を取り除いた。その結果、事件で廃墟と化した通州は、事件発生から一カ月あまりで元の姿を取り戻した。

通州事件の全体像を通して見えてきたものは、戦争とは何ら関係のない人々の悲惨な姿である。これまで関係者の回想録などで通州事件での日本居留民の被害状況は明らかにされていたが、今回の検討で通州に住んでいた中国人住民も同様に被害を被っていたという実情も明らかとなった。

一方、本稿では日本軍、特に保安隊の指導的立場にあった支那駐屯軍と日本軍から友軍として見なされていた保安隊との間の実際の関係について充分に検討することができなかった。支那駐屯軍によって保安隊内部には日本人顧問が置かれていたが、この顧問制度は支那駐屯軍が保安隊を掌握するためになくてはならないものだった。しかし、香月司令官は竹田宮に顧問制度の不備を明かした。通州事件発生の一報が支那駐屯軍司令部に入ると、司令部が保安隊を掌握しきれていなかったことを明らかにされたくなかったため、狼狽した一部の参謀が事件の新聞報道の差し止めに動こうとしたことは、右記の香月の証言を裏づけるものといえよう。(72)

支那駐屯軍と保安隊との関係を明らかにすることは、通州事件が発生した根本的原因を検証する上で検討を加えなければならない問題であるとともに、軍事面から日本軍と親日政権との関係を探る上でも考察に値しよう。その作業を進めるに当たっては、先ず保安隊の動向や保安隊の結成および改編をめぐる経過についてもっと細かく見ていく必要があるが、これについては別稿で検討したい。

註

(1) 保安隊はもともと一九三三年五月三十一日に日中両軍の間で締結された塘沽停戦協定に基づき、河北省東部の非武装地帯内に設置された治安維持部隊だった。この非武装地帯に冀東防共自治政府(設立時の名称は冀東防共自治委員会)が成立すると、保安隊は冀東政府の軍事組織として吸収、改編された。保安隊は全五個総隊から成っているが、通州事件に第三、第四総隊は関与しなかった〔張炳如「冀東保安隊瑣聞」(中国人民政治協商会議全国委員会文史資料研究委員会『七七事変』編審組編『七七事変』北京:中国文史出版社、一九八七年)七七―七八頁〕。

(2) 冀東防共自治政府は一九三五年十一月二十五日、関東軍特務機関の支援を受けた殷汝耕によって通州に成立した（成立時の名称は冀東防共自治委員会）。成立過程については広中一成「冀東防共自治委員会及び冀東防共自治政府の成立過程についての一考察」（愛知大学国際問題研究所『紀要』第一二八号、二〇〇六年九月）二六七―八三頁を参照。

(3) 王士立・鐘群庄・趙竟存・李宗国編著「唐山文史資料第21輯 二十世紀三十年代的冀東陰雲――偽〝冀東防共自治政府〟史略――」（河北省唐山市政協資料委員会、一九九九年）一三〇頁。

(4) 荒牧純介『痛々しい通州虐殺事変』（私家版、一九八一年）五頁。

(5) 張慶余「冀東保安隊通県反正始末記」（中国人民政治協商会議天津市委員会文史資料研究委員会編『天津文史資料選輯』第21輯、天津：天津人民出版社、一九八二年）一〇四頁。

(6) 在天津日本総領事館北平警察署通州分署「在通州居留民（内地人）人名簿」、同「在通州居留民（鮮人）人名簿」（「通州居留民関係書類綴」〈一九三七年七月二十九日～八月五日〉、防衛省防衛研究所図書館蔵）。

(7) 武月星・林治波・林華・劉友于『盧溝橋事変風雲篇』（北京：中国人民大学出版社、一九八七年）三一三―二〇頁（通州事件の部分は林華が執筆）。

(8) 岡野篤夫「惨・通州事件 二人の立役者」（『自由』一九八九年八月号、一九八九年八月）一六一―六九頁。

(9) 山中恒「通州事件の謎――戦争の歴史と事実――」（『神奈川大学評論』第二八号、一九九七年十一月）六四―七一頁。江口圭一「盧溝橋事件と通州事件の評価をめぐって」（『季刊戦争責任研究』第二五号、一九九九年九月）一―五頁。このほか、日中戦争史との関連で通州事件について言及している近年の研究としては、秦郁彦『盧溝橋事件の研究』（東京大学出版会、一九九六年）三一三―一五頁、樊吉厚・李茂盛・楊建中編『華北抗日戦争史』中巻（山西人民出版社、二〇〇五年）四五頁がある。

(10) 例えば、寺平忠輔『蘆溝橋事件――日本の悲劇――』（読売新聞社、一九七〇年）三六三―四〇二頁。ちなみに、寺平は通州事件当時、北平特務機関輔佐官として通州事件に関する情報に接していた。

(11) 通州兵站司令部「陣中日誌」（防衛省防衛研究所図書館蔵。以下「陣中日誌」と略記）。

(12) 防衛庁防衛研修所戦史室『戦史叢書8 大本営陸軍部(1)――昭和十五年五月まで――』（朝雲新聞社、一九七四年）四四三―四六頁。

(13) 秦『盧溝橋事件の研究』二七二頁。

(14) 同右、五三頁。荒牧『痛々しい通州虐殺事変』六頁。

(15) 海光寺会編『支那駐屯歩兵第二聯隊誌』（私家版、一九七七年）一〇八頁。

(16) 「支那駐屯軍ノ作戦計画策定」〈一九三七年七月十五日〉（臼井勝美・稲葉正夫編『現代史資料9 日中戦争2』みすず書房、一九七六年）一六頁。

(17) 防衛庁防衛研修所戦史室『戦史叢書8 大本営陸軍部(1)』四五五頁。

(18) 寺平『蘆溝橋事件』三六七―六九頁。

(19) 秦『盧溝橋事件の研究』三一四頁。
(20) 寺平『蘆溝橋事件』三六九頁。
(21) 「陣中日誌」七月二十九日の記述。
(22) 辻村の経歴については、同右に添付されている防衛庁防衛研修所戦史室の調査記録を参考とした。
(23) 「陣中日誌」七月二十四日の記述。
(24) 同右、七月二十五日の記述。
(25) 同右、七月二十七日の記述。
(26) 同右、七月二十九日の記述。
(27) 海光寺会編『支那駐屯歩兵第二聯隊誌』一一六頁。
(28) 日置政治「海光寺兵営出発より北京通州付近の戦闘日誌」(同右) 八七七頁。
(29) 寺島正信「追想」(同右) 七七三頁。
(30) 香月清司「支那事変初期ニ於ケル北支情勢回想録」(陸軍大学校「北支那作戦史要──支那駐屯軍──」昭和十一、五、六──十二、八、三一、防衛省防衛研究所図書館蔵)。
(31) 「陣中日誌」七月二十九日の記述。
(32) 広中「冀東防共自治委員会及び冀東防共自治政府の成立過程についての一考察」二七四─七五頁。
(33) 「香月清司中将回想録」(小林龍夫・稲葉正夫・島田俊彦・臼井勝美編『現代史資料12　日中戦争4』みすず書房、一九六五年) 五四三頁。
(34) 寺平『蘆溝橋事件』三七二頁。
(35) 「陣中日誌」七月二十九日の記述。この時の藤尾部隊の布陣は次の通り。小川分隊─兵舎南方および東方壁、福永分隊─兵舎西方および北方壁から鉄条網の線、殿納分隊─屋上 (支那歩一会編『支那駐屯歩兵第一聯隊誌』私家版、一九七四年) 二二三頁。
(36) 「陣中日誌」七月二十九日の記述。
(37) 発信記録として残っているのは次の五つ。①午前五時三十五分鈴木重康関東軍第十一旅団長・酒井鎬次同軍独立混成第一旅団長宛、②午前六時十二分「北京守備隊長」宛、③午前七時三十分酒井旅団長宛 (この電文には発信者の名前が未記入だが、文章の内容から辻村が発信したことがわかる)、④午前七時三十分橋本群支那駐屯軍参謀長宛、⑤午前九時二十分河辺正三支那駐屯北平歩兵旅団司令官宛 (「自昭十二年七月二十九日至同八月五日　通州事件電報綴」、支那駐屯軍兵站部通州兵站司令部「七月二十九日三十日於通州付近　戦闘詳報」〈一九三七年七月〉(防衛省防衛研究所図書館蔵)。
(38) 寺平『蘆溝橋事件』三七三頁。
(39) 「陣中日誌」七月二十九日の記述。
(40) 「極東国際軍事裁判速記録」第二〇四号〈一九四七年四月二十五日〉(新田満夫編『極東国際軍事裁判速記録』第五巻、雄松堂書店、一九六八年) 一七一頁。
(41) 保安隊による居留民殺害の経過については生存者の回想録に詳しく記されている。例えば、安藤利男「虐殺の巷通州を脱出して」(日本外交協会、一九三七年十月、外務省外交史料館所蔵、JACAR〈アジア歴史資料センター〉、Ref.B02030917700)、藤原哲円「通州事件回顧録」(『通州事件の回顧』無斁会、一九七一年) 五─七三頁、浜口茂子「通州事件遭難記」(同右) 七七─一〇〇頁。
(42) 「陣中日誌」七月三十日の記述。
(43) 同右。

(44) 張慶余は回想録の中で、保安隊が北平に向かったのは日本軍の増援で戦況が不利になったため、通州を放棄し第二十九軍と合流して再起を図ろうとしたためとしている（張「冀東保安隊通県反正始末記」一〇六頁）。しかし、日本軍北平特務機関の業務日誌では、保安隊は冀東政府指導者の殷汝耕を人質にして「冀察側ノ賞詞ニ与カラン」としたと、張慶余の回想録とは異なる理由を記している（『北平陸軍機関業務日誌』〈一九三七年七月八日―七月三十一日〉、防衛省防衛研究所所蔵）。ちなみに、北平に向かった保安隊は結局日本軍によって北平入城を阻まれ、七月三十日から八月四日にかけ、北平憲兵分隊によって全て武装解除された〔北平憲兵分隊「自七月三十一日至八月七日於北平市内外　戦闘詳報」第一号〈一九三七年八月〉（北博昭編『盧溝橋事件期支那駐屯憲兵隊　重松関係文書』不二出版、一九八八年）四一―六〇頁〕。

(45) 「陣中日記」七月三十日の記述。

(46) 同右、七月三十一日の記述。

(47) 同右、八月三日の記述。

(48) 冀東政府は通州事件で政府指導者の殷汝耕が保安隊に拉致されたことで一旦崩壊した。しかし、七月三十一日、香月司令官の要請を受けた池宗墨冀東政府秘書処長によって再建を果たした（『北支那』第四巻第九号、北支那社、一九三九年九月）一〇六頁。

(49) 「陣中日誌」には通州治安維持会の毎日の活動記録および定期的に司令部へ提出する「通州兵站司令部旬報」が転載されている。

(50) 「陣中日誌」八月五日の記述。本論文中、協議の経過についてはこの記述による。

(51) 酒井旅団は八月四日、通州に到着した。ちなみに酒井旅団は七月十一日の「臨参命第五十六号」により、満洲から中国国境に入った時点で、支那駐屯軍司令官の指揮下に入ると定められていた〔閑院宮参謀総長発植田関東軍司令官・香月支那駐屯軍司令官宛臨参命第五十六号電報〈一九三七年七月十一日〉（臼井・稲葉『現代史資料9　日中戦争2』三頁）〕。

(52) 北平特別市地方維持会は一九三七年七月三十日、北平に設立された。委員長は江朝宗。北平特務機関の指導下に置かれ、各部署に二人から三人の日本人顧問が配置されていた。天津市地方治安維持会は同年八月一日、天津に設立された。委員長は高凌霨。治安維持会の一切の業務は天津特務機関の指示で実施されていた〔張洪祥主編『近代日本在中国的殖民統治』（天津：天津人民出版社、一九九六年）二四四―四五頁〕。

(53) 「陣中日誌」八月一日の記述。

(54) 通州区地方志編纂委員会『通県志』（北京出版社、二〇〇三年）一〇六頁。

(55) 約一万人とされる避難住民の数は、アメリカ人宣教師の報告によるものであって、実数は定かでない。ちなみに、一九三六年時点で総人口が約一二〇万人にまで達していた天津市では、盧溝橋事件後の日中両軍の戦闘により三〇万から四〇万人の避難民が発生していた〔『申報』一九三七年八月二日。李竟能主編『天津人口史』（南開大学出版社、一九九〇年）九〇頁〕。通州の事例と天津の事例とを単純に比較はできないが、仮に人口数に占める避難住民の割合で考えると、一万人という通州事件による避難民の数は、決してあり得ない数ではない。史料上の問題もあるため、本報告では、差し当たって宣教師の報告を正しいものとして検討を進める。
(56) 「陣中日誌」八月六日の記述。
(57) 同右、八月八日の記述。
(58) 同右、八月九日の記述。
(59) 同右、七月三十一日の記述。
(60) 「通州兵站司令部旬報　第二号」(同右)。
(61) 「陣中日誌」八月十日の記述。
(62) 「陣中日誌」で確認できる限り通州臨時治安委員会への施米は八月十五日(麦十俵)、十六日(麦二十俵)、二十一日(米二十俵)、二十二日(米二十俵)、二十四日(米二十俵)に行われた。九月六日、施米の終了を受け、通州兵站司令部に宋漢波が挨拶に訪れている。
(63) 「陣中日誌」八月十二日の記述。
(64) 「通州兵站司令部旬報　第三号」(同右)。
(65) 「陣中日誌」八月二十日の記述。また、宣撫工作の背後で、守備隊は二十二日と二十九日にそれぞれ保安隊に対する掃討作戦を実施し、事態の拡大を抑止した(八月二十二日、八月三十日の記述)。
(66) 「通州兵站司令部旬報　第四号」(同右)。
(67) 同右。
(68) 柳澤彦三郎「通州・張家口」(『文藝春秋』十一月臨時増刊号、文藝春秋社、一九三七年十一月)八〇頁。
(69) 「陣中日誌」八月二十七日の記述。
(70) 同右、九月六日の記述。
(71) 同右、九月十日の記述。
(72) 松村秀逸『三宅坂――軍閥は如何にして生れたか――』(東光書房、一九五二年)一五〇―五一頁。

(愛知大学大学院)

いわゆる「南京事件」の不法殺害

――その規模と要因――

原　剛

はじめに

日本軍は、一九三七年十一～十二月、上海戦に引き続きその勢いに乗じ、首都南京を攻略占領すれば国民政府は屈服すると判断して南京攻略作戦を実施したが、国民政府は首都を重慶に移して抗戦を続け、日本軍はその目的を達成することができなかった。この南京攻略戦において、後述するような要因が重なって、日本軍による略奪・暴行・殺害などいわゆる「南京事件」が発生し、戦後、極東国際軍事裁判（通称「東京裁判」）と南京の国防部戦犯裁判軍事法廷（南京裁判）で、事件の責任が追求され、東京裁判では当時の中支那方面軍司令官松井石根大将が絞首刑になり、南京裁判では第六師団長の谷寿夫中将といわゆる百人斬り競争の向井敏明・野田毅両少尉および三〇〇人斬りの田中軍吉大尉が死刑（銃殺）になった。[1]

中支那方面軍は上海派遣軍と第十軍の二個軍からなり、十二月一日の方面軍の南京攻略命令により、上海派遣軍は、山田支隊（第十三師団の一部）、第十六師団、第九師団などをもって南京の東方から、第十軍は第三師団先遣隊、第百十四師団、第六師団、国崎支隊（第五師団の一部）などをもって南京の南方から、それぞれ前進を開始し、八日には南京城外の防御陣地を突破し、各師団は図のような包囲態勢を整えた。[2]

松井軍司令官は、九日、南京攻略に先立って和平開城を勧告したが、中国軍は応じなかった。このため十日、日本軍は攻撃を再開し、十二日に城壁の一部を占領し、十三日に南京城を占領した。各師団は、引き続き城内および城外を掃討し、十六日までに概ね城内の掃討を終えた。方面軍は十七日に入城式を実施し、内外に南京占領を喧伝した。

これより先の十二月七日、蔣介石は南京を脱出し、政府の要人や南京市長など市の要人も、これに前後して南京を脱出した。南京防衛司令官の唐生智も、十二日に下関から南京を脱出したため、残された軍人と市民は、責任ある指揮官・指導者を失い、烏合の衆と化し、いわゆる南京事件という悲劇を生む大きな要因になった。(3)

当時、城内外の市民の多くは、戦禍を逃れ南京から避難し、避難できなかった下層階級の市民は、市内に急遽設置された安全区に避難した。この安全区は、ドイツ人ラーベを委員長とする「南京安全区国際委員会」が、市民を守るため設置した区域で、日本政府は、アメリカ大使館を通じ、この委員会が中立性を保持する能力を持たない故、正式には承認しないが十分尊重すると、同委員会に伝えた。(4) 日本側はこの区域を「難民区」と称した。

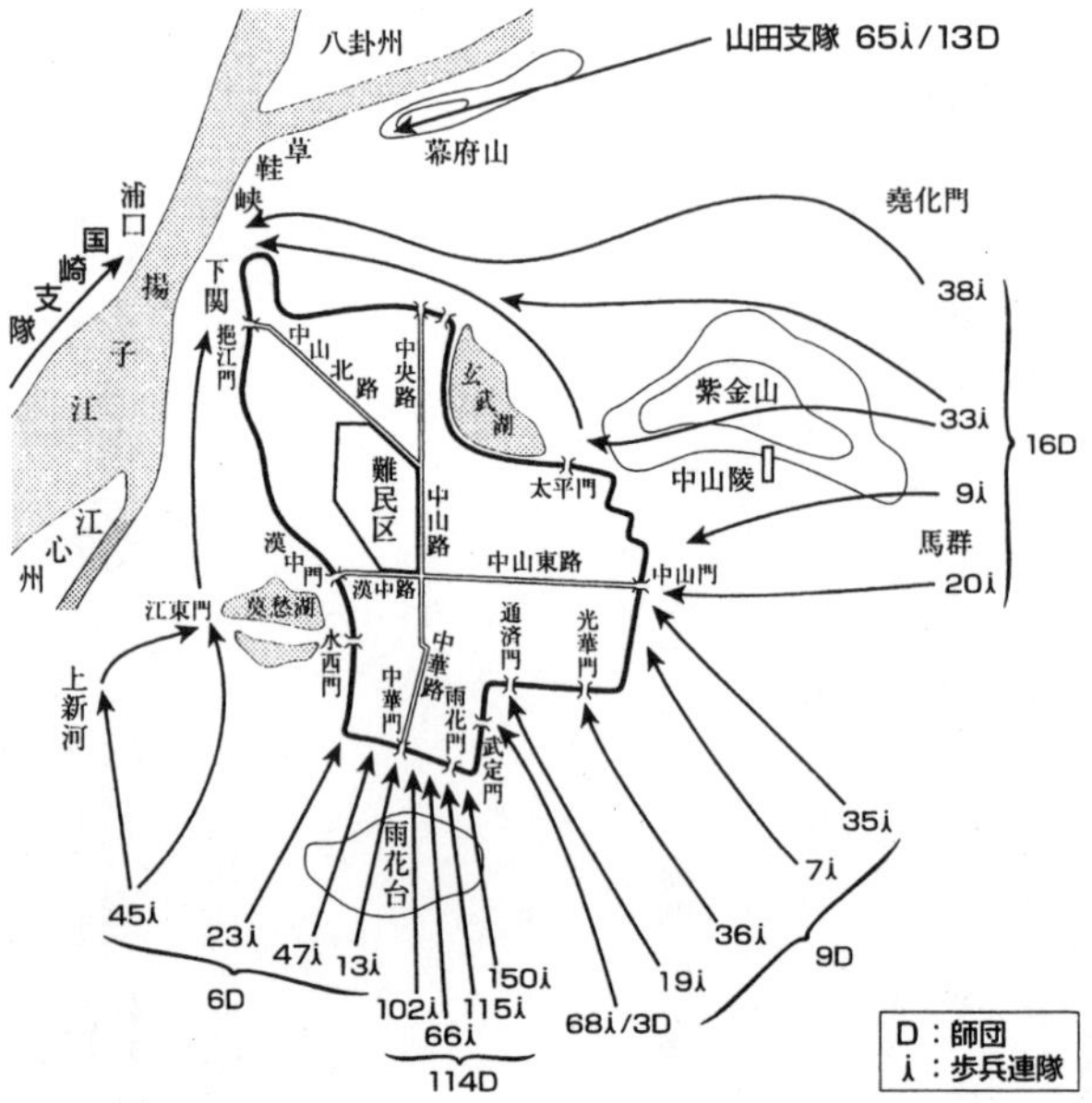

図1　南京攻略図

一　いわゆる「南京事件」の不法殺害

いわゆる「南京事件」とは、日本軍が南京を攻略した際、南京城内外の掃討戦およびその後の安全区における兵民分離工作の間に生起した不法殺害・掠奪・強姦などの総称であり、その中核をなすのは不法殺害である。不法殺害を虐殺という説もあるが、虐殺は「むごたらしく殺す」こと、「むごたらしい手段で殺す」ことを意味し、一般の戦闘手段として用いられる射撃（射殺）・白兵（刺殺）・砲爆撃（爆殺）という範囲を超えた残酷さを伴うものであるので、本論では不法殺害という語を用いる。日本軍の殺害中、末端部隊の兵士などによる虐殺に相当する行為が一部にあったが、後述するように「戦闘詳報」などには、ほとんどが捕虜・便衣兵の処断・処分・刺射殺・銃殺などと記されているが、これらはいずれも射殺・刺殺などによる集団不法殺害に相当する行為であったと判断するからである。略奪・強姦などは、末端部隊で発生していたが、本論では事件の中核をなす不法殺害について考察する。

なお、本論でいう南京事件の地理的範囲は、南京城内と城外周辺地域であり、期間は一九三七年十二月～翌年一月までである。

二　不法殺害の規模

東京裁判における松井大将の起訴状では、殺害された一般人と捕虜の数は、総計二〇万人以上となっていたが、判決では一〇万人以上とされた[5]。ところが南京裁判における谷寿夫中将の判決では、被害者総数三〇万人以上とされている[6]。

この三〇万人の殺害をめぐって「大虐殺派」と、これを否定する「まぼろし派」の間でイデオロギー性を帯びながら論争が展開され、さらに「中間派」も加わったが、その焦点は不法殺害（虐殺）の規模（数）であり、この規模に関する諸説は以下のとおりである。

①三〇万人大虐殺説　　中国側の公式数値。南京大虐殺記念館入口の表示数。

②一〇～二〇万人説（大虐殺派）　洞富雄・藤原彰・笠原十九司・吉田裕など（笠原は最近「史実派」と称している[7]）

③約四万人説　　秦郁彦

④一～二万人説　　板倉由明。偕行社『南京戦史』など。

⑤虐殺否定説（まぼろし派）　田中正明・阿羅健一・渡部昇一・東中野修道など

現在においては、多くの史料や関係者の証言などによって左右両派および中間派による研究も進み、その結果、大虐殺説は実証性と合理性に乏しく、虐殺否定説は合理性に乏しいことが判明してきた。

大虐殺説は、後で検証するように、当時の南京の人口や中国軍の兵力から考え、あり得ないことであり、またその根拠とされた埋葬記録などは、後述するように信憑性がないことが判明していることから、この説が成り立たず破綻していることは明確である。

虐殺否定説は、ある程度の捕虜の殺害は認めるが、それは戦闘の延長であり合法的であると解釈し、さらに当時の内外の新聞記者などが、虐殺の記事を書いていないし、国民政府や国民党も公式には虐殺を発表せず、ただ国民党の宣伝工作機関が、テインパーリーなどの外国人を使って宣伝したに過ぎないとして、不法殺害はなかったと主張している[8]が、後に述べるように、この説は当時の「陸戦ノ法規慣例ニ関スル規則」（ハーグ陸戦規則）を都合よく解釈し、また事件の存否を直接検証するのではなく、事件がいかに報道されたかという面から間接的に存否を論じているに過ぎなく、合理性に欠け説得力がない。

これまでの日本側の「戦闘詳報」や日記・回想録・証言などで立証できる千人以上の規模の集団殺害は、次のとおりである。

①第九師団歩兵第七聯隊が安全区掃討戦において摘出した敗残兵六、六七〇人の刺射殺。(9)

②第十六師団歩兵第三十三聯隊が太平門・下関・獅子山付近で捕らえた捕虜三、〇九六人の処断。(10)

③山田支隊（歩兵第六十五聯隊基幹）が幕府山付近で捕らえた捕虜数千人の刺射殺。(11)

④第十六師団歩兵第三十旅団（歩兵第三十三・第三十八聯隊）が南京西部地区警備中に捕らえた敗残兵数千人の処分。(12)

⑤第百十四師団歩兵第六十六聯隊第一大隊が雨花門外で捕らえた捕虜一、六五七人の刺殺。(13)

（上記の敗残兵には軍服の兵士と民服に着替えた兵士〔便衣兵〕がいた。）

「戦闘詳報」などの数値は水増しして書かれることもあるが、これ以外の小規模の殺害もある故、これらを総計すると、殺害された捕虜もしくは便衣兵の数は、二万人近くになると考えられる。他に、捕らえた捕虜は約一万五千人いたが、それぞれの部隊が収容して労務に就かせたり釈放したりしている。(14)

一般市民の殺害数については、信頼すべき史料・証言に欠け、金陵大学のスマイス教授によって、南京陥落後に調査された「南京地区における戦争被害」(15)という報告書から推測せざるを得ないのが現状である。この報告書の調査方法は、二人一組の調査員が市部では五〇戸に一戸、農村部（江寧県）では平均二〇六家族に一家族の割合で抽出して面接調査するという統計的手法によるものであり、蓋然性はあっても正確性に問題があるが、一般市民の被害状況に関する資料が他にないため、一応これよって推測してみる。

この「スマイス報告」によると、南京市部における兵士の暴行による死者二、四〇〇人、近郊の江寧県における被殺者九、一六〇人、合計一万一五六〇人が殺害されたとある。(16)さらに同報告書には南京市部で拉致された者四、二〇〇人とあるが、(17)この拉致された者の内何割かが殺害されたと推測すると、これらを合わせ総計一万数千人が南京周辺地区で殺害されたと推測される。しかしこの殺害された数の中には、中国軍の堅壁清野戦術や不法行為によって殺害された者、戦闘の巻き添えになった者、軍に徴集されて戦死した者などが相当数含まれているので、このうちの何割かが日本軍によって殺害されたものと推測される。しかしその数は、千人前後なのか数千人なのか分からないので、一応千人～数千人と推測しておく。

なお安全区委員長のラーベ、同委員（金陵大学教授）のベーツなどは、殺害者数を四～六万と見積もっているが、これは紅卍字会の埋葬数を基にしていると思われる。

以上のように、日本軍による捕虜・便衣兵および一般市民の殺害数は、総計すると二万人余と見積もられ、史料・証言などにより、そのほとんどが後述する捕虜などの不法殺害に相当すると判断される。

三　不法殺害（虐殺）の定義

不法殺害（虐殺）をどのように定義するかにより、大虐殺派と虐殺否定派は大きく意見が分かれる。大虐殺派は虐殺を極めて広範囲に捉らえ、虐殺否定派は極めて狭い範囲に限定して捉らえている。これら両者とも、自分らの主張する不法殺害規模に都合のよい定義をして、自分らの主張を正当化しようとするもので、説得力に乏しい。

大虐殺派の論者は、敵を包囲してその退路を断ち、組織的抵抗力のなくなった敗残兵を追撃したり砲撃などして撃滅するのは、虐殺に相当するとして、下関付近で中国軍を包囲撃滅したことや、揚子江を船・筏などに乗って逃げる中国兵を射殺したのは虐殺に当たると主張している。[18] 組織的抵抗力を失い逃げる兵士を射殺などするのは虐殺であるという論は、ハーグ陸戦規則の「第二三条ハ項」を根拠にして主張しているようであるが、この項は「兵器ヲ捨テ又ハ自衛ノ手段尽キテ降ヲ乞ヘル敵ヲ殺傷スルコト」を禁止しているのであって、降伏の意思表示もせずに逃げる敵兵は、この禁止事項には該当しないのである。敵を包囲撃滅することも、降伏の意思表示もせずに逃げる敵を追撃することも、世界各国共通の軍事常識であり、正当な戦闘行為である。したがってこの論は、虐殺数を多くするための詭弁であると言わざるを得ない。

虐殺否定派の論者は、捕虜や便衣兵を揚子江岸などに連行して射殺もしくは刺殺したのは、虐殺ではなく交戦の延長としての戦闘行為であり、また軍服を脱ぎ民服に着替えて安全区などに潜んでいた便衣兵は、ハーグ陸戦規則の第一条「交戦者の資格」規定に違反しており、捕虜となる資格がない故、殺害しても不法殺害にならないと主張している。[19]

しかし、戦場で捕えた捕虜や便衣兵を、武装解除して一旦自己の管理下に入れておきながら、その後揚子江岸などへ連行して射殺もしくは刺殺するのは、戦闘の延長としての戦闘行為であるとは言い難い。捕虜などが逃亡とか反乱を起こしたのであれば別であるが、管理下で平穏にしている捕虜などを、第一線の部隊が揚子江岸などへ連れ出して殺害するのは不法殺害に相当する。捕虜などを捕らえた第一線の部隊には、これを処断する権限はないのである。ハーグ陸戦規則第四条に「俘虜ハ敵ノ政府ノ権内ニ属シ、之ヲ捕ヘタル個人又ハ部隊ノ権内ニ属スルコトナシ」と明記されている。しかし当時の日本軍人の多くは、捕虜は捕らえた部隊の権内にあると思っていたようであり、陸軍における国際法教育が不備であったことを示している。

国際法違反者について、当時の国際法学者の立作太郎は「凡そ戦時重犯罪人は、軍事裁判所又は其他の交戦国の任意に定むる裁判所に於て審問すべきものである。然れども全然審問を行はずして処罰を為すことは、現時の国際慣習法規上禁ぜらるる所と認めねばならぬ。[20]」と述べているように、捕虜ならば、後述する、師団以上に設置された「軍法会議」の裁判、捕虜でないならば、軍以上に設置された「軍律会議」の審判に基づき処断すべきものである。特に捕虜は捕虜として保護すべきであるにもかかわらず、殺害したのは明らかに不法殺害に当たる。また、便衣兵は国際法違反者であるから処罰されるのは当然であるが、処罰即殺害ではない[21]。

軍法会議は早くから国際的に制度化されており、軍律会議も国際的に慣習化されていたので、日本も既に日清戦争の時からこれに類するものを設置していた。軍律会議は、軍の作戦地域などにおいて、軍司令官以上が作戦の遂行上交付した「軍律」に違反した日本人以外の人民を審判するため設置されたもので、軍律として「反逆行為・間諜行為・軍事行動妨害行為などを為す者は軍罰（死・監禁・追放など）に処す」と定められていた[22]。この軍律会議のような軍律法廷は、ハーグ陸戦規則の第三款に根拠を有するものである。

当時日本軍は、中支那方面軍、上海派遣軍、第十軍にそれぞれ軍律会議が設置されていた。したがって、便衣兵は捕虜の資格がないとするのであれば、それぞれ所管の軍律会議で審判し処断すべきであり、第一線部隊が自分の判断で処断すべきものではない。

しかし、軍法会議・軍律会議とも本来少人数の違反者を対象にしたもので、多数の捕虜集団や便衣兵の集団を裁判しあるいは審判することは能力的に不可能であった。予想もしない大量の捕虜・便衣兵が発生してこれに対応できなかった点は斟酌すべき面もあるが、だからといってこれが合法であったとは言い難い。

また、第一次世界大戦前後にドイツで唱えられた、軍事的必要（危機）の場合、国際法規慣例の遵守よりも軍事上の必要性が優先するという「戦数論」を援用して、大量の捕虜・便衣兵の殺害は危機回避のため正当であると主張する論もある[23]が、多くの国際法学者はこの「戦数論」に反対している。[24] 立作太郎もこれを認めることは、「戦時法規の自殺に外ならぬ」と言い、さらにこの論は「交戦法規全般の拘束力を微弱ならしむるものである。此説はドイツの一部の学者の唱道する所に止まり、国際慣習法上に於て認められたる所ではないのである」と論じている。[25] 南京占領時の日本軍は、当時の「戦闘詳報」・「陣中日誌」・将兵の日誌などを見る限り、捕虜や便衣兵を殺害しなければならないほど、危機に瀕してはいなかったのである。したがって、たとえ軍事的必要(危機)論が一部に認められていたとしても、この論は適用できないと言わざるを得ない。

四　南京の人口と中国軍兵力からの検証

南京の人口は、戦前は約一〇〇万人であったが、戦闘が近づくにつれて、避難する住民が増え、南京戦当時は大幅に減少して一五万〜三〇万人であったという諸説がある。安全区委員長のラーベは、約二〇万人と日記に記している。[26]

中国軍の南京防衛兵力については、五万人説、七万人説、一〇万人説および一五万人説があるが、中国軍は上海戦などで多大の損害を出すとともに、多数の逃亡者・戦線離脱者があり、さらに補充も不十分であったため、実際に南京の守備に就いたのは一〇万人以下であったと推定される。[27]

したがって、日本軍が南京を攻略する直前には、南京に軍民合わせて約三〇万人いたことになる。三〇万人の虐殺があったのであれば、南京には人がいなくなっているはずである。しかるに南京占領後の安全区に二〇万人以上いたのであるから、減少数は約一〇万人である。しかもこの減少した一〇万人には、戦死した兵士、戦闘の巻き添えで死亡した市民、中国軍によって殺害された兵士・市民、病死した兵士・市民、および逃亡した兵士、撤退した兵士、戦闘中に南京外に避難した市民などが含まれているので、日本軍によって殺害された者は、その一部であると推測される、三〇万人や二〇万人の殺害はもちろん、一〇万人の殺害すらあり得ないと言えるのである。

五　埋葬記録などの検証

南京裁判の判決で、基本的な証拠とされたのは「南京地方法院検察処敵人罪行調査報告」である。この調査報告は戦後、戦犯裁判のために南京地方法院検察処が、急遽埋葬団体や住民の証言などを集め作成したもので、調査の結論として、確定した被殺者は三〇万人に達し、未だ確証を得ない者も二〇万人を下らないとし、集団屠殺の証拠として、次のような数値を列挙している。[28]

①新河地域(埋葬者　盛世徴・昌開運の証言)　八七三人

②兵工廠及南門外花神廟一帯（埋葬者　芮芳縁・張鴻儒の証言）
七〇〇〇余人
③草鞋峡（被害者　魯甦の証言）
五万七四一人
④漢中門（被害者　伍長徳・陳永清の証言）
二〇〇〇余人
⑤霊谷寺（漢奸　高冠吾の碑文）
三〇〇〇余人
⑥その他崇善堂及紅卍字会の手により埋葬せる屍体合計
一五万五三〇〇余人
合計二七万九五八六人

中国はこの南京裁判の被殺者三〇万人という数値を、中国の公式の推定値として一九八五年に開館した侵華日軍南京大屠殺遇難同胞記念館の正面壁面に「遇難者三〇〇〇〇〇」と書き込んだのである。以後、中国側の南京事件に関する研究は、この枠内の研究に止まっている。[29]

以下、この集団屠殺の代表的（大量殺害）証拠とされた紅卍字会および崇善堂の埋葬記録と、魯甦の草鞋峡での虐殺見分証言について検証してみる。

（一）　紅卍字会の埋葬記録

紅卍字会の埋葬記録である「世界紅卍字会南京分会救援隊埋葬班死体統計表」[30]によると、城内で一、七九三体、城外で四万一三三〇体、合計四万三一二三体を埋葬したとある。

紅卍字会が死体の埋葬作業を実施したことは、日本側の「南京特務機関報告」などにもその活動が書かれているので間違いないことである。この特務機関報告には、埋葬作業は一月十五日に始まり三月十五日現在で、城内一、七九三体、城外二万九九九八体、合計三万一七九一体を下関地区および上新河地区の指定地区に埋葬したとあること[31]から判断して、紅卍字会の埋葬記録は特務機関報告に近い数値を示している。

また、金陵女子文理学院のアメリカ人教師ボートリンが、紅卍字会本部からもらったデータによると、一月中旬頃から四月十四日までに、城内で一、七九三体、城外で三万九五八九体埋葬したとある。[32]さらに、紅卍字会南京分会が補助金請求のために政府行政院に提出した書簡によると、埋葬した死体は四万体であると[33]記し、「南京救済国際委員会報告書」も、遺体四万体以上を処理したとある。[34]

これらから判断すると、紅卍字会の埋葬記録は、総体的に見て信頼性があると考えられる。しかし、十二月の七、二四七体の埋葬は疑問である。

このような埋葬作業をした紅卍字会の作業能力については、『日軍侵華暴行～南京大虐殺』には、当初作業員は二〇〇人であったが後に六〇〇余人になったとあり、[35]「南京特務機関報告」には、二月は隊員約六百名、三月現在ではトラック五～六両、人夫二～三〇〇名と記されている。[36]ドイツ大使館書記官ローゼンの三月四日の報告では、紅卍字会は毎日五〇〇～六〇〇体を共同墓地に埋葬しているとある。[37] 安全区委員長のラーベは、紅卍字会は一日二〇〇体以上の処理は無理であったと述べている。[38] これらから判断すると、ローゼンの言う一日五〇〇～六〇〇体が最大の作業能力であったとするのが妥当と考えられる。

ところが、十二月二十八日には四、六八五体、二月九日には四、六八五体、二月二十一日には六、四六八体、二月九日には五、七〇五体処理したことになっており、これは作業能力の約一〇倍を処理していることで、はなはだ疑問である。補助金を多く得るために水増しした可能性がある。

(二) 崇善堂の埋葬記録

崇善堂の埋葬記録である「崇善堂埋葬隊埋葬死体数統計表」[39]によると、十二月二十六日から四月八日の間に城内で七、五四九体、四月九日から五月一日の間に城外で一〇万四七一八体、合計一一万二二六七体を埋葬したとある。この数だと、紅卍字会の三倍以上の作業をしたことになる。

ところが崇善堂については、安全区委員長の「ラーベ日記」にも、埋葬作業を監督した特務機関の報告にも記録されていないのである。紅卍字会の三倍もの埋葬作業をしたのが事実ならば、当然活動が記録されているはずである。記録されていないのは、崇善堂が独立して埋葬作業をしたのではなく、紅卍字会の下請け作業をしたと考えられる。

事実、崇善堂の規模について、『侵華日軍南京大屠殺史稿』には、埋葬隊は第一～第四隊で各隊に主任一人、隊員一人、人夫一〇人とあり、[40] 結局崇善堂の埋葬隊は、埋葬隊長と主任以下一二人の隊が四隊の合計四九人であった。また、「南京市崇善堂埋葬隊活動一覧表付属文書」には、埋葬隊四隊、各隊に主任、隊員一〇名とある。[41] これらから、崇善堂の埋葬隊は、紅卍字会の一〇分の一程度の人数からなる小さなものであったと言える。

ところが、崇善堂は前述したように紅卍字会の埋葬数をはるかに上回る一一万体以上も埋葬しており、しかも城外で一〇万体以上の埋葬をわずか二三日間で実施しているということは、一日に約五、〇〇〇体処理したことになる。紅卍字会が多い時には六〇〇人余の作業人員で一日最大五〇〇～六〇〇体埋葬していることに比べ、崇善堂はその一〇分の一以下の約五〇人の作業人員で、紅卍字会の一〇倍以上の数を埋葬している。これは崇善堂の作業員が紅卍字会の作業員の一〇〇倍以上の作業をしていることになり、人間の能力上あり得ないことである。

また、中山門から馬群の間で三万体以上、通済門から方山の間で二万五〇〇〇体以上を処理したとあるが、両方面での中国軍の兵力は、せいぜい二万以下であり、戦死者数も約七、六〇〇人と推定され[42]、さらに付近一帯は中国軍の焦土作戦で焼き払われ、住民は避難してほとんどいない状況であった[43]。また、この方面で作戦した日本軍各師団が報告した遺棄死体数は、第十六師団が約二、〇〇〇、第九師団が四、五〇〇、第百十四師団が五、八〇〇、集成騎兵が七〇〇、合計一万三〇〇〇体であった[44]。したがって、この方面で五万体以上の死体が存在することはあり得ないことである。南京特務機関員として死体の埋葬作業を監督していた丸山進は、死体の埋葬作業を実施するに際し城内外を巡視したが、中山門および通済門外など市の東部地区には遺棄死体は少なく、また埋葬作業は三月でほとんど終わったと証言している[45]。

丸山進が、埋葬作業は三月でほとんど終わったと証言しているように、紅卍字会の埋葬記録を見ると確かに九割方終わっている。にもかかわらず、崇善堂は四月九日から五月一日の間に城外で一〇万四七一八体埋葬したというのは、全く不可解である。

また、埋葬作業監督者の丸山進は、埋葬作業は一括して紅卍字会に委託したので、崇善堂などの弱小団体は紅卍字会の下請けをしたと考えられ、その作業量は一括して紅卍字会の作業量に組み込まれていると証言している[46]。

以上の点から、崇善堂の埋葬記録は、殺害数を増やすための戦犯裁判用の資料として捏造されたものと考えられ、全く信憑性がないと判定せざるを得ない。

（三）魯甦の虐殺見分証言

魯甦は、兵士と難民（男女老幼）五万七四一八人が捕らえられ幕府山付近の四、五カ所の村に閉じ込められ、十二月十六日の夜、草鞋峡に連行されて機銃・銃剣で虐殺されるのを、上元門の大茅洞に隠れて、その惨状を目前で見たと証言しているが[47]、彼が見たという十二月十六日夜の草鞋峡での殺害は、山田支隊の歩兵第六十五聯隊が幕府山で捕らえた捕虜の約半数を、魚雷営で殺害したものに相当する。十七日夜とすると同連隊が、残りの捕虜を幕府山の北側で殺害したものに相当する。いずれにせよ、その数は両日合わせて数千人である[48]。同連隊のほかに、草鞋峡で大量殺害したという記録や証言は見当たらない。

また彼は、洞に隠れて、しかも夜間に遥か前方で五万人もの大人数が殺害されるのをどのようにして確認できたのであろうか。目の前の一〇〇人を数えるのも大変であるのに、夜間に一人で五万人もの人数を数えることは不可能なことである。また、五万人もの人数を一カ所に集め、数丁の機関銃と銃剣で一夜のうちに殺害することはまず不可能なことである。魯が見たとすれば、前述した歩兵第六十五連隊の数千人の殺害であろう。したがってこの証言も信憑性がないことは明らかである。

以上のように、南京裁判の代表的証拠である崇善堂の埋葬記録と魯甦の証言は信憑性がなく、紅卍字会の埋葬記録は総体的に信頼できるが、この死体埋葬数の中には、日本軍に殺害された者の外に、戦闘で戦死した兵士、中国軍に殺害された兵士と市民、戦闘に巻き込まれて死亡した市民、病死した市民などが含まれていることを考慮する必要がある。

以上検証したように、二〇万とか三〇万人虐殺説の中心的根拠史料である埋葬記録と証言に信憑性がないことが判明し、この説は成り立たないことになる。前述の南京の人口と兵力からの検証結果と合わせると、二〇万とか三〇万人虐殺説は、完全に破綻していると言えるのである。

六　南京事件発生の要因

南京を攻略占領中に、日本軍による南京城内外での不法殺害が、約二万人余あったと考えられることは前述したとおりであるが、このような事件が発生した要因として、日本側および中国側について考えてみる。

（一）日本側の要因

①　日本軍の捕虜対策の不明確

日本軍は、支那事変を「戦争」ではなく「事変」であるという理由で、捕虜の取扱いについて明確な命令・指示を出さなかった。支那事変とはいえ、実質的には戦争であったが、両国とも宣戦布告をして国際法上の戦争とすると、中立法規が適用され、第三国から戦いに必要な軍需物資を輸入できなくなるので事変として戦った。

日本軍は、事変直後の七月二十一日、参謀本部が「対支那軍戦闘ノ参考」[49]を作成配布し、その中の最後の第八で「捕虜ノ取扱」について次のように示している。

・「捕虜ハ其場ニ武器ヲ放棄セシメタル後、之ヲ監視容易ナル地（捕虜ノ種類及兵数ニ依リ地域並其数ヲ決定ス）ニ逐込ミ且要スレハ之ヲ数人毎ニ連縛スルヲ可トス」

・「捕虜ハ他国人ニ対スル如ク、必スシモ之ヲ後送監禁シテ戦局ヲ待ツヲ要セス、特別ノ場合ノ外、現地又ハ他地ニ移シ適宜処置或ハ釈放スルヲ可トスルコト多シ」

このように支那軍捕虜は他国の捕虜のように収容することなく、適宜処置するか釈放することを示し、国際法規に基づき戦争終結まで収容保護することを示していない。この考えは、昭和八年一月に陸軍歩兵学校から参考として配布された「対支那軍戦闘法ノ研究」[50]（教官永見俊徳大佐の研究）の考えを踏襲するものであり、その考えを最も端的に表している「支那人ハ戸籍法完全ナラサルノミナラス、特ニ兵員ハ浮浪者多ク、其存在ヲ確認セラレアルモノ少キヲ以テ、仮ニ之ヲ殺害又ハ他ノ地方ニ放ツモ世間的ニ問題トナルコト無シ」という項を削除して、参謀本部から配布されたが、背景には削除された支那軍軽視感が潜んでいた。

続いて八月五日、陸軍次官通牒で「交戦法規ノ適用ニ関スル件」[51]を出しているが、この中に捕虜の取扱いについての具体的な指示はない。現地軍の上海派遣軍・中支那方面軍なども具体的指示をしていない。たとえ事変としても、戦えば投降者が出るのは当然であるにもかかわらず、この投降者をいかに扱うか明確な方針を示さず第一線部隊に任せてしまった。このため第一線では、前述した「適宜処置あるいは釈放」をした。したがって部隊により捕虜の取扱いが異なり、捕えた捕虜などを解放した部隊、収容して労務に就かせた部隊、処置に困って殺害した部隊など、まちまちであり、軍として統一的・組織的に不法殺害をしたのではなかった。[52]

また、松井大将の軍司令官当時の「陣中日記」[53]を見ても、捕虜に関する記述がほとんどない。現地の最高指揮官として、たとえ捕虜でなくても投降者をどう扱うかについて示すべきであるが、日記を見る限り、ほとんど関心がなかったようである。上海戦中の十月七日に「今度ノ決戦ニ際スル鹵虜ノ収容ニ付、近海ノ孤島ニ之ヲ一時的収容スルコト可能ナリヤ海軍ニ於テ研究方依頼シ置ケリ」とあり、翌八日に、収穫を待つ稲田が放置されているので、「今後入手スベキ鹵虜及帰来スル農民ヲ指導シテ軍自ラ之ヲカ穀物ヲ収穫スルノ案」を研究するよう経理部長に命じたとあるように、捕虜の取扱いについて記されているのは、この二カ所だけである。南京攻略戦に向かう十一月二十日に、「捕虜ノ数ハ未タ審カナラサルモ一万ヲ下ラサルベシ」、南京占領時の十二月十四、十五日に「敗残兵ノ各所ニ彷徨スルモノ数万ニ達ストノ事ナルモ未詳」、十二月十六日に「捕虜ノ数既ニ万ヲ超ユ」と、万を超す捕虜・敗残兵のことを知りながら、その処置について一言もないのである。

また、飯沼守上海派遣軍参謀長の当時の日記[54]にも、十月九日に「俘虜ヲ作ル如クス、敵動揺ノ兆アルニ乗シ来ル者ハ俘虜トスヘシ」とあり、十二月十五日に、山田支隊の捕虜を「取リ敢ヘス16Dニ接収セシム」、二十一日に、山田支隊の捕虜について「上海ニ送リテ労役ニ就カシムル為榊原参謀連絡」に派遣したとあるように、その場その場の指示で、明確な統一方針は示していないのである。捕虜収容所も軍として正式に設置せず、臨時の一時的な仮収容所を設けていたに過ぎないのである。

このように、陸軍中央も現地の最高指揮官・参謀長も、捕虜（投降者）の取扱いについて明確な対策を採っていなかったことが、不法殺害発生の大きな要因となった。

② 日本人の、捕虜および中国人に対する蔑視感

日本人は捕虜になることを恥とし、同じ日本人でも捕虜になった者を軽蔑した。また、日清・日露戦争において多くの兵士が大陸に渡り、民度の低い生活ぶりを見聞し、その体験談が全国的に広まり中国人に対する蔑視感が醸成された[55]。支那事変当時、多くの将兵はこの蔑視感を抱いて戦場に臨んだ。このような捕虜および中国人に対する蔑視感は、中国人捕虜などの殺害に対して、心理的抵抗感や理性を麻痺させてしまい、事件を生起させることになった。

支那事変の前年、同盟通信社の記者松本重治は関東軍参謀田中隆吉と面談した時、田中参謀は「君と僕とは中国人をみる観方が根本的に違う。君は中国人を人間として扱っているようだが、僕は中国人を豚だと思っている。なんでもやっちまえばいいんだ。」と言ったという[56]。一部ではあっても、このような乱暴な強がりの将校がいたことも事実であり、威勢のいい乱暴者が、部隊をリードし、事件を起こさせることになったのも事実である。

（二） 中国側の要因

① 中国軍の指揮統制力放棄と民衆保護対策の欠如

蔣介石をはじめ政府・市の要人は、南京攻略が迫ると次々に南京を脱出し、南京防衛司令官の唐生智や市長・警察署長など市民を保護する責任のある者までも、保護処置をすることなく十二月十二日までの間に南京を脱出したため、残された軍人も市民も烏合の衆となり、悲劇を生む要因になった。

安全区委員長のラーベは、蔣介石と会談したドイツ大使館書記官ローゼンの会談結果の報告を十一月二十八日の日記[57]に記している。すなわち、最悪の事態にどうするかとの質問に対し、蔣介石と唐生智は「その時は日本人がすればよい」と答えたと言い、これについてラーベは「言いかえれば、役人はだれひとりここに残らないということだ。何十万もの国民のために、だれも身をささげないとは。さすが、賢明なお考えだ。」と皮肉たっぷりに記している。また、十二月六日には「数十万国民の命なんてどうでもいいんだ。そうか。貧乏人は死ぬよりほか何の役にも立たないというわけか。」と、中国軍・政府首脳などの無責任さを批判している[58]。

南京陥落時の惨状を『ニューヨーク・タイムズ』は次のように報じている。[59]「より直接に責任を負う者は、唐生智将軍とその麾下の師団指揮官らであって、彼らは部隊を見捨てて逃亡し、日本軍の先頭部隊の入城に続いて生じた絶望的な状況に対して最善の努力をつくそうとさえしなかった。(中略)指揮官の多くが逃亡してしまい、部隊に大混乱をひきおこした。(中略)将校たちは状況に対処することもしなかった。部下は銃を捨て、軍服を脱ぎ便衣を身につけた。(中略)一般市民の衣服をはぎとっている兵士もいた。」と。

② 南京の地形と中国軍の戦術

南京はその西側と北側が揚子江に面し、東側・南側から攻撃された場合に揚子江によって退路が塞がれるという地形で、攻撃する側にとって包囲戦に適した地形であった。したがって南京で徹底抗戦するという背水の陣は、攻者を撃破するか全滅するしかない。中国軍は徹底抗戦戦術を採りながら、現地の最高指揮官以下が無責任にも脱出してしまい、多大の犠牲者を出す結果を招いた。他の戦場では適当に抵抗して離脱・後退することを常とした中国軍が、南京では背水の陣で逃げられず、さらに南京の周囲は城壁に囲まれその城門は塞がれてしまい、城内の兵士も住民も逃げ道がなくなり、烏合の衆となって日本軍に撃滅されたり、捕まったり、あるいは散り散りになって安全区に逃げ込んだ。このため日本軍は、他の戦場では発生することもなかった予想もしない大量の捕虜や便衣兵に直面し、その処置に困惑し、止むなく殺害する部隊もあったのである。

『ニューヨーク・タイムズ』も「南京占領は中国軍の蒙った大敗北であり、近代戦争の歴史においても最も悲劇的な軍事的壊滅であった。中国軍は南京を防衛しようと企図して自ら包囲におちいり、ついで組織的に虐殺されるにいたった。(中略)ドイツ軍事顧問団の一致した勧告と軍事委員会副参謀長白崇禧将軍の意見にそむいて、あの徒労に終った南京市の防衛に許可を与えたこのことについては、その責任の大半は蒋介石総統にある。」と南京防衛戦について批判している。[60]

もし中国軍が、徹底抗戦戦術を採らず日本軍の勧告を受け容れて、部隊として統制のとれた状態で降伏していたならば、あるいは揚子江や城壁によって退路が塞がれていなければ、いわゆる南京事件は発生しなかったであろう。

おわりに

以上のように、本論では日本軍による不法殺害が約二万人余あったこと、大逆殺説も虐殺否定説も実証性と合理性に欠け、論として破綻していること、南京事件の要因は日本側だけにあるのではなく中国側にもあることを論じたものである。

今後とも、イデオロギー・感情・願望などに捉われない、冷静・客観的かつ実証的な研究が進められることを期待したいものである。

註

(1) 洞富雄編『日中戦争南京大残虐事件資料集　第1巻　極東国際軍事裁判関係史料集』(青木書店、一九八五年) 三九五—九九頁 (以下『日中戦争南京大残虐事件資料集』と略記)。南京事件調査研究会編訳『南京事件資料集　2　中国関係資料編』(青木書店、一九九二年) 二九七—三〇六頁、三六一—六四頁 (以下『南京事件資料集』と略記)。

(2) 防衛庁防衛研修所戦史室『戦史叢書86　支那事変陸軍作戦 (1)』(朝雲新聞社、一九七五年)。

(3) 南京戦史編集委員会編『南京戦史』(偕行社、一九八九年) 一四〇—四一頁 (以下『南京戦史』と略記)。

(4) 『南京事件資料集　1　アメリカ関係資料編』一二八—二九頁。

(5) 『日中戦争南京大残虐事件資料集』第1巻、三九五—九九頁。

(6) 『南京事件資料集　2』二九七—九八頁。

(7) 笠原十九司「南京事件七〇年の日本と世界」(『歴史学研究』第八三五号、二〇〇七年十二月) および同『南京事件論争史』(〈平凡社新書〉、平凡社、二〇〇七年) の中で「史実派」と称している。しかし、史実派というのが適切な呼称であるかどうか極めて疑問がある。本論で論じるように、実証性と合理性に欠けた論を、史実派などと言えるだろうか。

(8) 東中野修道『「南京虐殺」の徹底検証』(展転社、一九九八年) など東中野の著作。

(9) 歩兵第七聯隊「歩兵第七聯隊戦闘詳報」第七号 (防衛省防衛研究所蔵)。「伊佐一男日記」(防衛省防衛研究所蔵)。「井家又一日記」(南京戦史編集委員会編『南京戦史資料集』偕行社、一九八九年。以下『南京戦史資料集』と略記)。水谷荘「戦塵」(防衛省防衛研究所蔵)。

(10) 歩兵第三十三聯隊「歩兵第三十三聯隊南京付近戦闘詳報」(防衛省防衛研究所蔵)。島田勝己『歩兵第三十三聯隊史』(同刊行会、一九七二年)。小林正雄編『魁　郷土人物戦記』(伊勢新聞社、一九八四年)。

(11) 「山田栴二日記」(南京戦史編集委員会編『南京戦史資料集』Ⅱ、偕行社、一九九三年)。「両角業作日記」(同上)。「大寺隆日記」(同上)。阿部輝郎『南京の氷雨——虐殺の構造を追って——』(教育書籍、一九八九年)。小野賢二・藤原彰・本多勝一編『南京大虐殺を記録した皇軍兵士たち——第十三師団山田支隊兵士の陣中日記』(大月書店、一九九六年)。

(12) 「佐々木到一少将手記」(防衛省防衛研究所蔵)。

(13) 「歩兵第六十六聯隊第一大隊戦闘詳報」(防衛省防衛研究所蔵)。手塚清『聖戦の思い出』(私家版、一九六九年)。

(14) 『南京戦史』三四二—四三頁。

(15) ルイス・スミス「南京地区における戦争被害」(洞富雄編『日中戦争南京大残虐事件資料集　第2巻　英文資料

編』青木書店、一九八五年)。
(16) 同右、第4表、第25表。
(17) 同右、第4表。
(18) 吉田裕「南京事件と国際法」(吉田裕『現代歴史学と南京事件』青木書店、一九九七年)。
(19) 東中野『「南京虐殺」の徹底検証』一六一頁、一九三一九六頁。
(20) 立作太郎『戦時国際法論』(日本評論社、一九三八年)四九頁。
(21) 日本軍の設置した軍律会議の軍罰には、死・監禁・追放・過料・没取などがあった〔「中支那方面軍軍法会議陣中日誌」(高橋正衛編『続現代史資料6　軍事警察』(みすず書房、一九八二年)〕。
(22) 同右。
(23) 佐藤和男「南京事件と戦時国際法」(『正論』二〇〇一年三月号、産経新聞社)。
(24) 藤田久一『国際人道法』(世界思想社、一九八〇年)六八一六九頁。
(25) 立『戦時国際法論』三一一三二頁。
(26) ジョン・ラーベ『南京の真実』平野卿子訳(講談社、一九九七年)九四頁。
(27) 「飯沼守日記」十二月十七日(『南京戦史資料集』二一七頁)。『南京戦史』六〇頁。『ニューヨーク・タイムズ』一九三八年一月九日(『日中戦争南京大残虐事件資料集』第1巻)四三一頁。
(28) 「南京地方法院検察処敵人罪行調査報告」(『日中戦争南京大残虐事件資料集』第1巻、一四五頁)。
(29) 二〇〇七年一月末、中国から来日した南京師範大学教授張連紅と上海社会科学院歴史研究所研究員程兆奇は、公開講演で「虐殺者三十万は政治的数字である」と述べ、三十万にこだわらない柔軟性を示したことは画期的なことである(『産経新聞』二〇〇七年二月一日号)。
(30) 『日中戦争南京大残虐事件資料集』第1巻、三七八一八〇頁。
(31) 南京国務機関「南京班第二回報告」・「南京班第三回報告」(井上久士編『十五年戦争極秘資料集』第十三集　華中宣撫工作資料、不二出版、一九八九年)。
(32) ミニー・ボートリン『南京事件の日々』岡田良之助・伊原陽子訳(大月書店、一九九九年)二四〇頁。
(33) 『南京事件資料集　2　中国関係資料編』二七四頁。
(34) 東中野『「南京虐殺」の徹底検証』三一二一一三頁。
(35) 高興祖『日軍侵華暴行　南京大虐殺』(上海:上海人民出版社、一九八五年)五五頁。
(36) 南京特務機関「南京班第二回報告」・「南京班第三回報告」。
(37) 石田勇治編訳『ドイツ外交官の見た南京事件』(大月書店、二〇〇一年)二一八一一九頁。
(38) ラーベ『南京の真実』三一七頁。
(39) 『日中戦争南京大残虐事件資料集』第1巻、三七六一七八頁。
(40) 南京大屠殺史料編集委員会編『侵華日軍南京大屠殺史稿』(江蘇古籍出版社、一九八七年)一一六一一七頁。
(41) 『南京事件資料集　2　中国関係資料編』二七七頁。
(42) 『南京戦史』三五一一五三頁。
(43) 『ニューヨーク・タイムズ』一九三七年十二月八日、十二月九日、一九三八年一月九日（『南京事件資料集　1　アメリカ関係資料編』）三九〇頁、三九四頁、四三一頁。ボートリン『南京事件の日々』三三頁、三六頁。

(44)『南京戦史』二九九頁。

(45)南京特務機関（満鉄社員）丸山進氏の回想（東中野修道編著『南京「虐殺」研究の最前線』平成十四年版（展転社、二〇〇二年）二二二―二二三頁、二二七頁）。

(46)同右、二二三―二四頁。

(47)『日中戦争南京大残虐事件資料集』第1巻、一四一頁。

(48)阿部『南京の氷雨――虐殺の構造を追って――』および小野ほか編『南京大虐殺を記録した皇軍兵士たち』によると、十二月十六日と十七日の二回に分けて殺害されている。

(49)参謀本部「対支那軍戦闘ノ参考」昭和十二年七月二十一日（防衛省防衛研究所蔵）第八捕虜ノ取扱、其一武装解除ニ関スル注意、其二捕虜ノ処置。

(50)陸軍歩兵学校「対支那軍戦闘法ノ研究」昭和八年一月（防衛省防衛研究所蔵）乙捕虜ノ処置。

(51)「交戦法規ノ適用ニ関スル件」昭和十二年八月五日（陸軍省「支受大日記（密）」昭和十三年（防衛省防衛研究所蔵））。

(52)『南京戦史』三四二―四五頁

(53)「松井石根大将陣中日記」（『南京戦史資料集』Ⅱ）。

(54)「飯沼守日記」（『南京戦史資料集』）。

(55)「日露戦争の影響――戦争の矮小化と中国人蔑視感――」（『軍事史学』第三十六巻第三・第四合併号、二〇〇一年三月）。

(56)松本重治『上海時代』中（〈中公新書〉、中央公論社、一九七四年）二〇八―九頁。

(57)ラーベ『南京の真実』六七頁。

(58)同右、八六頁。

(59)『ニューヨーク・タイムズ』一九三七年十二月十八日（『南京事件資料集　1　アメリカ関係資料編』）四一九―二〇頁。

(60)同右、四一九頁。

（軍事史学会副会長）

第二篇　長期戦の諸相

――経済と法――

日本の対中経済封鎖とその効果（一九三七〜四一）

――日本海軍の海上封鎖作戦を中心に――

荒川憲一

はじめに

一九三七年から一九四一年まで行われた日本の対中経済封鎖には次のような特徴があった。まず、この経済封鎖は海上封鎖を主体にして行われたが平時封鎖であり、基本的に第三国船には封鎖の効果が及ばなかった。第三国との紛争を起こさないようにという配慮で行われたのである。この封鎖作戦の対中軍事作戦における当初の位置は、華北における日中間の軍事衝突が華中、華南へと拡大した場合、沿岸局地の地上戦を日本軍に有利なものにするという補助的なものであった。つまり平時封鎖でもありその目的・目標は限定的なものと考えられていたのである。ところが作戦が進展し、日中間の戦線が拡大していくにつれ、この作戦の目的は中国の抗戦力の減殺とりわけ援蔣ルートの遮断という海軍力だけでは達成できない目標に肥大していった。この目的の肥大化が第二の特徴である。その関連で、この目的を達成する封鎖作戦には陸軍力が必要であり、むしろ陸軍が後半の封鎖戦の主体になったことが三番目の特徴になる。

日本のこの対中経済封鎖（とりわけ海上封鎖）について、このテーマで明示的に書かれた先行研究は管見の限り見当たらない[1]。本稿はこれまでの陸海軍の日中戦争史ならびに関連の研究成果を基に若干の一次資料を援用し経済封鎖とその効果という視角から関連研究を再構成したものである[2]。

日本のこの海上封鎖作戦は以下の意味において不完全なものになった。ひとつは封鎖対象であった大陸には華北から華中そして華南と陸軍の軍事攻勢によって確保された占領地があったことである。占領地は沿岸部の都市を基点とした点と線で構成されていたが、この占領地を外部から遮断することはできなかった。つまり封鎖対象に枯渇させせね

対中経済封鎖関連地図

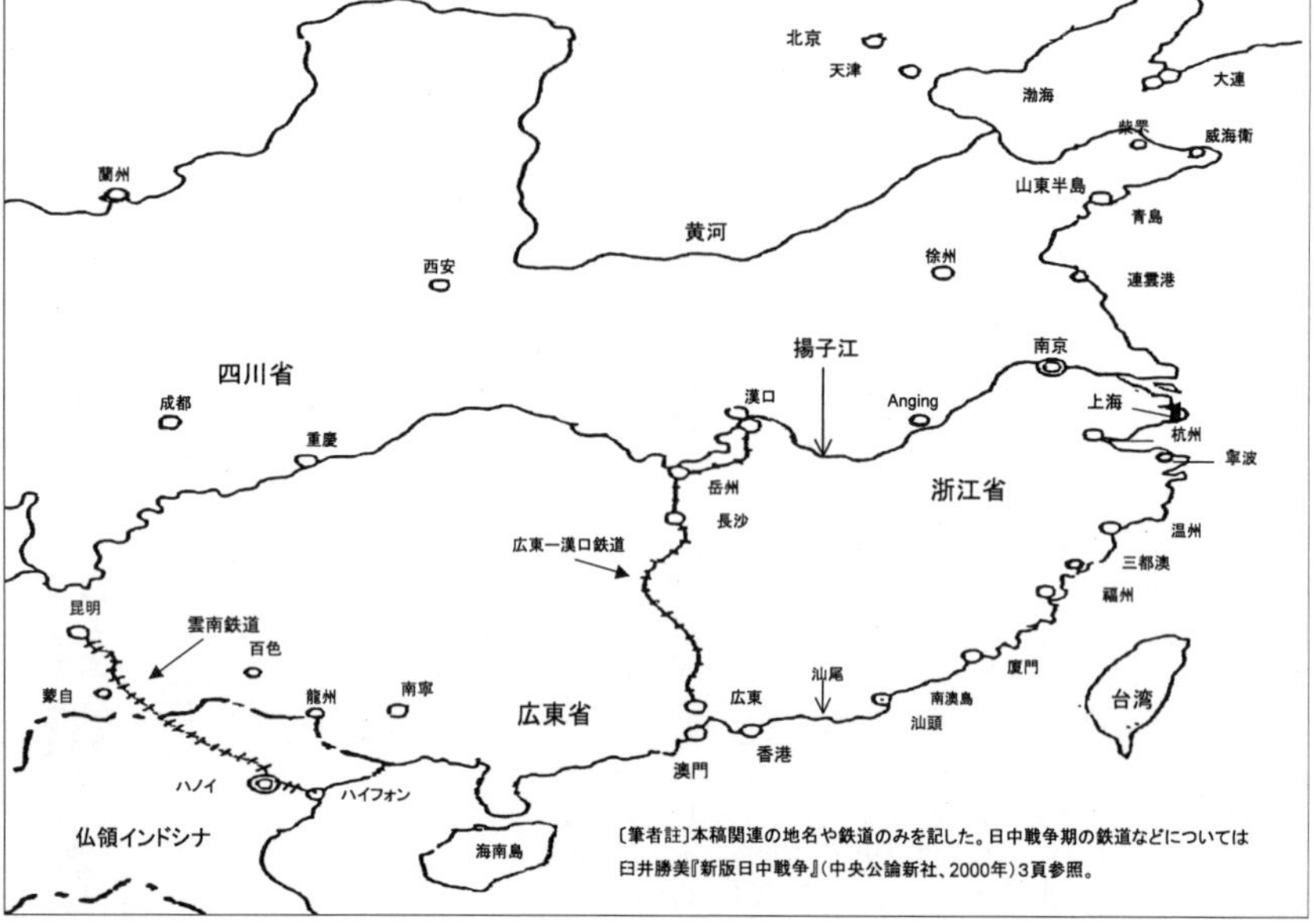

〔筆者註〕本稿関連の地名や鉄道のみを記した。日中戦争期の鉄道などについては臼井勝美『新版日中戦争』（中央公論新社、2000年）3頁参照。

ばならない領域と生かさねばならない領域（占領地）とを抱えていたことである。もうひとつの封鎖が不完全なものになった原因は、外部から封鎖区域に入っていく船には日本軍の封鎖の効果を強制的に及ぼすことのできない第三国船があったことである。これらの船が中国の港に入っていく場合、日本海軍ができるのは臨検のみで、兵員や軍需品を積載していない限り、出入を封ずることはできなかった。このため第三国船で日本軍管理下の港湾に入り日本軍占領地域を通って非占領地（中国側地区）に物資が流れ込むケースも多かった(3)。

三つ目の封鎖が不完全なものだった要因は、これが最大のものだが、中国の地政的位置から北側と西側と南側からの地上ルートは海上からでは遮断できないことである。これらのルートを封ずるためには、中国に北、西、南に接する第三国との交渉が必要であり、力づくで遮断しようとすれば際限のない空軍力や陸軍力を必要とし関係諸国と紛争に至るのは必定であり、それを実現するのは容易ではなかった。

一九三七年七月七日の盧溝橋事件以来、海軍首脳は事変不拡大を唱えていた。陸軍内でも拡大派（積極派）と不拡大派に分かれた。結局、国民政府軍の大部隊北上の情報もあり、居留民保護や現地部隊保護の目的で内地三個師団動員が決定した。これが内外にアナウンスされると、蔣介石側を刺激し、相互不信のエスカレーションとなって現地での解決交渉を停滞させ、逆に新たな武力衝突を生んだ。海軍は紛争が全中国に拡大する場合に備えてはいたが、あくまでも紛争が華北に限定されることを要望した。それを無効にしたのが八月九日に上海で発生した日本海軍将兵殺害事件（大山事件）である。この事件は海軍内部の強硬論を決定的にした。[4] 八月十二日に軍令部総長より第三艦隊司令長官に「上海居留民保護に必要なる地域を確保するとともに機を失せず敵航空兵力を撃滅すべし」との指示が発電された。八月十三日閣議で、陸軍の上海への派兵が正式に決定した。八月十四日午前十時頃中国空軍十数機が、上海にある第三艦隊の旗艦「出雲」以下の艦船及び陸上の要点を二回にわたり爆撃した。この爆撃に対し日本海軍は同日午後、中国膺懲のため本格的な作戦を開始することを決し「海軍は必要かつ有効なあらゆる手段をとる旨」[5]の声明を発表し、その不拡大方針を放棄した。

こうして海軍は対中全面戦争に突入していったが、海軍が武力行使する目的は明確なものと曖昧なものが混じっていた。居留民の保護はこれを保護した段階で、それ以上の武力行使は必要はない。しかしもうひとつの「中国を膺懲する」や「国民政府の反省を促す」という目的は、それが達成できたかどうかは相手（国民政府）の態度にあり、その達成指標は漠としたものであった。懸念されたとおり海軍は航空戦力を主体に国民政府軍に打撃を与え続けるが、国民政府側には反省の気配はなく、断固抗戦を継続したのである。

一　海軍主体の交通遮断作戦（一九三七年）

一九三七年八月二十四日軍令部は第三艦隊長官に既に内示した計画に基づき「中国船舶に対し揚子江以南の中国港湾を封鎖すべし」と下令した。これを受けて、第三艦隊司令長官は八月二十五日海上交通遮断作戦を発令、第三艦隊司令長官の名をもって、揚子江以南、福州、厦門、汕頭にわたる六五〇浬（マイル）の中国関内一帯の沿岸を対象に交通遮断を宣言した。

交通遮断の必要性に関してであるが中国各地には兵器廠、航空機製作所及び造船所等があるものの、国民政府は武器、弾薬、飛行機等のほとんど全ての供給を外国から仰いでいた。日本側としては中国船舶の交通遮断によって国民政府を軍需品等の補給難に陥らせてその没落を速め、事変の早期収拾と事態の安定を目的にしたのであった。[6]

交通遮断の実施に当たっては日中両国間に宣戦が布告されておらず、事変であることから「封鎖」と言わず単に「交通遮断」と呼ばれた。この作戦の実態は海軍の実力をもって遮断区域に対する中国船舶の出入り、航行を平時封鎖の慣行に従って差し止め、臨検、拿捕するものであった。作戦海面の広さは渤海から南支那海に至る南北二千数百浬に及び、「昼夜間断ナク風雪怒涛ト戦イツツ」[7]継続された。また、第三国の平和的通商は尊重し、「干渉する企図はなかったが」、第三国船で中国軍に参加又は援助のための行為（兵員、軍需品の輸送）は平和的通商を目的とする航海とは言い難く、抑留することができた。

この平時封鎖（交通遮断）作戦の効果はどうであったのだろうか。作戦当初は多くの中国汽船やジャンク等が遮断区域に入り込んだため日本海軍の臨検に遭い、武器、弾薬等の搭載船舶が多く処分された。航行遮断の強化に伴い、漁船を除き中国船舶は自国港湾または第三国の香港等に遁入し、繋船状態となり、海上から姿を消すに至った。中国海関の発表によれば、一九三七年九月末、中国船舶で停船を余儀なくされた数は二四〇隻、三五万屯に達したという。また、九月中の全中国三五港の外国貿易船舶出入状況を見ると出入港総屯数は、八月に比し三六％、事変前の六月に比し五五％も減少した。[8]

封鎖の強化とともにこれらは益々減少した。そこで中国船舶は第三国の国旗を濫用して遮断線を突破しようとしたり、第三国船舶に中国沿岸各港間の航行を依頼して兵器や物資の補給を行うに至った。事変勃発以来、中国沿岸航行船舶は事変前より各国とも減じているにもかかわらず、英国国旗を掲揚した船舶は減少せず、広東、香港間の運行は却って頻繁となり、また、従前一度も寄港したことのない港湾にも出入りするようになった。[9]

次に一九三八年二月から「南支」担任となった第五艦隊の臨検・抑留記録[10]から、交通遮断作戦の実相を検討してみよう。一九三七年八月末から始まった日本海軍の交通遮断作戦で、沿岸を航行する中国船舶は全く姿を消した。そのためか一九三八年一～三月に第五艦隊が南支方面で臨検した船舶は全て第三国船であり、その数は四四隻であった。船籍の内訳は英国船籍が一番多く一八隻、ついでポルトガル船籍が一一隻でこれに続き、フランス、ノルウエー、ギリシャ船籍が各三隻、オランダ二隻、イタリア一隻であった。臨検された四四隻の内、五隻が抑留された。抑留されたどの船も事変になって交通遮断作戦を開始後、船籍を中国から第三国に転籍したものである。

二　一九三八～三九年の封鎖

一九三七年八月二十五日から開始された海軍の交通遮断作戦は、事変勃発時中国が保有していた公私船舶約七〇〇隻を封鎖し、一時武器、軍需品等の海外からの輸入を激減させ、国民政府の財政窮乏にまで波及させていた。[11]その反面、数少ない日本海軍艦艇による作戦では抜け道が多く、次第に成果が上がらなくなった。[12]

一九三八年に入ると海軍の沿岸封鎖作戦は単なる交通遮断から要衝港湾への占領作戦にと発展した。一月十日海軍は陸戦隊を青島に上陸させ、この市街地を占領した。これが成功すると、周辺海域で拿捕された中国船舶を含め一般船舶の青島に寄港・係留するものが著しく多くなった。続いて二月陸戦隊は芝罘占拠作戦を実施、陸軍と交代した。三月には同じく陸戦隊が威海衛占拠作戦を行い、なんら抵抗なく占拠することができた。その後、封鎖部隊の基地獲得を目的とした作戦や敵の補給基地となっている主要港の占拠作戦が行われた。五月の厦門、連雲港、六月の南澳島攻略そして十月の広東攻略作戦である。

中国大陸での陸戦の戦局については、蔣介石が南京を陥落されても抗戦を止む気配はなかった。そのため日本陸軍当局は一九三八年初めは日中戦争は持久戦になると見込み、事変の不拡大方針をとっていた。[13]しかし同年三月になるとこれを放棄し、徐州作戦の実施、それに続く作戦として漢口と広東攻略作戦を決定した。[14]陸軍が漢口攻略作戦を決定した理由は、この作戦が戦争終結の最大の機会になり得るし、そうできると判断したからである。

加えて海軍は漢口への遡江作戦に積極的意欲をもっており、陸軍の漢口作戦に異存はなかった。海軍の揚子江遡江作戦は事変当初、蔣介石側が揚子江に機雷や閉塞船、そして障害などを設置して封鎖したので、海軍がこれを啓開することから始まり一九三七年十二月、南京までの啓開に成功した。[15]

一九三八年の揚子江遡江作戦とは「漢口攻略を目的として南京~漢口~岳州間の揚子江及びその沿岸に展開された一連の作戦[16]」を総称する。一九三八年六月三日遡江作戦は開始され、同年六月十三日揚子江の要衝安慶を占領した。その後も航空戦力を巧みに運用して、江岸敵陣地を爆撃、陸戦隊と陸軍を交互に要地占領に振り向けるといった戦法で十月二十六日漢口前面に陸軍部隊とほぼ同時に進入し、これを占領した。

漢口占領により、揚子江の上海から漢口間は、日本海軍の管理するところとなった。日本海軍（支那方面艦隊）は沿岸の交通遮断作戦をこの揚子江にまで拡大した。ために漢口と上海間の流通ルートが平時封鎖され、沿岸と奥地の物資の交流が途絶する結果になった。つまり漢口作戦は対中封鎖戦略の視点から見ると上海~漢口間の揚子江の封鎖作戦であり、広東~漢口を結ぶ粤漢鉄道の遮断であった。

事変の進展に伴い華北及び華中の要域を喪失し、日本海軍によって沿岸を封鎖された中国にとって、広東地区は英領香港を背景とする重要な補給拠点であり、広東作戦開始前における奥地への補給量は総量の八割を占めると推定された[17]。

広東攻略作戦は、敵の重要なる策源である広東を奪い、その対外連絡補給路を遮断するために計画されたものである。本作戦は海軍が主体で行ってきた沿岸封鎖作戦と狙いを同じくするものであったが、二つの点においてそれまでの封鎖作戦とは質的に異なるものであった。ひとつは陸軍が援蔣ルート遮断のために戦略単位部隊（師団以上の部隊）を投入してきたことであり、もうひとつは広東地区には第三国の権益が複雑かつ多数存在し、その権益を侵しかねないリスクを抱えていたことである（とりわけこの作戦は英国勢力の駆逐を意味し、英国に多大の衝撃を与えるものと予想された）。実際、陸軍はこの点を重視して広東攻略は慎重に行われた。しかし、海軍航空隊の広九鉄道（香港から広東まで）、粤漢鉄道（広東から漢口まで）への空爆はこれら鉄道に借款という形で有していた英仏の権益を直接犯すものとなった。

広東作戦終了後、西南貿易は次のように変化した。西南諸港〔竜州、汕頭、拱北（マカオに接する西側中国地区）、蒙自など〕の輸出入額の全中国の輸出入額に占める割合は広東作戦が行われた一九三八年に比べて一九三九年には輸出・輸入ともに大幅に低下している。輸出額は一九三八年には全中国の三七％であったのが一九三九年には二一％、輸入額は三一％から一二％に減少した。つまり広東作戦は西南貿易を沈滞させ、一応の成果を上げたと思われる[18]。

こうして、広東作戦は軍事的には一応の成功を見たが、蔣介石は降伏の姿勢を見せなかった。逆に援蔣ルートで最大の輸送量を誇る仏印ルートがクローズ・アップされた。広東攻略戦により広九鉄道を失った重慶政権は、ハノイ・ルートに重点を移し、新たにビルマ・ルートを開拓して海外からの補給に努めた。同時に日本海軍の封鎖部隊が手薄であったため、浙江沿岸の諸港湾、特に温州、寧波から大量の物資を輸（移）入し、奥地に搬入した[19]。

漢口、広東作戦は終了し、それによって中国を支配し得ると期待されたこの二つの都市を日本軍が占領した。これを受けて政府は一九三八年十一月、近衛首相が「東亜新秩序宣言」[20]を発した。その真意は英米による経済制裁が行われてもこれに耐え得る自給自衛の経済共栄圏を築くという防衛的なものであった。しかし米国は、米国がそれまで唱えてきた「門戸開放」原則に対する重大な挑戦と捉えた。この時、米国はそれまで対象を限定していた道義的禁輸の範囲の拡大を含めて対日経済措置の強化の検討を開始している。[21] 一九三八年十二月米政府は対中借款、二五〇〇万ドルを決定した。この借款は米政府が日中間の紛争に介入してとった実際的行動の最初のものであった。

一九三九年二月の海南島の攻略から海軍の海上封鎖作戦が質的に大きく変化していった。それは単なる交通遮断・封鎖作戦に留まらず、そこに航空基地を建設して以後の航空作戦により、ビルマ・ルートの遮断にまで足を延ばすことができるという、具体的な「南進」を進める戦略上の出発点の意味をもっていたことである。[22] 関係諸国も日本の海南島攻略を単なる南支沿岸の封鎖の強化とは見なかった。海南島は北緯二〇度以南にあり、フィリピンと同じ緯度圏に入ってくる。海南島攻略は「日本軍の南進」と映じたのである。[23]

三月十日及び十五日 英国は中国に法幣安定借款（合計五五〇万ポンド）を供与した。[24]

汕頭は広東に次ぐ南支の大港で、外国船舶の出入の多い商港である。広東陥落後は広九援蔣ルートが遮断され、国民政府は汕頭を香港に代わる対外補給路として軍事物資の輸送に狂奔していた。その上、汕頭地区は南方華僑の出身地で、同地に対する華僑の送金額は莫大で、中国抗戦力培養の重要な源泉になっていた。[25]

大本営陸海軍部は、華南沿岸の封鎖強化を図るとともに、華僑に対する謀略拠点を形成するため、一九三九年六月陸海軍協同して汕頭付近の攻略を下令した。作戦は陸軍の一個旅団規模が海軍の艦艇・航空機の支援を受けて、汕頭付近に奇襲上陸する形で行われた。中国軍の抵抗はあり、交戦したが、上陸して一日で汕頭を占領した。

最大の援蔣ルートである香港ルートを失った蔣政権は、一九三九年に入るやハノイ・ルート、ビルマ・ルートを開拓し、海外からの抗戦物資を仏印、ビルマ方面から雲南を経て四川省方面に運んでいた。秋頃、その量は推定、月額約四、〇〇〇〜六、〇〇〇屯であった。[26]

日本政府は英国及び仏国に対し、再三、援蔣行為の中止を申し入れたが聞き入れられなかった。そこで日本の陸軍では実力によるハノイ・ルート封止作戦・南寧作戦を[27]一九三九年十一月十五日発動した。

作戦部隊（第五師団）は十一月末、南寧に達しこれを占拠した。しかし中国側は百色（Paise）経由の迂回ルートを開発して輸送を継続したため、南寧占拠部隊は遊兵化してしまった。[28]

援蔣行為の完全停止等の外交交渉が停滞する中、日本海軍は、十二月三十日雲南鉄道に対する爆撃を開始した。これは主として中国領内の橋梁を対象としたものであったが、年が明けて一九四〇年二月一日には誤って列車に爆弾が命中し、フランス人婦女子を含む一〇〇人以上の死傷者を出す事件となった。[29]事件をきっかけに再開された対仏国交調整交渉は進展せず、四月下旬日本側は鉄道爆撃を再開した。

一連の南寧攻略作戦が含意しているのは地上の援蔣ルートを遮断することの困難さである。ひとつのルートを遮断しても新たに迂回路が形成される。鉄道は大量の物資を迅速に輸送できるので、これを遮断するのは中国側に大きなダメージになる。しかし、雲南鉄道は仏資本で経営されていたため、これに対する爆撃は仏国の権益を犯すことになり、日仏の関係を悪化させ援蔣ルートの遮断という目的を達成するための阻害要因となった。空爆は目的達成のために逆に障害を生み出すという意図せざる結果をもたらした。

三　封鎖の新展開——一九四〇～四一年の封鎖——

（一）　封鎖の新展開

一九四〇年には日本の対中封鎖作戦が新たな段階に入った。ひとつは、海軍の封鎖対象が第三国船にも及んだことである。それまでは平時封鎖ということで兵員や、軍需品を積載していない第三国船には封鎖の効果が及ばなかったが、この年から第三国船も出入を禁止する特定港湾を指定していったのである。日本海軍がそれまでにない措置に踏み切ったのは次のような背景があろう。

まず一九四〇年三月の汪兆銘政権の成立である。これを正統政府とすることで事変を内乱と見なすことが可能となる。事変を内乱化して、封鎖対象を第三国にも拡張できる国際条約上の根拠を得たと思われる。次に一九四〇年春のドイツの西方攻勢による欧州大戦の新たな展開である。欧米第三国の関心が欧州正面に釘付けにされ極東に手がまわらなくなったと判断したのかもしれない。[30]

一九四〇年七月、その年の五月に支那方面艦隊司令長官に着任した嶋田繁太郎中将は、杭州湾など特定港湾に在来の中国船舶の航行禁止のほか、第三国船に対しても出入することを禁止した。嶋田はまた、これらの措置に併行して封鎖の効果を高めるために、以下の封鎖強化作戦を行った。中支部隊による中国側の軍事施設の攻撃、南支部隊の陸戦隊による華南沿岸への奇襲作戦である。後者の作戦では七月二十一日三都澳を奇襲してジャンク六〇隻を焼却した例や七月二十七日の汕尾作戦でジャンク一〇〇隻弱を焼却した例がある。[31]

第三国船舶も含めた特定港湾の出入を禁止する措置は、一九四〇年七月の杭州湾以下華中四港（温州港付近、三都澳付近、福州付近）から始まってその後一九四一年まで六次にわたって行われ、杭州湾以南から、中国・インドシナ国境の欽州まで、華中から華南沿岸をほぼ全面的に出入禁止区域として封鎖した。[32] 特定港湾区域出入禁止宣言は最終的に一四区域に及んだ。指定区域の中には二〇〇〜三〇〇キロの沿岸一帯もあり、支那方面艦隊の艦船はおよそ一〇〇隻余りであったから、艦隊の全ての艦船がその港湾に張り付かねばならぬことを意味した。

（二） ハノイ・ルートとビルマ・ルート

欧州戦局がドイツに有利な形で急展開し一九四〇年六月十七日、ヴィシー政権が成立した。六月二十日、日本は駐日仏大使に仏印における援蔣物資輸送停止を認めさせ、さらに交渉の後、九月二十二日、陸軍による北部仏印進駐を成し遂げた。

北部仏印進駐は、日本軍が交戦地域以外の第三国植民地に進駐したという意味で、重大な問題をはらんだものであった。しかも、進駐直後に締結された日独伊三国同盟の件もあり、日本はアジアを制覇しようという野望をもっているという英米の疑いを確かなものにさせる行動となった。

一方、懸案となっていたビルマ・ルートの禁絶交渉も一九四〇年六月から本格化した。七月十二日駐日イギリス大使クレーギーはビルマ・ルートを利用した武器弾薬等の輸送を向こう三カ月間停止すると一旦、日本に申し入れた。[33] しかし日本の北部仏印進駐及び九月二十七日に締結された日独伊三国同盟に反発して十月八日、ルート再開を通告してきた。[34]

英国のビルマ・ルート再開に対して、日本はビルマ・ルート閉鎖協定失効後の十月二十五日同輸送路に対し爆撃を行った。[35] しかしながら、たとえ一度は橋を破壊しても、それはたちまち修理・復旧される。また狭隘な山地に進入して高空から行う爆撃はさほど効果的といえず、日本は外交手段による禁絶と航空戦力による遮断効果に限界を感じた。完全な遮断を追求するには地上部隊の現地投入が不可欠であるが、それは対英米戦を招致しかねない。日本軍や外交当局は英国との全面戦争に発展しない範囲内の手段を駆使して、ビルマ・ルートを遮断し、何とか中国問題を解決したいと苦悩した。[36]

（三） 陸軍の対中経済封鎖

このように一九四〇年の欧州大戦の新展開に乗じて日本は独との同盟を鮮明にしてアグレッシブな行動をとった。これに対してそれまで道義的禁輸そして日米通商航海条約廃棄と日本の行動に警告を発してきた米国は禁輸という経済封鎖を実行し始めた。九月二十六日西半球と英国以外の国々への屑鉄の輸出を禁じた。[37] その前の日の二十五日には国民政府に二五〇〇万ドルの借款供与を発表している。

陸軍が明確に対中経済封鎖作戦を前面に押し出してくるのは米国からこうした経済制裁を受けた頃からである。十一月大本営陸軍部及大本営海軍部合同で「支那事変処理要綱」に関する所要事項の説明が行われた。この説明の中の処理要綱に関する質疑応答資料は当時の大本営の首脳陣が事変の帰趨は経済戦にあると認識していたことを窺わせる。[38]

一方、海軍も一九四〇年に入って第三国船舶も対象にした特定港湾出入禁止措置を行ったが、海外からの援蔣物資は依然として華中・華南沿岸港湾から搬入されていると認識していた。[39] そのような陸海軍の問題意識が一致を見て大本営は陸海軍協同してこれら援蔣拠点を海上から封鎖するにとどめず、これら拠点を占領し、もって海外からの援蔣行為を根絶することを企図した。この作戦が「C」作戦と呼ばれた四一年二月二十六日以降逐次大命が下令されたものである。この作戦の細部には入らないが、陸軍は約七個師団を投入し補給路遮断作戦を実行、その効果を持続するために約二個師団半を釘付けにした。海軍は香港とマカオの沿岸封鎖を宣言し、敵性海運機関の壊滅を図った。また内陸部においても「物資搬出入取締制度」を強化し、さらにわが占拠地域と敵性地区との間に遮断線を構成したり、敵側の必需物資の奥地流入を禁絶するなどの対敵封鎖、遮断に努めた。[40] しかし、その効果は疑問であった。当時の南支那方面軍司令官後宮淳中将は、終戦後、方面軍としてはこの作戦の意義及び価値を認めていなかったと回想している。[41]

三　対中経済封鎖の評価

(一)　封鎖が中国地域の列国海運に及ぼした影響

日華事変、それに伴う封鎖は、当然中国地域の海運に大きな影響を及ぼした。まず、海関（税関）統計によって、中国地域の三大海運国（日本、中国、そして英国）の一九三六年から一九四〇年までの全中出入船舶の推移を確認してみよう。

表1のように事変前、一億四千五百万屯であった全中国出入船舶総屯数は、一九四〇年には約四千百万屯にまで減退した。

まず日本船は事変前、中国沿岸揚子江を中心に五九隻一四万一千屯余就航していた。事変初期においては、日本軍の占領地は限定され多数の船舶を徴用されて、一九三八年には事変前の三分の一程度まで低下した。しかし、一九三九年には占領地の拡大とともに漸次勢力を回復

表1　全中出入船舶の推移

（単位：上段；%、下段；千屯）

年次	日本	英国	中国	その他	総計
1936年	17 24,913	39 57,345	27 39,355	17 23,426	100 145,039
1937年	14 12,815	40 36,105	24 21,593	22 19,524	100 90,037
1938年	14 8,743	48 28,563	9 5,623	29 16,208	100 59,137
1939年	30 15,755	37 19,233	5 2,696	28 14,242	100 51,926
1940年	45 18,738	26 10,843	5 2,224	24 9,581	100 41,386

（出所）　華北航業総公会編『華北航業総覧』（1942年）42頁。

し、一九四〇年には英国を追い抜いて全中出入船舶屯数の四五％を占め首位を獲得した。

事変で壊滅的打撃を受けたのが、中国船、中国海運である。事変前、三一二隻四五万六千屯余であったが、日本の封鎖作戦により奥地の内河を除いていずれも運航不能の状態に陥った。結局、事変の影響で、拿捕・抑留された三万一千屯、転籍した一四万屯を含んで喪失した中国船舶は二七万屯余に達した。

英国船は中国地域の海運界において一九〇〇年頃から首位を占めていた。事変が始まっても英国船で被害を受けたものはなく、むしろ、事変当初は日本の沿岸封鎖により法外の運賃を設定して漁夫の利を得、非常な活況を呈していた。しかし、漸次、日本軍の作戦進展に伴い、とりわけ漢口作戦後は中国の経済動脈である揚子江航路が全く日本の管理下に置かれこの航路を独占していた英国船の航行は不可能となり、沿岸の主要港も逐次日本軍の占領下に帰すると共に、日本船との地位は逆転するに至った。

たしかに、英国は事変により中国方面における活動範囲がせばめられ欧州大戦で商船隊を喪失したが、極東方面では第三国籍船を自国傘下へ糾合してこれを補完し、従来から保持していた極東航権を維持していた。(42)

（二）封鎖の効果

日本による一連の封鎖作戦の効果についてであるが、資料面での制約もあり、封鎖を行った日本側が効果をどう認識していたのかを基本に論じてみたい。

遮断の対象となった物資には、直接的に中国抗戦力となる兵員も含めた武器・弾薬類などの軍事物資と間接的に抗戦力の源泉となる民需用品（工業品や生活資材など）がある。前者の武器弾薬類を運搬している第三国船の扱いについては、作戦当初は紛争を醸さないようにと慎重であったが、戦局の進展につれ、これに対しても容赦しなくなった。

一九三八年末の広東作戦後、一九三九年の前半期、封鎖作戦の主務者であった扇一登によれば香港南方の小湾を拠点に支那沿岸封鎖を第三国船も対象に積極的に行ったことが証言されている。「事変に適応する海軍の一番の前進基地、そこで封鎖作戦の主務者だったんです。それで、しばしば香港にも入ったし、あの沿岸を走り回って『通商破壊』をやったんです。外国の船にストップをかけて臨検して、兵隊を乗せたり軍需品を載せたりしているやつは、みな捕獲して、内地に送るんです。その船もろともに……。それは、第三国の船です。たくさん通ったですよ」[43]。つまり軍事物資などについては中国側にとってかなりのダメージになったと思われる。

また、一九四〇年十一月、北部仏印進駐後、大本営陸海軍部が行った「支那事変処理要綱」に関する質疑応答資料の中でも「海上封鎖及び輸送路遮断航空作戦の成果如何」との問いに対して次のように答えている。「全支沿岸は今春（一九四〇年春）における封鎖強化以来概ね封鎖せられた。支那側の船舶は香港、上海租界等を中継港とする小型船に依る密輸を我監視の眼を免れて行いあるに過ぎず。仏領印度支那よりの輸送路は我監視団の入国及び我軍隊の進駐に依り殆ど完全に遮断せられ『ビルマルート』は再開直後その主要鉄橋を我航空部隊に依り爆破せられ之が修理には相当の日子を要する状況なり」。このように敵の対外交通路は概ね遮断され、その影響は今後漸次表面化するものと見積もられていた[44]。つまり軍需品については、封鎖作戦の効果は大きいと見なしていた。

この見積もりは決して楽観すぎるものではなかった。こと沿岸封鎖作戦に関するかぎり、この作戦は有効であったことが、ヤング（A. Young）の研究に記録されている[45]。ただ、筆者はここで援蔣ルートの中の、ソ連の援助そして西北（ソ連）ルートについて言及したい。日中戦争前半期（一九三七～四〇年）、国民党政府への外国援助のうち、最も実質的に貢献していたのはソ連の援助であった。一九四〇年までソ連が中国に供与したクレジットは西側諸国の三倍に達していた。[46] 一方、日本側はこのソ連の援助そしてソ連ルートの機能を過小評価していた。一九三九年五月に発行された海軍の広報文書[47]によると、ソ連ルートは陸軍の作戦や海軍の空爆によって、搬入ルートになっている鉄道が破壊されその機能を喪失したと評価されていた。また一九四〇年八月の満鉄調査部の報告書[48]でも、このルート地区について国民政府は重要視していないと中国の抗戦力を考える上で、注目していない。しかし、実際はこのルートは終始、有効に機能し続けた。ソ連はインドシナ・ルートや香港ルートが健在の時には、これら海上ルートを重戦力の輸送ルートとして併用し、ソ連ルートから大量の軍需物資、航空機、そして義勇兵であるパイロットを中国に供給し続けた。[49]

他方、民需用品への封鎖の効果については中国の対外貿易の状況を調査することで概ねの傾向を把握できる。これについては軍、特に陸軍の見方は悲観的であった。

事変当時の中国の貿易の全般的傾向についてであるが、表2のように輸出は減少し輸入が増大する傾向にあった。貿易量全体では、一九三八年に落ち込むものの、傾向としては微増である（このデータは下落の激しかった法幣ではなくポンドに換算しているが、前述の表1を考慮すると全体では中国の貿易は収縮していたと考えられる）。

表2　事変前後の中国の貿易傾向

（単位：千ポンド。（　）は1936年を100とした指数）

年　次	輸　出	輸　入	貿易量
1936年	42,271 (100)	56,404 (100)	98,675 (100)
1937年	49,990 (118)	56,787 (101)	106,777 (108)
1938年	32,770 (78)	53,568 (95)	86,338 (87)
1939年	25,949 (61)	81,390 (144)	107,339 (109)
1940年	32,302 (76)	89,756 (159)	122,058 (124)

（出所）　東亜研究所『支那占領地経済の発展』（1943年）367頁。

表1のデータは中国の海関（税関）記録をベースにしている。周知のように日本軍は事変の拡大とともに海関のある港を次々と占領して行き、その管理下に収めた。華北の海関は一九三七年からほぼ全て日本軍に占領されたし、華中の海関も非占領地であったのは全体の一九三七年が六・二%、四一年には一・三%であった(50)。したがって国民政府はその貿易管理の重点を南に移し香港を中継港としてポルトガルの租借地澳門（マカオ）、仏の租借地である広州湾を利用しながら日本軍の手薄なルートを開発、奥地に物資を搬入していた(51)。

結局、西南ルートと呼ばれる華南の貿易がどうであったのかが、封鎖の効果を判定する目安となる。満鉄調査部の報告書(52)が示唆しているのは、香港を封鎖しないかぎり封鎖に実効はないというものである。西南諸港が占領されたり封鎖されたりしてからは香港を中継して前述の租借地または仏印、ビルマ経由により援蔣物資は国民政府側に搬入されていた。また香港は広東が陥落（一九三八年十月）してからは中国特産輸出品の集中地としても利用され、米国の対中借款の継続を可能にしたというものである。このような香港を中心とした援蔣ルートが封鎖によっても衰えなかったのは、この地帯の輸送船舶が中国籍以外の国籍の下にあったからである(53)。

事変勃発以後の日本の対中貿易を総括すると日本は一九三八年には三億一千三百万円、一九三九年は四億五千五百万円を輸出し、中国からは一九三八年が一億六千四百万円、一九三九年二億一千五百万円輸入した(54)。この二年間で輸出は七億六千八百万円、輸入が三億七千九百万円とおおむね二対一の片貿易、つまり中国への輸出が中国からの輸入の倍という傾向を示したのである。

さらに重大なことは様々な規制をくぐって対中貿易の決済が法幣を通じて行われたため膨大な日本商品が法幣取引の流通ルートにのって法幣地区（敵地区）に流出した。このため大陸に輸出された日本商品での日本占領地の建設には役立たなかった。

一九四〇年秋、海軍省部では極秘裡に財界代表と懇談会を実施したが、その議事録には「大陸建設こそ最大の援蔣行為なり」と断じる記録があった(55)。つまり、日本陸海軍は中国沿岸を封鎖して援蔣物資の敵地流入を遮断しようとしたにもかかわらず、事変後（封鎖後）の日中貿易により日本商品が敵地に大量に流入するという皮肉な結果になったのである。

（三）中国側の封鎖対抗措置

民需用品を対象とした日本側の封鎖作戦には陸軍が中心

になって行った占領地から非占領地（敵性地区）への物資の流出入を遮断・統制する作戦があった。その狙いは、非占領地の経済を破壊し占領地の中にある敵性租界の経済力を圧縮しようというものであった。調査報告[56]によれば、この工作は敵側ならびに敵性租界への打撃は甚大であったが、次のような日本側の致命傷になる問題が生じた。まず占領地における商工業が萎縮し、占領地における民衆の生活が苦しくなった。また汪兆銘政権の財政収入の減少などであった。つまり「この工作の眼目は、非占拠地域に物を与えず、占拠地域の必需物資はこれを充足するにあるも、如何せん、その境界が明確でなく、占拠地域に配給せられたる物資にして非占拠地域の高物価に誘われて吸引せられたるもの多量に上り、為に占拠地域の物資不足は常態となり」、それが占領地の物価高騰につながった。また「占拠地域は殆ど都市ということができる。都市を以って農村に対抗せんとする、即ち消費地を提げて生産地に対し経済戦を挑まんとする。持久に入らば成敗の数自ら明らかなるべし」。そもそも大陸において実力をもって敵性地域への物資の流出を遮断しようとするのは、大陸経済の物資の流通を停止しようとするものであり、その影響はむしろ占領地経済の疲弊につながったのである。

したがって中国側がこの日本の工作に対して採った措置は、日本の占領地に物資を流さず、日本の占領地から物資を吸い込むという逆封鎖であった。

封鎖に対抗する中国側の措置として、新たな地上ルートを開発していった経緯は既に何度か言及した。封鎖に対抗する中国側のもうひとつの方法は、日本側が手を出せない香港や第三国の租界を活用することであった。直接的抗戦力となる軍需物資は封鎖作戦によって遮断されたが、間接的抗戦力の源泉である工業品や生活資材などの民需用品はこれらのルートを活用することで封鎖に対抗できた。そのひとつの例を、上海の国際貿易における事変後の変化から読み取ることができる。その変化とは事変後、輸出先としての香港の地位が高騰したことである。激増した香港向け輸出の中味は織物・綿糸・雑貨・小麦粉などの生活資材である。上海の対香港向け輸出品には事変前の一九三六年が上海の全輸出品の五七％であったが、事変が始まった翌年の一九三八年には香港向け輸出品の割合が七八％に上昇した。また香港向け輸出品に占める繊維類の割合も一九三六年には五一％であったのが一九三八年には六三％とこれも上昇したのである。これは日本軍による封鎖（海軍による揚子江遡江作戦など[57]）で上海から直接奥地（非占領地）へのルートが遮断されたので、香港を経由する迂回ルートで衣料などの上海の工業製品を奥地に搬入したものである。つまり一度遮断された華商紡（中国側の紡績産業関連業者）と奥地のつながりが上海・香港の租界の自由性を利用して復活したといえる(58)。

これに対して日本の特に陸軍は封鎖作戦が効果を上げないのはこれら租界の敵性にあると認識した。「租界（香港を含む）は重慶政権の留守司令部的役割をなす等その敵性は最も悪質である。帝国にして租界の敵性を処理せざるに於ては事変解決は甚だしく困難なるものと思考せらる(59)」。この租界の敵性を根本的に処理するためには米、英と衝突せざるを得ない。米国からの経済制裁もあって、陸軍もこうして対米英戦を意識するようになったと考えられる。

むすびに代えて

ある日本の政治学者は戦略の本質について次のように述べている。「自己のもつ手段の限界に見合った次元に政策目標の水準を下げる政治的英知である(60)」。そうであるなら、日本が日中戦争間に採用した対中海上封鎖戦略は、この戦略の本質からはかなりかけ離れたものであった。たとえ、中国海軍を壊滅させても、長大な中国大陸の沿岸を封鎖するにはどれだけの艦船が必要になるのか。たとえ封鎖線を構成し得ても、中国大陸の北、西、南は陸続きで隣国に接しており海軍力を超えた、どれだけの陸軍力が必要になるのか。まして海上封鎖も陸上封鎖も、欧米の第三国を封鎖対象から除外せねばならず当初から不完全にならざるを得ないことは予想されていた。それを予想しながら、この封鎖戦略をとらざるを得なかったのは日本の対中戦争の非主導性（non-initiativity）にある。戦争計画そのものも陸軍は対ソ戦の計画、海軍は対米戦の計画はかなりつめられていたが、ともに対中戦争計画はなおざりにされていた。陸海軍（特に陸軍）ともに対中全面戦争回避を望み、紛争になってもできるだけ戦場は華北や華中に限定したいと考えていた(61)。一方、蔣介石側は違っていた。勝ち目は持久戦にあり、戦争が長引き日本軍が内陸深く入れば入るほど戦力を消耗しいずれ衝力を失うと見ていた(62)。

日本の封鎖を成功させるためのもっと安価で迅速な代替戦略はあっただろうか。事変当初から、議論になったのが対中交戦権発動であった。国民党政府が宣戦布告をしなかったのは国際法上の交戦国となると主要な軍需品の輸入先である米国の中立法が適用され、これらを輸入できなくなることを恐れたものである。一方、日本が宣戦布告しなかったのは、建前上は事変の目的が国民政府の打倒にあり敢えて中国国民を敵にするものではないからというものであった。最も本音の部分では日本が事変を遂行する上で必須な石油（ガソリン）航空機用部品、精密工作機械など重要戦略物資を米国に依存しており、日本も交戦権を発動すれば、米国の中立法が適用され、これを輸入できなくなるという国民政府と同様の事情があった。事変の間、大本営で封鎖の効果が議論された時、対中交戦権発動の件が出たが、利害相伴うということで踏み切れないでいた。そのうち一九四〇年三月汪兆銘政権が成立、これを承認後は事変は、日本と国民政府との紛争ではなく中国における汪兆銘政権と国民政府の内戦という形になったため、交戦権発動は法的に不可能になった(63)。

一九四一年六月、日本は深刻な議論なく、衝動的に南部仏印進駐を決定、七月南部仏印に兵を進めた。これが米国の全面禁輸を惹起し、これを聞いた軍首脳はこのままでは日本が滅びると考え開戦やむなしを決断するに至った。

米英蘭に開戦してからはそれまで直接攻略できなかった香港を攻略、主要開港都市の敵国租界を管理下に置いた。以降、援蔣ルートは名実ともにビルマ・ルートのみとなった。太平洋戦争（大東亜戦争）では日本海軍にとっての優先課題は、中国大陸を封鎖することではなく、大陸や南方占領地帯と本土を結ぶ大東亜圏の海上交通を連合軍の通商破壊戦＝封鎖戦から防護することに変わった。

米軍の日本封鎖戦略は理想的な形で実現した。日本は大陸を含む全ての海外からのルートを遮断され、後は餓死を待つだけとなった。中国を経済封鎖することから始まった第二次世界大戦のアジア・太平洋戦域での日本の戦争は逆に連合国に日本本土の全周を経済封鎖されるという結末になり、敗戦に至った。

註

（1）本来であれば、経済封鎖について評価する場合、日本側ばかりでなく、中国側の一次資料に当たらねばならぬことは当然であろう。しかし、筆者は中国語を解せず、収集した資料にも限界があり、中国側については二次以下の資料から論ぜざるを得なかった。筆者の拙いこの論考をたたき台に、この分野の研究が進展することを願うものである。

（2）本論、作成に当たり、貴重な資料や、激励そして御指導いただいた数少ないこの分野のエキスパートである影山好一郎元防衛大学校教授に深く感謝申しあげます。

（3）「対敵経済封鎖情報ニ関スル件」（昭和十六年十月、波集団参謀長　栗林忠道発陸軍次官木村兵太郎宛、アジア歴史資料センター）。この文書によれば日本軍が中国の沿岸諸港を占領したこの時期においても、香港や澳門を通じて密輸が行われ日本軍の非占領地に物資が流れていることが報告されている（附表第三）。本文書は『栗林忠道からの手紙』（講談社、二〇〇七年）の中の加藤陽子氏の示唆による。

（4）細川護貞・大井篤・阿川弘之ほか編『高松宮日記　第2巻』（中央公論社、一九九六年）五三〇頁、五三三頁。

(5) 防衛庁防衛研修所戦史室『戦史叢書72　中国方面海軍作戦⑴』（朝雲新聞社、一九七四年）三一八頁。
(6) 海軍省海軍軍事普及部『支那船舶交通遮断』（一九三八年）（防衛省防衛研究所図書館蔵）五頁。
(7) 同右。
(8) 同右、二六—二七頁。
(9) 同右、二五—二八頁。
(10) 第五艦隊司令部「昭和十三年南支方面ニ於ケル船舶臨検抑留記録」（防衛省防衛研究所図書館蔵）。
(11) 海軍省海軍軍事普及部『支那船舶交通遮断』二九—三四頁。
(12) 防衛庁防衛研修所戦史室『戦史叢書79　中国方面海軍作戦⑵』（朝雲新聞社、一九七五年）四九頁。
(13) 防衛庁防衛研修所戦史室『戦史叢書89　支那事変陸軍作戦⑵』（朝雲新聞社、一九七六年）三—四頁。
(14) 同右、四四頁。
(15) 海軍省海軍軍事普及部『支那事変における帝国海軍の行動（発端より南京攻略まで）』（一九三八年一月）四八—四九頁。
(16) 『戦史叢書79　中国方面海軍作戦⑵』一五頁。
(17) 同右、五四頁。
(18) 満鉄調査部『支那抗戦力調査報告』（初出一九四〇年八月、復刻版：三一書房、一九七〇年）三二三—一四頁。
(19) 同右、三三六頁。
(20) 宣言の内容は、日満支三国相携えて政治・経済等にわたり互助連環の関係を確立すること、支那もこの東亜新秩序建設の任務を分担すべきことなどである。
(21) 'Memorandum by the Counselor of Embassy in Japan (Dooman), Nov. 19, 1938,' in *Foreign Relations of the United States, Japan,1931 1941, vol. I*, pp.801-5.
(22) 『戦史叢書79　中国方面海軍作戦⑵』九〇—九二頁。
(23) 'Southward Advance of Japanese Expansionist Movement: Hainan and the Spratly Islands, The Ambassador in Japan (Grew) to the Secretary of State, Feb. 10, 1939,' in *Foreign Relations of the United States, Diplomatic Papers 1939, vol. III, The Far East*, pp. 103-4.
(24) Arthur N. Young, *CHINA and the Helping Hand 1937-1945* (Cambridge: Harvard University Press,1963), p.440.
(25) 『戦史叢書89　支那事変陸軍作戦⑵』三四三頁。『戦史叢書79　中国方面海軍作戦⑵』九八頁。
(26) 『戦史叢書79　中国方面海軍作戦⑵』一〇〇頁、また立川京一『第二次世界大戦とフランス領インドシナ』（彩流社、二〇〇〇年）によると仏印ルートによる月間補給量については、日本は一九三九年十一月には約一二、〇〇〇屯（ほかにガソリン約八、〇〇〇屯）、仏印ルートが完全に遮断される一九四〇年六月以前には月一〇、〇〇〇〜一五、〇〇〇屯程度で、これは援蔣物資輸送量全体の半分に相当すると推定していたという（大本営陸軍部「支情第九号　敵ノ軍需品輸入状況（其の十一）仏印ノ物資封鎖ノ敵軍補給ニ及ホス影響」（昭和十五年六月二十五日）（軍令部「仏印問題経緯（其の1）」防衛省防衛研究所図書館蔵））。
(27) 広西公路（Kwangsi Raoad）（仏印ルートの内、広西省を通る自動車道）遮断を主目的とした作戦。
(28) 日本国際政治学会　太平洋戦争原因研究部編『太平洋戦争への道　第6巻』（朝日新聞社、一九六三年）一六一頁。

(29) 防衛庁防衛研修所戦史室『戦史叢書65　大本営陸軍部　大東亜戦争開戦経緯(1)』（朝雲新聞社、一九七三年）四七頁。
(30) 「嶋田繁太郎大将備忘録　第四〈自昭和十三年一月至る十六年三月〉」（防衛省防衛研究所図書館蔵）によれば、この時期になってはじめて嶋田司令官の名前で在上海帝国総領事を通じ第三国外交官憲ならびに海関側に作戦地域に接近するなと一方的に宣言された。
(31) これら一連の作戦は淅贛ルート遮断作戦と呼称された（「嶋田繁太郎大将備忘録　第四」による）。
(32) 『戦史叢書79　中国方面海軍作戦(2)』一四四頁、二六八頁。
(33) 鹿島平和研究所編『日本外交史　第22巻　南進問題』（鹿島研究所出版会、一九七三年）八六―九三頁。
(34) 同時期、カナダは同国産の銅の対日禁輸を発表した。羽鳥紀道「援蔣ルートを巡る戦い」（陸戦学会『陸戦研究』No.五五三、一九九九年十月）四二―四三頁。
(35) 防衛庁防衛研修所戦史室『戦史叢書5　ビルマ攻略作戦』（朝雲新聞社、一九六七年）五頁及び『戦史叢書79　中国方面海軍作戦(2)』一五九―六二頁。
(36) 羽鳥「援蔣ルートを巡る戦い」四四頁。
(37) *Foreign Relations of the United States, Japan, 1931-1941, vol.II*, pp.222-23.
(38) 臼井勝美・稲葉正夫編『現代史資料9　日中戦争2』（みすず書房、一九六四年）六〇三―一〇頁。
(39) 『戦史叢書79　中国方面海軍作戦(2)』二五九―六〇頁。
(40) 防衛庁防衛研修所戦史室『戦史叢書90　支那事変陸軍作戦(3)』（朝雲新聞社、一九七五年）三三七頁、三四八―四九頁。
(41) 同右、三四八頁。
(42) 華北航業総公会編『華北航業総覧』（一九四二年）四二―四六頁。
(43) C.O.E. オーラル・政策研究プロジェクト「扇一登　オーラルヒストリー」（政策研究大学院大学、二〇〇三年九月）五一―五二頁。
(44) 臼井・稲葉編『現代史資料9　日中戦争2』六〇六頁。
(45) Young, *CHINA and the Helping Hand 1937-1945.*
(46) *Ibid.*, pp.206-7.
(47) 海軍省軍事普及部『支那事変における帝国海軍の行動（その二）』（一九三九年五月）七二―七三頁。
(48) 満鉄調査部『支那抗戦力調査報告』三三二―三四頁。
(49) Young, *CHINA and the Helping Hand 1937-1945*, p.51, pp.206-7.
(50) 東亜研究所『支那占領地経済の発展』（東亜研究所、一九四四年）三七〇―七二頁。また大平善悟「支那の海関制度」（『一橋論叢』第五巻第一号、一九四〇年）では、日中戦争により日本軍に占領された海関は、日本の管理下に入り、その関税収入はそれまでの香上銀行（英国系）から横浜正金銀行に預入されることになり、親日政権の財源になったとされている（ただ、正確には、一九三八年五月の日英協定の実行を巡って折衝が続いていた）。一方、二〇〇七年六月、一橋大学経済研究所で行われた中国海関の研究会で、講師の厦門大学連心豪氏への筆者の質問に対する回答によれば、太平洋戦争になるまでは海関が日本軍の占領下に入っても、依然英国を中心とする欧米系の職員が実質これを支配していたという。

(51) 久保亨「戦時の工業政策と工業発展」（石島紀之・久保亨編『重慶国民政府史の研究』東京大学出版会、二〇〇四年）一七九—八一頁によれば重慶政府地域の生産指数は鉱工業生産品十四品目については一九三八年を一〇〇とすると一九三九年一〇六・三、一九四〇年は一一四・九、一九四一年は一四三・九と上昇している。久保氏はその理由について、沿海地域からの生産施設の移転、新たな民間投資、国営企業の創設などを挙げ、援蔣ルートからの支援を明示的に指摘していない。ところが、一九四三年以降この生産指数が低下する。久保氏は、その理由を戦況の変化によって経済封鎖状況が強まり、原料や生産設備の入手が困難となったためと説明している。筆者の文脈で説明すれば、上海、香港、マカオ・アモイが日本軍に占領され、その管理下に置かれ、ビルマ・ルートもその地上ルートは遮断されて、もはや援蔣ルートが実質機能しなくなった結果ではないだろうか。このことは逆に言えば、太平洋戦争前はビルマ・ルートだけでなく、香港や上海そしてマカオ・アモイの日本軍が手を出せなかった沿岸港湾都市が、日本軍の経済封鎖の努力にもかかわらず、聖域として重慶政府にとって程度の差こそあれ有効に機能していたと言えよう。

(52) 満鉄調査部『支那抗戦力調査報告』。

(53) 同右、三〇八頁。

(54) 山澤逸平・山本有造『貿易と国際収支（長期経済統計14）』（東洋経済新報社、一九七九年）二〇八頁、二一二頁。

(55) 『戦史叢書90　支那事変陸軍作戦(3)』一二八頁。原出所「高木資料」（防衛省防衛研究所図書館蔵）。

(56) 興亜院華中連絡部政務局「経済封鎖の実効並びに影響調査」（東洋文庫蔵、一九四〇年十一月）。

(57) 「長江等における第三国の航権及び商権に関しては戦争遂行上、所要の期間現封鎖を継続……」（事変処理上第三国の活動及び権益に対する措置要領、一九三九年六月十五日省部決定）（臼井・稲葉編『現代史資料9　日中戦争2』）六六〇頁。

(58) 満鉄調査部『支那経済年報（昭和十五年版）』（改造社、一九四〇年）三六六—六七頁。

(59) 臼井・稲葉編『現代史資料9　日中戦争2』六〇八頁。

(60) 永井陽之助『現代と戦略』（文藝春秋社、一九八五年）三二八—二九頁。

(61) 防衛庁防衛研修所戦史室『戦史叢書86　支那事変陸軍作戦(1)』（朝雲新聞社、一九七五年）一〇〇—四頁。

(62) 劉振東「支那の国防経済政策」（中支建設資料整備事務所訳中国問題研究会『中国政治経済問題』一九四一年）は日中戦争直前に中国の国防経済政策について論じられたもの。その中で中央政治学校教授である著者は対日戦争になった場合、中国が採るべき戦争戦略は持久戦略であるべきだと主張、当時持久戦略が中国側共通の認識であったことを窺わせる。

(63) 臼井・稲葉編『現代史資料9　日中戦争2』六一〇頁。

（防衛大学校）

天津事件と日英中関係

――抗日分子の裁判権をめぐって――

王　文隆

土屋清香　訳

はじめに

一九三九年四月九日夜、北京臨時政府聯合準備銀行支配人兼津海関監督であった程錫庚[1]（Cheng His-Kang）は、妻とともに天津イギリス租界の大光明劇場でトーキー映画を鑑賞していた。上映中、銃撃戦の場面で刺客が程へ発砲した。程はその場で血の海の中に倒れ、絶命した。その際、スイス国籍のフランス人照明係一人が誤って殺され、ロシア人一人も負傷した。刺客は逃走したが、照明係は死に際に刺客の拳銃を奪った。調査により刺客が持っていた拳銃はロシア製三八口径リボルバー式拳銃であることが判明した。イギリス租界当局は、これは当時復興社がよく使用していた拳銃であったため、この暗殺を重慶政府側が主導したと判断した。[2]

程錫庚は、字を蓮士（Lien-shih）といい、江蘇鎮江人である。南京江南高等学校卒業後、清朝の科挙試験に合格して挙人となり、海軍部の秘書を務めた。その後出国の命を受け、イギリスのロンドン大学に留学し、一九一九年に経済学で博士の学位を取得した。[3] 帰国した後、外務関連機関に入り、条約研究会秘書を務めた。また北京臨時政府成立後、王克敏に仕え、高而謙の末娘を妻とした。ここから、程と北洋外交関連機関の淵源との関係は深かったと言うことができる。

突発した暗殺事件は、租界における管轄権問題と日本軍による天津英仏租界の封鎖を引き起こしたばかりか、東京における日英会談の開催を促した。この会談では租界をめぐる法律上の問題のみならず、中国における日本軍の行動、日本が樹立した傀儡政権の法的地位、法律上の政府（de jure）と事実上の政府（de facto）の間の問題までもが論議された。

本稿では、天津事件によって浮き彫りにされた、日中戦争前期における租界をめぐる日英中三国間の関係を、抗日分子に対する裁判権を中心に考察したい。

一　犯罪者への管轄権問題の経緯

一九三七年七月七日、北平近郊の盧溝橋で起こった日中両軍の衝突は、やがて両国間の全面戦争へと発展した。この戦争はすでに地域紛争の規模を遥かに超えていたが、日中両国が国際法に基づいた宣戦布告をなかなか行わなかったため、両国関係は極めて曖昧なものになった。日本軍は中国を席捲したが、戦時国際法に基づいて敵国の領土を「占領」することができず、「治安維持会」[4]の形態をもって占領地域を間接統治せざるを得なかった。[5]そのため、日本は一方では中国で軍事作戦を遂行しつつ、もう一方では傀儡政権の樹立に協力的な中国人を探した。その結果一九三七年十二月十四日、王克敏を首班とする北京臨時政府が樹立され、同政府はさらに元来冀東自治政府の管轄下にあった地域をも併合した。日本軍は南京を占領した後には、梁鴻志を首班に立て、一九三八年三月二十八日に南京中華民国維新政府を成立させた。

中国東部の要地の多くは一九三八年前後に日本軍の手に落ち、上海、天津、青島、蘇州、漢口、九江、広州などの重要な貿易都市は、すべて日本軍の管理下に入った。清末以降、西欧列強が中国の重要な通商港において多くの租界や租借地を設定していたため、日本軍がそれらの都市を占領した後も、日本軍とその傀儡政権はむやみに動けず、租界は日本軍の奔流の中の「孤島」となった。国民政府とともに西に移動せず、さらに敵後方において存続することができなかったか、あるいは残留を望まない新聞、雑誌・政府機関・国民党機関などの組織の一部は、[6]列強の庇護を求めて次々に租界へ移動した。[7]国民政府系の地下組織もまた租界において活動した。[8]中国軍が触れることができない「淪陥区域」[9]において、敵後方を撹乱する勢力を形成し、反日宣伝や暗殺活動を頻繁に行ったのである。とりわけ暗殺というテロ活動は月に数回は発生し、暗殺事件が起こる度にそれらの事件の多くは新聞や雑誌で報道され、調査が行われた。租界を中心とした反日活動は日本の対華軍事行動の後顧の憂いとなり、日本はこの問題を早急に解決したいと望んでいた。

程錫庚暗殺事件（以下「程事件」とする）発生前、すでにテロ活動の扇動者の一部が租界当局により拘留されており、特に上海と天津で最も多かった。上海と天津は当時外国租界が集中していた地域であり、したがってテロ活動が活発な地域でもあった。[10]

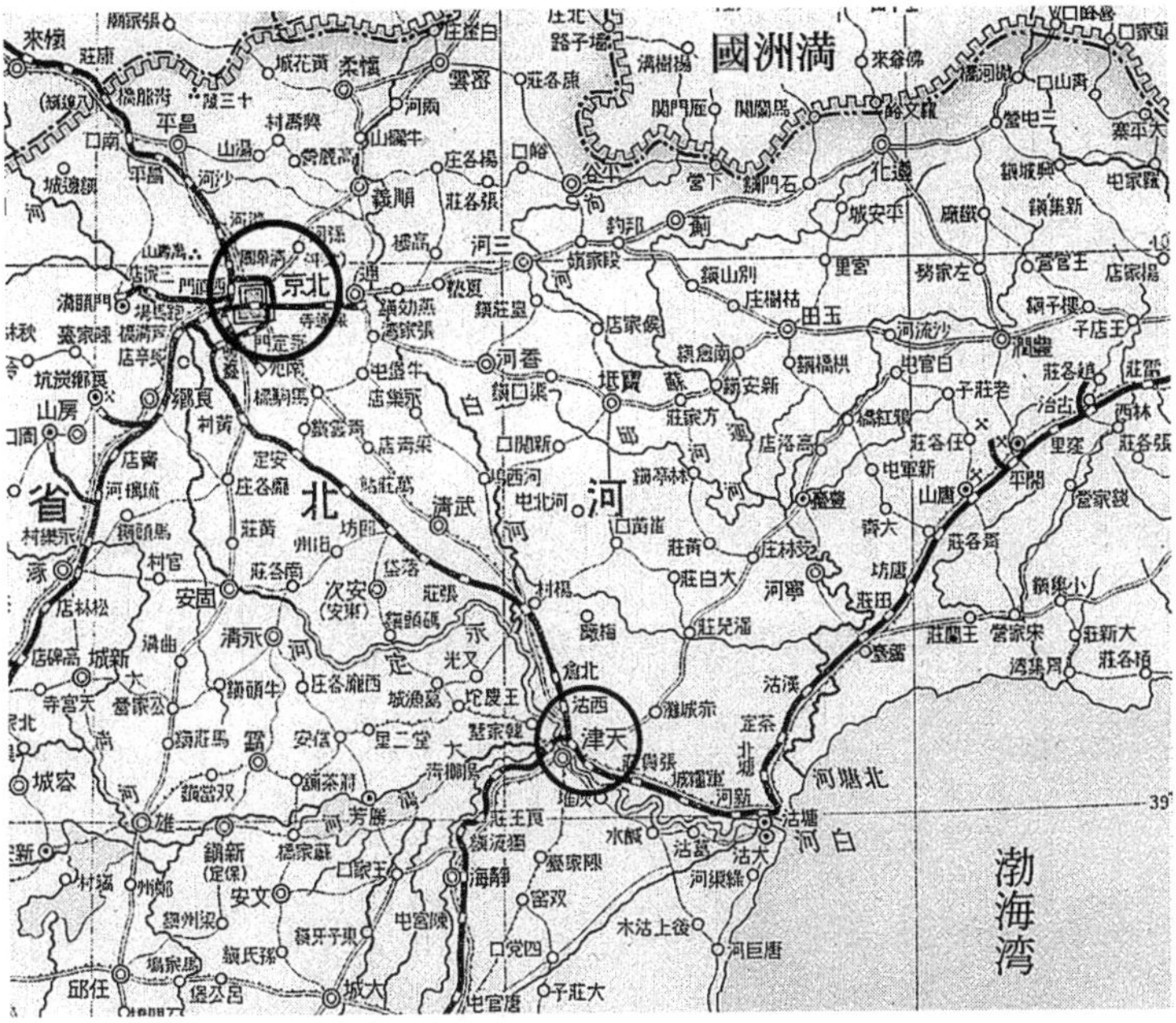

出典：『最新天津街圖・天津日本租界圖』（日光堂書店、一九三九年）（〈財〉東洋文庫蔵）。

一九三八年七月七日、盧溝橋事件一周年に上海共同租界で爆破事件が起こった。これを契機に、上海工部局（municipal committee）は日本軍と協力するようになり、租界内で逮捕したテロリストを花園橋（Garden Bridge）まで移送し日本軍憲兵に引き渡した。[11] しかし上海工部局は日本の憲兵と警察が租界内において捜査、逮捕などの任務を遂行することは依然として許可しなかった。

七月十六日、今度は天津のイギリス租界で、天津工部局が中央統計調査局に雇われていた張慶恩と彼の仲間四人を逮捕した。彼らには罰金のほか、三カ月の禁錮刑が言い渡された。天津工部局は天津における国民党地下組織の捜査を続け、抗日鋤奸団の在天津組織を検挙し、沈棟を逮捕した。また、この期間に逮捕された者には第四軍団長似警吾（齊君来）もいた。しかしこれらの逮捕者は、イギリス側の好意により日本側や日本の傀儡政権に引き渡されなかった。[12] さらにこのほかにも、一九三八年十二月二十七日には親日派の天津商会会長王竹林の暗殺事件が発生した。

次いで一九三九年二月十七日陰暦の元旦に、維新政府外交部長の陳籙が自宅で暗殺された。これは傀儡政権で部長職に就いた者が暗殺された初めての事件であり、日本側を激怒させた。[13] 二月二十二日、上海総領事三浦義秋は覚書を携え、日本の憲兵と領事館警察が必要な際には租界に入り、

英租界

出典：丁文江『中華民國新地圖』（〈財〉東洋文庫藏）。

しかるべき措置をとることを許可するよう上海工部局に要求した。上海工部局は表面上は日本の要求を拒絶したが、実質的には日本の圧力に完全に屈し、日本の憲兵が便衣を着て上海工部局員に同行し、巡補房[14]（捜査・逮捕）活動を行うことを許可した。[15]しかし、それでも日本の憲兵は租界内において捜査逮捕権を行使することはできなかった。

清朝滅亡以前においては、中国人と外国に関する裁判権は大部分が分立していた。原告か被告人のどちらか一方が外国人であった場合か、あるいは刑期が五年を超える犯罪の場合のみ、会廨[16]に引き渡され審理が行われた。辛亥革命勃発後、在上海領事団は自国民の保護を理由に、会廨の審理権と検察庁の行政権を接収管理した。そのため、原告・被告がともに中国人であっても、会廨による審理を受けることとなった。しかし、一九二五年に五・三〇事件が勃発すると、中国民衆の怒りが沸騰し、「領事裁判権」の撤廃を求める声が再び大きくなった。そのため列強各国は中国政府の圧力の下で会談を行い、「法権会議」を開催した。しかしこの「法権会議」では、具体的な成果はなく、一九二六年五月に会廨による審理に替わる上海臨時法院が設立されたのみであった。これは、外国人が被告である場合には、総領事が観察員を一人派遣し、外国人が原告である場合には、総領事が一人を派遣し審理に出席させるというものであった。一九三一年一月一日、国民政府は一方的に領事裁判権を撤廃し、上海臨時法院は中央に属することとなった。一九三一年四月一日、上海臨時法院は廃止され、替って上海特区地方法院が設置された。こうした制度改正と同時に、上海租界における中国人の民事・刑事事件に関して、それまでの中国と当事国の官吏が合同審理を行うという司法制度が完全に取り消された。これはつまり、租界内で発生した西欧各国の国民と関係のない民事・刑事事件は、すべて中国の裁判所で審理されることになったということである。しかし、天津租界には特区地方法院がなかったため、地方法院に容疑者を引き渡して審理する必要があった。

「程事件」が発生すると、上海において陳籙が暗殺された時と同様に、日本は直ちに関連情報を提供し、イギリス総領事の同意の下、憲兵を派遣しイギリス側工部局員に同行して捜査を行った。[17]天津イギリス租界工部局巡捕房は四月十八日に藺向栄、藺向貴、張富、王徳明の四人を容疑者として逮捕した。そのうち二人に関しては、この事件への関与の疑いがもたれた。[18]駐天津日本総領事田代重徳は、四月二十五日に駐天津イギリス総領事ジャミソン（Edgar George Jamieson）に書簡を送り、日本側が情報を提供したことが程事件の容疑者四人の逮捕につながったため、五日以内に容疑者を必ず返還することを保証した上で、容疑者四人を日本憲兵に引き渡して尋問させることを要求した。[19]駐天津イギリス副領事はその要請に同意した。容疑者四人は、第九軍軍長王文が天津で敗北した後に残された将兵であり、天津に残り地下活動に参加するようになったと日本の憲兵に供述した。[20]なお、国民政府外交部が得た情報では、容疑者四人には弁護士がつかず、憲兵から拷問を受けて供述し、現場を再現させられた疑いがあったとのことであった。[21]

イギリスは日中いずれにも宣戦布告をしていなかったが、こうして日中両国間の戦争に巻き込まれていった。次に、イギリス当局の天津租界をめぐる問題に対する態度を見てみたい。

二　イギリスの態度

イギリス側の基本的な態度は、中国における租界の「中立性」(neutrality)の維持であった。「程事件」発生後、イギリス側はいかにして同事件の容疑者四人を処罰するかについて検討した。『中英天津条約』(一八五八年)第二十一条の規定によると、「すべてのイギリス国籍を持たない外国人もしくは中国人の犯罪は、当該国の法廷に引き渡して審理する」とされている。そのため、日中開戦前、中国人犯罪者は地方法廷に送り、審理していた。ところが、日本は華北において樹立した政権を臨時政府とし、国民政府の勢力は迅速に華北から退いたため、犯人逮捕後、どの地方法廷に送るべきかという問題が起こった。これらのテロリストと政治犯を拘留し続けることは、イギリス租界工部局にとり面倒で手間がかかることであったため、イギリス側はどのようにして犯人を臨時政府管轄下の法廷に引き渡し、裁判にかけさせるか苦慮した。[22]しかしながら、イギリス側は臨時政府・維新政府を中国を代表する政権であると承認していなかったため、犯人を臨時政府管轄下の法廷に送った場合、臨時政府を「承認した」と見なされざるを得ず、また犯人を租界外に追放した場合には、彼らが必ず日本軍の手に落ちることを懸念していた。ジャミソン総領事は、拘留をもってテロリストを処罰することは、実に軽い刑であるため、租界にテロリストが存在し続けることを根本から抑制することができないと考えていた。[23]そして、日本はテロ活動と政治活動(political activity)が租界で蔓延していることを理由にイギリスに圧力をかけ、日本の要求に対してイギリス側が協力的な態度を取るように要求したが、ジャミソンは譲歩しようとしなかった。また「政治活動」[24]という言葉の定義が不明確で解釈の余地があったが、ジャミソンは銃器所持者を「地方当局」に引き渡すという規定

は支持し、その他の政治犯に関しては租界外へ追放するとした。(25)

イギリスは一貫して「中立」の態度を保とうとし、租界をめぐって国民政府と日本軍が軽率な行動をとらないことを期待していたが、テロと破壊行動は絶え間なく続いた。イギリスと国民政府の間には外交関係が依然として存在していたため、イギリス外務省の基本的な立場は比較的国民政府寄りのものであった。そのため、イギリス外務省は、租界内で逮捕された容疑者が追放されて臨時政府の管轄権内に入れば、すぐさま日本側に逮捕される危険があると考えていた。これらの犯人を保護するという立場に基づき、イギリス外務省は天津防衛司令官であった本間雅晴中将が提示した、政治犯を租界外に追放するという案を退けた。(26)しかし日本側は天津に圧力をかけ続け、天津工部局に抗日分子を取り締まるよう要求した。(27)また、イギリスの中国における態度、つまりこれまでの「援蒋」をもって極東政策の基調とさせず、日本の「東亜新秩序」建設に協力するよう促した。イギリスにますます圧力を感じさせたものは、日本が陰で起こした反英運動であった。

駐華イギリス大使カー(Archibald Clerk-Kerr)は四月三十日蔣介石夫妻と面会し、席上で天津租界問題について討議した。カーは、イギリス側は租界においてテロ活動を行う国民党員を保護し続けることはできないが、テロ活動に従事したために逮捕された者以外に、その他の事由で逮捕・拘留されている中国人を香港に移送することができれば、良い解決方法かもしれないと強調した。(28)しかし、ジャミソンと本間中将が交渉した際には、その処置に変更があったようであり、爆弾所持者は引き渡し、その他の政治犯は口頭で厳重に警告した後に追放し、二十四時間以内に租界から離れなかった場合は、「地方当局」に引き渡すことを計画していた。(29)しかしこの決定は今後の処理原則であり、「程事件」の容疑者四人はこの決定には含まれなかった。イギリス側は天津工部局が当該容疑者四人を証拠不十分と判断したことを理由に、臨時政府への引渡しを希望しなかった。(30)

そのため、五月七日に天津軍は声明を発表し、租界で犯人を匿わずになるべく早く逮捕し引き渡すべきであると天津工部局に要求した。(31)五月十九日、天津イギリス租界では日本軍に強引に占領される危険が強く感じられ、駐日イギリス大使クレーギー(Robert L.Craigie)は日本と友好関係を打ち立てようと試みる一方、イギリス外務省に対してフランスやアメリカに援助を求めるための心の準備をするよう説得した。(32)

カーはかつて、イギリスと日本および一つの中立国(原則としてアメリカ）から組織される特別法廷を組織して「程事件」を審理するべきだと提案し、ジャミソン総領事を通して田代総領事に通知したが、田代はこれを拒否した。[33]イギリス側の要求は、天津イギリス租界の中立性を可能な限り維持することであった。そのため国民政府に対して租界を反日の基地として濫用しないよう要求し、これによって日本とその傀儡政権がかけ続ける圧力から逃れようとした。また他方では、日本と傀儡政権が租界の特殊な地位を尊重することを希望した。イギリスは租界の利益を保護する権利を持っており、そのため動機が政治的なものであろうとなかろうと重大な犯罪者に関しては、現行の手続に基づいて当地の法廷に送り審理し、犯罪の程度が比較的軽い者は租界から追放しないという処理方針に変更はなかった。[34]しかし、イギリス側は国民政府に一切の反日活動を停止することを強く要求した。

三　日本の態度

日本側は、中国における租界の支配を主要な目的としていた。租界は日本軍が直接支配できない地域であった。しかし暗殺された程錫庚は臨時政府で高い地位に就き、また「華興券」（聯銀券）を発行する聯合儲備銀行の支配人であった。[35]臨時政府行政委員長王克敏はこれについて談話を発表した。天津代理市長温世珍もまた数日後にジャミソン総領事に抗議し、イギリス租界工部局に対して犯人の迅速な逮捕と引渡し、保安措置の改善、および天津の官吏と警察がいつでもイギリス租界に入り、天津工部局官吏および警察と協力して捜査逮捕を行うことに同意するよう要求した。[36]陳籙や程錫庚の暗殺事件のターゲットが傀儡政府の中国人高官であったことは、租界の安全が脅かされていることを明らかにした。一九三九年四月十日、日本側は田代総領事を通してジャミソンに書簡を送り、日本軍が憲兵隊を派遣し租界で捜査に協力することを許可し、さらに容疑者の引渡しに協力することへの同意を要求した。[37]間もなく、天津代理市長暗殺未遂事件が発生した。[38]加えて天津租界で法幣が使用され続けたことを理由に、日本側は中国共産党の活動基地と認定し、租界は「敵性」（enemy character）をもつと認識した。[39]

ここから、日本軍による英仏租界の封鎖は計画的に行われたということができる。早くも一九三八年十二月、田代は特別警備計画を起草し、外務大臣有田八郎に提出した。その中では英仏租界の封鎖および交通規制措置に言及し、さらに実施要領の詳細をも書き入れていた。[40]程錫庚の死はまさに良い機会だった。臨時政府もまた歩調を合わせ、温世珍代理市長は四月十四日に秘密命令を発布し、租界内に居住する市役所公務員は三日以内に租界から離れ、さらに以後天津英仏租界内に居住することを厳しく禁止した。[41]

五月三十一日、田代は天津工部局に対し、六月七日正午までに犯人を引き渡すよう要求した。田代の最終通告より以前の五月二十七日、日本側では北支那方面軍司令部によって事前準備がなされ、「天津英佛租界ニ對スル工作要領案」を起草していた。そこでは経済封鎖の実施要領が詳細に示されており、後日の天津租界封鎖の基本方針となった。[42]

まもなく六月七日正午の期限が目前に迫ったが、天津工部局側には犯人を移送する動きはなく、通告を発した日本側の面子をつぶした。ジャミソンは英、日、中立国の三カ国による特別法廷を組織し、そこで「程事件」を処理するという提案を出したが、田代はこれを拒否した。田代は日本軍が六月十二日に布告を発し、十四日午前六時からハーグ陸戦規則第四十二条に基づいて英仏租界を封鎖し、第二七師団がすべての人間の出入りを取り締まることに対して責任をもち、さらに経済封鎖を行うと宣言した。[43]

日本側が求めたのは租界問題の根本的な解決であったため、その要求にはいわゆるテロリスト・抗日分子に関する事項のほかに、通貨の統一、国民政府の法幣の流通禁止、租界内の金融管理機構の整理、イギリスが日本と共同で捜査逮捕活動を行うことも含まれていた。[44] 同時に、臨時政府はイギリスおよびフランスに対し声明を発表し、蒋介石が租界を利用して破壊活動に従事し、華北の安定をおびやかしていると主張し、（1）「程事件」の容疑者と共産分子の引渡し、（2）旧法幣の流通停止、臨時政府との協力、並びに預金残高の引渡し、（3）租界内の中国資本の銀行、私営金融機関、商社の検査への協力、（4）臨時政府の政策に違反する施設、言論、出版物の取締まり、（5）租界の共同取締まり、という五点を要求した。[45] 六月二十三日、有田外相はクレーギー駐日大使に、天津租界の封鎖は、イギリスが蒋介石を支持してきたため生じたのであり、日本はイギリスがその態度を改め、十分に「協力」することを期待すると通告した。[46]

この要求は、天津租界の情勢に対して大きな影響を及ぼすものであった。経済封鎖は確実に英仏租界を窮地に追い込んだため、イギリスは日本と話し合う可能性を模索しなければならなくなった。こうして六月二十八日、日英当局は東京で会談することに同意した。[47]

日英会談における日本側の要求はおおむね以下の通りであった。

（1）華北の安全に関して、租界当局は当地の日本軍と協力し、必要な援助を提供しなければならない。
（2）日本軍或いは臨時政府に、「程事件」の容疑者を無条件で引き渡すこと。
（3）刑事犯は必要に応じて引き渡すこと。
（4）租界は抗日援蔣活動の取締まりを強化すること。
（5）租界工部局は必要があれば、日本憲兵と連携し共同で犯人を捜査逮捕することを認めること。
（6）租界において聯銀券を通用させること。
（7）租界において国民政府が銀行に蓄えている銀元を臨時政府に移管させること。[48]

日本の要求はイギリスによる「事実上の政府」の承認と「日本との協力」の二つにほかならなかった。その他に日本側は工部局内の反日メンバーを粛清することを要求した。[49] 東京会談で日本は、イギリス租界内の抗日共産活動の排除を要求の一つとし、その他に経済問題も考慮に入れ、日本側に「捜査」と「取締まり」の権限を与えなければならないと主張した。天津事件を引き起こした「程事件」とこの事件に関連して拘留された四人の中国人については、イギリス側は日本側が十分な証拠を提出したとし、九月五日午後に引き渡すと回答した。この頃、水害に苦しんでいた天津租界は、経済封鎖に直面し、外部から提供される支援に頼らなければ存続できずにいた。日本が提出したという証拠は、イギリスに助け舟を出す手段の一つにすぎなかったとも考えられる。[50]

日中両国は宣戦布告をしていなかったため、日本は戦時国際法に基づいて支配地域を統治することができなかったが、関連問題の交渉という方法によって、交戦国がもつ権力の一部を行使しようとした。さらに傀儡政権に「交戦団体」に類似する資格を得させた。こうして、中国で勃発した戦争は表面上は奇妙な「内戦」であるようにも見えたのであった。日本はイギリスに、日本と「有田・クレーギー協定」を締結することを迫り、イギリス側に目下の大規模な戦争状態を承認させ、さらに自国の安全の保障と支配地域内の公安の掌握という目的について特殊な要求ができることを示した。[51] これにより日本軍の行動の制約や敵側に有利となる状況をなくそうとしたのである。日本はこれら点では基本目的をほぼ達成したのであった。

四　国民政府の態度

国民政府は中国における租界の「特殊性」と自身の「正統性」を維持することを望んでいた。イギリス租界工部局は当初、「程事件」は復興社による犯行だと疑った。しかし事件発生後、中国国民党はこの事件と無関係であるという立場を貫くことを決定した。国民党中央執行委員会秘書処は四月十四日、外交部に書簡を送り、この事件について以下の回答をするよう要求した。

「甲、程は偽津海関監督就任を拒否したため、日本側の怒りを買い、日本側に殺害された。乙、使用された拳銃の様式はイギリス、フランス、日本、中国の各国で見られるものである。我々の党員は敵に逮捕され、それに関連して多くの拳銃を損失している。そのため、それが我々の行為であると断定することはできない。さらに程と国民党中央は関係があり、それが敵に発覚したため租界で射殺されたという雰囲気を作り出し、その濡れ衣を我々に着せ、さらにそれを交渉の口実にしようとした。[52]」

イギリス租界工部局側が四月に大捜索を開始した際、租界にいた国民政府側のスパイは国民党中央に打電し、「駐天津イギリス総領事が、誠意をもって日本側を招聘し、合同でイギリス租界で全面的に捜査を行うことを命令した。情報によると、拳銃を押収した場合はすぐさま傀儡政権の法廷に送り、また政治文書や宣伝品を押収した場合はすぐさま租界外に追放する」とのことであるため、租界のスパイは任務を遂行することができないと報告し、さらにイギリス側は中立性を失った疑いがあると指摘した。[53]

五月二十七日、イギリス駐華参事官プリドゥ‐ブルーン(Prideaux-Brune)は重慶外交部に書簡を送り、イギリス側は基本的に「程事件」の容疑者四人を拘留し続けることを決定したが、将来もしテロ活動に従事する者を逮捕し、また捜査後に確実な証拠が発見された場合、「事実上の地方当局」に引き渡して(hand over to the de facto authority)審理し、情状が軽い者は租界から追放すると述べた。[54]プリドゥ‐ブルーンは二十八日、外交部長王寵恵と会談し、話がイギリス外務省のこの決定に及ぶと、王寵恵はイギリスが犯人を「事実上の地方当局」に引き渡そうとしていることに対して抗議し、イギリスのこの行動は傀儡政権を承認する危険があるため、イギリスは犯人を拘留し続けるか、もしくはすぐさま釈放して戦争が終結するまで犯人を租界に滞在させるべきだと提案した。[55]しかしイギリスは、日本が加える圧力が次第に強くなり、さらにヨーロッパ情勢がすでに戦争に向かっていたため、日本に対してほとんど屈服に近い態度を示した。プリドゥ‐ブルーンは、現在イギリスは非常事態に直面しており、王寵恵が提出した意見を伝達することはできるが、決定を覆すことは無理であろうと伝えた。[56]蔣介石委員長は六月一日に会議を開催し、外交部長王寵恵、中国国民党中央執行委員会秘書長葉楚傖、同組織部長兼中央調査統計局長朱家驊、同宣伝部長王世杰に出席するよう命令し、王世杰のみが何らかの理由で参加できなかったが、そこでは租界の法律上の地位について全面的に討議された。会議ではいくつかの決定が行われた。

（1）租界の法律上の地位を維持し、土地章程（地皮章程）と法院協定を変更しない。

（2）愛国行動は自主的に行われているものであり、重慶側が掌握できないものであることを理解するよう租界側に要請する。

（3）租界側も国民政府および中国人民を刺激する言論を取り締まることを希望する。

（4）敵後工作は、慎重かつしばらく見合わせることを同志に要求する。(57)

「有田・クレーギー協定」発表後、この協定の内容が漠然としており、また曖昧なものであったため、曲解や拡大解釈がされやすく、さらに日英間の会談は中国の主権と関連する利益と密接な関係があったにもかかわらず国民政府側は招聘されなかったため、国民政府は不満を感じ、駐イギリス大使館を通じてイギリス側に抗議を行った。また国民政府はイギリスから「日本軍は中国において如何なる権力も持たない」という一点に対して何らかの表明があることを期待したが、そのような表明もなかったため、日本軍の中国における軍事行動は国際法と九カ国条約に完全に違反していると強調し、さらに被支配地域に対する中国の主権を重ねて主張した。(58)イギリスはカー駐華大使を重慶に派遣して蔣介石に日英協議の内容を説明させ、日英東京会談はテロ活動が拡大し続けているため開催されたのであり、イギリスは租界が日中いかなる側にも偏らない中立を保つことを望んでおり、またイギリスが東アジア政策を変更しておらず、国民政府を見捨ててもいず、日英東京会談では日本との間で日常的に起こる問題を処理したにすぎないことを強調した。(59)

一九三九年八月十日、カーはイギリス外務省に書簡を送り、日英東京会談において、日本側は「程事件」で拘留された四人に対して十分な証拠を提出したため、イギリスの立場上、容疑者を地方当局に引き渡し審理することを決定したと述べた。(60)イギリスは東アジア政策を変更しないと何度も繰り返したが、国民政府外交部は、依然としてイギリスが内戦という構造をもって臨時政府と国民政府間の関係を処理しているため、今回「程事件」の容疑者四人を「地方当局」に引き渡すことになったことを懸念していた。(61)

不平等条約の撤廃を目標としていた国民政府と中国国民

党は、この危機に際して一八五八年の「天津条約」と関連する土地章程（地皮章程）および法院章程を援用し、一方ではイギリスが同条約の内容を尊重することを期待し、他方では自身の「正統」な地位を主張しようと試みた。しかし「有田・クレーギー協定」の発表は、国民政府にその勢力を租界から引き上げることを強いることとなった。九月五日午後、「程事件」の容疑者四人は地方当局の「中国法院」に引き渡された。これに対し、国民政府側はいかなる抗議も提出しなかった。国民政府は程事件等の政治犯を重慶側が掌握できる法廷に引き渡し審理することを期待したが、しかしそれは実質的に不可能であり、「有田・クレーギー協定」の発表と、それに続く逮捕によって、租界の特殊性を維持するという国民政府側の願望は打ち壊されたのである。

むすび

一九三七年の日中戦争勃発後しばらくの間、列強は条約上の根拠に基づく既得権益を改めるつもりはなく、そのため各国は条約港の租界において、従前の状態を維持した。外見上、中国における軍事衝突はあたかも「内戦」のようであり、国民政府と北京維新政府、南京臨時政府が互いに対立し、日本は後者二つの政府の友軍であった。[62] また列強の中国における立場は、基本的に「中立」であった。

遠く重慶にあり、なかなか影響力を及ぼすことができなかった国民政府にとっては、日中衝突の間に存在する列強の租界は、敵の後方における基地として利用できる地域であり、加えて租界の比較的優れた出版システムは、敵後方を撹乱するための重要な力であった。日英間では宣戦布告がなされていなかったため、日本の目的は、租界という国民政府の後方拠点を攻め落とすことであり、イギリスと真っ向から対決することではなかった。それでも日本は、ヨーロッパで戦争が一触即発の状況のもとで苦境にあったイギリスに対して、天津租界封鎖という形で圧迫を加えた。

クレーギー駐日大使は東京会談が中断していた期間に、ハリファックス（Edward Halifax）外相に打電し、イギリスは租界封鎖および反英風潮の高まりの中で、名義上自治を行っている華北において日本が優勢な地位にあることを承認せざるを得ず、九カ国条約体制下において協議するという可能性を放棄しなければならないと報告した。[63] さらに一九三九年九月のヨーロッパにおける戦争の勃発により、イギリスは東アジア問題の早急な処理を望むこととなり、「現実の状況」に直面して日本に屈服し、たとえそれが日本の傀儡に過ぎなかったにせよ、華北における臨時政府の勢力を承認した。

イギリスは刑事事件で日本および傀儡政権に協力した後、聯銀券と預金残高問題についても、大部分を現状に即した方法で処理した。聯銀券に関しては、租界において法幣と共に流通する地位を得た。法律上（de jure）の国民政府は租界を利用する機会を失い、事実上（de facto）の臨時政府が日本の勢力を借りて租界に入り、日本軍の大きな流れの中にある国民政府という「孤島」は、逐次大きな海の中へと沈んでいったのである。

註

（1）程錫庚は程錫康とも名乗ったようである。当時の日本人が編纂した人名事典では、「陳錫康」と記されている。外務省情報部編『中国人名資料事典八　復刻　現代中華民国満洲帝国人民年鑑（昭和十二年版）』（日本資料センター、一九九八年）四〇四頁。

（2）「津除一巨奸：程逆錫庚死于影院」〈一九三九年四月十二日〉（『大公報（重慶）』）一—二頁。

（3）温源寧『一知半解』（岳麓書社、一九八八年）六一—六二頁。

（4）「治安維持会」とは、傀儡組織である。北京臨時政府と南京維新政府成立以前の過渡期における機関であり、日本軍が中国の地方を占領した後、当地の親日勢力を利用して、「治安維持」という名目で組織した地方組織である。天津は一九三七年七月二十九日、日本軍に占領され、天津治安維持会は八月一日に張弧の号令の下に成立し、高凌蔚が会長を務めた。

（5）宣戦布告がなされていないが実際には戦争状態にある、いわゆる「準戦争」については李廣民『準戦争状態研究』（北京：社会科学文献出版社、二〇〇三年）参照。

（6）天津租界には主に電報局、中国銀行、輪船招商局などの政府機関があり、重慶側の支配を受けた。上海公共租界には上海特区地方法院が設置された。

（7）天津イギリス租界に移ったものは、郵便局、電話、電報、招商、航政各局と中央軍政官吏などである。詳細は、「中央執行委員会密函外交部」〈一九三九年四月十二日〉（「天津事件」（『外交部文書』外交部蔵以下「天津事件」と略記）目録号三一二）。

（8）国民党の地方党部と特殊党部もまた租界に残り、地下工作を行い、敵後の破壊工作と情報工作を専門に行った。天津には河北省党部及び津浦鉄路党部等が残った。

（9）国民政府が支配できず、日本軍とその傀儡政府が支配している地域を指す。

（10）上海租界におけるテロ活動と都市犯罪については、魏斐徳『上海歹土——戦時恐怖活動與城市犯罪——』（Fredrick Wakeman Jr., *The Shanghai Badlands: Wartime Terrorism and Urban Crime, 1937-1941* (New York: Cambridge University Press, 1996). 天津事件に関してはSebastien Swann *Japan's Imperial Dilemma in China: The Tientsin Incident, 1939-1940.* (London: Routledge Curzon, 2009 予定)（二〇〇八年四月出版予定）を参照のこと。

（11）魏『上海歹土』三九—四〇頁。

（12）詳細は、「為本局津区部為英工務局捜査並逮捕同志捜去文件請照会英大使電津制止並釈放被捕同志」〈一九三八年七月二十六日〉、「国民政府軍事委員会蒋中正委員長致外交部王寵惠快郵代電」〈一九三八年八月二日〉、「英国大使館参事葛淩蔚（Greenway）上蔣委員長函」〈一九三八年八月二十四日〉（同右）を参照。

(13) 陳籙暗殺事件の経過と影響は、魏『上海歹土』を参照。

(14) 租界の警察局に相当する機関。各国の警察機関が合同して組織し、犯人捜査や容疑者逮捕の権限を持ち、租界にのみ存在した。

(15) 魏『上海歹土』七七―七八頁。

(16) 中国人と外国人領事が代表を派遣して組織した裁判機関であり、租界にのみ存在した。租界における外国人と中国人の民事・刑事事件を多国籍の裁判員によって審理する権利を持っていた。

(17) 「田代総領事発有田外相」〈一九三九年四月十九日〉（「天津租界問題Ⅰ　程錫庚暗殺犯人引渡事件経過」アジア資料センター蔵、B02030575800）三二三頁。

(18) April 18,1939,Consul-General Jamieson(Tientsin) to F.O.,FO 371/23397,p.69[F3725/1/10] (*Public Record Office*), Kew [hereafter as cited *PRO*]. ここからは判断できないが、重慶外交部がイギリス大使館を通して知った逮捕日時は四月二十二日である。詳細は、「褌徳本致函重慶外交部」〈一九三九年五月二十七日〉（「天津事件」）を参照。このほか、この容疑者四人は狄向隆、蘭隆、沈向金、李徳という偽名を使っていたようである。詳細は、「王寵惠発駐英大使館函」〈一九三九年八月二十一日〉（「天津事件」）を参照。

(19) 「田代総領事ヨリ英国駐天津総領事Jamieson」〈一九三九年四月二十五日〉（「天津租界問題Ⅰ　程錫庚暗殺犯人引渡事件経過」アジア資料センター蔵、B02030575800）三二九頁。

(20) 10 June,1939,R.L.Creigie to Kishi（「支那事変関係一件　天津英仏租界ニ関スル諸問題（郵電務関係ヲ除ク）第二巻」アジア資料センター蔵、B02030647500）三三四頁。「暗殺団関係者取調状況ノ件通牒」〈一九三四年四月三十日〉（「支那事変関係一件　天津英仏租界ニ関スル諸問題（郵電務関係ヲ除ク）第二巻」アジア資料センター蔵、B02030647900）五七八―八五頁。しかし、内務省警保局が出版した『外事警察報』では、刺客を元国軍第九軍第一旅団旅団長藍向隆と称している（「天津英租界問題」（『外事警察報　二〇四』内務省警保局、一九三九年七月）一一頁）。

(21) 「軍事委員会調査局副局長戴笠ヨリ軍事委員会秘書長朱家驊」〈一九三九年八月十二日〉、「駐英大使館一一一五号電」〈一九三九年八月十三日〉（「天津事件」）。

(22) Proposed action to be taken with regard to political offenders at Tientsin,FO371/23397,p.85-87 [F3735/1/10] (*PRO*).

(23) April 21,1939, Jamieson to F.O.,FO371/23397,p.96-97 [F3891/1/10] (*PRO*).

(24) 四月二十一日に「政治活動」（Political activity）が定義され、そこでは（1）租界を利用してゲリラ活動の基地とする、（2）反日宣伝のための宣伝品を配る、（3）租界の中立を脅かす行為、が含まれていた。しかしこの定義は依然として曖昧なものだった（June 2,1939,Tientsin Terrorists,FO371/23398,p.70 [F5263/1/10] (*PRO*).

(25) May 19, 1939,Broadmead to F.O.,FO371/23397,p.102-3

[F3919/1/10] (*PRO*).

（26） April 18,1939, Mr.Broadmead(shanghai)to F.O.,FO 371/23397,p.87-88 [F3735/1/10] (PRO).

（27） April 24, 1939, Mr.Jamieson to F.O.,FO 372/23397,p.96-97 [F3891/1/10] (*PRO*).

（28） May 1,1939, A.Clerk-Kerr to F.O.,FO371/23397,p.114-16 [F4182/1/10] (*PRO*).

（29） May 2, 1939, Jamieson to F.O.,FO371/23397,p.110-12 [F4154/1/10] (*PRO*).

（30） 「田代総領事発有田外相天津英租界犯人引渡交渉ニ関スル件」〈一九三九年五月二十七日〉（［支那事変関係一件　天津英仏租界ニ関スル諸問題（郵電務関係ヲ除ク）第一巻］アジア資料センター蔵、B02030646700）二四五頁。

（31） 「五月七日天津軍当局ノ英仏租界ニ関スル声名ニ関スル件」〈一九三九年五月七日〉（同右）二五〇頁。

（32） May 19,1939, Sir R.Craigie to F.O.,FO 371/23397,p.183 [F4781/1/10] (*PRO*).

（33） 「郭泰祺発外交部電」（［抗戦初期英日談判我方因応］〈一九三九年六月十五日〉（『外交部文書』外交部蔵）目録号三一一二）。

（34） 「卡爾ヨリ王寵恵」〈一九三八年八月二十四日〉（［天津事件］）。カーが言うところの現行の手順について、一八五八年に英中両国が調印した『天津条約』第二十一条は、「if Chinese offenders take refuge in the houses or on board the vessels of the British subjects at the open ports they shall not be harboured or concealed but shall be delivered upon due requisition by the Chinese Authorities addressed to the British Consul」と規定している。詳細は『天津条約』（王鉄崖編『中外旧約章彙編（第一冊）』〔三聯書店、一九八二年〕）九九頁を参照。

（35） その年の三月十一日、北京臨時政府は重慶法幣の流通禁止を発布し、流通貨幣として「華興券」を発行した。

（36） 「偽市署為程錫庚在大光明影院被狙殞命致英総領事公函」〈一九三九年四月十日〉（天津文書館・南開大学分校文書系編『天津租界文書選編』天津人民出版社、一九八二年）八七―八八頁。

（37） 「田代総領事発有田外相」〈一九三九年四月十四日〉（［支那事変関係一件　天津英仏租界ニ関スル諸問題（郵電務関係ヲ除ク）第一巻］アジア資料センター蔵、B02030646600）一九九頁。

（38） 「天津総領事館警察署長田島周平発田代総領事、北京警務部長幅内」〈一九三九年四月十二日〉（同右、B02030646700）二〇六―二一三頁。

（39） 内閣情報部編『天津英租界問題』（内閣情報部、アジア資料センター蔵、A06031095600、一九三九年）一一―三頁。いわゆる「敵性」とは国際法上の用語であり、交戦国が「破壊」と「制限」措置をとる時、その対象となるものを判定する規準である。一般的に、交戦相手国に属する国民およびその財産はすべて敵性を持つが、中立国の国民とその財産も敵性を持つ場合があるため、状況に応じて判定しなければならない。詳細は張彝鼎等編『雲五社会科学大辞典――国際関係』（台湾商務印書館、一九七六年）三二四頁を参照。

（40） 「対英仏租界特別警備計画ニ関スル件」〈一九三八年十二月十六日〉（［支那事変関係一件　天津英仏租界ニ関スル諸

問題（郵電務関係ヲ除ク）第一巻］アジア資料センター蔵、B02030646300）一六―二六頁。

(41)「天津特別市公署秘密訓令建字第六号」〈一九三九年四月十四日〉（同右、B02030646600）二〇三頁。

(42) 北支那方面軍司令部「天津英仏租界ニ対スル工作要領案」（同右第二巻、B02030647500）三四四―三四六頁。

(43)「有田外務大臣発田代総領事」〈一九三九年六月十二日〉（同右、B02030647500）三三五頁。

(44) 北支那方面軍参謀長山下奉文「指示」〈一九三九年六月十三日〉（同右）三七五―七六頁。『英国外交文書Ⅲ 九』一九四頁。国民政府側が得た情報では、日本の要求は（1）「程事件」犯人の引渡し、（2）イギリス租界工部局に日本国籍の監察員一五人を加える、（3）僧侶一二人を釈放する、（4）電話局を天津市政府に移す、（5）租界で聯銀券を使用する、という五点だった。詳細は「中央調査統計局長朱家驊函外交部長王寵惠」〈一九三九年七月一日〉（［抗戦初期英日談判我方因応］）を参照。

(45)「天津市長温世珍致英国、法国駐天津総領事声明」〈一九三九年六月二十二日〉（［天津租界問題／不明］アジア資料センター蔵、B02030578200）四二七―二九頁。

(46)「克莱琪発哈里発克斯」〈一九三九年六月二十四日〉（『英国外交文書Ⅲ 九』）二一九―二〇頁。

(47)「天津英国租界に関する外務省情報部発表」〈一九三九年六月二十八日〉（［支那事変関係一件 天津英仏租界ニ関スル諸問題（郵電務関係ヲ除ク）第十四巻 日英東京会談第一巻］アジア資料センター蔵、B02030660900）二〇二頁。

(48)「天津租界問題解決要綱」〈一九三九年六月二十九日〉（同右）二〇七―一〇頁。

(49) 天津租界では暗殺活動が頻繁に発生していたため、当時の天津イギリス工部局警務処長李漢元は抗日活動を擁護したという嫌疑をかけられ、退職を迫られた。詳細は、「天津英工部局前警務処長李漢元ニ関スル件」〈一九三九年四月二十八日〉（［支那事変関係一件 天津英仏租界ニ関スル諸問題（郵電務関係ヲ除ク）第一巻］アジア資料センター蔵、B02030646700）一三三頁。「掘内参事官発有田外相」〈一九三九年七月四日〉（［同右、第十四巻 日英東京会談第一巻］アジア資料センター蔵、B02030660900）二五一頁を参照。

(50) 国民政府側が得た情報では、この容疑者四人は拷問にかけられ、やむなく無実の罪を認めたとのことであった。しかし、天津工部局は誤認逮捕をしたようである。八月二十八日、祝宗樑、袁漢俊の二人は香港から国民政府主席へ連絡し、程錫庚を暗殺した犯人は暗殺成功後香港へ逃げたと言いふらしたが、天津工部局が無実の四人を逮捕したと聞き、「程事件」の容疑者四人が「天津地方裁判所」に護送される前に、イギリス総督に自首しようとしたため、イギリス側は彼ら二人を日本やその傀儡組織に送らないと保証しなければならなかった。詳細は「国民政府交辦祝宗樑等電」〈一九三九年八月二十八日〉（［天津事件］）を参照。

(51)「有田・クレーギー協定」〈一九三九年七月二十四日〉。

(52)「極密」〈一九三九年四月十四日〉（［天津事件］）。

(53)「中央執行委員会ヨリ外交部」〈一九三九年四月十二日〉（同右）。

(54)「褌徳本ヨリ重慶外交部」〈一九三九年五月二十七日〉（同右）。

(55)「廿八年五月廿八日上午十一時英大使館代理中文参事褌徳本與部長在外交官舎談話記録」〈一九三九年五月二十八日〉(同右)。
(56)「廿八年五月廿九日下午六時英大使館代理中文参事褌徳本與部長在外交官舎談話記録」〈一九三九年五月二十九日〉(同右)。
(57)「致国防最高委員会秘書長張群函」〈一九三九年六月三日〉(同右)。
(58) July 31,1939, Memorandum (同右)。
(59)「外交部長王寵惠自重慶呈蒋委員長報告英大使対於英日東京会議之意見函」〈一九三九年七月二十八日〉(『中華民国重要史料初編——対日抗戦時期 第三編戦時外交』中国国民党党史会、一九八一年)一〇四頁。
(60) August 10,1939, Personal Message from H. M. Ambassador to the Generalissimo and the Minister of Foreign Affairs(「天津事件」)。
(61)「外交部発駐英大使館」〈一九三九年八月十五日〉(同右)。
(62) 臨時政府と維新政府の成立宣言を見ると、その主な内容は日中親善、相互提携以外に、当該政府成立後には、重慶当局と他国が締結した条約の効力を承認せず、さらに平等な態度をもって他国と付き合うことを公表している。これは「中央」から離脱し自立した自治政権であると言える。詳細は「中華民国臨時政府成立宣言」(中国第二歴史檔案館編『中華民国史資料彙編 (第五輯第二編附録(上)』江蘇古籍出版社、一九九七年収録)一八—二〇頁、「中華民国維新政府宣言」(維新政府行政院印鑄局『政府公報 一』〈一九三八年四月十一日〉)一—二頁、「中華民国維新政府政綱」(同『政府公報 一』〈一九三八年四月十一日〉収録)三頁、「中華民国維新政府外交部発言人対新聞記者宣言」(同『政府公報 三』〈一九三八年四月二十五日〉収録)一五頁を参照。
(63)「克莱琪発哈里法克斯」〈一九三九年八月二十五日〉(『英国外交文件Ⅲ 九』)四九五—九七頁。

(台湾国立政治大学研究部)
(筑波大学大学院)

編集担当付記

なお、天津租界封鎖をめぐる現地における日英交渉については以下の文献も参照されたい。角田房子『いっさい夢にござ候 本間雅晴中将伝』(〈中公文庫〉、中央公論社、一九七五年)一八二—九五頁。本間雅晴天津防衛司令官は現地における封鎖活動を指揮する一方、封鎖中に発生した天津の水害への対策にも尽力した。

汪兆銘「南京国民政府」の法的地位と日中戦争

——英国による不承認と国際法～英国外務省文書の検討——

臼杵英一

はじめに

汪政権は、当初「国民政府」の南京帰還という形をとって一九四〇年三月三十日に樹立された。その後、当時の日本の観点からは、和平工作のすべてが挫折したあと、「蔣政権ガ降服ヲスルカ、或ハ解體ヲシテ中央政権ノ傘下ニ入ツテ來ルカ[1]」して、汪政権が中華民国を代表する中央政府となる仮想的期待をもって、同年十一月三十日の日華基本条約の締結により黙示の政府承認を付与されたものである。これは、既存国家における政府承認の切り替えを意味する。また、外交関係を開設する正式の外交使節として本田熊太郎大使が任命された（一九四〇年十二月二十三日）。汪側の駐日大使は、前外交部長褚民誼であった（一九四一年四月任命）。ドイツおよびイタリアが一九四一年七月一日付で承認した（日本時間七月二日公表[2]）。その後若干のドイツの影響下にある諸国（スロヴァキア、ハンガリー、ルーマニア、ブルガリア、クロアチア、デンマーク、スペイン）によっても中国政府として明示的に承認された。

本論文の趣旨は、日中戦争全体と、そのいわばひとつの"悪の華"扱いされている汪兆銘〔(Wang Chao-ming)〈汪精衛(Wang Ching-wei)〉〕政権を、外交史の視点とは少し異なる国際法の視点から見直してみることである。汪自身は条約には"汪兆銘"と署名しているので、以下では汪兆銘と表記する。

その一つ目の課題は、英国国立公文書館（National Archives, 旧 P.R.O.）[3]所蔵の外務省文書のうち、とくに汪政権の法的地位と英国による不承認の決定に関する省内の法律意見書やメモを検討することによって、英国がいかなる法的判断に依拠して、不承認の態度をとったのかを検討することである。さらに、国家の実際の実行において、こうした傀儡政府に対する不承認主義（あるいは法原則）の法的意義や外交実務の中での取扱いについても整理したい。

二つ目の課題は、汪政権樹立前の英国の動きについてである。〝グリーン・ペーパー〟と呼ばれている英国外務省の機密文書によれば、一九三九年九月末、チェンバレン内閣が汪政権の樹立による中国の内戦状態の再来を避けるために、包括的な日中間の和平会議を香港で開くことにつき英国が周旋（good offices）を申し出る閣議決定をしたことが認められる。英国の第二次世界大戦への対応との関連でベスト（Antony Best）、およびロウ（Peter Lowe）がごく簡単にこの動きの一部に触れているが(4)、重視されていない。本論文では、英国側主導の和平仲介の動きであった事実を紹介しておきたい。

三つ目の課題は、日中戦争全体の法的性格の変遷、および汪政権の法的地位に関連して、国際法的視点から日汪間の同盟条約（一九四三年）の条文を解析することである。

このように、英国による不承認を検討することを通じて、汪政権誕生以後から解散までの対外関係の姿を国際法的視点から見直すことにより、外交史・軍事史研究にもう一つの視点を提供することができればと思う。

一　英国の基本的態度（一九三九年一月十四日付の対日申入れ）

日本の対中国政策への対応について、それまで揺れていた英国の態度も、一九三九年初頭以降、次節で説明するチェンバレン内閣の閣議決定のエピソードを除けば、さわめて一貫したものであったと言えよう。その基本的立場は、要するに〝英国政府は、中国に関して、力によってもたらされた九カ国条約と両立しない事態や変更は、受け入れず承認もしない。一方的な変更ないし事情変更の主張には同意できない〟というものであった。満州事変の時には英国が懐疑的であったはずの米国による「不承認主義」の英国版とも言える。

その基本的態度は、日中紛争中の一九三九年一月十四日、明確に日本側（有田外相宛）に外交的申入れ（démarche）の形で伝達された(5)。しかも、九カ国条約の主要な当事国である米国とフランスとの事前了解のうえで出されたものである(6)。その申入れの前半部分が前年の十一月三日と十二月二十二日の近衛声明への疑義を表明する具体的な抗議文の形をとったため、満州事変時に一般原則として表明された米国スティムソン声明と比べて不承認主義としてはあまり注目されていない。しかし、中国における一般的な日本の行為や事態に対する不承認主義そのものである。

この外交的申入れは、実際、不承認主義を次のように明言している。

5．連合王国政府としては、力によってもたらされることのような性質の変更（changes of the nature indicated which are brought about by force）を受諾したり、または承認したりする用意のないことを明確にしておきたいと希望するものであります。我が政府は、九カ国条約の諸原則を遵守する意向であるとともに、その条項の一方的な変更には同意致しかねるものであります。〔現下の交戦状態の発生以前までは、この条約は期待された有益な効果を着実に生んでいたのであって、中国人民は、自ら、実効的かつ安定した政府を維持・発展しつつあった。また、すべての国民の通商と産業上の機会均等原則が、中国やその国際貿易、および日本との通商にも繁栄を与えていたことを指摘したい。〕それゆえ、連合王国政府は、もし事態が日本により当該条約の条項に違背して変更されたものでなければ別であるけれども、そうである限りは、日本において提唱されているような、当該条約が時代遅れであり、その規定はもはや事態に適合しなくなったとの主張には同意致しかねるものであります。(7)

申入れの後半部分は、条約が未来永劫変更できないと言っているのではなく、中国に関する九カ国条約等の多辺条約の変更に関して、日本政府に「建設的な提案」があるのであれば、英国政府としては、それを検討する用意がある。それまでは、条約上の権利を留保せざるを得ない、という内容であった。

九カ国条約について、日本側では、一九四〇年二月七日の帝国議会予算委員会で議論になった。中国の中で満州国の独立と古来未曾有の戦争があり、汪政権の樹立による事変処理や戦争遂行上の邪魔になるので事情変更の原則にしたがって廃棄通告をすべきであるという意見が出された。日本は前年のブリュッセルでの九カ国条約会議を認めず代表すら送らなかった。これに対して、衆議院において、有田外相が、同条約に対する日本の態度につき、「其ノ廃棄ト云フコトノ及ボス影響」を理由として「慎重考慮」――すなわち同条約の維持――を求めている。(8)

英国の申入れの法的に興味深いところは、英国の不承認主義の法的根拠が、領土不可侵や武力行使禁止原則などの一般国際法上の原則違反ではなく、個別条約中の、つまりこの九カ国条約中の具体的な規定違反を理由にしていることである（個別的不承認主義）。九カ国条約（中國ニ關スル九國條約）第一条一項は、「［中国］ノ主權、獨立竝（ならびに）其ノ領土的及行政的保全ヲ尊重スルコト」を規定し、そのために第二条で締約国は「第一條ニ記載スル原則ニ違背シ又ハ之ヲ害スヘキ如何ナル條約、協定、取極又ハ了解ヲモ相互ノ間ニ又ハ……他ノ一国又ハ數國トノ間ニ締結セサルヘキコト」が規定されている。法理論的には、この点がアメリカの一般的不承認主義との違いである。汪政権が樹立された時、国務長官ハル（C. Hull）は、「国家の政策の手段としての武力行使に対する合衆国政府の態度は、よく知られている」と自らの声明の中で述べている。[9]

この時期、英国は、日本との関係がしだいに悪化する中、他方、中国とも微妙な関係にあった。たとえば、一九三九年五月、中国が日本の無差別爆撃と日中紛争全般について事実上の経済制裁のための調整委員会ないし特別委員会設置を求めた連盟理事会の審議においても、中国のそのような要求に対して、英国代表として出席していた外相ハリファックス子爵（Viscount Halifax）は、英国その他加盟国は中国に対し援助・借款など追加的関与（additional commitments）をし続けるが、そのことで委員会の設立は必要ないし、有益でもないと率直に反対した。これに他国代表も同調して、中国の提案を潰している。[10] 中国は以前にもすでに提訴していて、一九三七年十月六日の決議で中国に対する加盟国の援助決議を獲得していた。また、当時、交戦状態にあることさえ宣言していない中国自身も連盟規約第一六条の自動的制裁を求めたわけではなかったが、この時は、さすがに能弁な中国代表・顧維鈞（Ku Weichün; Wellington Koo）も「のちに意見表明を留保する」と述べただけでハリファックスの発言の前に引き下がらざるを得なかった。重慶に対する英国の影響力は、一般に考えられているよりは大きかったように思われる。

汪政権そのものへの英国の態度は、その樹立前の一九四〇年一月二十四日、議会下院においてチェンバレン（Neville Chamberlain）首相自身が「連合王国政府により承認され、かつ外交関係にある唯一の中国政府は、蔣介石将軍が最高軍事委員会主任および行政院総統を務める中華民国国民政府であります」と発言しているように、やはり汪政権不承認という立場であり、これは以後基本的に一貫していて、この点は繰り返し議会その他でも確認が繰り返された。[11] また、九カ国条約についても、モーガン（Mr. Morgan）議員の質問に対して、外務副大臣のバトラー（Mr. Butler）が、日本に対するこの外交的申入れを挙げて、「そこで明らかにされているように、連合王国政府は、九カ国条約の諸原則を遵守する所存であり、それが我々の態度であります」と言明している。[12]

さらに、「樹立予定の汪兆銘政府に対してとるべき態度」と題する英国外務省ブレナン（Sir J. Brenan）の長文のメモにおいては、日本の当局者にとっても国民にとっても、日中事変の終了・処理が主要な政策課題であり、その成果を出すことに日本政府は焦りを覚え、国民の不満も国会での斎藤隆夫の反政府的演説に表されており[13]、英国は、当面、汪政権の成り行きを見守る姿勢であると述べるとともに、次のように、中国政府としての「法律上の承認」は論外だが、現地における利益保護のために蔣政権と競合する政府として「事実上の承認」は付与せざるを得なくなるであろうと予測している。

汪氏がまともな中国国民の中の重要な同調的勢力を有している兆しは今のところない。しかし、被占領地域の通商関係の中国資本も外国資本も共に、事情の力によって、おそらく、汪氏の政権が日本の銃剣により支えられている間は、一定の事実上の承認（*de facto* recognition）を汪氏に与えるほかないであろう。汪氏の当局が、日本の力にもっぱら依存しているうちは、法律上の承認（*de jure* recognition）はあり得ない。連合王国政府は、重慶政権を中華民国国民政府とみなし続けるであろう。しかしながら、自身の政府を選ぶのは中国国民である。もし、時間の経過とともに、汪氏が、充分国民の信頼を勝ち得ることに成功し、中国の大部分における真の中国政権となる場合は、外国政府の汪氏に対する態度は必然的に変わらざるを得ない[14]。

「事実上の承認」の正確な法的意義は、けっして黙示的に正式承認をするということではない。〝当該支配地域内の「事柄や行為」に限定して事実上の政府として（そのような政府が存続する期間のみ暫定的に）有効なものとして取り扱う。しかし、その「地位」については、正当政府（法律上の政府）とはみなさない〟ということである。このようなわけで、英国の不承認は、領事などによる非公式の実務的な接触は排除していない。

中国政府は、汪政権が樹立された一九四〇年三月三十日、声明を出し、汪政権をはじめ中国各地に樹立された「非合法な組織による行為は、まさにそのことにより（*ipso facto*）当初より無効」であり、他の国も「中国における日本の傀儡組織に対して法律上の承認も事実上の承認も付与すべきではない」こと、もしいかなる国の政府による「どのような形式・方法によるそのような承認の表明は、国際法および諸条約の違反であり、その帰結に対して全責任を負わねばならない。もっとも非友誼的な行為とみなす」と言明していた[15]。しかしながら、英国外務省としては、すでに汪政権の樹立直前に、「以後、新政権との（領事官による）何らかの種類の協力が不可避になるであろう」ことは当然と考えられていた[16]。また、汪政権樹立から生じる事態への対応について、英・米・仏三カ国が緊密な接触をして対処することに合意した際、米国の国務省極東部のホーンベック（S.T. Hornbeck）でさえも、「三カ国の現地大使館は、不承認を維持しながらも、生じることがあるべき事件を〝柔軟に〟（*en souplesse*）対応することを、法的考慮によって思いとどまる必要はない」と述べていた[17]。

英国の基本的態度は、法的にも政治的にも、九カ国条約違反を理由とする不承認、ならびに法的にはさらに対抗政府が存在し、中国国民の支持を十分受けておらず、支配地域も全国的でなく、そして外国の勢力である日本軍に依存した政権であり、政府承認の要件を、現状では、満たしていないことを理由とする不承認でもあった[18]。

（二）スティムソン主義の法的意義

不承認の法的効果は、①第三国に対して、問題とされている武力行使、およびその結果によりもたらされた事態の「合法性」を否定する義務を課すこと、②被害国に対して、関係当事国による国際的解決が達成されるまでの間、失った領土に対する「法律上の主権的権利」を保持させることを確保することである。

当初は、法的原則としてではなく、たしかに政策の根本原則として提議されている。スティムソン主義が法原則と捉え直されるのは、ずっと後のことであるとの指摘がある[19]。スティムソン主義は、その起源において米国の政策であるといえども[20]、やはり、不戦条約（パリ規約）という特定の多辺条約の違反を法的根拠とするものであった。九カ国条約に基づく不承認もそうであるが、これは、たんに当時の中国における貿易上の門戸開放や機会均等という既得権保護のための政治的ドクトリンであるばかりではなく、それと戦争の違法化や一国の領土・主権の尊重義務という法的ドクトリンとが混合したものである。

この対中・対日不承認通告の立案に参画した国務省極東部長ホーンベックによる「満洲の事態・不承認主義」と題する文書（一九三二年十二月二十七日付）を見ると[21]、この通告で「米国政府が述べたことは、不法な手段でもたらされた事実上の事態の〝合法性〟を認めることはできないということなのだ」と明確に述べている。法的意義が含まれていること、その意味が「合法性の否認」であることが分かる。また、「侵害行為」と、その直接の「結果事態」と、「その後の新たな事態」、この三つを区別して、三つ目の事態については、「合法的な過程を経て到達した解決条件の合意によってもたらされた事態」であって、「法的（正式の）承認が許される」と述べている。[22] よって、たとえば、かりに一九三九年九月の英国による日中事変の周旋が実際に成功していたら、それによる「その後のあらたな事態」は承認可能であって、不承認義務からは解除されたであろう。つまり、当初より、不承認の法的意義は、「法律上の承認」の否認ということであったわけである。

（二）　不承認の実施措置

不承認の義務如何という法理の議論は別として、現実には、不承認が決定された場合、実務上非常に細かな配慮が払われるのである。一つは（政府承認付与と密接に関連する）領事の認可状問題、もう一つは現地不承認当局との交渉のあり方についてである。

幸いにも、中国国内各地に「臨時政府」ができても、また「満洲国」もそうであったが、伝統的に中国は、外国領事の活動について認可状（exequatur）の申請を求めてこなかった。そのため、この第一の問題は、中国では影響は小さい。ヨーロッパでは、ドイツの影響下で成立・併合された政権・当局との間で大きな問題となっていた。[23]

英国の不承認の態度決定を受けて、当時、上海のクラーク・カー（Sir Archibald Clark-Kerr）大使は、本省の了承を受けて、中国各地の英国領事に対してその行動準則に関する指示書を二回出している。一回目の指示書（一九三九年八月二十八日付）を要約すると、

(i)　今回の事態は、外国の侵略者により設立された当局であるという点で、まったく異なっているので、「いかなる程度の承認も付与することを拒否する」というのが我が国の現在の公式政策である。必要があれば、日本当局を相手に交渉すること。

(ii)　もっとも、日本の占領地にある事実上の政権が独自の独立した行動をとる場合は、英国臣民にとり必要で望ましいと考えるならば、直接、現地当局と交渉することは不可避である。よって、各官の裁量により、（地方税・土地登記・警察事項など）比較的重要度の低い問題の処理については、傀儡当局と非公式関係に入って良い。ただし、できるだけ英国臣民自身に交渉させ、領事館の介入は特別の困難がある場合に限ること。その際の申入れの方式は、口頭によるものとし、かつ下位の位の部下を通じて行なうこと。現地の状況が許せば、半公式的な書簡または署名なしの三人称を用いた覚書を用いて通信して良い。

ていたことが分かる。

ところが、汪政権の樹立がせまった時点で出された二回目の指示（一九三九年十一月二十二日付）は、前回の指示書の中で示した政権の人物との接触のあり方は遵守しながらも、明らかに、「絶対不承認」の立場から、英国の将来の政策変更の可能性も視野に入れた「条件付き不承認」の立場へと変わっている。その要旨は次の通りである。

(i)　新政権に対して、正式の不承認の態度は維持する。しかし、その不承認の効果を和らげるために可能な措置を執ること。そのために、本国外務省は、当大使館および領事官が、新政府およびその機関と「非公式関係」(informal relations) を醸成し維持する広範な裁量を行使することを認許した。

(ii)　占領地の各領事は、中央、地方を問わず傀儡政権に属する人物と英国の利益にとり有益である雰囲気を醸成すると思われるような友好的かつ個人的な接触をするあらゆる機会をもつこと。接触にあたっては、「新政権が日本の傀儡ではなく、中国の政府として、中国世論の総意により受け入れられている真の中国政府であることを示すまでは」、我が政府による承認は「当面」いかなる場合もあり得ないことに留意すること。

(iii)　（生命や財産の保護・法と秩序の維持・反英活動の防遏・港湾局など臨時政府の機関により直接行なわれる活動など）より重大な問題や、地域行政的な問題でなく全国的な問題については、日本のみを責任者として扱うこと。臨時政府と地方行政当局とを区別すること。市長との関係は別として、臨時政府などの構成員との接触は、厳密に避けること。

(iv)　傀儡政権の政治家・官僚と個人的関係を維持する場合も、完全に非公式な形でなければならない。公式訪問はしてはならない。現地の習慣にしたがい望ましければ、名刺交換は良い。ただ、肩書のない氏名だけの私人の名刺を使用し、相互の部下同士に交換させること。名刺も、公館に置かず公邸に置くこと。すでに傀儡政権が機能している新任地に赴く場合は、個人的関係や英国臣民の利益の観点から、現地の中国当局の最高位の官僚を個人的に訪問することは良い。ただ、公式行事への招待を受けてはならない。疑問のある場合は、本官に請訓せよ。[24]

というものであった。中国各地の日本軍が設立した仮政権に対しては、原則的に絶対的な不承認の立場である。不承認の政策によって、現場は、かくも細かな配慮が求められ

〔中略〕

(iii) 重慶に対する我々の支持は、国際連盟の決議への我々の関与・責任にしたがって、日本による侵略に対する抵抗を援助するという戦略的なものである。もし真に中国人民を代表する政府となるならば、異なった事態が発生したのであって、全体を再検討する必要があることは言うまでもない。[25]

〔後略〕

英国の利益保護に有益ならば、用心しながらも、汪政権との非公式な関係や接触を行なうように積極的に勧めている指示である。「事実上の承認」とは明言しないが、利益保護のため、それに近いものを汪政権に付与せざるを得ないと考えていたと思われる。

現地に駐在していたクラーク・カー大使個人は、クレーギー駐日大使以上に日中事変の周旋にも積極的であったように、汪政権にも蔣介石に対してと劣らない可能性を見出していたようである。

不承認は、外交および領事実務に特定の具体的な行為態様を求めるものである。それは、政策上のものであれ、国際法上のものであれ、法的義務論争を超えて、現場の外交官・領事官にとっては同様に義務的なものとなる。

二 最後の対日宥和――チェンバレン内閣による日中事変の和平会議(香港)開催の周旋に関する閣議決定(一九三九年九月二十六日)とその延期(同年十月九日)――

英国から見て、なるほど汪兆銘政権は承認され得ないいわゆる傀儡政権であって、国際関係における正式の行為主体の地位はない。しかし、そうした〝仮想政府(virtual Government)〟であっても、その樹立は、中国国内にとどまらず、大国の政策に影響を与えずにはおかない。

英国の仲介の動きは、天津の銀・通貨問題に関する日英交渉再開のための動きの裏で、まずクレーギー(Sir R. Craigie)駐日大使の本省宛電報(一九四〇年九月二十三日付、二十四日発信)からスタートする。クレーギーのイニシアティヴで始まったものである。クレーギーは、すでに同年四月ごろに一度そのような提案をしていて、ヨーロッパ戦の勃発、ソ連の動向、そして汪政権の樹立される具体的動きその他の事情から、この時が最後の和平のチャンスと考えたようである。[26]

クレーギーは、もし提案が日本政府に受け入れられるならば(commend itself to the present Government)その旨英国政府に取り次ぐと、英国大使館付駐在武官を介して、以前にも情報交換をしていた退役中の前朝鮮軍総司令官で前平沼内閣の拓務大臣であった小磯国昭に対して、成立まもない阿部内閣の意向を確認してもらうように私的に依頼していた。小磯大将はそうすることを約束し、九月二十二日に駐在武官[27]を私邸によこすように指示があった。当日、小磯から、次のような伝言があったとされる。

このことを首相［外相も兼務］と陸軍大臣と議論した。阿部も畑も、この計画に非常に好意的であって、大使の助力の申し出に対して感謝している。ことが充分進展したら、閣下のほうから外務大臣［九月二十五日就任予定の野村外相］に具体的提案を伝達されることを希望する。もし結果がうまく行けば、日本政府として、英国に対して感謝に堪えない。友誼的行動はけっして忘れないであろう[28]。

小磯は、この時、二つの条件をつけた。一つは、英国による新中国政府（汪兆銘）への承認の付与までは求めないが、少なくとも反対を明言しないこと、もう一つは、当時、一般のもっとも大きな関心事であった天津問題の交渉を早期に再開すること、であった。

クレーギーは、これを受けて、事態や日本側の態度が変化しないうちに、速やかにかつ極秘に行動することを本省および政府に求め、以下の四項目の了承を求めた。

（i）阿部首相に対して、日本政府、および中国政府がこれに同意するならば、英国政府は、「現在の日中間の衝突を終結させる方法と手段について議論する二国間の正式代表による香港会議開催のため、あらゆる助力を惜しまない用意がある」と私的かつ非公式に伝達すること。

（ii）小磯大将からの伝言に照らして、上海のクラーク・カー中国駐在大使が近く重慶を訪問する際に、蒋介石将軍にこの旨提案して、受諾を勧める（recommend the latter's acceptance）こと。

（iii）クラーク・カー大使によれば、蒋介石自身は出席できないだろうけれど、日本側の代表が誰か事前に知れば、ある程度影響されるであろうこと。

（iv）もし両政府が、交渉の基礎となる事項について予備的意見交換が望ましいと考えるならば、英国当局が、意見交換を取りもつ用意があること。

この電文の中のクレーギーの情勢分析によれば、蒋介石としては、汪政権樹立前にこのような香港での会議を開催することについて、多分に抵抗があるであろう。しかし、樹立後では、両国政府の立場はさらに硬化することは明らかであり、日本は、樹立により中国の多くの態度を鮮明にしていない政治家を蔣介石から引き離せると踏んでいる。また、ソ連は、ポーランド進駐やノモンハン事件の休戦により、目下、極東に対しては一時的にではあるが無関心(temporary disinterestedness)で、どれだけ蔣介石を支持し続けるか疑問である。ゆえに、蔣にとっても、「傑出した役割が果たせる和平の最後の機会」であると述べている。

この提案が、閣議に提出される前、充分な議論が外務省内で尽くされたか否かは不明だが、ハリファックス外相と一部の幹部で処理されたように思われる。しかし、閣議決定後の省内のハウ(R.C. Howe)(後述)やクラーク(A. Clarke)などのメモを見ると外務省はその提案を支持していたようである。それは、従来の外務省の一貫した態度とは必ずしもそぐわない宥和的動きであり、また、日本の宣伝に利用されたりしないように、重慶側の了承がとれるまで、「あらゆる方面で何も言及されないように」とくに英国政府内でも極秘扱いをクレーギーから求められていた。[29]

一九三九年九月二十五日のチェンバレン戦時内閣の閣議においてハリファックス外相により提議され、この日中紛争解決のための周旋案が議論された。まず、外相から、先のクレーギー電報の内容、およびクレーギーが求めていた権限の一部((i)と(ii)のみ)が報告された。ハリファックスは、その際、「日本政府は、ことが充分進展したら〔機が熟したら、という曖昧な表現〕、クレーギー大使が具体的提案を日本の外務大臣に伝達するようにと考えている」というように報告した。全体として、日本側からの提案であるかのような、つまり、少なくとも日本政府の意向は固まっているかのような、印象を与える表現をしている。

報告後、討論が行なわれ、さまざまな意見が出された。国際世論から、英国が日本のために中国の利益を損なう行動をとったと批判されないか。交渉そのものに関与すべきでない。逆に、関与しなければ異議はない。そもそも日中紛争の終結が、英国の利益に適っているのか否か。重荷のなくなった日本が、ヨーロッパ戦や太平洋に英国の利益に反する介入をしてくるのではないか。しかしながら、悪化している英日関係を改善するにはいい機会である。現在、蔣介石は軍を掌握しているので軍の離反の恐れはなく、やはり蔣にとっても日本との交渉の最後の機会ではないか。中国の抗日戦は、目的は結局我々と同じであるのだから、蔣介石の知らないところで日本と一緒に行動を取るべきではない。とにかく香港会談の提案は、我が国の大使の発議で出てきたものであるから、日本が挫折と感じるような方針はとるべきでない、等々。結局、この日の閣議は、クレーギー電報の当日中の回覧、参謀部に対して日中事変の現状の評価と中国の抵抗能力の予測を求めること、および、もっぱら軍事的観点から、日中事変の継続または停止のどちらが英国の国益に適っているのか意見表明を求めることのみを決めて、翌日の閣議で継続審議することになった。[30]

（二）一九三九年九月二十六日の閣議決定

翌二十六日の閣議では、この問題については、まず空軍参謀長（参謀会議議長）から、日中の武力衝突の状況に関する、のちに提出予定の評価報告書の主たる結論の説明があった。それによれば、

(a) 現在の時点では、中国の軍事的抵抗が崩壊する可能性があると予測するいかなる根拠もない。

(b) イタリアの中立が確保されない間は、新たな困惑させられる事態は何としても避けることが重要である。この理由により、日本を中国における窮地から解放することは、英国の利益にならないであろう。中国における日本の困難は、海軍の状況をのぞけば、重大かつ深刻なものである。他方、あまりに中国政府を助力することにより、日本を激怒させて英国に対する行動［対英宣戦］をとるまで追い込むことのないようにすることも重要である。

(c) 厳密に軍事的観点からは、日中衝突の長期化は英国の利益となる、

というものであった。[31]

しかしその後、これを受けた閣議の議論を経て、日中間の周旋に乗り出すことが、この日、閣議決定されたのである。その理由としては、議事録要旨によれば、[32] およそ次のような三点が強調された。

(i) 政治的観点からは、この十月十日にもあると噂される汪政権の樹立後に、内戦が中国に勃発して、おそらく英国が窮地に追い込まれる危険があることを念頭に置かなければならない。さらに、これ以上英日関係が悪化すれば、日本を本格的に敵であるドイツ側に追い込むことになり、結果として、オランダ領東インド（蘭印）その他の太平洋地域に脅威を及ぼすことになる。

(ii) 確かに、中国での軍事的困難から解放されて、日本は蘭印などに攻撃を仕掛けるかもしれない。しかし、これに対して、たとえ中国における武力衝突が止んでも、日本は、中国における膨大な政治的問題処理に直面することになり、けっしてその苦境から解放されな

いであろう点を指摘できる。また、上海のフランス大使によれば、ソ連政府も、中国と日本を仲介しようとする意思があると思われる。もし日中政府が一緒に交渉することになるのであれば、ソ連の後援のもとでなく英国のもとで行なわれるべきである。

(iii) クレーギーやクラーク・カーからの電文にあるように、ソ連の優先的利害や関心が一時的にポーランド・ヨーロッパにあり、蔣介石への支持も不安定なことを考慮すれば、このクレーギーの発議による香港での日本との会談の提案を、中華民国国民政府が注意深く検討することを勧告することも良いのではないか。

つまり、中国の内戦、日本がドイツ側に付いてインドネシア・太平洋地域を攻撃すること、とくに日本の対英宣戦、ノモンハン休戦などソ連の対日関係の修復と仲介の動きが、日中間での直接的な和平会議周旋の理由であった。

この日の閣議の結論は、以下の通りである。

外務大臣は、[すでに重慶を訪問する予定の] 上海の在中国大使 [Sir Archbald Clark-Kerr] に対して、彼地に滞在中、……在東京大使によって報告された提案——すなわち、連合王国政府は、現在の日中間の衝突を終結させる方法と手段を討議するため、日中の代表者による会議を香港において開催するための周旋 (good offices) を行なうという提案——を蔣介石将軍に対して伝達すること。かつ、我が政府は、抗日戦線を損なうような行動をとる意図はなく、したがって、日本政府に対しなすべき返答を決定する前に、将軍の見解を確認することを希望する旨、同将軍に対して明確にするように指示すること。以上を当戦時内閣は了承した。[33]

おおよそこれがチェンバレン内閣の決定である。思うに、蔣介石から見れば、自分を支持してきた大国の和平周施申入れが外交的圧力となることは明らかである。また、英国外務省の従来からの九カ国条約違反の事態の不承認という方針とはたして両立するものであるのか、交渉の内容には関与しないとはいえ、微妙なものがある。それから、四日後の外務省メモには、わずかに汪政権が十月十日には樹立されないこと、ソ連政府は、在モスクワ大使に、「彼」(蔣介石?) への援助を継続すると確認したことだけが記載されている。[34]

九月二十八日と三十日にも閣議でこの件が議論されているが、ここでは、閣議速記録 (抜粋) にしたがって九月二十八日の閣議での、チャーチル海軍大臣とチェンバレン首相の具体的発言だけを紹介しておく。

チャーチル海軍大臣は、クラーク・カー在中国大使からの和平条件の基礎などにも触れた電報を引用するかたちで、大使が閣議決定を誤解して、会議開催の周旋（good offices）の打診にとどまらず、友好国が交渉についても関与する居中調停（mediation）、すなわち仲介者として和解を斡旋することに政府が乗り出すと考えているのではないかと懸念を表明し、次のように発言した。

……なぜなら、重慶での来たるべき蔣介石との会談で、大使は、中国における現在の衝突を終結させるために交渉開始を促す可能なあらゆることをすることが任務であると考えているように思われる。実際は、戦時内閣は、ロバート・クレーギー大使がよこした日本の提案に対する蔣介石将軍の意向を打診すること以上のことは決定していない。参謀部は、厳密に軍事的観点から、中日紛争の長期化が、我が国の利益であるとの見解を表明したのである。[35]

要するに、チャーチルは、軍事的には日中紛争の継続が英国の国益になると述べて、遠まわしにではあるが、すでに決定した周旋に反対を示唆したのである。

この発言に対してすぐ、ハリファックス外相が、誤解はなく、参謀部の報告にも、日本を激怒させて英国に対して行動を起こさせてはならないと強調されていると反論した。一方、この時のチェンバレン首相の発言は、

私の考えでは、中道の針路に舵を取り、中国政府、日本政府のいずれの感情も害することがないようにすることが、我々の利益であると思う。我々に友好的な日本の勢力を勇気づけることが重要である。同時に、いかなる意味でも蔣介石将軍の立場を損なわないように注意しなければならない。[36]

というものであった。戦時危機にあっても中途半端な、いかにもチェンバレンらしい発言である。

（二）　延期の閣議決定（一九三九年十月九日）

周旋の申入れは、突然、十月九日の閣議で延期が決定される。ハリファックス外相が、在東京クレーギー大使に対して、次のような電報を発信したことを閣議に報告している。

［クレーギー］大使が、香港における日中会談案に関して

接触した仲介者［小磯国昭］が、実際に日本政府を代表して発言したものであるのか疑問が出てきたことに鑑み、少なくとも事態が明確になるまでは、上海の在中国大使が重慶訪問中にこの問題を蒋介石将軍に持ち出すことがないほうが良いと考える。[37]

閣議議事録抜粋では、そのあと、「戦時内閣は、上記の発言に留意した」との記載があるだけである。その後の文書はなく、外務省の担当者のメモも書かれていない。文書がファイルから数頁切り取られているが、不明である。まだ、機密扱いのままの文書があるのかもしれない。いずれにしても、周旋は延期になったのである（この延期決定があったのち、アントニー・ベストによれば、十月十一日になって新任の野村吉三郎外相からクレーギー大使に拒絶の通知があったとされる）。[38]

クレーギー宛に電報が出されたということから、十月九日の延期決定について可能性として考えられる理由は、以下の通りである。

① クレーギーとは別ルートで、周旋を希望しない旨の日本政府の意向が確認された。

② 駐在武官を介して連絡をとったので充分な意思の疎通を欠き、小磯が阿部首相や畑大臣に伝えたことはおそらく確かであろうが、その返答は、原則論としては日本政府は歓迎するということにすぎず、同意は与えていない。英国政府の提案を待ってあらためて判断するということであったにすぎない。

③ 小磯の社交辞令の断りの言葉を誤解した。とくに、ハリファックスによって英国の戦時内閣にも報告された「ことが充分進展したら［機が熟したら］」（'As soon as matters have developed sufficiently'）提案してくれ、というような曖昧な日本語には、「蒋介石が同調したら」という具体的意味はなく、日本語特有のたんなる先延ばしの言い回し、つまり婉曲の断り方を想起させる。また、小磯が出していた二つの条件のうちの一つは、日中交渉をしたとしても汪政権の樹立は動かないことを示唆してもいた。

この周旋の動きは、ハウ極東部長など英国外務省高官の考えでもあった。[39]すでに、日英間では、当時、日本軍による天津の租界封鎖や通貨問題の交渉再開をめぐる話し合いが行なわれて段階的に解決に向かっていた。問題解決のための一つとして、天津の親日派の人物を殺した四人の殺人犯を現地の混合裁判所（會審衙門）へ引き渡す問題について、いったんは引渡しを拒否したが、外国にいる外国人には人身保護令状（habeas corpus）を認めない決定が英国高等法院（High Court）から出されたことを理由に、英国は犯人を引き渡した。[40] また、日本の占領地にあるヨーロッパ戦交戦国の軍隊の引き揚げを勧告した一九三九年九月五日付の日本の覚書に対して、揚子江からの英国のパトロール・ボート引き揚げ問題についても、日本はヨーロッパ戦について不介入宣言のみで中立宣言を発しておらず、また他方で、日中間は法的「戦争状態」になく、したがって条約に基づく第三国（英国）の平時のパトロール権は有効であり、英国に中立国としての艦艇を退去させる義務もなかったが、これにも間もなく英国は同意した。陸上駐屯軍についても上海を除いて華北については引き揚げを検討中であった。[41] 日本側も、天津への出入りにバリアーをまだ維持していたが、英国人への差別的取扱いは減少させつつあった。法幣・銀問題は残されていたが、こうした英国側の英日関係改善のための措置を背景として、高度の政治的観点からこの周旋の申し出が行なわれた。今から見れば、実際に蔣介石に周旋の打診をしたとしても、一見、簡単に拒絶されるのではと考えられるかもしれない。しかし、当時、蔣にとっては、後ろ盾となっていた大国からの打診であり、大きな外交的圧力となったであろう。

こうして見ると、英国による周旋は、当時の国際関係の中では、実質的には対日宥和である。日中事変全体についての和平交渉を取りもつこの提案が、チェンバレン内閣にとっても、日中事変の行き詰まりの中にある日本にとっても、最後の宥和政策となったのである。汪政権樹立の動きがもたらした興味深いエピソードである。

三　同盟条約附属議定書の解釈

ここでの課題は、国際法的視点から、一九四〇年十月三十日の日汪間の同盟条約の関連条文の意義を解析することである。同盟条約は、汪政権の地位、日中間の国交・外交関係、および法的関係（戦争状態）に対してどのような影響を及ぼしたのであろうか。

なお、国家実行上、一般に「戦争状態」とは、（ｉ）宣戦布告、（ii）条件付き最後通牒の期限満了、（iii）実際の正規軍同士の交戦状態＋外交関係の断絶通告、のいずれかがなされた時に発生する。[42] 一九〇七年ハーグ第Ⅲ条約（開戦ニ關スル条約）の締結により、そのうちの（iii）、つまり無通告・奇襲攻撃による開戦は違法化されたが、日本は同条約の当事国であったが中国は当事国でなかったので、日中間では、従来通りの国家実行が適用される。

汪政権の地位と日中の国家間の法的関係について、まとめると四つの時期に分けられる。

第一期（一九四〇年三月三十日～十一月三十日）

日本は、汪政権に変則的な大使（特別代表）として阿部信行前首相を任命した（一九四〇年四月一日付。外務省でなく興亜院と陸軍の指示に従う旨の訓令あり）。正式の外交関係ではない。「事実上の承認」つまり、当該占領地に限定される「事実上の政府」としての承認は黙示的に付与していた。形式的にまだ蔣介石政府と外交関係を維持していた。よって、日中国家間には、「戦争状態」（state of war）は発生していない。なお、一九三八年一月十六日の近衛声明を蔣介石政権に対する「承認の取消し」とする見解があるが[43]、対手として交渉しないという政策は、外交関係の断絶や政府承認の取消しとは法的には区別されている。同じ時期の中国による許世英駐日大使の召還もまた同じである。

第二期（一九四〇年十一月三十日～一九四一年十二月九日）

日本は、一九四〇年十一月三十日の基本条約により、蔣政権から汪政権への政府承認の切り替えを行なった。中華民国の中央政府としての汪政権と外交関係を樹立。よって、日本側から見れば、中国国家とは、法的には和平状態にあり、「戦争状態」（state of war）ではない。旧中央政府である蔣一派の一地方政権と「武力衝突」（armed conflict）ないし「事実上の交戦状態」（*de facto* state of belligerency）にあるだけである。蔣政権側から見れば、日本と正規軍同士の交戦状態にあり、かつ外交関係が断絶したのであるから、それまでの国家実行によれば自動的に「戦争状態」になったはずである。しかし、そうみなしていたかは疑問。むしろ、英・米が中立義務に拘束されずに戦時物資・航空機などの対中援助を継続可能とするため、戦争状態の成立には否定的であった。

第三期（一九四一年十二月九日～一九四三年十月三十日）

①中国の対日宣戦布告により、日中は「戦争状態」にあった。日本の宣戦は不要である、という一般的な（連合国、および蔣介石政権側の）考え方と、また、もう一つは、当時の汪政権を中国の正当（legitimate）中央政府と認める日本側の法的立場からすれば、②外国の援助で存続している一地方政権たる蔣政権の宣戦布告は、少なくとも日本に対しては対抗力がなく無効であり、無視できる。たんに、汪政権の同意の下で中国国内での警察行動として、蔣一派と「戦争（類似）行為」に従事しているだけである、と考えるかのいずれかである。なお、一九四三年一月九

日に汪政権は英国・米国だけに対して宣戦布告を行なったが、同じ理由で無視された。蔣介石政権に対しては宣戦していない。

第四期（一九四三年十月三十日〜一九四五年八月十六日）

　日本は、将来の政府承認の切り替えの前提行為として、同盟条約を締結（後述）。同盟条約中の基本条約失効規定により、日本は、汪政権を中国の少なくとも中央政府としての承認は取り消した。汪政権は、第一期の地位に戻った。従来の大使の存続は事実上の関係の維持であっても、新しい大使の任命がないかぎり、黙示の承認とはならない。ただ、別個の中央政府（蔣政権）の承認をまだ行なっておらず、中国との外交関係の存否は曖昧である。

　したがって、いずれの政権とも正式の外交関係がないのであるから、日本側から見ても蔣政権側から見ても、①遅くともこの時、中国国家と「戦争状態」が発生したという考え方と、②日本が自ら対中宣戦を行なっていない限り、たとえば、のちに重要な政治的条約である和平合意が結ばれ、黙示的かつ遡及的に蔣政府が中央政府として承認されるまでの間は、「戦争（類似）行為」にすぎないとの考え方も成立する。ただ、同盟条約中での一貫した「戦争状態」の存在の是認は、日本として初めて、「戦意」(animus belligerandi) を間接的に同盟条約の中で示して、この時期、日中間の「戦争状態」の存在を日本側が認めたと考えることもできる。

（二）一九四三年日華同盟条約附属議定書

　日本が太平洋戦争に突入し、日本と英米との「戦争状態」の発生により、対中援助と英米の中立義務とが矛盾しなくなると、蔣介石政権は、日本による中国への継続的侵略と英米攻撃を理由に一九四一年十二月九日に対日・独・伊に宣戦を布告し、(44) 次いで翌四二年一月一日連合国宣言（同盟条約）に署名して連合国の一員となり、一国和平をしない義務も負った。一年後、汪政権も英・米による東アジア支配の企図と重慶側による武漢・広東空襲に使用された爆撃機の提供を理由として一九四三年一月九日になって英・米のみに宣戦する。(45) こうした事態を受けて、従来の日本の日中事変に対する態度は、法的にどう捉え直されるのだろうか。

　まず、蔣介石政権の対日宣戦布告により、国際法的には、自動的に日中間に初めて法的「戦争状態」が成立したという考え方が一般的である。しかし、日本は、それに対して蔣介石政権に対してついに宣戦布告をしなかった。このこと自体は、「戦争状態」の成立についての一般的考え方にとっては問題ではない。国家慣行および学説とも、一方的宣言で「戦争状態」は成立し、第三国は初めて中立義務と権利のもとに置かれる。

しかしながら、もう一つの考え方もできる。日本の立場からすれば、蔣介石政権は、旧中央政府であって、当時の一地方政権による宣戦布告はその法的効果を否認できる、という考え方である。国家実行上も、英国は、汪政権による対英宣戦布告を「日本の支配下にある政権の行為は、戦争行為に影響なく、法的に無効である」として無視したし[46]、アメリカ合衆国は、日本の同盟国タイの対米宣戦布告を、タイは「日本軍の完全占領下にあり、〔日本の行為から〕独立した形での行為能力を有しない」[47]という理由で、タイ国とは「戦争状態」にないと見なした。逆に、日本から見て同じく蔣介石政権を英米の外国からの援助で存続している地方政権と見なせば、それによる対日宣戦も法的に無効であって、依然日中間は汪政権を通じて中国との間で平時関係にあると、少なくとも理論的には反論することが可能であった。もっとも、実際にそう反論した記録はない。のちに、日本は、連合国に対する一九四五年八月十日付のポツダム宣言受諾申入れか、あるいは九月二日の降伏文書署名によって、初めて中華民国政府（蔣介石政府）との間の「戦争状態」を遡及的に認めたとも解され得る[48]。

しかしながら、一九四三年の日華同盟条約、とくにその附属議定書の規定を見ると、四カ所すべてが「戦争状態」という用語で統一され、一九四〇年の基本条約にあった「戦争行為」や「事変」という言葉は消えている。それでは、どの国とどの国との「戦争状態」つまり国際法上の「戦争」を意味しているのであろうか。

同盟条約の中で、「戦争状態」という基本条約第三条と全く同じ用語が（条約による駐兵権の除外や撤兵まで二年という期限はもはや付いていないが）ほぼ同じ文脈の中で、また随所で、使用されている。たとえば、同盟条約附属議定書の第一条は、次のように規定する。

> 日本國ハ両國間ノ全般的平和克復シ戦争状態終了シタルトキハ中華民國領域内ニ派遣セラレタル日本國軍隊ヲ撤去スヘキコトヲ約ス
> 日本國ハ北清事變ニ關スル北京議定書……ニ基ク駐兵權ヲ抛棄ス〔傍点筆者〕

一九四三年十月の同盟条約締結の時点では、基本条約の時と違って、蔣介石重慶政府が（一九四一年十二月に）対日宣戦をしてすでに二年近く経っていた。前述したように、法的には、この間すでに日中間は法的「戦争状態」にあったという一般的解釈と、日本側は蒋の宣戦を無効として無視でき、「戦争状態」にはなかったとする解釈が可能である。しかし、日本の立場から見ても、遅くともこの同盟条約以後、同条約において一貫して使用された「戦争状態」という用語は、蒋政府との「戦争」を指す以外ほかに考えられない。同じ交戦法規が適用されても、たんなる半主権国や事実上の政府などの交戦団体との武力衝突には「交戦状態」(state of belligerency) という言葉は用いられても、「戦争状態」(state of war) という用語は用いられないからである。[49] よって、同盟条約締結以後は、日本側も、日中国家間には法的「戦争状態」が存在すると解釈(もしくは、黙示的に承認)していたと見なされるのである。しかも、蒋介石政府との間においてである。

(二)「中央政府としての承認」の失効

さらに、この同盟条約は、第五条で次のように規定する。

……日本國中華民國間基本關係ニ關スル條約ハ其ノ一切ノ附屬文書ト共ニ本條約實施ノ日ヨリ効力ヲ失フモノトス[50]

これは、この同盟条約の署名の日の一九四三年一月三十日から実施された(第六条)。つまり、中国の中央政府として黙示の承認の効果をもった一九四〇年の日華基本条約や附属文書等一切がこの日以降失効した。すでに一九四三年五月十四日に任命されていた谷正之大使はそのまま終戦の年まで在任し続けた。このため、条約は、一般の人には、中央政府としての承認を即時無効にしているようには見えなかったのであるが。

この大使の在任・在勤という点については、法理的には、(i) 同盟条約の解釈とは別個に、依然、日本は、正式の駐南京大使を維持することによって、汪政権を中央政府として承認し続けている、(ii) 通常の承認の切り替えであれば、政府承認の取消しと同時に別個の中央政府に対して承認が付与されるはずだが、まだこれが同時に行なわれなかったという一時的「変則状態」(anomaly) にすぎず、大使の存在はたんに「事実上の政府」となった実体との事後関係を処理するための〝政府代表〟の役割にすぎない、(iii) 同盟条約第五条・第六条により直ちに完全に政府承認の取消しの効果が発生し、以後新大使の任命がないかぎり、前大使の存在は条約規定による明示の失効の効果を無効にはできない、のいずれかに解釈される余地がある。

いずれにしても、一九四〇年十一月三十日から一九四三年十月三十日までは、汪政権は日本により中国の中央政府と見なされてきたものの、少なくとも以後は、逆に汪政権の側が一地方政権またはその他の何らかの事実上の政治実体であると見なされ、少なくとも中華民国の中央政府としての法律上の（正式の）承認は取り消されたことを意味するのではないだろうか。

事実上の「外交関係」の継続と、「中央政府」としての承認の維持とは別のものであって区別される、と筆者は考える。一九四〇年十一月の承認以前、同様に変則的な阿部大使が存在した当時の汪政権の事実上の地位に法的には戻ったということである。

もっとも、その効果は別として、名目上は同盟条約という重要な政治的条約を結んだのであるから、日本から見て、依然、汪政権は中華民国の「法律上の政府」であり続けていると解することもできるかもしれない。しかし、その同盟条約を結んだ中華民国という国家と、同条約中の「戦争状態」の用語が指し示している日本の戦争相手の交戦国が同じであるはずはない。蒋政権が国家の中央政府でなく単なる交戦団体であるならば、「交戦状態」(state of belligerency) という用語が使われても「戦争状態」(state of war) という用語は、法的には、使われないからである。したがって、同盟条約締結の意味としては、日本が、せいぜい、以後の汪政権を何らかの事実上の当局 (*de facto* authorities) として承認を継続するということである。

政治的視点から、なぜこのような条約が結ばれたのかは、政治外交史の課題である。政治的に当時の日本政府・軍部内には同盟条約を結ぶにあたっていろいろな思惑があった。(51) しかし、条約の解釈から見るかぎり、つまり日華同盟条約というタイトルに惑わされずに条文の規定のされ方を見るかぎり、結果として、（重光葵外相下の外務省としては）政府承認の汪から蒋への再切り替えの前段階の措置であり――つまり和平の道具としての意義を失った汪政権を政治的には切り、戦争協力に利用するのみにとどめ、他方、近衛声明を暗に否定して、いずれ蒋政権を対手として最終的和平を模索できる方向に舵をきっている――、また少なくともその新政策のシグナルを蒋介石に送っていたように思える。(52)

おわりに

このようにして条文を見てくると、日華同盟条約という条約名とは裏腹に、日本が「戦争状態」にある国家を代表する政府が蒋政府である、と言っているのも同然であるように思われてくる。同盟条約は、純粋に法的視点から見れば、汪政権から中国の中央政府としての承認の取消しを基本条約の失効という形で黙示的に行ない、蒋政権へ政府承認を切り替える準備的措置であった、と理解することができるのである。

基本条約で中国全体を代表する〝仮想政府〟として承認された汪政権は、同盟条約によって、とくにその第五条の基本条約その他一切の失効規定、および「戦争状態」という言葉の統一的な使用によって、汪自身の理解とはまったく逆に、汪政権が今度は〝藁人形〟として使い捨てにされることが運命づけられた。以後、蒋政権が初めて日本の対手として登場してくるのであるが、あまりに遅すぎたと言えよう。

結局、「南京国民政府」は、樹立前には、英国の宥和政策を一時は引き出すほどの影響力をもったけれども、その後は軍事占領地の傀儡政権として、日本や連合国との政治的・法的関係、およびその地位の変遷の中で翻弄され続けた。汪の死後、ついに一九四五年八月十六日自ら解散を決定するしかなかった。英・米に対して宣戦までした汪政権は、最後は実体をもった中国の一地方政権として自立することも、降伏することもできなかったのである。

註

（1）米内光政首相所信表明演説（一九四〇年二月一日）〔「官報號外」〈昭和十五年二月二日〉、『帝国議会衆議院議事速記録　74』（第七五回議会　上　昭和十四年）（東京大学出版会、一九八五年）〕二八頁。

（2）Sir R. Craigie (Tokyo), 2nd July 1941 [F6007/273/10], FO371/27669, the National Archives (NA).

（3）英国国立公文書館の実践的な利用案内については、図書館報『大東BOOKS』第三号（http://www2.daito.ac.jp/jp/modules/library/index.php/J10-00-00-01）参照。

（4）Antony Best, *Britain, Japan and Pearl Harbor: avoiding war in East Asia, 1936–41* (London: Routledge, 1995), p.88. 同書でベストは、この周旋の動きを小磯側の提案としているが、クレーギー電報を読むかぎり、英国側の提案である。本論文、第Ⅱ節参照。簡潔だが正確な記述として、Peter Lowe, *Great Britain and the Origins of the Pacific War: A Study of British Policy in East Asia, 1937–1941* (Oxford: Clarendon Press, 1977), pp.108-9 参照。

（5）対日申入れのテキストについては、Sir R. Craigie (Tokyo), 17th Jan. 1939 [F2042/87/10], FO371/23458, NA 参照。

（6）米・仏も東亜新秩序を否認する通告や申入れを行なった。外務省編『日本外交年表竝主要文書』下、年表（原書房、一九六六年）四一二頁。

（7）Sir R. Craigie (Tokyo), 17th Jan. 1939 [F2042/87/10], FO371/23458, NA.

（8）『帝国議会衆議院委員会議録　昭和篇』一一四、第七四・七五回議会、昭和十三・十四年（東京大学出版会　一九九六年）一八五頁。

（9）Text of Cordel Hull's statement (30th March 1940), in

Chinese Ambassador, 30th March 1940 [F2160/27/10], FO371/24660, NA.

(10) L.N., Geneve (Monday May 22nd, 1939, in P.Q., Viscount Cecil, 14th June 1939 [F5902/149/10], FO371/23470, NA.

(11) 356 H.C. Deb. 5 s., cols.554-555(24 Jan. 1940), the PM's statement. その後も、同様の主旨として、358 H.C. Deb. 5 s., col.1956 (20 March 1940), Mr. Butler's statement; P.Q. (Mr. Price), 20th March, 1940 [F2010/27/10], FO371/24660, NA, Denning's minute (19th March 1940). 九カ国条約の諸原則にしたがって極東政策を遂行することが政策である旨の言明として、Mr. Butler (3 April 1940), 359 H.C. Deb. 5 s., cols.165-6 参照。議会上院でも、ハリファックス外相が、中国の正当政府についての政府見解、および紛争の衡平な解決を希望する極東問題への態度を変えるつもりのないことを答弁している。Viscount Halifax, 116 H.L. Deb., cols.15-16 (3 April 1940).

(12) 365 H.C. Deb. 5 s., col.1148 (31 Jan. 1940).

(13) 以下の註（17）、および松本健一『評伝　斎藤隆夫――孤高のパトリオット――』（東洋経済新報社、二〇〇二年。〈岩波現代文庫〉、岩波書店、二〇〇七年）参照。

(14) F.O. minute (Sir J. Brenan), 26th Match, 1940, Attitude to be adopted towards projected Wang Ching-wei Government (para.7) [F2247/27/10], FO371/24660, NA.

(15) 中国の声明文については、Statement by the Chinese Government Regarding the Establishment of a Puppet Régime in Nanking under Wang Ching-Wei (English text), in Chinese Ambassador, 39th March 1940 [F2160/27/10], FO371/24660, NA 参照。

(16) F.O. minute (18th March 1940), Sir R. Craigie (Tokyo), 15th March, 1940 [F1873/27/10], FO371/24660, NA.

(17) Monsieur Roché (French Embassy), conversation, 1 April 1940 [F2253/27/10], FO371/24660, NA.

(18) 米内光政内閣成立直後、一九四〇年二月二日の帝国議会衆議院において、民政党の斎藤隆夫議員は、「事変」の処理内容・方法に関する大質問演説（いわゆる「反軍演説」）を行なった〔「官報號外」〈昭和十五年二月三日〉、『帝国議会衆議院議事速記録　74』（第七五回議会　上　昭和十四年）四〇―四三頁〕。斎藤は、新政府ができたら日本はそれを承認せざるを得ないとことわりながらも、承認の前提として、政府は、国内統治の実力、ならびに国際義務の履行能力の二つを備えていなければ、政府として承認できないと述べて、とくに軍隊の力がその実力にとって重要であり、汪兆銘にはその力がないと政府に迫った〔「斎藤隆夫代議士質問演説速記」〈昭和十五年二月二日〉〕〔臼井勝美編『現代史資料13　日中戦争5』（みすず書房、一九六六年）三三六―四八頁〕。

(19) 学説史の研究から、スティムソン主義の法原則化は、声明発布後のQ・ライトなどの学者たちの貢献であると指摘される。篠原初枝「戦間期における戦争の違法化――運動・国際法学者・政策――」（二〇〇七年五月十二日、国際法学会報告）、および同『戦争の法から平和の法へ』（東京大学出版会、二〇〇三年）参照。

(20) 当初は、イェール大学のチャールズ・P・ハウランド（Charles P. Howland）の提案をもとにしてスティムソン国務長官が強く推し進めた外交政策であった。Henry L. Stimson Papers, (microfilm), Yale University Library, Reel 126, 1F1380; (Oct. 17, 1931)1F-1973 参照。

(21) Hornbeck Papers, 27 Dec. 1932, pp.2-5, Box 453, Sept. 1931-Dec.1933 (5 folders), housed in the Hoover Institution, Stanford University.

(22) Ibid.

(23) G.H. Hackworth, *A Digest of International Law*, (Washington, D.C.: Government Printing House, Vol.4, 1944), p.688. この事項に関する当時の国家実行の詳細については、拙稿「領事関係と国際法上の不承認」(『国際法外交雑誌』第九八巻三号)二四(二二四)頁以下参照。

(24) Circular to Consuls, No.48 (28th Aug. 1939), in Sir A. Clarke Kerr (Shanghai), 28th Aug. 1939 [F10828/4/10], FO371/23407, NA.

(25) Circular to Consuls, No.70 (22nd Nov. 1939), in Sir Archibald Clark-Kerr (Shanghai), 22nd Nov. 1939 [F1021/27/10], FO371/24659], NA.

(26) Sir R. Craigie, 23th Sept. 1939, in War Cabinet Conclusions 26 (36), 25th Sept. 1939 [F10533/87/10], FO371/23461, NA. および、同文書にファイルされている一九三九年九月二十五日の閣議での議事録抜粋 para.(i) 参照。

(27) この駐在武官は、クレーギーの信頼も厚かった在日経験十六年のピゴット少将(Major-General F.G. Piggott)であったか、またはその後任者である。Robert Craigie, *Behind the Japanese Mask: A British Ambassador in Japan, 1937-1942* (London: Hutchinson, 1945. Kegan Paul, 2004), p.80. なお、このクレーギー回顧録にも、いわゆるクレーギー報告(4th Feb. 1943, F821/821/G)にも、この和平周旋の動きへの言及はない。

(28) Craigie's telegram (24th Sept. 1939), *Ibid*. なお、小磯国昭の巣鴨プリズン収監・服役中に書かれた自叙伝『葛山鴻爪』のこの時期の記述によれば、直前の平沼内閣の拓務相として入閣していた閣議において、汪兆銘政権を中国の中央政府とすることには個人的に疑問を呈していたという。しかし、退任後の一九三九年九月、この英国による周旋の記事は見出せない。小磯国昭『葛山鴻爪』(小磯国昭自叙伝刊行会編、一九六三年)六八五—八七頁。

(29) Craigie's telegram (24th Sept. 1939), *Ibid.*

(30) Extract from War Cabinet Conclusions 26 (39), 25th Sept. 1939, War Cabinet Conclusions 26 (36), 25th Sept. 1939 [F10533/87/10], FO371/23461, NA.

(31) Extract from War Cabinet Conclusions 28 (39), 26th Sept. 1939 [F10499/87/10], FO371/23461, NA.

(32) Ibid.

(33) Ibid.

(34) Ashley Clarke's minute, 30th Sept. 1939, in War Cabinet Conclusions 26 (36), 25th Sept. 1939 [F10533/87/10], FO371/23461, NA.

(35) Extract from War Cabinet Conclusions 30 (39), 28th Sept. 1939 [F10553/87/10], FO371/23461, NA.

(36) Ibid.

(37) Extract from War Cabinet Conclusions 42 (39), 9th Oct. 1939 [F10919/87/10], FO371/23461, NA.

（38） Antony Best, *Britain, Japan and Pearl Harbor: avoiding war in East Asia, 1936-41* (London: Routledge, 1995), p.88.

（39） R.C. Howe's minute (29th Sept. 1939), in Lord Lothian (Washington), telegram No.549, 27th Sept. 1939 [F10530/87/10], FO371/23461, NA.; Ashley Clarke's minute (Sept. 29th, 1939), Ibid.

（40） Mr. Butler, 351 H.C. Deb. 5 s., cols.570-571 (7 Sept. 1939). 臼井編『現代史資料13　日中戦争5』資料解説 xvi-xvii.

（41） パトロール・ボートについて、Mr. Butler, 351 H.C. Deb. 5 s., cols. 1828-29 (3 Oct. 1939); 華北（北京・天津）駐屯軍について、Ashley Clarke's minute (29th Sept. 1939), in Lord Lothian (Washington), telegram No.549, 27th Sept. 1939 [F10530/87/10], FO371/23461, NA.

（42） 田岡良一『國際法学大綱』下巻（巌松堂、一九三九年）一六四―一六九頁。なお、注意すべき点は、交戦状態の法的定義や当事者の態度や意思、あるいは行政府による裁判所への法的意見書や陳述があってもそれとは関係なく、国内裁判所は、公法上の問題とは別に、私的契約の解釈について、事件の性質に合った事実認定にもとづいて、ある事態が戦争であるか否かを判断することができることである。日中事変に関しても、たとえば、川崎汽船株式会社（神戸）が事変の勃発を傭船契約（charterparty）上の一方的解約条件の「戦争」勃発に当たるとして（このような契約上の規定は、船舶が軍に徴用されるのを優先するためと思われる）、一九三七年九月十八日に一方的に解約を傭船主（charterer）側であるBantham S.S. Company Ltd.に通告したが、その解釈が争われた損害賠償請求事件があった（川崎汽船対バンタム事件、一九三九年）。英国控訴院（Court of Appeal）までいったが川崎汽船が勝訴した。裁判所は、商事の目的にとっての事実認定として自然的意義に従い日中事変は「戦争」だと認定した。*Kawasaki Kisen Kabushiki Kaisha of Kobe v. Bantham SS Co.* [1939] 2 K.B. 44; 54 *Times L.R.* 901. Press Extract "Times" 3rd March 1939 [F2309/87/10], FO371/23458, NA.

（43） Antony Best, *Britain, Japan and Pearl Harbor: avoiding war in East Asia, 1936-41* (London: Routledge, 1995), p.49.

（44） 中国（蔣政権）の対日宣戦文のテキストは、Sir A. Clark-Kerr (Chungking), 12th Dec. 1941 [F1019/5/10], FO371/31617, NA 参照。

（45） 汪政権の対英米宣戦文のテキストは、Proof copy of an article written for the *Weekly Review* by Jones, in Mr. G.F. Hudson, Royal Institute of International Affairs to Mr. Ashley Clarke, 21st Jan. 1943 [F484/351/23], FO371/35948, NA 参照。

（46） From F.O. to Washington, 9th Jan. 1943, in F.O. minute, 9th Jan. 1943 [F263/71/61], FO371/35878, NA; Mr. G.F. Hudson, Royal Institute of International Affairs to Mr. Ashley Clarke, 21st Jan. 1943 [F484/351/23], FO371/35948, NA. また、汪政権の前身の一つとなった南京臨時政府（日本軍が上海の旧政治家・梁鴻志に組織させた実体のない政府、一九三八年三月二十八日設立）が、一九三九年九月にヨーロッパ戦に対する「中立宣言」を出したことがあるが、英国外務省は、これにも、「未承認政府が『中立』を遵守できるとは考えられず、この宣言は、日本側からの提案を受け入れて、中国内水から我が国の部隊の撤退を求める臨時政府（the Reformed

[Restored] Government) の要求の予備的行為であることは疑いない」として、その効果を認めなかった。F. O. minute, 11th Sept. 1939, Sir A. Clark-Kerr (Shanghai), 9th Sept. 1939 [F9951/9951/10], FO371/23536, NA.

(47) M. Whiteman, *Digest of International Law* (Dept. of State, Washington, Vol.10), p.73.

(48) 「ポツダム」宣言受諾に関する八月十日付日本国政府申入れ、および降伏文書（一九四五年九月二日）の本文（細谷千博ほか編『日米関係資料集 一九四五～九七』東京大学出版会、一九九九年）一二頁、および一六―二〇頁参照。

(49) L.C. Green, *The Contemporary Law of Armed Conflict*, 2nd ed., 2000, p.317.

(50) 同盟条約、および同条約附属議定書の日文正文。外務省編『日本外交年表竝主要文書』下、五九一―九三頁。

(51) この点については、波多野澄雄『太平洋戦争とアジア外交』（東京大学出版会、一九九六年）一四一―五四頁。また、小林英夫・林道生『日中戦争史論――汪精衛政権と中国占領地――』（お茶の水書房、二〇〇五年）二三一頁、高橋久志「汪兆銘南京政権参戦問題をめぐる日中関係」（『国際政治』第九一号、一九八九年五月）参照。

(52) 周仏海も、同盟条約を「歴史に対して顔向けが出来る」文書として、駐兵権の放棄や租界返還・治外法権の撤廃を評価しているものの、一九四〇年の基本条約の失効の黙示の法的意義については問題にしていない。蔡徳金（編）『周仏海日記』村田忠禧ほか訳（みすず書房、一九九二年）六一二―一三頁。なお、最新のもっとも詳細な編年表は、余子道・曹振威・石源华・张云『汪伪政权全史』上卷・下卷（中国社会科学院中日历史研究中心文库、上海人民出版社、二〇〇六年）の下卷、卷末附录二、一五二六―一六一七页にある。

[条約文の出典]

基本条約の日文正文については、『日本外交年表竝主要文書』下、四六六―七四頁。中文正文については、中国国民党中央執行委員会宣伝部『和平反共建国文献』上巻（一九四一年）一七五―八〇頁（東洋文庫蔵）。また、当時の南京国民政府外交部編印の中文正文が、Sir A. Clark (Chungking), 12th Feb. 1941 [F3787/273/10], FO371/27668, NA にファイルされている。英文テキストについては、やはり同文書の中に、英国外務省作成のものがファイルされている。

同盟条約、および同条約附属議定書の日文正文については、『日本外交年表竝主要文書』下、五九一―九三頁。中文正文、および英文テキストについては、中華民国政府（汪政権）駐日大使館檔案、一九四三～四四年《国民政府（外交部）法令・条例》（東洋文庫蔵）。

＊本庄比佐子先生（東洋文庫）、木畑洋一教授（東京大学）、篠原初枝教授（早稲田大学）、生田滋名誉教授、内田知行教授（大東文化大学）、およびレフリーの方からは、貴重な助言をいただいた。末筆ながら、心から感謝申し上げる。

論文の執筆にあたり、平成十九年度大東文化大学特別研究費による研究助成を受けた。ここに記して謝意を表す次第である。

（大東文化大学）

「戦陣訓」と日中戦争
——軍律から見た日中戦争の歴史的位置と教訓——

幡新大実

はじめに

本稿は、「生きて虜囚の辱めを受けず」という一句だけが突出して有名になった「戦陣訓」を軍律と軍紀の文脈の中で捉え直し、その文脈において、「戦陣訓」成立の背景となった日中戦争の歴史的位置を明らかにし、その上で、一九九二年の国連安保理決議七九四号に基づくソマリアでの多国籍軍に参加したカナダの空挺部隊員が現地少年を殺害した事件で再発した「軍人倫理規範」(Code of Ethics)論争、そして旧ユーゴスラビアにおける国連平和維持軍将兵による民間人の性的搾取・虐待事件を直接の契機として、カンボジアでの経験なども踏まえて一九九七年に作成された「国連平和維持軍(青兜)行動規範十箇条」(Ten Rules Code of Personal Conduct for the Blue Helmets)[1]などとの比較を交えながら、今日または将来への教訓を導き出すことを目的とする。

なお日中戦争当時の固有名詞や文献を使うときに「支那」という表記をそのままにするが、これは決して筆者が「日本を本店、支那を支店」と見るような当時の日本側の中国蔑視観を共有しているということではなく、過去の事実に忠実たらんとするために過ぎない。

「戦陣訓」といえば、日中戦争というよりは、むしろわが国の対米英蘭戦争において、本土から遠く離れた南洋の孤島や密林において完全に孤立したわが国軍人・軍属が降伏せずに死を選んだ一因としてよく知られる。英軍の元将校マルコム・ケネディー(Malcolm Duncan Kennedy)[2]も、米軍の情報将校ウルリッヒ・シュトラウス(Ulrich Straus)[3]も、その著書において、「戦陣訓」の制定されるはるか前から観察されてきた西欧諸国とは比べものにならないほど強い日本兵の「捕虜になりたがらない傾向」を指摘している。その極めつけが、昭和四十七（一九七二）年二月、「恥ずかしながら生きながらえて……グァム島守備隊の最期の様子を伝えるため、戦友の英霊と一緒に帰って」きた横井庄一で、何より輜重隊の輸卒という帝国陸軍の最底辺においても、「戦陣訓」の鉄の紀律が、昭和十九（一九四四）年八月のグァム島守備隊「玉砕」後、足掛け二八年の長きにわたって守り通されたことに、世界が驚愕した。当然国家的英雄として凱旋すると信じた外国人には理解できなかった「恥ずかしながら」の一言は、皮肉にも「生きて虜囚の辱めを受けず」の「戦陣訓」が言わしめたものであった。それからさらに二年、フィリピンのルバング島で遊撃戦を闘っていた小野田寛郎こそ、陸軍中野学校二俣分校で特殊な諜報・遊撃訓練を受け、米軍による日本本土占領と傀儡政権の樹立を想定した上で敵の後方攪乱の目的で送り込まれた将校であり、帰国してみると東京には本当に米軍の傀儡政権ができていて、情けない思いをしたことで有名である。その直後、昭和四十九（一九七四）年十二月、インドネシア東部のモロタイ島の密林で発見された中村輝夫ことスニヨンは、「戦陣訓」が、実に植民地台湾の高砂族（アミ族）出身の遊撃隊員にまで徹底していたことを例証するものとして、あらためて世界を震撼させた。

これほど末端まで徹底した軍律というものは世界に類例を見ない。

しかし、「戦陣訓」が示達されたのは昭和十六（一九四一）年一月八日であり、時期から見て、対米英蘭戦争ではなく、むしろ日中戦争の文脈の中でこそ、その正確な分析が可能である。

その内容を見ても、例えば「敵産、敵資の保護に留意するを要す。徴発、押収、物資の燼滅等は総て規定に従ひ、必ず指揮官の命によるべし。皇軍の本義に鑑み、仁恕の心能く無辜の住民を愛護すべし。戦陣苟も酒色に心奪はれ、又は慾情に駆られて本心を失ひ、皇軍の威信を損じ、奉公の身を過るが如きことあるべからず。深く戒慎し、断じて武人の清節を汚さざらんことを期すべし」（「戦陣訓」本訓其の三第一条六項から八項）等々、分かりやすく言うと、赤色ロシヤ軍占領下のドイツ、オーストリア、満州等で野放図に多発したような被占領下の一般住民に対する掠奪や強姦を諌めた、いくらか戦後の一九四九（昭和二十四）年八月十二日のジュネーブ文民保護条約（第四条約）に通じるような規定も存在していた。

その一方で、最もよく知られている「生きて虜囚の辱めを受けず、死して罪禍の汚名を残すこと勿れ」（本訓其の二第八条）の如きは、後段に至ると、日本人捕虜から聞き取り調査を行ったウルリッヒ・シュトラウスが見事に「誤訳」

しているところを見ると、本来の趣旨「死後に罪過の汚名を残すことのないように自重せよ」ではなく、土井晩翠や島崎藤村の筆による漢文訓下調の文体に慣れていない、赤紙一枚で出征させられた徴用兵の間では、「死ぬことによって、罪過の汚名を消して、郷里の親兄弟や村の衆に迷惑をかけるな」という風に完全に曲解されていた可能性が窺える。(4) これは、日中戦争の時代、幼稚園の女児に「天皇陛下の御為に死ねと教えた父母の赤い血潮を受け継いで心に決死の白襷かけて勇んで突撃だ」などと歌わせていた現実(5)と照らし合わせると後者の方がむしろ「自然な」解釈であったとさえ言えるだろう。

そのように「戦陣訓」は、その目的と性格、とくに法的地位というものは何なのか曖昧な部分の大きなものであり、かつその内容もいびつに曲解される傾向があり、少なくともその効果として、捕虜の人道的取り扱いを最優先に考える近代西欧流の価値観を根底から否定する「間違った価値観」の代表のように考えられる傾向もあるようである。

しかし、この「戦陣訓」の制定を、左のような昭和十七(一九四二)年の陸軍刑法改正にいたる日中戦争の一連の流れの中で見ると、より明確に、その意図された意義というものが見えてくるのではなかろうか。次に年表を掲げる。

〔年表〕

昭和十二年七月七日　盧溝橋事件
同　八月九日　上海で大山勇夫海軍中尉暗殺
同　十二月十三日　南京陥落
昭和十三年一月四日　参謀総長の中支那方面軍司令官宛の訓示
同　一月七日　参謀総長の北支那方面軍司令官宛の訓示
昭和十五年四月二十九日　支那派遣軍総参謀長の訓告「派遣軍将兵に告ぐ」
同　九月二十日　陸軍懲戒令の改正
昭和十六年一月八日　陸軍大臣訓令第一号「戦陣訓」
昭和十七年二月十九日　陸軍刑法の改正

勿論、右に並べた出来事相互の間にどういう脈略があるのか、その脈略を証明しないことには、この議論は成り立たない。

一　参謀総長の二つの訓示

和田盛哉(陸上自衛隊西部方面総監)編「戦陣訓および派遣軍将兵に告ぐに関する研究」と題する昭和四十七年の防衛庁防衛研修所の内部資料と思われる資料の中に、昭和十四（一九三九）年四月から陸軍省軍事課（軍紀風紀の基本を管掌）編制班長をつとめた大槻章の談話があり、大槻は、軍事課に異動する前の昭和十二（一九三七）年十二月の末、すなわち南京陥落直後から昭和十三（一九三八）年の正月にかけて支那戦線の視察を命ぜられ、杭州（第十軍柳川兵団の司令部）、南京に赴き、北支にも渡り、つぶさに戦線の実情に接することができたと述べ、各戦線ともに程度の差はあっても、いずれも軍紀風紀の弛緩、戦場道義の退廃が問題にされていたと証言し、この頃から、戦場道徳の乱れを正さなければならないという空気が心ある人々、また業務上その衝にある人々の中に台頭してきたという[6]。そして昭和十四年夏、岩畔豪雄軍事課長が、軍人に対し簡明直截に戦場道徳上の基準を示す必要を認め、細部の起案を教育総監部に依嘱することにしたという。当時はまだ「軍人訓」程度の呼称であったらしい。

　この南京陥落直後についての観察は、昭和十三年一月四日（なお一月四日は明治十五年に軍人勅諭が下賜された記念日）に、参謀総長閑院宮載仁親王から、中支那方面軍司令官松井石根大将に宛てて出された訓示（一月七日には北支那方面軍司令官に同文の訓示が出た）の内容に即応する。原文は訓下調で漢字カタカナ文であるが、よく知られている史料であり[7]、本稿の目的からはその内容こそ重要であるので難読副詞等をひらかな文にして掲げる。

「顧りみれば皇軍の奮闘は半歳に邇（近）し。その行くところ常に必ず赫々たる戦果を収め、わが将兵の忠勇武勇は中外ひとしくこれを絶賛してやまず、皇軍の真価いよいよ加るを知る。しかれども一度深く軍内部の真相に及べば、未だ毀瑕の尠からざるものあるを認む。

なかんずく軍紀風紀において忌わしき事態の発生近時漸く繁きを見、これを信ぜざらんと欲するも、なお疑はざるべからざるものあり[8]。

　惟うに一人の失態は全隊の真価を左右し、一隊の過誤も遂に全軍の聖業を傷つくるに至らん。

　すべからく各級指揮官は統率の本義に透徹し、率先垂範、信賞必罰、もって軍紀を厳正にし、戦友相戒めて、克く越軌粗暴を防ぎ、各人自ら矯て、全隊放縦を戒むべし。特に、向後、戦局の推移とともに敵火を遠ざかりて警備、駐留等の任に、もしくは団隊漸増するの情勢に処しては、いよいよ心境の緊張と自省克己とを欠きやすき人情を抑制し、もって上下一貫左右、実にいささかも皇軍の真価を害せざらんことを期すべし。かくのごときは、ただに皇軍の名誉と品位とを保続するに止まらずして、実に敵軍および第三国を感服するとともに、敵地民衆の信望敬仰を繫持して、もって出師真目的を貫徹し、聖明（天皇陛下）に対へ奉る所以なり。

遡りて一般の情勢とくに迅速なる作戦の推移あるいは部隊の実情等に考へ及ぶときは、森厳なる軍紀、節制ある風紀の維持等を困難ならしむる幾多の素因を認め得べし。従いて露見する主要の犯則不軌等を挙げて、ただちにこれを外征部隊の責めに帰すべからざるは、よくこれを知る。

しかれども実際の不利不便いよいよ大なるに従いて、ますますもってこれが克服の努力を望まざるを得ず、あるいは寒に苦しみあるいは櫛風沐雨の天苦を嘗めて日夜健闘してある外征将士の労心を深く偲びつつも、断じて事変の完備を期せんがため、ここにあらためて軍紀風紀の振作に関し切に要望す。本職の真意を諒せよ。」

興味深いことに、第二次上海事変（昭和十二年八月九日の大山勇夫中尉暗殺事件を発端とする事変を指す）当時の参謀本部作戦課長で、上海付近の戦闘から果たして南京まで攻め上るべきかどうか一度現地視察に飛んだことのある河邉虎四郎は、「南京攻略の直後、私が命を受けて起草した松井大将あての参謀総長の戒告を読んだ松井大将は『まことにすまぬ』と泣かれたと聞いたが、もう事はなされた後であった」と回想している。[9]
この河邉課長の起草した戒告と、昭和十三年一月四日の訓示が同じものであるかどうかは定かではないらしい（右の訓戒は、内容的に例えば前線から離れたところで一般住民への掠奪暴行が起きていること、次から次へと大慌てで部隊を増派したことの前線への影響、そして二転三転する作戦の急激な推移の前線への影響などへの言及があり、参謀本部のために前線視察を行い、一旦、南京攻略を見合わせるべきと判断したものの不可抗力で間に合わなかった苦い経験を持つ河邉課長[10]の手によることで説明がつく）。しかし松井司令官が参謀総長の戒告を読んで泣いたという逸話は、昭和十三年二月七日の上海派遣軍の慰霊祭の式次第が終わったあとで、上海派遣軍を最初に指揮した松井石根大将がやおら立ち上がり、祭場に並み居る将兵を前にして、泣きながら「お前たちは、せっかく皇威を輝かしたのに、一部の兵の暴行によって、一挙にして、皇威を墜としてしまった。何たることを、お前たちはしてくれたのか。皇軍としてあるまじきことではないか。お前たちは、今日より以降は、あくまで軍紀を厳正に、絶対に無辜の民を虐げてはならぬ。それが、また戦病没者への供養となるであろう」と叱責した[11]という話とよく附合する。漢学者の父を持つ松井老将軍としてはその一生を根底から否定されたにも等しい、まさに泣くしかない恐ろしい現実があった。これが世に言う南京事件である。

本稿は、この南京事件をめぐる犠牲者の数や事件の範囲（たとえば南京市なのか、それとも軍律に重きを置き第十軍法務部陣中日誌などに忠実に、[12]上海から南京に至るまでの日本軍占領地域を含むかで大きく変わってくる）について紙面を費やす余裕はない。ただ軍紀・軍律の上で重要なことは、参謀総長宮殿下から直々に訓戒が出て、慰霊祭の後に松井大将から涙の訓示があった、それほどの大事件があったということである。

前掲の昭和十四年当時の陸軍省軍事課編制班長大槻章の証言は、まさに、「戦陣訓」作成の背景が、南京事件を含めて、日中戦争初期からの日本軍の華北・華中両戦線における軍紀の弛緩にあるということを端的に指摘している。

ここで中支那派遣憲兵隊の『軍事警察勤務教程』（昭和十七年中頃までの統計資料に基づく）を見てみたい。


「支那事変勃発当初すなわち南京陥落直後の頃においては、中支における軍人軍属の犯罪非行はすこぶる多く、特に対上官犯等悪質軍紀犯をはじめ、辱職、掠奪、強姦等のいまわしき犯罪頻発せるが……（その後の）犯罪漸減の傾向は前述のごとしといえども、これを罪質別に観察せば、必ずしも良好とは言いがたく、すなわち逃亡、図免従軍、自傷等、戦争倦怠嫌忌ないし凱旋待望等、士気戦意を疑わしめるもの、あるいは軍紀軍秩を破壊する下克上的思想底流に基づく対上官犯増加、殊にその内容悪質化の傾向にあり、また掠奪、強姦等対支那人関係犯罪もその跡を絶たず、これらは皇軍の本質に悖り……まことに遺憾なり。[13]」


つまり、南京事件後も、数は減ったが、軍紀の弛緩は質的にはむしろ悪化の傾向にあったという。さらに逃亡や戦争倦怠嫌忌の傾向も憂慮されていた。

この点で興味深いのは松井石根大将の回想（東京裁判で死刑判決を受けた後、昭和二十三年十二月九日に誨教師に語ったもの）で、先述の松井大将の涙の訓示に対して、こともあろうに将兵が嘲笑したというのである。さらに、

「或る師団長の如きは『当り前ですよ』とさえ言った。従って私だけでもこういう結果になるということは、当時の軍人達に一人でも多く深い反省を与えるという意味で大変に嬉しい。[14]」

松井大将は日露戦争の頃と比較し師団長（中将級）の堕落を嘆いたが、この一事を見ても、当時の日本軍将兵の

軍紀問題の根には極めて深いものがあったと言わざるを得ない。[15]

　その後の昭和十五年九月の陸軍懲戒令の改正による厳罰化、そして昭和十六年一月の「戦陣訓」、そして昭和十七年二月の陸軍刑法改正による厳罰化の各措置が、やはり一連の流れであったとしても何の不思議もないように思われる。むしろ陸軍刑法と陸軍懲戒令の厳罰化が遅れたことの方が不思議なくらいである。

　ともかく、中支那派遣憲兵隊が昭和十七年中期までの統計資料を根拠にして憂慮した逃亡、「図免従軍」（書面の上だけの従軍の意と思われる）、自傷等、戦争倦怠嫌忌ないし凱旋待望等、士気戦意を疑わしめる行動について付言すると、ウルリッヒ・シュトラウスは、「戦陣訓」の有名な「生きて虜囚の辱めを受けず」の条《くだり》は、まさに中国戦線及びノモンハン事件（昭和十四年五月十一日または十二日～同九月十六日）で目立つようになった日本軍兵士の戦線離脱、投降の傾向を踏まえた対策であったと指摘している[16]（本稿は、いまだこの点を史料に基づいて厳密に検証することはできない）。

　そもそも投降も逃亡と似て戦争倦怠嫌忌の文脈で捉えることができることは言うまでもない。そもそも「命を惜しまず、名こそ惜しめ」とは日本の中世以来の武士道の教えるところであり、「生きて虜囚の辱めを受けず」などとあらためて「戦陣訓」で示すまでもなく、例えば一九二九（昭和四）年のジュネーブ捕虜条約（欧州大戦の経験に基づいたもの）に日本が調印しながら批准しなかった理由こそ、日本軍将兵が捕虜になることはあり得ないので国際法上の相互主義が確保できないという理由であったことを考えれば、日本軍にとっては当然の規範であった。逆に言えば、なぜ「戦陣訓」にわざわざそのような当たり前の規定を設けなければならなかったのか、その点こそが疑問である。やはり、日本軍の建前と違う現実が中国戦線やノモンハンにあったということではなかろうか。

二　「派遣軍将兵に告ぐ」[17]

　昭和十五年四月二十九日の天長節に示達された支那派遣軍総参謀長（板垣征四郎）の訓告「派遣軍将兵に告ぐ」は、昭和十四年十月八日の石原莞爾の東亜連盟の設立、翌十五年三月三十日の南京汪兆銘政権の樹立を受けて、辻政信が執筆した。蔣介石は「石原莞爾の東亜連盟の思想と辻参謀の日本将士に告ぐの二つには太刀打ちできぬ」ともらしたという[18]。

　これは、東亜連盟運動の推進による事変の解決を説き、戦場における不必要な破壊、掠奪、暴行等を厳に戒め、「諸子の故郷と同じ平和な農村が戦場となる。農民の汗の結晶である田畑を荒らしてはならぬ」などと、農民出身の兵卒の心に届くように、東洋古来の苅田狼藉の禁を切々と説いたものであった。

「派遣軍将兵に告ぐ」と「戦陣訓」とを比べると、訓戒としてメッセージが簡潔でインパクトが強く分かり易いのは、明確に「派遣軍将兵に告ぐ」の方である。先の大槻章陸軍省軍事課編制班長の証言では、「戦陣訓」は元来、「本訓其の三」に格下げされた「戦陣苟も酒色に心奪はれ、又は慾情に駆られて本心を失ひ、皇軍の威信を損じ、奉公の身を過るが如きことあるべからず」(第一条八項)とか「障中の徳義は戦力の因なり。常に他隊の便益を思ひ、宿舎、物資の独占の如きは慎むべし」(第二条五項)などの方に主眼があったらしく、「本訓其の一」の第一条、「大日本は皇国なり。万世一系の天皇上に在しまし、肇国の皇謨を紹継して無窮に君臨し給ふ。皇恩万民に遍く、聖徳八紘に光被す」云々、「本訓其の二」第二条「忠孝一本は我が国道義の精粋にして、忠誠の士は又必ず純情の孝子なり」云々と、当時の人間にとっては大日本帝国憲法の告文や「教育勅語」などで何度も繰り返し聞かされてきた類の長州藩の吉田松陰語録を繰り返しているだけで、これを見ると当時の教育総監部は、言葉に酔っているだけで、中身を別にして形だけ見れば硬直化したソ連共産党の教条主義と大差ない。岩畔軍事課長も大槻編制班長も、こういうことは焦点をぼかすだけということで、不満であったように観察できる。

三 昭和十五年九月二十日の陸軍懲戒令改正

陸軍懲戒令(明治四十四年十月十三日軍令陸四号)は、上官の裁量で将校に「礼遇停止、重謹慎、軽謹慎、譴責」、下士官に「免官、重謹慎、軽謹慎、譴責」、兵に「降等、重営倉、軽営倉、譴責、重営倉は一日を苦役三日、軽営倉は一日を禁足二日に換算」という一種の行政処分を下すことができ、陸軍刑法(これは正式の軍法会議を経て死刑以下懲役刑、禁固刑などの刑を下すことができた)に比べて軍人にとってより身近な「処罰」の根拠であった。

陸軍懲戒令は、明治四十四(一九一一)年制定以降、大正八(一九一九)年四月十一日と八月十九日、大正十一(一九二二)年八月五日に改正された後、昭和十五(一九四〇)年まで一九年間改正はなかった。

昭和十五年九月二十日とは、北部仏印進駐の三日前で、このタイミングで陸軍懲戒令が改正されたことは、友邦ドイツと提携関係にあるフランスのビシー政権の支配する植民地への進駐にあたり、中国戦線で発生したようなことは許されないという判断があったものと思われる。

この昭和十五年九月二十日の改正陸軍懲戒令と翌昭和

十六年一月八日の「戦陣訓」の間には、それから約六〇年前の、明治十四（一八八一）年二月の陸軍刑法（太政官布告六九号）と翌十五（一八八二）年一月四日の「軍人勅諭」の間の関係に似たものがあると考えるべきであろう。

つまり西洋式の近代日本の軍律としての陸軍刑法や陸軍懲戒令と、純粋に日本式の軍律心得としての「軍人勅諭」と「戦陣訓」が対比される。和魂洋才の別でいえば、「軍人勅諭」が大和魂を表し、陸軍刑法が洋才である。この点で、「戦陣訓」の本訓其の二は「神霊上に在りて照覧し給ふ」（第一条）で始まり、刑罰ではなく宗教の力を借りて軍紀を維持しようとした趣旨が明確で、その「洋才」つまり近代合理主義を超越する力に訴えていることが注目される。

そして陸軍刑法が主で陸軍懲戒令が従であるのと同様に、「軍人勅諭」（天皇陛下の勅諭）が主で「戦陣訓」（陸軍大臣訓令）が従であった。

ただ例えば歩兵第三八連隊（輜重隊から転属）の横井庄一（昭和四十七年一月二十四日グァム島警察に保護され、本人の主観では「米軍の捕虜となった」）は、帰国後、軍法会議にかけられ処刑されることを国立東京第一病院の中で警護つきの個室から離れて一般病棟に移るその日まで恐れていたというから、「戦陣訓」の法的性格は、専門的にはどうあれ、一般の兵卒にとっては陸軍刑法と一体のものとして捉えられていた形跡がある。

「（支那）派遣軍将兵に告ぐ」との比較で言えば、「戦陣訓」は北部仏印進駐により支那派遣軍だけではなく帝国陸軍全体を対象に、そして東亜連盟思想ではなく皇国思想を柱にした別の訓戒として位置づけられたといえよう。

四　昭和十七年二月十九日の陸軍刑法改正

一方、陸軍刑法は明治十四（一八八一）年のフランス式陸軍刑法（太政官布告第六九号）が、明治四十一（一九〇八）年四月十日のドイツ式陸軍刑法（法律四六号）に取って代わって以来、昭和十七年まで一度も改正されたことがなかった。ちなみに、明治十四年のフランス式陸軍刑法は、前年のフランス式刑法典（明治十三年太政官布告第三六号）に続くもの、明治四十一年のドイツ式陸軍刑法も前年のドイツ式刑法典（明治四十年法律四五号で現在も有効）に続くものであった。

昭和十七年二月というと、戦局はすでに対米英蘭戦争に移っていた。英領マラヤとビルマ、蘭領東インド、米領フィリピンなど東南アジアがそっくり日本軍の占領下に入り、軍紀の粛正が一層必要となったことも背景の一つではあろう。しかし陸軍刑法の改正は北部仏印進駐直前の陸軍懲戒令の改正に比べて随分遅れていた。ただ、そういう事情はあったとしても、陸軍刑法の改正に当たり、すでに見た日中戦争の冒頭から見られる日本軍将兵の間の重大かつ深刻な軍紀の弛緩が底流にあったことは、改正の中身が、南京事件の前後から中央に伝えられてきた軍紀問題と一致していることからも窺い知ることができる。

その改正の中身とは、第四章の「抗命罪」すなわち上官の命に背く罪、そして上官に暴行を加える罪（第六章）、第七章の逃亡の罪、第八章軍用物損壊罪などの厳罰化に続き、第九章「掠奪の罪」を「掠奪および強姦の罪」に改め、強姦は従来掠奪に併わせて犯されたものしか処罰規定（第八六条二項）がなかったものを、第八八条の二を追加し、戦地または帝国軍の占領地における強姦罪（無期または一年以上の懲役）と強姦致傷罪（無期または三年以上の懲役）と強姦致死罪（死刑または無期または七年以上の懲役）を新設したことである。

この陸軍刑法の改正は、ある意味で「戦陣訓」の失敗を確認したと言える。「戦陣訓」が功を奏していれば、このような厳罰化は必要なかったはずだからである。この点は、現代の国連平和維持軍の倫理規範や、カナダ軍の軍人倫理規範論と比較しながら、さらに論じてみたい。

五　軍紀・軍律問題から見た日中戦争の位置づけ

その前に、極めて深刻な軍紀問題が南京事件に限らず日中戦争のほぼ冒頭から戦線全般にわたって観察され、参謀総長の訓戒、支那派遣軍総参謀長の訓示、陸軍懲戒令の改正、「戦陣訓」の示達、そして陸軍刑法の改正へとエスカレートしていったとなると、単に仏印進駐から対米英蘭戦争への戦線の急激な拡大に限らず、その根にあった日中戦争とは何だったのか、軍紀・軍律の視点からは、極めて重大な疑問が湧く。

昭和十二年七月七日の盧溝橋事件は、戦後の歴史研究の中では日中双方のどちらが先に発砲したのかをめぐって争いが絶えない。しかし、次の一点において真相は極めて明確である。日本は当初、政府も軍部も中華民国との全面戦争は全く望んでおらず、大慌てで後手の対策に追われた。八月九日、上海の虹口飛行場付近の街路において帝国海軍上海陸戦隊西部派遣隊長大山勇夫中尉が中国保安隊により射殺された事件を発端に始まった上海戦で海軍陸戦隊が事実上敗北を喫し、陸軍に助けを求め、すでに予備役に退いていた松井石根老大将が担ぎ出されて上海派遣軍を組織したが苦戦を強いられ、仕方なく第十軍柳川兵団を組織し（松井老将は中支那方面軍司令官に格上げ）杭州湾に上陸させて一気に戦局を打開したら、今度は、前線で勢いあまって南京へ向かって猛進し始めた。結局、中央は前線に引きずられて南京攻略を追認してしまった。その外征部隊の実相たるや、方面軍司令官が予備役の老将軍で南京総攻撃の最中には病床に臥し前線に睨みが効かなかったのと似て、全軍にわたり予備役の中年兵士が多かったことも、その準備のなさを如実に物語っている。一方、杭州湾上陸作戦以前の中華民国軍の対日戦の準備が周到であったこと（華中はドイツ再軍備の秘密訓練場で中国兵もナチス流の訓練を受けていた）は、日本軍の前代未聞の大苦戦が証明している。

これを日本側の「危機管理」[19]の失敗例と見ることにはそういう意味で極めて正当性があるが、軍紀・軍律の上でとくに問題なのは、やはり中央が昭和十二年十一月二十四日大陸指第五号により当初の方針（同年同月七日臨命第六〇〇号中支那方面軍作戦区域の限定）を変え、作戦区域を越えて南京を攻撃するという前線の既成事実をあとから追認したこと（同年十二月一日大陸命第八号南京攻略の号令）であろう。

ここで興味深いのは、松井石根大将が嘆いた師団長の堕落・抗命、中支那派遣軍憲兵隊の『軍事警察勤務教程』に記された下克上による対上官犯の増加（その後の昭和十七年二月十九日の陸軍刑法改正による抗命罪の厳罰化に対応）の底流ともいえる問題である。

戦史は、第二次上海事変勃発時の参謀本部第一部長の石原莞爾（対ソ戦略上、日中全面戦争を望まず）が昭和十二年九月二十七日に職を辞した後、第十軍投入そして南京攻略へと戦局が変遷拡大していったことについて、石原の辞任の背景には部下の武藤章大佐との確執があったという観測に触れている。[20]実際、武藤章は参謀本部第一部から中支那方面軍参謀に転じて前線に出て第十軍投入と南京攻略の作戦指導を行った。武藤章は、かつて石原莞爾が大佐として満州事変に関わった姿を部下としてよく観察していた。

なお、本稿は決していわゆる「十五年戦争」論をここで展開しようとするものではない。英米刑事訴訟に詳しい者であれば誰でも、極東国際軍事裁判（東京裁判）という一種の刑事裁判の場において、国際検察局が時間的管轄権を満州事変以降に定めたその決定について、それを学問的、科学的な歴史研究の目的で受け入れることは到底不可能である。それは通常の刑事裁判においても、訴追の決定は、まず真相解明以前に、物的証拠がそろっているかどうかという偶然的要素で決まってしまうこと、そして、その上に訴追が「公益」に沿うかどうかという権力的な判断が必然的に行われるものだからである。いわんや政治性、恣意性の高い戦勝国による国際軍事法廷においておや。

しかしながら、軍律の視点から見たとき、満州事変における関東軍の行動は、朝鮮軍（司令官林銑十郎）の独断越境以上に、当然、陸軍刑法の擅（専）権罪、とくに同三七条「司令官権外の事に於て已むことを得ざる理由なくして擅（ほしいまま）に軍隊を進退したる時は死刑又は無期又は七年以上の禁錮に処す」に照らし、本庄繁関東軍司令官が軍法会議にかけられてしかるべき事件であった。参謀の石原莞爾は擅権罪同三八条「命令を待たず故なく戦闘を為したる者は死刑または無期若は七年以上の禁錮に処す」、少なくとも抗命罪の正犯として、軍法会議の被告席に立っていなければならなかった。望むらくは詐欺により軍隊を進退させる行為を罰する規定であったかもしれない。歴史的偶然で板垣征四郎、土肥原賢二らだけを捕らえて裁いた東京裁判を東京裁判史観と批判することは易しいが、なぜ日本国内で、当時の関東軍や朝鮮軍の指導者が軍法会議にかけられなかったのか、その問題に注意を傾けることの方が、敗戦後の現代日本の精神的独立を回復するためには重要であろう。

関東軍の独断専行を可能にしたのは、先の満州某重大事件すなわち張作霖爆殺事件のときに、畏れ多くも昭和天皇に田中義一総理大臣が奏上した責任者の処罰が、陸軍大臣の反対で反故にされたことであるのはよく知られている。(21) これすなわち陸軍が天皇に逆らったと言って過言ではない。これ以上の抗命罪、反逆罪があろうか？　こういう最高レベルにおける軍律問題・統帥問題をきちんと処理できなかったことこそが、日本における文官統制（シビリアンコントロール）の失敗と、軍律の崩壊へとつながり、満州事変の六年後、蔣介石の猛反攻という局面に立ったとき、その膿が止めようもなく出始めたというべきであろう。

さらに言えば、「統帥権干犯」と言うときの「統帥権」とは、天皇が実質的決定を行わないという大前提の上に立ち、その大纛の下にある参謀本部の既得権に対する干渉こそが「統帥権干犯」を構成するとされてきた実務慣行に問題があり、そういう視点に立てば、問題の根は山縣有朋の昔に遡る。そもそも一五歳のみかど（明治天皇）が摂政も関白も征夷大将軍も置かずに徳川慶喜を追討し、大改革を行うという明治維新の建前そのものが、日本古来の憲法的慣習に反していただけでなく、まず明治天皇個人の理解と意思をはるかに超えたものであったことに疑いはない。清の廃帝溥儀を担ぎ出して満州国を建国したあの発想は、まさに明治維新をモデルにしなかったとは、誰が言えようか。

軍紀軍律問題の淵源は、統帥・指揮命令（command）の問題に求めるのが正論であり、その視点からすれば、日中戦争の当初から崩壊していた日本軍の軍紀は、論理的必然として、少なくとも張作霖爆殺事件のときに天皇の意思に反して河本大作大佐らが処罰されなかった事実に、そしてさらに本質的には、軍が天皇の権威と国家を私物化していた事実にこそ、その崩壊と堕落の原因を求めることができるのである。

六　現代における教訓

軍人の職業倫理規範というものは、例えば一九八〇年代に、カナダで徴兵制ならぬ志願兵制の軍隊における軍紀の維持向上のために私案が出されたことがあり、その議論は、一九九二年のソマリア多国籍軍に参加したカナダ空挺部隊員による殺人・拷問致死事件をきっかけにして再燃したことがある。[22]一例を挙げると、「カナダ軍倫理規範」

「自由意思でカナダの軍事共同体に参加せるカナダ軍人は、カナダの政治、社会、文化、軍事制度に誇りを持ち、制服、非制服を問わず、あらゆるカナダ市民の福利厚生に気を配り、軍事任務の遂行とカナダ軍の作戦上の効率性を私事に優先させて、国のために尽くすことが期待されている。これは、軍事の奉公に対して無私の心で無限の責任を負うことこそが、自由社会の防衛力の基礎であるからにほかならない。[23]」

もう一例を挙げると「軍事倫理・カナダ軍行動規範」

「自由意思でカナダ軍に志願した私は、カナダ人全員に対する唯一無二の目的に身を捧げます。

私は強い自由なカナダを信じ、カナダ軍はカナダ人全員にとっての常識的な生活を保障するために存在することを承認します。

私は必要とあれば軍事力の行使をもってカナダの安全と主権を保障する責任を負います。

私は、誠実に正直に忠誠心と勇気をもって、全力を尽くして任務を遂行します。

私は祖国と上官と部下の福祉をこの順番で常に第一に考えながら、任務を遂行します。

私はあらゆる法令に遵って行動します。

私はカナダ憲法と人権憲章に謳われた価値を堅持します。

私はカナダ軍とカナダの信用を増進するように行動します。

私は、カナダ軍における私の地位を個人的な利益のために濫用することは一切いたしません。

私はカナダ軍の一員として軍事奉公について無限の責任を負います。[24]」

この文脈で「無限責任」とは命を捧げるということにほかならない。

しかし、このような倫理規範（code of ethics）の案がカナダで正式に採択されたことは一度もない。

イギリス（連合王国）でも、そういうものが刊行物として存在したことはない。[25]

現代において、こういうものを正式に採用した例があるとすれば、それは国連である。一九九七年の「国連平和維持軍（青兜）行動規範十箇条」がそれである（もちろん国連のことなので軍事奉公に命を捧げよとまでは言っていない）。

青兜十箇条が正式に採択された理由は、端的に言えば、国連平和維持軍を指揮する国連事務総長には、将兵の懲戒権がなく、したがって国連平和維持軍将兵による犯罪に対しては、受入国では司法制度そのものが崩壊していて実効性がない以上、派遣国による自主的な刑事司法に期待する外には、国連独自の立場からは「倫理規範」で対処する以外になかったからにほかならない。つまり、独立主権国家としての権限のない組織だからこそ、そのような倫理規範が必要とされたのである。しかし、その後もシエラレオネや東チモールやコンゴ民主共和国において国連平和維持軍将兵等による性的搾取・虐待事件は跡を絶たず、[26]刑事制裁を伴わない倫理規範の有効性には疑問が残る。

倫理規範や心得というものは、日本では学校から企業に至るまで今日でも普通に流布しているけれども、やはり最も大切なことは、言葉ではなく、上に立つ者の行動である。日中戦争における日本軍の軍紀の崩壊と堕落の遠因が、軍上層部による国家権力の私物化、そして命令違反の積み重ねにあったことを考えれば、自衛隊においても、最も注意すべきことは、倫理規範でも、おそらく軍刑法規定でもなく、内閣総理大臣、防衛庁長官・大臣、防衛事務次官、幕僚長ら歴代の指導者の行動にこそあると言わなければならない。

この点で、日本国憲法第九条第二項（英文では陸海空軍その他のいかなる「潜在的戦力」war potential も保持しない）の最も自然な解釈によれば、自衛隊は違憲のまま組織されたことになるが、このことの自衛隊員の士気や倫理に必然的に与える根本的害は計り知れない。日本は再軍備の手順を大きく踏み誤ったのである。その意味で日本は対米戦争を非常の措置をもって終結させたかもしれないが、いまだ日中戦争における軍律の崩壊（軍律の崩壊した軍隊はもはや「軍隊」ではなく、その意味において、日本軍は太平洋戦線で米軍に物理的に敗れる前に、中国戦線において内的に自壊していた）から決して立ち直ってはいない。

この過誤から立ち直るためには、まず、横井庄一の目から見れば「独立国ではない」日本、小野田寛郎に言わせれば「米軍の傀儡政権」のもとにあるという冷厳な現実に戦後教育の洗脳から解かれて目を開け、徳川家康が三方ヶ原の敗戦のときの「しかみの自画像」を終生忘れずに保持していたように憲法九条の屈辱（米領植民地フィリピン総督の子による日本の去勢）を常に噛み締め、日本人がその精神的独立を真に回復することが必要である。自分の国は自分の力で守る以外に道はない。その上で、軍律の問題は、本当に自力で国を守らなければならなくなったとき、責任ある最高指導者の命を懸けた行動を通して解決することができるはずである。そうして初めて日本は日中戦争において顕現した内部崩壊から、本当に立ち直ることができるであろう。

註

（1）UN Chronicle, 1997, No.3,p.39, 'Peace watch'; http://www.un.org/Depts/dpko/dpko/Conduct/ten-in. pdf

（2）Malcolm Duncan Kennedy, *Estrangement of Britain and Japan 1917–1935* (Manchester: Manchester University Press, 1967).

（3）Ulrich Straus, *The Anguish of Surrender: Japanese POWs in the World War II* (Seattle: The University of Washington Press, 2003) (hereafter cited as *Anguish*).

（4）*Ibid.*, p. 39. シュトラウス氏と筆者は、オックスフォード大学日産日本問題研究所の二〇〇五年春学期セミナー「戦争と法」の初回と最終回をそれぞれ担当して知り合い、その後、この点を文書で尋ねてみたところ「自分は学者ではないので、言葉の正確な意味は知らない」という返事を日産研のグッドマン教授の口を通して聞いた。直接口頭でやりとりできなかったことが残念であるが、氏の活動から見て、氏が書物に著した意味は、文言の意味ではなく、捕虜が語った意味だと捉えるべきであろう。

（5）昭和十四年・十五年頃、京都の幼稚園に通っていた世代（国民学校の最初の一年生）の人、数名の記憶。

（6）和田盛哉編「戦陣訓および派遣軍将校に告ぐに関する研究」（一九七二年、未刊行）一六—一七頁。

（7）中支那派遣憲兵隊「軍事警察勤務教程」〔高橋正衛編『続・現代史資料6　軍事警察』（みすず書房、一九八二年）〕四四六—七頁及び加登川幸太郎「証言による南京戦史」（『偕行』一九八五年三月号、偕行社）一六—一七頁。

（8）この条《くだり》は、加登川「証言による南京戦史」一六頁の引用では「漸く繁きを耳にし、信ぜざらんと欲するも尚転た慨然たるものあり」となっている。

（9）河邉虎四郎『市ヶ谷台から市ヶ谷へ——最後の参謀次長の回想録——』（時事通信社、一九六二年）一五三頁。

（10）同右、一四四—四五頁。

（11）花山信勝『平和の発見・巣鴨の生と死の記録』（朝日新聞社、一九四九年）二二九頁及び南京戦史編集委員会『南京戦史』（偕行社、一九八九年）四〇三—一二頁〔なお当時その現場にいた社団法人新聞連合社上海支局長松本重治『上海時代』(中央公論社、一九七七年) 六七二—七三頁の記述は時と場所を記憶違いしている」。

(12) 高橋編『軍事警察』四五頁。

(13) 同右、四四七—四八頁。

(14) 花山『平和の発見』二二九頁。

(15) 「戦陣訓」の作成に携わった白根中尉も吹浦忠正『聞書き日本人捕虜——異文化との対面と摩擦——』(図書出版社、一九八七年) 掲載のインタビューの中で、この上下関係の乱れを最も憂えたとしている。

(16) Straus, *Anguish*, p. 39.

(17) 昭和十三年一月四日と七日の参謀総長の訓示の後、同年八月大本営陸軍部から「従軍兵士の心得」が示達された。

(18) 木戸日記研究会編『木戸幸一関係文書』(東京大学出版会、一九六六年) 六〇五頁 (昭和十八年十二月六日木戸幸一宛加納久朗の重慶情報)。

(19) 防衛庁防衛研修所戦史室『戦史叢書86 支那事変陸軍作戦(1)』(朝雲新聞社、一九七五年) 五〇四頁の註。

(20) 同右、三八二—八三頁。

(21) 永井和『青年君主昭和天皇と元老西園寺』(京都大学学術出版会、二〇〇三年)。

(22) Martin L. Friedland, *Controlling Misconduct in the Military: a study prepared for the Commission of Inquiry into the Deployment of Canadian Forces in Somalia* (Ottawa: Public Works and Government Services, 1997), pp. 20–22.

(23) Lieutenant Colonel C. A. Cotton, "A Canadian Military Ethos" *Canadian Defence Quarterly* 12/3 (Winter 1982–83), p. 13.

(24) Major A. G. Hines, "Military Ethics: A Code for the Canadian Forces" (Canadian Forces Staff College, 1992), p. 20.

(25) 国立陸軍博物館刊行物部長 (Michael Ball, Head of the Department of Printed Books, National Army Museum) 二〇〇七年五月十日付け筆者あて電子メール。

(26) 国連文書 A / 59 / 710 of 24 March 2005, Annex, "A comprehensive strategy to eliminate future sexual exploitation and abuse in United Nations peacekeeping operations." 通称 Zeid Report.

(英国インナー・テンプル法曹組合)

第三篇　大後方・共産党・CBI

抗日戦争期大爆撃の影響下における重慶市民の心理的反応

張　瑞　徳
湯川真樹江訳

はじめに

一九三七年十一月国民党政府は、臨時政府を重慶に移転することを発表し、日本に対して抗戦を続けた。重慶は抗日戦争期における中国の政治、経済、軍事および文化の中心地となり、また同時に日本軍にとっての軍事的な攻撃目標となった。一九三八年二月十八日から一九四三年八月二十三日まで、日本軍は重慶に五年半にもわたる爆撃を行い、その間日本軍は延べ九、〇〇〇機の爆撃機を投入して、二万発あまりの爆弾を投下し、約三万人の人々を爆死、または負傷させた。倒壊家屋は約二万棟にものぼり、その財産被害は甚大なものであった。「重慶大爆撃」の長期的かつ広範囲な被災規模は、第二次世界大戦の期間中、また人類歴史上においても稀なものであった。

この歴史的事象については、中国および海外の学界においても、すでに相当の研究成果[①]が見られる。しかしながら、重慶市民の爆撃下における心理的状態や反応については、いまだわずかに着手された段階[②]でしかなく、体系的な解明がなされていない。本論文では、大量の回想記録、日記、雑誌、そして筆者が二〇〇四年に重慶地区において四〇人の被害者とその家族を対象に行った調査結果資料[③]をもとに、この課題に対して全面的な検討を試みようと考えるものである。その研究の成果は、以下のとおりである。

第一に、爆撃下の重慶市民が受けた心理的衝撃、恐れやあせり、怒りなどの感情は、人々に排便、摂食、遠方への逃避等強迫的な行為を行わせた。怒りは人々の一体感(collective consciousness)、共同体の存在を認識させた。それが国家概念の強化へとつながり、抗日戦争の原動力となった。

第二に、多くの民衆が爆撃の脅威に直面している時、人々は宗教や迷信などにより心の安らぎを求めた。

第三に、長期間に及ぶ爆撃は、重慶市民に爆撃に対する適応を起こさせ、爆撃への恐れやあせり、憤りなどの感情が、「逆来順受」すなわち逆境を耐え忍ぶものへと変化していった。

第四に、爆撃が重慶市民の性格形成に与えた影響について、正と負の二つの要素に分けられた。当時の年齢と爆撃の直接の被害者であるか否かは、彼らの性格形成に大きな影響を及ぼす要素となった。

一　恐怖――被災地区の目撃と慢性的焦燥感――

一九三八年十二月二十六日から翌年の一月十日にかけて、日本軍航空部隊は漢口から出撃し、重慶に試験的な爆撃を行った。そして彼らはこの都市の防空設備が不完全なことを確認し、引き続き長期的な爆撃を開始した。一九三九年五月三日の午後、日本軍三六機が重慶の上空に臨み、市の商業中心地に一〇〇発あまりの爆弾を投下し、一、〇〇〇人に近い死傷者を出した。五月四日には日本軍が再び重慶を爆撃し、四、四〇〇人あまりの市民を爆死させた。負傷した者は三、一〇〇人あまり、倒壊家屋は一、二〇〇棟あまりに達し、「五月三日、四日の重慶大爆撃」として有名になった。五日、国民党政府は難民を救済するための緊急措置を施し、公私の船舶と車両を調達して、市民を避難させた。三日以内に二五万人もの市民が分散することとなった[4]。そしてその後、日本軍は再び一連の爆撃を展開した。

重慶市民は、これまでに爆撃を経験してこなかったため、それを味わった時の恐怖は筆舌に尽くしがたいものがあった。ある市民は、日本軍が一回目に爆撃をした時、家屋が粉々に吹き飛んで、燃え上がり、辺りで手足を失った、表情もわからないような死者を目撃した。家に帰ってからは食事ものどを通らず、眠りにもつけず、茶碗をもつ手も震える始末であった[5]。五月三日、四日の大爆撃を見た蒋碧微は、このように回想している。

一九三九年前後に重慶に住んだことのある人なら誰でも、あの二日間（一九三九年五月三日、四日の重慶大爆撃）の悲惨な状況を忘れることはできないでしょう。二回の大爆撃で、私はどの防空壕に入ることもできず、あの光第楼の上で、市の中心地が燃え上がり、火の粉が天まで届くのを目にしました。硝煙には硫黄のにおいがまざり、かすかに被災箇所から伝わってくる呻き声を聞きました。恐ろしい恐怖と憤りが私の神経を緊張させ、それは最高点にまで達しました。いたるところに焼け落ちた家屋があり、血にまみれた被災者がいました。人々は我を失い、狂ったように逃げ回り、恐怖に耐えない顔をしていました。[6]

爆撃期間中はデマがあたりで飛び交い、各地で焼死した人数などの噂が次々と新しくうまれ、それを耳にした女性たちは大声で泣き出し、人々を更なる不安に陥れた。[7]重慶ではこの時すでに中央広播電視台が存在したが（於上清寺）、ほとんどの人はラジオ機を購入する力がなかったため、ラジオ局が放送したニュースはわずかばかりの人に聞かれるのみであった。新聞が発行停止になると、人々には情報に触れる機会がなかった。[8]

ある人は空襲を体験した後に、警報を非常に恐れるようになった。ある女性の使用人は警報が一度響くのを聞いただけで、顔が青白くなって汗が滴り、食べることも仕事をすることもできなくなった。そして、ただ警報が解除されるのを待つのみとなった。[9]また知識階級の人々も同様に、些細なことにも過剰に反応するようになった。例えば唐縦はかつて日記の中で、彼の侍従であった陳布雪と陳方が警報を耳にして、全身の震えが止まらなかったことを記録している。[10]またある人は警報を耳にして、胃痛を引き起こし、警報が解除されると胃痛がおさまるといった症状を持つようになった。[11]空襲に対する恐怖は、ある人にとっては数年間にも及んだ。例えば一五歳の少女は、一九四〇年から一九四一年の間、爆撃に三度遭遇して右腕を負傷した。その時から飛行機の音を聞くだけで震え、泣きながら街を逃げ回るようになった。この状態は日本軍が降伏するまでずっと続いたのである。[12]

ある人の「空襲アレルギー」は三〇年間も続いた。例えば呉俊才は戦争中、教育部の高等教育司長を務めていたが、夜に宿舎で日本軍による爆撃に遭遇したのをきっかけに、過敏になり、爆撃がないにもかかわらず睡眠中起きだして、外へと走り出すようになった。こうした症状は三〇年ほど続き、三〇年後の今でも、時々起こるのである。[13]また、著名な学者である李先聞は、爆撃を経験して三〇年ほど経ったにもかかわらず、動悸を引き起こし、毎回訓練用の警報が鳴る度に、無事とわかっていても一驚するという。[14]

幼い児童が爆撃で受けた心理的な衝撃は、自ずと成人よりも大きく、極度の恐怖、全身の震えのほかに、悪夢を見る児童も多かった。[15]ある婦人は幼少時、重慶近郊に住んでいた経験を思い出し、「私たちは幼いころから皆警報を恐れていました。夢の中においても飛行機から身を隠し、よく夢でうなされて大量の冷や汗を出していました」と述べている。[16]そのため、当時は、子供がいたずらをすると父親がよく「言うことを聞かないと日本軍が来るよ」と言って、子供をおとなしくさせた。[17] ある子供は親しい人が爆撃で死んだため、人が飛行機や爆弾の音を真似するだけで、その場で目を閉じて、頭を抱えて震えだした。[18]

幼少時に受けた心の傷は、往々にして成人後にようやく癒えることがある。ある市民は幼少時の重慶大爆撃という悪夢のような経験を、このように回想する。

日本帝国主義は重慶大爆撃を、五年半もの間続けました。その時は、警報の音を聞くと恐れ、心が慌てざわめき、混乱しました。……また平時の睡眠もよく悪夢にうなされ、耐え難いものでした。非常に長い時間がかかって悪夢から解放されたのです。このような症状は、抗日戦争勝利の二、三年後まで現れました。当時は毎日が恐怖の中で、ただ唯一の親を失うことを恐れました。――母親です。私は子供の時いつも母と一緒にいたため、仕事の邪魔をして、母を疲れさせていたと思います。[19]

もう一人の女性は一九三九年の爆撃時に、家を無くして難民となった。翌年（一六歳にも満たなかったが）重慶市郊外の紡績工場で女工をした。一九四三年の一回目の爆撃で住んでいた宿舎は破壊され、持ち物はすべて焼かれた。精神に大きなダメージを受け、以後、常に悪夢を見るようになった。

一九四三年第一回目の爆撃で、私の住んでいた女工用宿舎が破壊され、衣服や掛け布団全てがなくなりました。その時私は大変な恐怖を感じました。一日中隠れて、さまよい、いったいいつまで続くのか、大変恐ろしかったのです。過度の恐怖で精神はもう完全に崩壊していました。また、両目を失明した父親の面倒を見るために紡績工場を辞め、重慶から遠い場所に移住しました。そこでは日本軍の飛行機が飛ばず、爆撃の音も聞こえることがなかったので、心は比較的穏やかでした。しかし警報の音、日本軍の飛行機の音、爆撃の音、家屋を轟々と燃やす火、いたるところに積み重なっている焼死体、防空壕に隠れたこと、親戚を探したこと、長江沿岸に野宿したことなど一つ一つの出来事が私の脳裏に浮かんできます。今でも日本軍が追ってきて、焼き殺されるという夢を見ます。恐ろしくて生死の境をさまよっているようでした。重慶が解放された後も、私は重慶に戻って工場で仕事をすることを恐れました。後になってようやく子供をつれて帰ることができたのです。[20]

また一人の女性は九歳（一九三八年）の時、多くの家族が爆撃で死んでいくのを目撃し、以後、爆撃を見たり、聞いたりしてきた。その後は、突然の叫び声を聞いただけで恐ろしくなり、長期の不眠や、悪夢にうなされるなどの症状をひきおこすようになった。二〇〇四年五月、筆者が訪問した時、この七五歳の女性は次のように話していた。

三度にわたる爆撃を見たことと、ほかの地方が数回にわたる爆撃で惨状となってしまったことを聞いて、私の幼い心は大変ひどい衝撃を受けました。当時は警報や飛行機の音を聞くだけで緊張し、恐れ、震え、失禁までしてしまっていたのです。そしてそれが七五歳になった今でも続くのです。幼い時の過度の刺激や恐れは、ただ雷や爆竹、ドアのベル、電話の音を聞くだけで、驚き、動悸、多種にわたる長期的な慢性疾患を引き起こし、不眠や悪夢にうなされてしまいます。去年中央電視台の「重慶大爆撃」取材班の取材を引き受けた時、当時の悲しい状況を思い出したためにおちこみ、病気となってしまいました。二度続いて入院したのです。[21]

重慶の警報システムは比較的よく整備され、日本軍一機が宜昌を通過しただけで、防空警報は一回目の空襲が来たことを告げた。市民は各々準備し、防空壕または市の郊外へと逃げていった。当日日本軍機が万県の上空を通過した時、市内ではすぐに緊急警報を鳴らし、市民は全員、壕内に入ってその門を閉めた。日本軍機はおよそ一〇分以内に爆弾を落として、すぐに離れ去った。煙が落ち着いた後に警報は解除され、それらは一時間か二時間程度のものであった。

ある時は、日本軍機が分かれて来襲し、順番に爆撃をしていった（当時は疲労爆撃と呼ばれていた）。空襲警報が解除されず、ようやく解除警報が鳴り響いた時、市民は防空壕から出てくることができる。しかし警報が鳴り響き、防空壕の中で半日や一日も退避していなければならない時は、彼らに精神的な負担を与え、生活の困窮をもたらした。[22] それが長期的に続くと、慢性的にあせりにくい状況が生み出されるようになった。

重慶は霧の城として有名で、霧が濃く雨が降っている日には、日本軍機は来襲して来なかった。しかし、晴れた日や月夜にはその反対であった。そのため天気の悪い日は比較的人びとの心が軽く、天気がよい日は皆心が重かった。[23] ある人は毎日天気を観察して、気分がよくなったり、悪くなったりした時の心理を次のように述べている。

毎日空を観察していたことは一つの苦しみだったと思

います。私たちは晴れか曇りかを見るのですが、晴れの日がやはり多くを占めていました。例えば、今あなたが突き出た崖の縁にいるとしたら、あなたはどのような苦痛を感じるでしょうか。毎日九時から五時まで、いつもこのような気分でした。八時まで空襲を忘れようとしましたが、少しずつ時計が九時に近づいていく時などは、やはり緊張で不安が次第に高まっていきました。[24]

戦時に重慶に旅をした著名な作家張恨水は、警報を聞いて逃げまどう民衆を見て、空襲が民衆に与える心理的な打撃がどれだけ大きいものかと驚いた。

大通り、店々は門を開けたままで、苦しみを負った市民は行李を背負い、包みを下げ、声も出さず、まるで水が流れるかのように皆市外に向かっていった。足は地面をこすっていた。あらゆる人の顔をみていたが、皆憂いを帯びた表情をしていた。私は空襲が人々にあたえる心理的打撃が、どれだけ大きいのかと驚くに至った。[25]

二　憤怒と反日感情

日本軍が重慶を爆撃したことは、重慶市民にもう一つの大きな心理的変化を与えた。それは、民衆の怒りと反日感情である。例えば一九四一年の六月五日、重慶が日本軍から空襲を受けたことにより、防空壕内での窒息死が大量に起こり、死者が三万人にも達した。当時部隊の兵が抱えてきた死体は一時的に道端に並べられ、それは数百メートルにも及んだ。死体が腐り始めたために、石灰をかぶせたが、それは見るに耐えないものであった。目撃者の回想によると、当時「これを見た人は皆涙を流し、歯を食いしばって日本の悪党どもの天にも届く悪行を恨んだ[26]」という。

毎回日本軍が爆撃をした後、報道メディアはそれを大々的に報道したために、実際に目撃した民衆以外からも（直接被害を受けた人、まだ傷を負っていない人を含む）反日感情が湧き上がった。例えば、五月三日、四日の「重慶大爆撃」の後、『大公報』の記者子岡は「深みを増す血の海」の中で、「夜の闇が深くなったとき、重慶は暗黒の中に陥る。街のいたるところで、公園の石段の上で、家をなくした人々が増えていく。火はまだ延焼し、どこへ行っても血なまぐさい。まさにこれは血の負債である」「人は皆二二ヶ月もの抗日戦争で、精神がたくましく鍛えられ、女性や子供でさえもすすり泣くものはいない。ただ恨みがあるのみだ[27]」と記す。

著名な作家である老舎は『五月四日の夜』という文章

の中で、「火は常に消されるものだが、この恨みは永遠に消えることがない。放火し殺人をしたこの倭寇を必ず打ち倒す。日本軍閥がこの世に存在するのは全人類の恥である。我々は仇を討って、天から与えられた任務を全うするのだ[28]」と言う。

そして政治評論家の胡秋原は『爆撃の感想』の文章内で、「我々の苦しみ、憂いはどんな涙でも消せないのか。あの殺人者の血をもってしても、私の悲しみと憤りは消えることがない。私は歯を食いしばって、あの場所を走った。ただ無力であることを恨みながら、一人の日本人すら殺せないでいるのだ。……半分となった赤い太陽、それは日本の天にも届く悪行を記録した。孤児や未亡人は血と火のなかで叫び声を上げ、通りの家々は焼き尽くされた。幾千にも及ぶ同胞は圧死し、焼死し、そして生き埋めとなった。バラバラになった体と赤い鮮血、我々の恨みと受けた恥は更に深く、確かなものとなった。この残酷な光景は鬼でさえも身震いするほどである[29]」と述べる。

これらの文章は五月三日、四日の重慶大爆撃を再現しただけでなく、まさに多くの民衆の反日感情を引き起こすこととなったのである。

メディアによる報道のほかに、標語やスローガンも大きな宣伝効果を発揮した。例えば五月三日、四日の重慶大爆撃の後は、重慶市内のあらゆるにぎやかな通りが焦土と化し、死傷者は次々と増加した。二日目、民衆は焦土となった瓦礫の中、死体の横に大きな標語を立てた。そこには「父は子に告げ、祖先は子孫に託す。代々この恨みを忘れるな」と書かれていた。ある民衆の回想によると、彼がこの標語を目にした時「突然熱い涙がこみ上げてきた[30]」という。当時このような思いを抱いたのが、彼一人ではないということは容易に想像できる。

爆撃を直接受けた被害者とその家族の反日感情は、自ずと強烈なものになっていった。ある中年婦人は一九三九年から四〇年の間に爆撃を受けた。夫は重度の火傷を負い、医者に送って治療をしたがむなしくこの世を去った。一人で家族全員を養う責任を負い、当時の状況を取り上げるたびに、心の傷を思い出して涙を流す。二〇〇一年に九六歳で、病で逝く時でさえも、自分の子供たちに「日本の鬼たちに仇を討て[31]」と言うことを忘れなかった。

ある知識人は爆撃を受けた時、幸いにも被災は免れたが、反日感情を奮い立たせ、全ての戦争に反対をした。当時重慶で大学生であった周策縦は、後にこのように語っている。

この事件は、当時私に深刻な影響をもたらしました。爆弾はまさに、私からたいして離れていないところに落ちたのです。もし水の中に落ちなかったら、我々四〜五人の命はとっくになくなっていたことでしょう。私は死神と契約を結びませんでしたが、戦争に対して身の毛がよだつほどの憎しみを植えつけられました。また私は、昔から戦争被害者の大部分は、何の咎めもない一般民衆であると悟りました。「一将功成万骨枯」――一人の武将が武力を用いることで、幾万もの骨が埋まるのだということを。これはまさに古来からの名言であります。軍国主義日本が中国と東南アジア各地で侵略をし、暴行を加える。私はこの二日間自ら体験したことにより、さらに忘れることのできない心の傷を負うこととなりました。(32)

三　近代的な国家概念

爆撃は重慶市民の反日感情を引き起こしただけでなく、近代的な国家観念の普及を加速させた。以下、大衆の憤り、助け合い、防空壕内における生活等について分析を加える。

はじめに、大衆の憤りについて。爆撃により引き起こされた怒りは、民衆に運命共同体としての意識を形成させた。著名な作家である朱自清は、この点に関する生き生きとした叙述をしている。

敵軍による爆撃は大変恐ろしく、恨めしい。そして経験していないからといって喜ぶべきものでもありません。爆撃を味わったことのある中国人なら誰でも、どこにいようとも皆自分の敵を認識しました。これが初めてです。どの中国人も皆自分たちは一つの民族で、一つの国家を形成しているということを知りました。軍閥間の戦争時、戦いは軍閥間で行われるものでした。あの時は前線で戦争が行われ、恐ろしく恨めしいものであったけれども、およそ空は晴れ晴れとしていて、爆弾や機関銃の弾が飛んでくることはありませんでした。後方や、別の省ではさらに平穏無事でした。この戦争は、我々の頭上に敵機がやってきて、彼らはどこにでも掃射をしかけました。爆撃は前線、後方関係なく我々の地一面に対して行われたのです。そこでは絶対に安全という場所はなく、地上において逃げおおせる場所はありませんでした。警報が鳴ると誰もが走って身を隠せる場所を探し、同じように恐怖を感じ、同じように恨みました。敵は我々皆のものであり、一人ひとりのものでありました。誰もがこの抗戦は自分自身のものであると自覚したのです。(33)

以上は朱自清が昆明において行った観察である。戦時重慶が日本軍によって受けた爆撃は、昆明のものと比べてはるかにひどかった。そのため民衆の反応も昆明の民衆のものよりも強烈なものとなった。例えば、作家蔣碧微は直接日本軍の爆撃を目撃し、女性使用人の家族が爆撃の被害を受け、敵愾心を持つに至ったという(34)。

私は日本軍の残忍で人の道をはずした悪行を恨みます。彼らはほしいままに無防備の民衆を殺しました。あの光が発するところを思うと、いったいどれほどの財産がなくなり、あの爆撃場所で何人の善良で無辜の市民の体が引き裂かれたのかわかりません。歴史上最大の惨劇は残酷にも幕が開かれ、私は義憤に満ちて歯を食いしばりながら呻きました。「血の負債は血をもって返してもらおう」……女性使用人とその弟はショックがひどく、自己を押さえつけることができませんでした。弟の悲しみに満ちた泣き声は私に涙を流させ、憎み、恨んで激昂しました。もし一人の日本兵が私の前に現れたら、私は何の迷いもなく彼と命がけの争いをするでしょう。当時の被災者は皆同様の恨み、敵愾心を持っていたのです。

トンネル内での惨劇が発生した後、ある中国側の砲手は「大公報」上の新聞記事を見て、投書をした。そこには敵愾心と被災した同胞に対する慰めについて書かれていた。

大公報の皆様へ

私はある高射砲専門の砲手です。五月七日御紙上の記事を閲覧したことにより、城内のトンネルで窒息死した同胞がこんなにも多いことを知りました。死とはこれほどまで悲惨で哀れなものでしょうか。私は悲しさのあまり、食事ものどを通りませんでした。夜に連隊長が点呼をするとき、上官もまた同胞の残酷な死について述べました。我々に何が何でも復讐を果たすことを教え、皆悲しさと憤りのあまり泣き出しました。この晩私は心が大変に痛み、涙を流して、眠ることができませんでした。自分自身に対して、なぜしっかり狙いが定められないのかを責めました。なぜあの疫病のような鬼を打って、かわいそうな同胞たちを救えないのだろうか。あぁ、あぁ！　私は本当に情けない。しかし作戦時には毎回、私と相棒は上官の指揮を聞いて、歯を食いしばって自分の生命力を搾り出しました。一分一秒も力は抜けず、一つの砲弾が頭上に放たれると我々は皆、火に焼け焦げた疫病の豚が落ちてくるのを期待しました。しかし、このような機会はいつも少なかったのです。あの賊は時折見えないほど高いところを飛行しました。そのため自分の砲弾が届かないのを恨みました。……あのかわいそうな難を受けた同胞には、御紙上で一定の紙面をうけ、私と我々小兵卒の哀しみを表現することができました。我々は必ずこの仇を討つことを忘れません！　必ずあの疫病の豚を引きずりおろし、血の祭りを挙げて被災した同胞の霊を慰めます。

朝会の後にて。砲兵XXX第X連第一砲手　欧陽綽。六月八日。[35]

次に助け合いについて。被災した地区では各々「自分の門の前のみを掃除」する考えを捨て、人々の間で慰問や援助が多くなされた。[36]見ず知らずの人は知人になり、疎遠であった人は仲が深まった。急激な災難の中で、バラバラであった心は一つになった。[37]それはまさに老舎が『五月四日の夜』の一文で、「艱難の中にあって人は皆兄弟姉妹のようなものだ」[38]と言っていることがよく当てはまる。

戦時中は、皆防空壕の中で共同生活をし、友情を育むのに最適の場所であった。お互い見知らぬ人同士でも、自己の生死が掴めないような状況においては、親密な感情が生まれやすかった。[39]戦時中重慶で成長した女性は「戦争ほど私たちを一つに結びつけるものはありませんでした。偉大で強烈な同胞への愛は、これまであったわずかな疑いもすべて消し飛んでしまいました」[40]と述べているが、それも納得がいく。

しかしながら、我々は重慶市民の国家概念の普及について、過分に評価することはできない。地域や教育の程度が異なる民衆は、その国家概念の有無および民族主義の高揚において異なることがあるからである。

同様に爆撃の個人的体験とメディアの報道、宣伝は当地の人（特に比較的教育程度の低い者）よりも、沿海沿岸地区から来たいわゆる「下江人」[41]と呼ばれる人のほうが強烈であった。往々にして多くの「下江人」は日本軍の暴行と反日運動をはっきりと記憶している。

例えば、著名な詩人である余光中は、抗戦時母に従って南京へ逃げた。後にベトナムを経て、重慶に到着した。日本軍が重慶を爆撃した時、余光中は重慶市郊外に避難し、難を逃れた。後に彼は思い出して、これらの経験は中国人の民族感情を引き起こしたと述べている。その時余光中は、「私の家は東北松花江にある」「万里の長城、万里に長い」を歌い、抑え切れずに満面に涙を流した。[42]

四　強迫的な行為と自己による慰め

大爆撃は民衆の心理にあせりを生じさせた。ある民衆は強迫的な行為（compulsion）をもたらす症状を引き起こした。彼らは明らかに、こうした行為が不必要であることを理解しているが、その行為をし終えた後に、ようやく不安が去り心が静まるのだという。こうした症状は、戦時中に早くから人々の間に現れていた。作家である梁實秋は、毎回空襲警報が鳴った後に、ある人はすぐに失禁を、またある人はすぐに物を食べ始めることを発見した[43]。また作家の張恨水はさらに一歩進んで、この現象が発生する原因を推測している。

> 空襲というこの戦略上の効果において、精神の錯乱を引き起こす以上のものはありません。当時、後方の一部分の人は、あるひとつの病気を患っていました。毎回警報を耳にするたびに、大便をしたくなるのです。とくに多くの女性がそのようでした。これが生理上、如何なる原因があるのか、まだ医師の説明を受けてはいません。しかしどちらにしろ、神経の緊張と密接な関係を持って、排泄器官に影響を及ぼすことは間違いないでしょう[44]。

ある学者は、爆撃に遭遇した後、爆撃に対する恐怖が最高点に達した。警報を耳にすると、すぐにタバコを吸い始め、トイレへ行く。「大便が出るか出ないかにかかわらず、しゃがみこむ必要があるのです」と述べる[45]。また、ある人は警報を耳にしただけで、必ず走り出して、十分な距離にある洞窟へと逃げた。彼はそこだけが安全だと認識していたのである[46]。

民衆は空襲の恐怖に直面して、なんの助けも見出せず自らを慰めるしかない時、最も頼んだのは宗教であった。そのため、毎回空襲警報が鳴ると、多くの仏教徒が「南無阿弥陀仏」「菩薩の保護を」など仏教用語を唱え続け、心を落ち着かせていた[47]。多くの民衆は仏教徒ではなかったが、果報の説については強く信じていた。公共の場で空襲に遭うと、ある人が「私たちここに座っている人はみな善人です。人相を見れば、悪事を働いたことがないのがわかります。私たちの良心はみな正しいのです。……死ぬはずがありません[48]」とくり返し言った。このように合理的に見える説明（rationalization）は、人々の心の中の恐怖を覆い隠した。

しかし一方で、「この災いは逃げ切れない[49]」と認識する人々もいた。また、悪には悪の報いがあって、将来日本には必ず、戦争中に人に与えた苦しみを味わう日が来ると信じる人々もいた[50]。人々は常に緊張し、不安を抱いていたため、重慶ではあらゆる迷信的な行為が流行した[51]。

五　逆境を受け入れる

長期的な爆撃において、機関銃掃射、毒ガス、鮮血、燃え盛る火が日常的に広がると、重慶市民は次第に爆撃に対して適応を示すようになった。爆撃に対する反応が、恐怖と焦りから平常心へと変化していったのである。[52]ある人は家が破壊された時、引越しをするほかなかったが、三日後にはその家も破壊された。彼は苦笑いをしながら、「別に何も価値のあるものではなかった。また新しい家を探して引っ越せばよいだけのことです[53]」と言った。重慶に住む人は、こうした状況には見慣れてしまったのである。警報が鳴ると、人々は機械的に防空壕に入り込み、警報が解除されると、また何もなかったかのようにもとの場所に戻って、もとの仕事をし始めた。もうすでに驚き、恐れるという感覚を失ってしまったかのようであった。[54]

ある時は、空襲の時間が大変に長く、人々は防空壕の薄暗い明かりの下でいつもの仕事をしていた。壕内で公務員は事務をし、会議を開き、工場労働者は作業活動をしていた。学生は読書をし、家庭の主婦は縫い物を繕っていた。またある妊婦は、子供まで出産した。[55]

重慶市民の家庭での一般的な気晴らしとして、空襲期間中はマージャンやポーカーが流行した。ただ警報が頻繁に鳴り出すと、遊び友達は近所に住む人に限られ、遊ぶ時間は長くならざるを得なかった。そして勝ち負けを計算することも日常的であった。[56]一般市民はおしゃべりをする時、よく日本軍が引き起こした惨状を好んで話した。たとえば人の腸が電線柱の上にかかっていた、人の肉が破壊された壁に張り付いていた等である。[57]これを引き出して楽しみとし、また多くの人が、空を飛行する敵機が爆撃していく様を「景観」として見ていた。[58]

注意が必要なのは、中国の民衆はこうした逆境を楽しんでいたというのが、必ずしも重慶だけに限定されたものではないということである。それは、中国全土で普遍的な現象であった。作家である馮雪峰は、抗戦後に起きた心境について、詳細な分析をしている。彼はこの種の心理は、一方においては、久しく戦争を経てきた民族に蓄積された、戦争に対する忍耐の表現であるということ、またもう一方においては、貧しく卑しいことに安住する奴隷根性の現れであるとし、長い戦争と破壊に耐えてきた民族の精神的な遺産であると述べた。彼は続けてこう指摘する。

敵である日本がほしいままに強姦をし、焼き尽くしている時、皆は歯を食いしばって、痛み、恨んだ。そして戦うことを始めたのである。しかし日本が退いて、または「安民」として民衆に日常生活を許可するようになると、人々の大半がともに生活を楽しく過ごすようになった。敵にわずかの慈悲もよいのではないか？　仮の宿を立てると、まるで平和な世が来たかのようになって、最低以下の生活にも耐えるようになった。彼らの忍耐は本当に限りを知らない。まさにこれが今、普遍的に見られる現象の一つなのである。(59)

六　個人的性格に対する影響

重慶大爆撃の子供に対する影響は、自ずと成人よりも大きいものであった。一般的に爆撃が子供の個性に与えた影響は、以下の二つに分けることができる。

第一に負の影響面について。その多くは爆撃の直接被害者、または家族や親友が被害者である。ある婦人はかつて重慶で爆撃を受け、住宅が全壊し、父親も失明した。そのために彼女は大きな傷を負い、幼心にひどい衝撃を受けた。その平常心を失い、恐れが満たされ、臆病になり、あちこちへと彷徨った。さらに就業の能力が低下し、多くの就業機会を失った。(60)

第二に正の影響面について。少数の例外を除いて、その多くが爆撃の直接的被害者ではない。その例として学者の李又寧が挙げられる。彼は幼いころに経験した爆撃が、その性格形成に影響を与えたと述べている。

泰州にいた時、私は大病に罹り、何度も死を体験しました。しかし生き延びて、ようやく重慶に到着しました。抗戦時、幾千万の同胞が国難のために死んで、また私も爆撃を逃れ、何度も命拾いをしました。当時の経験が時折頭の中に浮かんできて、私の性格形成に影響を及ぼしました。この命は救いだされたのですから、毎日感謝をしています。物事が私の心に沿えばもちろん「得」なのですが、逆に私の心に沿わないときも「得」に感じています。「得」は日常生活からの経験であって、知識の増進、意思の強化、これらは休む暇もない鍛錬からくるものだと思います。一日一日また新しく、挫折もまた「得」となります。なぜならこれは私に検討を促し、さらに磨きをかける機会を与えてくれるからです。成功はもしかしたら「失」であるかもしれません。なぜならこれは私に驕りと満足を感じさせるからです。進歩の機会を減少させるのですから。成功すれば喜び、失敗すると憂えることは人情の常であります。しかし成功しても過度に喜ばず、失敗しても憂えずにいるのです。この淡白な態度は人によって異なります。そして私の方法はいたって単純です。ただ目を閉じて、自分が幼い時死んでいたらと考えるのです。そうすると心は穏やかになって、後には「失ったけれども再び得る楽しみ」が残るだけなのです。また自分を哀れみ悲しむこともありません。これは幼いころ私に与えられた最大のプレゼントです。生涯使い切ることはないでしょう。(61)

また第二の例として作家の楊文釗を挙げることができる。彼は爆撃被害者として認定されているが、人生に対して愛で満たされている。

あの災難は私の骨に刻みこまれ、一生をもっても忘れることができません。あの時を歩んできた人は皆、心から生きることに対する情熱を抱き、日々の生活を熱心に送っています。私は飛行機の爆撃から逃れ、家族を失う痛みを経験し、いくつもの荒波を経てきました。これまでに希望を捨てたことはありません。ですから私は、命を軽んじることはできないのです。(62)

相対的に言えば、重慶大爆撃が成人の性格形成に与えた影響は、子供に比べて小さかった。一般的には子供と同じく二つの反応に分かれた。

第一は負の影響面についてである。ある婦人はその父親が爆撃を受けた後に、個性に次のような変化が現れたという。

私の父周成章はもともと話好きでよく笑い、大変明るい人でしたが、日本軍が私たちの家屋を破壊すると、我々家族は瞬時にすべてを失い、難民となってしまいました。食べるものは救援用の食事で、住むところは数本の竹を立てて張ったテントでした。この突然の変化が父に大きすぎる衝撃を与えたのです。以後彼は言葉少なく寡黙で、一日中悶々と過ごしました。しだいに体力が落ちて両目を失明、ついには一九五二年に亡くなってしまいました。父が生きていたとき、私たちは重慶大爆撃について語りませんでしたが、たまたま語っているのを耳にすると、父は傷つき涙を流しました。(63)

第二に正の影響面について。現存の関連資料と記録は、多くの知識人の手によって書かれたものである。例えば、作家の陳紀瀅はこう回想する。「当時警報を聞いて逃げた情景を思うと、まるで昨日のことのように感じます。これは私たちに与えた教訓として、貴重なものでした。私たちは多くの耐え難い痛み、苦しみを学びました。私たちにはこの経験があるのですからなんと幸せなことでしょう！」(64)

また当時大学生であった人は戦争中の生活をこのように指摘する。「敵の爆撃はかえって私たちを堅強に鍛え、強い意思形成と落ち着き、修養心を身につけさせました。[65]」

結論

以上をまとめると、我々は以下のことを挙げることができる。

第一に、爆撃が重慶の民衆に与えた心理的ショックには、恐れやあせり、憤りが含まれた。あせりは民衆に強迫的な行為――例えば排便、摂食、遠方に逃亡すること等を引き起こさせ、怒りは集団としての意識（collective consciousness）を高めさせた。例えば、共同体の意識（a sense of community）と国家概念の強化は、抗戦に有利となった。

第二に、多くの民衆は爆撃の脅威に直面している時、宗教（特に因果応報、災いが降って来るという考え）と迷信（運命判断、風水等）の方法をもって自己を慰めようとした。

第三に、長時間にも及ぶ爆撃は、重慶市民に爆撃に対する適応を引き起こさせ、恐怖、あせり、怒りなどの感情から、逆境を甘んじて受け入れるものへと変化していった。

第四に、爆撃は重慶市民の性格形成に影響を与え、正と負の両面をもたらした。当時の年齢と爆撃の直接被害者であるか否かは、重慶市民の性格形成に大きな影響を及ぼす要素となった。

最後に重慶市民が爆撃に遭遇した時の心理的反応と、戦時ロンドンの状況を比較してみよう。過去、学界が戦時ロンドンに対する研究において大いに評価したものの中に、大多数のロンドン市民は重い心理的傷（untraumatized）を受けずに[66]、尊厳、勇気、決心など高度なユーモアをもって爆撃を理解していたというものがある。最近の研究では、ロンドン市民が表現したこれらの気質は、多くのものが実は英国の官僚がつくり出して、宣伝されたものにすぎないということが明らかになった。被災時における重慶市民とロンドン市民の爆撃に対する心理的ショックを比較してみると、これらはほぼ同程度で、ともに深刻な心の傷を受けていない、ということがわかる。両地の政府と市民は等しく民衆の楽観的な部分を強調し、爆撃に対する神話（myth）[67]をつくり出したのである。しかしこれらの神話は、おおよそ信じることができ、全くの虚構と言うことができない。それは、確実に民衆が爆撃という災難を乗り越える際の手助けとなったからである。また両地社会が爆撃の脅威に直面した時、そこでは宿命思想（fatalism）や迷信などが蔓延した。[68]しかし、多くの重慶市民が抱いた因果応報の考えは、ロンドン市民には見られなかったのである。

註

（1） 主な研究成果として、以下のものがある。前田哲男『重慶大轟炸』李泓・黄鶯訳（成都：成都科技大学出版社、一九九〇年（原書名『戦略爆撃の思想：ゲルニカ・重慶・広島への軌跡』））。羅泰琪『重慶大轟炸紀実』（呼和浩特：内蒙古人民出版社、一九九八年、重慶市政協学習及文史委員会・西南師範大学重慶大轟炸研究中心『重慶大轟炸』（重慶：西南師範大学出版社、二〇〇二年）。李金栄・楊筱『烽火歳月――重慶大轟炸――』（重慶：重慶出版社、二〇〇五年）、曽小勇・彭前勝・王孝詢『一九三八―一九四三：重慶大轟炸』（武漢：湖北人民出版社、二〇〇五年）。陳立文「抗戦時期日軍対重慶的大轟炸暴行」（『近代中国』第七二期、一九八九年八月）五六―六七頁。潘洵「抗戦時期重慶大轟炸対重慶城市社会変遷的影響」（『西南師範大学学報（人文社会科学版）』第三一巻第六期、二〇〇五年十一月）一一五―一一八頁。孫仁中「一〇一作戦計画与重慶大轟炸」（『重慶大学学報（社会科学版）』第一二巻第三期、二〇〇六年）八二―八五頁。

（2） 潘洵「論重慶大轟炸対重慶市民社会心理的影響」（『重慶師範大学学報（哲学社会科学版）』第四期、二〇〇五年）五〇―五五頁。この論文では、爆撃の直接の被害者との討論に重心を置いている。

（3） 筆者は調査期間中、重慶西南師範大学の潘洵教授に大変なご協力を頂いた。ここに記して感謝の意を表します。

（4） 「重慶抗戦大事記」（中国人民政治協商会議四川省重慶市委員会文史資料委員会編『重慶抗戦紀事』重慶：重慶出版社、一九八五年）四〇八頁。

（5） 「重慶大轟炸受害者心理創傷調査表」周素華の部。

（6） 蔣碧微『蔣碧微回憶録』（上海：江蘇文芸出版社、一九九六年）三八五―八六頁。

（7） 老舎「鼓書芸人」（『老舎文集』第六巻、北京：人民文学出版社、一九八九年）三五五頁。

（8） 陳紀瀅「重慶大轟炸（下）」（『伝記文学』第二四巻第五期、一九七四年五月）五〇頁。

（9） 林如斯『戦時重慶風光』（重慶：重慶出版社、一九八六年）一三一頁。

（10） 唐縦『唐縦失落在大陸的日記』（台北：伝記文学出版社、一九九八年）六四頁。

（11） 林『戦時重慶風光』一三〇頁。

（12） 「重慶大轟炸受害舎心理調査表」毛楣清の部。

（13） 呉俊才「教育生涯一周甲」（『伝記文学』第二巻第五期、一九六二年六月）八一頁。

（14） 李先聞『李先聞自伝』（台北：商務印書館、一九七〇年）一二九頁。

（15） 「重慶大轟炸受害者心理創傷調査表」董継才の部。

（16） 「五十八年前梁平惨遭日機狂轟濫炸」（梁平之窗、二〇〇〇年五月二十六日、http://www.tsy.8u8.com）。

（17） 「重慶大轟炸受害者心理創傷調査表」楊淑恵の部。

（18） 張蘇「戦時児童保育院生活回憶」（中国人民政治協商会議全国委員会文史資料委員会編『文史資料存稿選編、抗日戦争（下）』北京：中国文史出版社、二〇〇二年）一三三頁。

（19） 「重慶大轟炸受害者心理創傷調査表」蔣萬錫の部。

（20） 同右、周素華の部。

(21) 同右、鄧婉雲の部。
(22) 胡静如『燼餘綴拾』(台北：龍文出版社、一九九四年)二二九頁。黄康永「国民党軍統組織消長始末(二)」(『檔案与史学』二〇〇一年、第二期)六〇頁。
(23) 李文寧「検来的童年」(『重慶文史資料』第三〇集)一〇七頁。
(24) 林『戦時重慶風光』七八—八〇頁。
(25) 張恨水「山城回憶録(補編)」(曽知中・尤徳彦編『張恨水説重慶』成都：四川文芸出版社、二〇〇一年)一七頁。
(26) 高訓倫「重慶隧道窒息大惨案真相」(『楽至文史資料選集』第八編、一九九五年)四三頁。
(27) 可人「「五三」「五四」重慶大轟炸」(許可・游仲文編『重慶古今談』重慶：重慶出版社、一九八四年)三三三頁。
(28) 老舎「五四之夜」(『老舎文集』第一四巻、北京：人民文学出版社、一九八九年)一五五頁。
(29) 胡秋原「轟炸所感」(『抗戦文芸』第三四期、一九三九年八月)一一〇—一一一頁。
(30) 魯張『生命餘暉』(台北：著者、一九八〇年)一一六頁。
(31) 「重慶大轟炸受害者心理創傷調査表」鄭友預の部。
(32) 周策縦「抗戦与重慶…一些個人的観察」(抗戦勝利五十週年国際研討会論文集編集組編『抗戦勝利五十周年国際研討会論文集』台北：国史館、一九九七年)三七一頁。
(33) 朱自清『朱自清全集』第三巻、四一七頁。呂文浩「日軍空襲威脅下的西南聯大日常生活」(『抗日戦争研究』二〇〇二年、第四期)一二一—一二二頁。
(34) 蔣『蔣碧微回憶録』三八五—八六頁、五一九—二〇頁。
(35) 「読者的投書——一個高射砲手的敵愾——」(『大公報』重慶、一九四一年六月十日)。
(36) 「火場目撃」(『中央日報』重慶、一九四〇年八月二十日)。
(37) 魏仲雲「日機轟炸沙磁区罪行録」(沙坪壩区政協文史資料委員会編『烽火集』重慶：重慶大学印刷廠、一九九五年)一二八頁。
(38) 老『五四之夜』一五四頁。
(39) 田榕「鍛錬」(『新華日報』重慶、一九四〇年八月一日)。
(40) 林『戦時重慶風光』四三頁。
(41) 「下江人」の形成については、張瑾『権力・衝突与変革——一九二六—一九三七年重慶城市現代化研究——』(重慶：重慶出版社、二〇〇三年)二七九—八九頁に詳しい。
(42) 趙新兵・顧銭江「余光中的郷愁」(『人民長城』http://booker.com.cn/big5/paper23/27.htm)。
(43) 梁実秋「北碚旧遊」(韓菁清編『梁実秋閑適散文精品』成都：四川文芸出版社、一九九四年)三五〇頁。
(44) 張恨水「人間惨境」(曽智中・尤徳彦編『張恨水説重慶』成都：四川文芸出版社、二〇〇一年)一三七—一三八頁。
(45) 李先聞「抗戦八年(三)」(『伝記文学』第一六巻第三期、一九七〇年三月)四三頁。
(46) 林『戦時重慶風光』一三一頁。
(47) 「重慶大轟炸受害者心理創傷調査表」蔣萬錫の部。
(48) 蕭紅「放火者」(蕭紅『蕭紅全集(下)』哈爾浜：哈爾浜出版社、一九九一年)一一〇一頁。
(49) 梁「北碚旧遊」三五〇頁。
(50) 張炎元『張炎元先生集』(台北：自印、一九八七年)五〇頁。
(51) 趙効沂「抗戦時代故事拾零」(『伝記文学』第二二巻第二期、一九七三年二月)三二頁。

(52) 王群生「「重慶大轟炸」中的市民心態」(中日「重慶大轟炸」学術研討会論文、重慶：二〇〇四年)。

(53) 和華「轟炸」(司徒福等『抗戦歳月』台北：中央日報社、一九八五年)二一五頁。

(54) 陶恆生「一面之縁的陳布雷和女兒陳璉」(『伝記文学』第七八巻第一期、二〇〇一年一月)一七頁。

(55) 趙筱梅「抗戦回憶」(『中外雑誌』第一三八期、一九七八年八月)六九頁。魏「日機轟炸沙磁区罪行録」一二八頁、林『戦時重慶風光』八六頁。

(56) 胡光麃『波逐六十年』(台北：聯経出版事業、一九九二年)、三三二頁。王作栄「沙坪之変」。

(57) 張「山城回憶録(補編)」一六頁。

(58) 袁應麟『往事今談——六十年来中国的災難——』(台北：文海出版社、二〇〇〇年)二三一頁。著名な学者李先聞は武漢に滞在している時、日本軍による爆撃に遭遇した。すぐに珞珈山に登り、望遠鏡で敵機が爆弾を投下するさまを観察した。彼は「毎回確実に爆撃をし、帰っていく」と述べている。李『抗戦八年(三)』一二八頁を参照。最近の研究では、戦時ロンドンにおいても民衆の多くが英軍機と敵機が至近距離で戦う様(dogfight)を見物するのを好んでいたと指摘されている。Helen Jones, *British Civilians in the Front Line: Air Raids, Productivity and Wartime Culture,1939–1945* (Manchester and New York: Manchester University Press,2006), pp. 155–56. を参照。

(59) 馮雪峰「還好主義」(秦牧主編『中国抗日戦争時期大後方文学書系』第五編、第二集、重慶：重慶出版社、一九八九年)一〇一四頁。

(60) 「重慶大轟炸受害者心理創傷調査表」周素華の部。

(61) 李「檢来的童年」一二一頁。

(62) 楊文釗「経歴災難、炸不垮的堅強」。http://www.cgcb.com/gb/map/2004-04/24/content1219240.htm

(63) 「重慶大轟炸受害者心理創傷調査表」周素華の部。

(64) 陳紀瀅「重慶大轟炸」(『伝記文学』第二〇〇巻第四期)六五頁。

(65) 張希哲「花灘渓畔的弦歌(下)」(『中外雑誌』第二二巻第五期、一九七七年十一月)五五頁。

(66) Angus Philips, "Bombs Away," *History Workshop Journal* 45 (1998), p.196.

(67) Angus Calder, *The Myth of the Blitz* (London: Jonathan Cape 1991), pp. 125–29.

(68) Angus Calder, *The People's War :Britain, 1939–1945* (London :Pimlico,1992), p.177.

(台北・中国文化大学)
(慶應義塾大学大学院)

山東抗日根拠地における民兵

馬場　毅

はじめに

中国共産党（以下中共と略称）の指導する軍隊には、一九二〇年代のソビエト革命期の時期から、主力軍、生産から離脱し軍区や軍分区さらに県や区などの地方の軍事力である地方武装、生産を離脱しない農民による人民武装の三種の軍隊があった。そのうち人民武装、とりわけ民兵の組織化は、中共による農民動員や農村統治とも関連する問題である。

本稿は、山東抗日根拠地において、人民武装が組織され変遷していった経過とその実態、またその中から民兵が分化していった経過とその実態を明らかにするものである。[1]なおこのテーマに関する先行研究としては、中国では、宋英三・張勝亨・林洪達論文[2]、及び山東省地方史志編纂委員会編の著書[3]があり、山東抗日根拠地の民兵の問題を総体的に取り扱っている。またアメリカでは、ポールソン（D.M. Paulson）論文[4]がこの問題を取り扱っている。本稿はこのような先行する研究成果を踏まえて、中共による農民動員という視点から、山東抗日根拠地における民兵の問題を三つの段階に分けて考えてみたい。

一　第一期：一九三七年から一九四〇年末まで

この時期は、党組織も弱体で紅軍も存在しない状態から、中共及び八路軍が、一方で日本軍と戦い、他方で国民政府の一部の反共頑固派軍と衝突しながら、抗日根拠地を樹立していき、その中で人民武装を建設していった時期である。

（一）　主力軍・地方軍の創設と人民武装の創設

主力軍建設の面では、中共山東省委員会（一九三八年五月より蘇魯豫皖辺区省委員会に拡大）が中心になって延安から送られた幹部（紅軍の幹部を含む）も参加し、一九三七年十二月末から一九三八年一月はじめ、まさに韓復榘政権が崩壊し、日本軍が山東省全域へ侵入しようとする省権力の空白に乗じて、膠東の天福山、魯中の徂徠山、清河の黒鉄山、泰（山）西、魯東、湖（微山湖）西で集中的に武装蜂起をした。その他にそれ以前の時期に冀魯辺、浜海、魯西北で武装蜂起が行われ、またこれ以後の時期に魯南などで武装蜂起が行われた。これらの部隊の多くは、一九三八年十二月に成立した八路軍山東縦隊に編成された。一九三九年一月の兵力は二万四五〇〇人、その下に地方武装として地方独立営、団が一、六〇〇人所属していたが、[5]主力軍としての山東縦隊に比べて、その数は極端に少なく、この間の主力軍拡大重視が現れている。そのため中共山東分局（一九三八年十二月に蘇魯豫皖辺区省委員会から改称）は、山東縦隊（司令部）と所属の各支隊が、後方司令部を樹立し、各県委員会は軍事部を樹立し、党の地方武装工作に対する指導を強化し、県や区の地方武装工作の建設を推進していくことを決定した。[6]

ところでこれらの武装蜂起に参加したのはどういう階層の人々かというと、(ア)広い意味の知識人で抗日のスローガンに反応しやすい教員、学生、郷農学校生徒、中華民族解放先鋒隊員、(イ)武器を所有している既成の武力集団である土匪、民団、国民政府の地方武装（専員公署や県所属の武装部隊）や国民政府正規軍の敗残兵、(ウ)中共の影響の強かった地方の政訓処の人員、(エ)農民、鉱山労働者である。農民も参加したが、全体の中の一部でしかなかった。[7]すなわち山東縦隊には、農民も参加したが主要なものではなく、また一九四四年以後のように、主力軍への農民の大規模な軍事動員、参軍運動も行われなかった。ただ山東縦隊の拡大の時には、中共が指導権を握っていた地方武装をその編成に入れる例はよく見られた。

もう一つの主力軍は、一九三八年から山西省から山東省に派遣された八路軍一一五師を中心とした部隊である。まず一二九師工兵連から発展した津浦支隊が、一九三八年はじめに魯西北に派遣され、その後、七月に、一一五師三四三旅六八五団二営から発展した一一五師第五支隊とともに、冀魯辺区に派遣され、現地で蜂起した遊撃隊と一緒になった。九月、一一五師政治部主任兼三四三旅政治委員蕭華が、この地区に派遣され、これらの部隊を統合して、八路軍東進抗日挺身縦隊（司令委員兼政治委員蕭華）が成立した。[8]しかしこの時には少数の部隊が派遣されただけであり、その後、八路軍の本格的な山東省派遣が行われ、(ア)一九三八年十二月、一一五師三四三旅六八五団の部隊が、微山湖の西の江蘇省北部の豊県に到達した。この部隊は翌年二月までに山東縦隊挺身支隊と合併し、八、〇

○○余人の蘇魯豫支隊となり、平原地帯に湖西根拠地を創立していった。[9] (イ)一九三九年二月十六日、一一五師三四四旅代理旅長（副旅長）楊得志、政治部主任崔田民が、旅直属部隊の一部を率いて、山東省西南部の曹県に到達した。この部隊は現地の遊撃隊を合併し、三月九日、河北・山東・河南の境界地帯で、四、七〇〇余人の冀魯豫支隊となった。一九四〇年四月、この部隊は山西省から移動してきた八路軍第二縦隊と合併し、八路軍第二縦隊兼冀魯豫軍区が成立した。[10] (ウ)一九三九年三月二日、一一五師代理師長陳光、政治委員兼政治部主任羅栄桓に率いられて、東進支隊（三四三旅六八六団）二、〇〇〇余人が山東西南部の鄆城に到達した。[11] この八路軍東進支隊及び一九四〇年七月、魯西に到着した陳士榘の率いる独立支隊が、山東縦隊とともに後に山東の八路軍の中心となった。

この時期の人民武装の実態について、膠東の例を述べたい。人民武装組織として、膠東では、一九三九年三月には、蓬莱・黄・掖の三県に、民衆抗日自衛団が成立した。この構成員の大半は生産を離脱しない農民で、その数は数十万人に及んだ。彼らは平時には郷村の警戒、漢奸・土匪の防止などを行い、戦時になると軍隊と呼応して戦闘したり、担架隊を組織して負傷兵の救護を行ったりした。その他に青年達には、中華民族解放先鋒隊、青年抗日救国会の組織があり、会員は七、八万に及んだ。また一五歳以上一八歳以下の男女によって構成されている抗日少年先鋒隊があり、一七万人が組織化されていた。民衆を抗日戦争に動員する組織として、県政府は各県に動員委員会を設け、[12] そのもとで、区、郷、村まで動員委員会が置かれた。この組織は国民政府の戦区の下部組織としてつくられたが、[13] これは中共が抗日戦争初期、抗日民族統一戦線政策を重視していた現れだと思われる。

この時期の人民武装組織は、日本軍攻撃、反漢奸、土匪からの防衛、郷里の防衛のために、中共の指導下につくられたものであるが、名称は各地で異なり、津浦鉄路以東の泰山地区では人民武装抗日自衛団（略称自衛団）、青年抗日先鋒隊（略称青抗先）と称し、魯西地区では、自衛隊、模範班と称した。その他にある地区では、破襲隊、連防隊、基幹隊、遊撃小組と称し、中には清代から存在していた伝統的な連荘会と称したものもあった。[14]

その後、山東抗日根拠地の建設は順調に進み、一九四〇年七月から八月にかけて山東省臨時参議会、実質的な山東省政府の役割を果たす山東省戦時工作推行委員会（首席代表黎玉）、さらに山東省農民救国総会、山東省青年救国総会などの各階層の省レベルの大衆組織、またそれらを統合した山東各界救国連合総会が成立し、一〇〇万人の大衆が組織された[15]。それらのうち中共指導下の人民武装は一九四〇年に一〇万二〇〇〇人に達した。その他に魯西と清河の二つの行政主任公署、一六の専員公署（魯西は除く、専員公署級を含む）、八〇の県政府を樹立して、行政組織を整備していった[16]。

軍事的にも山東縦隊が、九月には四万九千余人（五個旅四個支隊）、一一五師が十月には七万余人（主力軍と地方武装を含む、主力軍七個教導旅二〇個団）に拡大した[17]。また魯南、魯西、膠東、冀魯辺、湖西、冀魯豫の軍区が成立した。

（二）　人民武装の整備

このように省レベルの行政組織の整備に伴い、地方武装及び人民武装の整備が行われた。一九四〇年十一月七日に公布された「山東省戦時県区郷村各級政府組織条例[18]」により各行政組織と地方武装及び人民武装の関係を見れば、地方武装は県大隊部―区中隊部―郷分隊部―（村レベルの）遊撃小組という組織に整備された。また人民武装は（県の）武装科―自衛団区団部―自衛団郷団部―自衛団村団部―基幹自衛団という組織に整備された。そして県長が県大隊部の大隊長を兼任し（必要な時には、上級の軍事機関が別の大隊長を委任する）、県大隊部は県政府所轄の地方武装の指揮機関であり、軍区の指導、県政委員会の決議にもとづき、県長の指導のもとで、県・区・郷の地方武装の統率、編成などを行った。また人民武装の指揮を行った。武装科長は県の大隊長（普通は県長の兼任）、あるいは大隊副が兼任し、人民武装を指導して軍隊の作戦に呼応した。県の下の区公所には、保安中隊長一人、中隊副一人、政治指導員一人が置かれ、区長が中隊長を兼任し、中隊副一人、政治指導員一人が、地方武装の区中隊、郷分隊及び人民武装の自衛団を管理した。区の下の郷公所では、郷長が郷分隊長を兼任し、別に副隊長一人、政治指導員一人を設け、郷分隊、遊撃小組及び人民武装の自衛団のことがらを処理した。

また人民武装については、「人民抗日自衛団組織条例[19]」が一九四〇年十二月三日に公布され、人民武装の名称が統一されるとともに、その組織の整備が行われた。それによれば人民抗日自衛団（以下自衛団と略称）は、一六歳以上四五歳以下で「身体障害でなく重病でない者（無残廃篤疾者）」は全員参加しなければならなかった（例外として、婦女やその工作の基礎の無い地区の男子は志願を原則とした）。その組織は以下のようになっていた。

県団部―区団部―郷団部―大隊（二中隊～四中隊）―中隊（二分隊～四分隊）―分隊（二小隊～四小隊）―小隊（団員五人～一五人）

県団部、区団部、郷団部には、それぞれ正副の団長各一人、教導員（県団部の場合）各一人または指導員各一人を設け、県、区、郷の自衛団を統率した。その下の大隊、中隊には、正副の隊長各一人、指導員各一人を設け、分隊、小隊には、指導員はおらず、正副の隊長各一人のみを設けた。自衛団の基層単位である村には、分隊または小隊を設け、隣村と中隊、あるいは分隊を編成した。大隊以上の軍政幹部は生産を離れ、その職を県団部より委任された。さらに主力軍と呼応作戦をするものとして、自衛団の中に、基幹自衛団が設けられた。自衛団の各大隊は、基幹自衛隊の中隊または分隊を設け、自衛団の各中隊は、基幹自衛団の分隊、または小隊を設けた。基幹自衛団は必要な時には、生産を半離脱、あるいは離脱した。そのほかに婦女自衛団が単独で組織され、その組織編成は男子と同じであるが、幹部は婦女が担った。

ところでこの時期の人民武装組織化の特徴として、第一、このように省レベルでの人民武装の統一が行われ人民武装の組織化も行われたが、重点は主力軍建設に置かれ、地方武装や人民武装の建設は重視されていなかったし、農民の本格的な軍事動員は行われなかった。第二、すでに先行研究で指摘されていることであるが、人民武装は基本的にまだバラバラの分散した状態で、基層組織は社会の上層の人々に掌握され、中共が指導権を持っていなかった。[20]

二　第二期：一九四一年から一九四三年夏まで

一九四一年三月から一九四二年十二月まで日本軍が華北政務委員会と協力して、組織的・長期的な作戦を伴う治安強化運動を行い、山東の抗日根拠地と、八路軍に大きな打撃を与えた。さらに日本軍の攻勢に耐えかねて、国民政府の正規軍や地方武装が、日本軍や傀儡汪精衛国民政府軍に投降していき、日本軍の軍事作戦に協力した。

（一）抗日根拠地の危機と中共中央の軍隊育成政策の転換

蕭華は、山東抗日根拠地のこの時期の困難な状況を以下のように述べている。[21]

「従来の抗日根拠地は完全に抗日遊撃区に変じ、わが軍の活動は極度に困難となった。魯中、膠東、清河、浜海、湖西地区でも広大な地区を敵に『蚕食』され、厳重な分割と封鎖にあっていた」「一九四二年、わが根拠地の面積は三分の一に減少し、部隊は四分の一に減員した」。

このような状況は山東に限らず、華北の敵後抗日根拠地に共通であった。そのため中共中央は、このような状況に対抗するために、従来主力軍の強化と拡大に重点を置いていたが、主力軍を精兵化し一部を地方武装化し、地方武装、人民武装（民兵と自衛隊）を充実強化するという大変重要な方針転換をした。すなわち第三次治安強化運動の最中の一九四一年十一月、中共中央軍事委員会は「抗日根拠地の軍事建設に関する指示」を出し[22]、その中で、山地根拠地では主力軍と地方軍の比は一般に二対一とし、平原根拠地では一対一を原則とし、極端に困難な地域では主力軍を地方軍化する。地方軍の最低人数として、区は約五〇人で区遊撃隊を、県は約二〇〇人で遊撃営を、分区は約二、〇〇〇人で独立団または営を持つ。人民武装の中枢（すなわち民兵、模範自衛隊及び青年抗敵先鋒隊、あるいは青年自衛隊など）の兵力数は地方軍と主力軍全部の数を上廻らねばならない。民兵は自衛隊の中枢であり、模範自衛隊と青年抗敵先鋒隊から完全に志願の原則を基礎としてつくられる、と述べている。

（二）人民武装の強化、特に民兵の強化

山東でも中共中央の方針を実行し、根拠地の危機的な状況を打開していこうとした。その具体的な状況について述べる。第一は、人民武装、とりわけ民兵の充実強化についてである。一九四二年二月五日、山東省戦時工作推行委員会は「修正山東省人民武装抗日自衛団暫行条例」[23]を頒布した。それによれば人民抗日自衛団は山東省人民武装抗日自衛団と名称が改称された。また抗日根拠地の困難な状況に対応するために、組織は民主集中制となり、自衛団の中に、軍隊と呼応して戦闘を行うなど軍事的により高級な組織である民兵が新たに設けられた。民兵は青年抗日先鋒隊と基幹自衛団、遊撃小組により構成され、原則として志願制であった。新しく設けられた青年抗日先鋒隊（青抗先）は一六歳以上二三歳以下の男子で構成され、基幹自衛団と遊撃小組は満二四歳以上三五歳以下の男子で構成されていた。その他の人民武装には普通自衛団がある。これは従来の自衛団に相当するものであるが、宗族、信仰、階級の別なく、一六歳以上五〇歳以下の男女の公民全員により構成されていた（婦女も全員参加になり、婦女自衛団に組織された）。また民兵に参加しない二三歳以上五〇歳以下の普通自衛団の男子により、警備自衛団を構成した。また省主任区（軍区）、専員区（軍分区）、県、区、村に人民武装抗日自衛委員会を樹立するとし、県以上の省主任区（軍区）、専員区（軍分区）が県以下の人民武装への統一的指導を行う体制をつくろうとした（一九四二年九月一日、「修正山東軍区人民武装抗日自衛団暫行条例」が、山東省戦時工作推行委員会と山東軍区により公布され、その中で人民武装の総称としては自衛団を用いて

いるが、民兵を除いた狭義の自衛団を自衛隊と改称している[24]。

さらに山東軍区は一九四二年八月に「山東軍区八一訓令―為加強県区武装人民武装而闘争―」を出し、県・区の地方武装を強化するとともに、人民武装の強化の方針を示した。そこでは「すでに減租減息（小作料の減免と借りた利子の減免）、増加工資（農業労働者への賃金増加）をした村では、農救会、青救会と共同して、人民武装（自衛団、民兵）を始めるように向けることを中心的な要求とし、人民自衛武装条例に照らして正確に組織しなければならない[25]」と指示しており、減租減息、増加工資運動の展開とともに人民武装（自衛団、民兵）の組織化を行うことになった。

一九四二年八、九月、民兵を発展する大規模な大衆運動が起きた。軍区、軍分区は人民武装工作団を派遣して、基層組織と協同して民兵と自衛団の発展工作を指導援助した。基本区は減租減息、増加工資の闘争と結合し、行政村を単位として、自衛団条例に照らして村団部を樹立した。日本軍の統治地域に接する周縁区では、反食糧略奪、反人丁捕獲闘争と結合し、公然と姿を現さず「灰色」の隠蔽の形式を採用し、民兵を発展させ、秘密の遊撃小組を樹立した。敵（日本軍）占領区では、こそ泥を防ぎ、村落自衛の合法的な形式で、秘密に民兵を組織した。この運動の結果、一九四二年末、根拠地は一九四〇年に比較して縮小したが、民兵はすでに一七万余人に発展し、根拠地の人口の二・三パーセントを占め、青壮年人口の一一・五パーセントを占め、自衛団は八二万人に発展した[26]。

一九四三年三月二十日、山東分局、山東軍区が「関於一九四三年群衆工作的指示」を出し、村落で減租減息、増加工資を実行し、民兵を根拠地人口の五パーセントを占めるまでに発展させること、村政、区政の改造など指示した[27]。その後五、六月に減租減息、増加工資運動と呼応した民兵の突撃発展運動を展開し[28]、その結果六月末には、民兵は根拠地人口の三・一九パーセントに達した[29]。

（三）　主力軍の地方武装化

第二は主力軍を精兵化し一部を地方武装化し、地方武装を拡大充実化することについてである。一九四二年八月一日、正式に山東縦隊は山東軍区に改編された。山東縦隊一旅は一一五師所属となり、教導一旅に改編され魯中で活動する（この部隊のみ主力軍として残された）以外、他の山東縦隊の部隊は山東縦隊五旅が膠東軍区五旅になるなど、それぞれ軍区、その下の軍分区に所属し地方武装化した。山東軍区には魯中軍区、膠東軍区、清河軍区が所属した[30]。

その後一九四三年三月、旧山東軍区と一一五師の直属機関を合併し、新しい山東軍区を設けて、一一五師も含めた主力軍すべての地方武装化と旧山東縦隊と一一五師の完全なる統一指導を実現した。山東軍区の下に魯南、魯中、膠東、清河、冀魯辺、浜海軍区を設けた。一一五師と旧山東軍区は、旅編成を廃止し団に縮小して一二[13]団を編成し、その部隊を山東軍区の各軍区に所属させた。それ以外の部隊は、一律に軍分区の独立団、営及び県の遊撃営などの地方武装にした。なお対外的には依然として一一五師の番号を保留し、山東軍区兼一一五師となった。[31]

（四）減租減息と人民武装の組織化

次にこの時期の抗日根拠地の基盤となる農村工作の強化と関連する減租減息の問題と農民の民兵など人民武装への組織化、軍隊参加などの軍事動員の問題について簡単に触れておきたい。朱玉湘によれば、山東抗日根拠地の減租減息は、(ア)一九四〇〜四一年、個別の地区で試行された段階、(イ)一九四二〜四三年、徐々に展開された段階、(ウ)一九四四〜四五年、査減（減租の追求調査）を深め勝利して発展した段階、と三段階で発展したとしている。[32] ただし、魯西の一部では一九三九年から減租減息が行われてその運動は極左化した。[33] その後一九四〇〜四一年にかけて、魯中の南沂蒙と魯西の泰山区などを中心に、湖西、膠東の一部などで減租減息、増加工資運動が展開されたが、経験の不足、地主の抵抗や破壊などにより、その政策は真に貫徹しなかった。一九四二年一月、中共中央が「抗日根拠地の土地政策の決定」を出し、四月に劉少奇が山東にやって来て減租減息運動の遅れを指摘した。山東分局はそのため、七月以後、一、〇〇〇人の幹部を運動の援助のため、農村に派遣した。[34] これは、この時期の山東縦隊の地方軍化にともなう、軍や党の多くの幹部の地方派遣と関連した動きだと思える。そして前述した一九四二年八月に出された「山東軍区八一訓令」で指示しているように、減租減息、増加工資は、人民武装（自衛団、民兵）の組織化と関連した動きであった。一九四〇年以後、山東抗日根拠地で減租減息、増加工資運動が始まり、それと関連させて中共側が人民武装の組織化を追求したことが、この時期の人民武装の増大に結び付いていると考えられる。ただし減租減息は、一九四二、四三年には根拠地として比較的安定している魯中区、浜海区で基本的に完成したのみであった。[35] また荒武達朗によれば一九四二、四三年の浜海区の莒南県の減租減息、増加工資運動を分析して、地主との連合抗日が主であるが、地主と佃戸の間にいた二地主、大佃戸の「サツマイモ畑」などの劣等地を没収し、貧雇農に分配して、部分的には事実上の土地革命を実施したとしている。[36]

三　第三期：一九四三年秋から一九四五年まで

一九四三年七月、東北軍于学忠軍の安徽省への移動とともに、山東省における国民政府の正規軍と山東省政府が消滅した。[37]また山東省を管轄している日本軍も南方や「一号作戦」への動員により、一九四三年三月、三個師団、三個独立混成旅団、一個騎兵旅団の編成から、一九四四年三月には、一個師団、二個旅団の編成に縮小し、兵力は減少し戦力も弱体化していった。[38]これ以後八路軍は情勢が有利になり、日本軍、傀儡軍に対して局部的反抗を開始した。だが八路軍は日本軍がまだ強大でわが方はまだ弱小であるという認識をし、分散した大衆的遊撃戦争の段階であると考えていた。したがって大軍を動員して日本軍に対しては正面から戦いを挑むことをしなかった。ただ一九四四年秋以後になると、小兵力の日本軍分屯隊に対して襲撃を始めた。八路軍の攻撃の主たる対象になったのは、日本軍より装備が劣り士気もあまり高くない傀儡軍であった。

（一）省レベルでの人民武装組織の樹立と抗日根拠地の拡大

この時期人民武装という点で、特筆すべきことは、一九四三年九月九日、山東人民武装第一次代表大会が行われ、朱則民が主任委員に選ばれ、[39]山東省の人民武装の統一的指導組織が樹立されたことである。前述したように、一九四二年二月五日に頒布された「修正山東省人民武装抗日自衛団暫行条例」の中で省主任区（軍区）、専員区（軍分区）、県、区、村に人民武装抗日自衛委員会を樹立すると決めていた。さらに一九四二年九月四日、各界の推薦により選ばれた代表により、山東軍区人民武装抗日自衛臨時委員会が成立し、朱則民が主任に選ばれた。その後この臨時委員会の指導下で、下から上へと人民武装大会を召集開催し、選挙の方法で、区以上の各クラスの人民武装抗日自衛委員会を樹立し、[40]その結果、一九四三年九月九日、山東人民武装抗日自衛委員会が成立したのである。

一九四四年になると、中共、八路軍は、新たに根拠地を開拓したり、敵占領区から新地区を回復し始めた。このように二つの性格の異なる根拠地に対して、中共、八路軍は人民武装に関して以下のような対策を採った。㈠新たに根拠地になった地区に対しては、政府の法令の推進効果を発揮し、まず義務制の自衛隊を樹立し、その後計画的に系統的に訓練班を創立し、訓練班の中から積極分子を発現し、党員の発展と民兵組織の樹立を行う。㈡新地区を回復した時には、日本軍と国民党の特務と闘争をすることに注意するが、自首したことがある民兵と人民武装幹部の中で、責任をもって自白運動を展開し、自首しなかったり、あるいは自首しても敵に奉仕しなくて当地でなお群衆の信頼がある積極分子をしっかりつかんで、回復工作を行う[41]。

一九四四年五月、山東軍区司令部、政治部が「山東人民武装抗日自衛団組織条例」を出し[42]、自衛団の組織の改編を行った。その中で従来と異なるのは、以下の点である。自衛団の基層組織は（行政村に置かれた）村団部であり、正・副団長、指揮員各一人が置かれた。正団長は自衛団長と民兵隊長を兼ね、副団長は自衛隊長を兼ねた。戦時には正団長、指揮員、村長が前方の戦闘活動を指揮した。自衛隊については、従来の普通自衛隊、婦女自衛隊のほかに、さらに拡大して公私立の初級・高級小学校以上の学校に青年自衛隊、沿海の各村で一〇人以上の漁民がいれば漁民自衛隊、公私営企業で一〇人以上が労働していれば工人自衛隊を、それぞれ設けることになった。また山東軍区、各軍区、軍分区、県、区に設けられた山東人民武装抗日自衛委員会（武委会）、及びその基層組織である村団部が、自衛団を指導ならびに指揮をした。またすでに山東省行政委員会が、一九四三年十月十日に公布した「山東人民武装抗日自衛団組織条例」で、自衛団の県団部、区団部を廃止したとされているのが[43]、これは県長、区長など行政の長が、人民武装を指揮する体制では、日本軍の「治安強化運動」に十分に対抗できないので、軍区から村までの組織である山東人民武装抗日自衛委員会が、自衛団の指導ならびに指揮をする組織に変わったのではないかと思われる。

八路軍は、日本軍の分屯隊、残存する傀儡軍や国民政府反共頑固派軍への攻勢を強め、抗日根拠地を拡大していき、抗日根拠地は一九四四年末頃には、一九四〇年の状態まで回復し、さらに新しい地域を加えて、一〇〇〇万人を統治していた。八路軍は一五万人を超え、一九四三年に三万人の国民政府軍の戦力を遙かに超え[44]、民兵は三七万人で根拠地人口の四・六パーセントを占め、自衛隊は一〇五万余人となり、その中で婦女隊員は四一万五〇〇〇人を占めた[45]。

（二）　減租減息と軍事動員

ところでこの時期の減租減息についてであるが、荒武達朗によれば、浜海区の莒南県での例では、一九四三年末から減租の追求調査を行う査減闘争や反悪覇（悪いボス摘発）・反汚職・反黒地（脱税目的の隠し土地摘発）が行われた。そして悪覇とされた地主に対して、財貨の清算や過去に遡って減租をさせたり、登記漏れの土地への追徴課税を行うことが行われて、査減闘争は清算闘争という性格を帯びた。一九四四年から一九四五年にかけて地主のみならず、時には富農層・中農層も闘争の対象になり、実質的な土地没収の大規模な展開が行われるなど運動は極左化した。しかしここでは一九三九年以後のような根拠地の存廃にかかわるような危機的な状態にならなかった。この原因として国民政府軍や日本軍の弱体による軍事情勢の好転、さらに村落内の地主の権威喪失とそれにかわる共産党の大衆組織の拡大などによる地域支配の浸透を挙げている[46]。

軍事との関係で注目されるのは、清算闘争を含む減租減息が軍による擁政愛民と民衆による擁軍優抗（軍隊擁護と抗日軍人家族優待）運動とともに展開され、その上で農民の軍事動員として主力軍や地方軍に呼応する民兵や自衛隊への参加だけでなく、より危険の伴う主力軍に参加する参軍運動が展開されたことである[47]。

その数は一九四四年二月から八月までで、渤海区（一九四四年一月、清河区と冀魯辺区が合併して成立）だけで二万余人が軍への参加を登録した[48]。一九四五年春の二カ月の擁軍月では、「反攻を準備し、主力に参加しよう」のスローガンの下で、浜海区で九、三六六人、魯中区で七、五〇〇人、渤海区で七、一〇〇人、膠東区で四、〇〇〇人、魯南区で四、〇〇〇人以上で、山東抗日根拠地全体で、三万一九六六人以上が主力軍へ参加した。参軍者の農民の階級別は、莒南県の例では、労働者・貧農が七〇パーセント、中農が二〇パーセント、地主・富農が一〇パーセントであり、莒中県では、労働者・貧農が七七・八パーセント、中農・学生が二一・三パーセント、地主・富農・商人が〇・九パーセントで、どこでも減租減息の受益者である貧雇農や中農が大部分を占めた。そして莒南県の例では、参軍者の七〇パーセントは民兵であり、民兵経験者から主力軍への軍事動員が行われた。

さらに劉居英は、このような大量の参軍者が出た要因として、八路軍の日本軍への勝利により八路軍への信頼が増したことと、党の減租政策の結果多くの貧雇農の生活が改善され彼等が「解放され立ち上がり」、それらをもたらした党や八路軍への参軍スローガンに呼応しやすくなったことが基礎条件で、さらに大規模な擁軍の政治思想教育の推進、抗日軍人家族への物質的保証の実行、県や村の幹部が率先して参軍したことの三つを挙げている[49]。このように清算闘争を含む減租減息だけで参軍がもたらされたわけではなく、その他に日本軍の弱体化による八路軍による軍事的安定の保証、さらに劉が述べていないが、この時期村政改革が行われ地主に代わって中共が農村権力を掌握することによって農民への影響力が増大したこと、さらに劉の述べている三つの政策もあいまって参軍がもたらされたのであろう。

これらの結果、主力軍、地方武装軍ならびに人民武装が拡大し、日本降伏直前の一九四五年七月には、二〇万人の八路軍の正規軍（主力軍）と遊撃隊（地方武装）、根拠地の人口一七〇〇万人、[50]八月には、五〇万人の民兵、一五〇万人の自衛隊（その中で婦女隊員は二二パーセントを占める）に発展した。[51]

おわりに

最後に本稿で述べたことを簡単にまとめておきたい。

抗日戦争開始以後、山東省の中共組織は、党組織も弱体で紅軍も存在しない中で、山東各地で抗日根拠地を樹立し、一九三九年以後になると軍区や軍分区を樹立していった。その過程で、地方武装や人民武装の建設も行われたが、主力軍である八路軍山東縦隊の樹立と拡大、外来の八路軍一一五師の拡大に重点が置かれていた。その場合に、農民を直接徴兵するよりも、国民政府の専員や県長に所属の地方武装や民団など既成の武装力を主力軍に編成することに力点を置いた。根拠地の建設と軍隊の建設は、一九四〇年末までに、比較的順調に進み、九月には、山東縦隊が四万九〇〇〇余人、十月には、一一五師が七万余人（主力軍と地方武装を含む）に発展した。人民武装、すなわち抗日自衛団も基層組織である村に組織されていき、その数は一九四〇年には一〇万二〇〇〇人に達した。ただ当時一〇〇万人が大衆組織に組織されていたのに比べると、その数は少数にとどまっていた。また軍事的により高度な任務を果たす民兵と、それ以外の抗日自衛団とを分けていなかった。さらに人民武装を全省的に統一的に指導する組織が、まだつくられていなかった。

一九四一年三月から一九四二年十二月まで日本軍によって行われた治安強化運動は、山東の根拠地と八路軍に大きな打撃を与えた。さらに日本軍の攻勢に耐えかねて、国民政府の正規軍や地方武装が、日本軍や傀儡汪精衛国民政府軍に投降していった。一九四二年、根拠地の面積は三分の一に減少し部隊は四分の一に減員し、多くの人民武装組織が崩壊した。このような危機に直面して、中共中央軍事委員会は、一九四一年十一月に「関於抗日根拠地軍事建設的指示」を出し、従来の主力軍の拡大に重点を置く方針から、主力軍を精兵化し一部を地方武装化することと地方武装、人民武装の中枢（民兵）を充実強化するという方針に転換した。

この方針に基づき山東省でも二つのことが行われた。一つは減租減息、増加工資運動という大衆運動と人民武装の組織化を関連して進めることである。一九四二年八月の「山東軍区八一訓令」で減租減息、増加工資運動をし、その後人民武装の組織化をすることを決め、翌九月の「修正山東軍区人民武装抗日自衛団暫行条例」で、青年抗日先鋒隊、基幹自衛隊（遊撃小組を含む）を民兵とし、人民武装の中に軍事的により高度な任務を果たす民兵を設置していくことになった。秋以後、大規模な人民武装の拡大運動が展開された。その結果一九四二年末には、全省の民兵は一七万人に達し、抗日根拠地の人口の二・三パーセントを占め、自衛団は八二万人に達した。一九四三年三月、中共山東分局、山東軍区は、民兵を大量に発展させ、一九四三年中に抗日根拠地人口の五パーセントを占めることを目標に掲げた。もう一つは、主力軍を精兵化し一部を地方武装化することである。一九四二年八月一日、山東縦隊所属部隊が、分散化して地方武装化するとともに、山東縦隊は山東軍区となった。その後一九四三年三月、一一五師と山東軍区が合併し、新山東軍区が成立し、各軍区に一一五師と旧山東縦隊所属の一二（一三）団が所属し、主力軍の完全な統一と各部隊の軍区所属及び軍分区、県の地方武装化が行われるようになった。

一九四三年七月、東北軍于学忠軍の安徽省への移動とともに、山東省における国民政府の正規軍と山東省政府が消滅した。また山東省を管轄している日本軍も南方や「一号作戦」への動員により、一九四四年三月には、一個師団、二個旅団の編成に縮小し、兵力は減少し戦力も弱体化していった。これ以後八路軍は情勢が有利になり、日本軍、傀儡軍に対して局部的反抗を開始した。

一九四三年九月、山東人民武装第一次代表大会が行われ、軍区から村まで上下に連なる人民武装の統一的指導組織である山東人民武装抗日自衛委員会が樹立された。これは県長、区長などの行政の長から相対的に自立したものである。また一九四三年末から、清算闘争を含む減租減息が軍による擁政愛民と民衆による擁軍優抗運動とともに展開され、一九四四年になると、農民の軍事動員として主力軍や地方武装に呼応する民兵や自衛隊への参加だけでなく、より危険の伴う主力軍に参加する参軍運動が展開されたが、その参軍者の大部分は民兵であった。

これらの結果、人民武装や主力軍の数は増加し、一九四四年末には、民兵の数は三七万に達し、抗日根拠地の人口の四・六パーセントに達した。抗日戦争終了直前の一九四五年の七月、八月になると二〇万人の八路軍の正規軍（主力軍）と遊撃隊（地方武装）、抗日根拠地の人口一七〇〇万人、五〇余万人の民兵、一五〇万人の自衛隊（その中で婦女隊員は二二パーセントを占める）に発展した。

註

(1) 山東抗日根拠地において、中共の主力軍、地方軍、人民武装を含む軍事活動全般については馬場毅「華北における中共の軍事活動、一九三九〜一九四五――山東抗日根拠地を例として――」（波多野澄雄・戸部良一編『日中戦争の国際共同研究　二　日中戦争の軍事的展開』慶應義塾大学出版会　二〇〇六年）を参照。本稿はこの論文の姉妹編とも言うべきものであるが、特に人民武装について焦点を当てて述べたものである。なお本テーマに関連する史料については、中国において中央檔案館の檔案（一次文書）が、外国人に公開されていない中で、山東省における抗日期を含む中共側の檔案を集めた山東省檔案館・山東省社会科学院歴史研究所合編『山東革命歴史檔案資料選編』（済南：山東人民出版社、一九八一〜一九八三年。以下『山東革命歴史檔案資料選編』と略記）がある。台湾においては、当時の中共側の史料を最も収集しているのは、一九三八年に成立した情報組織である国民党中央委員会調査統計局（略称中統）の系統をひくといわれている法務部調査局である。筆者もそこで史料を収集して帰国後それを精査したが、ほとんどは前述の『山東革命歴史檔案資料選編』に収集されていた。また法務部調査局には抗日戦争後期の山東抗日根拠地についての国民党側から見た資料もなかった。これは恐らく、一九四三年以後、国民党の山東省政府が山東駐屯の于学忠軍とともに安徽省に移り、国民党の正規軍もいなくなり、国民党の軍事力と行政能力が低下し、情報収集能力も低下したのではないかと思われる。また山東省の国民党の中統責任者である建設庁長秦啓栄が、一九四三年戦死したことも関係していると思われる。以上のような状況から本稿では、主として中共側の資料によって分析を進める。

(2) 宋英三・張勝亨・林洪達「抗日戦争時期的山東民兵――山東民兵闘争資料之一――」（『山東史志資料』第二輯、済南：山東人民出版社、一九八三年）（以下「抗日戦争時期的山東民兵」と略記）。

(3) 山東省地方史志編纂委員会編『山東省史』一七、軍事志・下（済南：山東人民出版社、一九九六年）（以下『山東省史』と略記）。なお中国における山東抗日根拠地についての研究については、王海天「山東省革命根拠地史研究簡況」（馬洪武主編『中国革命根拠地史研究』南京：南京大学出版社、一九九二年）を参照。

(4) David M. Paulson, *War and Revolution in North China : The Shandong Base Area,1937–1945*,Ph.D.dissertation (Stanford: Stanford University Press,1982).

(5) 辛瑋・尹平符・王兆良・賈蔚昌・王伯群主編『山東解放区大事記』（済南：山東人民出版社、一九八二年）四七頁（以下『山東解放区大事記』と略記）。

(6) 同右、四六頁。

(7) 中共山東省委員会による一〇余箇所の武装蜂起の経過と、それに参加した階層などについては、馬場毅「山東抗日根拠地の成立と発展」（宍戸寛・内田知行・馬場毅・三好章・佐藤宏『中国八路軍、新四軍史』河出書房新社、一九八九年）二九八―三〇三頁を参照。

(8) 「晋冀魯豫辺区概況」（『抗日戦争時期解放区概況』北京：人民出版社、一九五三年）四九頁。斉武編『一個革命根拠地的成長』（北京：人民出版社、一九五三年）二八頁。『山東解放区大事記』三四—三五頁。田克深・王兆良『光輝的百年歴程』（済南：山東人民出版社、一九八四年）二八一頁。

(9)『山東解放区大事記』四一頁。李国祥・張国琦・殷純俊編著「抗日戦争時期我軍編成情況（上）」（『革命史資料』九、北京：文史資料出版社、一九八二年）二〇〇頁（以下「抗日戦争期我軍編成情況」と略記）。

(10)『山東解放区大事記』四八頁、五〇頁。「抗日戦争時期我軍編成情況」（上）」二〇〇頁、二二七—二二八頁。なお『山東解放区大事記』では、楊得志を三四三代理旅長としており、一方「抗日戦争時期我軍編成情況（上）」では、楊得志を三四三副旅長としている。

(11)『山東解放区大事記』四九頁。

(12)『新華日報』一九三九年三月十日〔延安時事問題研究会編『抗戦中的中国政治』（延安：新華書店、一九四〇年）三三四—三三五頁、五一〇—一二頁所収〕。

(13) 満鉄北支事務所『共産党ノ農村工作ニ就テ』（一九三九年）。

(14)「抗日戦争時期的山東民兵」二頁。『山東省史』一〇二四頁。

(15) これらについて詳しくは、馬場「山東抗日根拠地の成立と発展」三三二—五四頁を参照。組織化された大衆一〇〇万人というのは、「山東区概況」八六頁による。

(16) 人民武装の数は「抗日戦争時期的山東民兵」二頁、『山東省史』一〇二四頁による。劉大苛「山東抗日根拠地画分」（『南開史学　抗日根拠地史専輯』天津：一九八四年）二五頁。

(17)『山東解放区大事記』九六頁、九八—九九頁、一四七頁。「抗日戦争時期我軍編成情況」（上）二〇一頁、二二六—二二七頁。

(18)『山東革命歴史檔案資料選編』（第六輯、一九八二年）二六—三八頁。

(19) 同右、一四七—五一頁。

(20)「抗日戦争時期的山東民兵」二頁。『山東省史』一〇二四頁。

(21) 蕭華「英雄抗戦的山東軍民」（『星火燎原』選編之五、北京：中国人民解放軍戦士出版社、一九八一年）三三六—三八頁。

(22)「中央革命軍事委員会関於抗日根拠地軍事建設的指示」（中央檔案館編『中共中央文献選集』第一三冊、北京：中共中央党校出版社、一九九一年）二一二—二〇頁。

(23)「山東省戦時工作推行委員会関於〝修正山東省人民武装抗日自衛団条例〟的通知」（『山東革命歴史檔案資料選編』第八輯、一九八三年）一三六—四七頁。

(24)『山東革命歴史檔案資料選編』（第九輯、一九八三年）三—一三頁。

(25) 同右（第八輯、一九八三年）四五〇頁。

(26)「抗日戦争時期的山東民兵」四頁。『山東省史』下、一〇二六—二七頁。

(27)『山東革命歴史檔案資料選編』（第九輯）三三六頁。

(28)『山東省史』一〇二八—二九頁。

(29)「中共山東分局、山東軍区関於加強武委会工作指示」〔一九四三年十月二十四日〕（『山東革命歴史檔案資料選編』第一一輯、一九八三年）五三頁。

(30) 黄瑶主編『羅栄桓年譜』（北京：人民出版社、二〇〇二年）二四一頁。

(31)『山東解放区大事記』一五四頁。黄主編『羅栄桓年譜』

二九〇―九一頁。李維民・潘天嘉『羅栄桓在山東』（北京：人民出版社、一九八六年）一九四―九五頁。なお『山東解放区大事記』『羅栄桓年譜』では山東軍区は一二団編成としているが、『羅栄桓在山東』では一三団編成としている。

(32) 朱玉湘「山東抗日根拠地的減租減息」（『文史哲』一九八一年第一期。ただし『復印報刊資料　中国現代史』一九八一年第一五期所収による）八八頁。

(33) 斉編『一個革命根拠地的成長』一一七―一八頁。肖一平・郭徳宏「抗日戦争時期的減租減息」（『近代史研究』一九八一年第四期）八五頁。

(34) 朱「山東抗日根拠地的減租減息」八八―八九頁。

(35) 同右、八九頁。

(36) 荒武達朗「抗日戦争時期中国共産党による地域支配の浸透――山東省南部莒南県――」（『名古屋大学東洋史研究報告』二五、二〇〇一年）三四九―五〇頁。

(37) 『山東解放区大事記』一五八―六三頁。劉漢等『羅栄桓元帥』（北京：解放軍出版社、一九八七年）四八二―九〇頁。

(38) 防衛庁防衛研修所戦史室『戦史叢書50　北支の治安戦(2)』（朝雲新聞社、一九七一年）三四二頁、四九〇頁、四九二頁、五一〇頁。

(39) 『山東省史』一〇三七―三八頁。

(40) 同右、一〇三七頁。

(41) 「中共山東分局関於加強人民武装整訓工作的指示」（一九四四年三月二十日）（『山東革命歴史檔案資料選編』第一一輯）二九〇頁。

(42) 「山東軍区司令部、政治部関於公布《山東人民武装抗日自衛団組織条例》的命令」（『山東革命歴史檔案資料選編』〈第一二輯、一九八三年〉）一七六―八八頁。

(43) 『山東省史』一〇二八頁。ただし『山東革命歴史檔案資料選編』（（第一一輯）一七七頁）によれば、山東省行政委員会が「山東人民武装抗日自衛団組織条例」を公布施行したのは、一九四三年十一月十八日であり、これと(42)の条例とは「基本的に同じであり、故に（本書に）選ばなかった」としており、一九四三年十一月十八日に公布された原文を見ることができなかった。また『山東解放区大事記』（一七一頁）によれば、山東省行政委員会が「山東人民武装抗日自衛団組織条例」を公布したのは、一九四三年十一月十日としており、日付が異なるがどちらも十月ではなく、十一月に公布したとしている。

(44) 「山東区概況」第九三頁。黎玉『黎玉回憶録』（北京：中共党史出版社、一九九一年）一八二頁。

(45) 『山東省史』一〇二九頁。

(46) 荒武「抗日戦争時期中国共産党による地域支配の浸透」三五一―五五頁。

(47) 朱「山東抗日根拠地的減租減息」九二頁。

(48) 黎『黎玉回憶録』一八二頁。

(49) 劉居英「山東人民的参軍運動（一九四五年七月七日）」（『山東革命歴史檔案資料選編』（第一五輯、一九八四年）一一二―一七頁。

(50) 黄主編『羅栄桓年譜』四二二頁。

(51) 『山東省史』一〇二九頁。

（愛知大学）

対中軍事援助とヒマラヤ越え空輸作戦

——政治的効果と軍事的効果——

西澤　敦

はじめに

　太平洋戦争中、アメリカ陸軍航空軍（U. S. Army Air Force）の輸送機部隊は、インドから中国へ軍事物資を運ぶために、航空機によって「世界の屋根」と呼ばれるヒマラヤ山脈を越える大規模空輸作戦（Over the Hump）を行った。このような戦略空輸作戦が行われたのは、太平洋戦争初期の日本軍の快進撃によって封鎖された中国援助の地上ルートを補うためであった。連合国は中国の戦争遂行能力を支えるために、唯一残された手段である航空輸送によって対中援助を継続しようと決心したのである。

　しかしヒマラヤ越え空輸作戦には多くの困難が伴っていた。輸送機の性能と信頼性は低く、六千メートルを超えるヒマラヤ特有の気象条件も大きな障害となっていた。さらに作戦当初は、十分な数の輸送機も確保できなかったのである。

　したがって、ヒマラヤ越え空輸作戦の軍事的効果については、当時の国家指導者や軍上層部はきわめて懐疑的であった。すなわち、航空機がヒマラヤを越えて輸送できる物資の量は限られているため、空輸作戦は陸路のビルマ公路(1)を日本から奪還するまでの一時凌ぎに過ぎないという考えが大勢を占めていたのである。

　もともと空輸作戦が検討されたのは、国民党中国を率いていた蔣介石の強い要望によるものでもあった。蔣介石は、中国が連合国の一員として日本と闘い続ける意思を表明したものの、その条件として連合国からの支援を要求していたのである。

　結果的に、連合国は蔣介石の要求を飲まざるを得なかった。なぜなら蔣介石が日中戦争から脱落することを、連合国は阻止しなければならなかったからである。中国が日本の和平に応じるようなことになれば、日本は一九三七年以降大陸に派遣している巨大な軍事力を開放し、望みの場所に再展開可能となってしまう。また中国が連合国陣営から脱落すれば、連合国は日本に対する反攻拠点を失ってしまう。

このように、ヒマラヤ越え空輸作戦は、蔣介石中国を連合国側につなぎとめておくための重大な政治的役割を担っており、それが空輸作戦に対する一般的なイメージといっても過言ではない(2)。また作戦の実相についても、多くの戦争の歴史と同様に、この任務に身を捧げた将兵たちの武勇伝や、現地指揮官たちの類稀なリーダーシップに対する賞賛、さらにヒマラヤ越え空輸作戦がいかに困難で危険に満ちたものだったのかを物語る文献ばかりが注目されている(3)。

では、空輸作戦は実際に政治的な目的しか達成できなかったのだろうか。飛行機によってビルマ公路に匹敵するほどの軍需物資を輸送し、中国軍や在華アメリカ軍部隊を強化し、そして実際に日本軍を撃退することは不可能だったのだろうか。アメリカ軍航空部隊が運んだ物資の量は予想通り微々たるもので、日中戦争の軍事的側面に影響を与えることはできなかったのだろうか。

本稿の目的は、ヒマラヤ越え空輸作戦には、中国を連合国の一員として引き留める政治的効果のみならず、対日戦争の趨勢に影響を与える軍事的効果もあったことを論証することにある。最初に、対中援助がねらいとしていた政治的効果及び軍事的効果と、空輸作戦の開始に至った経緯について述べる。そして、航空機が輸送した物資量がビルマ公路よりもはるかに多かったことを示し、それらの物資によって支えられたアメリカ軍や中国軍の軍事行動が、実際に日本軍の戦略や作戦行動、そして戦争遂行能力に大きな影響を与えていたことを証明していく。

一　アメリカから見た対中援助の政治効果

第二次世界大戦初頭におけるアメリカの基本戦略は、東アジアよりもヨーロッパを重視したものであった(4)。一九三九年九月に始まったヨーロッパの戦いでイギリスが敗北すれば、アメリカは大西洋を隔ててドイツの脅威と直接対峙することになるからである。またアメリカは中国大陸に直接的な利害を有しておらず、日本との対決を極力回避すべきであるという意見も存在した(5)。したがってアメリカの対中援助は積極的なものではなく、ヨーロッパで戦うイギリスを支えるために東アジアに関与しようという程度のものに過ぎなかったのである(6)。

一方で、アメリカの対中国政策や国民感情は、その時代の国際情勢やアメリカ国内事情を反映してさまざまに変化していた。一九一九年に大統領に就任したウィルソン(Woodrow Wilson)は、アメリカは道徳的な国家であり、いまだに国家的地位の低い中国を助けることは当然の義務であるとする考えを支持していた。ところが一九二〇年代には、ワシントン会議での成果を重要視するあまり、アメリカの東アジア政策は中国よりも日本との関係に高い優先順位が置かれるようになった。一九三〇年代に入ると、満州事変を契機に中国に対するアメリカの態度は複雑化するようになった。対中感情の面では、一九三一年に出版されたパール・バックの『大地』に代表されるように、中国を支持する世論が強くなったが、中国を救うためにアメリカは日本と対決すべきであるという覚悟にまでは至っていなかった。一九三七年に日中戦争が勃発しても、アメリカでは中国寄りの国内感情と、中立的な東アジア政策が並立していたのである。(7)

しかし一九三〇年代末期にヨーロッパで戦争の暗雲が立ちこめ始めると、アメリカは政策的にも親中反日へと変化していった。東アジアにおける日本の勢力伸張は、ヨーロッパにおけるヒトラーの影響力拡大と同一視され、中国の独立を守ることはアメリカの国益に適うことであるとみなされるようになった。さらに第二次世界大戦、そしてそれに続く太平洋戦争の勃発によって、アメリカは中国を支えることが連合国の勝利にとって必要不可欠であると認識するに至るのである。ここでは、アメリカ政府の対中援助の政治目的として、次の三つを挙げる。

第一の、そして対中援助の最も重要な政治目的は、日本との単独和平に走るかもしれない中国を戦争に引き留めておくことにあった。(8)中国が対日戦争から脱落し日本と講和を結んでしまえば、日本軍が中国大陸に派遣していた約一〇〇万の軍隊を南太平洋に転用するかもしれないと判断するのは、当然のことであった。ヨーロッパでの戦争に目処がつくまでは、東アジアでは防勢的な体制を保持したいと考えていたアメリカにとって、日本軍主力の南下は絶対に避けなければならないものであった。したがって中国が戦争を続ける能力と意志を継続できるよう、アメリカは援助を行う必要があったのである。

また、中国が連合国側で戦い続ければ、中国大陸を日本に対する反攻拠点とすることが可能となる。南方からの資源に依存していた日本にとって、東シナ海は重要な海上補給路(シーレーン)であったため、中国大陸に空軍基地を建設し、そこから攻撃機で日本の輸送船を海上で撃沈すれば、日本の戦争遂行能力を破壊することができる。(9)当時開発中であった長距離戦略爆撃機B－29を中国に配備し、そこから日本本土に対して戦略爆撃を行えば、日本の戦争遂行意志と能力を直接破壊することも夢ではない（マッターホルン計画）。このような考えは、特に航空戦力の威力を過信する者たちの間で広く信じられていた。さらに、対日抗戦を続ける中国軍を強化すれば、日本軍に十分対抗できるようになるという考えもあった。[10]

第二に、アメリカ大統領ルーズヴェルト（Franklin D. Roosevelt）は、戦後の国際政治体制における中国の役割をきわめて重要視していた。いわゆる「四人の警察官」である。[11] 第二次世界大戦が連合国の勝利によって終われば、日本軍が武装解除された後の東アジアに大きな力の空白を生じることになる。したがってアメリカは、親米的な国民党中国、そしてソ連と協力してこの力の空白を安定させようと考えていた。[12] そのためにアメリカは、イギリスの反対を受けながらも中国を連合国の一員として扱おうとしていた。[13]

第三に、アメリカ政府は枢軸国が敗北した後の中国国内の安定について懸念を抱いていた。日本軍が武装解除され中国大陸から完全に引き揚げてしまえば、その支配地域が完全な無秩序状態になってしまうおそれがあった。[14] 勢力を拡大しつつあった共産党がこの間隙を衝いて中国を共産化しようとする動きを阻止するためにも、国民党を中心とした中国軍をある程度自立できるまで強化させておく必要があったのである。

二　アメリカからの援助に対する中国の考え

国民党を率いていた蔣介石にとって、アメリカからの援助は必要不可欠なものであった。蔣介石は中国が独力で日本軍を大陸から排除することは不可能だと考えていたし、またそうするつもりもなかった。蔣介石の基本戦略とは、国土の広さを利用して撤退を続ければ、資源がなく同盟国からの援助もない日本よりも長く戦い続けることができるので、強力な連合国が日本を打倒してくれるのを待てばよい、というものであった。[15] そして日本が敗北したあとは国家統一をめぐる中国共産党との戦いは避けられないため、日本との戦いでの消耗を避けつつ軍事力を温存すべきと考えていた。[16] 蔣介石は、あくまで自らの国民党軍を強化するためにアメリカからの軍事援助を必要としたのである。

一方で、一九三七年七月に勃発した盧溝橋事件以降、日本軍は着々と勢力範囲を広げていたため、中国軍は撤退を続けながらも日本軍の進撃を少しでも阻止しなければならなかった。中国軍を強化するために、蔣介石はアメリカからの軍事顧問の派遣や、アメリカ人義勇兵による戦闘機部隊の中国への展開を強く求めたのである。

中国がこのように海外からの軍事援助に依存せざるを

得なかった主な理由は、その近代化政策の失敗にあった。一九三六年当時、中国国内では年間約八七万トンの銑鉄が生産されていたが、石油は一日当たりわずか数百キログラムしか精製できなかった。また兵器についても、戦車や大砲のような重火器はもちろんのこと、トラックすら国内生産が困難な状態であった。したがって中国は、戦争を続けるための武器弾薬の調達を海外に依存せざるを得なかったのである。[17]

そこで蒋介石は、最大限の軍事援助をアメリカから引き出すために、様々な手段を駆使した。アメリカが民主主義国家であり、国内世論が大統領の政策決定に大きな影響力を与えていることを理解していた蒋介石は、アメリカの大学で学び、英語が堪能で西欧流の立ち居振る舞いを身に付けていた夫人の宋美齢を送り込んだ。一九四二年十月から一九四三年春にかけて訪米した彼女は、日本との英雄的な戦いに勝利するためには中国へのアメリカの援助が不可欠であると、議会で声高に主張した。このような活動のおかげで、アメリカ一般市民やマスコミは中国を援助することがアメリカの責務であると信ずるようになったのである。[18]また蒋介石は、中国が日本と単独講和を結ぶことをルーズヴェルトが恐れていたことを知っていたため、「中国の士気が崩壊寸前である」とか「連合国に対する中国人の信頼は根底から揺らいでいる」といった警告を、軍事援助を強化させるカードとして頻繁に用いていた。[19]

三　対中援助の軍事的ねらい

アメリカにとって、対中軍事援助の最も重要な政治的ねらいは、中国を日本との戦争から脱落させないことにあった。しかし現実には、日本軍は南京から武漢へと、国民党政府を追って内陸部に進撃を続けており、蒋介石政権に脅威が差し迫っていた。したがって、国民党政府が崩壊しないよう、アメリカ軍及び中国軍は日本軍のさらなる進攻を阻止する現実の必要性にも迫られていたのである。そのためには、中国軍（特に陸軍）そのものを強化するか、中国に派遣されていたアメリカ軍戦術航空部隊である第14空軍(Fourteenth Air Force)を増強するという二つの方法が考えられた。

アメリカ軍の中国・ビルマ・インド方面司令官であったスティルウェル（Joseph W. Stilwell）陸軍中将は、中国軍の強化を最優先事項と考えていた。たたき上げの歩兵将校であったスティルウェルは、戦闘員としての中国人の素質を高く評価していたのである。そして、巨大で能力の低い国民党軍を効率化し、アメリカ軍式の訓練を施し、自らの指揮下に置く約三万人のX部隊と、国民党の指揮下に配備するＹ部隊に再編しようとした。対中援助物資はこのような中国軍の精鋭化に投入することが、中国大陸における連合軍の反撃に最も効果的であると確信していたのである。[20]

一方で、同じアメリカ陸軍ではあっても戦闘機パイロット出身であったシェンノート（Claire L. Chennault）少将は、まったく異なる考えを持っていた。彼は航空義勇兵部隊フライング・タイガーズを編成して最初に中国に乗り込んだ人物であり、引き続き中国大陸でアメリカ陸軍航空軍隷下の第14空軍を率いていた。陸上戦力に対する航空戦力の優位性を確信していたシェンノートの計画は、五〇〇機の航空機を中国に配備し、その戦力によって中国の日本軍を撃破すると共に、さらには東シナ海を通る日本のシーレーンや日本本土そのものに脅威を与えようとするものであった。[21]

四　ビルマ公路の建設と封鎖

一九三七年七月の盧溝橋事件をきっかけに始まった日中戦争は、日本にとってもいち早く決着をつけなければならない戦いであった。当初は、関東軍を中心に中国の軍事力を過小評価した「一撃論」が支配的であったが、やがて中国大陸の広大さと蔣介石の徹底抗戦意思のために、戦いは徐々に泥沼化していった。一九四一年の時点では、日本陸軍の総兵力五一個師団のうち、中国には約半数の二二個師団が派遣されていた。さらに満州の関東軍に一三個の師団が配備されていたため、中国大陸には実に陸軍の七割近くが投入されていたのである。[22] しかも日中戦争が長引けば長引くほど、石油などの貴重な戦略物資が浪費されてしまうのも事実であった。[23] したがって日本軍は、望ましい形で一刻も早く中国との戦いに決着をつけなければならなかったのである。

日中戦争が始まった当時の日本軍の状況判断は次のようなものであった。中国軍は約三〇〇万の大兵力を有しているが、これらの軍隊は主に外国からの軍事援助によって維持されているものである。したがって中国沿岸部やフランス領インドシナ、ビルマ公路といった連合国からの海上及び陸上援助ルートを遮断してしまえば、容易に中国軍を屈服させることができる。[24]

そこで日本軍は、中国に対する海外からの軍事援助ルートを遮断し、蔣介石を封鎖する作戦に重点を置いた。[25] 日中戦争の拡大に伴い、陸軍は中国沿海州に沿って南下を続け、海上輸送物資の陸揚げ港を次々に占領していった。そして太平洋戦争開戦後の一九四二年一月にビルマ攻略のための作戦が発令されると、ビルマ公路の援助物資陸揚げ港であったラングーンはまたたく間に陥落した。その後ビルマ領内を北進する日本軍は、イギリス軍やインド軍、中国軍を撃破して、四月にはビルマ公路の起点であるラシオを占拠した。これによって中国への陸上及び海上経由の援助ルートは完全に封鎖されたのである。さらに五月には、中国に向かう飛行ルートの拠点であり、大規模な飛行場であった北部ビルマのミートキーナまでも占領したのである。

中国への最後の陸上援助ルートであったビルマ公路は、一九三七年から三八年にかけて、ビルマ北部と中国昆明を結ぶ道路として建設されたものであった。この道路工事のために、中国側からは五〇万人の苦力、ビルマ側からはイギリス軍によって集められたビルマ人労働者三〇万人が、千キロ以上の建設現場に送り込まれた。この道路は三千メートルを超える山岳地帯と渓谷地帯を貫き、敷設した橋だけでも三七〇に達し、工事の犠牲者は一〇万人にのぼったといわれている。[26]

中国とイギリスが厖大な労力を投入して建設したこの道路は、幅が六メートルほどしかないうえ急カーブが連続しているため、車両で輸送できる物資の量には限界があった。しかも道幅が狭いために一方通行しかできず、輸送された正味の援助物資の量は、最も多いときでも月六千トンに過ぎなかった。[27]さらにビルマ公路の起点であるラシオに至るビルマ国内の輸送網も、きわめて貧弱なものであった。ラングーンの港に陸揚げされた物資は鉄道を使ってラシオまで運び、そこでトラックに積み替える必要があったため、多くの荷物は積み替え地点に滞留していたのである。

五　ヒマラヤ越え飛行ルート

日中戦争を早期に終結させるための中国封鎖は、一九四二年中盤には実際にその目的をほとんど達成していた。このように日本軍の軍事行動は迅速かつ決定的であったため、対中軍事援助がきわめて重要であると認識していたアメリカは、速やかに新しい援助ルートを開拓する必要に迫られていたのである。

中国への新たな援助ルートとしては、陸上ルートと飛行ルートが考えられていた。ビルマ公路以外の陸上ルートとしてはソ連の領土を通過するものがあったが、アメリカの物資を自国内で運搬することによって日本を刺激するのを恐れたソ連は、このルートの使用を拒否した。[28]そこで、ビルマを日本から奪還し、封鎖されていたビルマ公路を再開するための反攻作戦が、アメリカ軍のスティルウェルを中心に検討された。しかしビルマ方面への軍隊の派遣を渋っていた蔣介石や中国軍の能力の低さ、そしてビルマ奪還に対するイギリスの関心の低さなどから、この作戦は実現されなかった。[29]

次に、インド北部のアッサム地方からビルマ北部を通っ

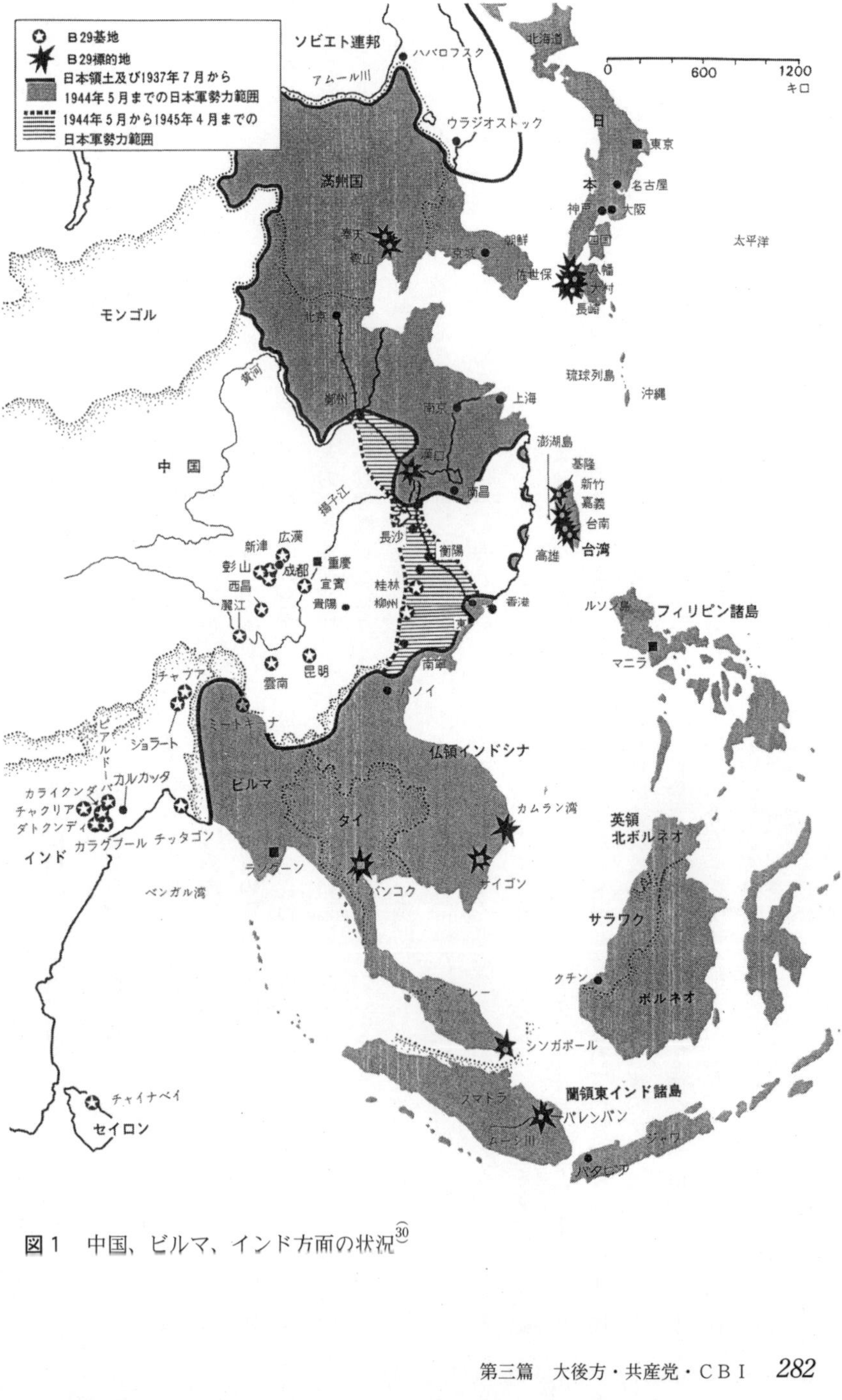

図1　中国、ビルマ、インド方面の状況[30]

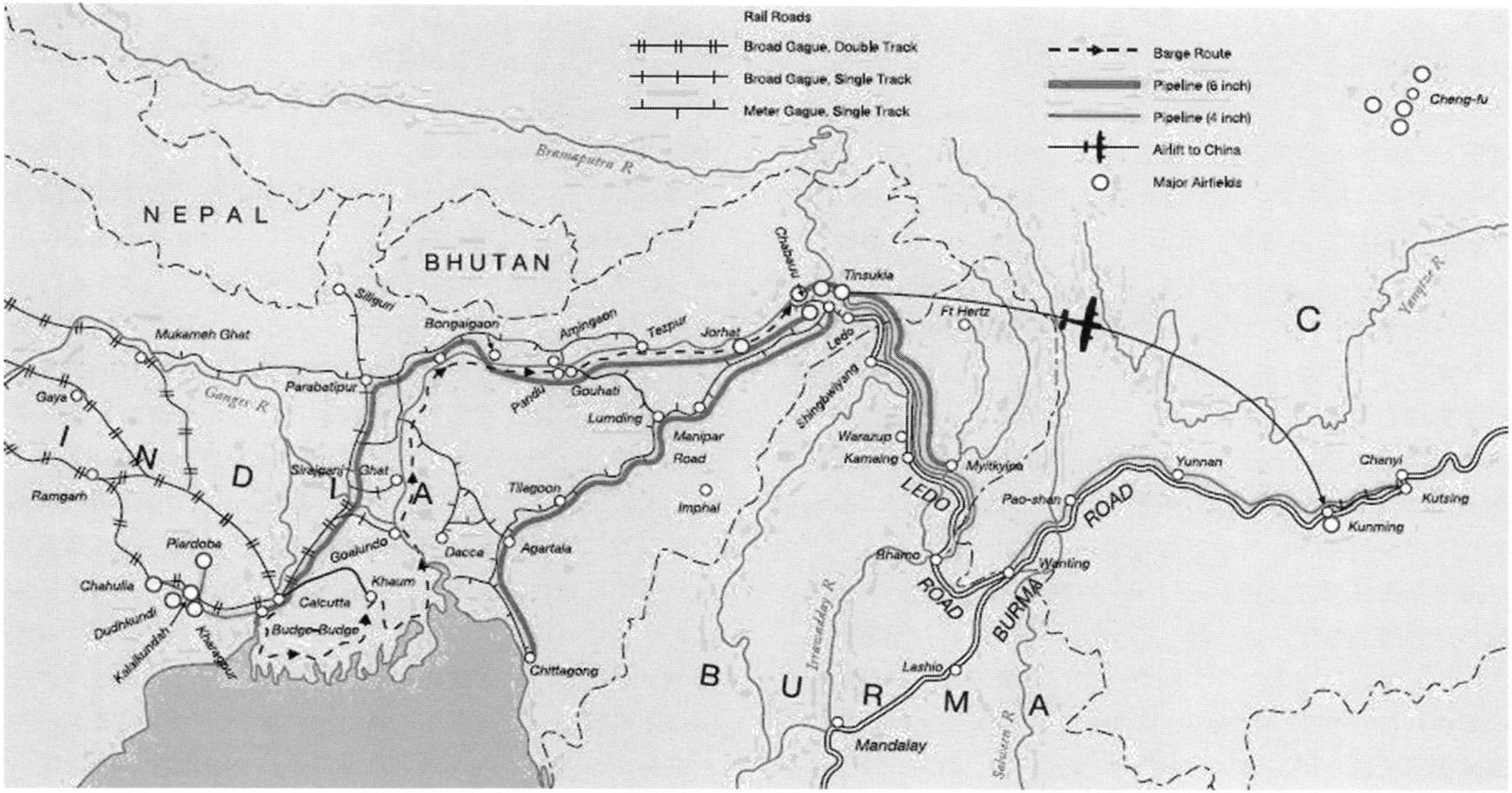

図2　ビルマ公路、レド公路及びヒマラヤ越え空輸ルート（The Hump Air Route）[31]

てビルマ公路に接続する新たな「レド公路」[32]の建設が計画された。この地域は日本軍によって完全に占領されてはいないものの、安全に道路建設が行えるほど軍事的に安定していなかったため、工事に先立ってビルマ北部の日本軍をある程度駆逐する必要があった。それでも、再編成及び強化した中国軍によりビルマ北部を奪還し、このルートを開通させることが何よりも重要であるとスティルウェルらは確信していた。しかしこの道路の建設にはビルマとインドの国境地帯の厳しい地形と気象条件を克服しなければならず、工事はきわめて困難なものと考えられた[33]。

そんな中、このような困難の多い地上ルートに代わって、輸送機を利用することにより中国に援助物資を届ける方法が検討されるようになった。一九四一年十二月に行われた第一回英米参謀長会議では、中国に補給できる手段は空輸だけであり、輸送機をこの戦域に送り込むことが重要であると確認された[34]。そして一九四二年一月、ルーズヴェルト大統領自らが、中国への空輸ルートの可能性について検討するよう命じていた[35]。二月には、アメリカ陸軍航空軍司令官であったアーノルド（Henry H. Arnold）大将が、インドから中国への空輸によって必要な軍事援助を継続することは可能であるとルーズヴェルト大統領に返答したのである[36]。

しかし、それまで輸送機による大規模戦略空輸作戦が行われたことは一度もなく、航空機の能力に疑問を持っていた軍事指導者も少なくはなかった[37]。ビルマを占領した日本軍も、ヒマラヤ越え空輸作戦が成功するとは予想していなかった[38]。実際、一九四〇年代のビルマ方面では中国国営航空会社（China National Aviation Corporation, CNAC）による航空輸送がきわめて細々と行われていただけであった[39]。

最終的にルーズヴェルトは、地上ルートの再開のための努力と並行して、空輸ルートによる軍事援助の継続を決定し、一九四二年二月には蔣介石にそのことを約束した[40]。在アメリカ中国大使であった宋子文の見積もりによれば、その頃すでに実用化されていたC-47型輸送機一〇〇機を投入すれば、インド経由で一カ月に一万二千トンの物資を空輸可能であった[41]。しかしこの時点では、ヒマラヤ山脈という世界の屋根を越える航空輸送にどれほどの困難があるのか、全く予見されていなかったのである。

空輸ルートはインドのアッサムと中国の昆明を結ぶものであり、その飛行距離は五〇〇マイルに過ぎなかったため、一見したところ、当時の輸送機の性能でも決して困難なものではなかった。しかも空輸を開始した時点では、インド北部のアッサムを離陸した輸送機は、中間地点であるビルマ北部のミートキーナを経由することによって、標高六千メートルに達するヒマラヤ山脈を迂回して中国の昆明に到達することが可能だったのである。[42]

しかし一九四二年五月にミートキーナが日本軍の手に落ちると、空輸ルートはさらに北方寄りとなり、アッサムと昆明を直接結ぶ最も危険なヒマラヤ越えルートをとらざるを得なくなった。[43]このような高空を飛行することは、当時の輸送機にとって性能限界ぎりぎりのことである。しかもヒマラヤ周辺空域は、世界でも有数の乱気流と悪天候の集中地帯であった。時速四〇〇キロメートルを超えるジェット気流や、一分間に千メートルも上下する乱気流が発生していた。また雲が発生しやすいため視界がきわめて悪く、低温のために主翼やプロペラ、燃料気化装置などが凍結することも多々あった。[44]

これらの気象環境特有の問題以外にも、多くの要因が空輸作戦の足を引っ張っていた。インドのアッサムには十分な数の飛行場がなく、数少ない舗装された全天候型飛行場はイギリス軍やアメリカ軍の航空機ですでに満杯であった。連合軍は飛行場を増設しようとしたが、インド特有の雨季や国内の政情不安によって工事はなかなかはかどらなかった。機体の駐機や整備、荷物の搭載を行う場所が大幅に不足していたために、輸送機の数を増やすことすらできなかったのである。[45]加えて、航空機の予備部品が不十分であったため、実働できる輸送機の数はさらに少なくなった。さらにパイロットの士気を低下させる問題として、ヒマラヤ山中に墜落した航空機の乗員を救助するための救難体制は、一九四三年になるまで全く整っていなかったのである。[46]

ヒマラヤ上空を飛行する輸送機には、直接的な軍事的脅威も存在した。アッサムの飛行場は、日本軍の戦闘機からすれば三時間程度の距離しか離れていなかったため、上空の航空優勢はきわめて不確実であった。さらに自衛用の武装を全くもたず速度も遅い輸送機は、飛行中に日本軍戦闘機から迎撃されるおそれが高かったのである。[47]

このような状況のもと、ヒマラヤ越えの空輸作戦はきわめて限定的な規模で開始された。一九四二年の時点でアメリカ軍が保有していた輸送機は全部で二一六機に過ぎなかったため、爆撃機を輸送機に改造したり、民間航空会社の機体を転用することが考えられた。最終的に一九四二年六月にインドに集結できたのは、C－53輸送機が一〇機、そしてC－47輸送機が三九機だけであった。このうちのC－53は中国国営航空会社向けであったため、輸送任務を担当するアメリカ陸軍第10空軍が受け取ったのはわずか三九機だったのである。[48]

六　空輸の実績と物資の配分先

初めてのヒマラヤ越え空輸作戦は、一九四二年四月八日に行われた。このときの積荷は、日本本土への空襲を終えて中国に着陸する予定であった、ドゥーリットル（James H. Doolittle）中佐の爆撃機部隊のための燃料であった。[49] 作戦開始当初は五〇機に満たなかった輸送機は、徐々に配備機数が増やされ、一九四三年末には一六五機、一九四四年末には三一八機、そして第二次世界大戦が終結した一九四五年八月には六二四機までに膨れ上がっていたのである。[50]

輸送機の増加に合わせて、空輸トン数も著しい改善が見られた。七五機の輸送機で月に五千トンを中国まで空輸するという当初計画に対して、作戦開始直後はせいぜい一〇〇トン程度を運ぶのがやっとであった。[51] しかし一九四四年八月にビルマ北部のミートキーナ飛行場を連合軍が奪い返すと、空輸の効率は飛躍的に増大することになった。ミートキーナを経由することによってヒマラヤ山脈を迂回することが可能となり、空輸の危険性が大幅に低下したのである。またアッサムで使用できる飛行場の数が一年間で三倍も増加し、機体の整備方法も改善された。さらに、高空での飛行性能が優れ、かつ機内搭載量も多い大型輸送機C－54が新たに作戦に加わるようになった。その結果、一九四四年には、一九四三年と比較して一年間で空輸トン数が一〇倍の一万八千トン／月にまで達したのである。[52] その後も空輸トン数は増加を続け、ピークとなった一九四五年七月には約七万トンの物資を運搬するほどであった。[53]

これに対して地上輸送では、ビルマ公路が閉鎖以前に運搬できたのはせいぜい六千トン程度に過ぎなかった。つまり、仮にビルマ公路が日本軍によって遮断されず、連合軍に確保されていたとしても、ビルマ公路だけでは、対日戦争を継続する中国軍及び在中アメリカ軍部隊を支えることなど、到底不可能だったのである。[54]

かくして、一九四二年から一九四五年までに中国に輸送された物資の総トン数は九一万トンに達していたが、このうち航空輸送によるものが八一％を占めていた。[55] すなわち、この空輸作戦はビルマ公路の一時的な穴埋めどころか、地上輸送ルートをはるかにしのぐ物資を長期間にわたって輸送することに成功していたのである。

ところで、既述したように、ヒマラヤ越え空輸作戦には二つの軍事的側面があった。すなわち、陸軍戦力である中国軍を強化することと、在華アメリカ軍航空部隊を強化することであった。当初、空輸作戦で支えるべき戦力は、中国軍と、中国国内で活躍していた第14空軍だけであった。しかし、B－29によって対日戦略爆撃を行う第20爆撃兵団（XX Bomber Command）が一九四四年五月に中国に展開してくると、空輸作戦が支援すべき戦力は三つに増えた。

これらの組織に対する物資配分の優先順位には、かならずしも統一された考え方があったわけではなく、在中のアメリカ軍指揮官たちの力関係やルーズヴェルトと蔣介石のやり取りに大きく左右されていた。そして実際の配分量には、きわめて大きな偏りがあったのである。たとえば一九四四年の場合、第14空軍が受領した物資の量は空輸されたトン数のほぼ五〇％を超えており、最も多いときでは七〇％に達していた。その一方で、第20爆撃兵団向けは一五％、他の米軍部隊向けが一八％、そして中国軍部隊向けは全空輸量のわずかに一二％に過ぎなかったのである。[56]ただし第20爆撃兵団は、自ら保有するC－87輸送機やB－29爆撃機によって不足分を空輸していた。[57]また、物資の種類については、一九四五年の場合では約六〇パーセントがガソリンやエンジン用潤滑油であり、弾薬類は一五パーセントに過ぎなかった。[58]このように、空輸された物資は、シェンノート率いる第14空軍にかなりの割合が配分されていた。これは、シェンノートが蔣介石との友好関係を最大限に活用し、空輸物資を優先的に自分の部隊に配分するよう強く要望していたためと、蔣介石自身が陸上部隊よりも航空部隊の強化に熱心なためであった。[59]

一方で、ヒマラヤ越え空輸は中国への一方通行の軍需物資輸送ばかりではなかった。スティルウェルはビルマ方面の日本軍を撃退するために、中国軍そのものを強化して X 部隊を編成することを計画していた。これは、インド国内にアメリカの軍事訓練基地を建設し、緒戦時にビルマからインドに撤退した中国兵と新たに中国からインドに送り込む兵士にアメリカ式の訓練を施すというものであった。そのために、中国からインドへの帰路便が利用されたのである。それまで帰路の輸送機では、中国で産出された錫やアンチモンなどが運ばれており、これらはアメリカにとって重要な戦略物資であった。[60]インドへの兵員空輸は一九四二年十月に始まり、十二月末には三万二千人の規模となり、一九四三年二月には X 部隊完全編制の二個師団として誕生することになっていたのである。[61]

なお、この時期に行われた空輸作戦としては、デミヤンスクとスターリングラードでドイツ空軍が実施したものがある。どちらも敵に包囲された地上戦力を、空輸だけで補給しようとするものであった。一九四二年二月、ドイツ陸軍北方軍集団に属する一個軍団一〇万人が、レニングラード南部のデミヤンスクでソ連軍に完全に包囲されてしまった。ドイツ空軍は輸送機を五〇〇機集め、二カ月で六万五千トンの物資を空輸した。最終的にドイツ軍部隊はソ連軍の包囲を突破することができたが、この空輸作戦によって、ドイツ空軍は二六五機の輸送機と多数のベテラン搭乗員を失ったのである。[62]

一方で、スターリングラードへの空輸作戦は、悲劇的な失敗に終わった。デミヤンスク包囲戦の九カ月後、今度はドイツ陸軍中央軍集団の第六軍二六万人がスターリングラードでソ連軍に包囲されてしまったのである。再びドイツ空軍は輸送機を集結させて空輸作戦を開始したが、戦線の後退や飛行条件の悪化のために、三カ月の作戦期間中にわずか八、三〇〇トンしか空輸できなかったのである。ドイツ空軍は五五〇機の輸送機を失ったにもかかわらず、結果的に第六軍は包囲を突破できずにソ連軍に降伏したのである。[63]

七　空輸作戦の効果――X部隊、第14空軍及び第20爆撃兵団――

ヒマラヤ越え空輸作戦は、中国軍部隊の強化と、中国国内のアメリカ軍航空部隊の強化という二つの競合する軍事目的に対して、何らかの貢献をしていた。それでは、強化された中国軍部隊（X部隊、Y部隊）、第14空軍、第20爆撃兵団は、実際にどのような戦果をもたらしたのだろうか。

日本軍は、インド北部からビルマ北部に至る中国への新たな援助ルート（レド公路）の開通を阻止するとともに、連合軍の作戦行動に対して先手を打つために、一九四四年四月にビルマからインド方面に向けて西進するインパール作戦を開始した。しかし補給の途絶や指揮系統の混乱などからこの作戦は失敗に終わった。それどころかビルマ北部では、アメリカ、イギリス及び中国軍の反撃にあってミートキーナ飛行場を喪失するとともに、ビルマ南部への撤退を余儀なくされたのである。

このときの連合軍部隊には、スティルウェルがインド国内で訓練を施したX部隊が含まれていた。彼らはインドでアメリカの装備を受け取り、アメリカ式の訓練を受けることによってきわめて強力な戦闘集団に生まれ変わっていた。X部隊はレド公路建設のために危険なインド・ビルマ国境地帯のパトロールを行い、ビルマ北部奪還作戦ではアメリカ軍と肩を並べて日本軍との激戦を戦い抜くほどの実力をもつようになっていたのである。[64]

しかし、アメリカからの援助物資によって中国国内で編成されていたY部隊のほうは、目立つような活躍をみせていなかった。これは、先述したように、空輸された物資の多くが第14空軍向けであり、地上部隊向けの物資が少なかったことが一因であった。しかしY部隊への方針に最も大きな影響を与えたのは、蔣介石であった。彼にとっての軍事援助とは、どちらかというと自らの体制を強化するためのものであって、日本軍を撃破するためのものではなかった。したがって、配下にあった中国国内の軍司令官たちが、アメリカからの軍事援助によって強力になりすぎることをおそれていたのである。[65]さらに蔣介石の統制と中国人司令官たちの消極性のために、Y部隊はビルマ北部の奪還作戦においても十分な役割を果たさなかった。[66]

一方、蔣介石の配慮によって優先的に物資を配分されたアメリカ第14空軍は、X部隊同様、中国戦域でかなりの戦果を上げていた。第14空軍によれば、一〇〇万トンの日本の船舶を撃沈し、華北の鉄道網を破壊することによって、中国大陸の日本軍の能力を著しく低下させた。[67]アメリカ戦略爆撃調査団(United States Straregic Bombing Survey)の報告によれば、北支那派遣軍参謀長が戦後に、「わが軍の攻勢作戦の六〇から七〇パーセントは、第14空軍の軍事行動によって妨害されていた……一九四五年五月の時点で、鉄道による輸送はわが軍の最低限の軍事的要求の五〇パーセントしか満たしていなかった」と語るほどであった。[68]

しかし日本の戦争遂行能力そのものを攻撃目標とした戦略爆撃に投入された第20爆撃兵団は、予定通りの戦果を上げることができなかった。中国奥地から発進するB−29の航続距離では日本の中心地である東京まで到達できず、爆撃範囲は九州の一部や台湾、朝鮮半島、満州などに限られていたのである。[69]またB−29が作戦を行うための物資は全てヒマラヤを経由しなければならず、大量の爆弾と燃料を消費する戦略爆撃を空輸だけで支えるのは困難であった。結果的に、一九四四年六月から約七カ月間に及ぶ作戦期間で、B−29が日本本土に投下した爆弾は約五、二〇〇トンに過ぎず、日本の産業に大した損害も与えられなかった。[70]

一方で中部太平洋戦域でのアメリカ軍の進撃は、予想をはるかに上回っていた。一九四四年七〜八月には、東京などの国家中枢や工業地帯をB−29の行動範囲に収めることができるマリアナ諸島を占領することに成功した。このためアメリカ軍部は、東京まで到達できない上に補給が困難な中国奥地の基地よりも、補給が容易かつ日本軍の攻撃から安全で、しかも確実に東京を空襲できるマリアナ諸島にB−29を配備すべきであると判断し、一九四五年初めまでには中国からB−29部隊を引き揚げてしまったのである。すなわち、戦略爆撃の重点が中部太平洋に移ってしまったために、中国大陸から日本に反撃を行う必要性そのものが失われてしまった。[71]

このようなアメリカ軍航空部隊の活躍は、日本軍の作戦にどのような影響を与えたのだろうか。ここでは最も端的な例として、支那派遣軍による大陸打通作戦及び一号作戦を取り上げる。大陸打通作戦の目的は、太平洋で制海権を失っても南方のインドシナなどとの後方連絡線を確保でき

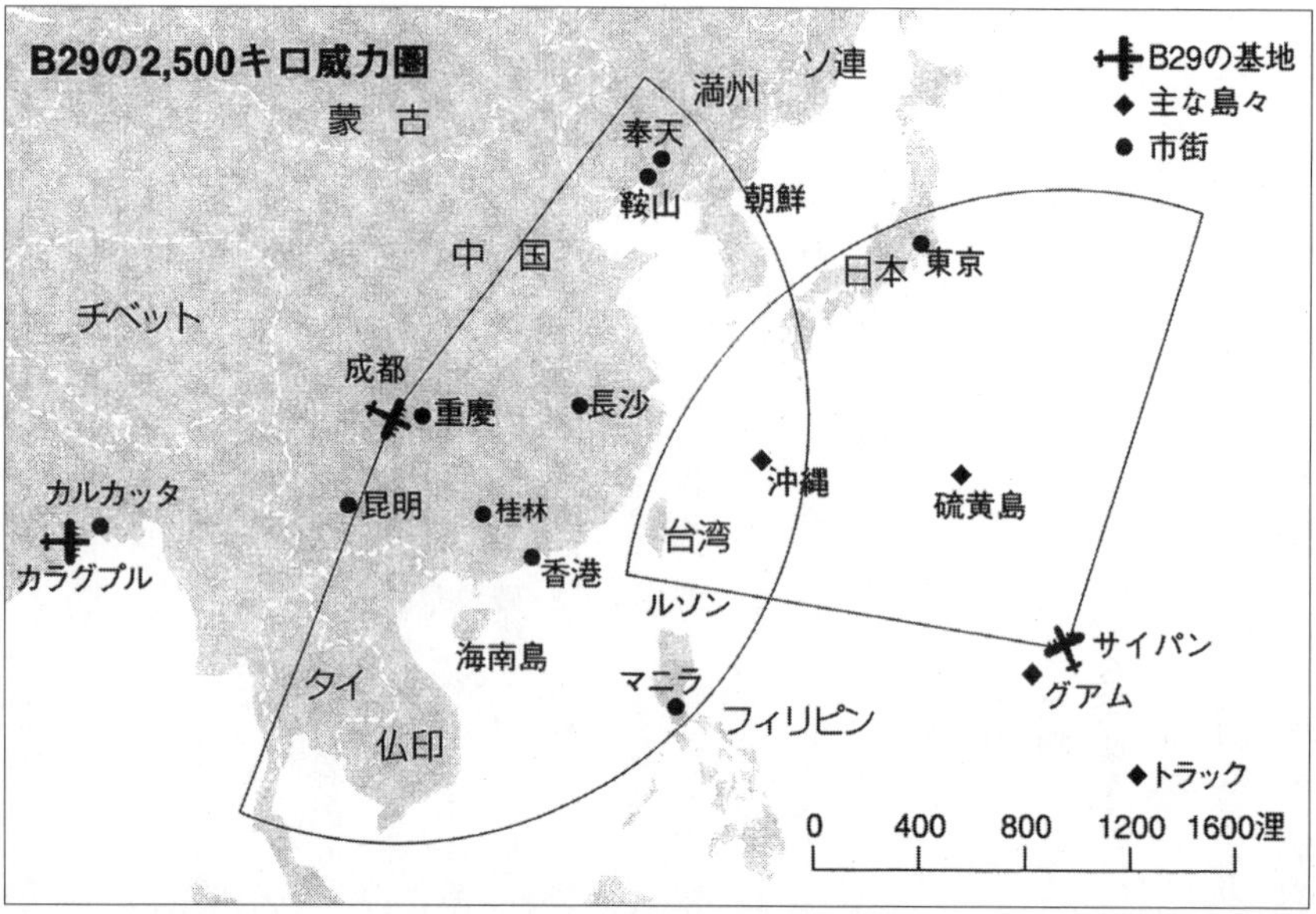

図3　中国及びサイパンから出撃するB－29の行動半径[72]

るよう、中国大陸を打通することにあった。この作戦は、支那派遣軍を中心に一九四三年十二月に計画が開始されたが、実際には行われなかった。しかしこの作戦の検討にあたっては、東シナ海の日本のシーレーンが、在華アメリカ軍航空部隊によって脅威を受けていることが強く認識されていたのである。[73]

一九四四年一月に大綱が作成された一号作戦は、中国を経由して日本本土を空襲してくるB－29の基地を破壊することが第一の目的であった。というのも、アメリカ国内でのB－29の開発状況や中国への配備などが徐々に情報として日本軍部にも伝わるようになり、ドゥーリットル中佐に続いて日本本土が敵の爆撃にさらされることに強い脅威を感じていたからである。しかし一号作戦には、大陸打通作戦の目的、すなわち中国大陸を縦断する鉄道線を確保し、南方の物資を海上輸送に依存せず運搬できるようにする計画も含まれていたのである。[74]

一号作戦は、第二次世界大戦中に日本軍が行った最大規模の軍事行動であった。この作戦実施のために、支那派遣軍は日本本土から新たに軍需物資の補給はもちろんのこと、タイやビルマの南方軍からの支援も受けなければならなかった。[75]つまり、すでに底をつきかけていた日本の資源が、さらに中国大陸に投入されることになったのである。結果的に一号作戦は、アメリカ軍が運用していたいくつかの飛行場を奪取するとともに、南部仏印との連絡を確保するという打通にも成功した。しかし最大の目的であった、B－29の基地を占領するには至らなかった[76]。

日本軍が新たに一号作戦に着手したのは、第14空軍と第20爆撃兵団の活躍が原因となっていたことはまちがいない。そして在華アメリカ軍航空部隊は全てヒマラヤ越え空輸作戦によって支えられていた。このことから、ヒマラヤ越え空輸作戦は、日本の戦争資源を浪費させせることに大きく貢献していたのである。

おわりに

アメリカ軍航空部隊はなんのためにヒマラヤ山脈を越えたのか。歴史の後知恵という立場が許されるならば、ヒマラヤ越え空輸作戦は、国民政府を最後まで日中戦争から脱落させせないという政治的効果を達成することに成功した。中国が日本と講和することなく戦争を続けた結果、日本軍の大兵力は中国大陸に釘付けにされたままとなった。一九四五年八月の敗戦の段階になっても、日本軍は約一〇〇万の兵力を中国大陸に残さざるを得ない状況に陥っていたのである[77]。中国を対日反攻の拠点にするという当初の計画は、B－29の行動半径の問題と中部太平洋でのアメリカ軍の快進撃によって白紙撤回されてしまったが、これは空輸作戦の成果とは関係のないことであった。

では、軍事的効果についてはどうだったのだろうか。ビルマ戦域ではスティルウェル指揮下のX部隊、中国戦域ではシェンノートが率いる第14空軍が活躍したことから、空輸作戦には軍事的効果があったといえよう。一九四一年末から一九四五年初頭までの約三年半、対中援助は完全に航空輸送に依存しており、これらの戦力は空輸によって支えられていた。しかも空輸トン数はピーク時で七万トン／月を達成しており、これは地上ルートのビルマ公路の輸送量の一〇倍に達していた。この数字から、空輸作戦はビルマ公路開放までの一時凌ぎどころか、中国・ビルマ方面での対日戦争を完全に支えていたといっても過言ではないだろう。

さらに、第14空軍による航空攻撃と第20爆撃兵団による日本本土爆撃に対して、日本軍はきわめて脅威を感じていたことからも、ヒマラヤ越え空輸作戦には間接的な軍事的効果があったことが裏付けられる。つまり、空輸による補給を受けたアメリカ軍航空部隊が積極的に活動したことによって、日本軍は中国大陸に拘束されるのみならず、資源を浪費する軍事行動をとらざるを得なくなったのである。

ヒマラヤ越え空輸作戦は、人類史上最初の大規模な戦略空輸作戦であった。作戦期間は三年半に及び、七四万トンの物資と、一六万人の人員が飛行機によって運搬されたのである。[78] 一方で、この作戦でのアメリカ軍輸送機の損害は、四〇〇機以上に上っていた。[79] 特に作戦当初は輸送機の損耗率がきわめて高く、保有機数の一〇パーセントが毎月失われていたのである。驚くべきことに、これはドイツの奥深くまで爆撃を行っていたアメリカ軍爆撃機部隊の損耗率よりも高かったのである。[80]

　しかしヒマラヤ越え空輸作戦によって得られた、戦略レベルの空輸に関するさまざまなノウハウや組織は、その後のベルリン空輸作戦や朝鮮戦争において大きな成果を達成したのである。[81] さらに、湾岸戦争の例からわかるように、輸送機を活用して地球規模で軍事力を展開する能力は、その後のアメリカ軍の基本的な戦略へと発展していくのである。

註

（1）ビルマ北部のラシオと中国の昆明を結んでいた道路については、ビルマロード、ビルマルート、援蔣ルートなどの呼称が存在するが、本稿ではビルマ公路で統一する。

（2）たとえば、バーバラ・W・タックマン『失敗したアメリカの中国政策』杉辺利英訳（朝日新聞社、一九九六年）及び等松春夫「日中戦争と太平洋戦争の戦略的関係」（波多野澄雄・戸部良一編『日中戦争の軍事的展開』慶應義塾大学出版会、二〇〇六年）三九一―四一六頁を参照のこと。

（3）たとえば、William H. Tunner, *Over the Hump* (N.Y.: Duell, Sloan, and Pearce, 1964); C. V. Glines, "Flying the Hump," *Air Force Magazine*, Vol. 74, No. 3 (March 1991) を参照のこと。

（4）クリストファー・ソーン『米英にとっての太平洋戦争』上、市川洋一訳（草思社、一九九五年）一二八頁。

（5）日中戦争勃発から真珠湾攻撃までの間のアメリカ政府内の対応については、鈴木晟「アメリカの対応――戦争に至らざる手段の行使――」（軍事史学会編『日中戦争の諸相』錦正社、一九九七年）を参照のこと。

（6）入江昭『増補　米中関係のイメージ』（平凡社、二〇〇二年）一二四―一二八頁。

（7）同右、一〇四―一九頁。

（8）同右、一二〇―一二九頁。

（9）William Koenig, *Over the Hump: Airlift to China* (London: Ballantine Books, 1972), p. 20.

（10）等松「日中戦争と太平洋戦争の戦略的関係」三九七頁。

（11）産経新聞「ルーズベルト秘録」取材班『ルーズヴェルト秘録』上（産経新聞社、二〇〇〇年）八九―九三頁。

（12）入江昭『日本の外交』（〈中公新書〉、中央公論社、一九六六年）一四六―四八頁及び John W. Huston ed., *American Airpower Comes of Age: General Henry "Hap" Arnold's World War II Diaries*, (Maxwell: Air University Press, 2002), p. 443.

（13）U.S. Army Center of Military History, "Burma, 1942," Online Bookshelves, http://www.army.mil/cmh/online/

Bookshelves/WW2-Pac.htm (accessed September 30, 2007).

(14) タックマン『失敗したアメリカの中国政策』三六七頁。

(15) サンケイ新聞社『蔣介石秘録』下（サンケイ出版、一九八五年）二三五頁及びタックマン『失敗したアメリカの中国政策』二三三頁、五五一頁。

(16) 入江『増補　米中関係のイメージ』一五五頁。

(17) Koenig, *Over the Hump: Airlift to China*, pp. 13–14.

(18) ソーン『米英にとっての太平洋戦争』二五七頁、二六一頁。

(19) タックマン『失敗したアメリカの中国政策』二四二―四三頁、三四七頁、四〇五頁。

(20) Herbert Weaver and Lee Bowen, "Problems of Command," in Wesley Frank Craven and James Lea Cate eds., *The Army Air Forces in World War II Vol.4: The Pacific, Guadalcanal to Saipan August 1942-July 1944* (Washington, D.C.: Office of Air Force History, 1983), p. 435.

(21) *Ibid.*, p. 435.

(22) リデル・ハート『第二次世界大戦』上村達雄訳（フジ出版社、一九七八年）二三三頁、二三五頁。

(23) 林三郎『太平洋戦争陸戦概史』（〈岩波新書〉、岩波書店、一九五一年）三九頁。

(24) 同右、三六頁。

(25) 同右、一四―二一頁。

(26) 棟田博『太平洋戦争ハイライトシリーズ　ビルマ・インパール』（学習研究社、一九七二年）七―八頁。

(27) Tunner, *Over the Hump*, pp. 58–59, 130.

(28) カール・バーガー『B29　日本本土の大爆撃　第二次世界大戦ブックス4』中野五郎・加登川幸太郎訳（サンケイ新聞社出版局、一九七一年）一〇四―五頁。

(29) China-Burma-India, "Maps of the CBI Theater," http://cbi-theater-7.home.comcast.net/maps/_Map_Main.html (accessed November 23, 2007).

(30) Guangqiu Xu, "The Issue of US Air Support for China during the Second World War, 1942–1945," *Journal of Contemporary History*, Vol. 36, No. 3 (July 2001), p. 466.

(31) ロナルド・ハイファーマン『日中航空決戦――「零戦」「隼」対「フライング・タイガーズ」――』板井文也訳（サンケイ新聞社出版局、一九七三年）一一四―一五頁。

(32) この新たな道路はスティルウェルが考案したことから、スティルウェル公路とも呼ばれていた。

(33) タックマン『失敗したアメリカの中国政策』三八五頁、四一三頁。

(34) Koenig, *Over the Hump: Airlift to China*, p. 37.

(35) タックマン『失敗したアメリカの中国政策』二八二頁。

(36) Koenig, *Over the Hump: Airlift to China*, p. 25.

(37) Charles E. Miller, *Airlift Doctrine* (Maxwell: Air University Press, 1988); Philip S. Meilinger, Col. USAF, eds., *The Paths of Heavens: The Evolution of Airpower Theory* (Maxwell: Air University Press, 1997) を参照のこと。

(38) Roger E. Bilstein, *Airlift and Airborne Operations in World War II* (Washington, D.C.: Government Printing Office, 1998), p. 40.

(39) 中国国営航空会社とは、パンアメリカン航空が四五%、中国政府が五五%を保有する合資会社。ＣＮＡＣは、アメリカが日本と戦争を開始する以前から中国への物資輸送を行っていた。Miller, *Airlift Doctrine*, p. 49を参照のこと。
（40） タックマン『失敗したアメリカの中国政策』二八二頁。
（41） 同右、二八二頁。
（42） Military Analysis Division, *Air Operations in China, Burma, India World War II*, The United States Strategic Bombing Survey (Washington, D.C.: Governemnt Printing Office, 1947), p. 58.
（43） Miller, *Airlift Doctrine*, p. 49.
（44） 機体や主翼の表面に氷が付着すると、抵抗が増えるとともに揚力が減少して高度を失ってしまう。また、プロペラや燃料気化装置が凍結するとエンジンの出力低下や停止を招き、墜落に至る可能性はきわめて高い。
（45） Miller, *Airlift Doctrine*, p. 49.
（46） Koenig, *Over the Hump: Airlift to China*, p. 71.
（47） *Ibid*., pp. 71, 73, 76.
（48） *Ibid*., pp. 37, 42, 44.
（49） Tunner, *Over the Hump*, p. 60.
（50） Army Air Forces Statistical Digest: WWII, "ATC Operations from Assam, India to China (Over the Hump): Jan 1943 to Aug 1945," Air Force Historical Research Agency, http://afhra.maxwell.af.mil/aafsd/aafsd_pdf/t211.pdf (accessed September 28, 2007).
（51） Koenig, *Over the Hump: Airlift to China*, pp. 42, 44.
（52） *Ibid*., pp. 125, 128.
（53） Frank H. Heck, "Airline to China," in Wesley Frank Craven and James Lea Cate, eds., *The Army Air Forces in World War II Vol. 7: Services Around the World* (Washington, D.C.: Office of Air Force History, 1983), p. 143.
（54） Tunner, *Over the Hump*, p. 58.
（55） Bilstein, *Airlift and Airborne Operations*, p. 43.
（56） Lee Bowen, "Delay in Burma, Disaster in China," in Wesley Frank Craven and James Lea Cate, eds., *The Army Air Forces in World War II Vol. 5: The Pacific: Matterhorn to Nagasaki June 1944 to August 1945* (Washington, D.C.: Office of Air Force History, 1983), p. 220.
（57） James Lea Cate, "Matterhorn Logistics," in Wesley Frank Craven and James Lea Cate, eds., *The Army Air Forces in World War II Vol. 5: The Pacific: Matterhorn to Nagasaki June 1944 to August 1945* (Washington, D.C.: Office of Air Force History, 1983), p. 84.
（58） Heck, "Airline to China," p. 146.
（59） 等松「日中戦争と太平洋戦争の戦略的関係」三九九頁。
（60） Tunner, *Over the Hump*, p. 117.
（61） タックマン『失敗したアメリカの中国政策』三七一―七二頁。
（62） パウル・カレル『バルバロッサ作戦』（中）、松谷健二訳（学習研究社、二〇〇〇年）三三一―三六頁及びリチャード・ムラー『東部戦線のドイツ空軍』手島尚訳（朝日ソノラマ、一九九五年）一三一―八六頁。
（63） ムラー『東部戦線のドイツ空軍』一七八頁、一八二―八三頁、一八四―八六頁。
（64） タックマン『失敗したアメリカの中国政策』四七一―七四頁、四八八―八九頁。
（65） 等松「日中戦争と太平洋戦争の戦略的関係」三九九頁。

(66) タックマン『失敗したアメリカの中国政策』四一〇—一二頁、四九六—五〇〇頁。
(67) Military Analysis Division, *Air Operations in China, Burma, India World War II*, p. 59.
(68) *Ibid.*, p. 79.
(69) Alvin D. Coox, "Strategic Bombing in the Pacific 1942-1945," in R. Cargill Hall, ed., *Case Studies in Strategic Bombardment* (Washington, D.C.: Government Printing Office, 1998), pp. 278-79.
(70) James Lea Cate, "Exit Matterhorn," in Wesley Frank Craven and James Lea Cate, eds., *The Army Air Forces in World War II Vol. 5: The Pacific: Matterhorn to Nagasaki June 1944 to August 1945* (Washington, D.C.: Office of Air Force History, 1983), p. 170.
(71) 等松「日中戦争と太平洋戦争の戦略的関係」四〇四頁。
(72) 太平洋戦争研究会『アメリカ軍の日本焦土作戦』(河出書房新社、二〇〇三年)二五頁。
(73) 防衛庁防衛研修所戦史室『戦史叢書67　大本営陸軍部(7)　昭和十八年十二月まで』(朝雲新聞社、一九七三年)五四八—五一頁。
(74) 防衛庁防衛研修所戦史室『戦史叢書4　一号作戦(1)　河南の会戦』(朝雲新聞社、一九六七年)二三—三一頁。
(75) 原剛「一号作戦——実施に至る経緯と実施の成果——」(波多野・戸部編『日中戦争の軍事的展開』)二八三—九五頁。
(76) 同右、二九二—九三頁。
(77) 門間理良「利用された敗者——日本軍武装解除をめぐる国共両党のかけひき——」(波多野・戸部編『日中戦争の軍事的展開』)三六八—六九頁。
(78) Military Analysis Division, *Air Operations in China, Burma, India World War II*, p. 48.
(79) Army Air Forces Statistical Digest: WWII, "ATC Operation from Assam, India to China (Over the Hump): Jan 1943 to Aug 1945," Air Force Historical Research Agency, http://afhra.maxwell.af.mil/aafsd/aafsd_list_of_tables_miscellaneous.html (accessed September 30, 2007).
(80) Tunner, *Over the Hump*, p. 63.
(81) Bilstein, *Airlift and Airborne Operations in World War II*, p. 57; Heck, "Airline to China," p. 151.

(航空自衛隊幹部学校)

北ビルマ・雲南戦線における日本軍の作戦展開と「慰安婦」達[1]

浅野豊美

はじめに

日中戦争の主要戦場の中で、ビルマ北部と中国雲南省にまたがるビルマ・雲南戦線は、日本が無条件降伏をする以前に、中国国民党軍を含む連合国の武力によって日本軍が占領地域を喪失した中国大陸内の領土である。つまり、太平洋戦線のように、ほとんど米国軍単独によって島伝いに占領が行われたわけでもなければ、中国大陸戦線のように無条件降伏後に初めて日本軍が降伏したわけでもない。

日本軍の占領地域が中国軍を含んだ軍事力によって奪取されていくプロセスにこそ、ビルマ・雲南戦線の日中戦争全体の中での特異性があると考えられる。本稿は、こうした戦略的状況の変化の中で、「慰安婦」[2]達がどのような戦場空間に置かれていたのかに焦点を当てながら、慰安婦と軍との関係を論じようとするものである。

「慰安婦」という視点に注目しつつ、それを、具体的な戦場での戦闘の展開に即して論じようとする理由は、第一に、近年、その存在が社会運動家の側から大いに注目を浴びているにもかかわらず、慰安婦を当時の戦場の文脈に即して軍事史の実証的な手法を用いて検証する試みがあまりにも乏しいため、感情的な議論が対立するという研究状況が続いているためである。慰安婦を軍事史の文脈に置き、そこから捉え直すことによって、慰安婦制度の性格はより鮮明になるに違いない。第二に、軍事史の上で慰安婦に注目した研究を行うことは、住民と軍の関係という現代的な視角から過去の戦争を検証する上でも意義深い。従来までの純戦略的・戦術的側面のみを扱う軍事史という伝統的なアプローチを見直す上で、慰安婦という社会的存在から過去の軍事史を再検討することは、軍事史の幅を拡げることに貢献するであろう。

慰安婦に関する近年の研究動向の中で注目すべきは、徴募時の強制性は依然問うべき課題であるとしても、慰安所そのものの運営の中に、廃業・拒否・外出の自由がなかったとの指摘である。[3] 果たして、その運営に軍はどのように関与していたのであろうか。本論は、平時の運営の実態は平時が戦時に転化するときに出現すると考え、後方地帯が最前線地帯へと変化し更に激烈なる戦闘行為が展開する過程で、慰安婦達が軍からいかなる処遇を受けたのかに注目する。[4] 主な新資料となるのは、アジア女性基金の委託を受けて発掘されたアメリカ公文書館の北ビルマ戦線資料、台湾の中華民国国防部資料、そして防衛庁（現省）戦史室に寄贈されながら利用されてこなかった日本軍兵士の回想、そして著者が独自に行ったインタビューである。

一　ビルマ・雲南戦線の戦略的な位置

一九四四年年初から開始されたインパール作戦が、春を過ぎ雨期を迎え敗色濃厚となる中、連合軍はインパール作戦に主要戦力を投入し手薄になった北ビルマと雲南に五月上旬から総反攻を開始した。この反攻に対して日本側は、第一八師団（菊）がフーコン方面で持久戦を展開してインパール方面へと向かう敵を牽引する一方、雲南方面で第五六師団（龍）が籠城による持久作戦と、戦力集中による各個反撃を主体とする「内線作戦」を展開せんとしていた。一九四四年八月末の梅津美治郎参謀総長から天皇への上奏文中でも、当時のビルマ方面の作戦目的は、「印支ヲ分断シテ大陸正面ニ於ケル我力戦略根拠ヲ確立」する点で、「一号作戦ヲ有利ニ完遂」するために重要と位置付けられていた。[5] 一方、連合軍側は、インパール作戦失敗により雨期の中で敗退する日本軍を追って、インド・中国間の地上連絡路であるレド公路建設を推進すべく作戦を発動していた。[6] 日本のビルマ方面軍は、インパール作戦の中止命令以後に主要戦線をインパールから雲南へと変更し、第四九師団等を朝鮮や本土から動員して戦線に投入していた。それは、中国大陸で同時期に展開された「一号作戦」、即ち大陸打通作戦を有利に展開するため、中国軍の正面をあくまでビルマ・雲南に向けさせ、レド公路の打通をできるだけ長く、南部ビルマの拠点化に支障ない限り阻止する作戦であり、「断作戦」と呼ばれた。[7]

当時のビルマ方面軍は、インパール作戦失敗後の態勢建て直しをはかるために、一九四四年の九月以後、南部ビルマの防衛に主軸を移しつつあった。[8] しかし、日本のビルマ占領のそもそもの目的が連合国側の重慶への物資補給ルートの遮断にあったため、インパール作戦の失敗後にも、ビルマ方面軍はその麾下の第三三軍に「断作戦」を命令し、

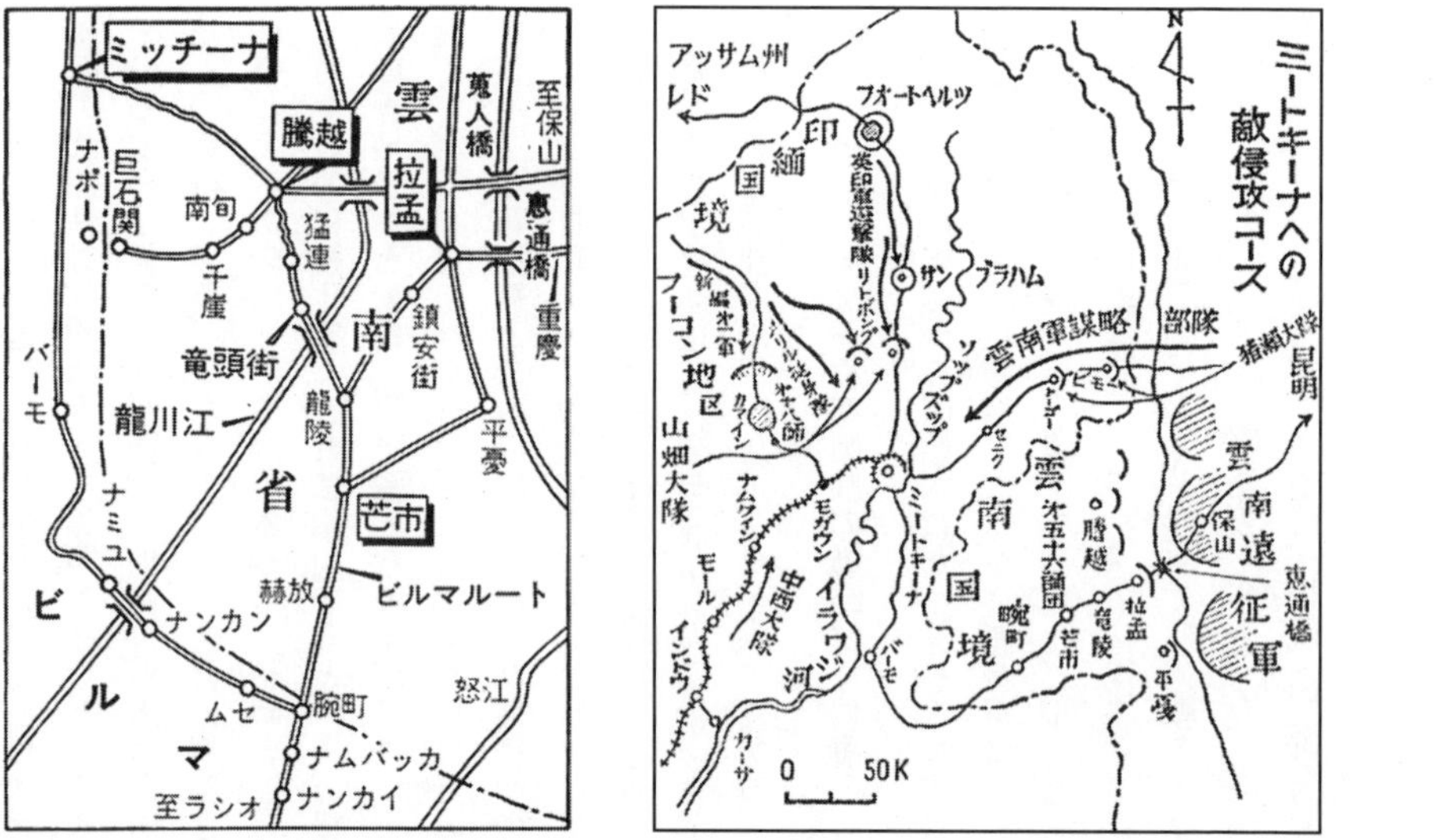

図１　北ビルマと雲南の戦略的位置

左：各都市の戦略的な配置〔杉江勇『福岡連隊史』（秋田書店、1974年）より〕。

右：相良俊輔『菊と龍――祖国への栄光の戦い――』（光人社、1972年）より。

北インドから北ビルマ・雲南を通じて重慶へと向かう補給ルートである「レド公路」の遮断を、ビルマ東南部の高原地帯と中央の鉄道維持に支障のない限り維持しようとしたのである。

断作戦は中国戦線で支那方面軍によって展開されていた大陸打通作戦を側面から支援する作戦でもあった。一九四四年四月から中国大陸では、アメリカ軍基地の破壊を目的とする「大陸打通」作戦が展開されていたが、その作戦を継続する上で、北ビルマと雲南を確保しビルマルートの遮断を維持することは、重慶を中心とする中国の反攻力と「在支米軍ノ蠢動ヲ封殺」して、米中に「動揺」と「焦慮」を与えるという心理的な戦略目的達成にも奉仕するものであった。そうした見解は、同年五月二十六日の天皇への上奏文に唱えられたのみならず、ビルマ現地の第三三軍の情報参謀田中博厚や作戦参謀辻政信にも共有されていた(9)。

断作戦に組み込まれて展開された、ビルマルート上の主要戦略拠点での籠城による持久作戦に、慰安婦達は取り残されたということができる。その主要戦略拠点となったのは、北ビルマのミチナ（ビルマ語の正確な発音は「ミッチーナ」に近いが、戦中には「ミトキーナ」と通称された）と雲南の騰越、拉孟の三カ所であった。連合軍の反攻が東西両方向から行われたのに対して、日本側は主要都市や戦略拠点に、応援の追加兵力を投入し逐次籠城地点を解放するという作戦を展開した。[10] 玉砕することなく開城作戦が成功して守備隊が救出された籠城地点としては、北ビルマのバーモ、雲南の龍陵と平戞があり、少なくとも後の二地点から、慰安婦達は守備隊と共に「救出」されている。

地理的に北ビルマと雲南は、華僑の移動と移住、宝石や阿片を主要な物資として、一つの経済圏に結ばれた地域であった。ビルマに属するミチナは、レド公路がイラワジ川を横切る地点に当たった。ミチナを越えると中国の雲南省に入り水田の拡がる平野部となる。雲南省の西の中心都市が騰越（別名「騰衝」）であった。騰越は明代に築かれた中国の城壁都市で、当初のラシオから龍陵、拉孟を経て昆明へ至るビルマルートの北方に位置し、人口は四万人、怒江地区の「政戦略上の要衝」[11]であった。怒江（サルウィン川）に沿ってその南に位置したのがビルマルート上にあった拉孟であった。拉孟には怒江を渡って大理へと至る「恵通橋」が架かっていた。この橋は、中国軍が退却する際に自ら破壊したため、そこが北ビルマの日本軍と、重慶・昆明を拠点とする中国軍の勢力を分ける境界となっていた。怒江の更に東にメコン川があり、その間に保山という中国側の抵抗拠点があった。メコン川を渡れば、大理の近くを通って昆明に抜け、そこから重慶に至ることができた。

連合軍の東西からの進攻によって挟撃された時、包囲された日本軍陣地はインパール作戦の後方地帯から、いきなり最前線地帯へと変貌した。占領初期の比較的平穏な時期に建設された慰安所と慰安婦達が、最前線地帯への転換の中でいかに軍によって処遇されたのかという問題は、慰安婦という存在がいかなるものであったのかを、軍事史の文脈で問うためにふさわしい。

二　北ビルマ・雲南戦線の一時的平安状況における女性達

北ビルマの占領は、一九四二年初頭に行われたが、それから、インパール作戦の開始される一九四四年初頭までの約二年間は、地上での大規模な戦闘が一時的に停止し、平穏な状況が訪れた時期であった。朝鮮からの慰安婦達は、一九四二年の八月二十日にラングーンに上陸した七〇三人をはじめとして、二〇人から三〇人で一つの慰安所に所属し、それらは、くじ引きによってビルマ各地に駐留する部隊の所属となった。[12]

ミチナに日本軍が進駐したのは、一九四二年五月八日であったが、十二月下旬からは第一八師団（菊兵団）第一一四連隊が守備の主力となった。第一一四連隊は、少なくとも十一月にはラングーン近くのトングーにおり、そこから、メイミョーを経て、一カ月あまりかけてミチナに到着した。[13]連隊の総兵力は、通常、三、〇〇〇人から五、〇〇〇人であるが、第一一四連隊はミチナを拠点としてその周辺の都市に兵力を分散していた。ミチナの慰安婦は、「キョウエイ」に朝鮮人女性が二〇人、「モモヤ」に中国人女性が二一人、合計で六三人いた。[14]慰安所の規模がほぼ同じで、しかももう一軒あったという慰安所が統合されてあることなどから考えて、第一八師団を主に構成する三つの連隊（第一一四、第五五、第五六連隊）と他の附属部隊が、各々一つの慰安所をもっていたと考えることができる。一つの歩兵連隊の兵士の数が、約三、〇〇〇人強であるから、そこに二〇人から三〇人の慰安婦からなる慰安所があったことになり、兵士四〇人～一〇〇人に一人という通説とほぼ一致する。第一八師団は第一一四連隊を除き、インパール作戦と共に展開された北ビルマ西方でのフーコン作戦に、一九四四年二月から本格出動するが、フーコン作戦は野戦であったため、慰安婦が帯同されなかったことは当然であろう。フーコン出動によって慰安婦は比較的当時は安全だったミチナに置き去りにされた。第一一四連隊は第三三軍の直轄となっていく。[15]

彼女達は、どのような平時の生活を展開していたのであろうか。戦闘終了後捕虜となって以後、彼女達に対して連合国が行った尋問記録には、「ビルマ生活二年目」の「他の場所と比べれば贅沢ともいえる」「暮らしぶり」が語られている。[16]例えば、「食料・物資の配給量は多くなかったが、ほしい物品を購入するお金はたっぷりもらっていた」点、「将兵と一緒にスポーツ行事に参加して楽しく過ごし、また、ピクニック、演芸会、夕食会に出席した」点、「都会では買い物に出かけることが許され」ていた点などである。[17]

しかし、こうした生活環境は、現地社会の混乱の犠牲の上に築かれたものであったことを、現地社会の日本軍に対する協力者の証言から推測することができる。ビルマ族のミチナ地区行政副長官ウキンナウン（U KIN NAUNG）[18]は、日本軍占領下におけるミチナ地区の行政副長官で、タウレオ（TAW LEO）はその秘書官であった。彼らに対する尋問は、OWIの心理戦争班のスタッフによって、アレックス・ヨリチを伴い、一九四四年六月七日から九日にかけて行われた。ヨリチは、後に「キョウエイ」の二〇人の慰安婦の尋問記録を作成する人物である。

この証言から判明する重要な事実は、そもそもミチナが、ビルマの典型的な普通の街ではないことである。主要な民族は、シャン族系のビルマ人、インド人、中国人であった。しかし、付近の村はシャン族とカチン族によって占められていて、純粋なビルマ人が多数を占めたことはそれまで一度もないという。日本軍がミチナを占領した際には、「人食い鬼が来る」といってほとんどの人が逃げ出したが、暫くすると人々は帰ってくるようになった。しかし、女性に対する暴行や強姦はなかった。両者共に、日本軍の占領期間を通じて、一件もそのような事件があったと聞いたことはないという。確かにかなりの略奪は行われたが、それもすぐに取り締まられるようになり、ビルマ独立軍兵士の行った略奪も同様に取り締まりの対象になった。またイギリス系インド人難民は、収容施設に入れられたものの、よい待遇を受けたという。彼らには肉料理も盛り込んだ配給制度が敷かれた。そうした状況の中、日本軍の将官は、イギリス系インド人の女性達に非常に魅了されるようになり、彼女達のために社交クラブも作られたという。しかし、出席は義務とはされず、実際そこに出席した女性に乱暴しようというような傾向もなかったので、将官と女性との間には、数多くの交流が結果として生まれたとも述べられている。そんな風にして、占領第一年目は協力的な雰囲気の下に過ぎ去り、イギリスの軍や民間人から徴発した物資により衣服や食糧の供給に支えられ空襲もなかったため[19]、いわゆる贅沢な暮らしぶりが可能となったのである。

しかし、こうしたのどかな風景は、戦争が長期化するにつれて大きく変わっていった。経済状態について見ると、初期にはヨーロッパ人から徴発したシャツや下着類が安いレートで売られていたり、食料もたくさんあったが、戦争が長期化するにつれ日用品は底をついた。新しい製品は、日本から供給されるといっていたにもかかわらず、ミチナには全くやってこなかった。物価は上昇に転じ、一九四三年十月には、うなぎ上りであった。ごく少量の物資がラングーンに着いたというが、ミチナでは配給切符を持っていても何も買えなかった。また日本軍が軍票を大量に発行したことも、インフレに拍車を掛けた。賢明なものは、金や宝石を秘匿するようになった。

連合軍による爆撃は、一九四三年の十一月から開始されており、これが経済的混乱に更に拍車を掛け、日本側兵士達のモラルの低下にもつながった。最初のうち、ビルマ人が防空壕に逃げ込むのを馬鹿にしていた兵士も、爆撃が激化するに連れて一緒に駆け込むようになった。また、ビルマ人の精神的拠り所である、釈迦の骨を納めたパゴタにも日本の対空砲が設置されるようになった。連合軍の爆撃と、軍票大量発行によるインフレ、水牛の徴発、日用品の供給途絶などによる経済の混乱と飢餓の発生が、平時の生活を徐々に戦時へと移行させていったのである。

注目すべきは、こうした平時の生活においても、朝鮮人慰安婦の中には、軍隊との関係を絶ち、個人の意志で帰国を希望するものが出てきたことである。しかし、都会への買い物や、運動会への参加は個人の意志で行うことができても、個人の意志でミチナから離脱することは不可能であった。実際、一九四三年六月には、債務から解放された慰安婦に交通の便宜を図るように、帰国の手配が第一五軍司令部からなされたとされている。[20] しかし、家族に前貸しされた代金と利子を払い終えた慰安婦が帰国を希望しても、「他愛もなく説得されて残留」することになったという。単独での交通機関利用の便宜のない慰安婦にとっては、戦勝の甘い見通しや金銭等の誘惑による説得に抵抗することはできなかったと考えられる。実際、一九四五年四月以後になるが、ビルマからタイへの逃避行に際して、三三軍担当区域の慰安婦の集団が晴衣一枚と「分厚いビルマ軍票の札束のみ」の軽装であったことは確かである。[21]

それにしても、危険な最前線地帯、即ち、中国華僑やインド人、ビルマ人、シャン族、カレン族が混住する地域、国境を越えた雲南側に属する拉孟と騰越にまで慰安所が設立されたのは、いかなる経緯によるものであったのだろうか。

ミチナの西方、中国の雲南省へと抜けるビルマルートの拠点の拉孟は、一九四二年の六月に占領され、第五六師団（龍兵団）の第一一三連隊本部が置かれ、同連隊第二大隊（大隊は約一、〇〇〇人から構成）が守備していた。松井秀治連隊長は、「陣地構築のために流す汗は、血の一滴に変わるときがくる。血を流すよりも、汗を流せ。いま俺たちが築いている陣地は、やがて一大決戦の場になるのだ。この拉孟は、俺たちの墓地なのである」と部下を鼓舞しながら陣地構築に努めた。[22]

そうした高いモラルと士気を維持していたからこそ、一九四二年六月の占領当初、「師団から電話で、慰安婦は要らぬかと云う」話のもちかけがあった際には、連隊本部付け将校吉原正俊が、「こちらはそんな状況ではない」と「独断」でそれを拒否した。[23] また、第一一三連隊松井連隊長も、当初はその方針を支持していた。松井連隊長は、「自己の責務を完全に果した後に来る喜びこそ人生最高の慰安であると」訓示しており、兵士の慰安については、「酒保の開設　菓子、饅頭、ウドン、関東煮等」の製造販売に留めていた。[24] 当時の慰安施設としては、師団司令部より借りた映写機による映画上映、農園作り、碁と将棋、相撲、銃剣術、射撃大会などがあった。麻雀は、少なくとも第一一三連隊では禁止されていた。こうした通常の慰安施設を整備したのは、大隊に付属した御用商人であり、彼らの中には「日綿」など大企業・商社に属し、生鮮野菜を扱うなど、物資調達に重要な役割を果たすものがあった（正木清幸氏談）。

当初の連隊の方針として、慰安婦に関しては、「拉孟は最前線であり、敵に長射程砲があれば、弾着距離内にあり、且つ陣地外には置く所がないので、最初は置かない方針」をとったという。[25] 拉孟南方にある第一大隊が駐留する鎮安街に「現地人募集の慰安所」[26]を日本人の御用商人[27]の手で作らせ、そこまで兵士を交替で外出させたともされる。実際に、兵以外の宿泊施設がなかったことは、一九四二年十一月末に寺内寿一南方総軍司令官や牟田口第一五軍司令官が拉孟を視察した際に、南方の龍陵に宿泊し拉孟へは日帰りしていることから明らかである。拉孟で一泊したのは、戦闘開始以前の第五六師団渡邉正夫師団長のみである。[28]

しかしながら、松井連隊長によれば、上部の機関から、慰安所を「是非置く様に要望され、致し方なく場所を選び」開設したともいうし、「血気盛りの将兵はどうしてもすさみ易くなる」ため、「気分をなごやかにし、肉体的にも慰めてやる」必要があるとの判断があったともされる。[29] この上部の機関の詳細は不明であるが、第五六師団を麾下とする第三三軍が一九四四年の四月に編成されて以後、司令部付となった山本清衛参謀長の慰安婦に対する見解は、そうした上部機関の考えを裏付けるものであろう。山本は「殺伐な戦場の将兵の心をいやし、少しでも家庭的雰囲気を味わわせるために、戦場にも女性が必要だと考えていた」という。しかし、それに対して、同じ三三軍司令部の作戦参謀の辻政信大佐は有名な「女嫌い」で、「南京では料理屋征伐のため、焼き打ち事件までおこしたとの噂」が司令部で交わされていた。[30] ミチナ守備隊の水上少将に対し玉砕せよとの命令を辻参謀が起草していた際に、たまたま、慰安婦の三三軍全体での配分計画を回付された辻は、激怒してその書類を床にたたきつけたとされる。[31]

時期は戻るが一九四二年の暮れの拉孟に設置された二軒の慰安所は、山を繰りぬいて作られた主要な壕の間を縫うように「記念碑高地」と「裏山」の中間、[32]拉孟衛兵所の「後ろの山峡」にあった。[33] 慰安所は、歩砲各部隊の競争によって「拉孟で最も立派な建物」として建設されたともされる。完成後は、朝鮮人の慰安婦一〇人が「軍の世話で到着」し、さらに翌一九四三年の夏には、内地人と半島人合わせて一〇人が到着、合計で慰安婦は二〇人となった。最初に拉孟に派遣された朝鮮人一〇人全員は、第三大隊の駐屯地龍陵の慰安婦と一九四三年に交替した。交替後は、新来の一〇人以外に、日本人「玄人」女性が五人、朝鮮人女性が五人増員され、合計で二〇人になった。[34] 慰安婦が合計で二〇人であったことは、龍兵団の戦友会の「雲龍会」の記録からも確認される。[35]その中で只一人、朝鮮人慰安婦の「ヨシ子」は拉孟で出産した子供を連れて龍陵へ後退し、その子も軍医によって「猛雄」と命名されている。[36]第三三軍に所属した第一二一兵站病院でヨシ子をはじめとする雲南から退避した慰安婦は補助看護婦となるが、タイ脱出後に至るまで数人の慰安婦が「父なし子」をおぶっていた姿が目撃されている。[37]彼女達は一二一兵站病院の看護婦としてナコンナヨクの捕虜収容所を経て「治靖丸」で沛河に一九四六年七月に引き揚げることになる。

一方、騰越の守備についていたのは、拉孟と同じ第五六師団に属した第一四八連隊であるが、慰安婦派遣の具体的な経緯は不明である。拉孟の松井連隊長が他に転用され生存したのに対して、当初の騰越守備隊長水上歩兵団長はミチナへの救援を命じられた後にミチナで自決し、その後任を務めた蔵重連隊長も玉砕しているためである。

三　戦闘開始から玉砕・脱出に至る最前線状況下の慰安婦達

ミチナへの連合軍の進攻は、一九四四年五月十七日のグライダーによる連合軍兵士の西飛行場付近への投入によって開始された。[38]当時、一八師団はインパール作戦と並行して開始されたフーコン作戦で苦戦を強いられており、ミチナ守備隊の中心的兵力であった一一四連隊のほとんどの兵力は、フーコン方面に一九四四年三月下旬から転用されていた。ミチナには進攻当時、三〇〇人の極く少数の守備隊しかいなかったが、ミチナの攻防戦が始まってから、兵力は補充され、二、〇〇〇人ほどとなった。しかし、六月に入ると、ミチナ守備隊は鉄道による連絡を絶たれ完全に孤立した。七月三十一日の夜、ついにミチナ守備隊は脱出を開始し、八月三日の夜まで続けられた。[39]第五六師団から派遣されていた水上少将には、ミチナを死守すべしとする命令が与えられていたため、水上少将は全軍に撤退を命じる命令書にサインをした後、イラワジ川の中州ノンタロウ島の東岸で、八月一日に自決した。

そう証言するのは、それまで守備隊長を務め実質的な指揮権を掌握していた第一一四連隊の丸山房安大佐で、丸山は八月三日の夜に対岸に脱出している。[40]丸山は元第一八師団であったため、第五六師団の水上との関係は微妙であった。ミチナ守備隊の完全撤退直前の八月三日、夕刻の午後三時四五分に連合軍はミチナを完全に手中にしたことを部隊内の兵士に発表し、兵士は祝賀の発砲をしながら大拍手でこれを迎えた。[41]しかし、三日の夜にも、第一一四連隊の第二大隊、第三大隊は渡河を続けていた。最後に残されたこれらの大隊の兵士の大部分は、渡る船がないため置き去りにされたのである。当初の兵力は戦闘によって七月末の脱出時点で一、二〇〇人に減少していたが、無事対岸に脱出したのは、八〇〇人に過ぎず、一八七人が連合軍の捕虜になった。[42]

丸山守備隊長によれば、ミチナには慰安婦以外に相当数の陸軍看護婦がいたとされ、日本人看護婦を主体とすると考えられる「婦女子六〇人」を戦闘開始直後の五月末に筏でイラワジ川に流したとされている。[43] しかし、少なくとも赤十字看護婦がミチナにいなかったのは確かであり、陸軍看護婦も前線の野戦病院や兵站病院にはいないはずであるから、信頼の余りできない証言と言わざるを得ない。[44] 看護婦を脱出させ看護婦がいなくなったために不足した業務を、慰安婦達を「臨時看護婦」として働かせることで補った可能性、[45] もしくは、朝鮮から動員された赤十字看護婦がミチナに存在した可能性が考えられる。実際に、捕虜になってから朝鮮人の看護婦を自称したキム（宮本キクエ）は、「日本人の看護婦達は、安全のため後方に送られたというのに、軍医達はわたしに最後までここに踏みとどまって兵士と一緒に死ねと命令しました」と述べている。[46]

民間人であるはずの慰安婦が、戦闘開始直後のまだ比較的安全な時期の脱出から取り残され、最前線の戦闘に巻き込まれていった。こうした状況は、慰安婦の体験談に基づいて執筆された小説でも、以下のような会話によって描かれている。[48]「……だったらわたし兵隊とは違う、ほらなんとかいう……」「民間人だということ？」「そうそうそれよ

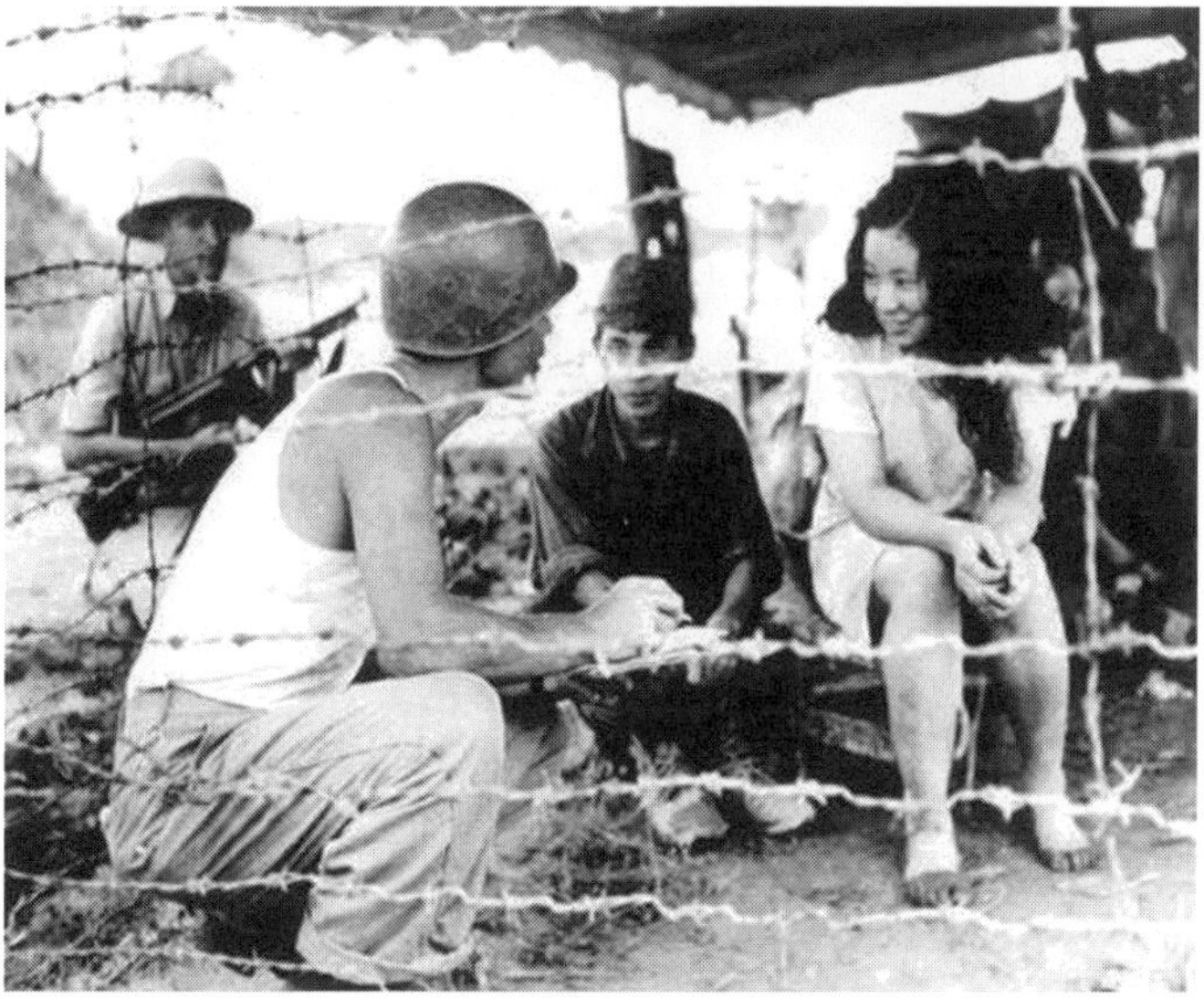

写真１　カール・ヨネダの訊問を受ける朝鮮人看護婦キム
（1944 年 8 月 3 日、米国国立公文書館蔵）[47]

……。それだったら、こんな危ないところにおらないで、安全な場所へ帰してもらえないのかしら？」〈略〉「そうよ、帰してもらお！　こんな弾の飛び交う最前線に、女の私たちがどうしておらなければならんのさ」。「民間人」であるにもかかわらず、慰安婦達が日本軍の組織の中にはめ込まれ、「勝手な行動」を許されない状況が存在していたことが、こうした実話をもとにした小説から浮かび上がる。

脱出に際し、最後まで戦地に留まるように命令された、前述の朝鮮人看護婦キム（宮本キクエ）は、ミチナ陥落後の八月三日に捕虜となった。彼女は、慰安婦とのキャプション付きで米軍に撮影されているが（写真1）、実際は、慰安婦ではないと自ら証言している。[49] 実際、キムがミチナ市内で捕虜となったのは、撮影された写真から八月三日と確定されるが、脱出開始直後の七月三十一日には、当時残っていた六三人の慰安婦全員が対岸に脱出したとの慰安婦の証言がある。[50] その証言をしたのは、六三人の中で「キョウエイ」に属した二〇人の朝鮮人慰安婦で、彼女達は、八月十日に対岸で捕虜となっている（写真2）。八月三日に取り残された慰安婦がミチナ市内で捕虜となったことも考えられないではないが、八月三日に捕虜となった看護婦キムの尋問記録には、満州や朝鮮での看護婦勤務経験など、信憑性がある。[51]

写真2　（ミチナ）で捕虜となった朝鮮人慰安婦達（米国国立公文書館蔵）
右端の慰安所業者の妻と考えられる日本人年配女性に注目。取り囲んでいるのは、日系や中国系のアメリカ人兵士。

次に、拉孟での戦闘の中で、慰安婦達はどのように処遇されたのであろうか。雲南前線方面では一九四四年五月十一日から中国軍四万が拉孟へ、五万人が騰越に侵攻し、本格的な戦闘が開始された。拉孟を守備したのは、第五六師団第一一三連隊第二大隊の約四〇〇人、野砲兵第五六連隊第三大隊金光少佐以下三八〇人、第五六師団衛生隊第三中隊野津中尉以下一〇〇人から構成された、計約九〇〇人の部隊であった。他に傷病患者が三〇〇人と慰安婦二四人がいた。[52] 包囲時までに慰安婦は、更に四人増えたのかもしれない。

連合軍の侵攻が近づいていることは事前に察知されていたにもかかわらず、重包囲下に陥ることが予想された拉孟から慰安婦は後退させられることがなかった。当時雲南方面の防衛に当たっていた第五六師団では、敵の進攻近しとの認識の上で訓練が行われており、更に反攻開始の日付と場所さえ、暗号電報の解読によって反攻五日前に察知していた。[53] 十分な時間があったにもかかわらず、民間人のはずの慰安婦に退去命令が出なかったのは、「内線作戦」によって籠城地点に敵を牽引していずれまた解放する作戦計画があったためと考えられる。

日本軍守備隊の迎撃作戦は、数において絶対優勢の敵を、怒江上流から下流にわたる広正面で迎撃することを想定するものであった。つまり、敵を怒江沿岸から内陸部に引き込み、引き込んでは有利な戦術地点において敵を殲滅し残りを退去させるというのが「内線作戦」であった。拉孟陣地はそのためにビルマルートを見下ろす高地を選んで築城された籠城のための陣地であった。

こうした「内線作戦」の樹立と遂行過程では、民間人であるべき慰安婦を退去させようとする意見も相当有力であった。実際、戦闘が近づくにつれ、最前線陣地の中に慰安所が置かれていること自体が不自然であるとして、野砲兵第五六連隊の金光守備隊長は戦闘開始以前に、「彼女達を安全な場所へ、後送させようと、いくどか考えた」という。これは、「隊長としての責任から」「彼女達を戦闘の巻きぞえに」させないためであったが、「輸送の途中の危険を思うと、後送することにためらいを感じて」いるうちに戦闘が開始されたという。慰安婦自身が「途中でゲリラに惨殺されるよりは、ここにおいてくれた方がマシだと、健気なことをいった」との回想もあるが、「戦況の推移を見て、警備兵をつけて脱出させてやろうと、考えているうちに、その機会を逸してしまった」[54] ともされている。

では、この慰安婦達二〇~二四人は、どのように戦闘中、行動したのであろうか。守備隊の「同情」を喚起する形で、戦闘に協力したことは間違いない。その有力な証拠は、戦後九年目の一九五四年に、第五六師団の生存者が組織する雲龍会が戦史を編纂した際、傷病兵も含めた拉孟守備隊の「総兵力一二八〇名」に直ぐ続けて、「他に在住邦人約二〇名あり」と記されていることである。[55]戦後まもない頃、「慰安婦」がタブーであったであろう時代に、当事者のみに了解される「在住邦人」という表現で、その存在が記されている。更に、その戦史では、「この邦人は兵にも劣らぬ働きを、力弱き身を挺して玉砕まで献身的に協力を惜しまなかった」とされている。更に、「弾丸雨飛下にも不拘弾薬搬送、食料運搬、水運搬、傷病者の看護等に男にも負けぬ同胞愛の働きをし」たことが言及され、「将兵の感謝の的となり、血涙をしぼる健気な戦闘協力があったこと」が語られている。[56]それから三年後に出版された元兵士の回想でも、「此等の女性は、最初は慰安婦だったが、拉孟が包囲されるに及び全く日本婦人と変わり、兵の服を着用し炊さんに握り飯つくり、患者の看護等に骨身惜しまず働いて呉れたが、気の毒なことであった」と記されている。[57]注目されるのは、この時点で戦闘服を慰安婦が着ていたことである。また、朝鮮人慰安婦の証言によると、「慰安」以外に兵士の衣服の洗濯や料理、洞窟の清掃などの義務があったという。[58]

慰安婦達が、恐らく朝鮮人慰安婦も含めてこうした戦闘行動への参加・協力を喜んで行ったのは、九州の女性達が五人ほどいたことも理由であろう。しかし、実際に玉砕した九月八日が迫ると慰安婦の脱出願望は高まった。「全滅の一日か二日前」には、慰安婦の二〇人は全員生存しており、吉武伍長に対して「大声で泣きつ」き、「どこでもいい、この場から一緒に連れて逃げてェ」と叫んだという。[59]それまでは、兵隊の服を着て慰安婦が戦闘の補助をしていたが、この時になると慰安婦達は兵隊服を脱ぎ捨て、「女のワンピース」に着替えた。[60]実際に捕虜となった朝鮮人慰安婦もワンピースを着用していたことから、慰安婦達の脱出願望は明らかである。女性物のワンピースを着用して、非戦闘員であることを示すかのようにして少しでも身の安全を図りながら、拉孟玉砕直前に、三人ほどの集団で少なくとも二つのグループが脱出し、その一つのグループは日本人だけで構成されていたことが証言されている。[61]九月まで待てば、北ビルマに分散した兵力をまとめ、龍陵から救援を送ってくれるであろうと拉孟の守備兵は「信じ励まし合った」というが、[62]その期待が絶望的になったが故の行動であったと考えられる。[63]

慰安婦達が脱出願望を高めるにつれて、守備隊の責任者は自分達の手で、慰安婦達を玉砕の道連れにせんとした模様である。拉孟から脱出したある兵士の回想によると、脱出直前、以下のような事件が発生した。[64]

本部の下士官が〈慰安婦を殺せ〉といってきて昇汞の

包みを一〇個ほどくれた。〈おなごをみな殺してしまえ、握り飯のなかに毒をいれて食べさせろ〉という。〈そんなバカなことをすんな。どうせ助からんし捕虜になってもええじゃないか〉といったら〈そんならお前が死ね〉といわれた。私は女に毒薬をやらず、水の溜まったドラム缶のなかに捨てた。朝鮮の女は〈捕虜になったがまし〉といっとった。女を殺せなんちゅう命令など腑に落ちんことが多かった。〈金光大隊長が生きとったら、そんなことはいわんじゃろ〉と私はいった。

その後の真相は不明であるが、第一に確実な事実は、九月三日に中国第八軍の兵士によって四人の朝鮮人慰安婦と一人の日本人慰安婦が捕虜にされていることである〈写真3〉[65]。これは、中国側の九月七日の記録[66]に、「敵婦五名」を「俘虜」にしたとあることによって確実である。写真3の右端に写っている妊娠した女性は、「若春」と呼ばれた朴永心氏であり、北朝鮮に生存している[67]。

第二は、玉砕後、中国軍の九月六日の記録中に、拉孟近郊の松山陣地の「黄家水井」に日本軍の死体が一〇六体遺棄されており、その中に中佐の死体一体、「女屍」六体があったこと[68]、及び、ある塹壕から兵士と共に女性二人の死体が確認されたことである[69]。第三は、『ラウンドアップ』という軍隊内部の新聞によると、合計で一〇人の日本と朝鮮の女性が捕虜になり、脱出まで二四人中一四人が「砲撃によって殺害」されていることである[70]。捕虜となった拉孟の慰安婦が一〇人、もしくは九人であったことは、捕虜となった兵の証言からも裏付けられる[71]。そうした事実から推測すると、当初九月七日の時点で捕虜となった慰安婦は五人で、写真3の朝鮮人四人と写真4の年輩の日本人女性一人であり、それ以後、写真5の日本人女性を含め、徐々に新たな慰安婦が捕虜となり、『ラウンドアップ』の言う一〇人に達したものと考えられる。また、玉砕直前まで二〇人、もしくは二四人生存していた慰安婦の中で、死亡したのは一〇人、もしくは、一四人と考えられる。

脱出に際して、女性であることを戦場でアピールするために朝鮮人慰安婦が着用した衣服は、朝鮮から慰安婦が船で送られてくる途中、シンガポールに寄港した際に買った綿製の洋服であった[72]。汚れが目立つのは、七月中旬に第一貯水槽が破壊され水道施設の機能が停止したため、夜間に水袋を背負って川まで降り給水を続ける以外になかったからであった[73]。

死亡した一〇人、もしくは一四人であるが、その中で、中国軍が記録した「女屍」六体は、玉砕の道連れとして殺害されたか、自爆用の手榴弾の巻き添えとなった可能性が

写真 3　松山にて（1944 年 9 月 3 日。アメリカ写真部隊撮影）

写真 4　松山にて（1944年9月3日。アメリカ写真部隊撮影）
日本人慰安婦一人と中国兵の写真。[74]

写真 5　松山にて（1944年9月7 日。
アメリカ写真部隊撮影）
日の丸と慰安婦一人。[75]

濃い。玉砕直前には、「慰安婦を壕に入れろという命令が下り、その直後に手榴弾を投げ込んで殺した」と生き残った別の兵士が語ったとする証言もある。(76) 前述したように、実際に「昇汞」という毒薬を慰安婦に渡せとの命令を受けた兵士の直接の証言は前述の通りである。

生き残った一〇人の拉孟の慰安婦は、昆明にあった中国側の捕虜収容所に送られたが、その中に日本人慰安婦がいたことは、朝鮮人慰安婦が日本語ができない一方、昆明の捕虜収容所で捕虜となった日本兵が、元慰安婦と収容所内で拉孟のことを語り合ったという証言から裏付けられよう。(77)

騰越は、前述のように明代に築かれた中国の城壁都市であり、城壁はほぼ正方形で、一辺が約一キロメートルで、城壁の高さは約五メートル、外側は石、内側は積土によって構築されていた。雲南から攻め込んできた中国軍との決戦場が、龍陵に決まってからは、守備兵が抽出される一方であった。ミチナへの救援に赴いた水上少将も本来は騰越の守備隊長であった。騰越で最終的に籠城戦に突入した守備兵力は、一四八連隊の二、〇二五人である。五月から連合軍は五万の大軍をもって騰越に侵攻し、騰越では籠城戦が展開された。九月十四日に玉砕した際には、少なくとも一八人の慰安婦が捕虜となった。

戦闘は、騰越城の周囲の山々に築かれた砲台陣地が一九四四年六月下旬から攻撃され、七月四日からは騰越城の中央門に対する砲撃と航空機による爆撃が開始された。図2が、騰越付近の戦闘経過概容図、図3が騰越城内、市街戦の展開図である。それぞれに対応すると考えられるのが、写真6・7である。

騰越の慰安婦に関して残されている証言は乏しいため、相当数の慰安婦が犠牲になった時の状況については、地図と写真を対比させることから考察してみたい。

写真6は玉砕の翌日に撮影されたものであるが、上部左から中央にかけての土壁と、中央部から右側にかけての白壁、および白壁に残る弾痕があることから、一見して城壁のどこかの角の部分であることが分かる。最後の兵士が城壁が破られたのちも抵抗を続けて玉砕した図3の北東の角、もしくは中の城壁の角と推測される。この中で、中央部やや左に、横臥している二体の遺体があるが、その左側の方は、爆風もしくは火炎放射器の火炎によって、衣服がめくれ上がり胸部が露出しており、明らかに女性のものであることが分かるし、写真に撮影者が付したと思われるキャプションからも女性の死体であると確認される。

写真7の撮影の日付は玉砕翌日の九月十五日で、「埋葬を行おうとする中国兵が、騰越で殺された女性を前に不審

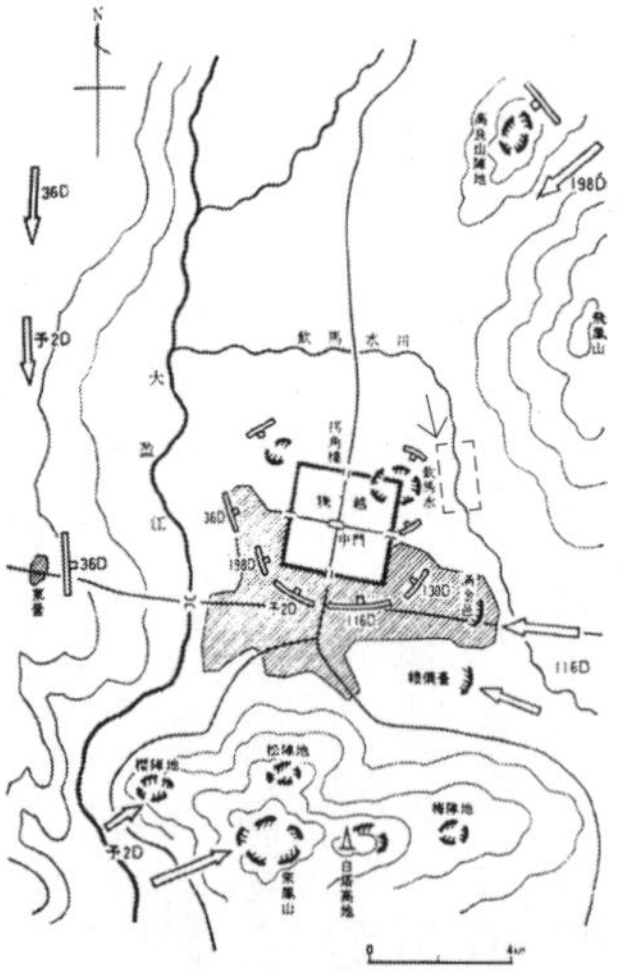

図2　挿図五十一その一（〔防衛庁防衛研修所戦史室『戦史叢書25　イラワジ会戦』(朝雲新聞社、1969年) p. 294〕矢印の方向に点線部分を撮影したのが、写真7と考えられる。

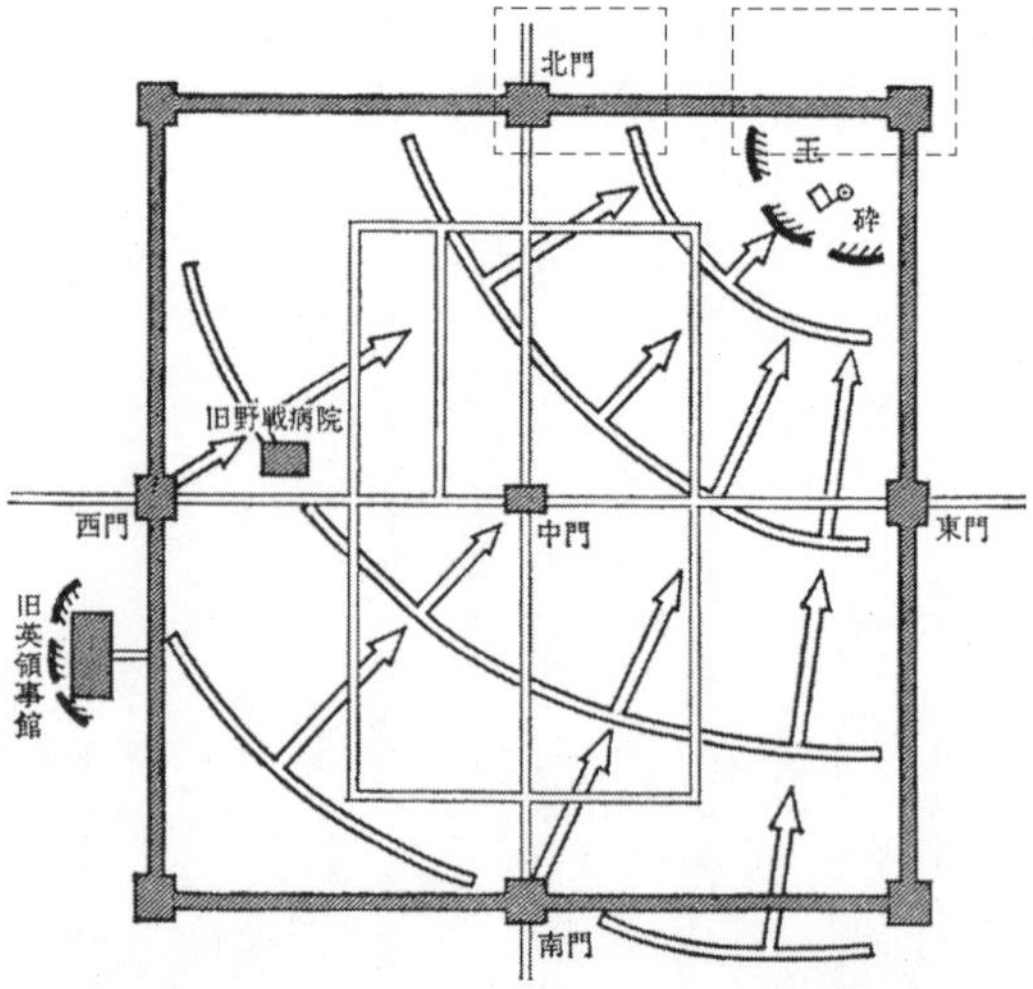

図3　挿図五十一その二（『イラワジ会戦』p. 302）点線部分を撮影したのが、写真6と考えられる。

に思ってたたずんでいる所」、「大部分の女性は日本軍基地にいた朝鮮の女性達である」という説明が付けられているキャプションには騰越で撮影とあるが、一見して城壁内部ではないことは明らかである。写真の中の木立の様子、遠くに見える山の稜線、画面全体から受ける傾斜した地形から考えると、図2の北東角の城壁の外側であると考えられる。図2の南の来鳳山陣地の可能性もあると筆者はかつて考えたこともあったが、そこが奪取された七月末の証言から、それは誤りと思われる。来鳳山が陥落して、二〇数人の生き残り兵士が城内に退却すると、軍服姿で「炸裂する弾雨の中で炊き出しや負傷兵の救護に駆け回る」慰安婦を二、三〇人を目撃したとされている。つまり、来鳳山陣地には慰安婦は帯同されていなかった。

　北東角であることを裏付けるのは、騰越玉砕の深夜に、北東城壁を守るための城壁外側の陣地にいた吉野上等兵の手記である[78]。それによると、玉砕当日の夜、城壁に空いた破壊孔からは、兵士に続いて慰安婦が一団となって脱出してきたという。吉野は、図3にあるように北東の城壁の角の外側に塹壕を構えていた。脱出する兵士が城壁にあいた破壊穴から出てくるのを見守っていた吉野は、城壁手前の林の中で待機中、かつて握り飯を届けてくれた慰安婦の一団と出会った。「暗い林」のため正確な人数は不明であったが、凡そ、二、三〇人いたとされる。しかし、遭遇直後に付近に迫撃砲弾が落ちたため、所属した中隊の高木中隊長と兵三人は即死し、吉野がその死骸を埋葬する中、「慰安婦達は林の角で怯え

写真 6　騰越城の城壁の北東角に、散乱する死体（1944 年 9 月 15 日：玉砕翌日）[79]

写真 7　死体の埋葬をする 3 人の中国兵と女性の死体（1944年9月15日）[80]

ていた」。そのうち、その中の「年配女」は、城内にはもう日本兵はいないのだから、どうか、同行させて欲しいと唇を振るわせながら「すがって」きた。しかし、その時数発の迫撃砲弾がまた炸裂、彼女達とはぐれてしまった。吉野上等兵はやがて捕虜となり、同じ慰安婦と昆明の収容所で再会したという。この証言からすると、最後に迫撃砲が炸裂した際、その中の何人かはそこで犠牲になり、それが写真7中の死亡した慰安婦であると考えられよう。

しかし、騰越城を脱出した慰安婦全員が迫撃砲弾に倒れたわけではない。吉野が慰安婦達と収容所で再会したと証言しているように、玉砕の当日、中国軍の捕虜となって救出された慰安婦達もいた。彼女達を撮影したのが、写真8である。

これは、元々二枚の写真として撮影されていたものを、筆者が張り合わせて合成したものである。それは中華民国第一九八師団第五九二団の当時の団長陶達綱によって保存され、著書[81]に掲載されている。この写真の中には、少なくとも一〇人の慰安婦が写っている。背後には中央やや左に「文民」という張り紙がしてあるのが分かる。このことから、民間人収容者（Civilian Internee）を直訳したのが「文民」で、そうした「文民」である民間人収容施設に彼女達が他の捕虜から別に収容されていたことが分かる。陶達綱は、以下のようにその時の状況を記録している。[82]

捕虜の中には三人の女性がいて、年齢は二〇才余りで、髪は短く刈り込んでおり、もはや人としての形を成していないほど、すさまじいばかりの惨澹たる形相であった。彼女達は飢えと緊張のためひどく疲労しており、日本語交じりの台湾語をはなした。これは日本軍の中にいた、「營妓」であって、日本軍の獣性をあます所なく示すものである。話しかけてもその答えが分かるものが誰もいなかったので、私の目の前に三分弱ほど留め置いたが、すぐに後方へ送ることとした。彼女たちは我が軍が洞窟の中から見つけ出してきたものである。

この著書では、日本語交じりの台湾語をはなす「營妓」が三人おり、彼女達と面会しても言葉が通じなかったことが述べられている。この写真に写っている一〇人が、台湾人・朝鮮人・日本人のいずれなのかは判別できない。撮影されたのは、二十五日の午後であると、陶達綱は書いているが、玉砕が九月十四日であることから、十一日間収容された後の写真ということができよう。台湾で出された中華民国の記録中の九月十四日の戦闘報告の中では、「軍官三員、士兵五十二名、營妓十八名[83]」を捕虜にしたとあり、写

写真 8　騰越の守備兵玉砕後、中国軍の捕虜となった 18 人の慰安婦達
台湾人 3 人、朝鮮人 2 人、残りは日本人（1944 年 9 月 14 日）。

真に付けられているキャプション、「台湾人三名、朝鮮人二名、残りは日本人、合計一八名の營妓」の説明とぴったり一致するからである。

ただ、中国側の説明では、十三人の日本人がいたことになるが、これは、まだ戦争に敗北するとは思っていない状況において、朝鮮人の慰安婦が自分を日本人と申告したためであったと考えられる。日本人兵士の証言では、騰越の慰安婦の全員は朝鮮出身者であったといわれる[84]。台湾出身者を除外している点で、この証言は正確ではないが、日本人がいなかったことだけは確かなように思える。

騰越城の玉砕をはさんで撮影された慰安婦の死と生とを示す二枚の写真は、玉砕の最後の瞬間まで、民間人であるはずの慰安婦が行動を共にしていることを鮮明にしている。暗号電報の解読により中国軍を主力とする連合軍の進攻は予知されていても、慰安婦達はそのまま現地に留め置かれたのである。それだけ、慰安婦が戦闘や作戦と密着していた様子が浮かび上がって来るであろう。公娼制度の論理に従って、民間の業者もしくは慰安婦が自由意志で危険なところにリスクを冒してやってきたというよりも、軍レベルや師団レベルの意向によって、最前線へと慰安婦は配置され、むしろ現場の意見は無視されたのである。民間人への必要情報の提供、保護避難の確保の点で、十分な危険性を故意に隠蔽したまま、危険な前線に慰安婦達を留め置いたことの責任は免れ得ないのではなかろうか。

実際、第三三軍がメイクテーラの戦いを展開した一九四四年三月上旬、ラシオや龍陵で玉砕を免れた第三三軍管轄下の都市の慰安婦達は、シャン高原のタイ国境へと向かうライカという町の第一二一兵站病院所属の補助（准）看護婦あるいは「雑仕婦」となった。全員、軍の直接の統制の下

に置かれ、一切の慰安婦としての業務を禁止され、炊事と看護業務に従事したのである。(85)

おわりに

そもそも、公娼制度とは、前借金をした女性が、その返済を売春によって返済するという契約を業者との間で対等に自らの意志で交わしたものとして娼妓を位置付け、前借金はあっても身体に対する強制性を伴わない業者の売春斡旋は婦女売買とは認めないとする見解から、日本政府が公認していたものであった。(86)「自由意志」を根拠とする制度の延長線上に慰安婦制度は形成されたが、それが最前線の状況の中では形式としてさえ維持できなかったことが本論から明らかとなったと考える。(87)北ビルマ・雲南の最前線における慰安婦達の戦場の文脈における位置は、危険な戦場に十分な情報も与えられず、しかも、現地の指揮官の恣意的な判断に運命を完全に左右されるものであったことを示している。これは、中国戦線にあった日本軍の慰安所規定中に、部隊毎に下士官が引率して慰安所へ行くことを定めたものがあったことと同様に、(88)慰安所が戦争遂行を至上目的とした、兵士の精神的・肉体的再調整制度の一部として、軍と最後まで行動を共にするほど組織的に一体となっていたことを示すものであろう。最前線で敵の攻撃にさらされることが予想され、重包囲下での籠城作戦が展開されるであろう戦略拠点にも慰安婦は留め置かれた。平時に設置された慰安所から避難を命じられることなく、玉砕する兵士と共に戦った慰安婦まで存在したのであった。最前線が危険であればあるほど、逆に、慰安婦はあたかも、死への、もしくは死を覚悟した戦闘へのはなむけのような存在として、現地に留め置かれることを黙認されたとさえいえるのかも知れない。実際に、玉砕が近づくと、食料品や嗜好品は、十分に供給され、あたかも死に対するせめてもの手向けのような行為が行われていたという。(89)

軍の作戦指導を観察すると、一時的に籠城作戦をとりはするものの、兵力を集中し、再びそこを解放するはずという甘い期待があったことは分かる。そのために、狼・勇などの助人兵団が内地や他の方面からビルマに転用されたのであった。慰安婦が最前線に留め置かれたのは、こうした作戦指導が完全なる成功を収めるとの前提があったためと考えられるのであるが、作戦指導の破綻の可能性を一切除外したことは、それだけ、慰安婦が軍の一部として位置付けられていたことを裏書きするものであろう。

最前線の戦場に漂う非人間的な空間が死臭と共に、写真から覗いているようである。本論は、北ビルマ・雲南においての事例に過ぎない。どこまで一般化できるのかは、筆者自身の手には余る問題である。最前線の戦場を歴史的に再構成し、慰安婦の軍隊組織中における処遇を明らかにする作業は、戦史研究者と女性史研究の専門家とが柔軟に協力し合いながら進めるべき課題として、現前に横たわっている。

註

(1) この論考は、以下の拙稿と重なる部分があるが、軍事史的な視角からの研究と、最近の第三三軍関係者へのインタビューの成果を踏まえて、大幅な修正を行ったものである。浅野豊美「『戦場の盾』にされた慰安婦」(『世界』、岩波書店、一九九九年十一月号)。

(2) 当時の呼称を踏襲しつつ、シンプルな呼び名として「慰安婦」という名称を用いる。以下、「 」を付さない。

(3) 吉見義明「『従軍慰安婦』問題――研究の到達点と課題――」(『歴史評論』第五七六号、歴史科学協議会、一九九八年四月)。

(4) 軍隊組織との関係の中で慰安婦制度をとらえようとする近年の研究では、日本軍の衛生管理・物資輸送・渡航証明に関する資料や連合軍側の捕虜尋問記録等の発掘により、兵士一〇〇人に対して女性一人というような比率や、各地の駐屯軍で一日に必要とされる避妊具数が明らかにされ、それに基づいた統計的な分析などが試みられようとしている。詳しくは、以下を参照。波多野澄雄「防衛庁防衛研究所所蔵〈衛生・医事関係資料〉の調査概要」(アジア女性基金「慰安婦」関係資料委員会編『「慰安婦」問題調査報告・1999』アジア女性基金、一九九九年二月)三八―三九頁(以下『慰安婦問題調査報告・1999』と略記)。報告書は以下でも閲覧可能である。http://www.awf.or.jp/program/pdf/p061_088.pdf

(5) 連合軍の反攻は、雲南前線方面では、一九四四年五月十一日から始まり、北ビルマのミチナ(英語名は「Myitkyina」、中国名は「蜜支那」)では、五月十七日から始まっていた。ビルマ方面の作戦目的についての同年八月三十日の上奏文は以下に所収。山田朗・松野誠也編集・解説『大本営陸軍部上奏関係資料』(現代史料出版、二〇〇五年)四五六―五八頁。

(6) これは、ベンガル方面から伸びるアッサム鉄道の終点にあたるレドから、アラカン山系を越えてミチナ→騰越→保山(もしくは→騰越→拉孟→保山)→昆明、そして重慶に至る新たな援蔣ルート計画であった。

(7) この北ビルマでの「断作戦」と、大陸打通作戦との連関については、以下の別稿で考察した。浅野豊美「北ビルマ・雲南作戦と日中戦争」(波多野澄雄・戸部良一編『日中戦争の国際共同研究 2 日中戦争の軍事的展開』慶應義塾大学出版会、二〇〇六年)二九七―三三八頁。

(8) この点は、スティルウェル偏重史観ともいうべきアメリカのビルマ戦争史観を変える重要な点である(同右、三一六―一八頁)。

(9) 山田・松野『大本営軍部上奏関係資料』四三六頁。防衛庁防衛研修所戦史部『戦史叢書25 イラワジ会戦―ビルマ防衛の破綻』(朝雲新聞社、一九六九年)五―六頁(以下『イラワジ会戦』と略記)。辻政信『十五対一』(原書房、一九六八年。原刊は酣燈社より一九五〇年発行）七九頁。また、辻が同じ三三軍の参謀として懇意にしていた後輩参謀の野口省己は、一九四三年段階で雲南からの重慶攻略作戦を立案している。野口省己『回想ビルマ作戦　第三三軍参謀痛恨の手記』（光人社、一九九五年）四一―四三頁。田中博厚『ビルマ作戦回想録』（文游社、二〇〇二年）一二頁、三三頁。

（10）こうした作戦の概要は『イラワジ会戦』六―一三頁。

（11）同右、二八九頁。

（12）文玉珠・森川万智子解説『ビルマ戦線楯師団の「慰安婦」だった私』（梨の木舎、一九九六年）。

（13）塩川優一『軍医のビルマ日記』（日本評論社、一九九四年）九頁。これは、註（12）の慰安婦の証言とも一致する。東南アジア翻訳尋問センター「心理戦尋問報告第二号」〈一九四四年十一月三十日〉（吉見義明編『従軍慰安婦資料集』大月書店、一九九二年）四五九頁。

（14）吉見編『従軍慰安婦資料集』四五九頁。

（15）『イラワジ会戦』二三頁。

（16）この証言は、慰安婦問題に関する激しい論争の一つとなった。

（17）*Japanese Prisoner of War Interrogation Report*, No.49. (October 1, 1944) (RG226 OSS, Entry154 OWI miscellaneous material, BOX102, FIELD STATION FILES KANDY – REG – INT –7 thru 8 A–1). この資料の写真製版は、（財）女性のためのアジア平和国民基金編『政府調査「従軍慰安婦」関係資料集成⑤』（龍渓書舎、一九九八年。以下『政府調査資料⑤』と略記）二〇三―九頁に収録されており、日本語訳は、吉見編『従軍慰安婦資料集』四三九―五二頁に掲載されている。脱出の経過に関しては、四四九頁を参照。

（18）*Interrogation of U KIN NAUNG and TAN LEO*, RG226 OSS, E154, BOX101（米国国立公文書館）。

（19）文・森川解説『ビルマ戦線楯師団の「慰安婦」だった私』一七九―八〇頁にも、ビルマ中部にあるビルマ第二の都市マンダレーに駐留した五五師団が、イギリス軍の残したスコッチウィスキーや、武器・食料・車両を自由に使っていたとある。

（20）東南アジア翻訳尋問センター「心理戦尋問報告第二号」〈一九四四年十一月三十日〉（吉見編『従軍慰安婦資料集』）四六〇頁。

（21）興野《きょうの》義一『一軍医の見たビルマ敗退戦』（旺史社、一九八一年）二八頁。

（22）森本謝『玉砕　ああ拉孟守備隊』（森本謝発行〈興竜会協賛〉、一九八一年）二一―五頁。

（23）吉原正俊「奉焼、玉砕、ああ歩113連隊旗」（興龍会編集委員会『ああ滇緬公路　ビルマ従軍』興龍会、一九八三年）二三一頁。

（24）松井秀治『ビルマ従軍波乱回顧』（福岡：興竜会、一九五七年）一七九―八〇頁。

（25）同右、一八六頁。

（26）興龍会編集委員会『ああ滇緬公路　ビルマ従軍』二三一頁。

（27）西野留美子『日本軍「慰安婦」を追って』（マスコミ情報センター、一九九五年）一三六頁。

（28）松井『ビルマ従軍波乱回顧』一七九―八四頁。

（29）同右、一八四―八六頁。

(30) 野口『回想ビルマ作戦　第三三軍参謀痛恨の手記』一一六―一七頁。
(31) 同右、一三六頁。
(32) 太田毅『拉孟――玉砕戦場の証言――』(昭和出版、一九八四年)一二一頁。
(33) 興龍会編集委員会『ああ濵緬公路　ビルマ従軍』二三一頁。
(34) 日本人が十五名で朝鮮人が五名であったとする以下の記述もあるが誤りであろう。相良俊輔『菊と龍　祖国栄光への戦い』(光人社、一九七二年)二一九頁。二〇名であったことは、以下の回想及び雲竜会の記録による。品野実『異域の鬼――拉孟全滅への道――』(谷沢書房、一九八一年)一九四頁。
(35) 石井皎『拉孟・騰越　玉砕の実相』(雲龍会、一九五四年)一〇四頁。
(36) 品野『異域の鬼』一九四頁。
(37) 輿野『一軍医の見たビルマ敗退戦』三三五頁。
(38) 『イラワジ会戦』二七頁。
(39) 三浦徳平『一下士官のビルマ戦記――ミートキーナ陥落前後――』(葦書房、一九八一年)二四七―四八頁。
(40) 『イラワジ会戦』五九頁。
(41) カール・ヨネダ『アメリカ情報兵士の日記』(ＰＭＣ出版、一九八九年)一〇〇頁。
(42) 『イラワジ会戦』二七七頁。
(43) 同右、五一頁。「元歩兵第百十四連隊長丸山房安大佐回想手記」からの引用であるが、以下の書では、ビルマの竹には日本の竹ほどの浮力がなく、水上少将は竹の筏を使ったイラワジ川による重症患者後送を断念したとあり、丸山大佐回想は疑わしい。丸山豊『月白の道』(創言社、一九七〇年)六二頁。
(44) 正木清幸氏の二〇〇八年一月一日の証言による。正木氏は、第三三軍経理部に一九四四年九月下旬から勤務され、その後の撤退作戦時にライカで慰安婦を准看護婦に転用し使役した経験を持つ。本稿の下書にも丁寧に目を通していただいた際、正木氏からは以下のような事実にも注意を向けるべきとのコメントをいただいた。①初年兵は一期検閲まで外出はなく、外出許可が出るようになっても空腹と甘味を満たすのが精一杯であること。②戦地に於ける戦闘は三六五日毎日継続するものではなく、一作戦終わる毎に必ず敵味方共戦死傷者の手当て、将兵の休養、兵器弾薬の整備補給等の為空白ができる。しかし体力消耗し性欲なぞ生じないこと(古兵は例外とされる)。③慰安婦は連日生き地獄、兵と会話もない心の通わぬ無機的な行為は兵の慰安にならない。最前線での戦闘と共に慰安婦は通常の「業務」から、戦闘補助員とならざるを得なかった背景が理解できるようにも思われてならない。
(45) 中山堅恵「脱出の河」(『ビルマ戦線』文芸誌群編集発行、一九九一年五月)三〇頁。この小説は、著者が、第二師団の通信要員として行動中、メイミョウの料亭において、ミチナから脱出に成功した慰安婦の方と偶然出会い、そこで聞いた話をもとに、再構成したものである。中山氏の電話インタビューによる(一九九九年六月十四日)。また、この小説の存在は、高崎宗司先生から御教示いただき、原本を寄贈いただいた。

（46） *Japanese Prisoner of War Interrogation Report*, No.48 (Interrogation of Miyamoto Kikuye) (RG 226 OSS E154 BOX 101, 米国国立公文書館)。この資料を使った詳細な分析は浅野豊美「雲南・ビルマ最前線における慰安婦達」（『「慰安婦」問題調査報告・1999』）七七頁参照。

（47） RG111: SC262578. 写真の裏に付いているキャプションの原文は、以下の通り。Sgt. Karl Yoneda, San Francisco, Calif., Japnese interperter (interpreter の誤りか), questions Kim a Japanese "Comfort Girl" at the M.P. Stockade on the Air Strip, while Edward J.St. John, Franklin, Maos. Stands guard in the rear. Kim served as a nurses aid in Myitkyina (Burma, India. Aug 3, 1944).『政府調査資料⑤』二一五頁にも、同写真及びそのキャプションが写真製版にて掲載されている。写真でヘルメットをかぶって写っているカール・ヨネダという日系アメリカ人の回想（『アメリカ情報兵士の日記』九七頁、九八頁、一〇九頁）には、誇張と嘘があり、キャプションの内容は間違いと考えられる。二〇人の慰安婦に正式な尋問を行ったウォン・ロイ・チャンの回想録〔Won-loy Chan, *Burma The Untold Story* (Presidio Press, 1986), pp.92-93〕もこれを支持しているし、キムの尋問記録には、正規の看護婦をもってしか語られない内容が示されている。

（48） 中山「脱出の河」四四―四六頁。

（49） 『「慰安婦」問題調査報告・1999』七五頁以下。

（50） 吉見編『従軍慰安婦資料集』四四九頁

（51） 『「慰安婦」問題調査報告・1999』七七頁。

（52） 石井『拉孟・騰越』一〇四頁。

（53） 『イラワジ会戦』八〇―八七頁。

（54） 相良『菊と龍』二一九頁。

（55） 石井『拉孟・騰越』一〇四頁。

（56） 同右、三〇頁。

（57） 松井『ビルマ従軍波乱回顧』一八六頁。

（58） 'JAP COMFORT GIRLS,' *Roudup*, RG338 Records of Allied and US Army commands, CBI Theater of Operation RG338-290-D-5-3 (Public relation Section, Box No. 791-792. 米国国立公文書館)。

（59） 品野『異域の鬼』三二二頁。

（60） 同右、三二一頁。

（61） 同右、三二三―三三頁、四〇五頁。

（62） 杉江勇『福岡連隊史』（秋田書店、一九七四年）二六〇頁。実際の救援に松井連隊長が赴こうとして、松井師団長に制止されたことも、同書二八九―九一頁に記載されている。

（63） 第三三軍は、中国軍に包囲された拉孟、騰越、龍陵、平戛の四都市の守備隊を解放する「断作戦」を発動していた（『イラワジ会戦』二四八頁）。

（64） 品野『異域の鬼』四〇五頁。

（65） RG111 SC230147(BOX85) (National Archive II Washington D.C.)
CBI-44-29969 3 SEPT.1944 LOT #10158. 写真裏面のキャプション原文は以下の通り。
PHOTOG:PVT. HATFIELD; FOUR JAP GIRLS TAKEN PRISONER BY TROOPS OF CHINESE 8TH ARMY AT VILLAGE ON SUNG SHAN HILL ON THE BURMA ROAD WHEN JAP SOLDIERS WERE KILLED OR DRIVEN FROM

VILLAGE. CHINESE SOLDIERS GUARDING GIRLS.』『「慰安婦」問題調査報告・1999』六三頁。

（66） 拉孟の松山陣地が九月七日午後四時に完全に中国第八軍主力によって制圧された際に、「敵軍九名、内有中尉一員、此外並俘敵婦五名」を「俘虜」にしたとある。「遠征軍司令長官衛立煌自保山報告攻占松山及俘獲與我軍傷亡情形電――民国三十三年九月七日――」（『中華民国重要史料初編――対日抗戦時期第二編　作戦経過――』中国国民党中央委員会党史委員会、一九八一年）五〇五頁。

（67） 金栄「朝鮮・朴永心さんの場合」（『「慰安婦」戦時性暴力の実態I』緑風出版、二〇〇〇年）。

（68） 陸軍一級上将黄杰『嗔西作戦日記』（国防部史政局、一九八二年。在台湾中華民国国防部史政局蔵）三〇七頁。

（69） 森山康平『フーコン・雲南の戦い』（池宮商会出版部、一九八四年）一二〇頁。

（70） 'JAP COMFORT GIRLS,' *Roundup*.

（71） 品野『異域の鬼』三四九頁。

（72） 'JAP COMFORT GIRLS,' *Roundup*.

（73） 『イラワジ会戦』二七七頁。

（74） RG111―SC230148　写真の裏側には、以下のようなキャプションが付されている。

A JAPANESE GIRL CAPTURED IN VILLAGE ON SUNGSHAN HILL BY TROOPS OF CHINESE 8 TH ARMY. WHEN ALL JAP MEN WERE KILLED IN CAVE, THE CHINESE SOLDIERS FOUND THIS GIRL HIDING IN CORNER OF CAVE. CHINESE SOLDIERS CALLING ARMY HQS. TO TELL OF THE CAPTURE.（大文字原文）。

（75） RG111-SC247349　九月七日に撮影された写真には以下のようなキャプションが付けられている。Tec 5 Myer L. Tinsley, Yarnaby, Okla., gives first aid to Japanese girl wounded by Chinese 8th Army artillery and taken prisoner from cave on Sung Shan Hill where Jap soldiers were all killed trying to hold the cave. Two Chinese soldiers display captured Jap flag. China, 9/7/44; Signal Corps Photo #CBI-44-29992 (Pvt. Charles H. Hatfield), from 164 Sig Photo Co, released by PRD 7/15/46. Orig. neg. Lot 12541 pg.

（76） 西野『日本軍「慰安婦」を追って』一三六頁。

（77） 森本『玉砕』九頁、七八頁。

（78） 吉野孝公『騰越玉砕記』（私家本、一九七九年八月）七二―七四頁。しかし、この手記には異論がある。太田毅『生還者たちのビルマ』（葦書房、一九八七年）一九六―二〇二頁。

（79） RG111:SC212091 (CBI-44-60370) キャプションの原文は以下である。

15Sept 44 PHOTO BY T/4 FRANK MANWARREN BODIES OF JAP TROOPS AND WOMEN（下線部は手書きにより挿入）KILLED IN THE CITY OF TENGCHUNG WHEN THE CHINESE TROOPS STORMED THE TOWN.

（80） 77 CBI-44-60371, 15Sept 44 PHOTO BY T/4 FRANK MANWARREN BURIAL PARTY STARTING TO WORK AT INTE□□NG（二文字手書きにより修正、INTERRNG と読める。INTERROG もしくは INTELLIG の書き間違えか）THE WOMEN KILLED AT TENGCHUNG WHILE THE JAPANESE AND CHINESE TROOPS FOUGHT OVER THE

CITY. MOST OF THEM ARE KOREAN WOMEN KEPT IN THE JAP CAMP.

(81) 陶達綱『嗔西抗日血戦写実（民国三三年―三四年）』（中華民国国防部史政編訳局、一九八八年）。

(82) 同右。

(83) 「遠征軍第二十集団軍総司令霍揆彰自保山報告攻占来鳳山及騰衝経過電―民国三十三年九月十四日―」（中国国民党中央委員会党史委員会『中華民国重要史料初編―対日抗戦時期第二編作戦経過―』）五〇七―五〇八頁。

(84) 品野『異域の鬼』三四九頁。

(85) 正木清幸氏の証言による。また、輿野『一軍医のみたビルマ敗退戦』では、「ライカに駐留当時、前線から病院に転がりこんできた慰安婦部隊が、病院から絶対離れずロイコウまでついてきた。参謀部あたりの指示であろう」（二二二頁）とされている。ロイコウ以後もタイのチェンマイまで、更には収容所まで、彼女達が病院部隊と共にしたことも記されている（二八一頁、二八九頁、三二三頁、三二八頁）。また、一二一兵站病院に属しながらタイのバンコクの陸軍病院に勤務した玉野は、ビルマ南部から別ルートの泰緬鉄道経由でバンコクに送られた慰安婦に包帯巻き作業等の看護業務を教えたことを回想している。また、朝鮮人慰安婦が全員消えてしまったこと（一六五頁）、兵四〇人に慰安婦一人という比率が存在したこと（七七頁）も証言している（玉野源四郎『悲劇の戦場ビルマ―ある衛生兵の従軍記―』私家本、一九九二年）。ラシオの慰安婦については以下のような証言がある。「此のような時でも昭和二十年の正月は仲々盛大に行はれ〔三三軍〔司令部〕にいればこその感があった。小官は資金受領のために元旦は不在であったが三日にラシオに帰ってきた。四日に将校の会食があり慰安婦も二三名呼び宿舎にて食い切れぬ料理を作り酒も日本酒が主として出る程である。……慰安所も四五軒あり、毎晩仲々の繁盛で経理部の将校も相当熱を上げたものである」。大西眞博『ビルマ戦記』（私家本、一九四九年）三〇一頁。輿野氏、玉野氏、大西氏の著作を御紹介いただいたのは正木氏である。世代を超えた対話と出会いに深く感謝申し上げる。

(86) 小野沢あかね「『国際的婦女売買』論争（1931年）の衝撃―日本政府の公娼制度擁護論破綻の国際的契機―」（『国際関係学研究』No.24、津田塾大学、一九九七年）九三―一一〇頁。

(87) 和田春樹「政府発表文書に見る「慰安所」と「慰安婦」」（『「慰安婦」問題調査報告・1999』）一一頁、一三頁、一六頁。

(88) 同右、二六頁。

(89) 塩川『軍医のビルマ日記』一〇〇頁。

（中京大学）

第四篇

インテリジェンス・プロパガンダ・メディア

研究ノート

日中戦争における日本軍のインテリジェンス

小谷　賢

はじめに

二〇世紀の戦争は程度の差こそあれ、インテリジェンス・プロパガンダ戦争の側面をもつ。このことは日中戦争も例外ではないであろう。若干の補足を付け加えておくと、インテリジェンスとは、相手の情報を収集・分析することにより、戦争や外交を有利に進めようとするためのものである。ここには相手を騙す欺瞞（Deception）や、情報漏えいを防ぎ相手のインテリジェンス活動を封じる防諜（Counter Intelligence）も含まれる。基本的にインテリジェンスは専門の政府組織間同士の戦いである。それに対してプロパガンダは、政府が一般国民、または国際社会に向けて行うものであり、インテリジェンスの営みとは若干区別して考慮する必要があろう。

日中戦争期、日本軍は中国大陸において一定レベルの人的情報（ヒューミント）、通信傍受情報（シギント）能力を有しており、時にはこのようなインテリジェンスを利用して戦闘を進めた。他方、インテリジェンス分野で劣る中国側は、プロパガンダを中心にして日本軍に対抗したのである。この情報戦における非対称性は、日中の情報に対する認識が表れているようで興味深い。すなわち日本軍のインテリジェンスは主に作戦戦闘や治安維持のための情報活動であったが、中国側のプロパガンダは戦場での劣勢を戦略レベルで解決しようとしたものであったといえよう。ただし中国については筆者の能力の範疇を超えるため、その検証は他の章に譲りたい。本稿は日本側のインテリジェンスについて概観していくものである。

これまで日本の対中インテリジェンスについては、断片的な話は多かったものの、それを総合的に検討したものは少なかったようである。例えば、対中シギントであれば高橋久志「日本陸軍と対中国情報」[1]、対中ヒューミントならば中野学校校友会『陸軍中野学校』[2]、戸部良一『日本陸軍と中国』[3]、今井武夫『昭和の謀略』、また最近では日本軍に協力した現地中国人について描いたDavid Barrett and Larry Shyu, *Chinese Collaboration with Japan 1932-1945*[4]やTimothy Brook, *Collaboration*[5]のような研究も見られる。本稿はこれらの研究から、日本陸軍の対中インテリジェンスについての全体像を提示することが目的である。

一　日本陸軍の対中インテリジェンス

陸軍の支那情報は、参謀本部第二部七課（支那課）が中心となって取りまとめていたが、情報収集活動のほとんどは現地の支那派遣軍の支那通軍人、情報収集・謀略工作を担当する特務機関、防諜を行う支那派遣憲兵隊、そしてシギントを収集する特種情報班によって担われていた。これら組織の活動は地域によって細分化されていたが、ごく大まかに分けると、北支、中支、南支に区分される。

北支における活動は、北京を中心とした占領地域の対抗日運動という治安維持の側面が強い。またこの地域は国民党系の藍衣社・CC団と共産党系の情報組織が入り混じっており、両者への対応は極めて困難であった。このような地域では防諜活動を主務とする憲兵隊がインテリジェンス業務を担当していたが、本格的な戦闘が勃発すると、特種情報班のシギント情報も重宝されていた。

北支那方面軍は一九三九年十二月一、二日に各軍情報担当者を集めた情報主任者会同を実施している[6]。この時、方面軍参謀浜田平大佐が発言した内容は、当時の対北支情報勤務を簡潔に言い表したものである。

「方面軍の諜報機関として特種情報班があり、各軍にはその一部を配属または区処せしめられている。特情の特色は敵内部の大きな動きを比較的正確に把握できる点である。敵の四月攻勢、夏期攻勢、九月攻勢などその端緒、部署の大要などすべて特情によるものであった。しかし特情はすべての目標に指向できるものではない。無数の電波の中の限られたものだけを捉えるに過ぎない。（中略）従って正確であるが粗大な特情の網の目の中に、精密敏活な諜者網を完整して全占拠地域を被うよう努めねばならない。（中略）今後の情報は益々精緻を必要とし、敵抗戦力の実態である党、軍、政、民の組織並びにその組織の基盤となる軍事的、政治的、経済的、思想的根拠核心などを洗うことが切実な要求となってきた。[7]」

一方、中支における日本軍の情報活動は、対中インテリジェンスに加え、国際都市上海を中心とした諸外国の情報収集にあった。上海には日本陸軍の特務機関が多く置かれ、対重慶工作を行っていたが、一九三七年以降、重慶政府の情報組織も上海に拠点を置いていたため、日本側との情報・工作戦は苛烈なものとなった。

南支における活動は広東省広州市を中心とした活動であり、ここでは対中活動というよりは、援蔣ルート遮断のための情報収集や、香港・澳門における国際情報収集に力点が置かれていた。また一九四〇年になると、香港攻略のために対英情報収集などが重視されたのである。

すなわち一九三七年の日中戦争勃発以降、中国大陸における陸軍のインテリジェンス活動は、北支では抗日運動に対する治安活動が主であり、中・南支では重慶政府の抗戦力を削ぐために、謀略や工作に重点が置かれていたのである。[8]

（二）北支

北支におけるインテリジェンス活動は、一九三七年八月三十一日の北支那方面軍の編成とともに本格化し、北京の司令部内に対中情報を所掌する第2課が、そして同時に防諜活動を行う北支那駐屯憲兵司令部が設置されている。

初代憲兵隊司令官には陸軍屈指の中国通、佐々木到一中将が就き、総人員は二三七人を数えた。その任務については、一九四〇年二月に支那派遣軍情報会議で報告された「支那駐屯憲兵隊ノ情報業務ノ現況ニ就テ」に明記されている。その情報活動は以下のようなものであった。[9]

一　情報収集の重点

支那駐屯憲兵隊は北支那方面軍司令官の意図に基づき、思想情報特に国共側秘密組織の活動及び民心の動向に重点を置き情報の収集に任ず。

二　構成利用中の情報網の現況

（一）第一線各兵団配属の憲兵は奥地主要県城二百箇所に分配、配置せられ、各憲兵隊の構成する情報網と密に連携し北支蒙古の主要都市、県城等約三〇〇箇所に拠点を持つ組織的情報網を構成しあり（略）。

(二) 憲兵の利用しある情報網

領事館警察、支那側警察、鉄道警護機関等の日支各警務機関は各特性に応じ、情報機関として極力これが利用に努めあり。特に支那警察、情報機構の整備育成を支援し将来の活用を期待しあり。

三 憲兵の重要なる各種情報収集手段

(一) 郵便検挙

(二) 検挙者の取調べ

北支憲兵の犯罪人等の検挙者数は毎月3千から5千名までに達しあり。これ等の取調べに当り直接聴取可能なる事項は比較的確実なる諜報資料たり得るものにして有力なる情報を発見さる。

(三) 検挙及検索

この時を利用し文書諜報に努めあり。

(四) 諜者

(五) 無線の傍受

目下、天津、包頭において敵側及第三国の無線情報機関を検索する目的にて無線傍受実施中なり。

(六) 有線電話の傍受

各憲兵隊は簡易なる傍受機を備え付け有線電話の傍受を実施しあり。

北京の北支那憲兵隊では治安維持に多くの労力が割かれていたため、その任務は治安維持・対ゲリラ活動のための防諜活動となる。一九四〇年になっても北支那の各地域には残敵による抗日運動、対日プロパガンダが展開されていたため、日本軍が確保した拠点と輸送網の「点と線」の確保こそがこの地域における憲兵隊の主務であったといえる。憲兵隊による情報収集では、抗日運動の活動拠点に潜入することがあり、憲兵隊への現地協力者、また私服憲兵隊員などはその身分が明らかになると拘束、処刑されることがあったため、その情報活動は危険な任務であった。

そしてその対象は、国民党系の藍衣社・CC団と共産党系の情報組織であるが、当時の共産党の情報組織は極めて複雑であり、その実態は不透明である。[10]これは憲兵隊にとっても同じであり、その主なる相手は藍衣社・CC団であって、共産党系情報組織に対する研究・対策にまで手が届かなかった。もっとも憲兵隊の資料の中には、共産抗日分子を見つけても直ちに検挙するのではなく、泳がせて組織の全貌を明らかにすることが肝要であることを説いているもの[11]もある。

一九三九年七月、北京憲兵隊特高課員、上村、中川両軍

曹は、国民党の情報組織である国民政府軍事委員会調査統計局（通称、藍衣社。戴笠が率いた）が破壊工作を計画していることを探知していた。統計局は、日本軍に対する情報収集・謀略工作、華北政務委員の監視、治安撹乱・宣伝工作などを請け負う組織であり、その北京区長馬漢三以下に千人もの組織が活動していることが判明したのである。

憲兵隊が作成した資料によると、当時統計局は北京区、天津区、広東区、上海区、南京区の支部を有しており、重慶からそれぞれの区に対して直接無線による指令が下されていた。北京区もその傘下に奉天組、太原組、張家組、保定組などを有し、それぞれの組が行動組と呼ばれる工作部隊、情報組と呼ばれる情報収集組織を備えていたのである(12)。

重慶政府は、軍事特派員、李希孟を北京支部に派遣し、フランス系教会の下に潜伏させていた。北京憲兵隊は慎重な調査を続け、在北京仏大使館と粘り強く交渉を続け、遂に総領事立会いの下に組織の責任者を検挙した。ただし馬は重慶に逃亡した模様である。

本件取調べの結果、蔣介石の命によって統計局がローマ法王並びにムッソリーニ首相に対して対日和平工作斡旋を依頼していたことが判明している。また北支政務委員長王克敏に対する狙撃事件を始め、政務委員要人を脅迫し、情報並びに工作資金を強要していたことが明らかになった(13)。

この検挙によって北支における統計局の活動拠点とその活動は壊滅的な打撃を受けたようである。同年十二月に作成された「支那駐屯憲兵隊司令部資料」によると、「国民党系藍衣社・CC団系、抗日団体の首脳部を多数検挙若しくは転向せしめ、抗日策動中機構の一部を壊滅せしめ、治安粛正上多大の貢献をなしえました(14)」と記されている。

ただし対中共インテリジェンスに関しては、当初あまり重要視されておらず、方面軍にも対共専任参謀は設置されていなかった。北支那方面軍は、一九三七年十一月になって北支那滅共委員会を発足させ、対日プロパガンダに対抗する思想戦の研究に着手している。この研究機関は北京に設置され、その場所から「黄城事務所」と呼ばれ、満州における剿共経験から中共・コミンテルンに対する研究が始められた(15)。事務所には憲兵、内務省、司法省、興亜院等から派遣された思想専門家のほか、日本共産党などからも左翼転向者が集まり、日本国内では行い難い貴重な研究が蓄積されたのである(16)。

しかし一九四〇年七月から開始された八路軍による大規模攻勢、「百団大戦」は、日本側に衝撃を与えた。この奇襲によって日本側は大きな損害を被ったのである。陸軍の情報関係者にとってこの攻勢による衝撃は顕著であり、「北支那方面作戦記録」には「本奇襲は我が軍の全く予期せざる所にして、その損害も甚大」と記録されている。[17] 当時支那派遣軍第二課参謀（情報）であった横山幸雄元少佐は以下のように回想している。

「方面軍情報活動の重点は対重慶勢力に向けられ相当の成果を挙げていた。（中略）しかし対中共に関しては低調であり、作戦戦闘情報と治安情報の総合利用という点においても不十分であった。しかしこれは放置されていたわけではない。関係機関はそれぞれに努力を続けていたが、中共側の地下潜行が巧妙であったため、彼らがいよいよ実力を誇示するまでは、その実態の把握が困難であった。方面軍としても北支治安の癌が中共であることは早くから自覚し、逐次情報機能を拡充し、昭和一五年八月の人事異動では、対中共専任参謀を充当する手も打たれていた。ところがその機先を制するかのように中共軍の奇襲が行われたのである。これにより方面軍参謀部、特に第二課は責任を感じ、全知全能を対中共研究に傾注することになった。

（中略）中共の暗号は重慶側とは異なり、その解読は極めて困難であったが、昭和一六年二月中旬、遂にその一部の解読に成功した。[18]」

その後一九四二年五月に纏められた『剿共実務教案』においては、共産党のインテリジェンスの実情に関する詳細な記述があり、そこには憲兵隊による中共情報の蓄積がかなりのものであったことが読み取れる。また『教案』によると対共インテリジェンスの要について、「剿共の成果は適切なる諜報網の拡充を根本用件とす」とし、[19] 中国人エージェント獲得による情報網の構築こそが重要であることを説いており、対中共活動はヒューミントが中心であったことが窺えるのである。[20]

（二） 中・南支

中支那においては、一九三八年二月九日の中支那派遣軍の編成に伴い、同派遣軍が中支那、特に上海における情報活動を担った。そのため上海に情報部を新設し、諸外国情報の収集、及び対外プロパガンダ活動を重視している。[21] また上海では様々な特務機関が設置され、謀略工作が行われた。その中でも良く知られているのは、松機関や梅機関、上海機関であろう。

松機関は支那派遣軍の謀略主任参謀であった岡田芳政中佐が機関長で、有名な杉工作を行っている。これは中国経済を攪乱するために、陸軍登戸研究所で造られた精巧な偽札を大量に流通させるものであった。偽札といっても当時から相当な技術が必要とされたため、登戸研究所で紙幣の成分分析を行い、当時日本に一台しか存在していなかったドイツ製の高速輪転印刷機「イリス」を二台輸入して、一九四一年七月には最初の偽札が出荷されている。[22]こうして最終的に現地に輸送された偽造紙幣は毎月一億元から二億元にもなったという。[23]

また一九三九年五月、汪兆銘を上海に迎えるため、参謀本部の影佐禎昭大佐によって梅機関が設置されている。この梅機関は中野学校卒業生や憲兵隊を招いて上海で本格的なインテリジェンス活動を行うことになる。一九四二年以降になると、梅機関は、在中米空軍に関する情報収集活動、並びに破壊工作、重慶側工作に対する防諜、軍事物資の収集なども行っていた。[24]

これら特務機関に対して、興亜院、上海租界の日本側警察、領事館、上海税関、満鉄上海事務所、三菱商事、三井物産などの上海支社、中支那振興、日本郵船、鐘紡、中華製粉といった官民の組織が情報協力を行っていたようである。[25]

その他にも、中支那派遣軍司令部の小野寺信中佐が上海で設置した小野寺機関（後の上海機関）が有名である。この組織は軍部の機関としては珍しく、日本の大学から招いた語学の専門家や現地の人間を二〇人ほど集めて中国側文書の収集、分析を行う機関であった。[26]また満鉄上海事務所と協力して「重慶政権抗戦力判断」や「重慶政権組織別人名表」などの作成も行っていた。[27]さらに、国際都市上海の特性を利用して、対中のみならず、ソ連、欧米にまで手を伸ばして情報活動を行う組織でもあった。小野寺の後を引き継いだ浦野孝次機関長は、表向き笹原と名乗って軍人であることを秘匿し、常に機関内に起居していた。一九四〇年七月、上海機関の井崎喜代太補佐官は、福原靖義と名乗り、一カ月間、上海、香港、広東、台北などを視察している。日本からの商社員になりすました井崎は、特に香港の英軍について念入りに観察し、その結果を当地の武官に報告している。[28]

防諜に関しては一九三七年十二月十二日に中支那憲兵隊が編成され、大木繁大佐以下二三〇人の隊員が上海での任務に従事した。この憲兵隊は一九四〇年になると、上海のブリッジ・ハウスを本部とし、千五百人の隊員と月額一億円（現在の貨幣価値で八百億円程度）の機密費を抱える組織となる。[29]

上海憲兵隊にとっても藍衣社・ＣＣ団の地下活動が頭痛の種であった。そしてその折に登場したのが汪政府側の「七十六号」と呼ばれた地下組織であり、一九三八年六月、この組織の両頭である丁黙邨と李士群が当時の土肥原特務機関の土肥原賢二中将の下を訪れ、藍衣社・CC団のテロに対抗するにはテロしかないことを訴えたのである。[30] 同機関の支那通、晴気慶胤少佐が上海憲兵隊に両者の身分調査をさせたところ、李の方は青年実業家のカバーで上海憲兵隊のエージェントとして働いていたことが報告されている。[31] こうして「七十六号」の工作隊は上海におけるテロ活動を始め、上海では「七十六号」と藍衣社・CC団との間でテロの報復合戦が続いたという。憲兵隊の方は秘密裏にこの活動に協力していたが、憲兵隊自らがテロ活動に関与することはなかったようである。

南支における日本軍の情報活動は、対中というよりは対英、対仏の意味合いが強い。特に一九四〇年代に入ると、日本軍の情報活動は対英情報収集に重点が置かれることとなる。この代表例は、一九四一年初旬に松機関長であった岡田芳政中佐が立ち上げた、香港興亜機関であった。

この機関の目的は、日本軍による香港攻略のための対英情報収集と、九龍に残った重慶政府の要人を監視し、そこから情報を集めてくるというものであった。[32] この興亜機関は、陸軍が三井、三菱財閥などに資金を出させて設置した商社、昭和通商とも繋がっており、この商社を通じて阿片密売による資金調達や軍需物資の売買も行っていたようである。[33] また実際に日本軍の南方作戦が近づくと、興亜機関は破壊工作部隊としての側面も有し、香港を攻略する第23軍を側面から支えた。[34]

二　対中暗号解読活動

（一）概　要

陸軍の対中シギント活動は、一九二三年に設置された参謀本部第三部七課（通信）に端を発する。この暗号班は、一九二八年六月に張作霖爆殺に伴う張学良配下の暗号通信を傍受・解読することに成功し、高い評価を得た。[35] 暗号班は、その後特種情報班として第二部五課に、そして参謀総長直轄の第一八班へと変遷しながら、通信傍受・暗号解読を行っていた。参謀本部における対中シギント活動は、外交通信に関わるものが多かったといえる。

中国大陸においては、一九三一年の満州事変が契機となった。その頃、中国大陸には特情班が存在しなかったため、参謀本部が工藤勝彦大尉を関東軍に派遣し、現地での傍受活動に従事させている。この時の通信傍受情報が、満州事変を外交的に解決しようとした塘沽《タンクー》協定などに利用されたため、工藤はその功績を認められ、特情関係者としては初めて金鵄勲章を授与されている。[36]

そして一九三四年には支那駐屯軍司令部内に、鶴田登美少佐を班長とした一二人からなる特情班が編成され、翌年には工藤勝彦少佐以下二六人と倍増している。その編成は支那班、英米班、ソ連班、傍受班、暗号作成班からなっており、支那班は主に国民党系の暗号解読を中心としていた。[37]ただし英米の暗号解読に関しては参謀本部、ソ連に関しては関東軍の特種情報班に、それぞれ一日の長があったようである。一九三七年に北支那方面軍特種情報班（北京）が編成されると、その二年後には中支那派遣軍特種情報班（南京）、南支那方面軍特種情報班（広東）、第三飛行集団特種情報班（南京）が対中シギント活動を担っていた。[38]そして一九四三年八月には、中国大陸に派遣されていた特種情報班は統合され、南京に本部を置く支那派遣軍特種情報部（通称「栄九四四〇部隊」）が誕生し、終戦まで中国軍の暗号を解読し続けることになる。[39]

一九三八年三月二十四日、特情班は「国府軍機二七機が襄陽飛行場を出発して帰徳飛行場に進出する」との通信を傍受・解読し、この情報に基づいて出撃した日本側航空機部隊は一九機の中国機を撃墜することに成功している。中国側はこの損害によって暗号を変更したようであるが、その後も特情班は暗号を解読し続けることができたのである。[40]

このような事例は枚挙に暇がなく、第一五航空情報隊の特種情報班は、シギントによって中国側航空兵力の動静を監視しており、動きがあれば積極的に攻撃を加え、戦果を挙げていた。[41]北支那派遣軍特種情報班で暗号解読に携わっていたある士官の回想は、「（一九四〇年五月の宜昌作戦中において）作戦だけでも一二〇通を獲得、中国軍五四師団の動向が鏡に映るようにはっきり致した時の快悦は今日も心中を躍らせている。」というものであった。[42]また参謀本部の特情班も盧溝橋事件の直後、蔣介石が米英仏ソに駐在する各大使に対して出した「日本と開戦した場合、如何なる援助を望み得るや駐在国の意見を打診し至急報告すべし」という電信を傍受、解読している。[43]

当時の中国軍の暗号は「密碼（ミツマ）」と呼ばれており、[44]基本的には四桁の数字から構成されている上、同じ単語を何度も使う「反復」も随所に見られたため、解読はそれほど困難ではなかった。その結果、中国国民党の使用するほとんどの暗号が解読され、宋哲元や張学良、蔣介石傍系軍の編成や行動を把握することができたため、関東軍は中国軍に対して機先を制し続けることができたのである。

他方、中共の暗号に関しては、一九三〇年代まで国民党と同じ明碼を使用していたようであるが、支那特情班は一九四〇年四月に西安方面に進出してきた八路軍の暗号を解読することができなかった。これはソ連側の指導によって、ソ連式の暗号通信を使用するようになったためであり、また特情班の中共に対する認識が薄かったために、しばらく解読不能の状態が続いた。解読には相当の苦労があったようであるが、最終的には一九四一年二月二十八日に中共の暗号第一号が解読されている。(45) しかし中共軍は防諜に対する意識が比較的高かったようで、頻繁にその暗号を更新したため、特情班による解読は断続的なものであったが、北支那派遣軍参謀は、中共軍による数々の攻勢は特情によって察知することができたとしている。(46)

(二) 中原会戦

陸軍の対中シギント活動は、一九四一年五月の中原会戦(中国名「晋南会戦」)において威力を発揮することになる。同会戦は太行山脈から山西省運城地域において、中国軍(二六個師団)と日本側北支那方面軍(六個師団、二個混成旅団、一個騎兵旅団)が激突したものであり、数的劣勢にもかかわらず、日本軍は中国軍主力を捕捉、撃滅することに成功している。中国側は捕虜三万五千、遺棄死体四万二千人を数えたが、日本側の損害は戦死者六七二人、負傷者二、二九二人にとどまった。(47)

この戦闘の直前、方面軍の作戦課と情報課の間で議論が交わされ、事前に偽情報を流す欺瞞行動が行われることになった。この作戦は、中国側に様々な偽情報を流すことによって中国軍を混乱させ、その結果、相手に通信を利用させることがその狙いであった。中国側は情報課の意図通りに混乱し、その様子が特情によって日本側に伝えられていたのである。そして中国側の内情が情報課から作戦課へと伝達され、その情報を基に日本軍は攻撃を開始し、中国軍を敗走させることに成功している。(48)

さらに五月十五日、本作戦に参加していた、臨汾憲兵隊隷下の運城憲兵分隊は、重慶から派遣されていた敵情報組織の存在を確認した。これは恐らく戦闘中に発せられたシギント情報によるものではなかったかと推察される。翌日、憲兵隊は運城周辺を捜索し、各農村に分散、隠匿していたゲリラとの交戦の結果、首領の張興華以下八人の幹部を逮捕、数台の無線機を鹵獲することに成功している。この情報組織は憲兵隊が内偵中の組織であり、重慶軍軍事委員会西安弁公庁が派遣したものであった。(49)

こうして戦闘と並行して行われた憲兵隊によるカウンター・インテリジェンスは、ゲリラから前線部隊への情報ラインを断絶し、その後の戦闘を優位に進めることを可能にしたのである。この活動が評価され、北支那方面軍第一軍司令官篠塚義男中将は臨汾憲兵隊に感謝状を贈っている。

この戦闘の直後、北支那方面軍司令部は「情報勤務に関する教訓」を纏めている。それによると、「諜者による情報収集は極めて困難にして今次会戦においても痛感せらるる所なり」としながらも、「特情は本作戦において最も有効にその価値を発揮せり。作戦開始後迅速なる戦況の推移と通信連絡の困難性とは著しく情報収集を困難ならしめ、辛うじて航空部隊の活動により断片的情報を得るに過ぎず、敵情に関し迅速かつ的確なる情報入手並びに時として友軍の状態をも明確にし得たるは、すなわち特種情報班の活動に拠りてと言うも過言にあらず」との評価であり[50]、戦闘活動における通信情報の威力が改めて認識されたのであった。

(三)　太平洋戦争中における対中シギント活動

横山の回想によると、太平洋戦争中は中国の暗号通信を介して米英の意図を把握することができたようである[51]。ただし国民党の防諜意識の低さについては、米英側にもよく知られていた[52]。バーバラ・タックマンの著作には、「アメリカは日本の暗号の解読により、日本も中国の暗号を解読していることを知っていた。すでにザルのような中国の機密保持に大穴が開いた」と中国側の防諜の甘さが指摘されている[53]。

またイギリス自身が国民党の暗号を傍受、解読していたため、その暗号強度の弱さは良く知られていたのである。戦争中のイギリス情報部の調査によると、ロンドン、ニューデリー、セイロン、シドニー、メルボルン、ワシントン、アンカラの各中国武官と本国の通信が日本側に傍受、解読されていたのである[54]。

一九四四年八月二十九日、東京の参謀本部から各方面軍司令部に宛てた以下のような通信が米英に傍受、解読されている。

「中国在外武官から重慶への報告によると、米英は日本が連合国の暗号通信を読んでいることを察知したはずである[55]。」

この一文によって、日本が何らかの形で米英中暗号の一部を解読していることが明白となってしまったのである。また一九四四年三月九日にアメリカが傍受、解読した日本側の通信内容によると、在英中国大使がイーデン英外相との会談内容を重慶に送信しており、それを日本が傍受、解読していたのである。このことを知ったイーデンは、ノルマンディ上陸作戦前の重要な時期でもあったため、ロンドンの中国大使館に外交通信の使用を禁じ、中国大使館はこれに対して抗議を行っている[56]。英インド派遣軍のある将校は、「重慶の情報管理があまりにひどいため、重慶に送る情報は日本側に筒抜けである」と漏らすほどであった[57]。

米英にとって中国から日本に重要情報が漏れるのは深刻な問題であったが、中国が暗号強度を上げると今度は米英が中国の暗号解読に苦戦することになるため、これは頭の痛い問題であり、具体的な対処法としては、機微な情報は中国側に伝えないという方法しかなかったようである。

おわりに

日本陸軍の対中インテリジェンスは、ヒューミント、シギントともに一定のレベルにあり、また治安維持や作戦などにおいても情報が利用されることがあった。ただし問題は、集めた情報を支那派遣軍や参謀本部において総合的に分析することをせず、収集した情報を場当たり的に利用していたことである。

これは陸軍の中国軍イメージが少なからず作用していた結果ではないかと推察される。当時多くの支那通にとって、中国兵は「目に一丁字も教養もないどうしようもなく間抜けな田舎者」や「良い鉄は釘にならない。善良な人間は兵士にはならない」[58]のイメージで捉えられており、このような対象であれば、情報を詳細に分析・検討する必要性が生じなかったのかもしれない。しかも陸軍の中共に対する関心はさらに薄く、対中共インテリジェンスはあまり熱心に検討されなかった。北支那方面軍参謀を務めた山崎重三郎元中佐によると、参謀本部の支那課では中共に関する研究はゼロであり、一九三七年から四五年の八年間に、対支那情勢判断で「中共」という言葉が使用されたのはわずか三回しかなかったという[59]。参謀本部ロシア課員であった甲谷悦雄中佐は、中共については支那課よりもロシア課の方が研究していると断言していた[60]。

さらに問題は、日本陸軍の対中認識が「装備の劣った軍隊との戦闘」というものであったため、中国大陸での戦いがプロパガンダ戦やゲリラ戦の側面を有していたとの認識が薄く、軍事情報や治安情報からこれに対処しようとした点にある。逆に言えば、中国人民や国際社会に対するプロパガンダ活動は不十分なままであった。山崎は「治安作戦とは総力戦の一形態であって、軍事・政治・経済・文化等の各部門にわたる複雑多岐な戦いであります。力をもって民衆を組織化してその相互力で侵入軍に対して長期にわたり抵抗します。これが治安戦です。我が方はこれについての認識が非常に浅くて、殆ど盲の戦いに終始したのでありまず。[61]」と反省している。これは結局、得られた情報を総合的に分析、利用する観点が欠けていたということであり、得られた情報をそのまま戦術的に利用していた陸軍、支那派遣軍の限界ではなかったのではなかろうか。

註

（1）高橋久志「日本陸軍と対中国情報」（軍事史学会編『第二次世界大戦（二）　真珠湾前後』錦正社、一九九六年）、二四一—五七頁。

（2）中野学校校友会『陸軍中野学校』（非売品、一九七八年。以下『陸軍中野学校』と略記）。

（3）戸部良一『日本陸軍と中国——「支那通」にみる夢と蹉跌——』（〈講談社選書メチエ〉、講談社、一九九九年）。

（4）David Barrett and Larry Shyu, *Chinese Collaboration with Japan 1932-1945; The Limits of Accommodation* (California:Stanford University Press, 2001).

（5）Timothy Brook, *Collaboration: Japanese Agents and Local Elites in Wartime China,* (Cambridge, Mass:Harvard University Press, 2007).

（6）防衛庁防衛研修所戦史室『戦史叢書50　北支の治安戦（一）』（朝雲新聞社、一九六八年）二一五頁。

（7）同右、二一七頁。

（8）参謀本部「昭和16年度対支謀略計画ノ要綱」（防衛省防衛研究所史料室蔵）。

（9）『戦史叢書50　北支の治安戦（一）』二一八頁。

（10）佐々木太郎「中国共産党のインテリジェンス体制」（中西輝政・小谷賢編『インテリジェンスの二〇世紀』千倉書房、二〇〇七年）。ただし一九四二年五月に作成された『剿共実務教案』では、共産党の情報組織とその活動について詳細な記述がある。これによると憲兵隊は共産党の情報組織が組織化されたものであると認識していたようである〔『剿共実務教案』（上巻）（防衛省防衛研究所史料室蔵）〕。

（11）「支那駐屯憲兵隊司令部資料」（防衛省防衛研究所史料室蔵）。

（12）全国憲友会連合会『日本憲兵正史』（研文書院、一九七五年）八三四頁。

（13）同右、八三三—三五頁。

（14）「支那駐屯憲兵隊司令部資料」。

（15）『戦史叢書50　北支の治安戦（一）』二二〇頁。

（16）全国憲友会『日本憲兵外史』（研文書院、一九八三年）七〇七頁。

（17）「北支那方面軍作戦記録」（防衛省防衛研究所史料室蔵）。

（18）横山幸雄「特種情報回想記」（防衛省防衛研究所史料室蔵）

（19）『剿共実務教案』（下巻）（防衛省防衛研究所史料室蔵）

（20）日本軍に雇われていた中国人協力者については、Brook, *Collaboration* を参照。また戦後の米軍の調査記録にもそのような証言が見られる〔「華北における日本のスパイ網」（山本武利編『第二次世界大戦期　日本の諜報機関分析　第四巻中国編　一』柏書房、二〇〇〇年）〕。

（21）有賀傳『日本陸海軍の情報機構とその活動』（近代文藝社、一九九四年）、一一四頁。

（22）『陸軍中野学校』三一八頁。

（23）今井武夫『昭和の謀略』（原書房、一九六七年）一八六—九二頁。

（24）『陸軍中野学校』三二〇頁。

（25）中支派遣特務機関本部「中支派遣特務機関本部（第13軍）沿革」（防衛省防衛研究所史料室蔵）。

（26）『陸軍中野学校』三一二頁。
（27）同右、三一三頁。
（28）同右。
（29）全国憲友会『日本憲兵外史』七八二頁。
（30）今井『昭和の謀略』一三五頁。
（31）全国憲友会『日本憲兵外史』七八〇頁。
（32）陸軍省「昭和一七年陸軍省陸亜密大日記　第〇七号」（防衛省防衛研究所史料室蔵）。
（33）陸軍省「昭和一四年陸機密大日記　第二冊」（防衛省防衛研究所史料室蔵）。
（34）岡田芳政「香港工作の回想」（防衛省防衛研究所史料室蔵）
（35）栄親会『栄部隊誌』（非売品、一九九五年）一九頁。
（36）同右、一九頁。
（37）窪田英夫「航空特種情報戦史」（防衛省防衛研究所史料室蔵）
（38）有賀『日本陸海軍の情報機構とその活動』一四九頁。
（39）栄親会『栄部隊誌』一〇頁。
（40）窪田「航空特種情報戦史」。
（41）「陸軍省陸支密大日記　昭和一四年　第五三号」（防衛研究所史料室蔵）。第一五航空情報隊戦友会『第一五航空情報隊史』（非売品、一九八五年）。
（42）栄親会『栄部隊誌』四一頁。
（43）横山「特種情報回想記」。
（44）原文の漢字を「明碼（ミンマ）」と呼ばれた市販の変換表によって数字表記とし、更にそこに乱数を加えて「密碼」と呼ばれる暗号を作成していた。
（45）横山「特種情報回想記」。
（46）北支那方面軍司令部「北支那方面軍情報主任者会同関係史料」（防衛省防衛研究所史料室蔵）。
（47）『戦史叢書50　北支の治安戦（一）』四七二頁。
（48）横山「特種情報回想記」。
（49）全国憲友会連合会『日本憲兵正史』八三一―二頁。
（50）北支那方面軍司令部「総軍情報会議呈出書類」（防衛省防衛研究所史料室蔵）。
（51）横山「特種情報回想記」。
（52）Security of British and Allied Communications, HW 40/8, *Public Record Office* (hereafter as cited *PRO*).
（53）バーバラ・タックマン『失敗したアメリカの中国政策』杉辺利英訳（朝日新聞社、一九九六年）四三六頁。
（54）Leakage of Information through Cipher Messages of Chinese Service Attache, HW 40/207, *PRO*.
（55）Ibid.
（56）Richard Aldrich, *Intelligence and the War Against Japan: Britain, America and the Politics of Secret Servic* (New York : Cambridge University Press, 2000), p. 249.
（57）*Ibid.*, p.249.
（58）栄親会『栄部隊誌』一四頁。
（59）同台経済懇話会『昭和軍事秘話　中巻』（同台経済懇話会、一九八八年）二七四―七五頁。「対支情報資料」（防衛省防衛研究所史料室蔵）。
（60）同台経済懇話会『昭和軍事秘話』二七四頁。
（61）同右、二六七頁。

（防衛省防衛研究所）

「藍衣社」・「CC団」・情報戦

――日中戦争下の暗闘――

岩谷　將

はじめに

本稿の目的は、日中戦争開始から太平洋戦争勃発に至る中国国民党政権（以下国民党政権と略す）の情報組織について、その組織的起源から発展の過程を捉えつつ、活動と成果、またその課題の諸点について検討することにある。これまで、日本側の中国に対する情報活動については一定の研究蓄積があるものの[1]、中国側については、「藍衣社」を検討対象としたイーストマン、鄧元忠、チュンの研究、「CC団」を対象とした王奇生の研究などの各結社を中心とした研究に重点が置かれており[2]、情報組織全般、またその日本に対する活動については、菊池一隆による一連の研究を除いて十分に検討されてきた訳ではない[3]。近年、ウェイクマン（Frederic Wakeman）による戴笠に関する伝記的研究の上梓によって[4]、当該時期の中国の情報組織に関する研究水準は高まりを見せたものの、その内容の検討を含めて本格的な研究は緒に就いたばかりといえる。本稿は以上の流れを受け、これまで不明確であった国民党政権の情報組織について、その組織的起源と全体像を把握し、あわせて情報収集の実態やその成果を検討する。また、従来の研究が資料的制約から主として日本側資料を多用せざるを得なかったことから、本稿では可能な限り当事者や関係者が当時残した中国側史料に当たり、また口述資料を含む複数の資料を相互検討することにより、目下把握し得る事実を解明することに努める。

一　藍衣社・CC団――軍・党の情報組織の起源とその展開――

一体藍衣社は一種の共産党的組織を模倣せる「ファッショ」党で蔣介石の支持を受けて居るものである……。……各官庁及有力団体に対して細胞組織を布き排日運動を実行し、其組織は共産党の夫れに酷似している。又別に「ゲ・ペ・ウ」に近似して居る探偵隊を置き恐怖政策を実行するのである。

これは一九三三年四月十五日陸軍省発表の情報（甲）第一〇〇号「藍衣社の排日運動について」である。[5] 第一次上海事変以降、人口に膾炙するようになった所謂「藍衣社」（以下括弧をとる）なる組織は、抗日の急先鋒たるべく突如として立ち現れたかの感があったが、実のところ、その組織の雛形は北伐時期にまでさかのぼる。

声高に喧伝された藍衣社ではあったが、そのような名称の組織はそもそも存在しなかった。実際に藍衣社とされた組織は、狭義には復興社の特務処であり、またその後身である軍事委員会調査統計局（以下軍統と略す）であった。[6] また、以上の藍衣社が軍系統の情報組織とすれば、その他に党系統の情報組織として日本側が「CC団」（以下括弧をとる）と呼称した組織を構成する中国国民党中央執行委員会調査統計局も存在し、主として共産党に対する活動を行った。日本側においては、時間の経過とともに、両組織に対する把握も進んだのであるが、核心に触れることはなかった。[7] ましてや前面に出て活動を行わない通信傍受組織等については、把握に必要な情報をほとんど欠いていた。

以下では満州事変以降、にわかに日本の眼前に立ち現れた国民党政権の情報組織について、軍系統、党系統に分述しつつ、国民党の情報組織全般について順次その変遷を追い、全体像の把握とその活動の解明に努めたい。

（一）　特務組織の淵源――密査組――

まず、便宜的に藍衣社と呼ばれた組織の系譜をたどりつつ、軍系統の組織を検討する。先に述べたように、藍衣社とされた組織は復興社の特務処である。特務処の直接的な系譜からいえば、その前身は一九三一年十二月に設立された聯絡組である。この聯絡組の活動は、北伐時期に存在した密査組のそれを引き継いだものといえる。

また、特務処が所属する復興社にはその上位組織として、革命青年同志会および革命軍人同志会があり、さらにその上位に核心組織として三民主義力行社があった。[8] これら力行社、革命同志会、復興社（以下これらをまとめて復興社とする）の加盟者の多くは黄埔同学会のメンバーであり、構成員からいえば復興社は黄埔同学会を母体とする。[9] 実際に革命同志会は黄埔同学会の後身である軍事委員会中央各軍事学校卒業生調査処を掩蔽組織としていた。[10] 復興社特務処の後身となる軍統にまで視野を広げれば、その起源を復興社の特務処と南昌行営調査課にたどることができ、軍統は二つの系統から形成されたことが理解される。以上の概略を念頭におきつつ、以下では軍系統の組織的発展について検討する。

国民党政権における情報・特務組織の淵源は、一九二七年七月下旬に蔣介石の命により国民革命軍総司令部内に設けられた胡靖安を組長とする密査組にまで遡る。ただ、当該機関は同年八月の蔣介石の下野に伴い、一カ月余りの短い活動で解散することとなった[11]。活動は主に軍内の異分子調査など小規模かつ初歩的なものであり、また活動期間も非常に短いものであったが、本組は国民党政権における情報工作組織の淵源として理解されてよい。

その後、一九二八年一月に蔣介石が総司令職に復帰すると、蔣は王伯齢を責任者とし、胡靖安、ついで蔡勁軍を長とし、戴笠、鄭介民らをメンバーとする連絡参謀の特務小組を国民革命軍総司令部に設け、軍隊の整理に伴い失業した黄埔軍校の学生を副官として採用し活動を行わせた[12]。この連絡参謀としての活動を通じて戴笠は評価を上げ、後の情報組織の責任者としての地位を築いていくこととなる。一九三一年に入ると、その活動を認められた戴笠によって特務処の前身である聯絡組が組織される。この聯絡組は密査組や聯絡参謀の活動から得た経験を用いて戴笠が組織したもので、後の特務処、軍事委員会調査統計局第二処に通じる本格的な情報機構の先駆けといえるであろう。本組織は一九三一年十二月十九日、蔣介石が自身の二度目の下野を前に、黄埔軍校出身者を中心とした情報連絡組織を設けるよう戴笠に命じたことに始まる[13]。本組は一〇人を一組とする組織であることから（ただ人員は必ずしも一〇人ではない）俗に十人団と呼ばれ、その組員は後の情報組織の指導者となる。メンバーは戴笠が組長を務め、唐縦が書記を担い[14]、その他のメンバーについては諸説あるものの、張炎元、王兆槐、東方白、徐亮、趙世瑞、張冠夫、馬策、鄭錫麟、胡天秋等であった[15]。活動は当初、黄埔軍校出身者の行動と態度を調査するもので[16]、経費も二〜三千元と小規模であったが、徐々に活動の規模は大きくなっていった[17]。

（二）　力行社特務処の成立と行営調査課

一九三一年に入ると内憂外患に危機感を抱いた青年軍人たちによる民族復興運動がにわかに興り、滕傑、鄧文儀、賀衷寒らを中心として、一九三二年二月二十九日、三月一日の両日、南京の励志社において新たに三民主義力行社の成立大会が開催され[18]、三月一日、三民主義力行社が成立した。その後、下位組織である革命同志会、復興社が相次いで設立された[19]。一連の組織の設立に合わせ、二月二十六日、蔣介石は特務処を設けるよう戴笠に命じた[20]。これにより四月一日、復興社の特務処が南京に成立し、戴笠を中心とする聯絡組が特務処に収まる形で組織された。[21]

この特務処が所謂「藍衣社」と呼ばれる組織であるが、ここにその初期の組織構成を明らかにすると以下のようになる。それは処長のもとに情報収集に係る偵査科、ならびに実際の行動を行う執行科の両科があるほか、会計と書記があり、書記には訳電員・文書員が従事している。なお、処長の辦公室は甲室と呼ばれ、機密に関わる処理を行い、それぞれに人員が充てられた。偵査組は上海組、天津組、香港組、南京組、京滬組、武漢組、広州組、北平組、汴洛組が設けられ、執行組は上海、天津、香港に置かれた。その他一七都市に直属偵査員が派遣された。[22]

特務処は復興社にありながら、その関係は単純な指導・被指導の関係ではなかった。特務処は復興社の中にあって半独立の組織であり、戴笠が一切を取り仕切り、復興社の幹事会ですら、その活動に関与することはできなかった。また成員についても特務処の人員で復興社に加入しているものはいたが、それほど多くはなく、特務処の幹部で加入していない者もいた。また復興社員で特務処に加入している者は特務処にのみ報告を上げ、復興社には報告を行わなかった。ただ、特務処が完全に独立していた訳ではなく、復興社総社に送られてくる復興社員からの情報は特務処に送られていたことからも理解されるように、復興社の組織がなければ、当時の特務処の活動は限られたものとなったであろう。[23]

一九三三年、軍事委員会に調査統計局（後の調査統計局とは別。一九三二年九月の説もある）、また剿匪総司令部に情報局が非公開設置されるに及んで、特務処は調査統計局の第二処に位置づけられ、組織自体は秘匿されているものの、政府機関として経費を得ることが可能となった。[24] ただ、この時期にあっては編制上は調査統計局に属すものの、調査統計局の組織として活動を行う訳ではなく、人員を派遣する程度で独立した行動をとっていた。[25] また、同年九月に剿匪総司令部に設置された情報局と連携を保ち、人員を分駐処に派遣するとともに経費を情報局から得ていた。[26] その後は活動の発展に伴って組織拡充が行われ、第一科に指導股・編訳股、第二科に交通股・会計股・庶務股、第三科に司法股・執行股が置かれた。併せて無線電信を強化するため、訓練班、機器の製造所などが設けられ、上海に無線学校、南京に無線電総台が設置されるに至った。[27]

一九三四年に入ると、新たに軍事委員会委員長南昌行営調査課が特務処に併合されることになり、軍統の人員は六七二人から一、七二二人へと急増する。[28] 調査課の起こりは豫鄂皖三省剿匪総司令部秘書処第三科にある。[29] 本科は鄧文儀の発意によって組織され、鄧が主任を務めた。[30]先の復興社とともに活動を行い、[31]活動は主に人的情報網を通じた偵察・情報収集で、対象は共産党、日本の諜報網、貪官汚吏であった。[32]その後、鄧は南昌行営に調査課、各省政府保安処に諜報股を設け、情報網を拡大した。[33]しかしながら、本機構は一九三四年の鄧文儀の免職に伴い特務処（調査統計局第二処）に合併され、戴笠のもと組織の拡充が行われることとなり、後の軍事委員会調査統計局へと発展していく。[34]

（三）中央調査統計局——党系統の情報組織——

以上が軍系統の情報組織の概要であるが、当該時期の国民党政権には党系統の情報組織も存在しており、満州事変以前においては質量ともに軍系統を凌駕していた。党系統の情報組織は、後に日本側においてＣＣ団と呼ばれたが、その構成は若干複雑である。日本側がＣＣ団と呼称した組織は、情報組織である特工総部を包含した、陳果夫・陳立夫兄弟を中心とする秘密結社であるが、ここではそのうちの情報組織に焦点を当てる。軍系統の情報組織が戴笠の指揮下に成長したのと同様に、党系統の情報組織は陳立夫の指導のもと勢力を拡大した。陳立夫の活動は陸海空軍総司令部辦公庁機要科での経験を嚆矢とするが、[35]党系統の組織に対する指揮・指導は一九二八年に成立した中国国民党中央執行委員会組織部調査科にさかのぼる。[36]本組織は復興社特務処が成立する以前にあって、国民党政権において最も早くに成立した公開組織であった。当初は各級党部、党員、民衆団体に対する調査を行っていたが、[37]徐々にその範囲を党外の一切の団体にまで広めていった。[38]

一九三〇年には調査科に特務組が設置され、一九三一年には特工総部と通称される特務工作総部が秘匿組織として成立し、党内外、とりわけ共産党に対する情報収集、調査を行うようになる。[39]成立以後の特工総部は各地に特務室を設け、三民主義革命同志社、学生生活社などの結社を組織し、社員を各組織に浸透させ、細胞活動に当たらせた。[40]先の調査科が主として情報収集や調査を行うに留まるのに対し、本特務工作総部は実力行使にまで及ぶ点において異なり、機能的には三民主義力行社と特務処との関係に近いのであるが、指導・被指導の関係からいえば、特務処に対する復興社の影響力が限定的なのに対し、特工総部に対する組織部の影響力は強い。これは制度的要因によるのではなく、指導者の占める位置と関わっており、組織部を把握していた陳果夫・陳立夫およびそれらが結成した結社によるところが大きい。前者の組織部・組織委員会は長らく陳果夫・陳立夫兄弟が掌握しており、国民党の党務はほぼ両兄弟によって運営されてきた。陳兄弟は長らく派閥を形成し、勢力を拡張してきたが、力行社の成立を受けて、一九三二年に新たに青白団（青天白日団または青白社）を結成し、その外郭組織として中国国民党忠実同志会を組織した。[41]一九三五年には組織部調査科が組織委員会党務調査処に拡大され、公開組織としての党務調査処と秘匿組織である特務工作総部の構成で情報収集・調査活動が行われた。[42]党系統の情報収集対象は主として共産党であったが、日中戦争勃発後は日本に対する情報収集にも努め、[43]とりわけ軍需経済に関する情報収集を行った。[44]

（四）軍事委員会調査統計局（調査統計聯合会報）

日中間における緊張の高まりに伴って、蔣介石は党・軍における情報組織の充実と統合を考えるに至る。満州事変、第一次上海事変を受けて、蔣介石は一九三二年五月ごろから、情報組織の統合を模索し始める。[45]一九三三年に入ると軍事委員会に非公開組織として調査統計局を設置し、第一処に組織、情報、訓練、理論、言文、総務の六科を設けて中央組織部調査科・特務工作総部の人員を充て、第二処に偵査、執行、総務の三科を設けて特務処を第二処に位置づけた。[46]また、同時に総司令部に情報局を設け、当該組織の経費名目で特務処を維持した。[47]

一九三五年四月に入り、蔣は新たに正式の編制として軍事委員会調査統計局を成立させ、[48]第三処に一九二九年より党・軍両系統が行っていた郵電検査機関を充て、各組織間の統合を図った。[49]次いで蔣介石は各機関の統合運用を図るため、一九三五年五月四日、陳立夫に組織間の連携を命じ、[50]これにより成立したのが調査統計聯合会報である。[51]

本連絡機構は一九三八年まで続くが、長である陳立夫の教育部長への転任に伴い解消され、各組織はそれぞれ第一処は中国国民党中央執行委員会調査統計局に、[52]第二処は軍事委員会調査統計局に、第三処は軍事委員会辦公庁に特検処を設け、従前の第三処に加えて第二処からも特検処に人員を派遣して充当した。[53]

以上が日中戦争開始に至る時期における軍・党を中心とする中国側の情報組織の概要である。当該時期の中国における情報組織は、軍系統の情報機関である特務処が戴笠を中心とした黄埔軍官学校学生による結社的性格を有するのと同様、党系統もまた陳兄弟を中心とした派閥による結社的性格を帯びた組織であった点にその特徴を見いだすことができる。それらはいずれも制度上の職責よりは地縁や血縁、同学といった関係上の相互義務が組織という外形を纏って存在しているに過ぎず、復興社・忠実同志会を中心として結社的な繋がりが各組織に及び、その連携によって成立していたところに中国の情報組織の特徴があった。この場合、組織の機構そのものは経費上の都合から名目的に「政府」機関とされているに過ぎず、実態は結社的な紐帯が組織を動かす本質であったといえる。

また、もう一つの特徴として、党系統、軍系統ともに、蒋介石に「個人的」に繋がる構成になっており、その成否は制度上の機能よりは、陳立夫や戴笠と蒋との関係といった個人的な関係に基礎づけられていた。その点で蒋介石以外の指導者がこれらの組織を掌握できるとは限らず、したがって以上の事実は、中国の情報組織が蒋介石に対する私的機関としての性格を有していることを印象づける。

上述の過程から、日中間の緊張に対する蒋介石の危機意識の高まりにつれて、国民党政権の情報組織は拡充が図られ、より効率的な組織化が目指されたことが理解される。日中間の戦争の危機が現実味を帯びるにしたがって、党・軍両系統の組織のみならず、様々な機関に情報組織が、とりわけ通信関係の組織が設立され、それらの情報が蒋介石に集約されていく。次節ではその過程と構図について検討を行う。

二　対日情報組織の俯瞰

前節では、日本側が藍衣社、ＣＣ団と呼称した情報組織、すなわち軍統と中統の組織構成と来歴、またその特徴を把握した。破壊工作を含む全ての特務・情報組織を網羅することは紙幅の関係上困難なため、以下では破壊工作などを除いた対日情報組織に焦点を絞り、先に述べた両組織を中心にその組織構成について検討する。便宜上、人的情報と電波情報に分け、実際の活動および成果について考察する。

人的情報についていえば、その構成は比較的簡単である。基本的に軍統が対日情報、とりわけ日本の軍事情報、および対日協力者情報の収集を行い、中統は主に共産党情報、対日協力者の情報を収集していたが、日本に関しては主として戦時経済情報を担当していた。[54]また、これらの情報機関とは別に憲兵隊も独自の情報網により日本側の情報を収集しており、それらは逐次、後に説明する軍事委員会委員長侍従室第四組を通じて蒋介石に提供された。一例を挙げれば憲兵隊による収集資料には、上海海軍特務機関による「中情報」などが含まれていた。[55]また、こうした人的情報の成果として、「日文新関係調整要綱」などの現物が蒋介石に供されていた。[56]これらの党・軍・憲兵隊などの情報は軍事委員会委員長侍従室第四組に集約され、[57]一九三九年二月の第六組成立以降は、第六組を通じて蒋介石に提供されていた。[58]また、軍令部第二庁も情報活動を行っていたが、そのうち第一処は各野戦部隊を通じて日本軍の情報を収集し、第二処は国外駐在武官を通じて国際情報の収集を行っていた。[59] こうした収集の成果は、例えば日本陸海軍の主要人物分析表や内閣主要人物分析表として纏められ、参考に供されていた。[60] その他には軍事委員会の下部組織として、王芃生を主任とする「国際問題研究所」があり、日本の情勢分析などを行っていた。[61] 以上が人的情報に関わる主たる組織と活動対象である。

次に通信・電波情報について検討を行う。蒋介石は以前から暗号電報の解読を重視し、その発展に注力してきた。とりわけ、中原大戦を代表とする北伐以降の一連の反蒋介石戦において広西軍の暗号電報を解読し、石友三、唐生智、馮玉祥らの情報を得ることによって勝利することができたため、それ以降、蒋は暗号電報の解読を非常に重視するに至った。[62] 当時、暗号解読の任に当たったのは温毓慶を中心とした電務組といわれるグループであり、一九二九年ごろから活動を行い、蒋介石と対立する軍事指導者の暗号電報を解読していた。[63] 本組織は研究部門と傍受部門に分かれており、各地の電報局と自らの傍受施設から得た電報を主たる情報源とし、解読された電報は機要秘書の毛慶祥を通じて直接蒋介石に提供された。[64]

一九三六年に入ると蒋介石は日本の暗号電報の解読を温毓慶に命じ、一月、交通部電政司の下部組織として南京に密電検訳所を非公開で設置した。本所の主要な対象は外務省の電報で、毎日二〇~三〇部を訳出し、機要室を通じて蒋介石の閲覧に供していたほか、宋子文および孔祥熙に各一部ずつ提供された。[65] 本組織は形式上、政府に属する系統の組織と見なすことができよう。党系統の通信・電波情報についていえば、調査科が一九三〇年に設けた特務電台を嚆矢とする。[66] 先に述べた特務工作総部が一九三二年から情報科に研究股を設け、張華穆を主任として活動を行わせた。その後、張に代って馬懋文が担当し、機密股を成立させる一方、共産党員を得て活動を拡大した。一九三五年には密電研究室となり、調査対象は共産党の電報であった。[67]

政府や党に比べ、軍系統の通信・電波情報組織は非常に複雑である。まず、軍統について述べれば、軍統の通信・電波情報は一九三三年南昌行営編電股と特務処が上海に設置した偵察台に始まる。一九三五年には南京に総台が置かれ、以後広州、北平、宜昌などに分台が置かれた。[68] 一九三八年には第四処内に密電(研究)組を設け、魏大銘が責任者となり、アメリカからヤードレーを招いて暗号解読の訓練を行った。[69]

軍事委員会内には軍統以外の組織も各々電波傍受や暗号研究を行っていた。例えば、一九三八年には軍事委員会侍従室機要室に、毛慶祥を長とした「研究組」が設けられ、軍統・中統・電政司などから人員が充てられた。(70) また、軍政部には交通司訳電組があり、少ない人員ではあったが外務省電報の暗号解読に従事していた。(71) その他、軍令部第二庁も人的情報に留まらず、電波傍受を行っており、その対象は主として同盟通信社であった。(72) 軍令部第二庁のうち、国内外の情報を扱う第三、四処は軍統の鄭介民が押さえており、その関係は密接であった。また、軍令部第二庁は日中戦争勃発後、ソ連との協力を模索し、一九三九年に軍事委員会中蘇特殊情報所と同特殊情報電台を設立し、情報収集を行った。(73) これらの組織の情報は軍事委員会侍従室の機要室から毛慶祥によって、あるいは侍従室第六組の唐縦から蔣介石に伝達された。

以上の軍系統の諸組織は、蔣介石の意向により、より効率的な傍受と解読を進めるため、一九四〇年に各組織の統合が図られた。電政司密電検訳所、軍統密電(研究)組、機要室研究組などの機関が軍事委員会技術研究室へと統合され、四月一日に成立を見た。(74) 本機構では第一組が日本外務省の電報解読研究、第二組が外務省および陸軍ならびに陸軍航空部隊の電報研究、第三組が電報の統計処理、第四組が各種電報の傍受、第五組が総務を扱い、第六組が八路軍および非蔣介石系部隊の電報解読研究を行った。(75) このうち、第二組は航空委員会駐成都空軍総指揮部と連携して日本陸軍航空部隊の暗号解読に努めた。(76) その後、本機構は内部の抗争により、毛慶祥が軍統の退出を蔣介石に訴え出たため、(77) 軍統系が退出し、軍統系は新たに特殊技術研究室を設けて活動を続けた。(78) 日中戦争期においては、以上の各組織が時に対立しつつ各々独自に活動を行い、人的情報ならびに軍統・中統の通信・電波情報は第六組を通じて、また技術研究室などそれ以外の通信・電波情報は機要室(四二年以降、侍従室機要組)を通じて蔣介石に提供された。

三 情 報 戦

国民党政権の対日情報機関の組織と職掌について検討してきたが、問題となるのは、実際の活動がいかなる程度にあったのか、という点にある。しかし、問題はそもそも秘匿度の高い組織の活動であるため、その成果は蔣中正総統檔案に部分的に訳文が残されているのみである。したがって、当時の中国の水準を知り得る手段としては、これらの史料とともに当事者の回想やオーラル・ヒストリーに頼らざるを得ない。しかし、これら回想はまた、年を経るにしたがって歴史の後知恵を含むゆえに注意が必要である。とくに一九八〇年代以降の回想にはこのような傾向が強く、本稿では可能な限り当時の史料、日記、早期の回想等に依拠するよう努めた。無論、そのような方法にも限界があり、暫定的な検討とならざるを得ない。今後の研究によってより確実な史料に基づき、より事実に近づくよう訂正されることが期待される。

一九八〇年代以降、中国では日本の真珠湾攻撃を事前に傍受・解読し、その情報をアメリカに伝えていたとの回想が多く現れた。[79]それらの多くが海軍の電報を傍受・解読し、真珠湾攻撃を予測したとの回想を行っているが、後の検証からも明らかなように、それは事実ではない。しかし、それはまた中国側の解読レベルが低位に留まっていたことを意味するものでもない。

従来日本においては当事者の回想によって中国軍の暗号が初歩的であること、また日本側は戦争を通じて七〜八割を解読していたと理解され、これが通説的な見解を形成している。[80]暗号の程度が初歩的であれば、その解読能力も初歩的であると考えるのは妥当な推測であるといえる。ただし、これは全てのレベルで同一の暗号レベルが用いられているという前提のもとでのみ成立し得る仮定である。中国側の悩みはまさにこの点にあったのだが、それは下位の部隊レベルにおいてはほとんど暗号の重要性を認識しておらず、上層部での命令は下部に伝達されるべく下位の部隊へと下達される過程において、容易に察知されることになったのであり、それは中国側も認めるところであった。[81]しかし、軍統・機要室による暗号は高度であり、とくに軍統の暗号が高度であったことについては戦後、支那派遣軍特殊情報部の部員が中国側に、中国軍の暗号の九割は解読していたが、軍統系の暗号については、金華支局で用いられていたものを除いては解読できなかったと語ったことからも理解できる。[82]これは軍統が独立した系統を保っていたからであって、その他の暗号については下位の部隊が強度の低い暗号を用いたため、逐次上位の暗号も解読されてしまったのである。[83]ここにはまた、各地方軍事指導者が依然として政権内に存在し、また多くの派閥に悩まされていたため、機密に関わる高度の暗号技術を政府・軍内において共有できないという根本的な問題が存在した。いずれにせよ、日本軍は中国側の暗号をほとんどのレベルにおいて解読してはいたが、[84]中国側の一部の暗号レベルが低位に留まっていたことをもって、中国側の暗号解読レベルを同様のものと仮定することは慎まなければならない。

では、実際日中戦争から太平洋戦争開始前後における中国の暗号傍受・解読はどの程度の発展を見せていたのであろうか。中国側が主として研究したのは、外務省、陸軍、陸海軍航空部隊であった。日中戦争開始前の一九三六年頃には密電検訳所は大部分の外務省電報の解読に成功していたという。[85]日中戦争開始後、密電検訳所は一日二〇〇〜三〇〇件、多いときで四〇〇件の電報を傍受し、そのうち六～八割程度を解読していた。価値のあるものは三〇～四〇件程度で、蔣介石に提供されるのは二〇～三〇件であった[86]。検訳所が一九三六年から一九四〇年の間に解読した外務省電報にはいくつかの種類があったが、それらを回想に基づいて大別すると以下のようになる。まず、全体の三～四割を占めるのがLAを指標とする最も基本的な暗号で、公開情報の送付などに用いられる。次に多いものが、甲、乙、丁（三八年から四〇年は天、地、元）と中国側に命名されていた暗号で、全体の三割程度を占める。本暗号は一時期には一暗号を用い、半年から四カ月に一度交換される。内容は二国間の交渉内容や外交政策など比較的重要な内容に用いられた。三番目は五つの数字を指標とするもので、これは二割程度を占めた。本暗号は比較的複雑な機械による暗号であり、密電検訳所は数年間解読できなかった。全体の一～二％を占める丙、子、丑、寅と命名された暗号と、〝KOKOK〟、〝EFEFE〟などの五桁のアルファベットを指標とする暗号は、最も重要なものであり、軍事行動などを含む。これらの電報は一日当たり、多くて三～五件であり、月に一〇数件でしかなかった。本暗号を用いるものはほぼ、秘、極秘に当たるものであり、これらは暗号電文作成後に再度変化を加えたものであった。その他には人事を扱う〝YO〟、〝CA〟を指標とするものや、〝YUG〟、〝EYH〟などの外国語の条約文や協議原文を扱うものがあったが、これらは一～二％を占めるに過ぎなかったという[87]。このように、外務省電報に関して中国側は一四種の暗号の研究に成功しており、かなりの程度解読していたと考えられる[88]。

機要室に残された史料は以上の回想を大体において裏付けている。確認できる残された史料のみでも、一九三七年七月からはほぼ毎日、一九三八年四月末に至るまで蔣介石に対して日本外務省の電報訳文が一日当たり五～一〇件ほど提供されていた[89]。つまり、蔣介石は日中戦争が全面的に拡大していく盧溝橋事件前後から南京・武漢陥落に続く重慶移転までの間、外務省電報を通じて軍を含む日本の動向、ならびに大使の会談を通じて各国の日中関係に対する考え、ならびに対中政策について承知していたことになる。これら報告には、日本の動向に加えて、盧溝橋事件以降の一連の事態に対する英国・仏国の態度、また事件後に行われた日米参事の談話内容、アメリカから日本への青島の平和に対する申し入れ、東京のドイツ大使による中ソ関係に関する談話やソ連に対する働きかけをはじめとして多くの情報が含まれていた。恐らく抗戦を貫く上で蔣介石にとっては日本の態度以上に各国の態度が重要であったことを考えればこれらの情報の価値は小さいものではなかったと考えられる。また、例えば一九三八年六月十八日宇垣外相発香港中村総領事宛電報は、事変はすでに長期化せざるを得ない趨勢にあるとの認識とともに、広東への爆撃を受けて各国の対日経済圧迫が強まっていることを伝えており、こうした個々の例が蒋介石の考えに直接影響を与えたかどうかは別としても、これら電報を通じた情報は蒋介石が抗戦を堅持する上で支えとなったと考えられる。

一九三八年五月以降の報告については纏まった形で残っておらず、またその頻度も落ちるが、重慶移転以降も「技外字第〇号（〇にはXⅧなどの種類とDUなどのコードが記載されている）」と題されて適宜報告されていた。そのうち、比較的詳細に解読の状況が分かる一九四一年七月一日から十日の間、東京とローマの間で交わされた電報のうち中国側が傍受したものは東京発・ローマ発あわせて六八件ある。指標がLAのもの一九件、数字のもの一一件、VIIが三件、XIIが一件、イタリアの暗号一四件、陸海軍が一五件、IRAGEが一件、SFbが二件あり（表には五六件が記載）、十一日までに翻訳したものは八件にのぼる。このうち、LA、VII、XII暗号についてはすでに解読していた。ただ一九四一年夏の時点で、陸海軍の暗号、また機械式暗号と思われるSF暗号についても解読に至っていないことが窺える。その他、一九四一年七月に入って中国側で「技二甲」と分類される難度の高い暗号も解法を得るに至った。[90]「技二甲」に分類された電報訳には一九四一年七月二十二日本省発シンガポール宛の軍事輸送に関わる機密電報や、同十五日北京発南京、煙台、済南、青島、本省宛の日ソ関係に関する注意喚起報告などが含まれる。[91]また、侍従室第六組長の唐縦は一九四一年十二月五日の日記に、東京の外務省から英国領の各領事館に宛てた電報を傍受・解読し、外務省が暗号の廃棄を命じたことを記すとともに、第二次上海事変の前に、外務省が同様に暗号の廃棄を命じたことから、日本の対英米戦が目前に迫っていることを指摘している。[92]この点からも、中国側が難度の高いものを含めて日本外務省の暗号を把握していたことが窺えよう。ただ、これらが理論的に解明されたのか、または協力者や実際の暗号簿の取得を通じて把握したのかについては現在残された史料からは判断できないが、解読の速度や頻度、また客観的事実から見て理論的に解読に成功していたと考えるのが妥当であろう。なお、密電検訳所のほか、軍政部交通司訳電組も解読しており、両者は技術研究室に受け継がれた。

次に日本軍の暗号についてはどうであったろうか。軍の暗号は、外務省に比べ高度であったため、中国側でも把握に手を焼いていた。密電検訳所では暗号の編成方法を全く把握しておらず、日本陸軍の暗号は長らく謎であったという。しかし一九四〇年に入って、共産党が平型関で鹵獲した乱数表および電報原稿を入手し、それが国民党側に提供されたことによって、ようやくその方法を把握するに至る。以後、大部隊間で用いられる四桁の暗号と、小部隊間で用いられる三桁を指標とする暗号の解読に努めるものの、技術研究室に統合以降も成果を得ることはできなかった[93]。また、中蘇特殊情報電台では専門的に師団以上の暗号を傍受し、毎日二〇〇～三〇〇件ほど収集していたが、研究は進展しなかった[94]。

これに対して陸海軍航空部隊の暗号に対しては一定の成果を得た。というのも、航空部隊の場合、迅速性が要求されることからあまり複雑な暗号を用いることができなかったため、中国側に解読されることとなった。航空部隊の暗号は一九四〇年七月には、技術研究室などによって解読された[95]。これらの活動は技術研究室の第二組、駐渝偵訳工作隊、また一九四二年以降は航空委員会成都空軍監察総隊、技術研究室第一二工作隊が引き継ぎ活動を行った[96]。これらの活動を通じて、中国側は航空部隊を伴う作戦などの部隊配置や行動がある程度予測可能となり、例えば長沙会戦での日本側の動きをある程度把握していた。また、航空部隊の南部への移動命令や、暗号書の破棄通知などを通じて日本と米英間における戦争が遠からず起き得る兆候をつかんでいた[97]。なお、海軍の暗号については解読できなかったか、あるいは解読を試みなかった可能性もある[98]。その他、フランス・ヴィシー政権については毎日四～五件を解読できたが、英・米・ソについては解読できなかった[99]。この点については技術研究室の報告が残っており、一九四二年時点でソ連の暗号が依然解読できないこと、欧州諸国の暗号については材料が豊富なためそれほど困難ではないとして、実際にヴィシー政権の暗号電報の訳文が添付されている[100]。また、一般的に共産党の暗号については解読できなかったと理解されているが、実際には技術研究室で「特甲字」と分類されて翻訳されている。これらには財政系統の簡単なもののみではなく作戦状況などの高度な軍事電報も含まれている。蔣介石は軍統が共産党の暗号解読に手を焼いていることに不満を持ってはいたが、一九四二年七月までに八三号まで翻訳が出されており、四月以降毎月一五件のペースで解読が行われていた[101]。

軍統は技術室からの退出後、特殊技術室を設けて独自の活動を行ったが、当該機関の統計によれば、一九四二年から終戦までの成果は、外務省電報四九、九六七件（傍受一五五、四六〇件）、航空部隊電報二八、一七八件（一一一、

○二三件：なお陸海軍電報は傍受するも解読成果には言及がない)、汪精衛政権電報二六、五三九件（一二六、七九四件)、共産党電報四、八六三件（四三、一九六件)、ソ連電報一九五件（四、七八五件)、ヴィシー政権二七九件（一六、一四八件)、その他あわせて一一四、八五四件の解読を行った。(102) これは技術室と大体同じ結果であり、ほぼ実態を反映した数と見ることができよう。

以上のように、中国側は日本の真珠湾攻撃を予知し得る何らかの直接的な情報を傍受、解読した訳ではなかった。しかし、それは中国側がそのような能力を全く欠いていたということではない。中国側が人的情報あるいは電波情報を通じて、日本が何らかの大きな作戦を行う可能性を推測するに足る情報を得ていたのも確かである。ただ、中国側は以前に外務省が発電した「情勢ノ推移ニ伴フ帝国国策要綱」を偵知しており、また国際問題研究所を通じて、南進に関わる部隊編成を入手していたことから、漠然と日本が南進するものと思慮し、ハワイを攻撃するとは考えていなかったと思われる。(103) 現に唐縦も漠然と新たな「戦争」を予期するに留まっていた。問題は情報の入手ではなく、その分析にあったといえよう。当該時期の中国側の情報は、全て機要室あるいは侍従室第六組に集められ、そこから分析を経ることなく、蔣介石に提供された。一部の機関から特定の人物に情報が提供されることはあっても、それは一部かつ限定的な情報に留まり、全てを把握していたのは蔣介石のみであった。これは、情報組織そのものが蔣介石の私的な機関としての性格を帯びていることと関係している。膨大な情報は、徹底的な分析にかけられることなく、重慶移転後、緊急の場合を除いて週に一度、土曜に目を通す蔣介石の主観的な判断によって、取捨選択されたのであった。(104)

おわりに

本稿での検討から、以下の点が明らかとなった。まず、国民党政権における情報組織は、蔣介石を指導者と仰ぐ秘密結社的性格をもった組織を母体として発展してきた。そのため、各組織の情報は蔣介石のみに集約されるよう制度化されており、また組織自体が秘匿されていたために、外部からは勿論、政権内部においてもその実態を把握するものはごく少数に限られていた。日本側が知り得た藍衣社・CC団に関する情報は、従来から確度が高いと理解されていた日本の対中国情報にもかかわらず、その内容はある一定の外貌を知り得る程度であり、隔靴掻痒の感を免れ得ないものであった。

また、その能力や成果についても外部に漏れることが少なかったがゆえに、中国側の情報組織に対する評価は決して高いものではなかった。しかしながら、その軍末端における防諜、機密管理の低さとは裏腹に、日本に対する情報収集力は一定の評価が与えられるべき程度に達していたことも事実である。ただ、同様に情報を入手することと、それを分析し、活かすことは別である。中国側における最大の問題は情報を集積・統合して分析する機関が存在しなかったこと、また常に情報を共有する範囲が限定的であり、甚だしくは蔣介石一人が情報を掌握し、決断を下すことにあった。

以上の私的機関、秘密結社的性格、情報の一局偏在などの問題は、ある根源的な矛盾に対する合理的な解決策でもあったことに注意が必要である。それは当該時期の国民党において、――そしてそれは国民党政権が大陸に存在する限り続くのであるが――、常に党内・軍内（地方軍事指導者を含む）派閥が蔓延《はびこ》っていたことと関連している。特定の指導者が情報を把握することが、即他の指導者の影響力低下や凋落を意味する状態にあっては、そもそも情報の共有自体が困難であり、党内や軍内において指導者として生き残るためにも互いに情報を排他的に独占する必要が生じてくる。国民党政権が情報を入手しながらも、それらを効果的に用いることを妨げていたのは、蔣介石の個人的資質もさることながら、国民党が党内・軍内派閥を制度的に払拭できなかったところに原因があったといえる。

註

（1） 有賀傳『日本陸海軍の情報機構とその活動』（近代文芸社、一九九四年）。高橋久志「日本陸軍と対中国情報」（軍事史学会『第二次世界大戦㈡――真珠湾前後――』錦正社、一九九一年）二四一―五七頁。小谷賢『日本軍のインテリジェンス――なぜ情報が活かされないのか――』（〈講談社メチエ〉講談社、二〇〇七年）。

（2） Lloyd E. Eastman, "Fascism in Kuomintang China: The Blue Shirts" in *China Quarterly*, No. 49, Jan.- Mar., 1972, pp. 1-31；鄧元忠『国民党核心組織真相――力行社、復興社曁所謂藍衣社的演変与成長――』（台北：聯経出版、二〇〇〇年）；Chung Dooeum, *Elitist fascism: chiang kaishek's Blueshirts in 1930's China* (Aldershot : Burlington Ashgate, 2000)；王奇生『党員、党権与党争――一九二九～一九四九年中国国民党的組織形態――』（上海：上海書店出版社、二〇〇三年）。

（3） 菊池一隆「都市型特務「C・C」系の「反共抗日」路線について――その生成から抗日戦争における意義と限界――」（上・下）（『近きに在りて』第三五・三六号、一九九九年六、十二月）。「中国特務「藍衣社」の抗日活動とその特質――日中戦争の一断面――」（『歴史科学』第一八一号、二〇〇五年八月）。また、台湾時期の情報組織については、松田康博『台湾における一党独裁体制の成立』（慶應義塾出版会、二〇〇六年）第五章参照。

（4） Frederic Wakeman, Spymaster : *Dai Li and the Chinese secret service* (Berkeley, California : University of California

Press, 2003).

（5） 2-A、39-6、情7「藍衣社の排日運動について」（『陸軍省発表』国立公文書館）。

（6） 参謀本部作成の支那時局報は藍衣社の実名を復興社と記しており、その実態を比較的詳細に紹介しているが、その内容は隔靴掻痒の感を抱かしめる。「蔣介石独裁政権確立ノ為ノ秘密結社藍衣社（実名復興社）ノ概況」（支那時局報第二〇号）（『支那時局報綴』防衛省防衛研究所図書館蔵）。

（7） しかし、欧米の機関に比べ、日本の情報把握は確度の高いものであったことを付言しておく必要があろう。例えば、"The Organization of Blue Shirts Society (14-D-4685)," "General Tai Lieh, founder of the Chinese Blue Shirts Society (31-D-7657)," *Shanghai Municipal Police Files* (Scholarly Resources, 1989) 参照。

（8） 鄧『国民党核心組織真相』参照。

（9） 中国国民党中央委員会党史委員会『蕭贊育先生訪問記録』（台北：近代中国出版社、一九九二年）三〇―三二頁。蕭作霖「復興社述略」（文聞『我所知道的復興社』北京：中国文史出版社、二〇〇四年）七〇頁。卒業生調査科は一九三〇年十二月十五日に開始〔唐縦『在蔣介石身辺八年――侍従室高級幕僚唐縦日記――』（北京：群衆出版社、一九九二年）二三頁。以下『唐縦日記』と略記〕。

（10） 蕭「復興社述略」七〇頁。

（11） 楊者聖『特工王戴笠』（上海：上海人民出版社、一九九三年）三三頁。情報局の正史によれば、一九二八年一月四日、蔣介石は国民革命軍総司令への復帰を控え、以後の北伐を円滑に進めるため軍政情報収集機関として密査組の設立を指示し、戴笠がその任に当たったとされているが、これは恐らく事実と異なる〔国防部情報局『国防部情報局史要彙編』上（台北：国防部情報局）一頁。以下『史要』と略す。国防部情報局『戴雨農先生全集』下（台北：国防部情報局）六三四―三五頁。以下『全集』と略記〕。

（12） 康沢「獄中自白」〔中国人民政治協商会議全国委員会文史資料委員会編『文史資料存稿選編』第十四巻（北京：中国文史出版社、二〇〇二年）六五四頁。以下『存稿』と略記〕。「康沢自述――我的再精算――」、「康沢日中的戴笠」〔潘嘉釗他編『康沢与蔣介石父子』（北京：群衆出版社、一九九四年）〕二〇頁、二五七頁。楊者聖『特工王戴笠』三四頁。徐遠挙等「軍統局、保密局、中美特殊技術合作所内幕」（『存稿』第一三巻）四七二頁。

（13） 一九三一年十二月十九日の条〔高明芳『蔣中正総統檔案――事略稿本――』（新店：国史館、二〇〇四年、第一二冊）四七四頁（以下『稿本』と略記）〕。国防部情報局『戴雨農先生年譜』（台北：国防部情報局、一九七六年）六四二頁（以下『年譜』と略記）。

（14） 『唐縦日記』二八頁。

（15） 『年譜』六四三頁。周偉龍、梁幹喬、黄擁を挙げるものもある。『唐縦日記』二八頁。

（16） 『唐縦日記』二八頁。

（17） 一九三一年十二月十九日の条（『稿本』第一二冊）四七四頁。

（18） 一九三二年二月二十九日の条（同右、第一三冊）三一一頁。鄧元忠の考証によれば、成立大会は二日にわたって開催された。鄧の考証が正しいとすれば、文中にある成立当日の訓話が事略稿本の二月二十九日の条にあることから、恐らく二十八日、二十九日の両日に成立大会が開かれ、二十九日に成立したと考えられるが、回想の多くは三月一日としている。以上を勘案すると、二十九日の訓話は大会初日のものであり、翌三月一日に成立に係る講話があったと理解するのが自然である（鄧『国民党核心組織真相』八三—八四頁）。また、以下を参照。『蕭賛育先生訪問記録』二九—三〇頁。中国国民党中央委員会党史委員会『滕傑先生訪問記録』（台北：近代中国出版社、一九九三年）一四—二二頁。鄧文儀『冒険犯難記』上（台北：学生書局、一九七三年）一四七—五〇頁。

(19) 設立時期は諸説ある。鄧『国民党核心組織真相』第三章を参照。

(20) 戴笠「団体即是革命家庭——三十年四月一日出席献剣礼講——」（『全集』）三一六頁。ウェイクマン（Frederic wakeman）による陳立夫のインタビューによれば、後年、陳立夫は蒋介石にこの点について問いただし、事実であったことが判明した。Wakeman, *Spymaster*, p.412. また陳立夫『陳立夫英文回憶録』（台北：近代中国出版社、二〇〇五年）一三五頁。

(21) 『史要』上、一三頁。なお、年譜では軍事情報機構特務処とある（『年譜』六四五頁）。

(22) 同右。

(23) 蕭「復興社述略」七一—七二頁。

(24) 中央調査統計局『情報業務概要』（出版地、出版年不詳）六頁。各回想によると一九三二年の軍事委員会調査統計局と情報局の所在地が同じであることから、両者は実質的に同じ組織であった可能性が高い（張文等『特工総部—中統』（香港：中原出版社、一九八八年）一九頁。李邦勳「情報局和中統軍統前身的錯綜隷属関係」（『存稿』第一三冊）二二頁）。

(25) 陳『陳立夫英文回憶録』参照。また、内部では依然として特務処と呼称していたことも上記の事情を表している。

(26) その他、経費は軍需署と参謀本部から得ており、月々の経常費は八万元程度であった。「特務処民国二十三年一月份経常・特別費収支対照表」（『国民政府檔案』0233.30/247.01-01。台北：国史館蔵）。李「情報局和中統軍統前身的錯綜隷属関係」二二—二三頁。

(27) 『史要』上、一三—一四頁、一七頁。

(28) 同右、九頁。

(29) 「豫鄂皖三省剿匪総司令部秘書処組織条例」立法院編訳処『中華民国法規彙編』（上海：中華書局、一九三三年、第一冊）三二五—二六頁。

(30) 蕭「復興社述略」一〇二頁。

(31) 鄧『冒険犯難記』上、一五一—五二頁。

(32) 同右、一五二頁。

(33) 「軍事委員会委員長南昌行営組織大綱」（『中華民国法規彙編』二三年輯、第一冊、Ⅱ）一—三頁。鄧『冒険犯難記』上、一五一—五九頁。蕭「復興社述略」一〇二頁。『史要』上、一九頁（「南昌行営調査課組織系統表」第一篇第二章附表三）。

(34) 蕭「復興社述略」一〇三頁。

(35) 康「獄中自白」六五四頁。
(36) 「中央執行委員会組織部組織条例」（一九二八年三月八日第二届中央第一二一次常務会議通過、一九二九年五月二日第三届中央第七次常務会議修正）（中国国民党中央執行委員会党史史料編纂委員会『中国国民党年鑑十八年』（南京：出版年不詳）」四九五―九八頁。
(37) 同右、四九七頁。
(38) 『中国国民党年鑑二十三年』（南京：出版年不詳）（丙）二七頁。
(39) 『特工総部―中統』六頁。編者不詳『中国国民党特工的組織工作』（出版者不詳）一二六頁（中国人民大学蔵：恐らく原題は異なるが表紙が欠けているため不詳）。三二年とする回想もあるが、本書での活動開始を三一年としていることから三一年とした。また、本組織は、外務省東亜局機密第一〇二〇号電「中国国民党特務工作機関ニ関スル件」〔『支那中央政況雑纂　国民党関係』第二巻（外務省外交史料館外務省記録 A.6.1.1.2-2）〕が報告対象としている組織である。また上記電報は『中国国民党特工的組織工作』の抜粋である。
(40) 「各地特室領導三民主義革命同志社辦法」「三民主義革命同志社章程」「各地特室籌備組織学生生活社分社辦法」「学生生活社分社章程」（『中国国民党特工的組織工作』）二九〇―三一六頁。
(41) 多くの回想が一九三五年の結成とするが、すでに一九三二年の時点で事略稿本の記述から青白団が存在することが窺える。むしろ、力行社の成立を受けて、三二年に成立したと考えるのが妥当であろう（『稿本』第一五冊）一五頁。陳立夫『成敗之鑑』（台北：正中書局、一九九四年）二二三―二五頁。胡夢華「国民党ＣＣ派系的形成経過」（『ＣＣ内幕』北京：中国文史出版社、一九八八年）八―一六頁。張継高「呉開先先生訪問記録」（中央研究院近代史研究所《口述歴史》編輯委員会『口述歴史』台北：中央研究院近代史研究所、一九九六年）一二五―二八頁。
(42) 「中央執行委員会組織部条例」（中央執行委員会秘書処編印『中国国民党第五届中央執行委員会常務委員会会議紀録彙編』台北：出版年不詳。以下『彙編』と略す）上、三頁。「中央執行委員会組織部組織条例」（一九三五年十二月十二日）（商務印書館『中華民国法規大全』上海：商務印書館、一九三七年、第五冊）八六四―六五頁。
(43) とりわけ香港などでは日本に対する調査・情報収集が盛んであった。例えば香港憲兵隊本部『重慶中国国民党在港秘密機関検挙情況』（香港、一九四二年）。
(44) 中央調査統計局特種経済調査処『四年之倭寇経済侵略』（出版地不明、一九三一年）。
(45) 『稿本』第一四冊、七九頁、一二四頁、一三三頁、二四四頁。
(46) 中央調査統計局『情報業務概要』六頁、胡文彬『我国現代情報工作簡史』（台北：胡天、一九九五年）一二頁。
(47) 「特務処民国二十三年一月份経常・特別費収支対照表」。
(48) 徐恩曾「報告」（『国民政府檔案』0233.03/3750.03-01）。周美華『国民政府軍政組織史料』（新店：国史館、一九九六年、第一冊、以下『組織史料』と略す）五九―六二頁。
(49) 「全国重要都市郵件検査辦法」（『国民政府檔案』0127/270.01-01）。
(50) 陳『陳立夫英文回憶録』一三五頁。

(51) 同右、一三五―三六頁。『史要』上、二五頁、六七頁。
(52) 「中央執行委員会調査統計局組織条例」（『彙編』）上、二七五頁。
(53) 陳『陳立夫英文回憶録』一三六頁。『史要』六七頁。
(54) 例えば「上海秘密情報」、「北方秘密情報」「密報（太原）」（国史館審編処『国民政府対日情報及意見史料』下、台北：国史館、二〇〇二年）二五九―七四頁。以下『対日情報』と略す）、中央調査統計局特種経済調査処『四年之倭寇経済侵略』等参照。
(55) 「中情報機密第五九号中央空軍ニ関スル情報」（『対日情報』下）三五八―六一頁。
(56) 『蔣中正総統文物』特交檔案―分類資料―中日戦争―敵偽組織（二）「陳布雷呈蔣中正日汪密約照片与詳文」（台北国史館蔵）。
(57) 『対日情報』下、第二章　情報報告参照。
(58) 『唐縦日記』八五頁。
(59) 「軍事委員会軍令部組織法」（『組織史料』第一冊）二九九―三〇六頁。邱沈鈞「国防部第二庁的前身――軍令部第二庁――」（『文史資料選輯』一四一輯、二〇〇〇年）五七頁。
(60) 「敵最近内閣閣員経歴個性分析表」、「敵陸海軍主要人物個性経歴分析表」（『対日情報』下）四〇八―九頁、四二〇―二一頁。
(61) 潘世憲「国際問題研究所概況」（『存稿』第一四冊）九一六―二二頁。
(62) 魏大銘「評述戴雨農先生的事功」（『伝記文学』第三八巻第三期、一九八一年三月）四九頁。また馮玉祥の暗号簿の入手も戦いを有利に進めた〔蔡孟堅「八十談『奇』」（『伝記文学』第四八巻第一期、一九八六年一月）六〇頁〕。
(63) 『蔣中正総統文物』特交檔案―一般資料―手稿録底（六）―「蔣中正電温毓慶以後接逆軍電報一面電蔣中正一面抄交劉峙与張治中」（一九二九年十一月九日）。
(64) 葉鐘驊「密碼電報研究機構内幕」（『存稿』第一四巻）八一九頁。
(65) 同右、八二〇―二二頁。
(66) 『特工総部――中統』一〇頁。
(67) 毛兆椿「中統電訊機構的方方面面」（『存稿』第一三巻）四四―四五頁。『特工総部――中統』二四―二五頁。
(68) 『史要』上、三一一頁。
(69) 同右、三一二頁。「軍統特務電訊機構内幕」〔文聞『我所知道的軍統』（北京：中国文史出版社、二〇〇四年）〕二一二頁。Herbert O. Yardley, *The Chinese black chamber : an adventure in espionage* (Boston: Houghton Mifflin, 1983), p.3.
(70) 葉「密碼電報研究機構内幕」八二七頁。
(71) 同右、八二七頁。
(72) 周樹嘉「我在軍令部的所見所聞」（『文史資料選輯』一四五輯、二〇〇一年）一〇一頁。
(73) 「国防部第二庁的前身――軍令部第二庁――」四一頁、五九―六〇頁。
(74) 葉「密碼電報研究機構内幕」八二四―二八頁。丁緒曽「蔣介石掌握的密碼情報機構」下（『縦横』第一四期、一九八六年）六三頁。
(75) 葉「密碼電報研究機構内幕」八二九頁。
(76) 邱沈鈞・丁緒曽「抗戦期間成都対日防空情報工作」（『存稿』第一四冊）八四一頁。

(77)『蔣中正総統文物』特交檔案―分類資料―軍事―特種情報―軍統（六）「毛慶祥呈蔣中正擬具調査統計局人員脱離技術研究室完全帰還調査統計局之辦法」（一九四二年一月二十八日）。
(78)『史要』上、三二四頁。
(79) 例えば、王維鈞「回憶参加研究日本密電碼的経過」（中国人民政治協商会議河南省委員会文史資料研究委員会編『河南文史資料』一九八五年）一三三頁。李世栄「軍統特技室的密碼戦」（『存稿』第一三冊）七七九―八〇頁。これらは一九八〇年以降の回想という点で共通している。管見の限りでの唯一の例外は、一九六三年に書かれた趙毓麟「国民政府軍事委員会委員長侍従室人事内幕」（『存稿』第一五冊）一―五頁であるが、関連部分に事実の誤りやその他の回想と矛盾する内容が散見されるため、慎重に検討される必要がある。
(80) 横山幸雄「特殊情報回想記」（防衛省防衛研究所図書館蔵）五四頁。有賀『日本陸海軍の情報機構とその活動』一四七―五〇頁。
(81) 池歩洲「軍事委員会訳電人員訓練班概況」（『存稿』第一四冊）八五九頁。無論、中国側でも暗号が厳密でないことを憂慮し、各部隊に簡易暗号を用いないよう検討していた。『唐縦日記』二九五頁。また、日本側でも同様に、下位部隊から徐々に解読していったと回想している（広瀬栄一「フィンランドにおける通信諜報」（同台クラブ講演集」編集委員会『昭和軍事秘話』上、同台経済懇談会、一九八七年）五九―六〇頁）。
(82) 魏「評述戴雨農先生的事功」四八頁。
(83) 池「軍事委員会訳電人員訓練班概況」八六〇頁。
(84) 楊肆「国民党軍電保密工作及其内部闘争」（上海市政協文史資料委員会『上海文史資料存稿彙編』上海：上海古籍出版社、二〇〇一年、第二冊）二二一頁。
(85) 霍実子・丁緒曽「国民政府軍事委員会密電検訳所」（『存稿』第一四冊）八〇五頁。
(86) 丁「蔣介石掌握的密碼情報機構」上、四五頁。葉「密碼電報研究機構内幕」八二二頁。
(87) 霍・丁「国民政府軍事委員会密電検訳所」八〇六―七頁。このうち、〃ＫＯＫＯＫ〃と丙、子……は別系統の暗号と考えられ、前者はアメリカ側がＰＡ―Ｋ２と呼んでいた暗号であり、後者がＪシリーズと呼んでいた暗号と考えられる。また五桁数字を指標とする機械によるものは暗号機Ｂ型（九七式欧文印字機）によるものであろう（ちなみに本回想は一九六一年に書かれたものである）。
(88) 丁「蔣介石掌握的密碼情報機構」下、六八頁。
(89)『蔣中正総統文物』特交檔案―一般資料―呈表彙集、参照。詳細な検討は今後に期したい。
(90)『蔣中正総統文物』特交檔案―分類資料―軍事―特種情報―軍統（六）「毛慶祥呈蔣中正彙呈七月一至十日偵收東京與羅馬通訊稿譯文」。ただ、時系列的に見てこれはＳＦ暗号ではないと考えられる。丁緒曽の回想によれば、ＳＦ暗号は一九四一年秋に解読されたという（丁「蔣介石掌握的密碼情報機構」下、六五頁）。現時点では対照すべき電報原文が確認できないため詳細は不明である。なお「数字」暗号は一〇桁の九一式機械暗号であろう。
(91)『蔣中正総統文物』特交檔案―分類資料―軍事―特種情

報―軍統（六）参照。
(92)『唐縦日記』二四一頁。
(93)霍・丁「国民政府軍事委員会密電検訳所」八一二頁。丁「蔣介石掌握的密碼情報機構」下、六八頁。
(94)葉「密碼電報研究機構内幕」八三一頁。
(95)同右、八三二頁。邱・丁「抗戦期間成都対日防空情報工作」八四二頁。
(96)邱・丁「抗戦期間成都対日防空情報工作」八四二頁。
(97)同右、八四八―四九頁。
(98)張令澳『侍従室回夢録』（上海：上海書店出版社、一九九八年）四五九頁。あるいは、限られた人員を効率よく作業させるために、国際情勢に関する情報をも広範に得られる外務省電報に人員を割き、海軍の暗号はさほど研究を行わなかった可能性もある。
(99)丁「蔣介石掌握的密碼情報機構」上、六八頁。
(100)技術研究室「報告」（『蔣中正総統文物』特交檔案―分類資料―軍事―特種情報―軍統（六）「毛慶祥呈蔣中正正継続努力研究蘇聯及欧州密碼法国密碼已有研究」）。
(101)『蔣中正総統文物』特交檔案―分類資料―政治防共―匪共参戦問題（二）「毛慶祥呈蔣中正截獲共党密電五份報告在山東沂水進西北一帯作戦情形及阜寧陳毅劉小奇発電報告蘇北冀北作戦情形」。『唐縦日記』二六五頁。
(102)『史要』上、三三二頁。
(103)『侍従室回夢録』四六二頁。邵毓麟「王芃生先生の追憶」（本郷賀一訳『抗日戦勝利の前後――中国からみた終戦秘話――』時事通信社、一九六八年）二〇四頁。南進に関わる史料は満鉄上海事務所の職員を通じて購入したとされ、意図的にリークされたものといわれるが、その真相は不明である。潘「国際問題研究所概況」九二〇―二一頁。
(104)『唐縦日記』一九〇頁。

（防衛省防衛研究所）

太平洋戦争下におけるアメリカと中国共産党のインテリジェンス関係

佐々木太郎

はじめに

太平洋戦争中のアメリカの中国政策は、蔣介石の率いる中華民国国民政府（以下、国府）を中国の正式政府とし、大規模な支援を行って共同で対日戦を遂行することを原則としたが、一九四三年頃からアメリカの中国共産党（以下、中共）に対する関心が非常に高まり、翌年七月には中共支配地域つまり赤区への米陸軍を中心とした軍事使節団の派遣（ディキシー・ミッション）によって、両者の密接な交流がなされるまでになった。

しかし、戦争終結直後、ソ連軍と呼応した中共軍がアメリカ軍と中国各地で軍事衝突を起こし、そしてアメリカが一貫して回避しようとしてきた国共内戦が再開したことは、アメリカの行ってきた中共政策の失敗を明らかにした。

本章では、アメリカと中共のインテリジェンス関係に焦点を当て、アメリカの中共関与の実態と、一方で中共がどのようにアメリカを誘動し、自らの優位を確立していったのかを、アメリカの対外情報機関「戦略事務局」（Office of Strategic Services, 以下ＯＳＳ）の情報史料を含めた米中の歴史資料などの分析から考察する。

一　アメリカの対中共接近の形成と展開

（一）中国におけるアメリカ諸勢力の角逐と対中共接近の開始

アメリカと中共が本格的に協力関係を目指す発端となったのは、中共の対外折衝を担当していた周恩来と、米外交官でジョセフ・スティルウェル（Joseph W. Stilwell）、中国・ビルマ・インド（ＣＢＩ）戦域司令官の政治顧問であったジョン・デイヴィス（John Paton Davies）との一九四三年三月に重慶で行われた会談であった。
この会談でデイヴィスは、「慎重に敵の諸活動に関して共産主義者の情報活動を利用できる可能性について探った」とし、中共は、「陝西北部において日本に関する、特に北支、満州、揚子江流域、そして最近までは海南島での日本の活動に関する安定した情報の供給があった」と認識した。(1)

この周との会談の後、デイヴィスは中共接近計画を立ち上げ、具体的な行動に乗り出した。日米戦の勃発以降、中共はアメリカに対し協力体制の構築を繰り返し打診し、デイヴィスはそれに呼応したのである。

デイヴィスがインテリジェンス面で中共との接近を計画した背景には、端的に言えばCBI戦域のインテリジェンスにおけるアメリカの様々な勢力同士の角逐があった。インドでは、アメリカのインテリジェンスは米陸軍情報部が中心となっており、一方中国では、対日情報活動のために国府と共同で設立した「中米合作所」(SACO)は、米海軍グループが主体となって運営された。

さらにアメリカ初の中央情報機関であるOSSやホワイト・プロパガンダを担当する「戦時情報局」(OWI)、経済情報を収集分析する「経済戦委員会」(BEW)といった新興の情報機関が、同戦域に次々と参入し活動の場を求めていた。

デイヴィスとしては、専門とする中国を軸として自らの影響力の確保が必要とされた。スティルウェルの同意を得た後、デイヴィスは自らと同じく宣教師の子として中国で生まれ、中国語を流暢に操る典型的な「中国通」であったジョン・サーヴィス (John Service) を含めた四人の外交官をスタッフとして派遣することを国務省に提案した。(2)

提案書の中でデイヴィスは、重慶とニュー・デリーにある米陸軍司令部の二つの調査分析委員会が正式にOSSの組織となり、さらにBEWやOWIの代表もその委員会に参加する可能性を指摘して、そうなった場合にデイヴィスを含めたこれら外交官が、新興の情報機関がなした間違いを無効にし、プログラムの進展や重要な情報について大使館に報告し続けることができるとして提案の意義を述べている。(3)

一方当初から軍情報部との軋轢の中にあり、またヨーロッパ戦線ではイギリスが主導権を握っていたことにより、OSSにとっても中国はいわば「フロンティア」であった。中国における米海軍グループの責任者で、またSACOの副長官であったミルトン・マイルズ (Milton Miles) 大佐を、OSSは極東チーフに任命し中国での活動の責任者としたが、依然として国府との情報協力においては、米海軍グループが主導権を握っていた。

デイヴィスは、OSSとの関係を構築するため、OSS長官であるウィリアム・ドノヴァン（William Donovan）の法律事務所の出身で当時OSSロンドン支局の特殊工作活動に従事する部局の主任であったリチャード・ヘップナー（Richard Heppner）中佐を、CBI戦域のOSS主任に推薦し、スティルウェルに受け入れられた。[4]

中国の米陸軍とOSSとしても、米海軍のマイルズと国府の情報機関である「軍調査統計局」局長でSACO長官でもある戴笠とが、中国戦域と東南アジアにおける活動を独占していることを不満に思っていた。彼らはマイルズの影響力を制限することを望んでいた。[5]

つまり海軍グループという先行者を牽制して、中国での活動を強化し影響力を確保したいという点で、デイヴィスら外交官たちと陸軍そしてOSSは目的が一致していた。これ以後、理論的支柱としてのデイヴィスら外交官たちと陸軍、そしてOSSは協力して、未だどの勢力も本格的な接触を図っていない中共との関係を構築し、それを足掛りに影響力を行使することを目指した。

デイヴィスが就いた「政治顧問（political advisor, POLAD）」は、第二次世界大戦から始まり現在まで続く制度で、外交官が軍の司令官に政治、経済、国際情勢などについて助言をするとともに、軍官と文官の間の調整役として重要視されているものである。

前記したデイヴィスによるサーヴィスらの派遣の提案書が示すように、彼は軍官と文官の間を繋ぐ調整役としての政治顧問本来の責務を十分に認識していたとは言えず、目的が一致する勢力とだけ、つまり陸軍及びOSSとの調整を中心として活動するようになった。

デイヴィスの中共接近計画が本格的に動き出す契機となったのは、当時主要な課題となっていたビルマ奪還において米空軍の戦略が注目され、[6]また南東アジア連合国司令部（SEAC）の設置によって、イギリスの影響力が拡大することに対し、米陸軍が中国戦域での成果を必要としていたことがある。[7]

それゆえスティルウェルやその幕僚のフランク・ドーン（Frank Dorn）らが指揮する陸軍戦域司令部としては、米空軍や米海軍グループに対する対応とともに、中共軍を利用して日本軍に対する巻き返しを行うことが重視された。スティルウェルはデイヴィスの計画を推進する一方、具体的に国共合同の軍事作戦について検討を行い、[8]軍事・準軍事における影響力の確保と戦局の停滞の打破を目指したのである。

このように中共接近を志向する勢力が本格的に動き出す

中、「一号作戦」など日本軍の攻勢によって、国府軍が大きな打撃を蒙ったことは、アメリカ全体の中共への関心を強めても弱めることはなかった。

（二）デイヴィスら政治顧問の中共観とディキシー・ミッション

一九四一年六月の独ソ戦勃発以来、ソ連が連合国の一員となったことを考えれば、イデオロギーの問題を超えて、アメリカが対日戦のために中共との連携を志向したことは不思議ではない。しかし、デイヴィスらが推進した中共との連携は、中共を対日戦に利用する目的とともに、中共をソ連から離間させ、極東におけるソ連の覇権の確立を阻止することが重要な目標であった。

デイヴィスは、「我々は蔣に対する変わらぬ関与を避けなければならない。我々は戦中もしくは戦後に起こりうる中国の再編に適応できるようにするべきである」[9]とし、腐敗し民衆の支持を失っている国府は、内戦が再開すれば政権を維持できないと考えていた。デイヴィスは内戦においてアメリカが引き続き国府を支援し、ソ連が中共への積極支援に動けば、中国をソ連に明け渡してしまうことになると認識していたのである。[10]

またデイヴィスは中共がコミンテルン解散後も親ソ的立場をとる党指導部と、民族主義的傾向を強める兵士やゲリラによって二つに分裂し、後者が中共の大きな流れであると認識していた。[11] ソ連と同盟国としての関係は維持したいが、極東でのソ連の影響力拡大は阻止したいとするディレンマに陥ったアメリカにとって、端的に言えば中共は共産主義のイデオロギーに完全には染まっておらず、中共と早急に友好関係を構築できれば、中国全体にソ連の影響力が広がることを阻止できるとするデイヴィスの主張は、非常に魅力的なものであったといえる。

すでにアメリカでは政府や知識人の間で、中共を単なる「農業改革者集団」であるとし、そのイデオロギー性を過小評価する見方がかなり広まっていたが、ディキシー・ミッションやその実施の約二カ月前に行われた外国人記者団の赤区訪問によって、その認識はさらに強まった。デイヴィスは、「中国人共産主義者は背教者である」[12]とし、実質的に中共は共産主義を捨てたと認識した。

一方ディキシー・ミッション団長のデイヴィッド・バレット（David Barret）大佐の政治顧問として赤区入りしたサーヴィスは、中共に好意的な報道に惑わされないように気を付けていたと断った上で、「従って、私の第一印象、そして残りの使節団のそれが極端に好ましいものだったことは興味深い」と国務省に報告した。[13]

のかを、客観的な立場から検証していることを強調しているわけだが、しかし彼はディキシー・ミッションの開始以前の段階で、中共のイデオロギーの問題を把握することを放棄していた。

一九四四年三月に、アメリカによる赤区での情報収集活動の計画があった。これは陸軍情報部、第一四空軍情報部、航空地上救援局（ＡＧＡＳ）、国務省そしてＯＳＳが協力し、情報収集部隊を派遣するというものであった[14]。サーヴィスはこの計画に関わり、彼自身も部隊の一員として活動する予定であった。

サーヴィスは、この計画の参加者が事前に中共に関する知識を得るための資料として、エドガー・スノウ（Edgar Snow）、エヴァンス・カールソン（Evans Carlson）、アグネス・スメドレー（Agnes Smedley）ら実際に赤区に入って活動した人々の著作を挙げた[15]。

サーヴィスは、「これらの著作やリポートのいくつかは、親共産主義に思われるかもしれない[16]」と述べるが、こう続ける。

　それは全く正しい可能性があるが、判断は保留するべきだ。［略］我々の仕事は共産主義者たちが良いか悪いかを検証することではないということを思い出さなければならない。我々の根本的な関心は、もっとも迅速で効率的な手段で、日本に対する戦争を援助することである[17]。

そもそも対日情報活動における協力関係の構築ということで始動したアメリカの中共接近であったが、前述したようにスティルウェルら陸軍司令部の方針によって、対日戦全般における協力関係の構築が目指され、中共のイデオロギーについては等閑視されたのである。

一九四三年中には重慶において、海軍武官以外のアメリカの通信システムを管理下に置き、本国へ送られる中国情報の内容に影響力を行使できていたといわれるデイヴィスら政治顧問たちは[18]、ディキシー・ミッションにおいて、中共のイデオロギー性を無視し、赤区を賞賛する内容の報告書を大量に作成、本国に送付したのである。

（三）　ＯＳＳの台頭とデイヴィスの挫折

日本軍の「一号作戦」による国府軍の弱体化は、アメリカの対中共接近を加速させる一方で、ＳＡＣＯの存在で思うような活動をできなかったアメリカの情報機関を大きく発展させる契機ともなった。ＯＳＳの各部局は急速に拡大発達、中国に展開された全米軍のための情報活動の多くをまかなうまでになり、[19]中国側から独立した活動を行うようになった。

中国現地の米陸軍としては、OSSと対中共接近において共通の目的をもっているとはいえ、OSSの中国での影響力が強くなり過ぎることは当然避けねばならなかった。一九四四年秋にスティルウェルに代わり、中国戦域司令官に着任したアルバート・ウェデマイヤー(Albert C. Wedemeyer)は、SACO内のOSS派遣団に対する指揮権を掌握して、マイルズの影響力を殺ぐ一方で、ヘップナーを中国のOSS主任として自らの直属とし、現地中国のOSSを統制下に置いたのである。[20]

しかしこれ以降、中国におけるさらなる成功を目指し、アメリカ本国のOSS本部が直接中国に介入してくる動きを見せたことで、アメリカの対中共接近はさらに複雑な様相を帯びることになった。

延安におけるバレット、デイヴィス、周恩来らの会談において、中共側はアメリカとの軍事協力の意向を示し、これに対しデイヴィスは、OSSと中共との協力を提案した。中国戦域司令部のロバート・マックルアー(Robert B. McClure)少将は、バレットとデイヴィスから報告を受けた上で、OSSのウィリス・バード(Willis H. Bird)中佐の延安行きを承認した。

マックルアーはバードの延安行きを許可した理由について、ドノヴァンによる華北における中共接近計画の機先を制するためであったとし、[21]バードを管理下に置くことで、ワシントンのOSS本部の中国への直接介入を牽制しようとしていたことを示している。

米陸軍とOSSの間の緊張を孕みながらも、一九四四年十二月半ば、毛沢東、朱徳、周恩来ら中共幹部とバード、バレット、デイヴィス、そしてサーヴィスらが参加する会談が開かれ、中共への武器援助を盛り込んだ具体的な軍事・準軍事両面での協力関係の構築が合意された。[22]このとき一九四三年以来デイヴィスが進めてきた中共利用の構想が、その実現に最も近づいたのだが、すぐに破綻することになった。

国共間の調停を目指すも連合政府樹立について国府の承認を得ることができずに、苦境に立たされていた新任の駐中アメリカ大使パトリック・ハーレー(Patrick J. Hurley)が、デイヴィスらが国共調停に水をさすような中共との協力計画を秘密裏に進めていた事実を知ったことで、アメリカの中国政策の現場を揺るがす大問題に発展し、結果としてデイヴィスらの解任にまで至ったのである。

この事件が端的に言って、中共接近に絡んだアメリカの様々な勢力の角逐が引き起こした象徴的な事件であったことは、ハーレーにデイヴィスらの動きを伝えたのが、海軍グループのマイルズであったことによくあらわれている。[23]

以上のように、太平洋戦争下の中国において、アメリカの諸勢力同士の牽制とそれが生み出した混乱は、中共問題において極まった。その混乱の中では、中共の実態や中共とソ連との連帯がどれほどのものであるかといった、中共との連携を目指す前にしっかりと把握されておかなければならない問題が等閑にされ、まず中共との協力ありきとして、デイヴィスら外交官たちと陸軍及びOSSが、中共への接近を急進化させていったのである。

では一方の中共は、アメリカに対しどのような対応をとってきたのだろうか。前述したようにアメリカの中共接近のきっかけとなる両者の情報協力の提案は、中共側から打診されたものであった。次節では、中共が展開した対米情報活動について見ていくことにする。

二　中共の対米情報活動の形成と展開

(一)　統一戦線工作としての対米情報活動

中共はコミンテルンの人民戦線戦術の採択以後、国際的な統一戦線の形成のために自らに友好的な外国人との連携を目指した。このことがアメリカの中共との関係に果たした意味は非常に大きい。

アメリカ人ジャーナリストのエドガー・スノウが、一九三六年に赤区を取材し、それを基にした著作の中で、中共の政治信条を共産主義というよりも、「農業平等主義」であると主張したことが、[24]一九四〇年代にアメリカで広がった中共のイデオロギー性を過小評価し、生活向上のための単なる「農業改革者集団」であるとする見方の淵源であったといえる。

ともにコミンテルンのエージェントで一貫した中共の擁護者であったアグネス・スメドレーと孫文夫人の宋慶齢、[25]そして中共の情報機関の幇助によってスノウが赤区を訪れていることや、[26]また赤区での毛沢東らとのインタビューの草稿に中共側の検閲が入ったことが示すように、[27]スノウとの関係構築は中共が初めて本格的に着手した対外工作であった。[28]

また中共はスノウに対する工作を行う一方で、当時模索していた張学良との連帯において、両者の関係を国際的に報道する必要性を認識し、スメドレーを西安に招聘した。[29]一九三六年末に発生した西安事変において、スメドレーは周恩来と接触後、張学良本部から事件の模様を伝えるラジオ放送を中共党員の王炳南らと行った。[30]スノウやスメドレーに対する工作に関わった周恩来や王炳南らによって、以後の中共の対外情報活動が展開されていくことになったのである。

上海クーデタの失敗など一九二七年の中国におけるソ連の進攻路線の破綻以来、ソ連から表立った「認知と支援」を得ることが難しかった中共は、ソ連の代わりに米英から認知と支援を得て、党と毛沢東体制の安定化を図ることが必要であったといえ、それゆえスノウなどに対する工作は重要な活動であったのである。

日中戦争が始まると毛沢東は、ソ連を最も信頼すべきとしつつ、米英の認知と支援を獲得する必要性を主張し、(31)中共は対外的な宣伝活動を活発化させ、この方針は以後も一貫して追求された。この中共の対外宣伝活動の中心地となり、そしてアメリカと中共との関係において重要な役割を果たしたのが、日本軍によって陥落するまでの漢口であった。

中共は出先機関の「長江局」を漢口に置き、周恩来らが対国民党及び対外的な折衝を行った。この長江局には「国際宣伝委員会」及び「国際宣伝組」が設置され、周や王炳南らが外国人に対する活動の指揮をとった。(32)

当時の漢口は、スペインの状況と比較され、反ファシズムの機運が非常に高まり、スメドレーやスノウだけではなく、エヴァンス・カールソンなど左派的な外国人が多く滞在していた。カールソンは情報収集のためにルーズヴェルト大統領が個人的に中国に派遣した米海兵隊員で、彼は日中戦争勃発直後にスノウの仲介で米軍人として初めて赤区に入ると、熱狂的な中共支持者になり、漢口では中共を擁護する主張を繰り返していた。(33)

またデイヴィス、スティルウェルやドーンといった、太平洋戦争中の中国においてアメリカの中共接近を中心的に担うことになる人物たちが、当時の漢口で勤務していたことに注目しなければならない。デイヴィスらは左派外国人らと親しく交際し、スティルウェルやカールソンなどは、スメドレーとともに中共支援活動を行った。(34)彼らはいわば親中共的なコミュニティを形成し、中共と接触をもっていたのである。(35)

周恩来ら中共党員は漢口滞在の外国人との個人的な関係を構築する一方、国際的な認知と支援を獲得する手段の一つとして、米大統領夫人エレノア・ルーズヴェルト（Eleanor Roosevelt）など、多くの外国の著名人も関わるようになる工業合作社運動などの国際的な中国支援運動を利用した。(36)

中共の対外活動の中心となっていた漢口において、内外に親中共的な中共観が広まる契機と国際的な中共支援の動きが生まれ、そして後年のアメリカの中共接近を推進する人物たちが中共との関係を築いていたことは、十分に指摘されなければならない。

(二) 対米情報活動の強化——アメリカ・国府間分断のための偽装工作の展開——

漢口陥落直前の一九三八年九月から延安において開かれた六回六中全会で、党内における毛沢東の指導権が確立されてから、中共のインテリジェンスにおける組織的整備が進んだ。長江局は廃止され、新たに設立された中共の出先機関の中で、重慶に置かれた「南方局」が以後の中共の対外活動において重要な役割を果たすことになり、同局の「統一戦線工作委員会」は周恩来が主導した。

翌一九三九年に入り再び国共間の対立が深まる中、本格的な情報機関として「中央社会部」が創設される一方、四月に周の指示で統一戦線工作委員会下に「対外宣伝小組」(一九四〇年十二月に「外事組」に改称)が王炳南を長として設置され[37]、国内外に対する情報活動が強化されていった。

漢口陥落後は南方局管轄下の重慶や香港が中共の対外情報活動の中心地となった。アメリカで華僑工作を行っていた中共の情報工作員である陳翰笙は、香港で活動を行うように指示を受けて同年五月に同地入りし、宋慶齢が名誉主席に就いていた工業合作社の国際委員会の秘書となった。陳は同委員会に集まる多額の寄付金を延安に転送する工作に従事した[38]。

同じく宋慶齢が長を務めた「保衛中国同盟」も、香港及び同地陥落後は重慶において左派外国人たちを糾合し、中国の窮状を訴え世界に向けて支援を求めたのであるが、その支援の多くも中共側に流れたのである[39]。同盟の主要な活動家には、国民党左派として著名な廖仲愷の息子で、当時香港の八路軍弁事処の責任者として中共の情報活動を指揮していた廖承志などがいた。同盟は実質的に中共の統一戦線工作のための外郭団体として、親中共反国府の国内外の世論を喚起したのである[40]。

このように中共は国際的な認知と支援を得るための活動を強化する一方で、一九四〇年頃には国際情勢についての認識を発展させ、アメリカこそ今後中国に最も影響を与える国家であるとみなすようになった[41]。そして同年の日本の仏印進駐によって、アメリカ参戦の可能性が高くなると、中共はより一層米英との関係強化に向かった。

毛沢東は『新民主主義論』を発表し、中共を民主主義的且つ民族主義的な存在として、国府やソ連との異質性を明らかに感じさせる主張を展開し、周恩来もアメリカのメディアに対して、国府を非難し、中共のソ連との連帯の弱さをアピールする一方[42]、周は訪中した米大統領の特別補佐官ラフリン・カリー(Lauchlin B. Currie)との非公式の会談を行うなど、アメリカ関係の折衝を活発にこなした。

さらに中共中央は赤区を訪問する外国人記者を、情報や外交に携わる人員とみなして対応せよとする党内指示を出し、[43]対外情報活動の重要性を喚起した。漢口陥落以来とくにアメリカ参戦後の重慶では、周恩来や宋慶齢が統一戦線工作を通じて、スティルウェルやサーヴィスなどアメリカの軍や政府の人々だけでなく、多くの外国人記者たちと友好関係を構築し、[44]一九四四年の赤区訪問にはそれら外国人記者が参加して中共を賞賛する報道を行ったのである。

またアメリカ参戦後すぐに、中共中央は広東、海南島、そしてヴェトナムなどの東南アジア各地における米英との軍事及び情報協力についての具体的な計画を立ち上げ、周恩来と廖承志に交渉の指示を出した。[45]当時は日本軍による香港攻略作戦が進められていた時期であった。この後中共は本格的に軍事・準軍事面での協力をアメリカ側に打診するようになったのである。

アメリカの対中共接近が本格化する一九四三年末に、実際に中共と米英の共同作戦によって、香港の奪還を目指す計画が立てられていることは、[46]一九四一年末以来の中共の米英に対する協力の打診を考慮しなければならない。

このように中共がアメリカ参戦直後に、華南や東南アジアでの対米英協力計画を立ち上げることができたのは、同年一月に発生した国府軍による中共軍に対する攻撃、つまり皖南事変によって国府との対立が決定的になった後、中共がソ連に頼らない独自の情報体制を構築する必要性を認識し、国内のみならず東南アジアなどの植民地地域での情報活動を整備していったからであった。[47]

このことは国府との対立において優位に立とうとする志向が、独自の情報体制を構築し、そしてその情報面でアメリカとの協力関係を求める中共の姿勢の根底にあったことをよく示している。つまり中共にとってアメリカに接近することは、アメリカと国府を分断することにほかならない。アメリカからの膨大な支援によって戦争を遂行していた国府がアメリカと関係を悪化させ、アメリカの認知と支援が中共に向かうことになれば、中国における国府の影響力が低下することは明らかであった。

またそのような国府の弱体化が、国府との関係を重視したソ連を含めた諸外国の従来の中国政策に、大きな影響を与えるものになることも明白である。つまり中共にとって全てはアメリカといかに良好な関係を築くかにかかっていたのである。

中共はアメリカを取り込むために、ソ連との連帯の弱さ、国府とは全く異なる腐敗のない民主主義体制の実施というイメージを意図的に作り上げていった。周恩来や宋慶齢らが中心となって、アメリカに対する統一戦線工作を展開する中、デイヴィスやサーヴィスは自らの政治目的のために、中共に呼応していったのである。

しかし一九四四年にアメリカ人が賞賛した赤区の実態が、一九四二年から丸二年続く整風運動による大粛清によって、民主主義とはおよそ懸け離れたものであったことは、中共が一貫して大規模な「偽装（*deception*）」を展開し、成功したことを如実に示すものであろう。

中共は単なる秘密情報の収集などではなく、外国人の取り込み及びプロパガンダを通じて外国政府の中国政策そのものに影響を与えていくという、非常に高度な情報活動を展開していたということができる。

（三）　中共の対米姿勢の転換とアメリカの対応

見てきたように、中共はアメリカの認知を得るということに関しては、ディキシー・ミッションの実施によってかなりの成功を収めた。そしてアメリカから支援を得ることに関しても実現の直前までいったが、デイヴィスの失脚で難しくなった。しかし中共は諦めてはいなかった。

一九四五年一月末から国共交渉が再開され、それに合わせ中共軍総司令の朱徳はドノヴァンに対し、汪精衛政府軍に対する情報活動を活発化させ、将兵を買収しその武器を購入することを目的とする資金として、総額二千万ドルの支援を内密に申し入れた[48]。

ドノヴァンは、朱徳が求める資金援助と、実質的には情報収集部隊の派遣である赤区で墜落した米軍飛行士救出部隊派遣の必要性を訴えたが、ウェデマイヤーは取り合わなかった[49]。しかし、何としてでも華北にＯＳＳの影響力を拡大したいドノヴァンらワシントンのＯＳＳ本部は、ウェデマイヤーの統制を外れて、自らが直接指揮する情報活動部隊を華北の日本占領地域に投入する計画まで立てた[50]。

一方国共交渉は成果もなく一時中断され、翌月十六日に中共側代表の周恩来は延安に帰った。そしてその翌日、ハーレーはウェデマイヤーから報告を受けていた朱徳の資金援助要請を拒否することを国務省に報告し[51]、十九日には両者はともにワシントンに状況を報告するため重慶を発ったが、ちょうどこの頃中共はアメリカとの関係に完全に見切りをつけたと見られる。

延安に駐在していたソ連赤軍情報部員は、十九日夜の中共幹部たちの様子をこのように伝えている。

誰もが事態の変化に満足していた。いまや全員がソ連に希望をつないでいた。みな私がなにもかもモスクワに報告するであろうことを気にもとめず、遠慮なくしゃべっ

た。アメリカ人の事となるとみな悪し様にののしった。(52)

同月四日から約一週間にわたって行われたヤルタ会談において、対日参戦と引き換えにソ連に満州の事実上の支配権を与えることを認めた、いわゆる「ヤルタの密約」がなされた。この決定的な事態の変化が、中共の対米姿勢の転換に踏み切らせたと考えられる。

一方アメリカ政府は国府の反発を避けるために、蔣介石のみならずハーレーにも密約について通知していなかったが、ワシントンに戻ったハーレーは、ヤルタ会談の記録から密約の存在を確認した。(53) 恐らくハーレーは密約の影響を危惧し、三月半ばにOSSに対し赤区での活動の必要性を認めた。(54)

四月にソ連によって日ソ中立条約が廃棄され、OSSはヨーロッパでの経験から、ソ連の情報工作員が大量に中国に送られてくることを恐れ、何としてもソ連より先に華北をおさえる必要に迫られた。

注目すべきは、OSSはソ連より先に華北に浸透して、共産主義者を組織化することを目指していたのである。(55) つまりここに至っても、中共をソ連から離間し取り込むことができるとする、デイヴィスやサーヴィスの方針通りに、OSSは行動していたのである。

ソ連の動向が注目される中、ウェデマイヤーは従来の方針を転換し、華北におけるOSSの秘密情報活動のみならず特殊工作活動をも許可した。(56) これによってワシントンのOSS本部は、秘密裏に進めていた情報活動部隊の華北への派遣を公然と行えるようになった。

しかし、以後のOSSの華北での情報活動は、国府との協力で推進されていく。ウェデマイヤーとしては国府の承認とその連携なしに、実際の戦闘を伴うこともある特殊工作活動などの情報活動を行う考えは全くなかったといえる。

一方ウェデマイヤーの決定を受けてヘップナーが、「おそらく我々はディキシー・ミッションを乗っ取るだろう」(57)と見ていたことは、この時点でもやはりOSSが中共との連携を念頭にしていたことを示す。

つまり戦域司令部とOSSとの間に大きな認識の相違が存在していたのである。OSSの中では中共と友好を維持し、一方で中共をバイパスして、彼らの影響力の強い華北で活動するという考えが問題なく同居していた。

しかし、中共側としては有効な支援も行わないアメリカが、華北で自由に活動し、さらに国府軍が流入してくることなど到底認められるものではなかった。実際六月に、国府軍のスタッフが加わったアメリカの情報活動部隊が華北で活動中に中共によって拘束される事件が発生し、アメリカと中共の最初の軍事的な対立となった。(58)

またＯＳＳの機密文書がアメリカの極東問題の専門誌に掲載されたことが発端となって、雑誌関係者らとともにサーヴィスが逮捕されたことで、アメリカと中共との関係はさらに悪化した（アメラシア事件）。

サーヴィスは、ハーレーによって本国に召還されることになると、ＯＳＳ高官のダンカン・リー（Duncan Lee）によるＯＳＳ入りの要請を断って[59]、四月に帰国していた。サーヴィスはワシントンでラフリン・カリーらの勧めを受けて、中国についての情報をマスコミに提供することにしたのである[60]。サーヴィスは不起訴処分になったが、米政府内の親中共の中心人物の逮捕に中共は反発した[61]。

中共とＯＳＳは関係が悪化した後も、宋慶齢を介して協力について交渉を行っていた[62]。しかし日本降伏後、山東地域で活動中であったＯＳＳの部隊が中共に拘束され、アメリカ人隊長が殺害された事件を皮切りに、アメリカと中共の一連の交戦が発生し、両者の関係が完全に破綻したことが明白となったのである[63]。

おわりに

ディキシー・ミッション実施直前から、スターリンをはじめソ連政府高官がアメリカ政府に対し、中共は共産主義者ではないという中共の共鳴者が行っていたのと同様の発言を繰り返し始める。ソ連の主張を真に受けたハーレーは、連立政権樹立を楽観し稚拙な行動を取ったため、国共調停に失敗した[64]。

歴史家タン・ツォウは、アメリカが中共の本質を見誤った理由を列挙し、その中でアメリカ人の共産主義についての無知を挙げている[65]。中共を農業改革者集団であるとする見方が、アメリカで影響をもったことはそのことを十分に示しているが、一方でそのような見方の普及を強力に後押ししたのが、中共とソ連による偽情報をはじめとする偽装工作であり、アメリカ人の取り込み工作であったことを看過することはできない。アメリカ人が本当に無知であったのは、共産主義勢力のインテリジェンスであった。

中共とインテリジェンスにおける協力を模索したはずのデイヴィスら米軍の政治顧問たちが、この共産主義勢力の強力なインテリジェンスの本質と、そして自身がそのターゲットになっていたことを十分に認識していたとはいえない。

デイヴィスは、一九二七年に発生した中国におけるソ連の進攻路線の破綻によって、スターリンは中国を失ったとみており[66]、それゆえ中共に接近してソ連から完全に切り離すことが可能とされたといえる。しかし、デイヴィスの中共接近計画が国務省に提出された直後に、同省の中から は、一九二七年以降も中国において、共産主義勢力の秘密情報活動が活発に展開されていることを実例を挙げて指摘し、共産主義勢力の実態について警鐘を鳴らす声もあった。[67]

この意見がデイヴィスらに受け入れられた様子はないばかりか、彼らは親中共的でない現地外交官を「ファシスト」と非難した。[68] このことは実質的に「情報の政治化」を引き起こし、中共との連携において都合の良い情報しか評価されない事態であったといえる。

当初からデイヴィスは、軍官と文官の間の調整役としての政治顧問本来の責務よりも自らの権益を確保することを優先し、中国で十分に影響力を行使できずにいたアメリカの諸勢力を取りまとめる動きに出たのである。ここにおいて中国のアメリカのインテリジェンスが正常に機能する余地はなくなったというべきであろう。

デイヴィスら政治顧問たちの行動は、自らの政治目的のために危機を著しく煽り、情報を歪めるという、古くからのアメリカの政治的伝統に繋がるものであったといえる。[69] そして陸軍やOSSの方も、自らの影響力拡大のために、デイヴィスらに追随していったことは、縷々見てきた通りである。

とくにOSSは、アメリカ初の中央情報機関でありながら、中共についての正確な情報を得ることよりも、中共との連携によって組織拡大を追求することが専らとなっていたというほかはない。

また一方で当時のアメリカのインテリジェンスが危機的な状況であったことは、このOSSをはじめ、アメリカ政府全体に大規模なソ連の諜報網が構築されていたことに示されている。

ソ連崩壊後にロシアで公開された資料やアメリカが傍受・解読したソ連の暗号電文の公開によって、とくにアメリカの中国関係の領域にソ連の浸透が及んでいたことがはっきりしている。[70] ラフリン・カリーやダンカン・リーのように中国政策に関わった者がソ連のエージェントであったことや、[71] またソ連の秘密警察が駐米情報工作員に対し、米大統領夫人が関心をもつ中国支援団体を利用して彼女に接近せよと指示していたことなどは、[72] そのことをよく示している。

つまり日本に対する戦いをしていたアメリカは、同盟国ソ連から「攻勢」を受けていたのである。アメリカが中国政策の舵取りを大きく誤った理由の一つとして、日中戦争及び太平洋戦争下における共産主義勢力との情報戦に、アメリカが有効に対処できなかったことを指摘しなければならないだろう。

註

（1） U.S. Department of State, *Foreign Relations of the United States* (hereafter cited as *FRUS*), *1943*, *China* (Washington, D.C. : U.S. Government Printing Office ⟨hereafter cited as U.S.

GPO〉, 1957), pp. 214–16.

(2) *Ibid.*, pp. 60–61.

(3) *Ibid.*

(4) John Paton Davies Jr., *Dragon by the Tail: American, British, Japanese, and Russian Encounters with China and One Another* (New York: Norton, 1972), pp. 286–87.

(5) Halliwell's log, Jan. 18, 1944, *Records of the Office of Strategic Services, Washington Director's Office Administrative files, 1941–1945* (National Archives and Records Administration, NARA Microfilm Publication M1642)(hereafter cited as *M1642*), roll. 55(frame 279–80).

(6) 国府と友好的な関係にあった第一四空軍は、米海軍グループと情報協力を行っているが、後述するように米陸軍やOSSとも協力していた。

(7) Maochun Yu, *OSS in China: Prelude to Cold War* (New Haven: Yale University Press, 1996), p. 119.

(8) Charles F. Romanus and Riley Sunderland, *Stilwell's Mission to China* (Washington, D.C. : U.S. GPO, 1987), pp. 367–69.

(9) *FRUS, 1943, China* (Washington, D.C. : U.S. GPO, 1964), p. 399.

(10) *Ibid.*, p. 260.

(11) *Ibid.*

(12) *FRUS, 1944*, Vol. VI, *China* (Washington, D.C.: U.S. GPO, 1964), p. 669.

(13) *Ibid.*, pp. 516–20.

(14) Memo, Demas to Donovan, May 4, 1944, *M1642*, 80(258–95).

(15) *Ibid.*

(16) *Ibid.*

(17) *Ibid.*

(18) Freda Utley, *The China Story* (Chicago: Henry Regnery Co., 1951), p. 110

(19) Kermit Roosevelt, *The Overseas Targets: War Report of the OSS*, Vol. II (New York: Walker and Co., 1976), pp. 428–29.

(20) Yu, *OSS in China*, pp. 182, 200.

(21) Bradley F. Smith, *The Shadow Warriors: O.S.S. and the Origins of the C.I.A.* (New York: Basic Books, 1983), p. 315.

(22) Yu, *OSS in China*, p. 186.

(23) Frederic Wakeman Jr., *Spymaster: Dai Li and the Chinese Secret Service* (Berkeley: University of California Press, 2003), p. 348.

(24) Edgar Snow, *Red Star over China* (New York: Random House, revised ed., 1938), p. 211.

(25) コミンテルンとスメドレー及び宋慶齢の関係については以下を参照。Ruth Price, *The Lives of Agnes Smedley* (New York: Oxford University Press, 2005); Stephen Koch, *Double Lives: Stalin, Willi Münzenberg and the Seduction of the Intellectuals* (New York: Enigma Books, 2004), p. 239.;「廖承志文集」編輯弁公室編『廖承志文集』下巻、安藤彦太郎監訳（徳間書店、一九九三年）三二〇—二四頁。

(26) Snow, *Red Star*, pp. 23–61.

(27) エドガー・スノウ『中共雑記』小野田耕三郎・都留信夫訳（未来社、一九六四年）六頁、八九—九五頁。

(28) 中共のインテリジェンスの歴史における「スノウ工作」の意味については、拙稿「中国共産党のインテリジェンス体制——中共型インテリジェンス形成への道　一九二四年〜一九四九年——」（中西輝政・小谷賢編『インテリジェンスの二〇世紀——情報史から見た国際政治——』千倉書房、二〇〇七年）を参照。

(29) Janice and Stephen MacKinnon, *Agnes Smedley: The Life and Times of an American Radical* (Berkeley: University of California Press, 1988), pp. 170–71.

(30) *Ibid.*, p. 177.

(31) 「毛沢東　日本帝国主義の進攻とたたかう方針・方法およびその前途について」〈一九三七年七月二十三日〉〔日本国際問題研究所中国部会編『中国共産党史資料集』第八巻（勁草書房、一九七四年）〕四七五—八二頁（以下『資料集』と略記）。

(32) 中共中央文献研究室編『周恩来年譜　一八九八—一九四九』（北京：中央文献出版社、人民出版社、一九八九年）四一一頁。

(33) Kenneth E. Shewmaker, *Americans and Chinese Communists, 1927–1945: A Persuading Encounter* (Ithaca: Cornell University Press, 1971), p. 102.

(34) Agnes Smedley, *Battle Hymn of China* (New York: Alfred A Knopf, 1943), pp. 221–22.

(35) 漢口における外国人の様子については以下を参照。なお元イギリス共産党員のフリーダ・アトリーは、当時漢口に滞在し現地の外国人たちと交流があった。Utley, *The China Story*, pp. 103–9; MacKinnon, *Agnes Smedley*, pp. 195–210.

(36) 中共中央文献研究室編『周恩来年譜』四一四—一五頁。

(37) 同右、四三一頁、四三九頁。

(38) 陳翰笙『四個時代的我』（北京：中国文史出版社、一九八七年）六五—六八頁。

(39) Shewmaker, *Americans and Chinese Communists*, pp. 92–93.

(40) 保衛中国同盟や工業合作社などでの宋慶齢らの活動については、イスラエル・エプシュタイン『宋慶齢——中国の良心・その全生涯——』下巻、久保田博子訳（サイマル出版会、一九九五年）四六—一一九頁を参照。当時エプシュタインは保衛中国同盟で宋慶齢らと活動し、また四四年の外国人記者団の赤区訪問では、『ニューヨーク・タイムズ』紙などの特約記者として参加した。

(41) Nui Jun, *From Yan'an to the World: The Origin and Development of Chinese Communist Foreign Policy*, trans. and ed., Stephen I. Levine (Norwalk CT: EastBridge, 2005), p. 74.

(42) 例えば、Robert W. Barnett, "An Interview with Chou En-lai," *Amerasia*, Vol. 5, No. 3 (May 1941), pp. 123–27.

(43) Nui, *From Yan'an to the World*, pp. 82–83.

(44) エプシュタイン『宋慶齢』下巻、八五—一一二頁。Shewmaker, *Americans and Chinese Communists*, pp. 125–127.; Utley, *The China Story*, pp. 139.

(45) 「中共中央関於太平洋戦争爆発後與英米建立統一戦線問題給周恩来等的指示」〈一九四一年十二月八日〉〔南方局党史資料編集小組編『南方局党史資料——統一戦線工作——』（重慶：重慶出版社、一九九〇年）〕七一頁。

(46) この計画はマイルズとは無関係に、スティルウェルの承認を得た後、ヘップナー指揮下で推進されることになった。Memo, Baker to Scribner, Dec. 2, 1943, *M1642*, 91(115–16).

(47) この点については、拙稿「中国共産党のインテリジェンス体制」八七—一〇七頁を参照。

(48) Letter, Chu The to Donovan, Jan. 23, 1945, *M1642*, 41(1083-84); "1945 Project and Budget for Undermining and Bringing over Puppet Forces," *M1642*, 41(1085-97).
(49) Memo by Donovan, *M1642*, 21(534-35); Cable, Heppner to Donovan, Feb. 17, 1945, *M1642*, 82(977).
(50) Yu, OSS in China, pp. 214-15.
(51) *FRUS, 1945*, Vol. VII, *The Far East, China* (Washington, D.C. : U.S. GPO, 1964), pp. 220-23.
(52) ピョートル・ウラジミロフ『延安日記——ソ連記者が見ていた中国革命——』下巻、高橋正訳（サイマル出版会、一九七三年）三二八—三三〇頁。
(53) Don Lohbeck, *Patrick J. Hurley* (Chicago: Henry Regnery Co., 1956), pp. 366-68.
(54) Memo, Donovan to Wedemeyer, Mar. 15, 1945, *M1642*, 21(336).
(55) Cable, 109 to Heppner, Apr. 6, 1945, *M1642*, 82(1337).
(56) Cable, Heppner to Donovan, Apr. 19, 1945, *M1642*, 82(1342).
(57) *Ibid.*
(58) Yu, *OSS in China*, pp. 222-23.
(59) Richard Harris Smith, *OSS: The Secret History of America's First Central Intelligence Agency* (Berkeley: University of California Press, 1981), pp. 276-77.
(60) Harvey Klehr and Ronald Radosh, *The Amerasia Spy Case: Prelude to McCarthyism* (Chapel Hill: University of North Carolina Press, 1996), p. 57.
(61) 「『解放日報』時評「アメラシア事件」について——アメリカの対華政策における二つの路線——」〈一九四五年六月二十五日〉（『資料集』第十二巻、勁草書房、一九七五年）四二四—二七頁。
(62) Memo, Shaw to Donovan, Aug. 21, 1945, *M1642*, 82 (1427-37).
(63) 一方で中共が国共内戦再開後もアメリカに対する統一戦線工作を引き続き行っていることには注意しなければならない。
(64) Tang Tsou, *America's Failure in China, 1941-50* (Chicago: University of Chicago Press, 1963), pp. 163, 181-83.
(65) *Ibid.*, pp. 219-36.
(66) Davies, *Dragon by the Tail*, pp. 134-42.
(67) *FRUS, 1943, China*, pp. 285-88.
(68) Utley, *The China Story*, p. 123.
(69) このようなアメリカの政治的伝統については、Rhodri Jeffreys-Jones, *Cloak and Dollar: A History of American Secret Intelligence* (New Haven: Yale University Press, 2nd ed., 2003) を参照。
(70) 当時のアメリカにおけるソ連の情報活動については以下を参照。Allen Weinstein and Alexander Vassiliev, *The Haunted Wood: Soviet Espionage in America —— the Stalin Era* (New York: Random House, 1999); John Earl Haynes and Harvey Klehr, *VENONA: Decoding Soviet Espionage in America* (New Haven: Yale University Press, 2000).
(71) Haynes and Klehr, *VENONA*, pp. 104-8, pp. 145-50.
(72) Weinstein and Vassiliev, *The Haunted Wood*, p. 62.

（京都大学大学院）

日中戦争期における重慶発ラジオ放送とその内容

川島　真

はじめに

日中戦争をめぐる「戦争とメディア」という課題は、昨今急速に研究が進展している。戦争それ自体にかかわる情報戦や諜報戦、あるいはプロパガンダをめぐる状況、ひいては戦時動員とメディアの関係について、日本本国のみならず台湾、朝鮮、満洲などの「帝国」全体、そしてアメリカや中国の状況をふまえた諸相が研究され始めている。[1] こうした「戦争とメディア」をめぐっては、新聞、雑誌、ラジオ放送などに始まり、写真、ビラ、ポスター、そして着物などの「エフェメラ」と言われるものに至るまで、豊富な研究が蓄積され始めている。[2] 本稿では、このうち戦時下において空間を超えるメディアとして戦争に多角的に利用され、東アジアの「電波戦争」を現出したラジオについて注目したい。[3]「戦争とラジオ放送」というテーマに関する目下の大きな課題には、(一) 放送内容策定過程、(二) 放送内容それ自体、および音声史料の使用方法の検討、(三) リスナーの動向とラジオ放送の社会的・文化的・政治的意味、(四) ラジオにまつわる技術史、産業史、(五) 傍受というもう一つのラジオ放送局のもつ意味の検討、などといった課題がある。これら五点のうち、本稿では第二と第五の課題について検討してみたいと思う。具体的には、中国から発せられた対外宣伝放送を傍受した日本側の記録をもとにして、その内容を考察しようと思う。傍受については少なからず先行研究が存在するが、[4] 本稿では、中国からの放送の傍受体制それ自体は今後の課題とし、東アジア・ラジオメディア史研究では依然として決して多くない、その放送内容そのものを検討対象としたい。戦時中、ラジオ放送が「事実」を伝えるものであったかどうかは別にして、相手側の放送内容をふまえた上で行われる一種の敵対国どうしのコミュニケーションツールであり、また時には外交的な機能を果たすことさえあり得たのである。

本稿が対象とする中国からの日本語によるプロパガンダ放送については、貴志俊彦「重慶国民政府による日本語プロパガンダ放送」(〈特集　メディアとプロパガンダ〉『アジア遊学』第五四号、二〇〇三年八月、後に貴志ほか『戦争・ラジオ・記憶』に採録)がある。ここではこの貴志論文の成果をふまえつつ、当該論文が割愛している放送内容それ自体について検討を加えてみたい。日本側が傍受した放送内容を検討しても、傍受した側の認識やその影響、あるいは満洲国や汪政権などの放送内容について検討しなければ、コミュニケーションの全体像はわからないのだが、残された史料から考えれば、そうした放送の内容から、傍受した内容に基づいた認識や影響を考察することは現在のところ難しく、まずは膨大な記録として残されている日本側の傍受内容を検討する作業が必要と思われる。[5] 本稿では史料紹介もかねて、日本側の傍受記録の内容を重慶発の放送を中心に(紙幅の関係で日中戦争初期について)整理してみたい。

一　中国からの宣伝放送と日本での受信・傍受

中国は、中国語や日本語、またそのほかの言語で対内外宣伝放送を行っていた。広く知られているように、一九三二年から中央広播電台では日本語放送を劉俊英が担当し、「南京の鶯」などと称された。一九三二年から三二年にかけて中国側の対日放送が日本の福岡放送の周波数との間で混乱を起こし、「怪放送」などとして問題となった。一九三七年十二月に南京が陥落すると、対日放送は一時停止されたが、一九三八年に長沙、漢口、次いで重慶などで再開された。対日放送は漢口を中心に行われたが、それを担当した者には、捕虜などのほかに、長谷川テル(緑川英子)ら国民党中央宣伝部国際宣伝処対日科の職員がいた。[6] その後、武漢が陥落すると、重慶や貴州が対外放送の拠点となった。この過程で、日本人はその左傾化が警戒されて現場から一度はずされたが、その後国民党が主導権を握ってからは、日本人関係者にも機会が与えられた。共産党の側では、一九四〇年末に延安新華広播電台が日本語放送を開始した。[7] ここでは、原清子がアナウンサーとして活動した(一九四三年に放送中断)。[8] これらの日本語放送のほかにも、朝鮮語・台湾(関南)語による放送も行われ、そこでは金若山、陳永華がアナウンサーとして活動した。

このような中国側からの在華(満洲)日本人社会、植民地、日本本土に対する日本語放送の聴取は当然禁止されていた。一九三六年三月十七日の「オールウェーブ受信機ノ取締ニ関スル件(逓信省事務局長通牒)」、一九三九年十一月十一日の逓信省「無線通信機取締規則」などによって、聴取は禁止され、違反者には百円の罰金が課されることになった。山本武利によれば、「こうした禁止令は、短波受信機やオールウェーブ受信機の一般家庭からの排除に極めて有効であった。しかし外国の放送を『故意に聴取』した場合には懲役、そして外国放送の内容を故意に流布した者は死刑に処すという一九三九年のドイツの禁止令に比べると、日本の罰則は軽かった」という。[10] すなわち、隠れて放送を聴く可能性が否定できる状況にはなかったということなのであろう。実際、一九四二年末、京城放送局の職員を中心に「朝鮮人」三百数十人が、ＶＯＡ（Voice of America）の朝鮮語放送を同局の受信機を利用して聴取した容疑で投獄された。その際には、上記の諸法ではなく、治安維持法が適用され、技術者の一人が最高二年の実刑判決を受けた、ということもあった。[11] しかし、戦後の言論には、逓信院電波局の石川武三郎のように、戦前の日本が（南洋群島を除き）国内放送で短波を使っていなかったことを理由に短波受信の取り締りは徹底できた、とする評価もあった。石川は、「……昭和十二年日支事変の発生を見、次いで昭和十六年今次戦争の開始されるに及んでは、防諜上の見地より、一層徹底的な収（ママ／取）締が要請されるに至り、我が国に於ける全短波受信機は殆ど全面的に禁止されることとなったのである。即ち、全短波受信機の許可される範囲は、駐日外交官に対し、その本国における我が駐剳外交官憲に対する相互主義により許可されるものの外は、僅かに外務省、情報局の如き、外国情報の関係官庁の施設するものに限られ、その他のものに就ては、軍関係のものは別として、官民を問はず一切禁止されてゐた許りでなく、これが取締も特に厳重に励行され、殊に憲兵隊による違反者の摘発は峻厳を極め、違反者はその受信機を没収された上、仮借なき処断を受ける状況であった」[12] としている。この見解は、先の山本の指摘と矛盾するものではない。

他方、日本各地の放送局は中国からの放送を傍受していた。傍受記録を見ると、日本本土では東京都市逓信局、熊本逓信局、大阪逓信局などが、また「帝国」の範囲では台湾総督府交通局逓信部、朝鮮総督府逓信局、関東逓信官署逓信局、そして同盟北支総局、中支軍報道部などがその傍受にあたっていたものと思われる。その情報を統合して分析した主体には、外務省情報部ラヂオ室、陸軍中央特種情報部、内閣情報室などがあった。本稿で主に検討を加えたのは、内閣情報室に集められた各地の傍受記録である。

二　戦局の状況と解釈（1）——南京陥落と南京事件をめぐって——

内閣情報室に集められた膨大な傍受記録は現在、国立公文書館に所蔵されている。このうち、日中戦争初期のものを中心に検討すると、その内容はいくつかに大別されることがわかる。中国側の放送内容とより詳細につきあわせなければならないが、およそニュース、講演、ラジオドラマなどを中心に、個々の傍受記録が残されていると見ていい。娯楽番組などは記録には残されていない。以下、傍受内容を整理しつつ、その内容の概要を述べてみたい。

日本側の傍受した内容の中で代表的なものの一つは、戦局の説明である。ここには戦局そのものの説明とともに、戦局の解釈が多く含まれる。戦局そのものの情報については、南京の陥落、武漢の陥落などについて日本軍の残虐性を、また非戦闘民空襲の非人道性を指摘するものが目立つ。その中には、外国人による報道を伝えるものもある。

一九三七年十二月の南京の陥落を事例としてみれば、南京の陥落によって国民政府側は日本語放送の拠点を長沙に移したものの、南京方面からの情報が少なかったこともあってか、直ちに日本軍による南京占領の有様を伝え、その状況に対して抗議したわけではなかった。その日本軍の南京入城、中国軍の撤退については、上海ロイテルが伝えている。

スミス氏はイタリア大使館の屋上より少数の外国人特派員および写真班と観戦したものであるが、その語る所によると紫金山は砲撃の為に燃え上って居り、市の南方には三ヶ所に大きな火災が起り、天に沖する黒煙が濛々として立上って居た。同時に市の西部の水道局へ砲弾が命中する毎に南京はひどく震動した。（中略）午後四時三十分頃南京市民の間に一大恐慌が起り「日本兵がやってきた」と叫びながらいづれも先を争って防空壕へもぐり込んだのだった。同時に支那兵は北へ北へと逃げ出し下関を目指して行くのであった。（中略）その中日本の包囲が益々厳重になり逃げ遅れた数千の支那兵は梯や縄や或いは服を割いて紐に作り之を城壁にひっかけて市内から逃げ出したのである。かくて之等の支那兵は下関で舟でも筏でも乗れるものに皆乗って海岸へ口出したのであるが、あまり多数の兵士が乗った為顛覆して数千の支那兵は溺死したのである。殿軍を勤（ママ／務）めた支那軍は善戦して日本軍の進撃阻止に努めたが、夜半に至り城外で数千の支那軍が日本軍の為に一掃されてしまった。[13]

これは一九三七年十二月十二日の様子で、十三日についても人馬が下関門に殺到し、その人々の列に日本軍が攻撃を加えて大混乱が起きた様子が示されている。だが、いわゆる「虐殺」の報道はあまりなされない。上海ロイテルは南京の「安全地帯に十五万の支那人が居り南京の日本大使館も焼却されてはゐない」などと報じていた。(14)

中国軍の南京撤退について『蔣介石日記』を見ると、それが計画されたものであったとされている。だが、日本の南京占領の過程、状況については蔣介石の手元にも情報が必ずしも入っていなかったようである。(15)そうした状況を反映してか、十二月十三日前後の中国発のラジオ放送内容の重点は、むしろパネー号事件に置かれていた。そうした中で次の十二月十四日の長沙発の放送内容は南京撤退に関する国民政府の説明を明確に示すものとなっている。

「中国軍ハ南京ヲ退出スルガ依然敵軍ノ侵略ニ抵抗ヲ続クルノ決心デ此ノ南京ノ退出ハ決シテ我政府ノ一貫セル日本ノ侵略抵抗ニ影響スルモノデナク、元来定メタル国策ニ依ルモノデアル。実際全国一致抗戦ヲ続クル決心ヲ嘉慫スル、政府ノ所在地ハ絶ヘズ移動シ南京ハ政治上、軍事上重要ナル所ニ非ズ、余ノ採ル計画ハ固ヨリ定ツテ居ル、敵側ノ砲火甚ダ猛烈ニシテ、犠牲多キ時陣線ヲ後方ニ移動ス、此ノ計画ノ下ニ南京ヲ退キ軍ヲ直ニ移シ引続キ抗戦方ヲ命ズ。(16)」

また、上海ロイテルは十二月十七日に蔣介石が漢口から全国に行った放送内容を報じている。蔣介石は、「現在の状勢が如何に変ずるとも我等は絶対に屈服してはならぬ。我等には只前進あるのみだ」と絶叫したとのことで、「思へば戦事発生以来前線に於ける支那軍の死傷者は三千万を越へた。市民の生命財産の毀損せられたものに至っては量り知るべからざるものがある」としてその被害を強調した。(17)

前述のように、いわゆる南京事件に関する放送は決して多くないようだ。『蔣介石日記』を見ても、実際に蔣介石がこの事件を認知したのは一九三八年の一月半ばであるし、その事件の概要そのほかをどの程度認知していたかは未知数である。一九三九年一月の日本側の傍受記録には以下のような内容がある。

一九三七年十二月南京に於ける日本側の非道行為に就て外国新聞に掲載された大部分は全部事実であるがこれらは私が実際に目撃した事実の一部を報道したに過ぎないとアメリカ合衆国を広く旅行して一月十六日当地に到着した南京国際救援委員会の前議長であるヂョージ・フ

イチが語った。彼は昨年初め日本の残虐行為を記録したフィルムを持って帰米しこれを広くアメリカ民衆に公開し又ルーズヴェルト大統領の懇望によりホワイト・ハウスで親しく供覧したことが想起される。彼は全支Y・M・C・A軍事部主事としての新しい地位につくため重慶に赴く筈であるが、支那新聞に対し彼は八箇月間に六回アメリカ大陸を横断しその行程二万哩に及び多数の反日ボイコット委員会組織を援助したと述べ『アメリカ人は以前中立を好み平和に対し消極的に働いてゐたが現在では国際平和との不可分関係を覚り積極的外交政策に賛成してをり、数百万のアメリカ人達が今では支那の勝利を賞讃してゐる』と語った。又日本側の比類なき南京掠奪に就て当時南京に滞在していた彼は日本側が南京家屋の五十パーセントを焼却し同市商業の八十パーセントを破壊し年齢を問はず手当り次第に女を凌辱し又多数の壮丁を安全地帯内で殺し、その数二万に達し、産業、教育、文化機関等も無残に破壊せられたと語った。[18]

日中戦争初期には南京事件をめぐる言説は決して多くない。だが南京の状況については、その後も報道が続く。重慶に移住した南京市民達は毎年十二月になると式典を繰り返したし、また日本に占領された首都南京の様子がしばしば放送されたのであった。たとえば、「南京から来た人の語る所によれば、最敵方人民の南京に□□する者が甚だ多く中国人家屋の多くは没収されて敵方人民の居住に供せられておる」といった民間のものから、「毎日傷兵が多数列車で下関に運ばれ如何に敵軍が前線に於て莫大な死亡者を出してゐるかを物語ってゐる。下関の敵軍□□□は□に敵軍火葬場に変り毎日骨箱に屍められる□は無数である。其の火葬に附されるものは大部分が已に死んだ将兵ではあるが然し病床に呻吟してゐる傷兵の焼かれた者も亦少なくない」といった、南京に日本人が次々に火葬に附されていくさまが描かれる。[19] たとえ戦略的に放棄したとはいえ、首都である南京が日本に占領されていることを、戦争のモチベーションにしようとする傾向が見られていたのである。

三　戦局の状況と解釈（2）——強調される「点と線」言説と日本軍の「残虐」行為——

戦局をめぐっては、日本軍の作戦の非有効性とともに、その残虐行為、非人道性が強調された。その非人道的行為として報道された内容には、「日本軍は今回の長沙後略戦に当って盛んに毒瓦斯を使って長沙の奪取に夢中になって居りますが中国軍の奮戦によって苦戦を続け[20]」といったように毒ガスや化学兵器に関するものもあった。

戦局の解釈については、日本軍が「点と線」しか支配していないというキャンペーンを中国側ははっていた。「本日行政院は表面上日本軍は支那の九省を占領してゐるが実際に支配してゐるのは主要交通線と都市付近の狭い地方に過ぎないことを示す統計を発表した。これらの統計は所謂占領省たる……」[21]というように、中国側はこの解釈を公的なものとして宣伝していた。この言説は、現在に至るまで強い影響力を有している。

また、日本の戦争遂行能力への疑問、特に財政面や経済面での問題を指摘する向きがあった。『『抗戦勝利』……日本ハ抗戦以来現金ノ海外流出ハ既ニ七、八億ロニ達シ現金ノ準備ハ欠乏スル一方戦費ハ公債ヲ以テ補フ故物価ハ日毎ニ騰貴ヲ示シツツアリ……」[22]というように、日本の戦費が限界であることを強調する言論が目立った。このような戦費の問題は、経済貿易関係にも「『支那は本年兎も角にも世界の茶市場に於ける自己の地位を保持したが、日本は転落してしまった』と外国貿易委員会及全国茶組合の技術顧問たる英人P・E・ウィサムが語ってゐる」といった内容が報じられた[23]。このような経済戦争に関わる内容も多く見られる。

日本軍の「残虐」性を強調しようとするものとして、重慶の空襲が数多く報じられたことは特筆に値しよう。一九三九年五月初旬の空襲に際しては、「日本空軍の重慶空爆は実に凄惨な光景であった」、「市内至る所に無辜の良民の死傷者無数を出だし火災の為に財産を灰燼に帰した市民は終始冷静を保って一糸乱れず官憲の指揮に従ひ粛然として避難場所に立退いた光景は実に涙ぐましきばかりの立派さであった……（中略）蔣介石将軍の自動車及夫人の自動車も共に他に率先して市民の救助のために提供された」などと報じられた[24]。空襲被害者の救済に蔣介石夫妻が率先して当たったことも強調され、宋美齢の言葉として「私は悲惨な現場より話してゐる、私の周囲は悉くが燻る廃墟で之はほんの数日前迄繁華にして人口稠密な重慶市の一部だったものである」、「かうして話してゐる間にも私は爆撃された従兄の悪臭を鼻に感じてゐる、此処では経験にも記録にも未曾有の規模を以て大殺戮と放火が犯されたのである」というように、人民と辛苦をともにする姿が描き出されている[25]。

外国の放送は、中国側のものよりは「客観的」であった。UPは一千の死傷者があり、また『大公報』『新華日報』『西安日報』『新蜀報』などの四つの新聞社も爆撃され、後者二社は印刷所も破壊されたとしている[26]。また、AP通信員は「日本軍の重慶爆撃による死傷は意外に少く、二百を超えないであらうと見られてゐる」とし、防空壕などの施設を利用したので被害者は多くなく、重慶市外の飛行場や政府諸官庁は攻撃されず、爆弾の多くは市中央に落とされ、カナディアン協会附属のミッション女学校が破壊され、英仏領事館にも爆弾が命中したとしている。[27]

中国側の放送でも、軍事施設は被害がなかったとするものがあり、「全市の病院は昨日負傷者で溢れ、多数の者が手足を失ひ□が滅茶滅茶になってをり、□然手術で忙殺されてゐた。救急当局は家を失った数千名の市民に対し炊出しや□所の世話で忙しい」というように市民の被害を強調し、さらに興味深いことに「空襲中日本機は『半月』の商標がついた赤い包紙の十本入紙巻煙草数百函を投下したが、之等は毒物の混入なきやを確めるため目下分析中といはれる」といった内容も見られた。[28] 重慶空襲について日本側はその成果を強調する言論を発していたが、中国側はそれに対する反論も行っていた。「日本の皆様、五月三日、四日の両日日本軍飛行機が重慶を爆撃した事は国内の新聞や本放送のニュースでご存知の事と思ふ、日本の新聞は例の如く爆撃の効果を大々的に強調し中国政府の要人は落胆の極平和を欲して居るとか、出鱈目を宣伝して居る、実際は併しさうではない、それは日本軍閥の妄想である」といったようにして、日本語放送を利用して日本の報道に反論している。[29] 空襲も、実際の軍事行為と現実的な結果とともに、このような言論空間における位置付けとともにあり、それが記憶の形成などにも影響を与えたものと想像されるのである。蔣介石も、日本の空襲について、その分析を発表していた。「蔣介石は日本軍の支那国民無差別爆撃には三つの目的があるとなし之を（一）テロ行為による支那人暴圧、（二）大衆生活、生産施設の徹底的破壊、（三）奥地に於ける混乱と無秩序の発生として居る」とされていた。[30] 重慶の空襲は、日本軍の残虐性を強調しつつ、戦争能力そのものは維持されているとする言論の中に位置付けられていったのである。このように日本軍の残虐性を内外に強調する宣伝内容では、軍人や軍事施設に対してではなく、民間人に対する攻撃、民間人の被害の大きさが強調される傾向が見られたのである。

四　国民政府からの日本語放送の内容（1）――呼び掛けと捕虜の言論――

日中戦争は当初宣戦布告をともなう戦争ではなかった（一九四一年十二月九日に中華民国政府は対日宣戦布告した）。汪精衛政権の成立まではさまざまな和平工作が行われてきたが、正常な外交関係は実質的には機能しない状態になりつつあった。また、これらの和平交渉については多くの憶測やデマが流れていた。それだけに両国は、自国の公式な立場をまずは内外に示す必要があった。ラジオ放送がそれに利用されたわけだが、無論宣伝放送なだけに、自己正当化や強気な論調が多々見られる。またラジオ放送を使用しながら交渉を行ったのかといえば必ずしもそうではない。だが、公式見解をまずは相互に伝達し合うといった役割をラジオが担ったことは確かなようである。

たとえば一九三八年十二月の近衛首相の第三次声明について、外交部のスポークスマンの発言をそのまま伝える役割をラジオが担った。「近衛首相最近の声明は日本政府による従来の声明と何等異るところはない、結局支那の独立と保全を破壊しこの国の門戸を封鎖せんとする日本の根本政策に依然変化なき事を示している」というのが政府の公式見解であった。[31] 蔣介石の言論も放送され、「近衛首相十二月二十二日の声明は支那を政治的に分割せんとする日本の陰謀を遺憾なく暴露するものでしかないと烙印を押した」とされた。また去就が注目された汪精衛についても、「彼（蔣介石）は十八日に重慶を去った汪精衛に関する風説を批評し、汪は昆明への途中に於て突然心臓に異常を感じ、治療を受けるため海内へ直行したもので、『全く個人的理由に基づくものである』」と報じられたという。日本側が、汪が全国軍事委員会を代表して日本側と和平条件に関して協議する予定だという情報を流していたことに対して出された情報であった。[32] その後、汪が日本側に立ったことが知られると、汪を批判する報道があらわれることになる。「今回中国政府は汪兆銘の逮捕例を出しましたが、之は寧ろ当然すぎるほど当然のことでありまして彼は中国政府要人の重要な位置と職責をなげうって海外に逃避した者であり一度海外に逃げ去った後も自己の一挙一動が如何なる影響を及ぼすかを考へたならば謹慎してゐるべきであるにも拘らずその言動は中国を害する項甚だしく現在戦の酷なる時に当って彼の如き輩は諸外国であったならばすでに厳罰に処せられているところであります。中国政府が今日まで彼に対して厳罰を行はなかったのは正に中華民族の伝統的寛容なる性格に基づくものであります」といった批判的内容が多く見られるようになる。[33]

このような政局に関わる立場表明のほかにも、日本国民に向けての戦局分析もなされていた。「今や日本軍閥は日支事変に果して勝利を得るか全く目算が立たず財政は混乱し又日本国民の心理状態は混沌として五里霧中に彷徨を続けてゐる有様であります。今晩は現下日本人の心理上のお話を致して見たいと思ひます。……試みに五月に出版された日本の雑誌を視るに侵略の為の戦争に対して之を蔽い隠さんが為に東亜新秩序とか興亜建設とか云ふ文字を使って真実を曲げてその不合理極まることを暴露して居ります。

又現在は世界戦争の前夜の感が深いにも不拘、日本には真の世界なるものが徒らに防共協定だとかを担ぎ出して騒ぎ立ててゐるばかりであります。[34]（後略）」

日本側への呼び掛けという観点から見ると、日本人女性アナウンサーとともに、日本人捕虜もまた対日日本語放送において重要な役割を果たした。[35] ここでは投降帰順とともに反戦が訴えられた。

私は目下中国軍に捕虜の身の上ですが只今から日本の皆様へ少しく所感を披瀝したいと考へる、軍籍に身をおく私は今度の戦争に召集され出征したのであるが戦場の悲惨な光景を目撃して感慨無量なものがある幾千幾百の人命を殺傷し此の世からなる生地獄そのままの光景は涙なくしては目撃する事は出来ない……日本のジャーナリストは中国を野蛮無比の国であると暴戻な言葉を用ひてゐるが斯る日本側の宣伝こそ中国をして益々排日を叫ばしめ日本軍閥に対する憎悪の念を高潮せしめるものである、日本軍閥により起された今度の戦争により果して一般日本国民がどれ丈けの利益を得るであらうか否利益を得る者はただ軍閥財閥のみであって国民は彼等の犠牲となり欺されたに過ぎない……[36]

投降帰順や反戦を促す言論は、単にラジオだけで行われていたのではなく反戦ビラなど多様なメディアを通じて行われていた。[37] ラジオと反戦ビラは密接な関係を有していたのである。まず、ラジオ放送が宣伝ビラそのものの内容を反復するケースがある。たとえば、浙江省においてまかれたビラについて、「情報ニヨレバ浙江省ノ杭州ニ程近キ風光明媚ナル西湖ニ位スル口陽附近ニ於イテゲリラ隊ニヨリ日本ノ将兵ニ宛テタ反戦ビラガ撒布サレタ。該ビラハ『東京、大阪反戦聯盟』ノ名義ニ於テ発行サレシモノ」で、「日本ガ支那カラ獲得シタ総テハ今ヤ軍閥ト黙契アル我資本家ノ手中ニ収メラレテヰル」というように、戦争の意義を問うものだった。反戦ビラの内容をラジオで反復していたのである。また、日本兵が反戦ビラをもっていたケースもあったという。「中国新聞ノ報道スル処ニ依レバ山西省デ口殺シタ日本兵ノ死骸カラ反日ビラガ発見サレタ其ノビラニハ大要左ノ如キ文句ガ並ベテアッタ『我等ハ今回ノ戦争ニ抗戦スル此ノ戦ハ資本家ト軍閥ノ統制ノ下ニ行ハレテ居ルガ何故中国人ト戦ハネバナラヌカ、何故中国人民ヲ打タネバナラヌカ、中国人民ハ我等ト同様デアル』」というものであった。このビラが中国側が散布したものかどうか不明であるが、日本兵が反戦ビラをもっていたことを強調したものとして注目されよう。[38] 日本軍の兵士の間で反戦ビラが広まっているといったことは、日本軍兵士の間で戦意喪失が見られるといったコンテキストを強調するために報じられていた。

山西南部の日本捕虜或は屍体から支那軍に帰順を説いたビラとか反戦同盟のパンフレットとかが沢山発見されて居る。右の反戦同盟は在支那日本軍各部隊に支部を置いて居り、第五師団新編成の第二十師〔団〕には特に多いのである。右の反戦ビラにおいて共通の点は我々は誰のために何のために支那戦争をやるのか、何の為めに支那農民を惨殺するのかと反問し、我々は飽く迄財閥軍閥を打倒しなければならぬと説いてゐる事である。軍閥は之に対し残酷に処罰してゐるが、依然として反戦運動が行はれ失敗と行詰りの極自殺する者が非常に多い、上海だけでも三百名以上に達し、山西省同浦沿線に於ては集団的自殺つまり心中と云ふやうな事も盛に行はれ井戸に飛込む者もあり中には軍監が居た位である。[39]（後略）

ビラのことはラジオドラマにも多くあらわれた。たとえば昭和十四年六月十八日の重慶日本語放送のラジオドラマ「日本兵士の投降」では、登場人物の「野村」と「有田」が、以下のようなやりとりをしながら話が展開する。

野村「中国のチャンチャン坊主は大砲の音で腰を抜して逃げると聞いたが、来て見ると馬鹿に強い。エチオピアとはダンチだ」
有田「欲しいものは何でも直ぐ貰へると聞いたが」
野村「日本軍の宣伝だよ！」

この中で、「支那姑娘」を連れた兵士である「岡本」が通り過ぎ、有田が「誰かっ」と叫ぶとき、「野村は急に反戦ビラをポケットに入れた」というト書きがあり、日本兵士の間に反戦ビラが普及していることを表現しようとしていた。[40]日本側の聴取者は、このドラマの内容について「筋書きは前述の如きものなれ共その演出技術に至り手は全く見るべきものなし」としつつ、あわせてこのドラマの登場人物、特に「その解説をなせるは現在も尚重慶に日本語放送の主役を演じつつある美声アナウンサーなり」とコメントしている。長谷川テルのことであろう。

そして、捕虜を放送に登場させて、その肉声で中国側への帰順を喚起することも行われた。「日本の諸君、私は不幸にして中国軍のために捕虜となった身でありますが捕へられた当初は殺されはしないかと毎日毎夜非常に心配して居りました、然るに殺される処か中国の軍当局及び民衆の優遇を受けて今日では極めて愉快にその日を送って居ります……（中略）私が中国へ来て見ると共産主義は行はれて居らず赤化の心配も全然ない事を発見しました、従って日本軍閥の云ふ所の防共の為めの義戦聖戦なんて云ふものは根拠もなく理由もない出鱈目な宣伝に過ぎないのでありますす」などと、長い講演を電波を通して行ったのであった。(41) このような事例を裏付けるように、「軍当局は日本側俘虜の待遇を支配する規則を発布した、其の眼目は『戦線で捕虜となったと自発的に降伏したとを問はず、俘虜にはすべて』同等に良い待遇を与へるべきことで、規則によると捕虜は戦争終了後は拘束せられず、拘束期間は戦利品取扱規則によって支配されることになってゐる」などと報じられた。(42)

このような日本兵への呼び掛けには、より対象を限定した直接的なものもあった。「『さて此の放送を聴いて下さる日本の方がおられるならば私は最も重要な軍事情報の若干を諸君に洩したい。諸君の飛行士らは何等かの軍事的重要性がある地点に爆撃を降らせてゐるのではなく、出来るだけ多数の非戦闘員を殺してゐるのである、最近数次の重慶空襲で数千の市民が殺されたが、兵士の死者は十名足らずであった、重要なことは此の大衆殺戮が諸君の希望するものを達成せしめないといふことである（中略）』と有名なアメリカ人の旅行・著述家カール・クロウはアメリカ雑誌や書籍に対する新支那の資料を蒐収してゐる重慶よりの対米放送で述べた」といったものがその一例である。(43)

軍の捕虜だけでなく、外務省の書記生が肉声を発したことがある。塩見書記生である。駐ハノイ総領事館の塩見書記生は、一九三八年末に中国への武器輸出の状況を調査するために仏領インドシナと中国の境界付近に赴いた際に、中国側に拉致されたとされる。(44) 中国側は日本のスパイだとしていた。その塩見がラジオに肉声を出したのが、昭和十四年六月十九日の重慶日本語放送である。「私は外務省の塩見書記生です」に始まるその放送は、日本政治の現況について説明している。(45)

このように捕虜や官僚が登場することによって聴取者にリアリティを与えることが期待されたのであろう。また、そこに戦後の言論に結び付く可能性がある軍部批判が込められていたことも言うまでもない。

五　国民政府からの日本語放送の内容（２）——戦時動員体制——

日本側で傍受した中国側から発せられる放送には、中国国内の戦時動員にかかわる内容が含まれている。これらの多くは日本語放送というわけではなく、内外に戦時動員体制の確立とその順調さを強調する側面もあったのであろう。

この側面では蔣介石・宋美齢夫妻の役割が大きかったようである。特に宋美齢は、女性の動員のシンボルとしてメディアに露出していた。「蔣介石夫人は全国の婦人を組織し、戦時勤務に参加せしめるため熱心な努力を続けている」などと述べられた[46]。宋美齢は女性の、夫妻は家庭の動員のシンボルとなったが、他方で蔣介石のスポークスマン的な役割も果たした。「私は蔣介石に同伴して多くの戦線を訪れたが、前線では支那の兵士や市民達が怖るべき苦痛と困難に遭遇してゐるにも拘らず、和平交渉の希望を仄かす様な言葉を一度も聴いたことはなかった」と述べている[47]。

また多くの記念日をめぐるメディア・イヴェントもラジオを通じて行われた。特に一九三九年からそうした傾向は強まったようである。「今より十一年前の五月三日は日本軍閥が済南に於て多数の中国人を惨殺し、中国の外交特派員の鼻と耳を切り惨殺した日である、二年近くも日本軍閥の侵略して来た今日日本の皆様に告げたいのは次の事である」として、山東出兵のことが説明され、「今日の日支戦争は右五・三事件の継続であって中国軍民は頑強に抵抗し日本軍閥は失敗したのである。日支戦争は実際は十一年前の今日から始まって居たのであるが蔣介石は九年間之を耐えて来た」などと済南事件の重要性を強調した[48]。実際、『蔣介石日記』でもこの事件以来、「雪恥」という文字が日記の冒頭に書かれることになったのである。日本が二十一箇条条約を要求した五月九日＝国恥記念日もそのようなイヴェントが行われる日であった。「今より二四年前の五月九日は日本が二十一カ条要求の最後通牒を中国につきつけた日である。之は日本帝国主義の中国に対する最初の圧迫であり、対支侵略の開始でもあるのである」[49]といった報道がなされていた。このほかにも、九月十八日や七月七日が重要な記念日として、メディア・イヴェントが行われたことは言うまでもない。「一昨年七月七日暴戻なる日本軍が盧溝橋に於て平和を愛好する中国の軍隊に発砲して以来あと二週間程で満二ヶ年に達する」などと言われた[50]。こういった記念日は戦後も継続されることになった。

おわりに

史料紹介も兼ねて、日中戦争初期の中国側の対日放送を中心としたラジオ放送の内容のうち、日本側の傍受したものを整理、検討してきた。その結果、以下の数点について指摘することが可能であろう。

戦時報道がプロパガンダであることは言うまでもなく、その内容には誇張やさまざまな意図が含まれている。しかし、その内容は多岐にわたり、日本側が傍受した部分だけでも、戦争の経緯や解釈、戦時動員体制、国際情勢などとともに、日本へのメッセージなどが含まれていた。これらの放送内容は、誇張や歪曲があるにしても、一定程度戦局や情勢の認識を示すものだと考えられる。

東アジアにはさまざまな主体による情報戦が行われていたが、中国側のラジオ放送にも、日本側の放送内容を否定するなど、傍受と放送が深い関係にあることがあらためて確認できた。また、そのようなメッセージの送り手として捕虜の役割が大きく、中には外務省の書記生が肉声で放送を行った。ラジオ放送と他メディアとの関連も深く、その内容の多くが新聞をふまえたものであるだけでなく、雑誌や反戦ビラの内容が反復されており、特に捕虜の言説の中には反戦ビラが多く登場した。これはプロパガンダが多様なメディアの集合体として行われていたことを示している。

日中双方が自らの「正しさ」を主張していた当時、その「正しさ」は単に軍事や政治外交面のみで示されるわけでなく、社会、経済、文化などが複合的に表現されていた。そこでは、国際正義のみならず、より心情的なものも根拠となった。その正しさの表現において、ラジオメディアが重要な役割を占め、傍受内容を含めたインテリジェンスが重視されていたのであろう。印象では、中国側は比較的正確に日本の情勢を把握していたように思えるが、今後の課題としたい。

本稿では、これまであまり使用されていない日本側の傍受記録を、史料紹介を兼ねて整理し、考察を加えたが、これは戦時ラジオ放送研究の初歩的な作業に過ぎない。多様な主体による放送内容の策定過程、傍受した側の判断、影響力、リスナーの反応など、検討すべきことは多々あることを銘記しておきたい。また、戦時中の戦局感、被害や日本軍の残虐性に関するメディア上の説明が、単に記憶として残されただけでなく、戦後における言説にも継承された可能性があることを付言しておきたい。

註

（1） この領域における主要な業績については、貴志俊彦・川島真・孫安石『戦争・ラジオ・記憶』（勉誠出版、二〇〇六年）所収の文献解題を参照されたい。

（2） これらのエフェメラをめぐる状況については、『アジア遊学――戦争・メディアそして生活――』として刊行される予定である。

（3） ラジオは、さまざまな意味での越境性をもつメディアで、他国民に対して直接働き掛けることのできるものとして、また自国民の生活空間に入り込むことができるものとして重要視された。それだけに、ラジオには言語的にも、内容的にも多様性が認められ、また聴取させるための娯楽性にも富んでいたが、それでもマスメディアということはできない。ラジオはまだ登録制で、高価でもあったので、聴取者は当初限定的で、次第に拡大していったと見るべきだろう。そのラジオ聴取の単位は、ラジオの出現がファミリーの強化に結び付いたアメリカと異なり、東アジアでは隣組、学校、レストラン、工場、さまざまな場が聴取の場となった。

(4) たとえば、以下のような諸研究が公刊されている。山本武利「活用すべきアメリカの日本ラジオ活動の傍受記録――第二次世界大戦期の東アジア・ラジオ関係資料――」(〈特集 メディアとプロパガンダ〉『アジア遊学』第五四号、二〇〇三年八月)。山本武利「日本人のアメリカラジオ聴取」(同『ブラック・プロパガンダ』岩波書店、二〇〇二年)。田村紀雄「『ラジオ・トウキョウ』傍受と『地下新聞』の発行――戦時、カナダ強制収容所内の発行グループ――」(『コミュニケーション科学』第一七号、二〇〇二年)。田村紀雄「日系新聞研究ノート――15――日米開戦前後のラジオ・トウキョウと米国の傍受事情」(『東京経大学会誌』第一六〇号、一九八九年三月)。北山節郎編『日系人強制収容所の日本放送傍受記録』(緑蔭書房、二〇〇五年)。

(5) このような日中間のラジオを通じたプロパガンダや傍受についての史料は、日本の外務省情報部ラヂオ室(ラジオプレス前身)のものが外務省外交史料館に、陸軍中央特種情報部のものが防衛省防衛研究所図書館史料室(『受信月報』など)に、内閣情報室のものが国立公文書館に所蔵されている。本稿では、特に多くの傍受記録を含む内閣情報室の史料を用いる。また、海外では中国の中国第二歴史檔案館所蔵の中国国民党中央宣伝部檔案に一九四〇年四月以後の中央宣伝部国際宣伝処における傍受記録が含まれており、台湾の国民党党史館にプロパガンダに関する史料が含まれ、アメリカでは、スタンフォード大学のフーヴァー研究所(アーカイブ)に、たとえばUnited States Foreign Broadcast Intelligence Service〔米国外国放送諜報局〕の文書や中国共産党の延安放送の翻訳などが含まれている。無論、NARAにはOSSの文書がある。

(6) 長谷川照子は「中国の緑の星」と呼ばれた。武漢陥落後、長谷川の存在は日本の新聞でも報道された。中国人留学生との「赤い恋」によって訪中した長谷川が、〝嬌声売国奴〟として対日放送に従事したさまが紹介されている(『都新聞』一九三八年十一月一日)。

(7) 共産党の言論は、重慶U・Pが『新華日報』の内容を紹介するなどして報じられ、主に朝鮮総督府逓信局により聴取されていた。

(8) 水谷尚子「日中秘話 生きていた『延安ローズ』」(『中央公論』一九九九年九月号・十月号、中央公論新社)参照。

(9) 日本放送協会編『放送五十年史』(日本放送出版協会、一九七七年)六一一―六一二頁。

(10) 山本『ブラック・プロパガンダ』二六四頁。

(11) 津川泉『JODK 消えたコールサイン』(白水社、一九九三年)。

(12) 逓信院電波局・石川武三郎「全波・短波受信機の解禁に就いて」(『無線と実験』一九四六年二月号)。

(13) 上海十八日発(上海ロイテル支局発放送電報〈十八日〉、国立公文書館所蔵文書、アジア歴史資料センター・レファレンスコード A03023963400)(以下、レファレンスコードのみ記す)。

(14) 上海十六日発(上海ロイテル支局発放送電報〈十六日〉、

A03023964600）。

(15)『蒋介石日記』（一九三七年十二月部分、スタンフォード大学フーヴァー研究所蔵）。

(16) 漢口十三日電（長沙支那語放送〈十四日〉、熊本逓信局聴取、昭和十二年十二月十四日、「支那事変関係情報綴」〈昭和十二年十二月十六日以降〉、A03023961200）。

(17) 上海十七日発（上海ロイテル支局発放送電報〈十七日〉、A03023964700）この放送は、長沙支那語放送として熊本逓信局においても傍受されている。長沙支那語放送〈十七日〉（熊本逓信局聴取、A03023965400）。

(18) 昭和十四年一月二十一日、貴陽報（成都中央通信社国際放送、一月十七日、朝鮮総督府逓信局聴取、A03024402300）。

(19) 昭和十三年十二月二十九日、上海消息（香港二十一日、重慶支那語放送、台湾総督府交通局逓信課聴取、A03024394300）。

(20) 昭和十四年十月二日、雲南日本語放送〈二日〉（東京都市逓信局聴取、A03024524900）。

(21) 昭和十三年十一月十六日、成都支那中央通信社国際放送〈十六日〉（朝鮮総督府逓信局聴取、A03024377600）。

(22) 昭和十四年一月五日、貴陽支那語放送（熊本逓信局聴取、A03024374800）。

(23) 昭和十三年十二月十六日、重慶報（成都中央通信社国際放送〈十六日〉、朝鮮総督府聴取、A03024391400）。

(24) 昭和十四年五月八日、重慶仏語放送〈五日〉（東京都市逓信局聴取、A03024446700）。

(25) 昭和十四年五月十五日、成都中央通信国際放送〈十日〉（朝鮮総督府逓信局聴取、A03024451600）。

(26) 昭和十四年五月六日、重慶U・P新聞電報放送〈三日〉（朝鮮総督府逓信局聴取、A03024446200）。

(27) 昭和十四年五月六日、「重慶空襲の米軍側報道」（同盟来電、ニューヨーク四日、A03024446500）。

(28) 昭和十四年五月八日、重慶報（成都支那中央通信社報〈四日〉、朝鮮総督府逓信局聴取、A03024446200）。

(29) 昭和十四年五月九日、重慶日本語放送〈六日〉（東京都市逓信局聴取、A03024447400）。

(30) 昭和十四年五月十九日、重慶報（重慶U・P新聞電報放送〈十六日〉、台湾総督府交通局逓信部聴取、A03024454600）。

(31) 昭和十三年十二月二十九日、重慶報（成都中央通信社報〈二十四日〉、朝鮮総督府逓信局聴取、A03024391500）。

(32) 昭和十三年十二月二十九日、重慶報（成都中央通信社報〈二十七日〉、朝鮮総督府逓信局聴取、A03024441700）。

(33) 昭和十四年六月十三日、重慶日本語放送〈十日〉（東京都市逓信局聴取、A03024467200）。

(34) 昭和十四年五月二十日、重慶日本語放送〈十七日〉（東京都市逓信局聴取、A03024455100）。

(35) 日本人捕虜の反戦活動については、藤原彰・姫田光義『日中戦争下中国における日本人の反戦活動』（青木書店、一九九九年）を参照。

(36) 昭和十四年七月四日、重慶日本語放送〈四日〉（東京都市逓信局聴取、A03024477100）。

(37) 戦場におけるビラについては、一ノ瀬俊哉『戦場に舞ったビラ——伝単で読み直す太平洋戦争——』（講談社選書メチエ〉、講談社、二〇〇七年）を参照。

(38) 昭和十四年一月二十六日、哈府支那語放送〈十九日〉（熊本逓信局聴取、A03024403400）。哈府はハバロフスクのこと。

(39) 昭和十四年五月二十三日、重慶日本語放送〈二十一日〉（東京都市逓信局聴取、A03024457000）。

(40) 昭和十四年六月二十七日、ラジオドラマ〈日本兵士の投降〉（重慶日本語放送〈十八日〉東京都市逓信局聴取、A03024473500）。なお、日本人のラジオドラマへの関与などについては、立命館大学所蔵「鹿地亘文書」の検討が今後不可欠となろう。

(41) 昭和十四年五月二十九日、重慶日本語放送〈二十七日〉（東京都市逓信局聴取、A03024460800）。

(42) 昭和十四年六月十九日、重慶U・P新聞電報放送〈十四日〉（朝鮮総督府逓信局聴取、A03024469600）。

(43) 昭和十四年六月十七日、成都中央通信社国際放送〈十四日〉（朝鮮総督府逓信局聴取、A03024469000）。

(44) この事件の概要については、「塩見書記生救出方に関する件」〔昭和十四年七月二十七日、「陸軍省大日記」「壹大日記」「防衛省防衛研究所文書」（アジア歴史資料センター、レファレンスコード C04014769200）〕。

(45) 昭和十四年六月二十二日、重慶日本語放送〈六月十九日〉（東京都市逓信局聴取、A03024471100）。

(46) 昭和十三年十二月十九日、重慶ロイテル新聞電報放送〈十九日〉（朝鮮総督府逓信局聴取、A03024392700）。

(47) 昭和十四年一月十八日、重慶ロイテル新聞電報放送〈十四日〉（朝鮮総督府逓信局聴取、A03024400800）。

(48) 昭和十四年五月五日、重慶日本語放送〈三日〉（東京都市逓信局聴取、A03024445800）。

(49) 昭和十四年五月十一日、重慶日本語放送〈九日〉（東京都市逓信局聴取、A03024448700）。

(50) 昭和十四年六月二十三日、重慶日本語放送〈六月二十日〉（東京都市逓信局聴取、A03024472000）。

（東京大学）

中国国民党中央宣伝部国際宣伝処の対米宣伝工作

――エージェントの活動を中心に――

中田崇

はじめに

一九三七年七月の華北における日中両軍の衝突に端を発する局地紛争は、翌八月に上海に飛び火するに及んで全面戦争へと拡大した。国際都市上海が戦場となったことで日中戦争は、世界のマス・メディアの注目の的、「衆人環視の戦争」となったのである。

しかし、この衆人環視化は、「上海に大きな関心を持つ第三国の介入」に期待する国民政府が「上海での戦闘が広報効果を持つという計算から、華北ではなく上海を戦争の表舞台にしようとしたものであろう」と当時から米国国務省に分析されていた。[1] 実際に、国民政府の戦略は、国際的支持を獲得して欧米諸国と連合して戦い、中国を最終的勝利に導くというものであった。[2] そしてこの外交戦略において重要視された国は米国であり[3]、米国の支援は、中国が日中戦争に勝利する上で不可欠であった。

もっとも当時の米国では孤立主義の風潮が強く、中立法の存在は、フランクリン・ルーズヴェルト（Franklin D. Roosevelt）大統領が極東政策を積極的に推進する上で障害となっていた。国民政府は、この障害を除去し、米国が中国支援に動くことを望んでいたのである。[4]

そこで国民政府は、直接、米国政府に中国支援を求めるばかりでなく[5]、非公式に米国へ働きかけを行った。それは、中国国民党中央宣伝部国際宣伝処（以下、国際宣伝処と略記）の対米宣伝工作である。国際宣伝処は、宣伝により直接、米国世論へ働きかけるばかりでなく、議会・政府関係者へのロビー活動や親中国的民間団体の組織及び活動支援など様々な活動を実施して中国支持の米国世論を形成し、米国の積極的な極東政策推進を促進させるよう図った。米国の民主主義的な政策形成に影響を及ぼそうとしたのである。

近年の研究では、当時の著名な文化人であった胡適がその国際的知名度を生かし、日中戦争初期に国民使節として、また後には駐米大使として、中国支援を求める宣伝活動を米国で展開したことが解明されている[6]。胡適の活動は、公式な国民政府の広報外交であり、情報の発信者・出所・意図が明確な点においてホワイト・プロパガンダに相当する[7]。

他方でブラック・プロパガンダと言える、非公式な国際宣伝処の対米宣伝工作についても解明されつつある[8]。そうしたなか、日中戦争期に全米で中国支援運動を行った米国の民間団体「日本の侵略に加担しないアメリカ委員会」(American Committee for Non-Participation in Japanese Aggression)が国際宣伝処の工作の一環であったことが解明されている[9]。また国際宣伝処の外国人のエージェントを通じた対米宣伝工作についても北村稔氏の研究により、『マンチェスター・ガーディアン』紙の中国特派員ティンパリー(Harold J. Timperley)がその中心に存在していたこと、重慶の国際宣伝処の外電検閲においても米国人セオドア・ホワイト(Theodore White)[10]等外国人が重要な役割を果たした事実が解明されている。そして筆者は、日中戦争初期の段階で、ティンパリーの国民政府への接近が日本側に察知されていたこと、エージェントを通じた国際宣伝処の対米宣伝活動全般も日本側の注視するところであった事実を紹介したが[11]、米国での活動自体について論を尽くすことができなかった。

そこで本稿では、日中戦争期に国際宣伝処が展開した対米宣伝工作につき、外国人のエージェントの活動に焦点をあて解明する。なお便宜上、引用文中における旧仮名遣いは現代仮名遣いに、片仮名は平仮名に改めた。

一　国民政府軍事委員会第五部と日本軍「無差別爆撃」報道

盧溝橋事件勃発後、国民政府は、国際宣伝強化の重要性の認識から国民政府軍事委員会に宣伝担当の第五部を設置した[12]。第五部では国際宣伝担当の副部長に董顕光が任命されたが、これは、同年七月、董顕光が蒋介石に国際宣伝の重要性を建議したことに始まる。蒋介石は、直属する国民政府軍事委員会を通じ、信頼の厚い董顕光に委任して対外宣伝工作を実施しようとしたのであった[13]。彼は浙江省に生まれ、英語教員時代に蒋介石を教える等、蒋介石との機縁を持つ人物である。米国に留学してジャーナリズムを専攻し、コロンビア大学大学院修了後はニューヨーク各紙記者を経て帰国し、中国新聞界で活躍していた[14]。

すでに蒋介石の委任により上海の外電検査処で外電検閲に従事していた董顕光は、腹心の部下の曾虚白とともに、ここで対外宣伝を開始した。[15] 上海戦は、一九三七年八月十四日に始まったが、その日から数度にわたり、中国軍機が外国人租界を誤爆し、外国人を含む多数の死亡者を出す大惨事となった。[16] ところが外国では「日本の爆撃」と報道されることが多かった。国民政府の上海外電検査処が、外電検閲に際し、「日本の爆撃」と電報を改竄した結果である。八月二十七日付け『ニューヨーク・タイムズ』香港特電は、この情報操作を明白にしている。[17] 董顕光は、速報性を求める外国メディアの性質を巧みに利用していたのである。

こうして上海戦の段階で世界に「日本の非人道的行為」が印象付けられ、米国における親中反日世論形成の基礎となった。一九三七年十月五日のルーズヴェルト大統領の「隔離演説」もこのような米国世論の動向を見て行われたのであった。

二　中国国民党中央宣伝部国際宣伝処

（一）　国際宣伝処の組織と活動

一九三七年十一月、軍事委員会第五部は廃止され、対外宣伝業務は、国民党中央宣伝部に移る。董顕光は中央宣伝部に移動して国際宣伝担当の副部長となり、曾虚白を国際宣伝処長に就任させ、国際宣伝処を改組した。第五部廃止後の中央宣伝部国際宣伝処は、軍事委員長蔣介石に直属し、経費も軍事委員会から支払われた。つまり国際宣伝処は、国民党中央宣伝部にありながら、部長の干渉できない独立機関であり、董顕光と曾虚白は、戦争中一貫して対外宣伝工作を推進した。[18]

国際宣伝処は、上海戦に敗北し、南京から撤退した後の漢口で、一九三八年初頭、対外宣伝工作を全面的に開始することとなる。国際宣伝処の組織は、初期には中央宣伝部内他処と同じく三科であったが、業務拡大に伴い次第に拡充され、[19] 一九四〇年頃には、編撰科、外事科、対敵科、撮影科、総務科、電播室、資料室、弁公室の五科三室を擁するまでに発展していた。[20]

国際宣伝処は、董顕光の指導のもと、文筆や外国語に秀でた者など人材を結集し、中国人学者と中国駐在の外国紙特派員など欧米のマスメディア事情に通じた外国人の協力を得て対外宣伝を実施した。国際宣伝処の活動は、英語を中心に外国語による日報の刊行、英文月刊誌 *"China at War"*（『戦時中国』）の編集・刊行、政府声明や中国要人の演説の翻訳と提供、対外的なニュース伝達、対外放送、駐在外国人記者の接待及び管理、外電検閲及び国際情勢の分析など多岐に亘った。[21]

（二）　国民政府外交部と英国紙記者ティンパリー

一九三七年十一月末、国際宣伝処は、日本軍の迫る南京から漢口に移転し、オーストラリア人の『マンチェスター・ガーディアン』紙記者ティンパリーを招き、彼との協議のもと、海外宣伝網を決定した。

ティンパリーは、一九三七年九月には、日本当局に国民政府との接近を察知されていたが[22]、すでに同年七月中旬には、南京の米国及び英国外交当局には国民政府の協力者と見なされていたことが新たに判明した。盧溝橋事件発生から五日後の七月十二日と十三日の連日、国民政府外交部の意向で、ティンパリーは、米国及び英国大使館に電話して日中間の調停を打診していたのである[23]。南京駐在の米国大使館参事官ペック（Willys R. Peck）は、ティンパリーが七月十一日に発表された国民政府外交部声明の起草に協力していたことは周知のことで、胡適やその他外交部に影響力のある一流の知識人と繋がりを持つとしている[24]。ティンパリー自身は、英国と米国の調停により事態が解決するとは考えてはいなかったが、胡適やその他の中国人から「ついに南京が戦うことを決定した」との情報を得て、英国と米国による調停は戦争の全面化を防ぎ、国民政府は調停を喜んで受け入れるものと考えていたようである[25]。当初、蔣介石に華北での戦争を訴えていた情報源の胡適も七月末から一時、和平工作に関わり、外交交渉による解決を模索している[26]。

もっとも本稿にとり重要なことは、ティンパリーが米英両国大使館に国民政府外交部の協力者と見られていたことである。この立場は数日後、明白となる。七月十五日、彼は、米国大使館員に、国民政府外交部が中国軍の動きや軍事的な準備のニュースを宣伝し始め、彼自身も前夜、ロイター上海支局に電話して外交部がロイター上海支局から世界に発信する長文ニュースを連絡したとほのめかし[27]、国民政府外交部の対応変化の目的は、世界世論への予防措置にあり、中国は不測の事態に対する準備に奮闘せざるを得ないのであると述べた。そしてティンパリーは、今朝、前財政部長宋子文から手紙が届き、その手紙の中で、宋子文がロンドンのリース・ロスに宛て電信でリース・ロスの行った通貨安定と財務復興の全ての地盤が戦争で破壊されるという議論に英国政府を介在させるよう伝え、宋の意見では中国政府が政策として平和への英国や米国その他外国世論による圧力で外国の調停を求めるべきと主張したと明かしたのであった[28]。つまり、国民政府外交部が七月十四日には対外宣伝を開始し、国際世論に訴えることで外国の調停を求める政策に傾いており、すでにこの時点で、ティンパリーは、国民政府外交部の対外宣伝業務を代行していたということである。なお中国社会科学院近代史研究所翻訳室編『近代来華外国人名辞典』（中国社会科学出版社、一九八一年）の記述によれば、ティンパリーは、ロイター通信北京駐在員としての経歴を持ち、国民政府にとりロイター上海支局への最適なメッセンジャーであった。この頃、国民政府は、オーウェン・ラティモア（Owen Lattimore）も述べるように、圧倒的な「民族主義の熱情の爆発」のなかで、上海戦を決定していたものと思われる。(29) 胡適もまた、八月に入り、上海戦勃発で和平論提唱が制約を受け、解決も困難となった頃、対米宣伝活動のため渡米するよう蔣介石に依頼され、和平工作と決別し、九月八日、国民使節として渡米した。(30)

ティンパリーと胡適は、ともに事変勃発初期に国民政府の和平工作に関与し、その後、裏と表から国民政府の対米宣伝に従事した事実は興味深い一致である。ティンパリーは、開戦当初より国民政府のエージェントとしての側面を持っていたのである。

三　国際宣伝処の対米宣伝工作とエージェント

（一）　トランスパシフィック・ニュースサービス

軍事委員会第五部廃止の後、南京で国民党中央宣伝部副部長に就任した董顕光は、上海に戻り、上海の外国人を対象に宣伝工作を開始した。上海の外国人の見たニュースは、本国の友人の意見を形成するからであり、特に英語を話す上海在住者が重視された。同時に国民政府支持の上海市民が作った「抗敵委員会」と密接に協力して宣伝工作を行った。(31)「抗敵委員会」は、高度な能力者から成り立っており、なかでもAnglo-Chinese Medhurst College 校長の夏晋麟、上海の知識人に大きな影響力を持った英文月刊誌『天下』編集長の温源寧、そしてティンパリーの三者は、後に国際宣伝処の活動に重要な役割を果たす。上海戦で中国側の劣勢が明白になるに従い、宣伝拠点を上海から南京に移し、米・英・仏・独・ソ連等の南京駐在外国人記者への対応を最重要の任務としたが、董顕光が最初にしたことは、国民党直轄通信中央通信社からの協力取得であった。社長蕭同茲の同意を得て中央通信社を国際宣伝処の対外宣伝に運用することとなったのである。(32)

上海戦敗北後、南京に日本軍が迫ると国際宣伝処は、漢口に移る。董顕光は、陥落後の南京を取材していたティンパリーが上海に戻ると連絡を取り、前記の通り、香港経由で漢口の国際宣伝処に招き、協議して海外宣伝網計画を決定したのであった。(33) 中国人は前面に出ず、中国の立場を理解する欧米人をエージェントとすることにし、ティンパリーが最初の一人となった。ティンパリーは、国際宣伝処の米国での陰の責任者となり、トランスパシフィック・ニュースサービス（Trans Pacific News Service）の名称のもと米国でニュースを流すことに決定し、海外支部にベテランの米国人記者を配置することにした。早速、ニューヨークにはアール・リーフ（Earl Leaf）を配置し、事務所の責任者とした。国際宣伝処の対米宣伝工作では、ニューヨーク事務所を最も重視したが、米国への宣伝上の通路としての役割を担う英国のロンドンにも夏晉麟を責任者にトランスパシフィック・ニュースサービス事務所の名称で支部を設置した。香港は、中国から海外へのニュースの発信地として同様な役割を担う重要拠点として留意され、温源寧が宣伝工作と宣伝品の移出入の管理に当たった。さらに上海事務所は、董壽彭を責任者とし、敵後方との連携工作の重要拠点となった。[34]つまり国際宣伝処の対米宣伝工作においては、米国内に設置した活動拠点は当然としても、情報の発信地及び経路として英国と英国の海外領土が特に重視され、活用されていたことがわかる。

（二）国際宣伝処と*Japanese terror in China*

一九三八年初め頃、国際宣伝処の対外宣伝工作は、漢口で本格的に始動し、この時期には国民政府においても国際宣伝強化の必要性の認識が共有されるようになっていた。[35]国際宣伝処長の曾虚白は、対外宣伝工作着手に当たり、手始めに金を使ってティンパリーとティンパリー経由でスマイス（Lewis Smyth）に依頼し、日本軍「南京大屠殺」の目撃記録として二冊の本を書かせ、印刷・発行した。この二冊の本、H. J. Timperley ed., *What war means: the Japanese terror in China; a documentary record*（以下、*What war means* と略記）と Lewis Smyth, *War damage in the Nanking area, December, 1937 to March, 1938*[36]は、第三国の外国人によって執筆された占領下中国及び南京における日本軍の非道を物語る記録と見なされた。

しかし「国際宣伝処工作概要」中の「対敵科工作概況」によれば*What war means*は、国際宣伝処「編印之対敵宣伝書籍」であり、ほぼ同時期に出版された中国語版の楊名訳『外人目睹中之日軍暴行』（漢口：国民出版社、一九三八年）も、同じく「編撰科工作概況」の「丙、中文編訳」の四項「編訳専書　編訳文専書」に「B、田伯烈著　日軍暴行録」とあるように、対外宣伝工作の一環であった。[37]国際宣伝処は、抗戦初期、南京が陥落し、戦局が全面的に劣勢となった段階で、中国支援を求めるべく、中国軍の英雄的抗戦と日本軍の侵略・暴行の事実を宣伝し、国際的な反日世論を醸成したが、*What war means*とスマイスの著作は、「日本軍の侵略と暴行の事実」を宣伝するため刊行された宣伝本であったのである。

実際、南京戦は上海戦同様、米国人に再び「世界の注目を引きつける」ことが目的であると見られており[38]、南京防衛は軍事的に見て疑問であることから、南京防衛戦が国際世論を意識して決定されていたと考えられる。すでに国民政府の首都は、重慶に移されていたが、海外では首都として知られる中国を象徴する南京での攻防と日本軍の占領は格好の宣伝材料であった。前記の対外的宣伝事項に鑑み、南京陥落と日本軍の占領は、日本軍を中国人の生殺与奪の権を掌握する存在として描写でき、南京攻防での中国側の犠牲もまた、日本軍の非人道的行為と宣伝することが可能であったからである。つまり軍事的劣勢を前提に、南京失陥の敗北を転じて中国支援の国際世論形成に結びつけようとしていたと考えられる。

ティンパリーは、一九三八年、中国から英国を経由して渡米する。英国でティンパリーは、ロンドン事務所の設置に従事したが、ここで七月に出版したのが編著 ***What war means*** である。ロンドンで左翼系のゴランツ（Gollancz）書店を版元とするレフト・ブック・クラブ（Left Book Club）叢書の一冊として出版している。この編著の「前言」冒頭で、ティンパリーは、出版動機を「昨年十二月に南京を占領した日本軍の中国市民に対する暴行を伝える電報が、上海電報局の日本人検閲官に差し止められることがなければ、恐らく本書は書かれることはなかった」と説明している[39]。この動機説明は、北村稔氏が指摘する通り、「国際宣伝処との関係を隠蔽するカモフラージュ」であると同時に宣伝工作であったのである。ティンパリーは、南京陥落後、「日本軍は七十萬（?）の良民を虐殺し、六十歳の老婆に暴行を加えた」と打電しようとし、日本人検閲官に発信を差し止められ、字句修正を求められたが、逆に上海派遣軍報道部の外国人記者会見場に現れ、この打電拒否に抗議する発言をしていた[40]。この行動には、日本側の報道管制により世界に中国からの真実が伝えられていないと宣伝する意図があったのである。

この意図は、同じく一九三八年にゴランツ書店から出版された Amleto Vespa, *Secret Agent of Japan; a handbook to Japanese Imperialism*（以下、Secret Agent of Japan）[41]にティンパリーが記した序文に明らかである。ティンパリーは、序文冒頭で、アムレトー・ヴェスパ（Amleto Vespa）の経歴とティンパリーとの接点を詳細に説明している。序文によれば、ヴェスパは、イタリアに生まれ、一九二〇年から張作霖の特務機関員であったが、張作霖爆殺後、日本人の脅迫により日本の特務機関員となった。彼らの接点は、ティ

ンパリーが日本とトラブルを抱えるヴェスパを助けたこ
とと説明される。一九三六年、ヴェスパのもとに向けて
満洲を脱出した彼の家族が青島で日本人に拘束された際、
ティンパリーは、ヴェスパの依頼で、その事実を公表した
のだという。そして一九三七年暮れのヴェスパ再訪の際、
彼から満洲における日本特務機関での経験を書いた原稿
であるとして助言を求められたというのがティンパリーの
記す *Secret Agent of Japan* 公刊の契機である。興味深いのは、
ヴェスパ再訪の理由である。

「何故なら貴方はこのような事を知っていられるし、また貴方も日本人と悶着を起こしていられるからです。(因みに、一九三七年の冬、私はマンチェスター・ガーディアンへ送る私の原稿に対する検閲権のことで日本官憲と紛争していた。) それに私は貴方が私を振り棄てたりはなさらぬと確信しているのです。もしこの本を書いたことを日本人が知ったら、彼等は即座に私を殺してしまうことでしょう。もう書き上げたので、出来るだけ早く発行する手配をしたいのです。そして家族を上海から脱出させたいのです。[42]」

つまりティンパリーは、ヴェスパが「日本人と悶着を起こしている」自分をあてに、日本の満洲統治の裏側に関する暴露本原稿を持ち込んだというのである。この件は、ティンパリーが故意に日本側と悶着を起こしたことを浮き彫りにする。ティンパリーの序文執筆動機が *What war means* 同様、日本への告発にあることがわかるからである。また続けて、「自分自身が書物を書いていたので」ヴェスパの原稿を読んでいる暇を作ることは困難と思われたと記しており、*What war means* 執筆に専念していたことが窺われる。ティンパリーは、ヴェスパの原稿を知人三人に読ませ、内容の信憑性を確認したとしており、興味深いのは、三人中で唯一名前を挙げた人物が「私の友人で『中国の赤い星』の著者エドガア・スノウ」であることである。[43] 著名なジャーナリストであったエドガー・スノー (Edgar Snow) の名前は、ヴェスパの著作に信用を付与したに違いない。

もちろんティンパリーも記述を確認し、「大体において確実性ありと承認されねばならぬ、と私は確信する」と保証している。そして注目すべきは、ティンパリーの判断基準が、一九三三年から三回の満洲国訪問で自身が見聞した知識と述べていることである。ティンパリーは、満洲国訪問後、一九三四年一月発行の *Foreign Affairs* への寄稿論文 "Japan in Manchukuo" で「満洲国の誇示する独立は、日本のプロパガンジストの想像のなかにのみ存在する」と満洲

国を痛烈に批判し、一度、満洲国入国禁止となっていたからである。(44)

序文の記述の真偽は、不明であるが、ティンパリーが自らの担う国際宣伝処の活動の一環として満洲国の内幕を暴露した本書に宣伝価値を見出したことは間違いない。序文末尾には「一九三八年六月二十二日　ロンドンにて」とあり、*What war means* 刊行を控えていた時期である。ティンパリーは、自著と合せてヴェスパの著作を出版し、中国と満洲における日本軍の行動を告発していた。両書とも、ティンパリーの手配で同年、米国版も出版された経緯から、日本告発を目的とした宣伝本であったと見てよいであろう。なお英国版 *What war means* は、レフト・ブック・クラブ会員頒布用であったのに対し、米国版は、市販本で *Japanese Terror in China* とより直接的に日本を非難する宣伝性が露骨である。(45) ただし、英国版にしても日本の駐英大使館が「日英関係に悪影響を及ぼす」書物として英国外務省に取締りの要望を申し入れていたことから、(46) 宣伝効果は認められていたと思われる。さらにティンパリーは、*Secret Agent of Japan* の発行により日本の秘密工作員の活動を暴露することで中国の Secret Agent であることを隠し、二重の意味で国際宣伝処の対米宣伝工作の目的を達していたのであった。

四　国際宣伝処の対米宣伝工作

（一）『TRANS-PACIFIC CLIPPER NEWS』

ティンパリーは、渡米後、早速、アール・リーフ（元UP通信中国特派員）にニューヨークで小さな事務所を構えさせた。ここでリーフは、中国情報を発信する宣伝活動を展開した。(47) 一九三八年七月、若杉要ニューヨーク総領事は、外務省宛調査報告で、トランスパシフィック・ニュースサービスが国民政府公認の「当地唯一の宣伝機関」と見破り、その活動が、ニュースリリースの発行及び新聞社への送付と宣伝用写真及びパンフレットの頒布と指摘していたことが判明している。(48)

ではニュースリリースとはいかなるものであったのか。トランスパシフィック・ニュースサービスは、国務省極東部長に宛て、定期的にニュースリリースを発送していた。例えば、一九三八年七月九日付け（図1）で「TRANS-PACIFIC NEWS SERVICE」と明記し、『TRANS-PACIFIC CLIPPER NEWS AIR MAIL VIA PAN AMERICAN AIRWAY CLIPPERS FROM HONGKONG』（以下、『TRANS-PACIFIC CLIPPER NEWS』と略記）の別々の内容の二通を送付している。(49) 所在地は「1250 6TH AVENUE New York, N.Y.」、発

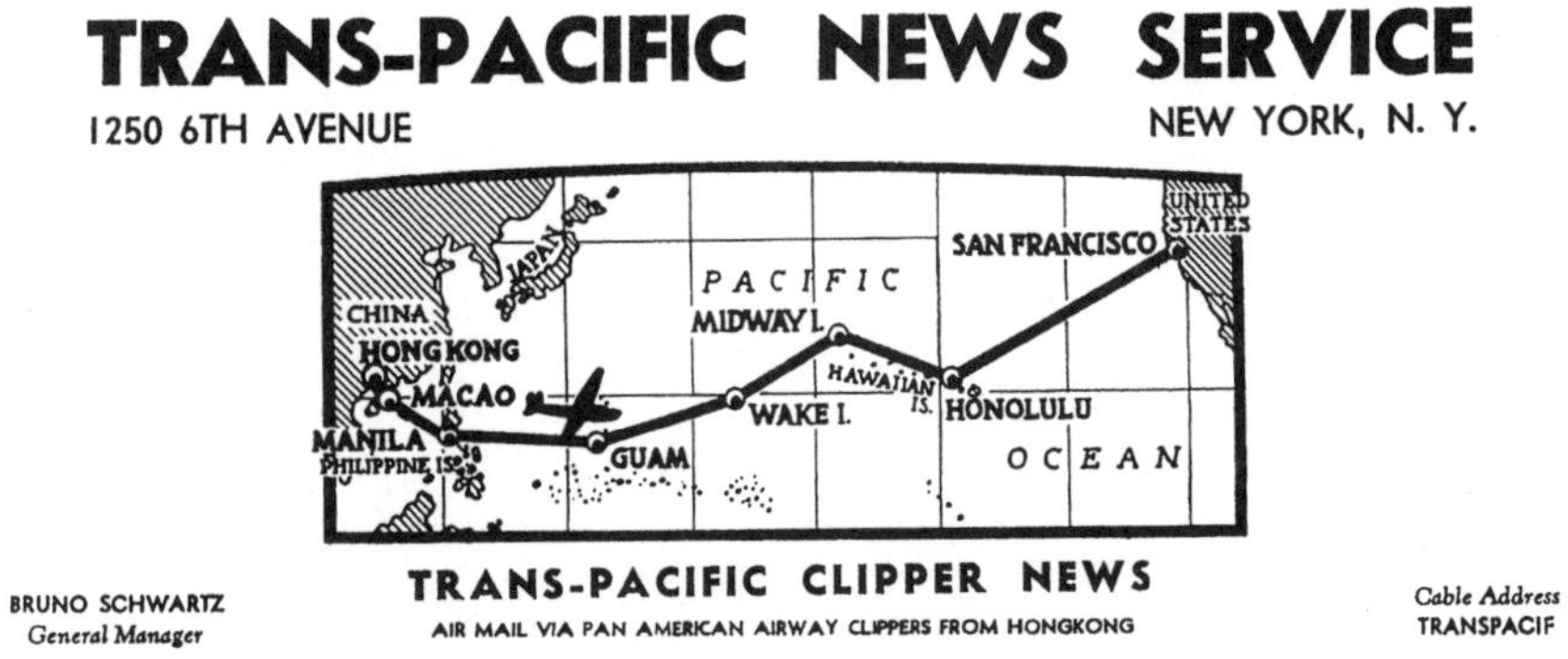
TRANS-PACIFIC NEWS SERVICE

1250 6TH AVENUE　　NEW YORK, N. Y.

TRANS-PACIFIC CLIPPER NEWS

AIR MAIL VIA PAN AMERICAN AIRWAY CLIPPERS FROM HONGKONG

BRUNO SCHWARTZ
General Manager

Cable Address
TRANSPACIF

July 9, 1938

図１

行人名義はブルーノ・シュワルツ（Bruno Schwartz）、肩書は「General Manager」である。なおトランスパシフィック・ニュースサービスは、若杉要在ニューヨーク総領事発廣田弘毅外務大臣宛公信（機密第三二六号）「『トランス・パシフィック・ニュース・サービス』に関する調査送付の件」により、一九三七年八月には活動が確認される(50)。

この調査報告によれば、ブルーノ・シュワルツは、一九三〇年まで英字紙 *the Hankow Herald* を経営していた経歴を持つ人物で、トランス・パシフィック・ニュース・サービスは、米中共同資本で経営され、董顕光がかつて主筆を務めた上海の『チャイナ・プレス』（*China Press*）(51)と特派員に関し共同契約する関係にあり、国民政府の声明やワシントンの中国大使館や総領事館等の公式発表を流す役割を担う国民政府の宣伝機関であった。国際宣伝処は、対米宣伝工作に当たり、この名義を利用し、リーフは、国際宣伝処ニューヨーク支部を新たに開設したものと思われる(52)。

七月九日付け『TRANS-PACIFIC CLIPPER NEWS』の一通目は、「蔣介石の抗戦一周年の回顧」を掲載し、日本軍が非戦闘員に対し無差別爆撃を行い、捕虜を「屠殺(slaughtered)」し、毒ガスをも使用していることは、中国ばかりでなく外国でも知られる事実であり、こうした行為は明白に国際法及びその他国際条約に違反し、九カ国条約加盟国は、日本に制裁措置を講じることで罪なき中国人の苦痛を軽減し、人類の国際平和と正義に貢献すべきであると主張している。もう一通は、「中国は何のために戦っているのか」であり、盧溝橋事件一周年記念の声明である[53]。

極めつけは、同年十月二十二日付け『リーダーズ・ダイジェスト』『TRANS-PACIFIC CLIPPER NEWS』の「『リーダーズ・ダイジェスト』が真実であると証明する南京における日本軍の残虐行為　中国市民への侵略者の非人道的戦闘行為について完全な記録的証拠を提供する新刊本」である[54]。

本文は、「日本軍が中国の最も人口を擁する二つの都市、漢口と広東に容赦なき攻撃をかけて迫る今、日本軍兵士が昨年十二月の陥落時、南京で犯した恐るべき行為が、詳細にここで初めて明らかになる」と始まり、「人気のある国民雑誌『リーダーズ・ダイジェスト』十月号」に「日本による恐怖政治の最初の日々に南京に滞在した米国人」からの手紙が語る日本の残虐行為の目撃談の数々が列挙されている旨、述べる。そして「『リーダーズ・ダイジェスト』の編集者によれば」と断り、そうした最初の目撃談が南京在住の米国人宣教師や教員及びＹＭＣＡ職員のものと説明され、この後、一冊の本が紹介される。

「まもなく南京とその他の中国の都市における日本軍の残虐行為を記録した手紙やその他の資料にもとづく完璧な本がモダンエイジ・ブックス（Modern Age Books）から出版される。その本は、マンチェスター・ガーディアンとクリスチャン・サイエンスモニターの中国特派員で雑誌『アジア』の編集顧問であるＨ・Ｊ・ティンパリー氏が資料を収集し、編集したものである。その本は、*WHAT WAR MEANS: THE JAPANESE TERROR IN CHINA*（Victor Gollancz, London）の題名で英国に登場した。現在、米国で印刷中であり、ニューヨーク市のモダンエイジ・ブックスで注文受付け中である」

いうまでもなくティンパリーの編著 *What war means* の米国版 *Japanese Terror in China* であり、一読に値すべき「南京とその他の中国の都市における日本軍の残虐行為」を裏付ける完璧な証拠記録として出版予告し、推薦している。これにより米国版は、この時点、一九三八年十月二十二日にはまだ出ていないことがわかるが、自分達の宣伝本をその活動のなかで外国人ジャーナリストの著した客観記録として宣伝する様子は、国際宣伝処の宣伝工作の巧妙さを浮き彫りにし、*What war means* が宣伝本であったことを裏付ける。続けて、前記の『リーダーズ・ダイジェスト』十月号掲載の「目撃談の数々」が三頁に亘り転載されている。

当時のキリスト教宣教師の米国における社会的信用度から見れば、米国民にこれほど説得力のある説明はなかった。しかし中国における米国の事業の中核は、キリスト教プロテスタントの伝道事業であり、米国人宣教師達は「蔣介石に中国の将来を託す」国民政府寄りの存在であった。[55]さらに南京在住で、交戦下の南京に留まった米国人宣教師には、メソジストの蔣介石・宋美齢夫妻に近く、国民政府と深い関係を有する者もあり、実際に国際宣伝処の宣伝活動に従事していたことを考慮すれば、[56]彼等の「目撃談」は鵜呑みにはできず、むしろ国際宣伝処の活動に協力または関与した証拠とも受け取れる。

『TRANS-PACIFIC CLIPPER NEWS』は、この他にも定期的に国務省極東部長に宛て送付されており、[57]国際宣伝処ニューヨーク支部が米国重要機関に対する宣伝情報の発信源として機能していたことを裏付けている。

（二）　宋美齢からの手紙

一九三九年十一月三十日、蔣介石夫人宋美齢は、重慶からティンパリーに宛て手紙を送っている。手紙で宋美齢は、ティンパリーに英国及び英国民に支援の謝辞を述べ、中国は支援の存否にかかわらず戦いを継続するが、中国の荒廃は世界的な不利益となるため国際的対日制裁を行うべきであると主張したのであった。[58]

この手紙は、タイプ印刷された公開書簡であり、写しが多数配布された、英国人ジャーナリストに宛てた体裁をとるプロパガンダ・ペーパーであった。宋美齢は、米国においては、キリスト教で米国化された中国、抵抗する中国の象徴であり、個人に対して送ったメッセージも十分に宣伝効果を持つとの計算を前提に配布されたものと思われる。手紙の最後には、蔣介石夫妻の私的顧問のドナルド（William Henry Donald）から友人ティンパリーに宛てた手紙も添付されており、宋美齢、ドナルド、ティンパリーの連携を浮かび上がらせる。ドナルドは、「反日ジャーナリスト」として有名なオーストラリア人であり、張学良の顧問をした後、一九二八年からは蔣介石夫妻の私的顧問となっていた。[59]一九四〇年、重慶を去るが、この手紙から宋美齢を通じ、対外宣伝にも貢献していたことが窺える。

おわりに

ギャラップの米国世論調査によれば、一九三七年八月の世論調査では、日中戦争に関する回答は、中国支持が四三％、日本支持が二％、中立が五五パーセントであった。翌年十月の調査では、中国支持は五九％、日本支持は一％、中立は四〇％であった。一年弱で中国支持の回答は一六％

増加し、中立の回答は一五％減少している。一九三九年五月の調査では、さらに中国支持の回答は七四％と一五％増加し、中立の回答は二四％と開戦当時に較べ、半減している。[60]米国世論の変化は、国際宣伝処の対米宣伝工作が奏功したことを表しているものと思われる。米国世論の形成に大きな影響を及ぼした日中戦争を伝えるニュースは、開戦当初から発信源の中国で国民政府の外電検閲等を通じ操作されており、[61]また米国において国際宣伝処が展開した活動もこうした世論形成を企図して実施されていたからである。

こうした世論の動向を背景に、一九三九年七月末の日米通商航海条約廃棄通告に引続き、米国政府は翌月から対日禁輸など強硬措置を実行に移していった。[62]国際宣伝処の対米宣伝工作が一定の成果を収めたと言えるだろう。

このように中国支持の米国世論が形成され、米国政府の対日強硬姿勢が徐々に表れてきた一九四一年春、ティンパリーは、夏晉麟とともに重慶に戻り、この後、しばらくしてオーストラリアに帰国している。[63]この辺の事情について董顕光『自伝』によれば、初期の国際宣伝処の対米宣伝工作への貢献により自分の重要性を過信したティンパリーが、ドナルドの退任を知り、後任顧問に自薦したものの宋美齢に拒否されたことと関係しているらしい。国際宣伝処との関係も冷却化し、急速に中国の問題への関心を喪失し、帰国した。[64]もっとも彼は帰国後も*Japan: a world problem*[65]を刊行し、国際宣伝処シドニー事務所を開設する等活動に貢献している。[66]

一九四一年九月、ニューヨークに戻った夏晉麟は、トランスパシフィック・ニュースサービスをチャイニーズ・ニュース・サービス（Chinese News Service）に改組して、シカゴに事務所を開設し、ヘンリー・エヴァンス（Henry Evans）を編集責任者とした。その後、サンフランシスコ事務所を開設し、『チャイナ・プレス』で働いていた元記者のマルコム・ロショルト（Malcolm Rosholt）を配置し、宣伝拠点を全米に拡大していく。[67]

同年十二月八日、日本軍の真珠湾攻撃のニュースが伝えられると重慶は歓喜に湧いた。[68]日米開戦は、国民政府が待望していた事態であったからである。国民政府にとり対米宣伝は、中国の伝統的戦術に従えば、「米国をして日本を制する」ためにこそ行われており、本来、対日強硬姿勢を取り、中国支援を希望する米国のルーズヴェルト政権を国内の孤立主義の拘束から解放し、積極的な極東政策を推進させるため米国世論を誘導することを目的に実施されていた。国際宣伝処の対米宣伝工作は、外国人エージェントの活動を通じ、米国世論の誘導に成功し、この目的を達した。

外国人エージェントの存在は、国際宣伝処の対米宣伝工作成功の鍵であったと言える。

註

（1）高光佳絵「ホーンベック国務省政治顧問の対日強硬化とアメリカの日中戦争観　一九三七―一九三八」（服部龍二・土田哲夫・後藤春美編『戦間期の東アジア国際政治』中央大学出版部、二〇〇七年）三五五頁。

（2）こうした日中戦争の国際化についての実証的分析は、笠原十九司「国民政府軍の構造と作戦」（中央大学人文科学研究所編『民国後期中国国民党政権の研究』中央大学出版部、二〇〇五年）参照。

（3）国民政府による米国重視の理由についての分析は、入江昭『増補　米中関係のイメージ』（平凡社、二〇〇二年）一二一頁参照。

（4）中華民国外交問題研究会編『中日外交史料叢編４　盧溝橋事変前後的中日外交関係』（台北：中華民国外交問題研究会、一九六六年）三五一―五二頁。

（5）国民政府の王正廷駐米大使の外交交渉に関しては、以下の史料参照。秦孝儀主編『中華民国重要史料初編　対日抗戦時期　第三編　戦時外交（一）』（台北：中国国民党中央委員会党史委員会、一九八一年）七七―八〇頁、二二一―三六頁。

（6）佐藤一樹「国民使節胡適の対米宣伝活動に関する考察――1937年～1938年――」（『中国研究月報』第六〇巻第五号、二〇〇六年五月）一七―二八頁。

（7）山本武利『ブラック・プロパガンダ　謀略のラジオ』（岩波書店、二〇〇二年）二三―二六頁。

（8）武燕軍「抗戦時期的国際宣伝処」（民国檔案編輯部『民国檔案』中国第二歴史檔案館発行、一九九〇年第二期）一一八―二二頁。王凌霄『中国国民党新聞政策之研究』（台北：近代中国出版社、一九九六年）一八七―二一七頁。

（9）土田哲夫「中国抗日戦略と対米『国民外交工作』」（石島紀之・久保亨編『重慶国民政府史の研究』東京大学出版会、二〇〇四年）一三五―四四頁。

（10）北村稔『「南京事件」の探究　その実像を求めて』（文藝春秋、二〇〇一年）。

（11）拙稿「中国国民党中央宣伝部と外国人顧問　一九三七―四一」（『軍事史学』第四一巻第三号、二〇〇五年）。

（12）武「抗戦時期的国際宣伝処」一一八頁。

（13）曾虚白『曾虚白自伝』上巻（台北：聯經出版、一九八八年）一七一―七八頁。

（14）Tong, Hollington K., Mih, Walter C., ed.,*Chiang Kai-shek's Teacher and Ambassador: An Inside View of the Republic of China from 1911-1958* (Indiana: Authorhouse, 2005). 董顕光『董顕光自伝　一個中国農夫的自述』曾虚白訳（台北：台湾新生報社、一九七三年）。なお後者は台湾で出版された中国語訳で、英文原著 Tong, Hollington K., *Autobiography of A Chinese Farmer* は未刊行であり、その原稿を編集して死後四半世紀を経て刊行された前者が、事実上の原著である。

（15）*Ibid.*, p.70.

（16）Hallett Edward Abend, *My life in China, 1926-1941* (New York: Harcourt, Brace and Company, 1943) p.251.

（17）*Ibid.*, pp.257-65.

(18) 曾『自伝』上巻、一九二—九三頁。武「抗戦時期的国際宣伝処」一一八頁。
(19) 沈剣虹『半生憂患　沈剣虹回憶録』（台北：聯經出版、一九八九年）七五頁。
(20) 中国国民党史館檔案、496/294「中央宣伝部国際宣伝処工作概要」（台北：国民党史館所蔵）。
(21) 同右。武「抗戦時期的国際宣伝処」一一九—二〇頁。
(22) 一九三七年九月九日、在上海岡本季正総領事発広田弘毅外務大臣宛公信（第一三六八号）、外務省記録A.1.1.0.30-2「支那事変関係一件　輿論並新聞論調」所収（外務省外交史料館所蔵）。
(23) The Counselor of Embassy in China(Peck) to the Secretary of State, 793.94/8716(1937/7/12); 793.94/8718(1937/7/12); 793.94/8728(1937/07/12), *Foreign Relations of the United States, Diplomatic Papers* (Washington,D.C.: United States Government Printing Office, 1954) (hereafter cited as *FRUS*),1937-3, pp.141-42, pp.148-50; The Secretary of State to Embassy to Peiping (China), 793.94/8744(1937/07/13), *Records of the Department of State Relating to Political Relations Between China and Japan 1930-1944* (Washington,D.C.: National Archives and Records Service, 1976) (hereafter cited as *USDS*), roll.35.
(24) The Secretary of State, 793.94/8744 (1937/07/13), *FRUS*,1937-3, p.151.
(25) Professor John Lossing Buck to the Chief of the Division of the Far Eastern Affairs(Hornbeck), 793.94/8954(1937/07/13), *FRUS*, 1937-3 ,pp.157-58.
(26) 佐藤一樹「日中開戦後における胡適の和平工作活動に関する考察」（『中国研究月報』第六七一号、二〇〇四年）一八—二一頁。
(27) The Counselor of Embassy in China(Peck) to the Secretary of State, 793.94/8782(1937/07/15), *FRUS*, 1937-3 , pp.171-72.
(28) 実際に国民政府は、国際平和運動を日中戦争における中国支援に利用することとなる。土田哲夫「国際平和運動と日中戦争」（服部・土田・後藤編『戦間期の東アジア国際政治』）三四五頁。
(29) オーウェン・ラティモア『アジアの情勢』小川修訳（河出書房、一九五四年）七八頁。
(30) 佐藤「日中開戦後における胡適の和平工作活動に関する考察」二一—二四頁。
(31) Tong, *Chiang Kai-shek's Teacher and Ambassador*, pp. 71-72. 董『自伝』七三—七四頁。
(32) Tong, *Chiang Kai-shek's Teacher and Ambassador*, p. 73. 董『自伝』七五頁。
(33) 曾『自伝』上巻、二〇〇—一頁。
(34) 武「抗戦時期的国際宣伝処」一二〇—一二一頁。
(35) 中国国民党中央委員会党史委員会編、秦孝儀主編『革命文献　第七十六輯　中国国民党歴次全国代表大会重要決議案彙編（上）』（台北：中央文物供応社、一九七八年）三二四—三二五頁。
(36) H. J. Timperley ed., *What war means: the Japanese terror in China; a documentary record* (London: Victor Gollancz, 1938); Lewis Smyth, *War damage in the Nanking area, December, 1937 to March, 1938* (Shanghai: Printed by the

Mercury press, 1938).

（37）「国際宣伝処工作概要」。なお楊名訳の中文版は『1937：一名英国記者実録的日軍暴行』（湖北人民出版社、二〇〇五年）の名称で復刻されている。

（38）バーバラ・タックマン『失敗したアメリカの中国政策 ビルマ戦線のスティルウェル将軍』杉辺利英訳（朝日新聞社、一九九六年）一九五頁。

（39）Timperley, *What war means*, p. 7. なお北村稔氏の翻訳に従った（北村『「南京事件」の探究』四七頁）。

（40）永井卯吉郎「支那に於ける外人記者」（支那派遣軍報道部編『紙弾』上海：支那派遣軍報道部、一九四三年）一二二頁。なおティンパリーへの日本軍側対応については山本武利「日本軍のメディア戦術・戦略 中国戦線を中心に」（山本武利編『岩波講座「帝国」日本の学知 第4巻 メディアのなかの「帝国」』岩波書店、二〇〇六年）三一〇—一一頁参照。

（41）Vespa, Amleto, *Secret Agent of Japan; a handbook to Japanese Imperialism* (London: Victor Gollancz, 1938). なお邦訳はアムレトー・ヴェスパ『中国侵略秘史 或る特務機関員の手記』山村一郎訳（大雅堂、一九四六年）であり、邦訳版を参考にした。

（42）ヴェスパ『中国侵略秘史』一—二頁。

（43）同右、三頁。

（44）*Foreign Affairs*, Vol.12, No.2, January 1934. ティンパリー満洲国入国禁止については、註（22）参照。

（45）H. J. Timperley ed., *Japanese Terror in China* (New York: Modern Age Books, 1938); Vespa, Amleto, *Secret Agent of Japan* (Boston: Little, Brown and company, 1938).

（46）外務省情報部「昭和十三年度執務報告」（『外務省執務報告 情報部 昭和十一年～十三年』クレス出版、一九九五年）一三三頁。

（47）Holling K. Tong, *Dateline: China* (New York: Rockport Press, 1950), p.91. 南京事件調査研究会編訳『南京事件資料集① アメリカ関係資料集』（青木書店、一九九二年）三六三頁、三六六頁。

（48）拙稿「中国国民党中央宣伝部と外国人顧問」三〇—三一頁。

（49）793.94/13520, *USDS*, roll.55.

（50）外務省記録 A.3.5.0.3-1「外国新聞、雑誌に関する調査雑件 新聞調査報告（定期調査関係）」（第十一巻）所収（外務省外交史料館所蔵）。

（51）Tong, *Chiang Kai-shek's Teacher and Ambassador*, pp.43-58.

（52）国際宣伝処ワシントン事務所及びニューヨーク事務所は、実際には、China Information Service の名称を用い、同名の機関誌を発行していた。一九三八年八月十八日在ニューヨーク若杉要総領事発宇垣一成外務大臣宛公信（機密第六七七号）「在当地支那側宣伝組織に関する追加報告の件」及び一九三九年四月七日在ニューヨーク若杉要総領事発有田八郎外務大臣宛公信（普通第二八九号）「支那対米宣伝資料送付の件」、外務省記録 A.1.1.0.30-2-4「支那事変関係一件 輿論並新聞論調 支那側宣伝関係」（第一巻）所収（外務省外交史料館所蔵）参照。

（53）793.94/13520, *USDS*, roll.55.

(54) 793.94/14298, *USDS*, roll.58.
(55) ハリエット・サージェント『上海　魔都100年の興亡』浅沼昭子訳（新潮社、一九九六年）一三四—一三七頁。
(56) 例えば、一九三八年に米国で「反日遊説旅行」をした南京ＹＭＣＡ理事ジョージ・フィッチ（George Fitch）や一九四〇年成立の成都編輯委員会責任者のフランク・プライス（Frank Wilson Price）である。武「抗戦時期的国際宣伝処」一二〇頁。南京事件調査研究会編訳『南京事件資料集①　アメリカ関係資料編』三四五—五六頁。
(57) 793.94/14299; 793.94/14391; 793.94/14393, *USDS*, roll.58.
(58) Copy of letter from Madame Chiang Kai-shek to H. J. Timperley, 793.94/15695, *USDS*, roll.90.
(59) 北岡伸一「二十一ヵ条再考　日米外交の相互作用」（近代日本研究会編『年報・近代日本研究７』山川出版社、一九八五年）一二九頁。Earl Albert Selle, *Donald of China* (New York: Harper, 1948), ch.15 参照。また董顕光は、この対華二十一ヵ条要求「暴露」報道がドナルドとの最初の合作であったと述べている。Tong, *Chiang Kai-shek's Teacher and Ambassador*, p.59.
(60) Hadley Cantric, *Public Opinion, 1935–1946* (Princeton University Press, 1951), pp.1081–82.
(61) 重慶の国際宣伝処の情報検閲については、セオドア・ホワイト『歴史の探求　個人的冒険の回想』上巻、堀たお子訳（サイマル出版会、一九八一年）一〇〇—一〇五頁参照。
(62) 土井泰彦『対日経済戦争　1939–1941』（中央公論事業出版、二〇〇二年）。
(63) Tong, *Chiang Kai-shek's Teacher and Ambassador*, pp.131-32. 董『自伝』一二四—一二五頁。
(64) *Ibid*., p.131.
(65) H. J. Timperley, *Japan: a world problem* (New York: The John Day Company, 1942).
(66) Tong, *Chiang Kai-shek's Teacher and Ambassador*, p.135.
(67) *Ibid*., p.132.
(68) ハン・スーイン『無鳥の夏　自伝的中国現代史３』長尾喜又訳（春秋社、一九七二年）二三〇頁。

（会員）

日中戦争期の新聞業界再編成

駄場裕司

はじめに

日本のメディア史研究では、満州事変が日本の新聞論調のターニングポイントになったとされてきたのに比べると、[1]日中戦争期の新聞業界が取り上げられることは少なかった。その理由としては、たとえば戦前に久野収、武谷三男らと雑誌『世界文化』『土曜日』を発行して治安維持法違反で逮捕、有罪判決を受け、戦後は関西におけるメディア研究界の長老となった元同志社大学文学部長の和田洋一[2]（父は元同志社大学文学部教授兼予科長和田琳熊、妻あき子は内村鑑三の姪）が「ジャーナリズムのたたかいは、五・一五事件で九〇％おわり、二・二六事件で九九％おわったとみなして差しつかえないだろう[3]」としていることに典型的にみられるように、日中戦争突入以前に日本の新聞は「言論機関」としての機能を失っていたというのが自明の前提とされていたため、言論史に重きを置くメディア史研究では、日中戦争期の新聞は研究に値しないものと考えられがちだったことが挙げられよう。さらに全国紙・ブロック紙・地方紙という現在の業界体制が、日中戦争期に始まった新聞統合によって形成されたものであることも、メディア史研究の領域において日中戦争期を扱うことを困難にしているといえよう。

日本のメディア史研究では、佐々木隆が述べているように、講座派型階級史観・唯物史観のテーゼの影響が強かった。[4]研究者も新聞社などメディア企業の社史も、日中戦争期を、「〔新聞用紙などの〕供給不足は目に見えて厳しくなり、そこに言論統制の圧力が日を追って加重された結果、いわゆる群小新聞、雑誌は次々と廃刊せざるを得ないことになった。／こうした事態の中で、新体制運動という新たな重圧がのしかかり、新聞界の前途は実に暗いものであった」[5]といったイメージで語ってきた。そしてメディア（史）研究の領域では、ソ連崩壊でマルクス主義の権威が揺らいだ後も、イギリス新左翼の一流派であるカルチュラル・スタディーズを輸入することによってマルクス主義的枠組みのヘゲモニーを維持した。[6]それでも雑誌出版業界、映画業界については、近年、日中戦争勃発から太平洋戦争突入までの間は、戦争景気によりバブル的な活況を呈していたことが指摘されているが、[7]新聞業界については、まだ言論統制・弾圧の側面を強調するものが中心である。[8]

そこで本論文では、日中戦争期に始まった新聞統合による業界再編成を、メディア史研究者の視野に入ることがほとんどない地方新聞社[9]の企業利益追求の側面から主に検討することにより、新聞社を国家による言論統制の「被害者」とする通説的イメージの修正を行いたい。なお、内務事務官瓜生順良は、新聞統合には「悪徳不良紙」整理の第一段階（一九三八年夏[10]から四〇年五月）、「弱小紙」整理の第二段階（一九四〇年五月から四一年九月）、「一県一紙」化の第三段階（一九四一年九月以降）という三段階があったとしている。[11]「一県一紙」体制ができあがるのは太平洋戦争突入後で、日米開戦前後からは時局の要請が一段と高まり、問題の位相が異なってくるので、本論文で扱うのは、基本的に瓜生のいう第三段階の入り口までとする。

一　日中戦争直前の新聞業界

一般に新聞は戦争で部数を伸ばすといわれる。しかし日中戦争が始まると、一部の大手新聞社は大きく部数を増やしたが、地方紙は、ラジオの普及も影響した読者の減少と広告の激減という二大収入の減少、用紙・消耗費、通信費の膨脹によって経営難に陥るところが多かった。[12]新聞業界では、すでに日中戦争前年の一九三六年初頭から、広告不況と製作資材・用紙高騰の最中[13]における増頁競争（東京の大手新聞は朝夕刊合わせて一日の建頁が合計二〇頁に）、宣伝版発行、広告単価値下げなどの過当競争が激化しており、[14]資本力の弱い新聞社が生き残ることは、ますます難しくなっていたのである。

一九三六年十二月には、福沢諭吉以来の伝統を持つものの、関東大震災後の大阪系二紙（『東京朝日新聞』と『東京日日新聞』）との販売競争に敗れて一九二六年下半期から赤字経営を続けていた『時事新報』[15]が解散して『東京日日新聞』に吸収合併され、岡山県の二大地方紙『山陽新報』と『中国民報』が合併して『山陽中国合同新聞』となった。また、やはり赤字経営続きで新愛知新聞社傘下に入っていた『国民新聞』は、三六年六月の通信社合併[16]を理由として、編集局員三七人の退社、八人を営業局へ配置転換という大幅な人員削減を行った。[17]

そうした中でも、一九三四年、三五年と大冷害が続いた東北地方での新聞経営は厳しかったようである。すでに新聞統合以前から宮城県内で地方紙としての独占的な地位を築いていた有力地方紙河北新報社の元社長一力次郎（創業者一力健治郎の次男）でさえ、「『河北新報』創立以来一番ひどい時代」、「発行部数は減る、広告収入は減るで、かなり経営にたいへんな時代が来て、やっぱり二、三年欠損だしました」と回想している。[18]

しかも新聞統合を経ている現在と違って、東京、大阪を発行拠点とする中央紙は、それ以外の多くの府県でも、地方紙を凌ぐシェアを持っていた。日中戦争に入ってからのものになるが、新聞統合のために作成された「普通日刊新聞紙頒布状況調（昭和十五年五月末現在）」[19]によれば（一力次郎は、この表の数字は、一九三七年の発行部数を元にしていると述べている）[20]、次の三四府県で中央紙九紙（『東京朝日新聞』『東京日日新聞』『読売新聞』『報知新聞』『中外商業新報』『国民新聞』『都新聞』『大阪朝日新聞』『大阪毎日新聞』）が五〇％以上のシェアを持っていた。

九〇％以上　東京、神奈川、栃木、埼玉、千葉、茨城

八〇％以上　福島、群馬、大阪、京都、和歌山、奈良

七〇％以上　宮城、岩手、山形、静岡、兵庫、滋賀、香川、宮崎

六〇％以上　新潟、秋田、福井、長野、山口、愛媛、福岡

五〇％以上　山梨、三重、広島、岡山、鳥取、大分、熊本

一方、地元地方紙のシェアが五〇％以上なのは、北海道、青森、石川、愛知、島根、徳島、高知、鹿児島、沖縄の九道県に過ぎなかった（このほか、他道府県から入ってくる地方紙が「移入紙」として数えられている）。前述の『河北新報』も、宮城県内発行のライバル紙はなかったとはいえ、県内のシェアは中央紙が七四・一％を占めていた。

これに対して東西定期航空会、次いで朝日定期航空会を設けて政府補助金を受けながら国内航空路の開拓に従事し、日本の民間航空界をリードした朝日新聞社の航空部は、国策会社の日本航空輸送株式会社創立（一九二九年四月）で旅客輸送から逐次撤退した後も社有機一五機と民間航空界随一の規模を誇り、一九三六年五月には同社会長村山長挙を会長とする「国際航空路調査会」を設立して国際商業航空路の開拓を目指した。朝日では同会の事業として、新たに購入した陸軍の九三式二型双軽爆撃機の改造機（三菱式鵬型長距離連絡機）で日本・満州両国首都を結ぶ新航空路の開拓（十月）や日本―シャム間の親善飛行（十二月）を行

い、翌三七年には最新の九七式司令部偵察機の試作機二機（三菱式雁型通信機）を購入。四月にそのうちの一機「神風」で東京―ロンドン間の都市連絡飛行国際記録を樹立して、部数拡大にも役立てた。[21] 中央大手紙と地方紙との経営格差は開くばかりであった。

ニュース・メディアとしての新聞の地位も、相対的に低下しつつあった。一九二五年に開始された日本のラジオ放送は、一九三二年までは受信契約者数が伸び悩んでいたが、一九三四年ごろからメーカー製の安価で良質な受信機が量産されるようになり、家庭用電気機器として普及し始めた。[22] 一九三六年の二・二六事件やベルリン・オリンピックの報道で、新聞はラジオの速報性に太刀打ちできなかった。また日本では一九三一年に最初の本格的トーキー映画『マダムと女房』（松竹。五所平之助監督）が公開され、無声映画からトーキー映画への移行期を迎えていたが、中央大手紙三社は、ラジオ・ニュースの速報性に対抗するために一九三四年から定期的なニュース映画の製作を始め、映画館のない地方では新聞販売店が主催または後援する上映会を開催して新読者の獲得に努めた。[23]

富山日報社社長兼編集局長の横山四郎右衛門は一九三六年に、「通信、交通機関、或は印刷機械等が、異常な発達をなし、新聞資本主義時代が現出したので、資本の豊かな新聞社は、これ等の機関を十二分に利用し、内容の改善と読者への頒布に、非常な便宜を得て、ドシドシ地方へ進出して、地方新聞を圧迫する。〔中略〕地方紙の地盤は根底から覆されざるを得ぬ。そこで経営難の地方紙は、益々経営困難となる。〔中略〕かうなれば新聞の内容を改善するどころか、益々粗悪になるから、都会紙の侵略が加速度的に加はつて来る。同時にこんな貧弱な地方紙は、最早言論機関として存在の価値がないばかりでなく、却つて社会に害毒を流すやうになる。〔中略〕地方紙が資本魔のやうな都会紙の進出に苦しむならば、速かに合同し、その基礎を鞏固にして、内容を改善し、権威ある地方文化の指導機関として、都会紙に当るべきである。〔中略〕政府は通信統制を一つの国策として、二大通信社を合同せしめた。新聞が言論機関であり、その言論が国民の輿論や国民教育の上に大関係がありとすれば、政府はその新聞の統制にも、何等か積極的に国家権力を発動する必要がなからうか」という意見を発表している。[24] 資本力勝負の過当競争に苦しむ地方紙からは、日中戦争前に、政府が介入しての新聞統合を望む声が上がり始めていた。

そうした中、日本製紙連合会は一九三六年十二月、製紙原料パルプの漸騰や人絹用パルプの需要増加、輸入パルプの原料騰貴などを理由に新聞用紙を約一六％値上げし、カナダなどから輸入する外紙も二〇％以上値上がりして、国内産より一層割高になった。[25]当時、パルプの用途は人絹やセロファンなどに拡大し、さらに世界的なブロック経済化の進展でオーストラリア産の羊毛に代わるものとされたステープル・ファイバーが加わって、製紙業者にとっては利潤の少ない新聞用紙よりもそれらの方が魅力的だった。[26]日本での新聞用紙生産は、一九三三年五月に富士製紙と樺太工業を合併した王子製紙が九割以上を独占していたため、世界恐慌期には国内産より安かった外紙[27]に依存する地方紙二三社が一九三七年四月に「用紙対策同盟」を結成して「新聞用紙機会均等」を唱え王子製紙に用紙分配を求めたが、王子側は、現在、王子の紙を使っている新聞社に用紙を節約してもらい、その分を対策同盟に回すしかないと回答した。そこで対策同盟は朝日、毎日、読売に用紙節約を依頼して断られたが、六月になって王子製紙が七月一日以降の供給を確約したので、同盟を解散した。王子製紙は日中戦争直前の六月二十五日に更改を迎えた朝日、毎日との契約更新に際してさらに約二二％の値上げを行い、供給不足の緩和方策は供給量の制限割り当て以外にないとして、朝日、毎日、読売を朝夕刊建頁合計二〇頁から一六頁に減頁させた（八月一日から実施）。[28]そして朝日と毎日は初めて読売とも協定を結び、七月から月極め定価を二〇銭値上げして一円二〇銭とし、[29]他紙も値上げした。

日中戦争は、新聞業界が過当競争の代償を支払わされかけていた時に起きたのである。

二　地方紙の苦境と体力回復

周知のように、一九三七年七月七日夜に北平郊外で起きた盧溝橋事件で、現地の停戦協定が成立した十一日、第一次近衛内閣は五相会議、臨時閣議で三個師団の華北派兵を決定して政府声明を発表した。政府は同夜、在京新聞・通信社の代表者と幹部記者四〇人余りを首相官邸に招集して首相近衛文麿が政府の方針を述べて挙国一致についての協力を要請し、陸相杉山元が事件の経過を説明して、同盟通信社社長岩永裕吉が一同を代表して善処を誓った。[30]

満州事変、上海事変では、報道関係者は前線指揮官の許可だけで自由に従軍することができたが、[31]八月三日の陸軍省告示第三一号で陸軍省による許可制として、北支で軍事報道に当たる新聞・通信社の記者、カメラマン、航空関係者を正式な従軍記者とした。そして政府が新聞紙法第二七条（陸軍大臣、海軍大臣及外務大臣ハ新聞紙ニ対シ命令ヲ以テ軍事若ハ外交ニ関スル事項ノ掲載ヲ禁止シ又ハ制限スルコトヲ得）を発動し、同盟通信社（一九三六年一月に新聞聯合社を母体として設立。同年六月に日本電報通信社通信部を合併）を指導監督するための各省連絡機関として前年七月に官制で設置された内閣情報委員会を一九三七年九月に内閣情報部へ改組、強化して、勅任官待遇の参与として小林一三（東京宝塚劇場社長）、片岡直道（日本放送協会常務理事）、芦田均（政友会衆議院議員、ジャパンタイムズ社長）、増田義一（民政党衆議院議員、実業之日本社社長）、緒方竹虎（朝日新聞社主筆）、大谷竹次郎（松竹社長）、高石真五郎（大阪毎日・東京日日新聞社主筆）、野間清治（大日本雄弁会講談社社長、報知新聞社社長）、古野伊之助（同盟通信社常務理事）ら新聞、雑誌、放送、映画・演劇業界の幹部を取り込んでいったことなどについては、戦時期の政府による報道統制を強調する従来の日本メディア史研究で繰り返し取り上げられているので、それらに譲り、当時の新聞業界の様相を見る。

前節で書いた通り、日中戦争前から新聞はニュース速報でラジオに敵わなくなっていたため、中央大手紙三社は写真号外発行とニュース映画製作で対抗しようとして、写真・映画のカメラマンを多数、戦地に派遣した。[32]ニュース映画製作は採算が悪いため、日中戦争前には一九三六年に松竹が撤退し、[33]朝日と毎日も事業を疑問視するようになっていたが、日中戦争勃発でそれまで映画を見なかった家族連れ、子供連れの観客も多数引き寄せ、一躍隆盛期を迎えた。[34]トーキー時代のニュース映画には生々しい「音」が求められるため、戦地の映画班員たちは、手持ち撮影用の「アイモ」（ベル&ハウエル社製ゼンマイ式三五ミリ映画撮影機）だけでなく、時には重さ三〇〇キロ以上ある同時録音撮影機を運んで戦場の「音」を拾いに出た。[35]

また朝日新聞社では、戦乱地域への新聞社機の飛行が大幅に制限されることを見越して、軍務に協力する代わりに情報ルートを確保するバーターを献策し、九七式司令部偵察機に改造を施して航続距離を伸ばした「神風」「朝風」の二機と「神風」による亜欧連絡飛行から帰ったばかりの飯沼正明操縦士、塚越賢爾機関士ら四人の搭乗員を一九三七年八月から陸軍に提供した。彼らは、日本国内で最初の飛行機による飛行を行った陸軍中将徳川好敏男爵を司令官とする盧溝橋事件で動員された臨時航空兵団の偵察部隊、飛行第一大隊（大隊長柴田信一大佐）に配属されて北支戦線に赴いた。同大隊に配備されていたのは近距離用の九四式偵察機で、陸軍では制式採用が決定したばかりの九七司偵二機を急派していたが、さらに足の長い朝日の改造機に乗る四人はより奥地の敵飛行場偵察などに当たり、同年十月に現地部隊長から感状を受けた。[36]そして朝日は海軍省の命により、同月から翌三八年十月まで東京から中支方面への軍用定期航空を実施した。[37]

盧溝橋事件発生から翌八月下旬までの間に、新聞業界は連日の号外と増頁で、用紙節約前の三カ月分以上の紙を消費した。[38] 八月からの建頁減では、記事・広告の収容量を減らさないよう、中央紙だけでなく地方紙も、九月までに一頁当たりの段数を一段増やす一四段制へ移行した。一部の新聞社以外は小さな新活字を使ったため、これに費用がかかったほか、一四段制実施は広告料金値上げに等しい結果となるので、地方紙では広告主との交渉が停頓し、広告原稿不足となる新聞も多数出た。これに対して朝日、毎日、読売は三社協定の下、値上げにもかかわらず部数を伸ばし、事変ニュースの膨脹で広告が収容しきれない状態となった。[39]

一方、一九三七年九月に輸出入品等臨時措置法が制定され、商工省は外貨節約とステープル・ファイバー、人絹工業助長のため十月から製紙用パルプの輸入を制限し、十一月には経済団体連盟にパルプを含む生産品節約運動を起こさせ、翌三八年六月に外紙輸入は途絶した。[40] そして商工省は同年八月、同法に基づいて新聞各社に翌九月からの用紙使用量一二％削減を命じた。[41] 地方紙からは、中央大手紙と同率の削減に反発も出たが、一連の用紙制限により中央大手紙の部数拡大の勢いに若干のブレーキがかかった。[42] また、これによる日曜夕刊廃止は、販売店から大いに歓迎された。[43]

政府が新聞統合に乗り出したのは、このころである。新聞統合第一段階の「悪徳不良紙」整理は、日本の新聞学の祖で、当時は内閣情報部嘱託としてこれに関わった小野秀雄の回想によれば、一九三八年に内相末次信正が、戦時下における言論報道の統制と資源枯渇防止を理由として、国家非常時における自粛自戒の立場から、自発的に新聞の廃刊を実行させることを考えたことに始まるという。そして警保局内で協議の結果、いわゆる悪徳紙と経営難に陥っている新聞の整理に着手することに決定し、警保局図書課で小野も参加して「所謂悪徳新聞紙整理要綱」を作り、警視庁と地方庁警務課に内示した。[44] 瓜生順良が「昭和十三年夏、特高課長ブロツク会議に於て警保局図書課より悪徳不良新聞紙を調査の上整理すべき旨の指示が与へられた」[45]としているのが、それであろう。八カ条の整理基準で悪徳新聞とされたのは、私行を暴露すると称して金銭を強要するもの、無断で開業医などの広告を掲載して広告料金を強請するものなどで、東京市内だけで一、〇〇〇を超えたという。[46]

そうした動きは間もなく察知され、同年七月二十九日付の業界紙『新聞之新聞』に、「最近に於ては地方庁が言論統制を期し、内容的に之を統制せんとする方針峻烈となり、多大の恐慌を示してゐる、即ち各地方庁では時局に鑑み所謂赤新聞と言ふべきもので花柳界中心の記事人の非行を暴く記事等を掲載する新聞及び広告をとる事を目的としてゐる新聞等の存在が何等価値ないといふ見地から取締りを厳にし再三注意を与へても一向改まらない向きに対し、高飛車的に廃刊を慫慂してゐる事実があり、地方では之が中央庁の指令によるものではないかといふ観測を下してゐる様で大聳動を与へてゐる」と書かれている。これについて警保局図書課は、この時点のみならず同年末になっても中央からの指令を否定し、「地方庁が時局に鑑み自発的に善処してゐる事」としていた。[47] しかし同年八月二十四日付同紙には、「時局の波に乗つて目下地方庁に於ては夫々独自の見解の下に国家的意義を持たぬ有害無益なる地方群小新聞に対し、整理統制の鉾先きを向けてゐるが、〔中略〕地方新聞社の中には秘かに当局の整理を待ちその物質的保証〔ママ〕を求めんとしてゐるものもあるが、当局としては仮令統制上整理を行ふ様なことがあつても物質的補償を与へぬ方針をとつてゐる」とあり、[48] 早い時期から、新聞統合に便乗しようとしていた新聞社もあったことがうかがわれる。先に挙げた、日中戦争前から政府の介入による地方紙の統合を求めていた富山日報社の横山社長兼編集局長が、地方紙の苦境について、「甚だしいのは、このやうに苦しいにも拘らず、自ら墓穴を掘るやうな乱暴な競争をして、愈々深刻な苦境に陥るのがある。たとへば新聞のダンピングをやる。広告の得意先奪取のために、料金の引下をやる。それがために赤字が益々大きくなる。遂には社員の給料払ひも滞り勝になるといふのがある」と書いているのをみれば、[49] 驚くにあたらない。一九二六年以来増加傾向をたどり、一九三五年に一、四四一紙〔有保証金一、二二二紙、無保証金二一九紙〕あった日刊新聞は、[50] 内務省警保局が各地方庁に新聞の整理統合を指示した一九三八年夏の時点で、すでに七三九紙に減っていた。[51] このほかに週刊紙、旬刊紙、月刊紙などもあり、整理の対象となった新聞は、全国で一万二〇〇〇を超えた。[52]

新聞統合第一段階は、単なる「悪徳不良紙」整理の域にとどまるものではなかった。すでに業界では、内務省の意向は「一県一紙」であると観測されており、[53] 鳥取県〔一九三九年十月〕と和歌山県〔一九四〇年三月〕ではこの段階のうちに「一県一紙」となった。[54] 地方庁は地方紙に対して高圧的な態度で廃刊を要求し、これに応じない経営者を微罪で逮捕して廃刊届を出させた事例も淡路島であったという。しかし一方では、前述の通り、経営難から政府による買収を期待する地方紙もあった。[55]

この時期については、業界紙や年鑑類の記述も断片的であり、戦後に出された地方紙の社史も、新聞統合期の記述は信憑性が低いが、[56] 朝日による地方紙記者引き抜きが問題となったり〔岡山、[57] 愛知[58]〕、新聞販売店員争奪戦から、一九三九年十一月に静岡で東京朝日の販売店員が読売の販売店員二人を刺殺する事件[59]が起きるなど、用紙削減にもかかわらず、新聞業界では、まだ熾烈な競争が行われていた。しかし第一段階の終了期とされる一九四〇年五月には、『新聞之新聞』で「スペースの縮少から中央紙の特色であり、従来、配達の時間が地元紙に対して比較にならぬ程遅くとも、地方購読者を牽引する有力な武器となつてゐた特派員の撮影に係る現地の電送写真等の掲載量も激減し、新中央政権〔＝汪兆銘政権〕設立と共に支那事変に対する購読者の関心も旧の如くならず〔中略〕地方当局の地方群小新聞の整理廃合方針と相俟つて残された地方新聞の購読者増加に拍車をかけ且、折込用紙の入手難は地元の広告をして新聞紙に依存するを得ざるに至らしめた等、地方新聞の経営が近来非常に楽になつて来た事は事実である」と報じられるようになった。[60]

三　地方紙の反撃

瓜生順良によれば、一九四〇年五月の地方長官会議、警察部長会議、特高課長会議で「記事内容経営状態等の振ず存在価値の乏しい新聞は地方事情を参酌の上整理統合すべき旨が示された」ことにより、新聞統合は第二段階を迎えた。[61]同月には、内閣に内閣情報部長を幹事長とする新聞雑誌用紙統制委員会が設置され、それまで企画院と商工省が中心となっていた用紙統制業務が同委員会に移されて統制が強化された。[62]この用紙統制移管には、同年一月の阿部内閣総辞職について「阿部内閣は新聞に倒されたとの評が高」く、同内閣末期には「揶揄嘲笑の記事が相踵いで現はれ検閲権を以てしても如何とも為し難い形勢を馴致」したことから、「現在商工省に於てはこの用紙問題を単なる物資関係の『事務』として処理して居るが〔企画院、内閣情報部に於ても若干之に参与してはゐるが〕若しこれを内閣に引取り政府の言論対策を重心とする『政務』として処理するならば、換言すれば、政府が之によつて新聞に相当の睨みを利かすことゝすれば新聞指導上の効果は相当の実績を期待し得ると信ずる」という見方が内閣情報部にあったことも[63]影響しているようである。また同年十二月には内閣情報部が情報局に拡大、改組された。[64]

瓜生は、一九四一年九月に内務省警保局検閲課長、情報局第四部第一課長が「一県一紙」化を地方庁に指示したとしており、[65]先行研究では、それ以降を新聞統合の第三段階とするのが通例であるが、この第二段階の時点でも、新たに石川県〔一九四〇年七月〕、富山県〔同年八月〕、群馬県〔同年十月〕、千葉県〔同年十一月〕、宮崎県〔同前〕、奈良県〔一九四一年一月〕、香川県〔同年二月〕、佐賀県〔同年五月〕で「一県一紙」となった。[66]

新聞統合の第一段階で中央紙の地方進出の勢いが弱まり、群小新聞の整理統合で息を吹き返した地方紙は、この時期になると、新聞統合を利用して中央紙や他県の地方紙を地元から排除し、自社の優位を築こうとするようになった。一九四〇年十二月までに情報局次長久富達夫（前東京日日新聞社編集局理事兼編集総務）へ提出された地方紙一七社[67]の意見書から、それが確認できる。[68]

これは一九四〇年十月、全国地方新聞支社局会幹事から「新聞新体制について意見を内閣情報部へ具申して地方新聞の立場を認識させておけ」という知らせが全国の地方新聞社へとんだことに応えたもので、中央紙の地方版廃止や専売店廃止・共同販売実施、同盟通信社の強化と加盟分担金軽減ないし廃止、政府介入による広告料金引き上げなど、中央紙の競争力を殺ぎ、地方紙の収入増・負担減となる施策などを要望している。中央紙に数えられるものの、時事新報社と同様に関東大震災後の大阪系二紙との販売競争に敗れて低迷を続けていた報知新聞社社長の三木武吉も、地方版廃止と同盟通信社強化を唱えていた。[69]

一方、東京、大阪以外に福岡、名古屋にも発行拠点を持つ朝日、毎日と違って東京以外に発行拠点を持たない読売が、用紙制限で部数拡大が困難になったため、一九四〇年から大阪時事新報社、福岡の九州日報社、島根の山陰新聞社、長崎日日新聞社、静岡新報社と経営不振の地方紙を買収して勢力拡大を図る方針に転じたことにより、地方紙が三大中央紙に系列化されるのではないかと恐れる見方が出てきた。そうした状況を前にして、同盟通信社社長古野伊之助の提唱と情報局の斡旋により、電通の光永星郎が一九一三年四月に地方紙を集めて作った日本新聞協会（一九四二年十二月解散。現在の社団法人日本新聞協会とは別物）に代わるものとして、一九四一年五月に新聞業界の自発的統制団体として社団法人日本新聞連盟が設立された。[70] 理事長は外務官僚から中外商業新報社社長に天下っていた田中都吉で、他に朝日新聞社、大阪毎日新聞社、読売新聞社、同盟通信社、報知新聞社、北海タイムス社、河北新報社、名古屋新聞社、新愛知新聞社、合同新聞社（岡山県）、福岡日日新聞社の幹部が理事、都新聞社と中国新聞社の幹部が監事、情報局次長久富達夫、情報局第二部長吉積正雄（陸軍少将）、内務省警保局長橋本清吉が参与理事となった。

長年にわたって競争してきた各社を束ねる新聞連盟の設立は難航を極め、連盟での決議権は新聞の大小を問わず一社一票とされたため、中央三大紙には不利だった。[71] 設立間もない同年夏には、専売店維持を主張する中央大手紙と、共販制を主張する地方紙の対立が新聞連盟に持ち込まれて正面衝突となり、政府側からの参与理事が地方紙側を支持したため、同年十二月一日から共同配達、共同集金、共同輸送の共販制に移行することとなった。[72] 販売店は、経営を圧迫する「押し紙」（新聞社が販売店の販売能力を超えて強制的に買い取らせる新聞）がなくなり儲かるようになったので、共販制を歓迎した。[73]

内務省警保局と情報局第四部が地方庁に「一県一紙」化を指示して新聞統合が第三段階に入る一九四一年九月には、新聞連盟理事会で政府側参与理事から「一県一紙」と全国の新聞社を統合して一元化する「共同会社構想」が諮問された。連盟理事会では、読売新聞社社長正力松太郎を最強硬派として中央三大紙が一元化に反対し、他社は程度の差はあるが同案を支持した。[74] 結局、議論はまとまらず、田中理事長に一任となって十一月二十四日に首相兼内相東條英機へ提出した答申書では、一元化ではなく統制機関として新聞連盟を強化し、新聞統合を進めることなどが答申された。[75] そして太平洋戦争突入直後の翌十二月十三日に国家総動員法に基づく新聞事業令（昭和十六年勅令第一一〇七号）が公布され、第四条、第五条で主務大臣（首相及び内相）に新聞事業主に対し事業の譲渡もしくは譲受、会社の合併、事業の廃止または休止を命ずる権限を認め、第六～九条で定められた統制団体として翌一九四二年二月に日本新聞会が設立された。これにより新聞統合は、政府の命令に従わなければ廃刊もありうるという、それまでとは異なる次元の問題となり、同年末までに中央紙の発行拠点がある東京、大阪、福岡（愛知の朝日と毎日は撤退）を例外とする「一県一紙」化がほぼ完了して、日刊紙は五四紙に減少した。

まとめ

報道統制の側面が強調されがちな日中戦争開戦から太平洋戦争突入までの新聞統合について、経営的な側面から明白にいえることは、それが新聞業界における弱者救済の側面を、多分に持ち合わせていたことである。地方紙は中央紙との販売競争で圧倒され、販売競争の最前線に立たされる販売店は新聞社の外部に置かれて「押し紙」を押し付けられ、同業者間の殺人事件にまで発展するような競争にさらされていた。新聞統合の過程が軍国主義化の一環であったとしても、それは新聞業界内の強者の手足を多少なりとも縛ることで、弱者が相対的な受益者となるプロセスでもあった。全国紙の社史類やOBの著作は、新聞統合に便乗した地方紙の言論機関としての有り様を批判する傾向があるが、販売店関係者は、親分―子分的な人間関係が強い力を持つ、言論界とは対極の世界の人々である。

一方、中央紙の側も、感情が入って無軌道になりがちだった部数拡大競争に用紙制限でブレーキがかけられたため、販売競争につきものだった無代紙や安売り、増頁競争での広告ダンピングなどを見直す余裕ができ、経営が合理化されることになった。(76)

新聞社の全国一元化が新聞連盟で問題となっていたときの連盟事務局長岡村二一は、地方紙の理事の中に、「あの当時の新聞経営者は皆びくびくしていて、何でもいいから自分さえ残ればいい、共同会社でも結構だ、そういうことをかげでは言っていた人たちが二、三あったようですね」と回想している。(77) 当時まで残っていた地方紙は、日中戦争前から始まっていた新聞業界の過当競争が開戦でいっそう厳しくなった中から、新聞統合政策の弱者救済策的な側面により企業として息を吹き返してきたものである。そうした状況の地方紙に政府などに対する「抵抗のジャーナリズム」の類を求めるのは、ないものねだりのように思われる。

註

(1) 代表的なものとして、社説分析を中心とした荒瀬豊「日本軍国主義とマス・メディア」（『思想』一九五七年九月号、岩波書店）、掛川トミ子「マス・メディアの統制と対米論調」（細谷千博・斎藤真・今井清一・蠟山道雄編『日米関係史　開戦に至る十年　四　マス・メディアと知識人』東京大学出版会、一九七二年）がある。両論文には、分析対象として挙げている『大阪朝日新聞』社説を見ていなかったり、原文を歪曲したりしているなどの問題が多いことを指摘したものとして、後藤孝夫『辛亥革命から満州事変へ　大阪朝日新聞と近代中国』（みすず書房、一九八七年）九—一〇頁、拙著『大新聞社——その人脈・金脈の研究　日本のパワー・エリートの系譜』（はまの出版、一九九六年）第五章がある。

(2) 和田洋一は、六〇年安保で東京工業大学助教授を辞めたばかりの鶴見俊輔を、同志社大学文学部社会学科新聞学専攻に教授として招聘した（和田洋一「鶴見さんと同志社と京都」（『鶴見俊輔著作集月報五』一九七六年一月）六頁）。

(3) 和田洋一「戦時下のジャーナリズム」（城戸又一編『講座　現代ジャーナリズムI　歴史』時事通信社、一九七四年）一二七頁。

(4) 佐々木隆『日本の近代14　メディアと権力』（中央公論新社、一九九九年）一一頁。

(5) 四国新聞一〇〇年史編集委員会編『四国新聞百年史』（四国新聞社、一九八九年）五五—五六頁。

(6) カルチュラル・スタディーズの輸入は、東京大学社会情報研究所（新聞研究所の後身。現在は東京大学大学院情報学環）のセクショナル・インタレストによるトップダウン的なものだったことを、一九九六年三月に同研究所がブリティッシュ・カウンシルと共催したシンポジウム「カルチュラル・スタディーズとの対話」で成田龍一と上野千鶴子が仄めかしている（成田龍一「コメント」、花田達朗・吉見俊哉・コリン・スパークス編『カルチュラル・スタディーズとの対話』新曜社、一九九九年）五二七—二八頁、上野千鶴子「コメント」（同右）五三一頁）。

(7) 佐藤卓己『キング』の時代――国民大衆雑誌の公共性』（岩波書店、二〇〇二年）三二五―四八頁。古川隆久『戦時下の日本映画――人々は国策映画を観たか――』（吉川弘文館、二〇〇三年）一一四―一九頁。

(8) 近年のものとして山中恒『新聞は戦争を美化せよ！――戦時国家情報機構史――』（小学館、二〇〇一年）、中園裕『新聞検閲制度運用論』（清文堂、二〇〇六年）第四章。

(9) 新聞統合を扱った有山輝雄の「総力戦と軍部メディア政策」（青木保ほか編『近代日本文化論10　戦争と軍隊』岩波書店、一九九九年）と「一九三〇年四〇年体制と言論の多様性」（『マス・コミュニケーション研究』第五六号、二〇〇〇年一月）は、朝日新聞社で従業員の中から育った経営者である主筆緒方竹虎と村山社主家二代目の社長村山長挙との確執、いわゆる「資本と経営の分離」を、当時の新聞業界全般の傾向としている（「総力戦と軍部メディア政策」一二五―二六頁、「一九三〇年四〇年体制と言論の多様性」五六頁）。しかし中央紙でも、大阪実業界の機関紙から発展した大阪毎日新聞社と、三井物産が創刊し、当時は三井合名が全額出資する子会社だった中外商業新報社（日本経済新聞社社史編集室編『日本経済新聞社百年史』（日本経済新聞社、一九七六年）五四頁、七三―七四頁、九六頁、一二六頁）には社主家が存在せず、読売新聞社では、現在の形での実質的な初代社主である正力松太郎が社長として陣頭指揮を執っており、「資本と経営の分離」というような問題が出てくる余地はなかった。

(10) 従来のメディア史研究では一九三八年秋からとされているが（内川芳美・香内三郎「日本ファシズム形成期のマス・メディア統制（一）――マス・メディア組織化の政策および機構とその変容――」（『思想』一九六一年七月号、岩波書店）三七頁など）、この三段階区分の元になった瓜生順良の論文では「昭和十三年夏」と書かれおり（瓜生順良「新聞新体制と取締の要諦」（『警察協会雑誌』一九四二年五月号）三頁）、後述するように、業界紙『新聞之新聞』も同年七月二十九日付紙面でこれに対応する記事を掲載しているため、夏とした。

(11) 瓜生「新聞新体制と取締の要諦」三―四頁。

(12) 永代静雄編『昭和十三年版　日本新聞年鑑』（新聞研究所、一九三七年）一三頁。前坂俊之『言論死して国ついに亡ぶ――戦争と新聞　一九三六―一九四五』（社会思想社、一九九一年）一〇五―六頁。

(13) 春原昭彦『四訂版　日本新聞通史』（新泉社、二〇〇三年）一九七頁。

(14) 永代静雄編『昭和十二年版　日本新聞年鑑』（新聞研究所、一九三六年）三三―三七頁。この増頁競争について首相広田弘毅は一九三七年一月十四日、原田熊雄に、「郷誠之助とか膳桂之助等が一緒になり、藤原銀次郎が新聞を買占めて、議会が開いたら一斉に政府攻撃をやらせようと考へてゐるらしい。で一方では藤原がまづ『読売』から新聞の紙数をふやして競争を起し、『日日』及びその他の新聞の紙数がおのおの八頁《ママ》になつた。さういふ風に紙数をふやして紙を売込んで儲ける一方、今度の予算から出る税制によつて、資本家に圧迫を加へられることを免れたいといふやうな気持で、政府攻撃を始めるといふ内務省あたりからの情報であるが、実に困つたもんだ」

と話している（原田熊雄『西園寺公と政局 第五巻』（岩波書店、一九五一年）二三〇頁）。王子製紙社長の藤原銀次郎は読売新聞社社長正力松太郎の有力な後ろ盾だったといわれており、また大阪毎日新聞社（『東京日日新聞』も発行）社長を長らく務めた本山彦一は、藤原にとって慶応の先輩であるため、「若い頃から恩顧をうけた特別の個人的関係を持つてゐた」という（戸田将美『藤原銀次郎回顧八十年』（大日本雄弁会講談社、一九四九年）四三六頁）。

(15) 高木教典「昭和恐慌期における新聞産業」（『東京大学新聞研究所紀要』第八号、一九五九年）一五三頁。

(16) 同盟通信社設立に至る新聞聯合社と日本電報通信社の合併問題については、拙著『後藤新平をめぐる権力構造の研究』（南窓社、二〇〇七年）第四部第一章を参照。

(17) 『昭和十二年版 日本新聞年鑑』二八―二九頁。

(18) 一力次郎「伝統を継ぐ新聞一家」（『別冊新聞研究 聴きとりでつづる新聞史』第七号、一九七八年十月）一二一頁。

(19) 「普通日刊新聞紙頒布状況調（昭和十五年五月末現在）」（有山輝雄・西山武典編『情報局関係資料 第七巻』柏書房、二〇〇〇年）二三九―四〇頁。

(20) 一力「伝統を継ぐ新聞一家」一一五頁。

(21) 日本航空協会編『日本航空史 昭和前期編』（日本航空協会、一九七五年）六一一―一七頁、山崎明夫編『朝日新聞社訪欧機 神風 東京―ロンドン間国際記録飛行の全貌』（三樹書房、二〇〇五年）。

(22) 山口誠「ラジオ放送の出現と一九二〇年代の社会」（有山輝雄・竹山昭子編『メディア史を学ぶ人のために』世界思想社、二〇〇四年）一七一―七二頁。

(23) 大阪本社販売百年史編集委員会編『朝日新聞販売百年史（大阪編）』（朝日新聞大阪本社、一九七九年）三二三頁。

(24) 横山四郎右衛門「主として地方新聞の立場から」（光永真三編『昭和十一年 新聞総覧』日本電報通信社、一九三六年）一六―一七頁。

(25) 『昭和十三年版 日本新聞年鑑』一四頁。外紙の価格上昇には、王子製紙の大量買付による価格操作もはたらいていたようである（同右、一五―一六頁）。

(26) 『昭和十二年版 日本新聞年鑑』四八頁。

(27) 高木「昭和恐慌期における新聞産業」一六一頁。

(28) 『昭和十三年版 日本新聞年鑑』一四―一五頁。

(29) 朝日新聞百年史編修委員会編『朝日新聞社史 大正・昭和戦前編』（朝日新聞社、一九九一年）五〇八頁。

(30) 『昭和十三年版 日本新聞年鑑』一頁。当時の内閣書記官長風見章の回想によれば、言論界代表者への協力要請は、内相馬場鍈一の求めによるという（風見章『近衛内閣』（中公文庫、一九八二年）三六頁）。

(31) 岡本光三編『日本戦争外史 従軍記者』（全日本新聞連盟、一九六五年）三二九頁。

(32) 同右、三三一頁。

(33) 藤岡篤弘「ニュース映画〈誕生期〉の興業とその機能」（『映像学』第六八号、二〇〇二年五月）二九―三〇頁。

(34) 南波武男（朝日ニュース劇場支配人）・肥後博（松竹ニュース課）・関屋親葆（東宝映画係）ほか「ニュース映画館座談会」（『キネマ旬報』一九三八年一月一日号）三二四頁。

(35) 毎日新聞一三〇年史刊行委員会編『「毎日」の三世紀――新聞が見つめた激流一三〇年（上巻）』（毎日新聞社、二〇〇二年）七八五頁。

(36) 山崎編『朝日新聞社訪欧機　神風』六六―六八頁、『昭和十三年版　日本新聞年鑑』五頁。防衛庁防衛研修所戦史室編『戦史叢書52　陸軍航空の軍備と運用(1)　昭和十三年初期まで』（朝雲新聞社、一九七一年）六〇三―二〇頁。

(37) 『日本航空史　昭和前期編』六一七頁。

(38) 『昭和十三年版　日本新聞年鑑』一五頁。

(39) 同右、一八―二一頁、田畑忠治（東京朝日新聞社販売部長）「販売界の推移」（光永真三編『昭和十三年　新聞総覧』日本電報通信社、一九三八年）五四―五五頁。豊田兼助（東京日日新聞社広告部助役）「多難なりし広告界」（同右）五七頁。

(40) 『昭和十三年版　日本新聞年鑑』一六―一七頁。永代静雄編『昭和十四年版　日本新聞年鑑』（新聞研究所、一九三八年）二〇頁。七海又三郎（東京日日新聞社常務兼営業局長）「時局と新聞経営の将来」（光永真三編『昭和十四年　新聞総覧』日本電報通信社、一九三九年）二七頁。

(41) このときの商工省による新聞用紙制限については、八月十二日に公布された「新聞用紙制限令」によるとするものが多いが、当時の『官報』『法令全書』に、それに類する法令の記載はない。商工省が用紙制限強化のため翌一九三九年六月三十日に公布した「新聞用巻取紙供給制限規則」（商工省令第三二号）は全くの新規制定の体裁を取っており、参照法令として挙げられているのは、根拠法の輸出入品等臨時措置法のみである。

(42) 『昭和十三年版　日本新聞年鑑』一八頁。『昭和十四年版　日本新聞年鑑』一九頁。「今日の話題／新聞の急展開」（『新聞之新聞』一九三八年六月二十七日）。「漫々的期待薄乍ら／地方紙敢然奮起／用紙割当の不当を叫ぶ」（同右、一九三八年八月三十日）。七海「時局と新聞経営の将来」三〇頁。刀禰館正雄（朝日新聞社常任監査役）「新体制と新聞経営」（桝井伍六編『昭和十六年　新聞総覧』日本電報通信社、一九四一年）一九―二〇頁。

(43) 「懸案の日夕廃止に／販売店心から歓声／期成同盟遂に目的貫徹」（『新聞之新聞』一九三八年八月一日）。

(44) 小野秀雄『新聞研究五十年』（毎日新聞社、一九七一年）二六三頁。

(45) 瓜生「新聞新体制と取締の要諦」三頁。

(46) 小野『新聞研究五十年』二六四頁。

(47) 「言論統制、果然／地方に於て峻烈」（『新聞之新聞』一九三八年七月二十九日）。「内務当局の方針で／地方劣悪紙廃刊続出」（同右、一九三八年十二月二十四日）。

(48) 「地方小新聞の醜状／当局の整理で補償を待つ」（同右、一九三八年八月二十四日）。

(49) 横山「主として地方新聞の立場から」一六―一七頁。

(50) 内務省警保局編「昭和十年中に於ける出版警察概観」（内務省警保局編『出版警察概観　第三巻』龍渓書舎、一九八一年）一八頁。

(51) 瓜生「新聞新体制と取締の要諦」四頁。

(52) 永代静雄編『昭和十五年版　日本新聞年鑑』（新聞研究所、一九三九年）一二頁。

(53) 「地方紙合併促進／当局許可制を痛感」（『新聞之新聞』一九三八年十一月二十八日）。

(54) 春原『四訂版　日本新聞通史』二一〇頁。永代静雄編『昭和十六年版　日本新聞年鑑』（新聞研究所、一九四〇年）

六頁。

(55)「言論統制、果然／地方に於て峻烈」、「今日の話題／新聞界戦々兢々」(『新聞之新聞』一九三九年五月二十四日)。

(56) たとえば北日本新聞社の社史では、日中戦争前から政府の介入による地方紙統合を唱えていた富山日報社社長の横山四郎右衛門が、「何よりも横山の意に沿わないのは、新聞の官僚統制が、統合を機にさらに強化されるであろうということであった。だから統合には賛成できなかった」としている〔北日本新聞百年史編さん委員会編『富山県民とともに　北日本新聞百年史』(北日本新聞社、一九八四年)二〇六頁〕。

(57)「朝日の記者引抜で／岡山新聞界恐慌／送別会費用主賓から追徴」(『新聞之新聞』一九三九年七月二十四日)、『独善主義気に喰はぬ』と／朝日記者除名／岡山記者団の紛争続く」(同右、七月二十五日)、「打倒朝日の陰謀／驚くべき敵愾心悪用／井原(岡山)通信界醜争を衝く」(同右、八月一日)。

(58)「支局長朝日に引抜れ／名新挽回に躍起」(同右、一九四〇年一月十三日)。

(59)「今日の話題／店員争奪が原因」(同右、一九三九年十一月二十七日)。

(60)「新聞統制用紙制限等／地方紙を蘇らす／朝毎の侵略阻止経営好転」(同右、一九四〇年五月四日)。

(61) 瓜生「新聞新体制と取締の要諦」三頁。

(62) 佐藤卓己は、一九四一年までの「紙飢饉」について、従来いわれてきた供給量の欠乏ではなく、「出版バブル」による消費量急増が背景にあったとしている(佐藤『「キング」の時代』三四三―四六頁)。

(63)「新聞指導方策に就て」一九四〇年二月(内川芳美編『現代史資料41　マス・メディア統制2』みすず書房、一九七五年)二六一―六二頁。

(64) ほとんどの先行研究は、これを内閣情報機構の強化としてとらえているが、山中恒は、内閣情報部が情報局に拡大されたことにより、関係各省庁のセクショノリズムが強まって円滑な運営が阻害され、情報機構としての機能は、かえって低下したとしている(山中『新聞は戦争を美化せよ!』五六八―八二頁)。

(65) 瓜生「新聞新体制と取締の要諦」三頁。

(66)『昭和十六年版　日本新聞年鑑』六―八頁。全国新聞総合目録データベース(国立国会図書館主題情報部新聞課作成)、http://sinbun.ndl.go.jp/。

(67) 京都日日新聞社、小樽新聞社、山形自由新聞社(『山形新聞』発行)、福島民報社、芸備日日新聞社、秋田魁新報社、神奈川日日新聞社、高知新聞社、福井新聞社、香川新報社、徳島日日新報社、三河新聞社、九州新聞社、大陸工業通信、上毛新聞社、室蘭毎日新聞社、南予時事新聞社。

(68)「新聞新体制に関する地方紙意見」(有山輝雄・西山武典編『情報局関係資料　第六巻』柏書房、二〇〇〇年)五―一二三頁。

(69)『昭和十六年版　日本新聞年鑑』九頁。

(70) 岡村二一「新聞新体制の理論と実際」(東京帝国大学文学部新聞研究室、一九四三年。奥平康弘編『言論統制文献資料集成　第一三巻』日本図書センター、一九九二年所収)二七―二八頁。古野伊之助伝記編集委員会編『古

野伊之助』（古野伊之助伝記編集委員会、一九七〇年）二四五—四八頁。津田正夫編『昭和二二年　日本新聞年鑑』（日本新聞協会、一九四七年）三頁。東季彦（初代北海道新聞社社長）「新聞統合の渦中で」（『別冊新聞研究　聴きとりでつづる新聞史』第六号、一九七八年四月）一九頁。岡村二一「新聞統合の渦中にあって」（『別冊新聞研究　聴きとりでつづる新聞史』第一二号、一九八一年五月）七五—七六頁。新聞連盟設立構想については、古野伊之助の発案とする説と、一九四〇年秋に緒方竹虎と古野が相談したのに始まるとする説があり、同盟通信社編集局次長兼整理部長から新聞連盟事務局長に出向した岡村二一は、新聞協会の聞き取りで「『緒方と古野の考えだった』ということは間違いないです」と断言し（七六頁）、『朝日新聞社史　大正・昭和戦前編』は緒方が古野と田中都吉に提議したとしている（五四九頁）。緒方は東京朝日新聞社主筆時代、聯合と電通の合併による同盟通信社設立を強く支援し、自社紙面制作における通信社依存度も高めようとして、編集局長美土路昌一の反対を押し切った（緒方竹虎伝記刊行会編『緒方竹虎』（朝日新聞社、一九六三年）七二頁）。

(71) 岡村「新聞新体制の理論と実際」二九頁。『古野伊之助』二四五—四八頁。『昭和二二年　日本新聞年鑑』三頁。

(72) 『昭和二二年　日本新聞年鑑』三七—三八頁。

(73) 浦忠倫（元日本新聞会常任理事）「新聞界一途に」（『別冊新聞研究　聴きとりでつづる新聞史』第六号、一九七八年四月）八一頁。

(74) 日本新聞連盟理事、監事の意見書、理事会での発言は、情報局第二部長「新聞統合ニ関スル書類綴」一九四一年九月十七日起（有山・西山編『情報局関係資料　第六巻』）。県境を越えたブロック紙志向の強い福岡日日新聞社、河北新報社、新愛知新聞社は当初は反対していたが、途中から賛成に回った。

(75) 有山・西山編『情報局関係資料　第六巻』三九七—九九頁。

(76) 七海「時局と新聞経営の将来」二七—三三頁。

(77) 岡村「新聞統合の渦中にあって」八一頁。

（会員）

第五篇　書評と研究文献目録

書評

野村乙二朗編『東亜聯盟期の石原莞爾資料』

高橋勝浩

石原莞爾。日本近現代史に多少なりとも興味があれば、この陸軍軍人の名を知らない人はまずいないだろう。満州事変の首謀者として国家を「強引」し、また『世界最終戦論』といった独創的で革命的な理論を唱えるなど、彼の言説や行動は多くの読者を魅了するものとして、研究書はもとより歴史小説等にも描かれてきた。しかしその陸軍退役後の足跡については、資料の未発掘と一部の有力な研究者による彼への否定的評価が定着した結果、必ずしも十分な検討がなされてこなかったといっても過言ではない。

本書はそうした定説化された石原の後半生、とりわけ彼が日中戦争解決のため提唱した東亜聯盟の構想とその運動を根本的に解明・再評価すべく編纂された資料集である。盧溝橋事件発生から七十年を経た今日、まさに学界に一石を投じた書といえよう。

編者の野村乙二朗氏は、故人で元同僚の親友から託された遺言をきっかけに、一貫してこのきわめて特異な軍人について研究し、平成四（一九九二）年には『石原莞爾――一軍事イデオロギストの功罪――』（同成社）を上梓している。本書はその続編ともいえるもので、石原研究で著名な氏の飽くなき執念と情熱が結実した大作といえるだろう。本書については、すでに柴田紳一氏によって本誌第一六九号の「文献紹介」欄に簡単な紹介がなされているが、ここでは日中戦争収拾というテーマを中心に、収録資料と解題に即しながらより詳細に本書の内容を紹介し、書評を試みたい。

本書は東亜聯盟期を戦中編六章、戦後編七章に分けてそれぞれの関係資料を編年順に配列、それに解題「毅然たる孤独」、年表、あとがき、事項・地名索引、人名索引を以て構成されている。これに序と目次を含めると、八一八頁にも上る非常に浩瀚なものである。収録された資料は昭和十八年から同二十四年の石原日記七冊のほか、原則として未刊行の書簡・文書類三百十九である。なお、書簡は一部を除き、すべて鶴岡市郷土資料館所蔵の「石原莞爾関係資料」と、国立国会図書館憲政資料室所蔵にかかる高木清寿・武田邦太郎・淵上辰雄・増川喜久男といった東亜聯盟関係者の文書類である。

本書の内容を繙く前に、まず歴史的経緯を確認しておこう。そもそも東亜聯盟とは、昭和十三（一九三八）年、日中戦争の長期化と日本の国力の消耗を憂慮した石原が公にしたものである。「国防の共同、経済の一体化、政治の独立」を条件に日本・中国・満州国の提携を実現し、以て日中戦争の早期終結を図ることに主眼が置かれた。この考えに基づくのが、翌年十月、衆議院議員木村武雄を中心に東京において結成された東亜聯盟協会で、各地に支部を設けて和平気運促進の運動を展開し、会員数一万五千、月刊機関誌『東亜聯盟』の発行部数は約三万を誇った。また中国でも汪兆銘・繆斌・林汝珩らが南京政府の立場を基礎づける理論として姉妹団体を結成するなど、運動は順調に発展を見せた。しかし昭和十六年一月、政府が日中提携策としての東亜聯盟運動を暗に批判すると、参集しつつあった議員や東京の会員が離反・激減し、その後も官憲から度重なる弾圧を受けた。理論面では専ら石原がリードしたが、宮崎正義・中山優・橘樸・里見岸雄らが協力し、運営面では木村のほか杉浦晴男・和田勁らが顕著な役割を果したといわれている（照沼康孝「東亜連盟協会」（近代日本研究会編『年報・近代日本研究―五―昭和期の社会運動』山川出版社、一九八三年）等を参照）。

さて、本書はその東亜聯盟協会が結成された昭和十四年以降の関係資料を収録している。同年八月、石原は陸軍中将となり、第十六師団長に親補されて京都にあった。第一章では、職を賭して日中戦争の収拾を訴えた彼の予備役編入に至る時期の資料が紹介される。この頃、陸軍内部は戦争の収拾上「挙軍一体」を図るため、相対立する陸相東條英機と石原との「握手」を模索していた（第7号文書　昭和十五年七月二十日付岩畔豪雄書簡）。昭和十五年七月二十八日の中部軍管区師団長会同は、陸軍省内で台頭してきた東亜聯盟による日中戦争収拾の構想を実現すべく、石原の最も信頼する陸軍次官阿南惟幾が斡旋した東條と石原の和解工作にほかならない。しかし激情家で原理主義者の石原は、東亜聯盟の政策をめぐって東條との妥協を拒否したのだろう。これ以後、石原は東條らへの公然たる批判をますます強めてゆき、翌十六年三月遂に予備役に編入されるのである。彼の対蔣和平の要件が満州国の承認、日本の既得権益の返還（政治の独立）、国防の共同・軍事同盟締結による防共駐屯の止揚、経済の一体化（第41号文書　昭和十六年十二月二日付増川喜久男宛書簡）にあったことから見ても、東條との妥協が不可能であったのは明瞭であろう。

また木村武雄の提唱にかかる東亜聯盟促進議員聯盟の結成、さらに彼らが中華民国視察団を組織して訪中し、汪兆銘の東亜聯盟中国同志会との提携関係をアピールしたことも、前記石原の言動とともに東條を刺激する要因となった。

その結果、昭和十六年一月に政府は東亜聯盟運動を批判する声明を発表、ついで興亜諸団体の統合によって東亜聯盟協会の活動を制限しようとするが、この過程でも阿南の斡旋は続けられた。一連の政府の措置が不明瞭・不徹底となった背景の一つには、阿南による弾圧回避策があったのである（第20号文書　昭和十六年一月二十二日付阿南書簡）。

但し木村の議員聯盟結成には、石原も批判的な眼差しを向けていた。石原によれば、権益主義的植民地政策の放棄、すなわち「政治の独立」を貫いて中国から撤兵する決意もないままに、外見だけの東亜聯盟を推進しても、「内面指導の撤回」を実現できなかった満州国の轍を踏むにすぎなかった。かくして予備役に編入され、故郷山形県鶴岡への隠棲を余儀なくされたのを契機に、彼は本格的に東亜聯盟協会の改革に乗り出してゆくことになる。

第二章に収録された第23号文書（昭和十六年三月十二日付自筆メモ「東亜聯盟協会について」）は、その石原の基本的改革方針を表している。ここでは木村ら議員聯盟の政治的行動を失敗と批判した上で、協会の運動を「政治運動ニアラス　真ノ文化運動　道義運動　準宗教運動ナリ　国家力政治的ニ之ヲ採用スレハ事変ノ解決　東亜ノ大同トナリ　社会カコレヲ採用セハ　国民組織ノ原動力トナルヘシ」とし、またその重点を「事変処理ヲ目標トシ　東亜聯盟主義ヲ成ルヘク速ニ全国民（指導的能力アル人々）ニ訴ヘ其態度ヲ明ニス」と明示していた。石原は、政治団体化してしまった協会を発足当初の文化団体へ戻すことによって組織の生き残りを図るとともに、その文化運動の国家による政治的採用を通じて日中戦争を解決しようとしたのである。

この方針に基づいて実施された具体的な協会改革についての資料群が、第三章である。昭和十六年六月、木村をはじめ既存幹部の更迭による協会人事の刷新と自らの協会顧問への就任、続く十月の第二回全国中央参与会員会議における「東亜聯盟協会運動要領」（第32号文書　昭和十六年十月五日付自筆メモと講演速記摘録）の発表等を通じ、協会に対する石原の直接指導体制が確立していった。この運動要領は、第一に協会の指導原理の立案、第二に地方活動の重視、第三に会員各自の向上を唱えていた。運動要領中の大きな変更はやはり第二の項目で、これによって従来県単位であった支部組織が地域交通や経済に密着した単位に変更された。庄内支部の独立はその現れであり、これによって数の論理ではない「堅確ナル同志的結成」が図られた（第30号文書　昭和十六年九月二十八日付庄内支部運動要領）。この庄内支部の独立を契機に全国の地方組織運動が普及し、満州国・中国も含めて多彩な運動が展開されていった。また協会には婦人部も創られ、市川房枝も中央参与会員としてその創設に関わっていたというから、運動の裾野の広さには驚かされるものがある。

　こうした改革の途上で石原色を最も鮮明に表したのが、会費制度の導入であろう。すなわち、年額一円二十銭の会費を払う正会員とそれ以外の普通会員との二本立てとしたのである。彼によれば、いかに少額であっても会費負担がなければ会員としての自覚が生まれず、強固な組織とはならないのであった。したがって石原は、貧困農民からの会費徴収に頑強に反対する本部の常任委員ら（第75号文書　昭和十七年六月十三日付石原六郎書簡）を押し切って、この会費制度を導入したのであった。このため一時は会員が激減したが、その後制度が定着したこともあり、終戦前後には再び会員数が激増していったという。

　第四章は、昭和十七年十二月十九日の御前会議によって対支新政策が決定された以後を扱っている。翌年一月七日、新たに支那派遣軍参謀となった三笠宮崇仁親王（若杉参謀）の御召により、石原は親王に御進講を行った（日記）。その翌月、東亜聯盟協会は単に東亜聯盟同志会と名称を変更しただけで存続することとなり、ここに前記の興亜諸団体統合問題は石原陣営の「勝利」の形で一応決着を見た（第102号文書　昭和十七年九月二十六日付淵上辰雄宛葉書）。この時期、石原は東亜聯盟同志会を中心とする国民組織（一国一党的政治組織体）の建設構想を抱き（第122号文書　昭和十八年一月十五日付「国民組織要項」）、悪化する持病と闘いながら、全国を遊説行脚して同志の獲得を目指した。同志会幹部らの鶴岡（石原）詣も尋常でない回数に上っている。それは彼とその陣営が、対支新政策の決定・実施と同志会の存続に日中戦争収拾の可能性を見出したからにほかならないだろう。

　昭和十九年になると石原は政変の発生を予言したが、その東條内閣倒壊前後から終戦までの資料群が第五章と第六章である。石原が以前から待望していたのは皇族内閣であり、その首班には東久邇宮稔彦王を考えていた。九月二十六日、石原は東久邇宮に内閣の組織を慫慂し、三笠宮の支那派遣軍総司令官就任と繆斌工作の推進によって重慶和平を実現するよう訴えている（「日記」。なお、東久邇稔彦『東久邇日記　日本激動期の秘録』（徳間書店、一九六八年）一四八－四九頁参照）。しかし石原は、東條暗殺計画をめぐって軍法会議への出頭を求められていたこともあり、自らの廟議参画については絶対に否定し、また同志会の目標を政治運動としながらも、「政治運動ハ現実ニ強ク作用セラレ稍モスレハ理想ヲ離ルヽ恐大」であるとして、同志会の政治団体への転進という内外からの強い要望や、自らの会長就任要請を聞き入れなかった（第219号文書　昭和十九年月日不詳「東

亜聯盟ノ政治進出」、「日記」昭和二十年三月二十四日条）。

昭和二十年になると繆斌工作も失敗し、対中和平の実現はいよいよ絶望となった。日本の敗戦を予期しつつも、石原は「戦後を憂えることなかれ」というメッセージを若年層に発し続けるとともに、空襲による都市潰滅を奇貨として、農村工業を盛んにして農業と工業の調和した発展を図るべきであるとし、そのためには土地配分などの農地改革が不可欠であると唱えた。都市解体・農工一体・簡素生活という農本的主張を掲げたのである。そして敗戦の報が伝わると、彼は国体護持、精神力に基づく再起によって新日本が生まれること、占領による混乱も悲観に及ばないこと、米ソの衝突必至を述べたという。

第七章からは戦後の東亜聯盟に関する資料群である。石原は東久邇宮内閣の顧問就任を辞退した代わりに賀川豊彦を推薦し、自らは一民間人として急速に悪化する病状に耐えながら遊説等を通じて東亜聯盟運動に邁進した（「日記」昭和二十年八月十五日条～昭和二十一年八月七日条参照）。しかし運動が活況を呈していた昭和二十一年一月、同志会は極端な保守反動思想団体としてGHQによって解散を命ぜられた（第八章）。その結果、石原は公然たる活動を国柱会の中核的組織であった精華会による日蓮教布教や、食糧増産のための自給肥料普及会による酵素肥料の普及に移さざるを得なかった。

それでも石原は「我等ノ世界観」を作成し（「日記」昭和二十一年七月八日条）、これを信奉者達に講義した。その年末に完成した「我等の世界観」（第235号文書）で提唱されたのは社会主義的農民政党の結成であり、これは同志会解散後に神崎正義が組織した国民党の綱領となった。この中で石原は、敗戦日本の再建には都市解体・農工一体・簡素生活に基づく「王道文明」の実現が必要であるが、これが建設には最高能率を発揮できる「徹底せる計画経済」によらねばならないとし、その上でこの王道文明と戦争放棄とによる世界統一への貢献を「新日本の使命」としていた（第九章・第十章）。そしてこの構想を実践すべく、同年十月、自ら山形県飽海郡遊佐町吹浦・西山へ入植したのである。しかし空襲の脅威がなくなった戦後では、石原の説いた都市解体と農工一体は実現困難な目標となり、したがって関係者間で試みられた諸事業は相次いで失敗していった（第十一章）。

第十二章・第十三章では、昭和二十三年十一月、GHQと法務局によって精華会が東亜聯盟思想との訣別を強いられたものの解散には至らず、その後も重病の石原の指導下にあったことが明らかとなる。戦後の石原の言説は、ドグマ的傾向は否めないにしても、日蓮教への強い帰依に立脚した共産主義（マルキシズム）批判にその特徴があろう（第279、287、292、306、314号文書）。翌二十四年七月、石原はその口述筆記「新日本の進路」を連合国軍最高司令官マッカーサー（Douglas MacArthur）に送り、日本の再建と安定のためには共産党を打倒しうる統制主義国家として独立することが必要であり、さもなければ米軍の引き揚げは不可能となるため、両国の相互感情が著しく悪化する危険性が多分にあると指摘している。そして、東亜聯盟が東亜と欧米との間に最終戦争が起こると主張したのは「甚しい自惚れであり、事実上明かに誤りであつた」が、その経済建設の方式や、運動実践のデモクラティックさは、土地狭隘で資源に乏しい日本の実情に合っている、共産党の攻勢が激しい今日、東亜聯盟の本質と足跡が再検討される必要があるというのであった（石原莞爾全集刊行会編刊『石原莞爾全集』第二巻、一九七六年所収）。その翌月、石原は息を引き取るが、編者は解題の最終頁において、「自分の病悩は戦争で多くの人を死傷させた罪の報いであるから喜んでお受けしているのである」という最晩年の石原の発言を引用し、膀胱癌の激痛に苛まれた死の床にあって、なお未来の東亜を説き続けた石原の剛直な姿勢には、満州事変以来、彼の日蓮信仰に殉じた多くの人々への限りない哀惜と罪障を償う揺るぎない覚悟が窺えると述べて、その筆を置いている。

次に評者の感想を述べてみたい。一読して第一に感じたのは、編者の石原研究への〃執念〃である。これまでも東亜聯盟運動については、『石原莞爾資料』『石原莞爾全集』『石原莞爾選集』『東亜聯盟』など、いくつかの関係資料が刊行されてきた。しかし、本書のように当該期の石原と関係者の思想の内面や行動の実態を窺い得る文書をかくも広汎に収録した資料集は見出せない。その点で本書はまさしく石原の後半生の伝記資料であると同時に、東亜聯盟運動を内在的に理解するための基本資料集ともいえよう。

本書の親切な点は、目次において石原自身の書簡・文書、彼以外の人物の書簡・文書、参考となる回想録の違いをそれぞれ記号を以て示し、各資料名の下にその摘要を掲げることによって、読者の検索の便宜を図っているところである。また戦中・戦後の石原日記を翻刻の上、詳細な註を施し、その単なるメモ程度に過ぎない記事の意味を理解できるようにしたことは、石原という人間に精通した編者の最大の貢献であろう。その難解な石原日記をはじめとする資料調査のため、鶴岡市郷土資料館に幾度となく足を運び、また関係者のもとに残された膨大な量に上る資料を丹念に整理・解読していった編者の〃執念〃には、ただただ頭が下がるのみである。

本書のもう一つの功績は、これまでほとんど調査の及んでいなかった東亜聯盟期の一次史料の発掘を通じて、阿南惟幾など陸軍軍人の新たな史料を少なからず明らかにしたことであろう。また自ら聴取した東亜聯盟関係者の回想談話をも盛り込んでいる点などは、まさに編者の面目躍如といったところである。さらに巻末に東亜聯盟期を中心とした年表、人名索引、事項・地名索引を掲げて検索の便宜を図っている点にも、本書への編者の並々ならぬ情熱を垣間見ることができる。

しかし、なお疑問を感じた点もある。編者のいうように東亜聯盟運動が終始石原を中心とする社会運動であったとするならば、その目的は那辺にあったのだろうか。この運動が多方面への広がりを見せつつも、日中戦争収拾という本来の目的から徐々に農民運動・思想運動の色彩を強めていったという観はやはり拭いきれない。その中で如何なる戦争終結への見通しを石原は抱いていたのか。彼の説いた都市解体・農工一体・簡素生活というスローガンが、戦争終結という高度な政治目的に論理的にどう結実してゆくのか理解できなかった。また官憲の弾圧があったとはいえ、文化団体という枠組にこだわって協会（同志会）の政治活動を許さなかったことや、懇願されながらも遂に会長に就任しなかったことなどは、本書で明らかとなった石原の思想や活動の多面性とは裏腹に、ますます彼を捉え難い人物としている代表的な事例だろう。そうした石原莞爾が、かくも多くの人々から慕われる魅力とは、そもそもどこにあったのか。その魅力に取り憑かれ、「ミイラ取りがミイラに」なった山形県特高課長堀田政孝や、石原を高く評価したマーク・ゲイン（Mark Gayn）のような外国人ジャーナリストもいる。不才な評者のこの愚問に答えられるのは、おそらく編者の野村氏のみであろう。現在、編者は石原の伝記を新たに執筆中と聞いている。僭越ながら、その衰えを知らぬ石原研究への情熱の成果を期待したい。

しかし本書の出版によって、石原の後半生と東亜聯盟運動に関する内在的・本質的・実態的研究が初めて可能となったことは間違いない。本書の価値は、東亜聯盟協会員にして石原に最も近かった元参議院議員武田邦太郎氏が「石原先生の活動盛期から晩年にかけての日記、書簡類をかくも広く蒐集し、正確精緻なクリティークの加えられたことは、類書を求め得ぬ稀少価値を痛感される」と序で述べている言葉に尽きるだろう。出版事情の厳しい中で、この重厚な資料集を世に提供した編者の執念と情熱に改めて畏敬の念を抱くとともに、本書が日本近現代史研究を志す一人でも多くの人の手に取られることを願ってやまない。

（同成社、二〇〇七年、A5判、本体一二、〇〇〇円＋税、八一八頁）

（宮内庁書陵部）

日本語・英語・中国語文献（一九九七〜二〇〇七年）

長谷川怜
広中一成

凡例

・一九九七年以降に日本で公刊・発表された文献を採録した。
・項目区分は、ほぼ前回（『日中戦争の諸相』軍事史学会、一九九七年）採録の文献目録に倣った。
・文献配列は著者・編者等の五十音順とした。
・日中戦争を中心としない公刊書籍に含まれた論文は「論文目録」にリストアップした。
・文献は、編者が調査期間（二〇〇七年十月〜二〇〇八年二月）中に、図書館・書店等で確認したもののみを採用した。
・文献編集は長谷川怜による。

一 日中戦争関連日本語文献

公刊書籍

《日中戦争全般》

【資料】


新井利男ほか編『侵略の証言——中国における日本人戦犯自筆供述書——』（岩波書店、一九九九年）。

粟屋憲太郎ほか編『日中戦争　対中国情報戦史料』（全10巻・別冊1）（現代史料出版、二〇〇〇年）。

海軍軍令部編『昭和六・七年事変海軍戦史』（緑陰書房、二〇〇一年）。

昭和十四年南支派遣軍報道部創刊　火野葦平ほか編『兵隊』（刀水書房、二〇〇四年）。

中国黒竜江省檔案館ほか編『七三一部隊罪行鉄証——関東憲

兵隊「特移扱」文書――』（中国黒竜江人民出版社、二〇〇一年）。

東亜研究所『20世紀日本のアジア関係重要研究資料』（龍渓書舎、一九九九～二〇〇五年）。

山本武利編訳『延安リポート　アメリカ戦時情報局の対日軍事工作』（岩波書店、二〇〇六年）。


【日記・回想録・伝記・戦記】


伊藤桂一『藤井軍曹の体験　最前線からの日中戦争』（光人社、二〇〇五年）。

井本熊男『支那事変作戦日誌』（芙蓉書房出版、一九九八年）。

江先光『絵草子　日中戦争』（叢文社、一九九九年）。

小川関治郎『ある軍法務官の日記』（みすず書房、二〇〇〇年）。

奥村和一ほか『私は「蟻の兵隊」だった』（〈岩波ジュニア新書〉、岩波書店、二〇〇六年）。

小津安二郎著・田中眞澄編『小津安二郎「東京物語」ほか』（みすず書房、二〇〇一年）。

郭沫若『抗日戦回想録』岡崎俊夫訳（中央公論新社、二〇〇一年）。

春日嘉一『昆崙関の子守歌　ある陸軍少尉の日中戦争』（社会評論社、二〇〇三年）。

川崎春彦『日中戦争一兵士の証言――生存率3／1000からの生還――』（〈光人社NF文庫〉、光人社　二〇〇五年）。

小平喜一『湖南戦記』（光人社、二〇〇七年）。

小長井信昌『オ父サンノセンサウ　小長井少佐日中戦争陣中日誌』（西田書店、二〇〇六年）。

小林一博『「支那通」軍人の光と影――磯谷廉介中将伝――』（柏書房、二〇〇〇年）。

コリン・ロス『日中戦争見聞記』安藤勉訳（〈講談社学術文庫〉、講談社、二〇〇三年）。

杉山市平『戦争紀行――ためつすがめつ一兵士が見た日中戦争の実体――』（いりす、二〇〇七年）。

鈴木淳ほか編『第百一師団長日誌――伊東政喜中将の日中戦争――』（中央公論新社、二〇〇七年）。

曹石堂『祖国よわたしを疑うな　政治犯から大学教授となった「兵隊太郎」の戦後』（日本経済評論社、二〇〇六年）。

高田一郎『ある特務機関員の手記　日中戦争を風化させない』（東銀座出版社、二〇〇六年）。

中山雅洋『中国的天空』（増補新版）上下（大日本絵画、二〇〇七・二〇〇八年）。

戸井昌造『戦争案内　僕は二十歳だった』（〈平凡社ライブラリー〉、平凡社、一九九九年）。

中沢善司『知られざる県政連絡員　日中戦争での日々』（文芸社、二〇〇三年）。

永沢道雄『中国大陸徒歩四六〇〇キロの戦場体験』（光人社、二〇〇二年）。

中村常賢『陣中日誌（日中戦線　昭和十三年・十四年）』（刀水書房、二〇〇七年）。

西川一三『秘境西域八年の潜行抄』（中央公論新社、二〇〇一年）。

早瀬利之『将軍の真実　南京事件――松井石根人物伝』（光人社、一九九九年）。

日高六郎『戦争の中で考えたこと』（筑摩書房、二〇〇五年）。

藤崎武男『歴戦一万五〇〇〇キロ　大陸縦断一号作戦従軍記』（中央公論新社、二〇〇二年）。

藤原彰『中国戦線従軍記』（大月書店、二〇〇二年）。

矢澤新五『生きて帰れまいこの命　支那事変の記憶』（文芸社、二〇〇七年）。


【ルポルタージュ・書評等】


荒井とみよ『中国戦線はどう描かれたか　従軍記を読む』（岩波書店、二〇〇七年）。

伊藤桂一『「衣兵団」の日中戦争』（光人社、二〇〇七年）。

斎藤充功『昭和史発掘　幻の特務機関「ヤマ」』（〈新潮新書〉、新潮社、二〇〇三年）。

中村哲夫『日中戦争を読む』（晃洋書房、二〇〇六年）。

高崎隆治『上海狂想曲』（文藝春秋、二〇〇六年）。

日中平和調査団編『ハイラル　沈黙の大地――日中戦争の傷跡を訪ねて――』（風媒社、二〇〇〇年）。

劉震雲『温故一九四二』劉燕子訳（中国書店、二〇〇六年）。

若槻泰雄『在中二世が見た日中戦争』（芙蓉書房出版、二〇〇二年）。


【研究】


明石岩雄『日中戦争についての歴史的考察』（思文閣出版、二〇〇七年）。

伊香俊哉『戦争の日本史22　満州事変から日中全面戦争へ』（吉川弘文館、二〇〇七年）。

井上寿一『日中戦争下の日本』（〈講談社選書メチエ〉、講談社、二〇〇七年）。

今井駿『中国革命と対日抗戦』（汲古書院、一九九七年）。

臼井勝美『新版日中戦争――和平か戦線拡大か――』（〈中公新書〉、中央公論新社、二〇〇〇年）。

内田尚孝『華北事変の研究　塘沽停戦協定と華北危機下の日中関係』（汲古書院、二〇〇六年）。

衛藤瀋吉編『共生から敵対へ　第4回日中関係史国際シンポジウム論文集』（東方書店、二〇〇〇年）。

大杉一雄『日中戦争への道――満蒙華北問題と衝突への分岐点――』（〈講談社選書メチエ〉、講談社、二〇〇七年）。

笠原十九司『日中全面戦争と海軍　パナイ号事件の真相』（青木書店、一九九七年）。

加藤陽子『シリーズ日本近現代史5　満州事変から日中戦争へ』（〈岩波新書〉、岩波書店、二〇〇七年）。

小林英夫『日中戦争　殲滅戦から消耗戦へ』（〈講談社現代新書〉、講談社、二〇〇七年）。

小林英夫ほか『日中戦争史論』（御茶の水書房、二〇〇五年）。

西岡香織『報道戦線から見た「日中戦争」』（芙蓉書房出

版、一九九九年)。

樋口秀実『日本海軍から見た日中関係史研究』(芙蓉書房出版、二〇〇二年)。

波多野澄雄ほか編『日中戦争の軍事的展開(日中戦争の国際共同研究)』(慶應義塾大学出版会、二〇〇六年)。

藤原彰『天皇の軍隊と日中戦争』(大月書店、二〇〇六年)。

古厩忠夫『日中戦争と上海、そして私』(研文出版、二〇〇四年)。


【一般・日中戦争関連】

池谷薫『蟻の兵隊　日本兵2600人山西省残留の真相』(新潮社、二〇〇七年)。

伊藤桂一ほか『若き世代に語る日中戦争』(〈文春新書〉、文藝春秋、二〇〇七年)。

臼井勝美『日中外交史研究』(吉川弘文館、一九九八年)。

加藤克子『日中戦争・哀しい兵隊　父の記憶をたどる旅』(れんが書房新社、二〇〇二年)。

カール・カワカミ『シナ大陸の真相――一九三一―一九三八――』福井雄三訳(展転社、二〇〇一年)。

小谷賢『日本軍のインテリジェンス　なぜ情報が活かされないのか』(〈講談社選書メチエ〉、講談社、二〇〇七年)。

鈴木正男『支那事変は日本の侵略戦争ではない』(展転社、二〇〇二年)。

髙綱博文『日本占領下における日中要人インタビューの記録』(不二出版、二〇〇二年)。

田中明『近代日中関係史再考』(日本経済評論社、二〇〇二年)。

趙無眠『もし、日本が中国に勝っていたら』富坂聰訳(文藝春秋、二〇〇七年)。

戸部良一『日本陸軍と中国「支那通」に見る夢と蹉跌』(〈講談社選書メチエ〉、講談社、一九九九年)。

阪東宏『日本のユダヤ人政策　一九三一―一九四五年　外交史料館文書「ユダヤ人問題」から』(未来社、二〇〇二年)。

兵頭二十八ほか『技術戦としての第二次大戦』(PHP、二〇〇五年。『技術戦としての第二次世界大戦』と改題してPHP文庫から二〇〇七年刊行)。

松本健一『評伝斎藤隆夫　孤高のパトリオット』(〈岩波現代文庫〉、岩波書店、二〇〇七年)。

丸川哲史『日中一〇〇年史　二つの近代を問い直す』(〈光文社新書〉、光文社、二〇〇六年)。

三野正洋『わかりやすい日中戦争』(光人社、一九九八年)。

毛里和子『日中関係　戦後から新時代へ』(〈岩波新書〉、岩波書店、二〇〇六年)。

劉傑編『国境を越える歴史認識』(東京大学出版会、二〇〇六年)。

《日中戦争以前》
【日記等】
フェレイラ・デ・カストロ『日本紀行「開戦前夜」』阿部孝

次訳（彩流社、二〇〇六年）。

【研究】

安井三吉『柳条湖事件から盧溝橋事件へ　一九三〇年代華北をめぐる日中の対抗』（研文出版、二〇〇三年）。

伊香俊哉『近代日本と戦争違法化体制　第一次世界大戦から日中戦争へ』（吉川弘文館、二〇〇二年）。

一ノ瀬俊也『旅順と南京　日中五十年戦争の起源』（〈文春新書〉、文藝春秋、二〇〇七年）。

駄馬裕司『後藤新平を巡る権力構造の研究』（南窓社、二〇〇二年）。

萩原充『中国の経済建設と日中関係　対日抗戦への序曲1927～1937年』（〈MINERVA現代経済学叢書〉、ミネルヴァ書房、二〇〇〇年）。

板野潤治『昭和史の決定的瞬間』（〈ちくま新書〉、筑摩書房、二〇〇四年）。

【その他】

福田正義『猿とインテリ』（長周新聞社、二〇〇二年）。

《盧溝橋事件》

【自伝・回想録】

石射猪太郎『外交官の一生　改版』（〈中公新書〉、中央公論新社、二〇〇七年）。

【研究】

小林英夫編『満鉄と盧溝橋事件』（柏書房、一九九七年）。

肥沼茂『盧溝橋事件　嘘と真実――日中戦争新発掘――』（叢文社、二〇〇七年）。

《日中戦争とその他事変・戦争》

永井和『日中戦争から世界戦争へ』（思文閣出版、二〇〇七年）。

水嶋都香『日中戦争とノモンハン事件　太平洋戦争への道』（第一書房、二〇〇七年）。

《「戦争犯罪」行為》

青木冨貴子『731』（新潮社、二〇〇五年。新潮文庫として二〇〇八年刊行）。

アジア女性基金編『政府調査「従軍慰安婦」関係資料集成』（龍渓書舎、一九九七年）。

粟谷憲太郎編『中国山西省における日本軍の毒ガス戦』（大月書店、二〇〇二年）。

石田勇治ほか編『中国河北省における三光作戦』（同右、二〇〇三年）。

石田米子ほか編『黄土の村の性暴力　大娘たちの戦争は終わらない』（創土社、二〇〇四年）。

太田昌克『731免責の系譜　細菌戦部隊と秘蔵のファイル』（日本評論社、一九九九年）。

「女たちの戦争と平和資料館」編『ここまでわかった！日本

軍「慰安婦」制度』（かもがわ出版、二〇〇七年）。

金富子ほか編『「慰安婦」　戦時性暴力の実態』（緑風出版、二〇〇〇年）。

高知新聞社編集局社会部編『流転　その罪だれが償うか　元七三一部隊員の戦中』（高知新聞社、一九九八年）。

近藤昭二『731部隊・細菌戦資料集成（CD-ROM）』（柏書房、二〇〇三年）。

第二十七回日本医学会総会出展「戦争と医学」展実行委員会編『戦争と医の倫理　中・米・日の視点から』（かもがわ出版、二〇〇七年）。

田中宏巳『BC級戦犯』（〈ちくま新書〉、筑摩書房、二〇〇二年）。

常石敬一『医学者たちの組織犯罪　関東軍第七三一部隊』（朝日新聞社出版局、一九九九年）。

ハル・ゴールド『証言・731部隊の真相　生体実験の全貌と戦後謀略の軌跡』浜田徹訳（広済堂出版、二〇〇二年）。

松野誠也『日本軍の毒ガス兵器』（凱風社、二〇〇五年）。

松村高男ほか『戦争と疫病　七三一部隊のもたらしたもの』（本の友社、一九九七年）。

同右『裁判と歴史学　七三一細菌戦部隊を法廷からみる』（現代書館、二〇〇七年）。

吉見義明『毒ガス戦と日本軍』（岩波書店、二〇〇四年）。

《南京事件》

アイリス・チャン『ザ・レイプ・オブ・南京』巫招鴻訳（同時代社、二〇〇七年）。

阿羅健一『南京で本当は何が起こったのか』（徳間書店、二〇〇七年）。

石田勇治編訳『資料　ドイツ外交官の見た南京事件』（大月書店、二〇〇一年）。

板倉由明『本当はこうだった南京事件』（日本図書刊行会、一九九九年）。

稲田朋美『百人斬り裁判から南京へ』（〈文書新書〉、文藝春秋、二〇〇七年）。

笠原十九司ほか『現代歴史学と南京事件』（柏書房、二〇〇六年）。

笠原十九司『南京事件』（〈岩波新書〉、岩波書店、一九九七年）。

同右『南京事件と三光作戦』（大月書店、一九九九年）。

同右『南京事件と日本人』（柏書房、二〇〇二年）。

同右『南京事件論争史　日本人は史実をどう認識してきたか』（〈平凡新書〉、平凡社、二〇〇七年）。

巫招鴻『ザ・レイプ・オブ・南京を読む』（同時代社、二〇〇七年）。

北村稔『南京事件の探求――その実像をもとめて――』（〈文春新書〉、文藝春秋、二〇〇一年）。

ジョシュア・A・フォーゲル『歴史学の中の南京大虐殺』岡田良之助訳（柏書房、二〇〇〇年）。

鈴木明『新「南京大虐殺」のまぼろし』（飛鳥新社、一九九九年）。

太平洋戦争研究会『証言・南京事件と三光作戦』（〈河出文庫〉、

河出書房新社、二〇〇七年)。

田中正明『「南京事件」の総括』(〈小学館文庫〉、小学館、二〇〇七年)。

竹本忠雄ほか『再審「南京大虐殺」 世界に訴える日本の冤罪』(明成社、二〇〇〇年)。

冨澤繁信『「南京安全地帯の記録」完訳と研究』(展転社、二〇〇四年)。

同右『「南京事件」発掘史』(同右、二〇〇七年)。

南京事件調査研究会『南京大虐殺否定論13のウソ』(柏書房、一九九九年)。

野田毅『野田日記』(展転社、二〇〇八年)。

秦郁彦『南京事件 増補版――『虐殺』の構造――』(〈中公新書〉、中央公論新社、二〇〇七年)。

東中野修道編『南京「虐殺」研究の最前線――平成十四年版――』(展転社、二〇〇二年)。

同右『同 ――平成十五年版――』、『同 ――平成十六年版――』、『同 ――平成十七・十八年版――』、『同 ――平成十九年版――』

東中野修道『再現南京戦』(草思社、二〇〇七年)。

同右『南京事件――国民党極秘文書から読み解く――』(同右、二〇〇七年)。

同右『南京事件「証拠写真」を検証する』(同右、二〇〇五年)。

同右『「南京事件」の徹底検証』(展転社、一九九八年)。

藤岡信勝ほか『『ザ・レイプ・オブ・南京』の研究』(祥伝社、九九九年)。

松尾一郎『プロパガンダ戦「南京事件」』(光人社、二〇〇三年)。

松岡環編著『南京戦 切りさかれた受難者の魂』(社会評論社、二〇〇三年)。

同右『南京戦 閉ざされた記憶を訪ねて』(同右、二〇〇二年)。

ミニー・ヴォートリン『南京事件の日々 ミニー・ヴォートリンの日記』岡田良之助ほか訳(大月書店、二〇〇六年)。

吉田裕『現代歴史学と南京事件』(青木書店、一九九七年)。

《反戦運動》

内田知行『抗日戦争と民衆運動』(創土社、二〇〇二年)。

尾崎庄太郎『われ一粒の麦となりて』(結書房、二〇〇七年)。

菊池一隆『日本人反戦兵士と日中戦争――重慶国民政府地域の捕虜収容所と関連させて――』(御茶の水書房、二〇〇三年)。

『長谷川テル』編集委員会編『長谷川テル――日中戦争下で反戦放送をした日本女性――』(せせらぎ出版、二〇〇七年)。

藤原彰ほか編『日中戦争下中国における日本人の反戦活動』(青木書店、一九九九年)。

山極晃『米戦時情報局の「延安報告」と日本人民解放運動』(大月書店、二〇〇五年)。

《和平工作・和平運動》

今井貞夫『幻の日中和平工作 軍人今井武夫の生涯』(中央公論事業出版 二〇〇七年)。

佐藤竜一『日中友好のいしずえ　草野心平・陶晶孫と日中戦争下の文化交流』（日本地域社会研究所、一九九九年）。

《占領地政策・行政・傀儡政権》

内田知行ほか編『日本の蒙疆占領　一九三七―一九四五』（研文出版、二〇〇七年）。

王智新編著『日本の植民地教育・中国からの視点』（社会評論社、二〇〇〇年）。

姫田光義ほか編『中国の地域政権と日本の統治』（慶應義塾大学出版会、二〇〇六年）。

本庄比佐子ほか編『興亜院と戦時中国調査』（岩波書店、二〇〇二年）。

《戦時体制・総動員・国内動向》

川村邦光『越境する近代1　聖戦のイコノグラフィ　天皇と兵士・戦死者の図像・表象』（青弓社、二〇〇七年）。

北河賢三『戦争と知識人』（山川出版社、二〇〇三年）。

小林英夫『「大東亜共栄圏」の形成と崩壊（増補版）』（御茶の水書房、二〇〇六年）。

同右『帝国日本と総力戦体制』（有志舎　二〇〇四年）。

坂本雅子『財閥と帝国主義　三井物産と中国』（ミネルヴァ書房、二〇〇三年）。

佐藤卓己『言論統制　情報官・鈴木庫三と教育の国防国家』（〈中公新書〉、中央公論新社、二〇〇四年）。

古川隆久『昭和戦中期の議会と行政』（吉川弘文館、二〇〇五年）。

松野誠也『日本軍思想・検閲関係資料』（現代史料出版、二〇〇三年）。

米谷匡史編『尾崎秀実時評集』（平凡社、二〇〇四年）。

《中国側の動向》

味岡徹『中国国民党訓政下の政治改革』（汲古書院、二〇〇八年）。

家近亮子『蔣介石と南京国民政府』（慶應義塾大学出版会、二〇〇二年）。

石島紀之ほか編『重慶国民政府史の研究』（東京大学出版会、二〇〇四年）。

今井駿『四川省と近代中国』（汲古書院、二〇〇七年）。

奥村哲ほか『銃後の中国社会　日中戦争下の総動員と農村』（岩波書店、二〇〇七年）。

蒲豊彦編著『南海の軍閥甘志遠　日中戦争下の香港・マカオ』（凱風社、二〇〇〇年）。

菊池一隆『中国工業合作運動史の研究　抗戦社会経済基盤と国際ファッショ抗日ネットワークの形成』（汲古書院、二〇〇二年）。

木山英雄『周作人「対日協力」の顛末』（岩波書店、二〇〇四年）。

楠原俊代『日中戦争期における中国知識人研究　もうひとつ

の長征・国立西南聯合大学への道』（研文出版、一九九七年）。

謝幼田『抗日戦争中、中国共産党は何をしていたか　覆い隠された歴史の真実』坂井臣之助訳（草思社、二〇〇六年）。

杉本達夫『日中戦期老舎と文芸界統一戦線　大後方の政治の渦の中の非政治』（東方書店、二〇〇四年）。

高橋博文編『戦時上海』（研文出版、二〇〇五年）。

中央大学人文科学研究所編『民国後期中国国民党政権の研究』（中央大学出版部、二〇〇五年）。

聶莉莉『中国民衆の戦争記憶』（明石書店、二〇〇六年）。

野村浩一『蔣介石と毛沢東――世界戦争のなかの革命――』〈現代アジアの肖像2〉、岩波書店、一九九七年）。

平野健一郎編『日中戦争期の中国における社会・文化変容』（東洋文庫、二〇〇七年）。

光田剛『中国国民政府期の華北政治』（御茶ノ水書房、二〇〇七年）。

三好章『摩擦と合作　新四軍一九三七～一九四一』（創土社、二〇〇三年）。

劉大年ほか編『中国抗日戦争史　中国復興への路』曽田三郎ほか訳（桜井書店、二〇〇二年）。

鹿錫俊『中国国民政府の対日政策　一九三一―一九三三』（東京大学出版会、二〇〇一年）。

呂元明『中国語で残された日本文学　日中戦争のなかで』西田勝訳（法政大学出版局、二〇〇一年）。

吉田荘人『蔣介石秘話』（かもがわ出版、二〇〇一年）。

《メディア・文化》

香川照之『中国魅録「鬼が来た！」撮影日記』（キネマ旬報社、二〇〇二年）。

菊池信平『昭和十二年の「週刊文春」』（〈文春新書〉文藝春秋、二〇〇六年）。

孫安石ほか『戦争・ラジオ・記憶』（勉誠出版、二〇〇六年）。

戸ノ下達也『越境する近代5　音楽を動員せよ　統制と娯楽の十五年戦争』（青弓社、二〇〇八年）。

早坂隆『日本の戦時下ジョーク集　満州事変・日中戦争編』（〈中公新書ラクレ〉、中央公論新社、二〇〇七年）。

同右『兵隊万葉集』（幻冬舎、二〇〇七年）。

古川隆久『戦時下の日本映画　人々は国策映画を観たか』（吉川弘文館、二〇〇三年）。

山中恒『新聞は戦争を美化せよ！　――戦時国家情報機構史――』（小学館、二〇〇一年）。

《汪兆銘政権》

上坂冬子『我は苦難の道を行く』（文藝春秋、二〇〇二年）。

小林英夫『日中戦争と汪兆銘』（吉川弘文館、二〇〇三年）。

杉森久英『人われを漢奸と呼ぶ』（文藝春秋、一九九八年）。

《阿片問題》

久保井規夫『絵で読む紫煙・毒煙「大東亜」幻影　日本の戦争と煙草・阿片・毒煙』（拓殖書房新社、二〇〇七年）。

倉橋正直編『二反長音蔵・アヘン関係資料』（不二出版、一九九九年）。

倉橋正直『日本の阿片王　二反長音蔵とその時代』（共栄書房、二〇〇二年）。

同右『日本の阿片政策』（共栄書房、二〇〇五年）。

佐野眞一『阿片王　満州の夜と霧』（新潮社、二〇〇五年）。

谷光隆編『阿片資料集成CD－ROM版』（愛知大学東亜同文書院大学記念センター、二〇〇五年）。

同右『東亜同文書院阿片調査報告書』（同右、二〇〇七年）。

千賀基史『阿片王一代　中国阿片市場の帝王・里見甫の生涯』（光人社、二〇〇七年）。

西木正明『其の逝く処を知らず　阿片王・里見甫の生涯』（集英社、二〇〇一年。集英社文庫として二〇〇四年刊行）。

山田豪一『満洲国の阿片専売「わが満蒙の特殊権益」の研究』（汲古書院、二〇〇二年）。

日本語論文

《日中戦争全般》

五十嵐憲「「日中戦争」と海軍　初期に於ける拡大過程を中心に」（『中央史学』第二十三号、二〇〇〇年）。

石島紀之「ナショナル・ヒストリーを超える日中戦争史をめざして」（『歴史評論』第六八九号、歴史科学協議会、二〇〇七年）。

笠原十九司「海軍が拡大させた日中戦争」（『世界』第七六八号、岩波書店、二〇〇七年）。

臧運祜「主要文書より見たる日本の対華政策　満洲事変から盧溝橋事件にかけて」鬼頭今日子訳（『現代中国研究』第十六号、二〇〇五年）。

君塚行雄「日中戦争の狭間にみる一従軍兵士の陣中日記」（『勝浦市史研究』第六号、二〇〇〇年）。

倉橋正直「捕虜の将校が描いた詩」（『現代中国研究』第十八号、二〇〇六年）。

髙綱博文「日中戦争期における上海租界問題」（日本大学通信教育部『研究紀要』第十六巻十七号、二〇〇三年）。

陳謙平「日中戦争とアメリカ援華制日運動」（『現代中国』第七十一号、東方書店、一九九七年）。

土田哲夫「日中戦争とアメリカ授華制日運動『日本の侵略に加担しないアメリカ委員会』の活動を中心に」（同右）。

中村元哉「抗戦末期の言論自由化論と国際報道自由運動」（『現代中国研究』第十三号、二〇〇三年）。

成田龍一「記憶にあいた穴　「日中戦争」をめぐって」（『歴史評論』第六八九号、歴史科学協議会、二〇〇七年）。

萩原充「日中戦争と中国空軍」（『財団法人交流協会日台交流センター歴史研究者交流事業報告書』財団法人交流協会、二〇〇三年）。

樋口秀実「日中関係と日本海軍――一九三三～一九三七年――」（『史学雑誌』第一〇八号四編、一九九九年）。

松浦正孝「日中戦争はなぜ南下したのか（一～三）」（『北大法

学論集』第五十七号一巻～第五十八号二号、二〇〇六・二〇〇七年)。

《盧溝橋事件》

坂本夏男『再考・盧溝橋事件における日中両軍衝突時の一検証』(『皇學館論叢』第三十三号四編、二〇〇〇年)。

安井三吉「盧溝橋事件再考　中国における「日本軍計画」説をめぐって」(『東洋史研究』第五十五巻四号、一九九九年)。

《文化・風俗・メディア》

尾上新太郎「日中戦争とインテリたち」(『日本語・日本文化研究』二〇〇三年)。

加藤厚子「日中戦争期における映画統制　映画法制定をめぐって」(『史学雑誌』第一〇九号六編、二〇〇〇年)。

坂本健蔵「日中戦争と永井柳太郎」(『法政論叢』第三十七巻第二号、二〇〇一年)。

笹川慶子「音楽映画の行く方　日中戦争から大東亜戦争まで」(『日本映画とナショナリズム』森話社、二〇〇三年)。

白石喜彦「石川達三『生きてゐる兵隊』にあらわれた日中戦争観」(東京女子大学紀要『論集』第五十号二編、二〇〇〇年)。

同右「石川達三『武漢作戦』の方法と意図」(同右、第五十一号一編、二〇〇〇年)。

同右「『武漢作戦』による石川達三の《名誉恢復》」(同右、第五十二号一編、二〇〇一年)。

鈴木将久「ことばたちの星座　載望舒の日中戦争」(『文学』第三巻第一号、岩波書店、二〇〇二年)。

田中仁「『抗戦建国記念日』に関する三大新聞『社論』言説分析」(『近きに在りて』第五十一号、二〇〇七年)。

張新民「中国教育映画協会及び上海における教育映画推進運動について　国民党CC系の活動を中心に」(『現代中国研究』第七号、二〇〇〇年)。

中野知洋「上海事変と沈従文の小説「懦夫」をめぐって」(『人阪教育大学国語教育講座・日本・アジア言語文化講座学』第四十八号、二〇〇五年)。

松本和也「事変下メディアのなかの火野葦平　芥川賞「糞尿譚」からベストセラー『麦と兵隊』へ」(『Intelligence』第六号、二〇〇五年)。

矢野目直子「日中戦争下の上海に生きた映画人　張善琨」(上)(下)(『中国研究月報』第五八九・五九一号、一九九七年)。

《プロパガンダ・インテリジェンス・メディア戦略》

熱田見子「日中戦争初期における対外宣伝活動」(『法学政治学論集』第四十二号、一九九九年)。

有山輝雄「総力戦と軍部メディア政策」(青木保ほか編『近代日本文化論10　戦争と軍隊』岩波書店、一九九九年)。

菊池一隆「都市型特務「C・C」系の「反共抗日」路線について　その生成から抗日戦争における意義と限界」(上・下)(『近

きに在りて』第三十五・三十六号、一九九九年）。

同右「中国特務「藍衣社」の抗日活動とその特質　日中戦争の一断面」（『歴史科学』第一八一号、二〇〇五年）。

貴志俊彦「重慶国民政府による日本語プロパガンダ放送」（『アジア遊学』第五十四号、二〇〇三年）。

佐々木太郎「中国共産党のインテリジェンス体制　中共型インテリジェンス形成への道　一九二四年〜一九四九年」（小谷賢ほか編『インテリジェンスの二〇世紀』千倉書房、二〇〇七年）。

山本武利「『延安リポート』に見る野坂参三の天皇論の戦術、戦略」（『Intelligence』第六号、二〇〇五年）。

山本武利「日本軍のメディア戦術・戦略　中国戦線を中心に」（山本武利編『岩波講座「帝国」日本の学知　第4巻　メディアのなかの「帝国」』岩波書店、二〇〇六年）。

《教育》

川島真「日本占領期華北における留日学生をめぐる動向」（『中国研究月報』第七一四号、二〇〇七年）。

木全清博「学校教育のはじまり　御真影と教育勅語の交付　日中戦争下の戦時教育」（近代の滋賀、二〇〇二年）。

新保敦子「日中戦争時期における少数民族政策と教育」（『現代中国』第七十四号、東方書店、二〇〇〇年）。

砂山幸雄「『支那排日教科書』批判の系譜」（『中国研究月報』第六七六号、二〇〇五年）。

多仁安代「日中戦争期の朝鮮・台湾における日本語教育事情」（日本植民地教育史研究会『植民地教育研究年報』第四号、二〇〇一年）。

趙寛子「日中戦争期の「朝鮮学」と「古典復興」　植民地の知を問う」（『思想』第九四七号、岩波書店、二〇〇三年）。

橋本学「日中戦争期・中国の高等教育に関する一考察　国民党治下における高等教育機関の動向を中心に」（広島大学高等教育開発センター『大学論集』第二十六集、一九九七年）。

同右「中国における近代的学術機関の整備に関する一考察　日中戦争前夜に至る研究機関の動向を中心に」（同右、第二十八集、一九九八年）。

同右「中国における近代的学術機関の整備に関する再論　日中戦争勃発による研究機関の初期変動とその背景を中心に」（同右、第三十集、二〇〇〇年）。

同右「日中戦争前期・中国の学術状況に関する一考察　中国国民党治下における研究機関の動向を中心に」（同右、第三十一集、二〇〇一年）。

同右「国民党治下中国における民間研究機関の萌芽と発展：主要五機関の日中戦争勃発までの動向を中心に」（同右、第三十二集、二〇〇二年）。

《経済》
石川健「十五年戦争期の国民貯蓄運動について　山口県内の貯蓄活動から」（『山口県地方史研究』第八十四号、二〇〇〇年）。

春日豊「戦時経済統制と財閥商社（一）～（四）　日中戦争下の三井物産」（『情報文化研究』一九九九～二〇〇二年）。

金丸裕一「戦時期中国電力産業と日本人技術者」（『現代中国研究』第十七号、二〇〇五年）。

柴田善雅「華北占領地における日系企業の活動と敗戦時資産」（『大東文化大学紀要』第三十七号、一九九九年）。

柴田善雅「陸軍軍命商社の活動　昭和通商株式会社覚書」（『中国研究月報』第六七五号、二〇〇四年）。

松浦正孝「再考・日中戦争前夜　中国幣制改革と児玉訪中団をめぐって」（『国際政治』第一二二号、日本国際政治学会、一九九九年）。

山村睦夫「日中戦争期における財閥資本の対外認識と対応」（『シュムペーター・サイモンとその時代』白桃書房、二〇〇一年）。

《和平工作・不拡大》

小野田摂子「駐華ドイツ大使トラウトマンによる和平工作の中国側史料としての『極密徳国調停棄』」（『ベルリン・ウィーン・東京20世紀前半の中欧と東アジア』（論創社、一九九九年）。

久野潤「支那事変不拡大方針の挫折と昭和研究会　メンバーの思想と事変初期の言説」（『自由』第四十九巻第一号、二〇〇六年）。

小林一樹「国民使節胡適の対米宣伝活動に関する考察　一九三七年～一九三八年」（『中国研究月報』第六十巻第五号、二〇〇六年）。

佐藤一樹「日中開戦後における胡適の和平工作活動に関する考察」（『中国研究月報』第六七一号、二〇〇四年）。

《反戦運動》

内田知行「重慶国民政府の抗日政治宣伝政策と日本人反戦運動」（『中国研究月報』第六〇八号、一九九八年）。

柴田巌「長谷川テル研究　日中戦争期・中国における反戦活動の軌跡」（『千葉工業大学研究報告　人文編』第三十五号、一九九八年）。

土田哲夫「国際平和運動、コミンテルンと日中戦争」（『現代中国研究』第二十号、二〇〇七年）。

堀井弘一郎「日中戦争期、華中における日本人反戦運動　新四軍との関連を中心に」（『歴史学研究』第七三八号、歴史科学協議会、二〇〇〇年）。

水谷尚子「日中秘話　生きていた『延安ローズ』」（『中央公論』九月号・十月号、中央公論新社、一九九九年）。

山辺昌彦「中国での日本人反戦運動における天皇制認識について」（『立命館平和研究』第十号、二〇〇〇年）。

《中国側の動向（政治）》

味岡徹「日中戦争期における国民党政権の『行政三聯制』」（『聖心女子大学論叢』第九十六号、二〇〇一年）。

荒武達朗「抗日戦争時期中国共産党による地域支配の浸透　山東省南部莒南県」（『名古屋大学東洋史研究報告』第二十五号、二〇〇一年）。

石川照子「米中関係と宋美齢——日中戦争時期の対中支援要請活動をめぐって——」（『大妻比較文化』二〇〇一年）。

大石恵「日中戦争期におけるアメリカの対華支援」（『経済論叢』二〇〇〇年）。

緒形康「記憶は抵抗する　駐米大使、胡適の抗日戦争」（『現代中国研究』第十二号、二〇〇三年）。

許育銘『日中開戦過程における汪精衛の役割』（『立命館文学』第五六〇号、一九九九年）。

中田崇「中国国民党中央宣伝部と外国人顧問　一九三七―四一」（『軍事史学』第四十一巻第三号、軍事史学会、二〇〇五年）。

柴田哲雄「汪精衛南京政府下の青年運動　中国青少年団の成立と展開」（『社会システム研究』第一号、一九九八年）。

堀井弘一郎「日本軍占領下、中華民国維新政府の治政」（『中国研究月報』第六二五号、二〇〇〇年）。

同右「汪精衛政権の成立と中華民国維新政府の解消問題」（『現代中国』第八十一号、日本現代中国学会、二〇〇七年）。

吉澤誠一郎「南京国民政府と西北建設」（『現代中国研究』第十九号、二〇〇七年）。

鹿錫俊「日中危機下中国外交の再選択　国民政府対ソ復交の考察」（『一橋論叢』第一一七巻第一号、一九九七年一月）。

同右「中国の政策的分裂と日本の誤算　熱河危機期日中関係の一断面」（同右、第一二四巻第一号、二〇〇〇年七月）。

《中国側の動向（行政・経済・教育・抗日運動）》

今井駿「日中戦争期の四川省における下級公務員についての一考察」（『静岡大学人文論集』第五十二号一巻、二〇〇二年）。

同右「日中戦争期の四川省における地方自治の実態についての覚え書き」（『近きに在りて』第三十四号、一九九八年）。

同右「日中戦争期の襲徳柏の日本観（一）・（二）」（同右、第三十七・三十八号、二〇〇〇年）。

今井就稔「日中戦争後期の上海における中国資本家の対日「合作」事業　棉花の買付けを事例として」（『史学雑誌』第一一五編第六号、山川出版社、二〇〇六年七月）。

太田孝子「自由学園北京生活学校の教育——日中戦争下の教育活動——」（『岐阜大学留学生センター紀要』創刊号、一九九九年）。

菊池一隆「国際反ファッショ抗日ネットワークと中国工業合作運動」（『福島大学　商學論集』第六十九巻第四号、二〇〇一年）。

貴志俊彦「国民政府による電化教育政策と抗日ナショナリズム　『民衆教育』から『抗戦教育』へ」（『東洋史研究』第六十二巻第二号、二〇〇三年）。

坂井田夕起子「抗日戦争時期における河南省の地方政治改革

区の設置と改編、そして新県制の実施まで」（『歴史研究』第三十五号、大阪教育大学歴史学研究室、二〇〇七年）。

笹川裕史「日中戦争期国民政府の戦時徴発と農村基層社会の構造的変容に関する研究」（文部科学省科学研究費補助金研究成果報告書、二〇〇六年）。

同右「日中戦争期における中国の出征軍人家族援護と地域社会　四川省を中心に」（『歴史学研究』第八三二号、二〇〇七年）。

柴田巖「日中戦争期・昆明『抗戦文化』の研究　国立西南聯合大学の理念と活動を中心に」（『千葉工業大学研究報告　人文編』第三十六号、一九九九年）。

萩原充「南京国民政府の華中・華南鉄道建設と日本―浙贛・京粤各鉄道建設をめぐって」（『北海道大学経済学研究』第四十八巻第三号、一九九九年）。

福士由紀「日中戦争期上海における公衆衛生と社会管理　コレラ予防運動を例として」（『現代中国』第七七号、東方書店、二〇〇三年）。

松浦正孝「再考・日中戦争前夜　中国幣制改革と児玉訪中団をめぐって」（『季刊国際政治』第一二二号、一九九九年）。

山本真「日中戦争初期、湖南省における民衆訓練の試み　中華平民教育促進会農民抗戦教育団と湖南省民衆訓練指導処に対する一考察」（『アジア研究』第四十九巻一号、二〇〇三年）。

劉傑「日中戦争下の『親日派』『漢奸裁判』試論（その2）」（『早稲田人文自然科学研究』第五十五号、一九九九年）。

林采成「日中戦争下の華北交通の設立と戦時輸送の展開」（『歴史と経済』第四十六号一巻、二〇〇六年）。

《日本の占領地行政・宣撫工作》

相庭和彦「日中戦争期の植民地における社会教育に関する一考察　『満洲国』の社会教育施設を中心として」（『教育人文科学部紀要』第一号二編、新潟大学、一九九九年）。

居之芬「華北占領地区の経済的地位および日本の統制・略奪の特徴」日野みどり訳（『現代中国研究』創刊号、一九九七年）。

内田知行「日本軍占領下における中国山西省傀儡政権の財政的基盤」（同右、第六三七号、二〇〇一年）。

内田尚孝「華北分離工作の展開と国民政府の対応」（『中国研究月報』第六七三号、二〇〇四年）。

同右「冀察政務委員会の対日交渉と現地日本軍　『防共協定』締結問題と『冀東防共自治政府』解消問題を中心に」（『近きに在りて』第五十一号、二〇〇七年）。

遠藤興一「日中戦争下の占領地における救済事業」（『社会学・社会福祉学研究』第一〇五号、明治学院大学、一九九九年）。

加藤陽子「興亜院設置問題の再検討　その予備的考察」（服部龍二ほか編『戦間期の東アジア国際政治　中央大学政策文化総合研究所研究叢書六』第一〇章、中央大学出版部、二〇〇七年）。

新保敦子「日本軍占領下での少数民族政策と教育　イスラー

ム世界との出会いをめぐって」(『日本の教育史学』第四十七巻、二〇〇四年)。

同右「日本軍占領下における宗教政策」(『学術研究』第五十二号、早稲田大学教育学部、二〇〇四年)。

同右「蒙疆政権におけるイスラム教徒工作と教育 善隣回民女塾を中心として」(『中国研究月報』第六一五号、一九九九年)。

大東仁「占領下南京の宗教政策」(『東アジア研究』第四十八号、大阪経済法科大学アジア研究所、二〇〇七年)。

北村明恵「冀東政府における人絹」(新潟大学東アジア学会編『東アジア 歴史と文化』第十二号、二〇〇三年)。

樋口秀実「日中戦争下の日本の華僑工作」(『アジア経済』第四十一号第四編、二〇〇〇年)。

森久男「関東軍の内蒙工作 察東特別自治区の研究」(『現代中国』第七十四号、東方書店、二〇〇〇年)。

同右「察東特別自治区の研究」(同右、第七十五号、東方書店、二〇〇一年)。

祁建民「占領下の蒙疆の教育」(日本植民地教育史研究会『植民地教育研究年報』第二号、一九九九年)。

《**南京事件**》

笠原十九司「南京事件70年の日本と世界」(『歴史学研究』第八三五号、二〇〇七年)。

同右「南京事件論争の過去と現在」(『世界』第七七三号、岩波書店、二〇〇七年)。

佐藤和男「南京事件と戦時国際法」(『正論』三月号、産経新聞社、二〇〇一年)。

張憲文「実証と認識 南京大虐殺の史実を共有するために」(『世界』第七七三号、岩波書店、二〇〇七年)。

張連紅「負の遺産を克服するために 中国における南京事件研究の到達と課題」(同右)。

《**細菌戦・毒ガス**》

田中寛「日中戦争における旧日本軍の毒ガス戦 中国戦場での使用の実態について」(『大東文化大学紀要』第三十七号、一九九九年)。

松野誠也「日本陸軍による化学兵器の人体実験」(『駿台史学』第一一〇号、二〇〇〇年)。

《**従軍慰安婦問題・性暴力**》

上野輝将「「従軍慰安婦」論争とナショナリズム」(『歴史評論』第五七六号、歴史科学協議会、一九九八年)。

小濱正子「口述史料を利用した中国近現代史研究の可能性 山西省盂県の日本軍性暴力研究をめぐって」(『東洋史研究』第六十四巻二号、二〇〇五年)。

波多野澄雄「防衛庁防衛研究所所蔵〈衛生・医事関係資料〉の調査概要」(アジア女性基金「慰安婦」関係資料委員会編『「慰安婦」問題調査報告』アジア女性基金、一九九九年)。

吉池俊子「「慰安婦」問題とPTSD」（『歴史評論』第五七六号、歴史科学協議会、一九九八年）。

吉見義明「「従軍慰安婦」問題　研究の到達点と課題」（同右）。

《親日（傀儡）政権》

江口圭一「盧溝橋事件と通州事件の評価をめぐって」（『季刊戦争責任研究』第二十五号、一九九九年）。

小林敦子「蒙疆政権における少数民族と教育」（『NEWS LETTER』第十五号、近現代東北アジア地域史研究会、二〇〇三年）。

広中一成「冀東防共自治委員会及び冀東防共自治政府の成立過程についての一考察」（愛知大学国際問題研究所『紀要』第一二八号、二〇〇六年）。

森久男「蒙疆政権と蒙古独立運動」（『現代中国』第七十二号、東方書店、一九九八年）。

山中恒「通州事件の謎　戦争の歴史と事実」（『神奈川大学評論』第二十八号、一九九七年）。

《戦争犯罪裁判・戦後保障問題》

大澤武司「幻の日本人『戦犯』釈放計画と周恩来　中華人民共和国外交部檔案をてがかりに」（『中国研究月報』第七一二号、二〇〇七年）。

川島真「戦後補償問題と歴史学の役割について　日中関係を中心に」（『歴史評論』第六八九号、歴史科学協議会、二〇〇七年）。

坂本夏男「極東国際軍事裁判における盧溝橋事件　秦徳純の「『七七』事変紀実」と王冷斎の『盧溝橋事件実録』に焦点を当てて」（『芸林』第四十七号三号、一九九八年）。

白石喜彦「『生きてゐる兵隊』裁判の意味するもの」（『東京女子大学・論集』第四十九号一編、一九九八年）。

丸山哲史「『改造』と『謝罪』、その起源と展開」（『世界』第七六八号、岩波書店、二〇〇七年）。

和田英穂「中国国民政府による対日戦犯裁判の問題点　内田元陸軍中将の裁判を中心に」（『現代中国』第七十六号、東方書店、二〇〇二年）。

和田英穂「被侵略国による対日戦争犯罪裁判　国民政府が行った戦犯裁判の特徴」（『中国研究月報』第六四五号、二〇〇一年）。

《外交》

伊香俊哉「日中戦争と国際連盟の安全保障機能　一九三七年―一九三八年　対日制裁・連盟改革へのイギリスの動向を中心に」（『関東学院大学経済学部総合学術論叢』第二十八号、二〇〇〇年）。

内田尚孝「「梅津何応欽協定」再考　日中関係史の視点から」（『現代中国研究』第九号、二〇〇一年）。

同右「一九三五年、北平政務整理委員会廃止時期の日中関係」

（『現代中国研究』第十四・十五合併号、二〇〇四年）。

同右「塘沽停戦協定善後交渉と日中関係（上）（下）」（『中国研究月報』第六三二・六三三号、二〇〇〇年）。

阪東宏「十五年戦争（一九三一―一九四五年）における日本政府・軍のユダヤ人政策」（『駿台史学』第一一六号、二〇〇二年）。

樋口秀実「汪兆銘工作をめぐる日本海軍と日米関係」（日本国際政治学会『国際政治』第一二六号、二〇〇一年）。

藤枝賢治「『佐藤外交』の特質　華北政策を中心に」（『駒沢大学史学論集』第三十四号、二〇〇四年）。

葉習民「中華民国政府の対日講和政策と『吉田書簡』（一）（二）」（『中国研究月報』第七一二・七一三号、二〇〇七年）。

《国内動向》

梶本祥史「十五年戦争期における下津町の石油基地について　丸善石油を中心に」（『史遊』第七号、一九九九年）。

金丸裕一「中支建設資料整備委員会とその周辺　「支那事変」期日本の対中国調査活動をめぐる習作」（『立命館経済学』第四十九号第五編、二〇〇〇年）。

窪田祥宏「日中戦争期における興亜青年勤労報国隊（学生隊）の大陸派遣（第一回）」（『日本大学史紀要』第四号、一九九八年）。

周一川「日中戦争時期の留日学生　概況と事例研究」（『お茶の水女子大学大学院　人間文化論叢』第一号、一九九九年）。

鍾家新「国民健康保険制度の創設・発展と『十五年戦争』日本の有力な社会保障制度の創設・発展における戦争の役割」（『弘前学院大学　紀要』第三十四号、一九九八年）。

玉井清「日中戦争下の反英論　天津租界封鎖問題と新聞論調」（『法学研究』第七十三号一編、慶應義塾大学、二〇〇〇年）。

中川壽之（史料紹介）「昭和十八年八月調製『中央大学支那事変業務概況書』抄録」（『中央大学史紀要』第十号、一九九九年）。

中里裕司「日中戦争期における千葉県の近代化政策」（『千葉県史研究』別冊八巻、二〇〇二年）。

中島弘二「十五年戦争期緑化運動　総動員体制の自然の表象」（『北陸史学』第四十九号、二〇〇〇年）。

胆紅「『東亜協同体』論をめぐって　戦時下日本の中国論」（『中国研究月報』第六十一巻十号、二〇〇五年）。

森茂樹「戦時天皇制国家における『親政』イデオロギーと政策決定過程の再編　日中戦争期の御前会議」（『日本史研究』第四五四号、二〇〇〇年）。

《阿片問題》

桂川光正「青島における日本の阿片政策」（『二十世紀研究』第三号、二〇〇二年）。

小林元裕「阿片をめぐる日本と汪兆銘政権の『相克』」（『年報日本現代史』第三号、一九九七年）。

《軍事・戦闘》

石島紀之「戦略爆撃にたいする重慶のたたかい」（『歴史評論』第六一六号、歴史科学協議会、二〇〇一年）。

岡部直晃「支那事変初期の方面軍に関する考察」（『軍事史学』第三十八巻第一号、軍事史学会、二〇〇二年）。

白石仁章「チチハル進攻問題の再検証　嫩江橋梁破壊事件からの拡大過程を中心に」（『外交史料館報』第十三号、一九九九年）。

孫江「日中戦争期における新四軍と秘密結社」（『愛知大学国際問題研究所紀要』第一二九号、二〇〇七年）。

服部龍二「斉南事件の経緯と原因」（『軍事史学』第三十四巻第二号、軍事史学会、一九九八年）。

羽鳥紀道「援蒋ルートを巡る戦い」（『陸戦研究』第五五三号、一九九九年）。

三好章「新四軍東北移駐試論」（『中国研究月報』第六三六号、二〇〇一年）。

門間理良「長春包囲戦役における難民処理に関する一考察」（『軍事史学』第三十四巻第一号、軍事史学会、一九九八年）。

《その他》

内田知行「重慶国国民政府と抗日期の朝鮮人独立運動」（『近きに在りて』第三十六号、一九九九年）。

川田稔「総力戦・国際連盟・中国　永田鉄山と浜口雄幸」（『思想』第九八一号、岩波書店、二〇〇六年）。

菊池一隆「抗日戦争時期における朝鮮華僑の動態と構造」（『近きに在りて』第五十一号、二〇〇七年）。

貴志俊彦「日中戦争期、東アジア地域におけるラジオ・メディア空間をめぐる政権の争覇」（宇野重昭他編『北東アジア世界の形成と展開』日本評論社、二〇〇二年）。

小幡尚「満州事変・日中戦争期における行刑の展開」（高知大学『海南史学』第四十号、二〇〇二年）。

神戸修「『十五年戦争』下の西本願寺教団　『消息』類の問題」（『仏教史研究』第三十五号、一九九八年）。

後々田寿徳「荒木貞夫にみる日中戦争期の博物館像」（『東北芸術工科大学紀要』第十三号・十四号、二〇〇六・二〇〇七年）。

小林啓治「日中戦争と『空襲法』　軍事目標主義の形成とその矛盾」（『libra』第一号、神戸薬科大学、一九九九年）。

権寧俊「抗日戦争時代における韓国臨時政府の軍事活動と中国」（『現代中国』第七十二号、東方書店、一九九八年）。

笹川裕史「日中戦争期の知識青年従軍運動に関する一考察　抗日ナショナリズムの光と影」（『近きに在りて』第四十九号、二〇〇六年）。

鹿野政直「兵隊先生　青木一の中国戦線」（『早稲田大学大学院・文学研究科紀要』第四十四号、一九九九年）。

孫安石「歴史教科書と日中戦争」（『神奈川大学評論』第三十九号、二〇〇一年）。

高木喜孝「対中国戦後補償とは何だったのか」（『世界』第

七四一号、岩波書店、二〇〇五年)。

高光佳絵「ホーンベック国務省政治顧問の対日強硬化とアメリカの日中戦争観　一九三七―一九三八」(服部龍二ほか編『戦間期の東アジア国際政治』中央大学出版部、二〇〇七年)。

陳謙平「中国における抗戦期国民政府対外関係の研究動向(一九九〇年代以後)」(『近きに在りて』第四十一号、二〇〇二年)。

辻村志のぶほか「日中戦争と仏教」(『思想』第九四三号、岩波書店、二〇〇二年)。

劉傑「孫文・汪兆銘をめぐるひとびと」(『歴史と地理』第五三三号、二〇〇〇年)。

二　日中戦争関連英語文献

凡例

・一九九七年以降に公刊・発表された文献を採録した。
・文献配列は著者・編者等のアルファベット順とした。
・文献編集は長谷川怜による。

Aldrich, Richard, *Intelligence and the War Against Japan* (Cambridge University, 2000).
Aso, Tetsuo, *From Shanghai To Shanghai: War Diary Of An Imperial Japanese Army Medical Officer, 1937–1941*(East Bridge 2004).
Barret, David P., *et al. eds.*, *China in the Anti-Japanese War, 1937–1945: Politics, Culture, and Society* (Peter Lang Pub. Inc., 2000).
Brook, Timothy, *Collaboration: Japanese Agents and Local Elites in Wartime China* (Harvard University Press, 2007).
Barrett, David and Shyu, Larry *Chinese Collaboration with Japan 1932–1945; The Limits of Accommodation* (Stanford University Press, 2001).
China, Lou Glist, *Mailbag Uncensored: Letters from an American GI in World War II China and China* (Emerald Ink. Pub., 2000).
Feng, Chung-I,*North China at War: The Social Ecology of Revolution, 1937–1945* (Rowman & Littlefield Pub. Inc., 2005).
Gallicchio, Marc ed., *The Unpredictability of the Past: Memories of the Asia-Pacific War in U.S.-East Asian Relations* (Global Interactions, 2007).
Gatu, Dagfinn, *Village China at War: The Impact of Resistance to Japan, 1937–1945* (University of British Columbia Press, 2007).
Goodman, David S. G., *Social and Political Change in Revolutionary China: The Taihang Base Area in the War of Resistance to Japan, 1937–1945* (World Social Change)(Rowman & Littlefield Pub. Inc., 2000).

Henriot, Christian, *et al. ed., In the Shadow of the Rising Sun: Shanghai Under Japanese Occupation* (Cambridge Modern China Series)(Cambridge University Press, 2004).

Hewitt, Anthony, *To Freedom Through China: Escaping From Japanese-Occupied Hong Kong, 1942* (Pen & Sword, 2005).

High, Peter B., *The Imperial Screen: Japanese Film Culture in the Fifteen Years' War 1931–1945* (Wisconsin Studies in Film)(University of Wisconsin Press, 2003).

Hollington, K., *Tong's Chiang Kai-shek's teacher and ambassador : an inside view of the Republic of China from 1911–1958, General Stillwell and American policy change towards free China* (Author House, 2005).

Honda, Katsuichi, *et al. ed., The Nanjing Massacre: A Japanese Journalist Confronts Japan's National Shame* (Studies of the Pacific Basin Institute, East Gate Book,1999).

Hotta, Eri, *Pan-Asianism and Japan's War 1931–1945* (Palgrave Macmillan Series in Transnational History)(Palgrave Macmillan, 2007).

Hsiung, James C., *China's Bitter Victory: The War With Japan, 1937–1945* (ME Sharpe Inc.; Reprint edition, 1997).

Israel, John, *Lianda: A Chinese University in War and Revolution* (Stanford University Press,1998).

Jordan, Donald A., *China's Trial by Fire: The Shanghai War of 1932* (University of Michigan Press, 2001).

Kaiyuan, Zhang, ed., *Eyewitnesses to Massacre: American Missionaries Bear Witness to Japanese Atrocities in Nanjing* (East Gate Book, 2000).

Kitamura, Minoru, *The Politics of Nanjing: An Impartial Investigation* (University Press of America, 2007).

Kushner, Barak, *The Thought War: Japanese Imperial Propaganda* (University of Hawaii Press, 2005).

Liu, Xiaoyuan, *A Partnership for Disorder: China, the United States, and Their Policies for the Postwar Disposition of the Japanese Empire, 1941–1945* (Cambridge University Press, 2002).

Mackinnon, Stephen R., *et al. ed., China at War: Regions of China, 1937-1945* (Stanford University Press, 2007).

Mackinnon, Stephen R., *Wuhan 1938: War, Refugees, and the Making of Modern* (University of California Press, 2008).

Niu, Jun, *From Yan'an to the World: The Origin and Development of Chinese Communist Foreign Policy* (East Bridge, 2004).

Philips, Angus, "Bombs Away," *History Workshop Journal* 45 (1998).

Phillips, Steven, *Sino-Japanese War, 1937–1945: The Military Struggle* (Towson University, 2004).

Price, Ruth, *The Lives of Agnes Smedley* (Oxford University Press, 2005).

Ransome, Stafford, *Japan In Transition: A Comparative Study Of*

The Progress, Policy, And Methods Of The Japanese Since Their War With China (Japan in English: Key Nineteenth-Century Sources on Japan) (Ganesha Pub. Ltd., 2005).

Laurence, Rees, Akira, Irie, *Horror in the East: Japan and the Atrocities of World War II* (Da Capo Press, 2002).

Snow, Philip, *The Fall of Hong Kong: Britain, China, and the Japanese Occupation* (Yale University Press, 2003).

Straus, Ulrich, *The Anguish of Surrender: Japanese POWs in the World War II* (The University of Washington Press, 2004).

Swann, Sebastien *Japan's Imperial Dilemma in China:The Tientsin Incident,1939–1940* (Curzon Press, 2009 出版予定).

Teitler, Ger, *A Dutch Spy in China: Reports on the First Phase of the Sino-Japanese War (1937–1939)* (Brill's Japanese Studies Library) (Brill Academic Pub., 1999).

Teow, See Heng, *Japanese Cultural Policy Toward China, 1918-1931: A Comparative Perspective* (Harvard East Asian Monographs)(Harvard University Press, 1999).

Tohmatsu, Haruo *et al., A Gathering Darkness: The Coming of the War to the Far East and the Pacific 1921–1942* (Total War:New Perspectives on World War II, 3)(Scholarly Resources, 2004).

Tong, Hollington K., Mih, Walter C., ed., *Chiang Kai-shek's Teacher and Ambassador: An Inside View of the Republic of China from 1911–1958* (Authorhouse, 2005).

Vladimir, The *China-Japan War: Compiled from Japanese, Chinese and Foreign Sources* (Kessinger Pub. Co., 2007).

Wakabayashi, B.T., *The Nanking Atrocity, 1937–38* (Asia-Pacific Studies: Past and Present) (Berghahn Books, 2007).

Wakeman, Frederic, *Spymaster : Dai Li and the Chinese secret service* (University of California Press, 2003).

Webster, Donovan, *The Burma Road: The Epic Story of the China-Burma-India Theater in World War II* (Farrar Straus & Giroux, 2003).

Wells, Anne Sharp, *Historical Dictionary of World War II: The War Against Japan* (Historical Dictionaries of War, Revolution, and Civil Unrest, No. 13)(Scarecrow Press Inc., 1999).

Xu, Guangqiu, "The Issue of US Air Support for China during the Second World War, 1942–1945"(*Journal of Contemporary History,* Vol. 36, No. 3, 2001).

Yeh, Wen-Hsin *et al. ed., In the Shadow of the Rising Sun: Shanghai Under Japanese Occupation* (Cambridge Modern China Series)(Cambridge University Press (Sd), 2004).

Yu, Maochun, *The Dragon's War: Allied Operations And the Fate of China, 1937–1947* (Naval Inst Press, 2006).

Yu, Xue, *Buddhism, War, And Nationalism: Chinese Monks In The Struggle Against Japanese Aggression 1931–1945* (Routledge, 2005).

三　中国語文献

凡例

・収録対象の文献は一九九七年から二〇〇七年にかけて中国、台湾、香港で刊行されたものとした。
・簡体字、繁体字は新字体、または旧字体に直した。
・研究書、雑誌論文のうち、日本語を含む外国語から翻訳したものは除外した。
・項目内の配列は、編者の日本語読みの五十音順とした。
・雑誌文献のページ数は省略した。
・【研究】で同じ雑誌が複数ある場合、出版社名は初出でのみ記した。また雑誌で各年の期数（例えば一九九七年第一期）と総期数が併記されていた場合は、総期数のみとした。
・文献編集は広中一成による。

《日中戦争全般》

【資料】


何智霖編『陳誠先生回憶録：抗日戦争』（上・下）（台湾：国史館、二〇〇四年）。

国史館審編処『国民政府対日情報及意見史料』（上・下）（同右、二〇〇二年）。

北京市檔案館編『絶対真相――日本侵華期間檔案史料選――』（新華出版社、二〇〇五年）。

葉健青編註『閻錫山檔案　要電録存』（一～一〇）（台湾：国史館、二〇〇三年）。


【日記】


張秀章編著『蔣介石日記掲秘』（上・下）（団結出版社、二〇〇七年）。

馮伯昕著・馮子薇整理「抗戦八年来生活之回顧与今後」（台湾：『伝記文学』第五三八号、伝記文学雑誌社、二〇〇七年三月）。


【自伝・回想録】


王景山「抗戦八年―一個学生的回憶―従初中一年級到大学三年級」（台湾：『伝記文学』第五一九号、二〇〇五年八月）。

新華社解放軍分社・北京青年報社編『我的見証』（解放軍文献出版社、二〇〇五年）。

文思編『我所知道的蔣介石』〈民国高層内幕大掲秘叢書〉（中国文史出版社、二〇〇三年）。


【伝記】


汪濤『抗戦時期的蔣介石』（華文出版社、二〇〇五年）。

何明編著『偉人毛沢東』（上・下）（中央文献出版社、二〇〇三年）。

劉紅『蔣介石大伝』（上・中・下）（団結出版社、二〇〇一年）。

李理・夏潮『一世梟雄蔣介石』（湖北人民出版社、二〇〇四年）。

【研究】

（著作）

王建朗・曾景忠『中国近代通史　第九巻　抗日戦争（1937～1945）』（江蘇人民出版社、二〇〇七年）。

王秀鑫・李栄『中国20世紀全史　第五巻　全民抗戦』（中国青年出版社、二〇〇一年）。

王晋林・秦生『挽救民族的危亡――西北抗日救亡史――』（中共党史出版社、二〇〇七年）。

華僑協会総会編『華僑与抗日戦争論文集』（上・下）〈華僑問題研究叢書〉（台湾・正中書局、一九九九年）。

関捷主編『日本対華侵略与殖民機構』（上・下）（社会科学文献出版社、二〇〇六年）。

紀念七七抗戦六十周年学術研討会籌備委員会編輯『紀念七七抗戦六十周年学術研討会論文集』（上・下）（台湾：国史館、一九九八年）。

忻平『1937：深重的災難与歴史的転折』（上海人民出版社、一九九九年）。

軍事科学院軍事歴史研究部『中国抗日戦争史　修訂版』（上・中・下）（解放軍出版社、二〇〇五年）。

弘治・黄吉平・張鑫典『乱世存亡』（中国友誼出版公司、二〇〇六年）。

黄自進主編『蔣中正与近代中国関係』一（台湾：稲郷出版社、二〇〇六年）。

高書全・孫継武・顧民『中日関係史』第二巻（社会科学文献出版社、二〇〇六年）。

抗戦勝利五十週年国際研討会論文集編輯組編『抗戦勝利五十週年国際研討会論文集』（台湾：国史館、一九九七年）。

耿徳銘『滇西抗戦史証』（雲南人民出版社、二〇〇六年）。

敖文蔚主編『湖北抗日戦争史：1931～1945』（武漢大学出版社、二〇〇六年）。

胡徳坤・韓永利『中国抗戦与世界反法西斯戦争』（社会科学文献出版社、二〇〇五年）。

昆明市社会科学聯合会・雲南省中国近代史研究会編『中華民族偉大復興的歴史転折――紀念中国人民抗日戦争勝利60周年理論研討会論文集――』（雲南大学出版社、二〇〇六年）。

左双文『華南抗戦史稿』〈近代歴史与社会文化転型叢書〉（広東高等教育出版社、二〇〇四年）。

山西省史誌研究院編『抗日戦争研究文集』（山西人民出版社、一九九九年）。

史桂芳『〝同文同種〟的騙局――日偽東亜聯盟運動的興亡――』（社会科学文献出版社、二〇〇二年）。

上海市科学社会主義学会・中共閔行区委党校・中共華東師範大学委員会宣伝部『歴史的壮麗回響――紀念中国人民抗日戦争暨世界反法西斯戦争勝利60周年論文集――』（華東師範大学出版社、二〇〇五年）。

周勛初主編『永志毋諼――紀念抗日戦争勝利60周年文集――』（南京大学出版社、二〇〇五年）。

周勇主編『西南抗戦史』（重慶出版社、二〇〇六年）。

蕭一平・郭徳宏『中国抗日戦争全史』（上・中・下）（四川人民出版社、二〇〇五年）。
曹剣浪『国民党軍簡史』（上・下）（解放軍出版社、二〇〇四年）。
孫代興・呉宝璋『雲南抗日戦争史（増訂版）』（雲南大学出版社、二〇〇五年）。
段渝主編『抗戦時期的四川』（巴蜀書社、二〇〇五年）。
中共中央党史研究室科研管理部『紀念中国人民抗日戦争暨世界反法西斯戦争勝利60周年学術研討会論文集』（上・中・下）（中共党史出版社、二〇〇六年）。
中国社会科学院近代史研究所民国研究室・四川師範大学歴史文化学院編『一九三〇年代的中国』（上・下）（社会科学文献出版社、二〇〇六年）。
張憲文等『中華民国史』第三巻（南京大学出版社、二〇〇六年）。
張国鏞・陳一容『為了忘却的紀念――中国抗戦重慶歴史地位研究――』（西南師範大学出版社、二〇〇五年）。
陳栄華主編『江西抗日戦争史』（江西人民出版社、二〇〇五年）。
陳謙平主編『中華民国史新論　政治・中外関係・人物巻』（生活・読書・新知三聯書店、二〇〇三年）。
鄭浪平『中国抗日戦争史（一九三一～一九四五）　犠牲・奮戦・光栄』（上・下）（台湾：麦田出版公司、二〇〇一年）。
樊吉厚・李茂盛・岳謙厚編撰『華北抗日戦争史』（上・中・下）（山西人民出版社、二〇〇五年）。
雷国山『日本侵華決策史研究（1937～1945）』（学林出版社、二〇〇六年）。
劉庭華『中国抗日戦争論綱』（軍事科学出版社、二〇〇五年）。
李蓉『中華民族抗日戦争史』（中央文献出版社、二〇〇五年）。
林慶元・楊斉福『〝大東亜共栄圏〟源流』（社会科学文献出版社、二〇〇六年）。

（雑誌）

何理「論抗日戦争的整体性和社会性」（『抗日戦争研究』第三十四期、近代史研究雑誌社、一九九九年十一月）。
季雲飛「日本侵華時期蒋介石国防思想之探析」（『軍事歴史研究』第五十三期、『軍事歴史研究』編輯部、一九九九年十二月）。
史桂芳「評東亜聯盟論的内容与実質」（『抗日戦争研究』第三十一期、一九九九年二月）。
同右「対日本侵華時期的東亜聯盟論、東亜協同体論、大東亜共栄圏論的評析」（『党史研究資料』第二七八期、中国革命博物館党史研究室、二〇〇〇年九月）。
同右「試析中日戦争時期日本的侵略理論」（『抗日戦争研究』第四十三期、二〇〇二年二月）。
仲華「試論抗戦時期国民党軍隊的腐敗問題」（『軍事歴史研究』第六十九期、二〇〇三年十二月）。
陳存恭「抗戦時期国共関係的省思」（台湾：『近代中国』第一三八期、近代中国雑誌社、二〇〇〇年八月）。
万魯建「抗日戦争前日本陸軍的中国観」（『軍事歴史研究』第八十三期、二〇〇七年六月）。
余子道・鹿錫俊「中日戦争期間日本対国民政府的政策」（同右、

第四十六期、一九九八年三月)。
劉鳳翰「抗戦対中国軍事的衝撃」(上・下)(台湾:『近代中国』一三〇〜一三一期、一九九九年四〜六月)。

【研究動向】

郭徳宏「論抗日戦争史研究中的若干重大問題」(『歴史教学』第五〇四期、歴史教学社、二〇〇五年十一月)。
張振鵾「日本侵華史研究:一個粗略的回顧」(『抗日戦争研究』第三十三期、一九九九年八月)。
趙文亮「20余年来中国学術界関于中国抗戦在二戦中的地位和作用問題的研究」(同右、第六十五期、二〇〇七年八月)。
唐国棟「抗日戦争軍史研究述評」(『軍事歴史研究』第六十五期、二〇〇二年十二月)。
茅海建・劉統「50年来的中国近代軍事史研究」(『近代史研究』第一一三期、近代史研究雑誌社、一九九九年九月)。
楊青・王暘編『近十年来抗日戦争史研究述評選編(1995〜2004)』(中共党史出版社、二〇〇五年)。
劉徳軍主編『抗日戦争研究述評』(斉魯書社、二〇〇五年)。

【図録】

王暁華編著『抗日海報』〈石頭説話叢書〉(河南大学出版社、二〇〇五年)。
中国人民抗日戦争紀念館・中華全国帰国華僑聯合会文化交流部編『華僑与抗日戦争』(中国華僑出版社、二〇〇六年)。
張慶軍『抗戦照片』〈石頭説話叢書〉(河南大学出版社、二〇〇五年)。
樊建川『一個人的抗戦』(中国対外翻訳出版公司、二〇〇〇年)。
楊克林・曹紅編著『不能忘記的抗戦』(上海画報出版社、二〇〇五年)。
劉金田『中国的抗日戦争画伝』(四川民族出版社、二〇〇五年)。

【工具書】

武克全主編『抗日戦争大事典』(学林出版社、二〇〇五年)。
劉建業主編『中国抗日戦争大辞典』(北京燕山出版社、一九九七年)。

《日中戦争以前》

【資料】

章伯鋒編『抗日戦争 第一巻 従九一八至七七』〈中国近代史資料叢刊之十三〉(四川大学出版社、一九九七年)。
中央檔案館編『中国共産党関于西安事変檔案史料選編』(中国檔案出版社、一九九七年)。
中国第二檔案館「国民政府籌備抗戦檔案史料一組」(『民国檔案』第四十八期、民国檔案雑誌社、一九九七年五月)。
姚金果・陳勝華編著『共産国際与朱毛紅軍(1927〜1934):文献資料選編』(中央文献出版社、二〇〇六年)。

【自伝・回想録】

全国政協文史和学習委員会編『掲秘西安事変』（中国文史出版社、二〇〇七年）。
文思編『我所知道的張学良』〈民国高層内幕大掲秘叢書〉（同右、二〇〇三年）。

【伝記】

王海晨・胡玉梅『世紀情懐：張学良全伝』（上・下）（広東人民出版社、二〇〇一年）。
張永濱『張学良大伝』（上・下）（団結出版社、二〇〇一年）。
張友坤『偉大的愛国者張学良』（東北大学出版社、二〇〇六年）。
唐徳剛訪録・王書君著『張学良世紀伝奇』（上・下）（山東友誼出版社、二〇〇二年）。
楊瀚『楊虎城大伝』（団結出版社、二〇〇七年）。

【研究】

（著作）

汪新・王相坤『1936：歴史在這里拐彎——西安事変始末紀実——』（華文出版社、二〇〇七年）。
周美華『中国抗日政策的形成——従九一八到七七——』〈民国史学叢書〉（台湾：国史館、二〇〇〇年）。
臧運祜『七七事変前的日本対華政策』（社会科学文献出版社、二〇〇〇年）。
蘇墱基『張学良・共産党・西安事変』〈本土与世界叢書37〉（台湾：遠流出版公司、一九九九年）。
孫準植『戦前日本華北的走私活動（一九三三〜一九三七）』（台湾：国史館、一九九七年）。
彭敦文『国民政府対日政策及其変化——従九一八事変到七七事変——』（社会科学文献出版社、二〇〇七年）。
楊奎松『西安事変新探　張学良与中共関係之謎』（江蘇人民出版社、二〇〇六年）。
同右『中国近代通史　第八巻　内戦与危機（1927〜1937）』（同右、二〇〇〇年）。
李広民『准戦争状態研究』（社会科学文献出版社、二〇〇三年）。

（雑誌）

汪彭瀾「論冀察政務委員会的対日交渉」（『史学集刊』第九十二期、吉林大学『史学集刊』編輯委員会、二〇〇三年七月）。
許金生「七七事変前日軍在華無線電軍事諜報活動」（『歴史教学』第五〇一期、二〇〇五年八月）。
金衝及「抗戦前夜中共中央戦略決策的形成」（『歴史研究』第二九六期、中国社会科学雑誌社、二〇〇五年八月）。
黄道炫「蔣介石〝攘外必先安内〟方針研究」（『抗日戦争研究』第三十六期、二〇〇〇年五月）。
同右「西安事変：不同抗戦観衆的衝突」（『歴史教学』第四八四期、二〇〇四年三月）。
呉天威「紀念『西安事変』六十周年——浅析事変之背景捉蔣放蔣及張之禁錮——」（中・下）（台湾：『伝記文学』第四一六

～四一七号、一九九七年一～二月）。

謝暁鵬「"一面抵抗、一面交渉"――析論汪精衛的対日方針（1932～1937）――」（『史学月刊』第二七三期、『史学月刊』編輯部、二〇〇三年七月）。

臧運祜「関于一份七七事変前夕日軍陰謀侵占華北的機密文書的考証」（『抗日戦争研究』第四十五期、二〇〇二年八月）。

同右「七七事変以前的日本対華政策及其演変」（同右、第六十四期、二〇〇七年五月）。

蘇雲峰「抗戦前清華大学的学生運動（1929～1938）」（台湾：『中央研究院近代史研究所集刊』第三十期、中央研究院近代史研究所、一九九八年十二月）。

張瑋・範瑞「九・一八事変後『大公報』与『申報』関于中日和戦問題之討論」（『歴史檔案』第一〇五期、『歴史檔案』雑誌社、二〇〇七年二月）。

張春生「張学良与西安事変的軍事善後処理」（『歴史教学』第四四二期、二〇〇〇年九月）。

同右「宋哲元与冀察政務委員会」（『天津師大学報（社会科学版）』第一七四期、『天津師大学報』編輯部、二〇〇四年六月）。

張生・盧文華「日本侵華模式初探――以"華北事変"為中心」（『民国檔案』第六十八期、二〇〇二年五月）。

張殿興「盧溝橋事変前汪精衛対日態度述論」（同右、第七十七期、二〇〇四年八月）。

陳群元「日本外務省与1933年中的華北危局――以応対黄郛北上為中心――」（『近代史研究』第一五三期、二〇〇六年五月）。

鄭会欣「歩向全面侵華戦争前的準備――論九一八事変後日本対中国財政的破壊――」（『抗日戦争研究』第四十五期、二〇〇二年八月）。

丁長清「西安事変善後与和平解決」（『歴史教学』第四二〇期、一九九八年十一月）。

鄭徳栄「西安事変若干問題的新思考」（『中共党史研究』第五十五期、中共党史研究雑誌社、一九九七年一月）。

彭敦文「中日華北"共同防共"問題交渉与国民政府的抉択」（『抗日戦争研究』第二十四期、一九九七年五月）。

同右「中日"広田三原則"交渉中的国民政府的外交策略」（『民国檔案』第六十五期、二〇〇一年八月）。

同右「"道義外交"与国民政府対日外交策略」（同右、第七十七期、二〇〇四年八月）。

楊奎松「蒋介石与1936年綏遠抗戦」（『抗日戦争研究』第四十二期、二〇〇一年十一月）。

楊天石「盧溝橋事変前蒋介石的対日謀略――以蒋氏日記為中心――」（『近代史研究』第一二二期、二〇〇一年三月）。

李君山「一九三五年「華北自治運動」与中国派系之争――由『蒋中正総統檔案』探討戦前中日関係之複雑性――」（台湾：『台大歴史学報』第三十四期、国立台湾大学出版社、二〇〇四年十二月）。

同右「抗戦前中日「広田三原則」談判（1935～1936）――著重其背景・縁起与議題之探討――」（台湾：『台大歴史学報』第三十七期、二〇〇六年六月）。

李樹泉「遊離于日蔣之間——主政華北時期的宋哲元——」(『党史研究資料』第二三九期、一九九七年六月)。
劉維開「隠忍与決裂——盧溝橋事変前国民政府対日和戦的選択——」(上・下)(台湾:『近代中国』第一三〇～一三一期、一九九九年四～六月)。

《経済》

【資料】

中国第二歴史檔案館編『行政院経済会議、国家総動員会議会議録』(一～一七)(広西師範大学出版社、二〇〇四年)。
李学通編『抗日戦争　第五巻　国民政府与大後方経済』〈中国近代史資料叢刊之十三〉(四川大学出版社、一九九七年)。

【研究】

(著作)

侯坤宏『抗戦時期的中央財政与地方財政』〈民国史学叢書〉(台湾:国史館、二〇〇〇年)。
黄正林『陝甘寧辺区社会経済史』(人民出版社、二〇〇六年)。
崔国華『抗日戦争時期国民政府財政金融政策』(台湾:台湾商務印書館、二〇〇四年)。
斉春風『中日経済戦中的走私活動(1937～1945)』(人民出版社、二〇〇二年)。
戴建兵・王暁嵐『罪悪的戦争之債——抗戦時期日偽公債研究——』(社会科学文献出版社、二〇〇五年)。
陳廷煊『抗日根拠地経済史』(同右、二〇〇七年)。

(雑誌)

王真「論日本侵華期間削弱中国国力的経済戦略」(『民国檔案』第六十一期、二〇〇〇年八月)。
孔慶国・張生「抗戦時期法幣的特殊角色述論」(同右、第七十四期、二〇〇三年十一月)。
斉春風「抗戦時期国統区与淪陥区間走私貿易述論」(同右、第五十五期、一九九九年二月)。
同右「抗戦時期中国経済封鎖与反封鎖闘争」(『歴史檔案』第七十五期、一九九九年八月)。
同右「論抗戦時期国民政府的対日経済戦」(同右、第九十四期、二〇〇四年五月)。
崔禄春「抗戦初期日本劫奪華北海関税款管理権述論」(『歴史教学』第三九九期、一九九七年二月)。
周宗根「抗戦時期日占区以糧食為中心的南北物資交流初探」(『民国檔案』第八十期、二〇〇五年五月)。
任栄「戦区経済委員会経済抗戦述略」(同右、第八十一期、二〇〇五年八月)。
荘焜明「呉鼎昌与抗戦時期貴州経済建設(一九三八～一九四四)」(台湾:『近代中国』第一三三期、一九九九年十月)。
孫宝根「抗戦時期国民政府経済遊撃隊述論」(『民国檔案』第七十六期、二〇〇四年五月)。
張神根「論抗戦後期国民政府対国家与地方財政関係的重大調整」(『歴史檔案』第六十五期、一九九七年二月)。

陳雷・戴建兵「統制経済与抗日戦争」(『抗日戦争研究』第六十四期、二〇〇七年五月)。
董振平「論1937～1941年国民政府的塩税政策」(『歴史檔案』第一〇五期、二〇〇七年二月)。
董長芝「論国民政府抗戦時期的金融体制」(『抗日戦争研究』第二十六期、一九九七年十一月)。
潘国琪「抗戦初期国民政府財政政策考弁」(同右、第四十七期、二〇〇三年二月)。
宓汝成「抗戦時期的中国外債」(『中国経済史研究』第五十期、経済研究雑誌社、一九九八年六月)。
楊菁「試論抗戦時期的通貨膨脹」(『抗日戦争研究』第三十四期、一九九九年十一月)。

《外交》

【資料】

王建朗・楊奎松・李嘉谷・斉福霖・葛夫平・陶文釗編『抗日戦争　第四巻　抗戦時期中国外交』〈中国近代史資料叢刊之十三〉(四川大学出版社、一九九七年)。
周谷編著『胡適、葉公超使美外交文件手稿』(台湾：聯経出版事業公司、二〇〇一年)。
中国第二歴史檔案館「抗戦初期楊傑等赴法尋求軍援与孔祥熙等来往文電選」(上・中・下)(『民国檔案』第五十四～五十六期、一九九八年十一月～一九九九年五月)。
同右「抗戦初期蔣介石、宋子文、孔祥熙等募集海外捐債来往函電」(同右、第六十二期、二〇〇〇年十一月)。
同右「孔祥熙等関1942年五億美元借款函電三件」(同右、第六十八期、二〇〇二年五月)。
同右「宋子文関于向美国借款平衡外匯等問題与孔祥熙等来往電」(同右、第七十四期、二〇〇三年十一月)。
陳雁「蔣介石与戦時外交制度」(同右、第六十七期、二〇〇二年二月)。
陳晋文「法国軍事顧問団来華与抗戦前期中法関係」(同右、第五十二期、一九九八年五月)。

【伝記】

譚一青『蔣介石与美国』(中国青年出版社、二〇〇三年)。
佟静『抗戦中的宋美齢』(華文出版社、二〇〇六年)。
楊鴻儒・李永銘『張群伝』(湖北人民出版社、二〇〇六年)。

【研究】

(著作)

王真『抗日戦争与中国的国際地位』(社会科学文献出版社、二〇〇三年)。
沈慶林『中国抗戦時期的国際援助』(上海人民出版社、二〇〇〇年)。
陳雁『抗日戦争時期中国外交制度研究』(復旦大学出版社、二〇〇二年)。
唐培吉主編『抗日時期的対外関係』〈紀念盧溝橋事変六十周年叢

書〉（北京燕山出版社、一九九七年）。
馬建国『抗日戦争時期的中美軍事合作』（解放軍出版社、二〇〇七年）。
馬振犢・戚如高『蔣介石与希特勒：民国時期的中徳関係』〈中国現代史叢書14〉（台湾：東大図書公司、一九九八年）。

（雑誌）

于化民「短暫的合作：抗戦後期中共与美国関係解析」（『抗日戦争研究』第六十五期、二〇〇七年八月）。
王松「抗戦初期国民政府的求和与英美調停」（『民国檔案』第七十二期、二〇〇三年五月）。
何品「抗戦時期美国総統特使居里両度来華述評」（同右、第七十七期、二〇〇四年八月）。
章百家「中国為抗日尋求外国軍事援助与合作的経歴」（『中共党史研究』第一一九期、二〇〇七年九月）。
沈慶林「抗日戦争初期中徳間的微妙関係」（『党史研究資料』第二五八期、一九九九年一月）。
仲華・鄒軼男「抗戦時期外国軍事援助述評」（『軍事歴史研究』第八十二期、二〇〇七年三月）。
趙英蘭「論毛沢東抗日外交観」（『中共党史研究』第一〇二期、二〇〇四年十一月）。
張連紅「国民政府戦時外交決策機制初探」（『近代史研究』第九十八期、一九九七年三月）。
陳永祥「抗戦時期宋子文争取美国経済援助評析」（『歴史教学』第四八五期、二〇〇四年四月）。
陳仁霞「徳国召回在華軍事顧問始末　中徳日三角関係背景下的歴史考察」（『抗日戦争研究』第五十二期、二〇〇四年五月）。
陳晋文「法国軍事顧問団来華与抗戦前期中法関係」（『民国檔案』第五十二期、一九九八年五月）。
楊雨青・程宝元「対抗戦時期美国対華借款的比較研究」（『史学月刊』第三二〇期、二〇〇七年六月）。
楊斌「抗戦初期楊傑赴法尋求軍援活動述評」（『抗日戦争研究』第四十一期、二〇〇一年八月）。
李嘉谷「論『蘇日中立条約』的簽訂及其対中国抗戦的実際影響」（同右、第二十七期、一九九八年二月）。
梁怡「1942～1943年宋美齢訪美述論」（『歴史檔案』第七十八期、二〇〇〇年五月）。
林宇梅「美国借款貸款与中国抗戦」（同右、第七十四期、二〇〇三年十一月）。
盧来賓・宋謙「試論抗日戦争時期中国共産党与美国的民間交往」（『軍事歴史研究』第六十八期、二〇〇三年九月）。

【研究動向】

呉金松「近年来関于抗戦初期（1937）中外関係研究述評」（『華東師範大学学報（哲学社会科学版）』第一三三期、華東師範大学学報編輯部、一九九七年九月）。
陳謙平「近十年来抗日戦争時期国民政府対外関係研究述評」（『抗日戦争研究』第四十四期、二〇〇二年五月）。

《文化・宣伝》

【資料】

重慶市檔案館「戦区敵偽報社、通訊社概況」(『檔案史料与研究』第三十三期、『檔案史料与研究』編輯部、一九九七年)。

中央檔案館・中国第二歴史檔案館・河北省社会科学院編『日本侵略華北罪行檔案10　文化侵略』(河北人民出版社、二〇〇五年)。

中国第二歴史檔案館「戦時文化界抗日団体組織活動史料選」(『民国檔案』第四十九期、一九九七年八月)。

同右「曾虚白工作日記選」(一~五)(同右、第六十~六十四期、二〇〇〇年五月~二〇〇一年五月)。

【研究】

(著作)

袁小倫『粤港抗戦文化史論稿』(広東人民出版社、二〇〇五年)。

王暁嵐『喉舌之戦——抗戦中的新聞対塁——』〈抗日戦争史叢書三編〉(広西師範大学出版社、二〇〇一年)。

王向遠『〝筆部隊〟和侵華戦争——対日本侵華文学的研究与批判——』〈日本対中国的文化侵略研究叢書〉(昆侖出版社、二〇〇五年)。

同右『日本対中国的文化侵略——学者、文化人的侵華戦争——』〈同右〉(同右、二〇〇五年)。

任其懌『日本帝国主義対内蒙古的文化侵略活動』(内蒙古大学出版社、二〇〇六年)。

唐正芒等『中国西部抗戦文化史』(中共党史出版社、二〇〇四年)。

涂文学・鄧正兵主編『抗戦時期的中国文化』(人民出版社、二〇〇六年)。

民革中央孫中山研究学会重慶分会編著『重慶抗戦文化史』(団結出版社、二〇〇五年)。

孟国祥『大劫難:日本侵華対中国文化的破壊』(中国社会科学出版社、二〇〇五年)。

李建平・張中良『抗戦文化研究』第一輯(広西師範大学出版社、二〇〇七年)。

梁家貴『抗日戦争与中国社会史論』(社会科学文献出版社、二〇〇五年)。

(雑誌)

王暁嵐「論抗戦時期国民党的対外新聞宣伝策略」(『抗日戦争研究』第二十九期、一九九八年八月)。

郭貴儒・陶琴「日偽在華北新聞統制述略」(『民国檔案』第七十四期、二〇〇三年十一月)。

郭存孝「抗戦時期国際宣伝処与田伯烈的情誼」(台湾:『近代中国』第一三六期、二〇〇〇年四月)。

郭太風「日本的〝文化侵略〟与中国出版業的命運——以商務印書館為例——」(『史林』第八十一期、『史林』編輯部、二〇〇四年十二月)。

喜饒尼瑪「抗戦時蔵伝仏教界僧人的抗日活動」(『抗日戦争研

究』第四十八期、二〇〇三年五月)。

経盛鴻「日偽対南京文芸界的控制与利用」(『民国檔案』第七十六期、二〇〇四年五月)。

同右「日偽時期南京新聞伝媒述評」(『抗日戦争研究』第五十七期、二〇〇五年八月)。

任其懌「従神社看日本帝国主義対内蒙古地区的文化侵略」(『内蒙古大学学報(人文・社会科学版)』第一五一期、内蒙古大学学報編輯部、二〇〇五年十一月)。

張泉「抗日戦争時期中国論陥区的言説環境——以北京上海文学為中心——」(『抗日戦争研究』第三十九期、二〇〇一年二月)。

羅宣「論享利・魯斯対中国抗日戦争的報道及其影響」(『南開学報(哲学社会科学版)』第一七六期、南開大学学報編輯部、二〇〇三年十一月)。

羅福恵・湯黎「学術与抗戦——『独立評論』対于抵抗日本侵略的理性主張——」(『華中師範大学学報(哲学社会科学版)』第一八一期、二〇〇六年五月)。

李少兵「抗日戦争時期中国仏教界抗敵思想研究」(『史学月刊』第二四六期、二〇〇〇年七月)。


【研究動向】

馮啓宏「戦争与文化:近十年抗戦時期文化史的研究回顧」(台湾:『中央研究院近代史研究所集刊』第五十三期、二〇〇六年九月)。

《中国側の動向》

【資料】


黄自進主編『蔣中正先生対日言論選集』(台湾:財団法人中正文教基金会、二〇〇四年)。

蔣永敬主編『陳立夫回憶録討論会論文集:一九二五年至一九五〇年之中国』(台湾:国史館、一九九七年)。

戚厚傑・徐志敏選輯「徳国軍事総顧問法肯豪森演講紀要」(上・下)(『民国檔案』第七十九~八十期、二〇〇五年二~五月)。

孫彩霞・聞黎明・章伯鋒編『抗日戦争 第三巻 民族奮起与国内政治』(上・下)〈中国近代史資料叢刊之十三〉(四川大学出版社、一九九七年)。

中国第二歴史檔案館「有関抗戦初期孔祥熙与宋子文之争文電一組」(『民国檔案』第五十二期、一九九八年五月)。

同右編『中国国民党中央執行委員会常務委員会会議録』(一~四四)(広西師範大学出版社、二〇〇〇年)。


【自伝・回想録】


黄康永口述・朱文楚整理『我所知道的軍統興衰』〈国民党特工秘檔叢書〉(中国文史出版社、二〇〇五年)。

張令澳『侍従室回夢録』(上海書店出版社、一九九八年)。

陳立夫著・張緒心・馬若孟編述・卜大中訳『撥雲霧而見青天:陳立夫英文回憶録』(台湾:近代中国出版社、二〇〇五年)。

鄭士鎔「細説我認識的陳儀」(台湾:『伝記文学』第五二六

号、二〇〇六年三月）。

文思編『我所知道的孔祥熙』〈民国高層内幕大掲秘叢書〉（中国文史出版社、二〇〇三年）。

文聞編『我所知道的軍統』〈国民党特工秘檔叢書〉（同右、二〇〇四年）。

同右編『我所知道的中統』〈同右〉（同右、二〇〇四年）。

【伝記】

王松『孔祥熙伝』（湖北人民出版社、二〇〇六年）。

王蒲臣『一代奇人戴笠将軍』〈滄海叢書伝記類〉（台湾：東大図書公司、二〇〇三年）。

張学継・張雅恵『陳立夫大伝』（団結出版社、二〇〇四年）。

張霈芝『戴笠与抗戦』〈民国人物伝記叢書〉（台湾：国史館、一九九九年）。

範小方『国民党兄弟教父——陳果夫与陳立夫——』（湖北人民出版社、二〇〇五年）。

熊宗仁『何応欽——游渦中的歴史——』（貴州人民出版社、二〇〇一年）。

陸廷一『孔祥熙大伝』（青島出版社、一九九八年）。

同右『宋子文大伝』（団結出版社、二〇〇四年）。

【研究】

（著作）

袁旭・党徳信『中国民主党派与抗日戦争』〈紀念盧溝橋事変六十周年叢書〉（北京燕山出版社、一九九七年）。

崔之清『国民党政治与社会結構之演変（1905～1945）』（下）（社会科学文献出版社、二〇〇七年）。

蔣永敬『国民党興衰史』（台湾：台湾商務印書館、二〇〇三年）。

陳永発『中国共産革命七十年』（台湾：聯経出版事業公司、一九九八年）。

鄧元忠『国民党核心組織真相——力行社・復興社暨所謂「藍衣社」的演変与成長——』（同右、二〇〇〇年）。

楊維真『従合作到決裂：論龍雲与中央的関係 1927～1949』（台湾：国史館、二〇〇〇年）。

（雑誌）

王同起「抗日戦争時期難民的遷徙与安置」（『歴史教学』第四六九期、二〇〇二年十二月）。

夏咸軍・胡光「〝七七〟事変与中国民主党派」（『軍事歴史研究』第六十四期、二〇〇二年九月）。

呉捷「全面抗戦時期国民政府的難民救済工作」（『歴史教学』第四九八期、二〇〇五年五月）。

呉珍美「試析蔣介石連共抗日的策略」（『上海師範大学学報〈哲学・社会科学〉』第九十九期、上海師範大学学報編輯部、二〇〇一年七月）。

段瑞聡「抗日戦争時期之新生活運動」（台湾：『近代中国』第一三一期、一九九九年六月）。

張注洪「国際友人在抗日戦争中的貢献和作用」（『歴史研究』第七十一期、一九九八年八月）。

陳永祥「蔣介石、史迪威矛盾中的宋子文」（『抗日戦争研究』

第四十期、二〇〇一年五月)。
陳雷「略論国民党的戦時体制」(『歴史檔案』第九十六期、二〇〇四年十一月)。
鄭会欣「合作与分岐：简析抗戦初期宋子文与孔祥熙来往電報」(『民国檔案』第八十九期、二〇〇七年八月)。
程中原「中国共産党与抗日民族統一戦線的建立」(『抗日戦争研究』第五十七期、二〇〇五年八月)。
唐宝林「論武漢抗戦時期的中国政治特点」(同右、第三十二期、一九九九年五月)。
馬振犢・邱錦「抗戦時期国民党中統特工的対英合作」(同右、第六十一期、二〇〇六年八月)。
聞黎明「抗日戦争時期的中国第三種力量」(同右、第二十八期、一九九八年五月)。
楊静「廬山談話対全民族抗戦的影響」(『歴史教学』第四四四期、二〇〇〇年十一月)。
楊菁・楊樹標「論蒋介石与抗戦期間的軍事会議」(『史学月刊』第二九七期、二〇〇五年七月)。
羅久蓉「中日戦争時期蒋汪双簧論述」(台湾：『新史学』第十五巻第三期、黄寛重、二〇〇四年九月)。
李仲明「戦和徘徊中跟随蒋中正委員長走——七七事変前後的何応欽——」(台湾：『近代中国』第一三二期、一九九九年八月)。

【研究動向】

何仲山「第二次国共合作史研究総述」(『民国檔案』第五十二期、一九九八年五月)。
楊奎松「抗戦期間国共関係研究50年」(『抗日戦争研究』第三十三期、一九九九年八月)。

《盧溝橋事件》

【資料】

重慶市檔案館「復興社在西安事変与盧溝橋事変後之活動史料一組(1936～1937)」(『檔案史料与研究』第四十七期、二〇〇〇年)。
遼寧省檔案館「関于満鉄与〝七七事変〟的一組檔案史料」(『民国檔案』第六十五期、二〇〇一年八月)。

【伝記・回想録】

郭景興・蒋亜嫺『七七事変追憶』(人民出版社、二〇〇七年)。

【研究】

(著作)
曲家源・白照芹『盧溝橋事変史論』(人民出版社、一九九七年)。
李恵蘭・明道広主編『七七事変的前前後後』(天津人民出版社、一九九七年)。
(雑誌)
栄維木「論盧溝橋事変期間的中日〝現地交渉〟」(『民国檔案』第五十四期、一九九八年十一月)。
王暁嵐・戴建兵「『盛京時報』関于七七事変報道研究」(『抗

日戦争研究』第五十七期、二〇〇五年八月）。

汪敬煦「悼念民族英雄宋哲元上将軍――記於「七七」抗戦六十一週年紀念日――」（台湾：『伝記文学』第四三四号、一九九八年七月）。

王建朗「盧溝橋事件後国民政府的戦和決択」（『近代史研究』第一〇七期、一九九八年九月）。

王真「論〝七七事変〟的国際意義」（『檔案史料与研究』第三十八期、一九九八年）。

許金生「日軍在華軍事諜報活動与七七事変的爆発」（『史学月刊』第三二一期、二〇〇七年七月）。

蔡徳金「盧溝橋事変後的現地交渉与南京国民政府的対策」（『党史研究資料』第二四一期、一九九七年八月）。

同右「盧溝橋事変日誌（一九三七年七月七日～七月二十九日）」（台湾：『近代中国』第一二五期、一九九八年六月）。

謝蔭明「由七七事変引起的北平社会動蕩」（『中共党史研究』第九十三期、二〇〇三年五月）。

謝堅明「七七事変後国民政府的危機応対」（『民国檔案』第八十一期、二〇〇五年八月）。

鐘兆雲「睢陽大節見遺風――王冷斎見証盧溝橋事変――」（台湾：『伝記文学』第五一八号、二〇〇五年七月）。

徐峰「1937年七七事変側記」（『歴史教学問題』二〇〇七年第四期、『歴史教学問題』雑誌社、二〇〇七年八月）。

臧運祜「盧溝橋事変前夕日本対華政策的演変」（『抗日戦争研究』第二十七期、一九九八年二月）。

張廉雲・張慶宜・張慶隆『七七事変後宋哲元将軍離平赴保一事』的歴史真相」（台湾：『伝記文学』第四三四号、一九九八年七月）。

傅敏「七七事変与英国的遠東対日政策転変」（『民国檔案』第六十九期、二〇〇二年八月）。

楊韶明「〝満鉄〟参与七七事変述略」（『抗日戦争研究』第二十五期、一九九七年八月）。

【研究動向】

宋力・曾祥健「近10年来盧溝橋事変研究綜述」（『抗日戦争研究』第二十五期、一九九七年八月）。

《戦地抗戦》

【資料】

夏軍選編（中国第二歴史檔案館）「抗戦初期粤海軍虎門作戦史料」（『民国檔案』第八十九期、二〇〇七年八月）。

四川省檔案館編『川魂――四川抗戦檔案史料選編――』（西南交通大学出版社、二〇〇五年）。

中国第二歴史檔案館「1937年国民政府軍事委員会擬長江阻塞計画草案」（『民国檔案』第五十期、一九九七年十一月）。

同右「陳誠『半周来戦況概況』一組」（一～四）（同右、第六十四～六十七期、二〇〇一年五月～二〇〇二年二月）。

傅宝真訳「徳国赴華軍事顧問関于〝八・一三〟戦役呈徳国陸軍総司令部報告」（上～続完）（『民国檔案』第五十三～

五十七期、一九九八年八月～一九九九年八月）。
李琴芳選輯（中国第二歴史檔案館）「1944年中原会戦中美空軍聯合作戦史料選」（同右、第七十六期、二〇〇四年五月）。
陸軍選編（同右）「重慶市1941年5～8月敵機空襲損失統計」（同右、第八十九期、二〇〇七年八月）。
劉萍・卞修躍・章伯鋒・鄒念之・栄維木・李仲明・劉建光編『抗日戦争　第二巻　正面戦場与敵後戦場』（上・中・下）〈中国近代史資料叢刊之十三〉（四川大学出版社、一九九七年）。

【日記】

袁定基訳（四川建川博物館）『荻島静夫日記』（人民文学出版社、二〇〇五年）。

【自伝・回想録】

葛先才著・李祖鵬編『長沙・常徳・衡陽血戦親歴記：国民党将領葛先才将軍抗戦回憶録』（団結出版社、二〇〇七年）。
黄紹竑『五十回憶』（岳麓書社、一九九九年）。
蕭慧麟「蕭毅粛上将与八年抗戦」（一～十一）（台湾：『伝記文学』第五三四～五四四号、二〇〇六年十一月～二〇〇七年九月）。
銭大鈞「銭大鈞五十五歳回憶録」（上・下）（同右、第五四二～五四三号、二〇〇七年七～八月）。
『南方都市報』深度報道組編著『尋訪抗戦老兵』（南方日報出版社、二〇〇五年）。
文思編『我所知道的白崇禧』〈民国高層内幕大掲秘叢書〉（中国文史出版社、二〇〇三年）。
同右編『我所知道的盧漢』〈同右〉（同右、二〇〇三年）。
同右編『我所知道的傅作義』〈同右〉（同右、二〇〇四年）。
同右編『我所知道的龍雲』〈同右〉（同右、二〇〇四年）。
同右編『鉄道遊撃隊伝奇』（同右、二〇〇五年）。
文聞編『我所知道的淞滬会戦』（同右、二〇〇五年）。
同右編『我所知道的台児荘戦』（同右、二〇〇五年）。
同右編『我所知道的忻口会戦』（同右、二〇〇五年）。
同右編『我所知道的武漢会戦』（同右、二〇〇五年）。
同右編『我所知道的常徳、長衡会戦』（同右、二〇〇五年）。
同右編『我所知道的桂南、桂柳会戦』（同右、二〇〇五年）。
同右編『我所知道的印緬抗戦』（同右、二〇〇五年）。
同右編『旧中国海軍秘檔』（同右、二〇〇六年）。
同右編『旧中国空軍秘檔』（同右、二〇〇六年）。
彭広愷「訪鐘松将軍談八一三淞滬抗戦」（台湾：『伝記文学』第四三七号、一九九八年十月）。
楊文蔚口述・楊暁芬整理「往時的回憶」（『史林』第九十二期、二〇〇六年四月）。

【伝記】

苑魯・王敏『史迪威与蔣介石』（重慶出版社、二〇〇五年）。
経盛鴻「八一三淞滬抗戦中的胡宗南」（台湾：『伝記文学』第五四二号、二〇〇七年七月）。

胡必林・方灝『民国高級将領列伝』（解放軍出版社、二〇〇六年）。
崔増印『抗戦時期的傅作義』（中国文史出版社、二〇〇六年）。
施宇・徐宏編『抗日戦争中的愛国将領』（中央文献出版社、二〇〇三年）。
周維新・周維平『抗日空軍英雄周訓典』（国際炎黄文化出版社、二〇〇五年）。
張新吾『傅作義伝』（団結出版社、二〇〇五年）。
張伝瑞編著『于学忠将軍伝』（同右、二〇〇四年）。
文思編『我所知道的杜聿明』〈民国高層内幕大掲秘叢書〉（中国文史出版社、二〇〇三年）。
李宣華・陸嘉祥『梅花上将張自忠伝奇』（重慶出版社、二〇〇五年）。
劉晨主編『中国抗日将領犠牲録（1931～1945）』（団結出版社、二〇〇七年）。

【研究】

（著作）

王雁・察哈爾編著『血肉長城』〈抗戦中国叢書〉（解放軍出版社、二〇〇五年）。
郭雄・夏燕月・李効蓮・李俊臣編著『抗日戦争時期国民党正面戦場』（四川人民出版社、二〇〇五年）。
賀聖遂・陳麦青編選『抗戦実録之一：衛国血史』（上・中・下）（復旦大学出版社、一九九九年）。
胡錦昌・葉健君・黄啓昌主編『中国抗日戦争年度焦点　1937～1939：醒獅怒吼』（湖南人民出版社、二〇〇五年）。
同右主編『中国抗日戦争年度焦点　1940～1942：血肉長城』（同右、二〇〇五年）。
同右主編『中国抗日戦争年度焦点　1943～1945：黄河絶唱』（同右、二〇〇五年）。
謝幼田『中共壮大之謎――被掩蓋的中国抗日戦争真相――』（台湾：明鏡出版社、二〇〇二年）。
徐康明『中緬印戦場抗日戦争史』（解放軍出版社、二〇〇七年）。
陳応明・廖新華編著『浴血長空――中国空軍抗日戦史――』（航空工業出版社、二〇〇六年）。
張憲文主編『中国抗日戦争史（1931～1945）』（南京大学出版社、二〇〇一年）。
鄭光路『川人大抗戦』（四川人民出版社、二〇〇五年）。
香港歴史博物館編『香港抗戦――東江縦隊港九独立大隊論文集――』（香港：香港歴史博物館、二〇〇四年）。
林海・陶英編著『鉄血川軍』〈抗戦中国叢書〉（解放軍出版社、二〇〇五年）。

（雑誌）

于国紅「浅析武漢会戦中日双方作戦指導之得失」（『抗日戦争研究』第三十二期、一九九九年五月）。
于麗・田子渝「陳誠与湖北抗戦」（同右、第三十七期、二〇〇〇年八月）。
易斌「試論川軍在武漢会戦中的歴史地位」（『軍事歴史研究』

第五十八期、二〇〇一年三月)。
王冠卿「張自忠与臨沂戦役」(『史学月刊』第二四六期、二〇〇〇年七月)。
王奇生「湖南会戦：中国軍隊時日軍〝一号作戦〟的回応」(『抗日戦争研究』第五十三期、二〇〇四年八月)。
王松・鄭永紅「略論抗戦時期中、徳軍事合作関係」(『歴史教学』第四七八期、二〇〇三年九月)。
王文滋「武漢会戦与持久消耗戦略」(『抗日戦争研究』第三十二期、一九九九年五月)。
柯育芳「長衡会戦日軍参戦兵力述考」(同右、第二十九期、一九九八年八月)。
郭潤宇「高桂滋部対日抗戦」(『軍事歴史研究』第七十一期、二〇〇四年六月)。
韓真「福州戦役述論」(同右、第五十一期、一九九九年六月)。
邱錦・戚厚傑「八路軍在太原失守前的抗日応為正面戦場作戦――兼与劉庭華先生等商榷――」(『民国檔案』第八十九期、二〇〇七年八月)。
牛淑萍「中国海軍長江抗戦初探」(『安徽史学』一九九九年第一期、『安徽史学』編輯部、一九九九年一月)。
渠長根「築堤阻敵、以黄制敵—論1938～1945年国民党在黄汎区的抗戦策略」(『軍事歴史研究』第七十二期、二〇〇四年九月)。
阮家新「抗戦時期美国在華駐軍及作戦概況――兼談中国戦区在美国戦略棋盤上的地位――」(『抗日戦争研究』第六十五期、二〇〇七年八月)。
施建「抗日戦争時期中日両国陸軍之比較」(『檔案史料与研究』第三十三期、一九九七年)。
謝本書「龍雲与雲南抗戦」(『抗日戦争研究』第四十一期、二〇〇一年八月)。
祝文俠「中国海軍抗戦述評」(『歴史教学問題』一九九七年第四期、一九九七年八月)。
戚厚傑「略論抗戦爆発後中共対正面戦場的建議及其作用」(『民国檔案』第四十八期、一九九七年五月)。
同右「法肯豪森与中国全面抗戦開始前後正面戦場的軍事」(『軍事歴史研究』第五十五期、二〇〇〇年六月)。
蘇智良・江文君「上海与抗日戦争」(『上海師範大学学報(哲学・社会科学)』第一七四期、二〇〇五年七月)。
孫才順「八一三淞滬戦役戦略地位再論証」(『民国檔案』第四十八期、一九九七年五月)。
孫沢学「国民党敵後遊撃戦述論」(『華中師範大学学報(哲学社会科学版)』第一二八期、一九九七年七月)。
張建基「八一三淞滬抗戦中国軍隊参戦部隊考」(『軍事歴史研究』第七十八期、二〇〇六年三月)。
張建俅「抗戦時期戦地救護体系的建構及其運作――以中国紅十字会救護総隊為中心的探討――」(台湾：『中央研究院近代史研究所集刊』第三十六期、二〇〇一年十二月)。
陳長河「傅作義第七集団軍之抗戦」(『軍事歴史研究』第四十六期、一九九八年三月)。
同右「衡陽保衛戦与方先覚投敵」(同右、第六十一期、二〇〇一年十二月)。
同右「張自忠与随棗会戦」(同右、第七十三期、二〇〇四年十二月)。
湯水清・羅玉明・温波「抗戦時期国民党軍隊的糧食供給——以湖南省和第九戦区為例——」(同右、第七十二期、二〇〇四年九月)。
涂小元「冬季攻勢述評」(同右、第七十二期、二〇〇四年九月)。
馬仲廉「関于徐州会戦時間之我見」(『抗日戦争研究』第二十七期、一九九八年二月)。
同右「台児荘戦役的幾個問題」(同右、第三十期、一九九八年十一月)。
余子道「論中国正面戦場初期的戦略作戦方向問題」(『軍事歴史研究』第五十期、一九九九年三月)。
羅宝軒「宋美齢与抗日戦争時期的中国空軍」(『歴史教学』第五〇三期、二〇〇五年十月)。
李峻「論抗戦時期上海地区的武装力量及其影響」(『軍事歴史研究』第七十期、二〇〇四年三月)。
李湘敏「略論抗日戦争時期的中日空戦」(『福建師範大学学報(哲学社会科学版)』第一一三期、福建師範大学学報編輯部、二〇〇一年十月)。
李仲元「論中国戦区的建立及其作用」(『抗日戦争研究』第二十六期、一九九七年十一月)。
劉貴福「抗戦中期的国共配合作戦問題——以百団大戦、中条山戦役為中心的討論——」(同右、第六十四期、二〇〇七年五月)。
劉庭華「関于国民党正面戦場的歴史地位」(同右、第六十期、二〇〇六年五月)。
劉文俊「広西民団与抗日戦争——従両份檔案文献説起——」(『民国檔案』第八十九期、二〇〇七年八月)。
劉峰「徳国顧問団参与中国抗戦活動之剖析」(『軍事歴史研究』第七十九期、二〇〇六年六月)。
柳茂坤「論抗日戦争時期中国両個戦場的戦略格局」(『檔案史料与研究』第四十期、一九九八年)。

【研究動向】

洪小夏「抗戦時期国民党敵後遊撃戦研究述略」(『抗日戦争研究』第四十七期、二〇〇三年二月)。
曾景忠「抗日戦争正面戦場研究述評」(同右、第三十三期、一九九九年八月)。

【図録】

上海市歴史博物館・中共〝一大〟会址紀念館・上海淞滬抗戦紀念館編『四個月的戦争——〝八・一三〟淞滬抗戦紀実——』(上海社会科学院出版社、二〇〇四年)。
沈弘編訳『抗戦現場:『倫敦新聞画報』1937~1938年抗日戦争図片報道選』(中国社会科学出版社、二〇〇五年)。
孫明経『1937年:戦雲辺上的猎影』(山東画報出版社、二〇〇三年)。
唐恵虎・林明春・韓兆海主編『武漢抗戦図誌』(湖北人民出

版社、二〇〇五年)。

畢英傑・白描編纂『鉄証——日本随軍記者鏡頭下的侵華戦争——』(上・下)(昆侖出版社、二〇〇〇年)。

廖大偉・陳金竜主編『侵華日軍的自白:来自〝一・二八〟、〝八・一三〟淞滬戦争』(上海社会科学院出版社、二〇〇二年)。

《日本軍の中国「淪陥区」統治・暴行・掠奪》

【資料】

郭必強・姜良芹・陸君・管輝・陳光・林宇梅編『南京大屠殺史料集19　日軍罪行調査委員会調査統計』(上)(江蘇人民出版社・鳳凰出版社、二〇〇六年)。

同右編『南京大屠殺史料集20　日軍罪行調査委員会調査統計』(中)(同右、二〇〇六年)。

同右編『南京大屠殺史料集21　日軍罪行調査委員会調査統計』(下)(同右、二〇〇六年)。

夏蓓・郭必強・姜良芹・周紅・陸君編『南京大屠殺史料集18　抗戦損失調査委員会調査統計』(下)(同右、二〇〇六年)。

広東省檔案館編『日軍侵略広東檔案史料選編』(中国檔案出版社、二〇〇五年)。

姜良芹・郭必強編『南京大屠殺史料集15　前期人口傷亡和財産損失調査』(江蘇人民出版社・鳳凰出版社、二〇〇六年)。

同右編『南京大屠殺史料集22　賠償委員会調査統計』(同右、二〇〇六年)。

居之芬・庄建平主編『日本掠奪華北強制労工檔案史料集』(上・下)(社会科学文献出版社、二〇〇三年)。

経盛鴻・高暁星・楊斌・孟国祥編『南京大屠殺史料集1　戦前的南京与日機的空襲』(江蘇人民出版社・鳳凰出版社、二〇〇五年)。

黄錚編『広西抗日戦争史料選編』一～三(広西人民出版社、二〇〇五年)。

上海市檔案館編『日本帝国主義侵略上海罪行史料匯編』〈上海檔案史料叢編〉(上海人民出版社、一九九七年)。

同右編『日本在華中経済掠奪資料——1937~1945』(上海書店出版社、二〇〇五年)。

周紅・姜良芹・郭必強・夏蓓・陸君編『南京大屠殺史料集17　抗戦損失調査委員会調査統計』(中)(江蘇人民出版社・鳳凰出版社、二〇〇六年)。

徐康英・姜良芹・郭必強・周紅・夏蓓・陸君編『南京大屠殺史料集16　抗戦損失調査委員会調査統計』(上)(同右、二〇〇六年)。

中央檔案館・中国第二歴史檔案館・河北省社会科学院編『日本侵略華北罪行檔案1　損失調査』(河北人民出版社、二〇〇五年)。

同右編『日本侵略華北罪行檔案7　集中営』(同右、二〇〇五年)。

同右編『日本侵略華北罪行檔案8　奴役労工』(同右、二〇〇五年)。

中央檔案館・中国第二歴史檔案館・吉林省社会科学院合編『日本帝国主義侵華檔案資料選編　華北経済掠奪』（中華書局、二〇〇四年）。
中共天津市委党史研究室・天津市檔案館・天津市公安檔案館編『日本帝国主義在天津的殖民統治』（天津人民出版社、一九九八年）。
中国第二歴史檔案館「侵華日軍在察綏晋北地区的経済掠奪」（一～続完）（『民国檔案』第六十一～六十三期、二〇〇〇年八月～二〇〇一年二月）。
青島市檔案館編著『鉄蹄下的罪悪：日本在青島劫掠労工始末』（中国檔案出版社、二〇〇三年）。
丁玲玲・鄭沢隆選輯（広東省檔案館・広州市檔案館）「広東省政府等訊査侵華日軍南支派遣隊在華中、華南掠童檔案史料選」（『民国檔案』第八十二期、二〇〇五年十一月）。
卞修躍・孫彩霞・劉萍・劉麗・関建文・劉建光・李学通・庄建平・章伯鋒編『抗日戦争　第七巻　侵華日軍暴行日誌』〈中国近代史資料叢刊之十三〉（四川大学出版社、一九九七年）。

【自伝・回想録】

朱妙春主編『労工血泪史』（上海三聯書店、二〇〇五年）。
全国政協文史和学習委員会編『血醒紀事』（一・二）（中国文史出版社、二〇〇五年）。
同右編『親歴惨案』（一・二）（同右、二〇〇五年）。
同右編『鉄蹄人生』（同右、二〇〇五年）。
同右編『魔窟夢魘』（同右、二〇〇五年）。
同右編『労工血泪』（同右、二〇〇五年）。
戴袁支「侵華日軍湖山村暴行証詞」（『民国檔案』第七十七期、二〇〇四年八月）。
張懌伯『鎮江淪陥記』（人民出版社、一九九九年）。

【研究】

（著作）

雲南省檔案館編『日軍侵華罪行実録（雲南部分）』（雲南人民出版社、二〇〇五年）。
王士花『〝開発〟与掠奪――抗日戦争時期日本在華北華中淪陥区的経済統制――』〈日本研究博士叢書〉（中国社会科学出版社、一九九八年）。
解学詩『満鉄与華北経済　1935～1945』（社会科学文献出版社、二〇〇七年）。
関捷主編『日本侵華政策与機構』（同右、二〇〇六年）。
居之芬・張利民主編『日本在華北経済統制掠奪史』（天津古籍出版社、一九九七年）。
居之芬『1933.9～1945.8 日本対華北労工統制掠奪史』（中共党史出版社、二〇〇七年）。
軍事科学院外国軍事研究部『日本侵略軍在中国的暴行』（解放軍出版社、二〇〇五年）。
経盛鴻『南京淪陥八年史（1937年12月13日至1945年8月15日）』（上・下）（社会科学文献出版社、二〇〇五年）。

江沛『日偽〝治安強化運動〟研究（1941～1942）』〈近代中国研究叢書〉（南開大学出版社、二〇〇六年）。

黄美真主編『日偽対華中淪陥区経済的掠奪与統制』（社会科学文献出版社、二〇〇五年）。

謝世廉主編『川渝大轟炸――抗戦時期日機轟炸四川史実研究――』（西南交通大学出版社、二〇〇五年）。

謝忠厚主編『日本侵略華北罪行史稿』（社会科学文献出版社、二〇〇五年）。

重慶市政協学習及文史委員会・西南師範大学重慶大轟炸研究中心『重慶大轟炸』（西南師範大学出版社、二〇〇二年）。

曾小勇・彭前勝・王孝詢『一九三八～一九四三：重慶大轟炸』（湖北人民出版社、二〇〇五年）。

張銓・左志齡・陳正卿『日軍在上海的罪行与統治』（上海人民出版社、二〇〇〇年）。

陳先初『人道的顛覆――日軍侵湘暴行研究――』（社会科学文献出版社、二〇〇四年）。

唐凌『開発与掠奪――抗戦時期的中国鉱業――』（広西師範大学出版社、二〇〇〇年）。

梅桑楡『日軍鉄蹄下的中国戦俘与労工』（中共党史出版社、二〇〇五年）。

羅秦琪『重慶大轟炸紀実』（内蒙古人民出版社、一九九九年）。

羅文俊・石峻晨編著『帝国主義列強侵華鉄路史実』（西南交通大学出版社・中国鉄道出版社、一九九八年）。

李金栄・楊篠『烽火歳月――重慶大轟炸――』（重慶出版社、二〇〇五年）。

劉景山主編『侵華日軍大屠殺暴行』（人民日報出版社、二〇〇五年）。

（雑誌）

王暁軍「日軍航空隊襲撃広西暴行述評」（『抗日戦争研究』第五十期、二〇〇三年十一月）。

王翔「日軍侵占海南期間推行軍票的過程及其後果」（同右、第六十三期、二〇〇七年二月）。

王乃徳・翟相衛「日軍対華北地区人力資源的掠奪与摧残」（『民国檔案』第五十五期、一九九九年二月）。

王斌「日偽対内蒙古東部地区的政治統治」（『東北淪陥史研究』第二十八期、東北淪陥史研究雑誌社、二〇〇三年九月）。

解学詩「七七事変与華北煤鉄工業」（『抗日戦争研究』第三十四期、一九九九年十一月）。

同右「関于〝特殊工人〟的若干問題」（同右、第四十四期、二〇〇二年五月）。

何天義「日本設在華北的戦俘集中営与押往東北各地的特殊工人」（『東北淪陥史研究』第十二期、一九九九年九月）。

魏宏運「南京淪陥時日軍在寧滬抗地区的暴行」（『歴史教学』第四〇三期、一九九七年六月）。

許金生「従石碌鉄鉱看日本侵占海南島時期的〝開発〟重点」（『民国檔案』第七十八期、二〇〇四年十一月）。

居之芬「関于日本在華北労務掠奪体系与強制労工人数若干問題考」（『抗日戦争研究』第四十五期、二〇〇二年八月）。

同右「論太平洋戦争爆発後日本強擄虐待華北強制労工罪行」（『民国檔案』第七十二期、二〇〇三年五月）。
同右「太平洋戦争爆発前日本騙招入満華工的地位与待遇考」（『中国経済史研究』第八十期、二〇〇五年十二月）。
経盛鴻「板垣征四郎在華中日占区推行的〝東亜聯盟〟運動」（『民国檔案』第八十期、二〇〇五年五月）。
同右「従魏特琳的一則日記談侵華日軍対南京図書文物的劫掠」（台湾：『伝記文学』第五一六号、二〇〇五年五月）。
黄菊艶「抗日戦争時期広東損失調査述略」（『抗日戦争研究』第三十九期、二〇〇一年二月）。
高暁星「日軍航空隊襲撃南京的暴行」（同右、第二十七期、一九九八年二月）。
黄美真「1937～1945：日偽対以上海為中心的華中淪陥区的物資統制」（同右、第三十一期、一九九九年二月）。
斉春風「論抗戦時期日本的対華経済戦」（『歴史檔案』第八十七期、二〇〇二年八月）。
周徳華「論陥時期日軍対呉江的食糧掠奪」（『抗日戦争研究』第四十五期、二〇〇二年八月）。
蕭自力「戦時日本対中国鎢砂的劫掠与国民政府的応対」（同右、第六十三期、二〇〇七年二月）。
徐家俊「侵華日軍秘密役使囚犯修築浙江嵊泗軍事設施」（同右、第三十六期、二〇〇〇年五月）。
徐勇「日軍対自貢井塩基地的轟炸与中国的防御」（同右、第二十七期、一九九八年二月）。
任雲蘭「東亜経済懇談会与日本対我国華北経済統制」（『歴史檔案』第六十九期、一九九八年二月）。
曹大臣「日本占領華中初期的基層控制模式――以太倉県為中心（1937～1940）――」（『民国檔案』第七十五期、二〇〇四年二月）。
宋美雲「論陥時期的天津商会」（『歴史檔案』第八十三期、二〇〇一年八月）。
曾慶榴・官麗珍「侵華戦争時期日軍轟炸広東罪行述略」（『抗日戦争研究』第二十七期、一九九八年二月）。
孫玉玲「日偽対農産品的統制与強制徴購」（『東北淪陥史研究』第十一期、一九九九年六月）。
戴建兵「日本投降前後対中国経済的最後搾取和債務転移」（『抗日戦争研究』第三十九期、二〇〇一年二月）。
戴雄「侵華日軍対中国古建築的毀損」（『民国檔案』第六十一期、二〇〇〇年八月）。
同右「抗戦時期中国文物損失概況」（同右、第七十二期、二〇〇三年五月）。
張会芳「抗戦時期華北日系農場的殖民経営――以天津地区為中心――」（『抗日戦争研究』第五十四期、二〇〇四年十一月）。
趙建民「抗戦期間日本対中国文化財産的破壊和掠奪」（香港：『亜洲研究』第二十六期、珠海書院亜洲研究中心、一九九八年四月）。
張利民「抗戦期間日本対華北経済統治方針政策的制定和演変」（『中国経済史研究』第五十四期、一九九九年六月）。

鄭海呐「抗戦時期〝中国聯合準備銀行〟対華北金融統制」（『歴史教学』第四八四期、二〇〇四年三月）。
丁則勤「論百団大戦後日本対華北的政策」（『抗日戦争研究』第三十六期、二〇〇〇年五月）。
唐凌「関于抗戦期間広西鉱業損失的調査」（『歴史檔案』第七十六期、一九九九年十一月）。
馬俊亜「難民申請書中的日軍暴行与日拠前期的南京社会経済(1937～1941)」（『抗日戦争研究』第六十三期、二〇〇七年二月）。
馬振犢「日本軍隊対被害国婦女実施性暴行及原因探析」（『民国檔案』第六十一期、二〇〇〇年八月）。
同右「侵華日軍暴行与納粋暴行原因比較研究初探」（同右、第八十八期、二〇〇七年五月）。
潘敏「略論日軍在蘇浙皖地区的軍糧徴購」（同右、第七十七期、二〇〇四年八月）。
彭安玉「日軍侵略対江蘇淪陥区経済発展的摧残及其影響」（『軍事歴史研究』第七十六期、二〇〇五年九月）。
頼正維「試論抗戦時期日本対福建的経済統制与経済掠奪」（『福建師範大学学報（哲学社会科学版）』第一二八期、二〇〇四年九月）。
李峻「1937～1945：日偽与上海〝第三国〟勢力」（『史学集刊』第九十二期、二〇〇三年七月）。
李占才「抗戦期間日本対華中淪陥区経済掠奪与統制」（『民国檔案』第八十一期、二〇〇五年八月）。
劉宝辰「日本強擄華工的政策、手段和結果」（『歴史教学』第四三四期、二〇〇〇年一月）。
同右「抗日戦争時期日本強擄華工的幾個問題」（『河北大学学報（哲学社会科学版）』第九十七期、河北大学学報編輯部、二〇〇〇年二月）。
呂偉俊・宋振春「山東淪陥区研究」（『抗日戦争研究』第二十七期、一九九八年二月）。

【研究動向】

斉福霖「日軍侵華暴行研究的回顧与思考」（『東北淪陥史研究』第十期、一九九九年三月）。
孟国祥「中国抗戦損失研究的回顧与思考」（『抗日戦争研究』第六十二期、二〇〇六年十一月）。

【図録】

李秉剛・王新華・閻振民主編『日本奴役中国労工罪行図証』（中華書局、二〇〇五年）。

《革命根拠地・「淪陥区」抗日活動》

【資料】

『中共中央北方局』資料叢書編審委員会編『中共中央北方局　抗日戦争時期巻』（上・下）〈中国共産党歴史資料叢書〉（中共党史出版社、一九九九年）。
同右編『中共中央北方局　総合巻』〈同右〉（同右、二〇〇二年）。

『中国人民解放軍歴史資料叢書』編審委員会編著『八路軍新四軍駐各地弁事機構』(二・四)〈中国人民解放軍歴史資料叢書〉(解放軍出版社、一九九九年)。
同右編著『軍事工業・根拠地兵器』〈同右〉(同右、二〇〇〇年)。
同右編著『八路軍新四軍駐各地弁事機構』(三)〈同右〉(同右、二〇〇一年)。
中国第二歴史檔案館「朱徳、彭徳懐関于1939~1940年華北各根拠地反掃蕩戦況致軍委会電文一組」(『民国檔案』第五十九期、二〇〇〇年二月)。
李寧選輯〈中国第二歴史檔案館〉「中国婦女慰労自衛抗戦将士総会八年工作総報告」(同右、第八十七期、二〇〇七年二月)。

【日記】

李鐘玄『李鐘玄戦争日記』(解放軍出版社、二〇〇五年)。

【自伝・回想録】

袁世毅・丁賢勇主編『烽火歳月中的記憶:浙江抗日戦争口述訪談』〈民国浙江史研究叢書〉(北京図書館出版社、二〇〇七年)。
王海平主編『八路軍老戦士口述実録』(中央文献出版社、二〇〇五年)。
施昌旺主編『新四軍往事——記憶中的新四軍抗戦歴程——』(済南出版社、二〇〇五年)。
中共中央文献研究室二部編『周恩来自述』〈領袖自伝叢書〉(解放軍文芸出版社、二〇〇二年)。
同右編『朱徳自述』〈同右〉(同右、二〇〇三年)。
同右編『劉少奇自述』〈同右〉(同右、二〇〇三年)。
陳錫聯『陳錫聯回憶録』(解放軍出版社、二〇〇四年)。
程兆奇「六十余年前的特殊〝口述歴史〟——『中共諜報団李徳生訊問記録』書後——」(『史林』第八十七期、二〇〇五年十月)。
文思編『回国抗戦奔赴延安』(中国文史出版社、二〇〇五年)。
同右編『尖刀挿入敵人心臓——晋察冀抗日根拠地——』(同右、二〇〇五年)。
彭徳懐『彭徳懐自述』〈領袖自伝叢書〉(解放軍自伝出版社、二〇〇二年)。
孟蒙口述・王延慶・姫慶紅整理「抗戦期間解救党戦俘親歴記」(『史林』第九十二期、二〇〇六年四月)。

【伝記】

王聚英・魏国英主編『八路軍将領伝略』〈八路軍研究叢書〉(解放軍出版社、二〇〇六年)。
郭晨『這就是彭徳懐』(上・下)(中国工人出版社、二〇〇三年)。
尚偉主編『彭徳懐与抗日戦争』(中央文献出版社、二〇〇五年)。
聶力『山高水長—回憶父親聶栄臻—』(上海文芸出版社、二〇〇六年)。
任振傑『毛沢東与抗日戦争』(中央文献出版社、二〇〇五年)。
宋玉璽・莫巧琳『鄧小平与抗日戦争』(同右、二〇〇五年)。
余瑋『敦厚朱徳』(中共党史出版社、二〇〇七年)。

劉秉栄『賀竜全伝』(三・四)(人民出版社、二〇〇六年)。

【研究】

(著作)

王凱捷『天津抗戦』(天津人民出版社、二〇〇五年)。

王聚英『八路軍抗戦簡史』〈八路軍研究叢書〉(解放軍出版社、二〇〇五年)。

王紹軍・張福興『延安統帥部』〈紅色抗戦令叢書〉(同右、二〇〇五年)。

同右『八路軍総部』〈同右〉(同右、二〇〇五年)。

同右『新四軍軍部』〈同右〉(同右、二〇〇五年)。

関捷主編『中国人民奮起抗戦』〈近代中国関係叢書之五〉(社会科学文献出版社、二〇〇六年)。

喬希章『華北烽火――八路軍抗日戦争紀実――』(上・下)(中共党史出版社、二〇〇一年)。

侯樹棟・範震江主編『八路軍抗戦紀実』〈抗日戦争歴史紀実叢書〉(人民出版社、二〇〇五年)。

同右主編『新四軍抗戦紀実』〈同右〉(同右、二〇〇五年)。

沙健孫編『中国共産党与抗日戦争』(上・下)(中央文献出版社、二〇〇五年)。

斯簡編著『新四軍通信簡史』(上海人民出版社、二〇〇五年)。

周瑞海等『中国回族抗日救亡史稿』(社会科学文献出版社、二〇〇六年)。

徐旭陽『湖北国統区和淪陥区社会研究』(同右、二〇〇七年)。

舒健編著『中国革命戦争紀実　抗日戦争　華南抗日縦隊巻』(人民出版社、二〇〇五年)。

徐君華等『新四軍的組建与発展』(軍事科学出版社、二〇〇一年)。

蘇智良・毛剣鋒・蔡亮・江文君・周小燕・張婷婷・蕭阿伍『去大後方――中国抗戦内遷実録――』(上海人民出版社、二〇〇五年)。

中共中央党史研究室組織編写『中流砥柱――中国共産党与全民族抗日戦場――』(上・中・下)(中共党史出版社、二〇〇五年)。

中共天津市委党史研究室編著『津沽大地的抗日壮歌』(天津古籍出版社、二〇〇五年)。

張泉主編『抗日戦争時期淪陥区史料与研究』(第一輯)(百花洲文芸出版社、二〇〇七年)。

張文傑・郭輝『中国革命戦争紀実　抗日戦争　八路軍巻』(人民出版社、二〇〇五年)。

張立華・董宝訓『八路軍史』(青島出版社、二〇〇六年)。

陳麗鳳・毛黎娟等『上海抗日救亡運動』(上海人民出版社、二〇〇〇年)。

鄭雲華・舒健『中国革命戦争紀実　抗日戦争　新四軍巻』(人民出版社、二〇〇五年)。

天津市地方誌編修委員会辦公室編著『抗日烽火在天津』(天津人民出版社、二〇〇五年)。

童志強『関于新四軍』(上海科学技術文献出版社、二〇〇五年)。

本書編輯組編『中共中央東南局』(上・下)(中共党史出版

社、二〇〇六年)。
馬小芳『中国共産党与閻錫山集団統一戦線研究』(同右、二〇〇五年)。
(雑誌)
郭徳宏「中共抗日根拠地政権建設的特点和歴史経験」(『歴史教学』第五〇二期、二〇〇五年九月)。
金普森「新四軍与浙江省区抗戦」(『抗日戦争研究』第三十九期、二〇〇一年二月)。
忻平「試論抗戦時期内遷及其対後方社会的影響」(『華東師範大学学報(哲学社会科学版)』第一四二期、一九九九年三月)。
経盛鴻「論陥時期南京市民的抗日闘争」(台湾:『伝記文学』第五一九号、二〇〇五年八月)。
洪小夏「関于上海敵後抗戦的幾個問題」(『軍事歴史研究』第七十八期、二〇〇六年三月)。
同右「抗日戦争時期中美合作所論析」(『抗日戦争研究』第六十五期、二〇〇七年八月)。
胡雲生「我国回族抗日救亡活動概述」(同右、第二十三期、一九九七年二月)。
胡光「陳毅与華中敵後統戦工作」(『軍事歴史研究』第五十八期、二〇〇一年三月)。
周暁東「論中共在抗日戦争中的瓦解敵軍工作」(『抗日戦争研究』第二十四期、一九九七年五月)。
邵銘煌「戦時渝方与汪偽的地下闘争——以呉開先案為例——」(台湾:『近代中国』第一二八期、一九九八年十二月)。
邵雍「杜月笙与上海抗日救亡運動」(『抗日戦争研究』第三十六期、二〇〇〇年五月)。
同右「八路軍対会門的統戦工作」(『軍事歴史研究』第七十六期、二〇〇五年九月)。
徐旭陽「論抗日戦争時期湖北敵後国統区政権組織的職能和作用」(『歴史檔案』第九十八期、二〇〇五年五月)。
徐承倫「劉少奇与華中敵後抗戦」(『抗日戦争研究』第二十四期、一九九七年五月)。
沈嵐「抗戦時期国民政府争奪淪陥区教育権的闘争——以南京及周辺地区為研究中心——」(『民国檔案』第八十期、二〇〇五年五月)。
石源華「抗戦時期的中国共産党与朝鮮義勇軍」(『軍事歴史研究』第五十六期、二〇〇〇年九月)。
石建国「研究新四軍軍史的重要史料——抗日戦争時期『申報』有関新四軍報道評析——」(同右、第四十二期、一九九七年三月)。
同右「簡述華北敵後抗日根拠地的朝鮮義勇隊華北支隊」(『抗日戦争研究』第四十九期、二〇〇三年八月)。
曹峻「上海寧波幇的抗日救国活動」(同右、第二十三期、一九九七年二月)。
孫道同「論華中抗日根拠地創建的主要特点」(『軍事歴史研究』第四十五期、一九九七年十二月)。
談志興・盧氷「閻錫山与山西青年抗敵決死隊」(同右、第五十五期、二〇〇〇年六月)。

張勁・胡艶「関于抗日戦争若干問題的思考」（同右、第七十六期、二〇〇五年九月）。
張新法「中共華北地方組織在創建抗日根拠地中的地位与作用初探」（『抗日戦争研究』第四十一期、二〇〇一年八月）。
陳弘君・官麗珍「周恩来与華南抗戦」（同右、第二十九期、一九九八年八月）。
丁則勤「百団大戦前華北日軍対中共力量的認識和対策」（同右、第二十五期、一九九七年八月）。
鄭沢隆「抗戦時期広東国統区防諜粛奸闘争述評」（『民国檔案』第七十三期、二〇〇三年八月）。
田子渝「抗戦初期中共中央長江局的再研究」（『抗日戦争研究』第五十一期、二〇〇四年二月）。
唐正芒「抗戦時期大後方的討汪運動述略」（『党史研究資料』第二七二期、二〇〇〇年三月）。
楊奎松「抗戦期間国共両党的敵後遊撃戦」（『抗日戦争研究』第六十期、二〇〇六年五月）。
楊天石「呉開先等与上海統一委員会的敵後抗日工作」（台湾：『伝記文学』第四二二号、一九九七年七月）。
同右「打入日偽内部的国民党地下工作者——略談何世楨、陳中孚与陸玄南——」（『抗日戦争研究』第三十一期、一九九九年二月）。
劉家国「論抗戦初期八路軍的戦略挙措」（『軍事歴史研究』第五十九期、二〇〇一年六月）。
同右「論華中抗日根拠地的開辟」（同右、第六十四期、二〇〇二年九月）。
同右「論冀中平原抗日根拠地的創建与発展」（同右、第七十一期、二〇〇四年六月）。
劉庭華「論敵後戦場的歴史地位」（『歴史教学』第五〇一期、二〇〇五年八月）。
劉萍「対華北抗日根拠地婦女紡績運動的考察」（『抗日戦争研究』第二十八期、一九九八年五月）。

【研究動向】

楊聖清「抗日戦争敵後戦場研究述評」（『抗日戦争研究』第三十三期、一九九九年八月）。

《南京事件》

【図録】

安徽省新四軍歴史研究会・中共安徽省委党史研究室編『新四軍二師画冊』（安徽美術出版社、二〇〇五年）。

【資料】

王衛星・雷国山編『南京大屠殺史料集11　日本軍方文件』（江蘇人民出版社・鳳凰出版社、二〇〇六年）。
朱成山主編『南京大屠殺遇難者名録』（一～三）〈南京大屠殺与文献系列叢書〉（南京出版社、二〇〇七年）。
同右主編『南京大屠殺幸存者名録』（一～四）〈同右〉（同右、二〇〇七年）。

章開沅編訳『天理難容――美国伝教士眼中的南京大屠殺（1937～1938）――』（南京大学出版社、一九九九年）。

孫宅魏編『南京大屠殺史料集5　遇難者的屍体掩埋』（江蘇人民出版社・鳳凰出版社、二〇〇五年）。

戴袁支等編訳「丹麦報刊有関辛徳貝格在日内瓦放映掲露日軍暴行影片的報道」（『民国檔案』第八十二期、二〇〇五年十一月）。

中央檔案館・中国第二歴史檔案館・河北省社会科学院編『日本侵略華北罪行檔案3　大屠殺』（河北人民出版社、二〇〇五年）。

中国第二歴史檔案館「1937年南京警察抗戦概況」（『民国檔案』第五十期、一九九七年十一月）。

同右「1937年陸軍第88師南京戦役紀要」（同右）。

同右「南京国際救済委員会史料一組」（同右）。

同右「史邁士呈送南京国際救済委員会工作報告致貝克函一組（1937年12月～1938年5月）」（『民国檔案』第五十二期、一九九八年五月）。

同右「董顕光匯報国際宣伝処派員赴日掲露南京大屠殺真相致蔣介石密呈」（同右、第六十二期、二〇〇〇年十一月）。

同右「財政部駐港人員有関南京大屠殺等問題的情報」（同右、第六十八期、二〇〇二年五月）。

張建宇・郭必強・姜良芹・管輝編『南京大屠殺史料集23　南京大屠殺案市民呈文』（江蘇人民出版社・鳳凰出版社、二〇〇六年）。

張生編『南京大屠殺史料集6　外国媒体報道与徳国使館報告』（同右、二〇〇五年）。

張生・楊夏鳴・張連紅・夏蓓・曹大臣編『南京大屠殺史料集12　英美文書・安全区文書・自治委員会文書』（同右、二〇〇六年）。

馬振犢・陳宝珠・張慶軍・楊雲・劉鼎銘・奚霞編『南京大屠殺史料集2　南京保衛戦』（同右、二〇〇五年）。

文俊雄訳（中国第二歴史檔案館）「李復為在英美放映南京大屠殺記録片致董顕光等報告両件」（『民国檔案』第七十期、二〇〇二年十一月）。

楊夏鳴・王衛星訳「英国外交檔案中有関侵華日軍南京大屠殺史料一組」（同右、第六十七期、二〇〇二年二月）。

【日記】

王衛星編『南京大屠殺史料集8　日軍官兵日記』（江蘇人民出版社・鳳凰出版社、二〇〇五年）。

同右『南京大屠殺史料集9　日軍官兵日記与書信』（同右、二〇〇六年）。

章開沅・劉家峰・黄懐玉・王薇佳編訳『南京大屠殺史料集4　美国伝教士的日記与書信』（同右、二〇〇五年）。

張連紅・楊夏鳴・王衛星・張俊・傅柳・羅峰・侯晶晶編訳『南京大屠殺史料集14　魏特琳日記』（同右、二〇〇六年）。

約翰・拉貝（J. Rabe）著・本書翻訳組訳『拉貝日記』（江蘇人民出版社、一九九七年）。

劉海寧・鄭寿康・楊建明・李清華・郭鳴琴・欽文・賀艶玲訳『南京大屠殺史料集13　拉貝日記』（江蘇人民出版社・鳳凰出版社、二〇〇六年）。

【自伝・回想録】

王衛星編『南京大屠殺史料集10　日軍官兵与随軍記者回憶』（江蘇人民出版社・鳳凰出版社、二〇〇六年）。

朱成山主編『侵華日軍南京大屠殺幸存者証言』（社会科学文献出版社、二〇〇五年）。

同右『我与東四郎交往13年』（中国華僑出版社、二〇〇七年）。

張連紅編『南京大屠殺史料集3　幸存者的日記与回憶』（江蘇人民出版社・鳳凰出版社、二〇〇五年）。

張連紅・張生編『南京大屠殺史料集25　幸存者調査口述』（上）（同右、二〇〇六年）。

張連紅・戴袁支編『南京大屠殺史料集26　幸存者調査口述』（中）（同右、二〇〇六年）。

費仲興・張連紅編『南京大屠殺史料集27　幸存者調査口述』（下）（同右、二〇〇六年）。

文聞編『我所知道的南京保衛戦』（中国文史出版社、二〇〇五年）。

【研究】

（著作）

高興祖編著『南京大屠殺与日本戦争罪責——高興祖文集——』（南京大学出版社、二〇〇五年）。

呉広義『侵華日軍南京大屠殺日誌』（社会科学文献出版社、二〇〇五年）。

章開沅『従耶魯到東京：為南京大屠殺取証』（広東人民出版社、二〇〇三年）。

『侵華日軍南京大屠殺史料』編委会・南京図書館編『侵華日軍南京大屠殺史料』（江蘇古籍出版社、一九九七年）。

孫宅巍『南京保衛戦史』（台湾：五南図書出版、一九九七年）。

同右『澄清歴史——南京大屠殺研究与思考——』（江蘇人民出版社、二〇〇五年）。

中国人民抗日戦争紀念館編『東四郎和他的訴訟案：一個日本侵華老兵的反省』（北方文芸出版社、二〇〇〇年）。

陳安吉『侵華日軍南京大屠殺史国際学術研討会論文集』（安徽大学出版社、一九九八年）。

程兆奇『南京大屠殺研究——日本虚構派批判——』（上海辞書出版社、二〇〇二年）。

『南京大屠殺図証』編纂工作委員会編著『東四郎訴訟案与南京大屠殺真相』（人民出版社、一九九八年）。

（雑誌）

王衛星「南京大屠殺時日軍官兵心態探討」（『民国檔案』第五十期、一九九七年十一月）。

同右「論南京国際安全区的成立」（同右、第八十二期、二〇〇五年十一月）。

姜良芹・呉潤凱「従市民呈文看南京大屠殺」（『抗日戦争研究』

第六十三期、二〇〇七年二月）。
経盛鴻「南京大屠殺期間日本随軍記者、作家群体活動分析」（『民国檔案』第八十八期、二〇〇七年五月）。
黄慧英「拉貝在〝南京大屠殺〟期間行為及思想変化簡析」（同右、第五十期、一九九七年十一月）。
高興祖「駁〝虚構〟論者対南京大屠殺事件的新攻撃」（『抗日戦争研究』第二十六期、一九九七年十一月）。
同右「侵華日軍南京幕府山大屠殺的一個重要歴史見証」（『民国檔案』第五十期、一九九七年十一月）。
同右「侵華日軍南京大屠殺暴行真相——日本帝国主義有預謀的恐怖政策——」（『東北淪陥史研究』第十三期、一九九九年十二月）。
同右「南京大屠殺中栖霞、江寧、句容農民的苦難和徳、丹友人的国際救援活動」（『抗日戦争研究』第三十八期、二〇〇〇年十一月）。
呉広義「東四郎訴訟案二審判決述評」（同右、第三十一期、一九九九年二月）。
朱成山「親歴南京大屠殺的外籍人士人数考」（同右、第五十八期、二〇〇五年十一月）。
朱天楽「南京大屠殺殷山磯遇難同胞遺址的発現与考証」（同右、第六十三期、二〇〇七年二月）。
章開沅「目睹南京大屠殺的外籍人士——耶魯神学院図書館蔵檔評価——」（『東北淪陥史研究』第六期、一九九八年）。
徐立剛「南京大屠殺前後留寧欧美僑民的内心世界」（『民国檔案』第六十三期、二〇〇一年二月）。
曹必宏「南京偽組織掩埋遇難同胞屍体数字考」（同右、第六十二期、二〇〇〇年十一月）。
孫宅巍「南京大屠殺遇難同胞中究竟有多少軍人」（『抗日戦争研究』第二十六期、一九九七年十一月）。
同右「〝広田電報〟与南京大屠殺」（同右、第三十八期、二〇〇〇年十一月）。
同右「論南京大屠殺中的性暴力問題」（『民国檔案』第六十二期、二〇〇〇年十一月）。
同右「論国共両党対南京大屠殺的共識」（同右、第八十期、二〇〇五年五月）。
趙建民「〝南京大屠殺〟中的図書劫掠」（『東北淪陥史研究』第七期、一九九八年六月）。
張生「侵華日軍南京大屠殺的〝徳国視角〟——以徳国外交檔案為中心——」（『南京大学学報（哲学・人文・社会科学）』第一七五期、南京大学学報編集部、二〇〇七年一月）。
張連紅「南京大屠殺時期的日軍当局与南京安全区」（『近代史研究』第一二三期、二〇〇一年五月）。
同右「南京大屠殺之前南京市民的社会心理」（『抗日戦争研究』第四十六期、二〇〇二年十一月）。
同右「南京大屠殺前夕南京人口的変化」（『民国檔案』第七十七期、二〇〇四年八月）。
陳長河「唐生智与南京保衛戦」（『軍事歴史研究』第七十七期、二〇〇五年十二月）。

程兆奇『拉貝日記』是〝無根的編造〟麽?――対『真相・南京事件――検証拉貝日記』的検証――」(『近代史研究』第一二八期、二〇〇二年三月)。
同右「南京大屠殺札記」(一・二)(『史林』第六十八期・第七十期、二〇〇二年八月・二〇〇三年二月)。
同右「南京大屠殺是東京審判的編造麽?」(『近代史研究』第一三二期、二〇〇二年十一月)。
同右「南京大屠殺中的日軍屠殺令研究」(『歴史研究』第二八〇期、二〇〇二年十二月)。
同右「侵華日軍軍風紀研究――以第十軍為中心――」(『近代史研究』第一四一期、二〇〇四年五月)。
唐徳剛「南京大屠殺不是從南京開始的」(台湾:『伝記文学』第四二九号、一九九八年二月)。
文俊雄「田伯烈与『外人目睹中之日軍暴行』」(『民国檔案』第七十五期、二〇〇四年二月)。
楊夏鳴「論南京〝安全区〟功能的錯位及其原因」(『抗日戦争研究』第三十八期、二〇〇〇年十一月)。
姚群民「『救国時報』掲露南京大屠殺真相述評」(『民国檔案』第八十二期、二〇〇五年十一月)。
羅久蓉「一個人的戦争記憶――解説『東四郎日記』――」(台湾:『台大歴史学報』第三十六期、二〇〇五年十二月)。
劉燕軍「対一組南京大屠殺史料的考訂」(『抗日戦争研究』第三十八期、二〇〇〇年十一月)。

【研究動向】

許華安・許書宏「檔案資料与南京大屠殺的研究」(『歴史檔案』第八十一期、二〇〇一年二月)。
呉紹沅・李一傑「侵華日軍山田支隊士兵戦場日記与日本国内関于南京大屠殺歴史的論争」(『抗日戦争研究』第二十九期、一九九八年八月)。
張連紅「中日両国南京大屠殺研究的回顧与思考」(『南京大学学報(哲学・人文・社会科学)』第一七五期、二〇〇七年一月)。
陳安吉「〝南京大屠殺史〟研究的歴史回顧与今後的任務」(『民国檔案』第五十期、一九九七年十一月)。

【図録】

曹必宏・陳光・蒋梅・楊雲・柯絳編『南京大屠殺史料集28 歴史図像』(江蘇人民出版社・鳳凰出版社、二〇〇六年)。
中国第二歴史檔案館・南京市檔案館・侵華日軍南京大屠殺遇難同胞紀念館編『侵華日軍南京大屠殺図集』(江蘇古籍出版社、一九九七年)。

《従軍慰安婦》

【資料】

中央檔案館・中国第二歴史檔案館・河北省社会科学院編『日本侵略華北罪行檔案9　性暴力』(河北人民出版社、二〇〇五年)。

【自伝・回想録】

蘇智良口述・陳礼茂整理「我研究〝慰安婦〞問題的歴程」（『史林』第九十二期、二〇〇六年四月）。

陳慶港『血痛：26個慰安婦的控訴』（北京出版社、二〇〇五年）。

陳麗菲・蘇智良採訪「関于雲南省〝慰安婦〞制度受害者李連春的口述調査」（『史林』第九十二期、二〇〇六年四月）。

【研究】

（著作）

蘇智良『日軍性奴隷――中国〝慰安婦〞真相――』（人民出版社、二〇〇〇年）。

蘇智良・陳麗菲・姚霏『上海日軍慰安所実録』（上海三聯書店、二〇〇五年）。

陳麗菲・蘇智良『追索――朝鮮〝慰安婦〞朴永心和她的姐妹們』（広東人民出版社、二〇〇五年）。

陳麗菲『日軍慰安婦制度批判』（中華書局、二〇〇六年）。

（雑誌）

華強「二戦時期日軍〝慰安〞制度的国際化傾向」（『抗日戦争研究』第六十期、二〇〇六年五月）。

経盛鴻「南京慰安婦与慰安所」（同右、第三十二期、一九九九年五月）。

呉天威「日軍史無前例的強暴中華婦女――被強奸者遠多于慰安婦――」（同右、第三十二期、一九九九年五月）。

蘇智良「関于日軍慰安婦制度的幾点弁析」（同右、第二十五期、一九九七年八月）。

蘇智良・陳麗菲「侵華日軍慰安婦制度略論」（『歴史研究』第二五四期、一九九八年八月）。

蘇智良「関于上海四個日軍慰安所的調査」（『抗日戦争研究』第三十二期、一九九九年五月）。

同右「中国各地日軍慰安所的調査」（『東北淪陥史研究』第十五期、二〇〇〇年六月）。

田蘇蘇「日軍慰安婦政策在華北地区的実施」（『抗日戦争研究』第五十六期、二〇〇五年五月）。

卞修躍「慰安婦問題与日本的戦争罪責」（同右、第三十二期、一九九九年五月）。

歩平「慰安婦問題与日本的戦争責任認識」（同右、第三十六期、二〇〇〇年五月）。

姚霏「上海四川北路区域慰安所研究」（同右、第六十一期、二〇〇六年八月）。

劉萍「関于日軍強徴山西〝慰安婦〞的調査報告」（同右、第三十二期、一九九九年五月）。

《「傀儡」政権》

【資料】

重慶市檔案館「汪偽憲政実施委員会有関研討憲法草案史料一組」（『檔案史料与研究』第四十五期、二〇〇〇年）。

庄建平・章伯鋒・曹業英・孫彩霞・王正・斉福霖編『抗日戦争　第六巻　日偽政権与淪陥区』（中国近代史資料叢刊之

十三〉（四川大学出版社、一九九七年）。
中央檔案館・中国第二歴史檔案館・吉林省社会科学院合編『日本帝国主義侵華檔案資料選編　汪偽政権』（中華書局、二〇〇四年）。
中国第二歴史檔案館「羅集誼報告汪日活動情況致陳布雷函一組」（『民国檔案』第五十六期、一九九九年五月）。
同右「日本興亜院調査上海郵政史料一組」（同右、第六十二期、二〇〇〇年十一月）。
同右編『汪偽中央政治委員会暨最高国防会議会議録』（一～二五）（広西師範大学出版社、二〇〇二年）。
陳仁霞「徳国承認汪偽国民政府史料一組」（『民国檔案』第七十七期、二〇〇四年八月）。

【日記】

本刊資料室輯・邵銘煌校註「高宗武戦時私訪日本探知秘檔——東渡日記、訪談紀録、個人観感——」（台湾：『近代中国』第一二九期、一九九九年二月）。

【自伝・回想録】

文斐編『我所知道的漢奸汪精衛和陳璧君』（中国文史出版社、二〇〇五年）。
同右編『我所知道的漢奸周仏海』（同右、二〇〇五年）。
同右編『我所知道的漢奸陳公博』（同右、二〇〇五年）。
同右編『我所知道的汪偽政権』〈日偽政権大掲秘叢書〉（同右、二〇〇五年）。
同右編『我所知道的汪偽特工』〈同右〉（同右、二〇〇五年）。
同右編『我所知道的偽華北政権』〈同右〉（同右、二〇〇五年）。
同右編『我所知道的偽蒙疆政権』〈同右〉（同右、二〇〇五年）。

【伝記】

王暁華・張慶軍『大紅大黒周仏海』（上海人民出版社、二〇〇二年）。
汪佩偉『江亢虎研究』（武漢出版社、一九九八年）。
陶恒生『〝高陶事件〟始末』（湖北人民出版社、二〇〇五年）。

【研究】

（著作）
王強『漢奸組織新民会』（天津社会科学院出版社、二〇〇六年）。
郭貴儒・張同楽・封漢章『華北偽政権史稿——従〝臨時政府〟到〝華北政務委員会〟——』（社会科学文献出版社、二〇〇七年）。
賀聖遂・陳麦青編選『抗戦実録之三：漢奸丑史』（復旦大学出版社、一九九九年）。
蔡徳金・劉松茂『走向深淵——抗戦時期的汪精衛——』〈抗日戦争史叢書〉（広西師範大学出版社、一九九七年）。
蔡徳金『討逆集』（蘭州大学出版社、二〇〇五年）。
石源華『陳公博全伝』（台湾：稲郷出版社、一九九九年）。
張生・潘敏・周宗根・李峻・李先明『日偽関係研究——以華東地区為中心——』（南京出版社、二〇〇三年）。

潘敏『江蘇日偽基層政権研究（1937～1945）』（上海人民出版社、二〇〇六年）。
游国立・王暁明『汪偽特工史』（遠方出版社、一九九七年）。
余子道・曹振威・石源華・張雲『汪偽政権全史』（上・下）（上海人民出版社、二〇〇六年）。
李峻『日偽統治上海実態研究――1937～1945――』〈当代学者人文論叢〉（中央編訳出版社、二〇〇四年）。
劉敬忠『華北日偽政権研究』〈河北大学歴史学叢書〉（人民出版社、二〇〇七年）。

（雑誌）

郁暁航「偽〝冀東防共自治政府〟的瓦解」（『歴史教学』第四二四期、一九九九年三月）。
王士花「華北論陥区糧食的生産与流通」（『史学月刊』第三一三期、二〇〇六年十一月）。
汪朝光「抗戦時期偽政権高級官員情況的統計与分析」（『抗日戦争研究』第三十一期、一九九九年二月）。
王竜勝「侵華戦争中的日軍〝駐蒙軍〟」（『民国檔案』第七十九期、二〇〇五年二月）。
祁建民「日本陸軍与〝蒙疆聯合委員会〟」（『抗日戦争研究』第四十四期、二〇〇二年五月）。
高丹予・徐暁虹「南京偽維新政府及其大民会」（『民国檔案』第六十期、二〇〇〇年五月）。
胡春恵「汪精衛与〝低調倶楽部〟」（台湾：『近代中国』第一二八期、一九九八年十二月）。
蔡双全・楊秀林「汪精衛叛国投敵心理探究」（『民国檔案』第六十二期、二〇〇〇年十一月）。
蔡徳金「陶希聖高宗武関於『日汪密約』的参与出走与掲発」（台湾：『伝記文学』第四二〇号、一九九七年五月）。
同右「関于抗戦時期汪精衛与汪偽政権的幾個問題之我見」（『抗日戦争研究』第三十一期、一九九九年二月）。
史桂芳「試論日偽的東亜聯盟運動」（『史学月刊』第三一四期、二〇〇六年十二月）。
謝暁鵬「析汪精衛『最後之心情』」（同右、第二四五期、二〇〇〇年五月）。
謝本書「抗日戦争初期的龍雲与汪精衛」（同右、第二五三期、二〇〇一年九月）。
朱徳新「略論日偽対冀東農村基層行政人員的控制」（『中山大学学報〈社会科学版〉』第一四九期、『中山大学学報』編輯部、一九九七年九月）。
蒋永敬「汪精衛的〝恐共〟与〝投日〟」（台湾：『近代中国』第一二八期、一九九八年十二月）。
蕭書椿「試析汪精衛論為漢奸的個性因素」（『民国檔案』第五十三期、一九九八年八月）。
邵銘煌「従周仏海日記看抗戦時的汪精衛」（台湾：『近代中国』第一二五期、一九九八年六月）。
石源華「汪偽政府対英、美〝宣戦〟述論」（『軍事歴史研究』第五十三期、一九九九年十二月）。
曾業英「日偽統治下的華北農村経済」（『近代史研究』第一〇

五期、一九九八年五月)。
張洪祥・楊琪「抗戦時期華北論陥区的新民会」(『史学月刊』第二四一期、一九九九年九月)。
張根福「試論汪偽戦時経済体制的形成」(『天津師大学報(社会科学版)』第一四〇期、一九九八年十月)。
張振漄「日本与汪精衛」(『抗日戦争研究』第三十一期、一九九九年二月)。
張生「論汪偽対国民党政治符合的争論」(同右、第五十六期、二〇〇五年五月)。
張力「汪偽前期海軍人事的分析」(台湾:『近代中国』第一二八期、一九九八年十二月)。
陳静「論陥時期北平日偽的金融体系及掠奪手段」(『抗日戦争研究』第四十五期、二〇〇二年八月)。
程静賢「偽蒙古軍初探」(『軍事歴史研究』第四十八期、一九九八年九月)。
田蘇蘇・王潮「偽河北省公署対河北論陥区的統治述評」(『民国檔案』第五十三期、一九九八年八月)。
潘敏「日偽時期江蘇県鎮〝維持会〟研究」(『抗日戦争研究』第四十五期、二〇〇二年八月)。
同右「江蘇日偽県知事県長群体分析」(『史学月刊』第三〇九期、二〇〇六年七月)。
宝音朝克図「偽蒙疆政権的物資統制政策——羊毛統制政策的研究——」(『内蒙古大学学報(人文・社会科学版)』第一二二期、二〇〇一年一月)。
同右「偽蒙疆政権的物資統制政策——家畜統制政策的研究——」(同右、第一二六期、二〇〇一年九月)。
李一匡「汪精衛之死」(台湾:『伝記文学』第四五一号、一九九九年十二月)。
李先明・杜憲兵「日本〝対華政策〟的転変与李士群之死」(『歴史教学問題』二〇〇六年第六期、二〇〇六年十二月)。
李茂傑「日本関東軍出兵西進策動偽蒙政権活動述評」(『民国檔案』第五十一期、一九九八年二月)。
劉志英「汪偽政府糧政述評」(『抗日戦争研究』第三十一期、一九九九年二月)。

【研究動向】

許育銘「日本有関汪精衛及汪偽政権之研究状況」(台湾:『近代中国』第一二八期、一九九八年十二月)。
張同楽「華北論陥区日偽政権研究総述」(『抗日戦争研究』第五十一期、二〇〇四年二月)。
余子道「回眸与展望:建国以来的論陥区和偽政権研究」(同右、第三十三期、一九九九年八月)。

《和平工作・和平運動》

【資料】

大衛・巴雷特(D. P. Barrett)・単富糧「英国外交檔案有関汪精衛〝和平運動〟及汪偽政権的部分歴史檔案文件」(『民国檔案』第六十二期、二〇〇〇年十一月)。

文俊雄訳（中国第二歴史檔案館）「端納有関汪精衛出逃情況致田伯烈的信」（同右、第六十六期、二〇〇一年十一月）。

【自伝・回想録】

高宗武著・陶恒生訳註「深入虎穴――高宗武回憶録――」一―八（台湾：『伝記文学』第五三四～五四一号、二〇〇六年十一月～二〇〇七年六月）。

【研究】

（著作）

孟端星『日、汪〝和平運動〟透視点滴』〈当代学者人文論叢〉（華齢出版社、二〇〇六年）。

楊天石『抗戦与戦後中国』（中国人民大学出版社、二〇〇七年）。

（雑誌）

王同起「陶徳曼調停始末」（『歴史教学』第四四三期、二〇〇〇年十月）。

聶翔雁「抗戦初期〝蕭振瀛工作〟縁起」（『歴史檔案』第一〇四期、二〇〇六年十一月）。

邵銘煌「蕭振瀛工作：抗戦初期日本以何応欽為対象的謀和」（『抗日戦争研究』第二十九期、一九九八年八月）。

沈予「抗日戦争前期蒋介石対日議和問題再探討」（同右、第三十七期、二〇〇〇年八月）。

陳志傑「従日蒋和談看日本的誘降政策」（『民国檔案』第六十八期、二〇〇二年五月）。

陳仁霞「陶徳曼調停新論」（『歴史研究』第二八六期、二〇〇三年十二月）。

臧運祜「日本秘檔中的〝汪精衛工作〟考論」（『民国檔案』第八十八期、二〇〇七年五月）。

楊奎松「蔣介石抗日態度之研究――以抗戦前期中日秘密交渉為例――」（『抗日戦争研究』第三十八期、二〇〇〇年十一月）。

楊天石「〝桐工作〟弁析」（『歴史研究』第二九四期、二〇〇五年四月）。

同右「抗戦期間日華秘密談判中的〝姜豪工作〟――近世名人未刊函電過眼録――」（『近代史研究』第一五七期、二〇〇七年一月）。

陸偉「萱野長知与両次中日和平調停」（『抗日戦争研究』第四十四期、二〇〇二年五月）。

劉会軍「論1937至1941年国民政府対日和談与対外求援」（『史学集刊』第九十一期、二〇〇三年四月）。

《「奴化教育」》

【資料】

忻知選編「淪陥区国民教育実施問題討論会記録（1940年3月18日）」（『民国檔案』第八十九期、二〇〇七年八月）。

楊雲選輯（中国第二歴史檔案館）「偽華北政務委員会教育総署教育行政報告書」（同右、第八十一期、二〇〇五年八月）。

同右選輯（同右）「汪偽江蘇省教育庁『処理第三国系教会学校辦法要綱』」（同右、第八十二期、二〇〇五年十一月）。

【研究】

（著作）

斉紅深主編『日本対華教育侵略――対日本侵華教育的研究与批判――』（日本対中国的文化侵略研究叢書）（昆侖出版社、二〇〇五年）。

宋恩栄・余子侠主編『日本侵華教育全史』二・三（人民教育出版社、二〇〇五年）。

張玉成『汪偽時期日偽奴化教育研究』（山東人民出版社、二〇〇七年）。

（雑誌）

王奇生「淪陥区偽政権下的留日教育」（『抗日戦争研究』第二十四期、一九九七年五月）。

王士花「華北淪陥区教育概述」（同右、第五十三期、二〇〇四年八月）。

夏軍「日偽統治下的日語教育」（『民国檔案』第八十期、二〇〇五年五月）。

謝氷松「抗戦時期河南淪陥区的奴化教育」（『史学月刊』第二四一期、一九九九年九月）。

周錦濤「汪偽統治時期的女子教育述評」（『民国檔案』第八十期、二〇〇五年五月）。

周孜正「汪偽的留日学生教育」（『抗日戦争研究』第五十三期、二〇〇四年八月）。

同右「浅論汪偽時期在日中国留学生的経費来源」（同右、第五十七期、二〇〇五年八月）。

鐘春翔「抗戦時期的山東日偽教育」（同右、第四十八期、二〇〇三年五月）。

曹必宏「汪偽奴化教育政策述論」（『民国檔案』第八十期、二〇〇五年五月）。

同右「日据時期的香港殖民教育」（『抗日戦争研究』第五十九期、二〇〇六年二月）。

孫新興「日本在青島的殖民奴化教育評析」（同右、第四十七期、二〇〇三年二月）。

陳祖恩「従戦時徴用到戦時教育――中日戦争時期的上海日本人学校――」（『史林』第八十一期、二〇〇四年十二月）。

余子侠「日偽統治下的華北留日教育」（『近代史研究』第一四三期、二〇〇四年九月）。

同右「日偽統治下華北淪陥区的高等教育」（同右、第一五六期、二〇〇六年十一月）。

同右「日偽統治時期華北淪陥区的職業教育」（『抗日戦争研究』第六十四期、二〇〇七年五月）。

李迅「汪偽時期籌辦偽〝国立上海大学〞始末」（『上海大学学報（社会科学版）』第五十二期、上海大学学報編輯部、二〇〇二年十一月）。

【研究動向】

王智新「関于日本侵華殖民地教育史研究的備忘録」（『東北淪陥史研究』第二十四期、二〇〇二年）。

覃紅霞・呉洪成「近年来日本侵華殖民教育史研究総述」（『抗日戦争研究』第四十七期、二〇〇三年二月）。

《アヘン問題》

【研究】

（著作）

王宏斌『日本侵華毒品政策五十年（1895～1945）』（河北人民出版社、二〇〇五年）。

邵雍『中国近代販毒史』〈中国近代江湖社会史叢書〉（福建人民出版社、二〇〇四年）。

曹大臣・朱慶葆『刺刀下的毒禍――日本侵華期間的鴉片毒化活動――』（福建人民出版社、二〇〇五年）。

（雑誌）

王明星「追溯当年日本対上海的毒化政策」（香港：『亜洲研究』第二十一期、一九九七年一月）。

許金生「侵華日軍対南京的鴉片毒害」（『抗日戦争研究』第五十一期、二〇〇四年二月）。

斉春風「抗戦時期日本対国統区毒品走私活動述評」（『民国檔案』第七十一期、二〇〇三年二月）。

斉霽「抗日根拠地禁毒立法問題研究」（『抗日戦争研究』第五十五期、二〇〇五年二月）。

曹大臣「日本侵華時期在華南的毒化運動（1937～1945）」（『民国檔案』第六十七期、二〇〇二年二月）。

同右「日本侵華毒化機構――華中宏済善堂――」（『抗日戦争研究』第五十一期、二〇〇四年二月）。

張同楽「日偽的毒品政策与蒙疆煙毒」（『史学月刊』第二七五期、二〇〇三年九月）。

陳正卿「日本華中〝毒化〟和汪偽政権」（『抗日戦争研究』第三十一期、一九九九年二月）。

農偉雄「日拠時期的蒙疆煙禍」（同右、第二十九期、一九九八年八月）。

同右「九一八事変後日本対西蒙的鴉片毒品入侵」（同右、第四十五期、二〇〇二年八月）。

李恩涵「日本在華北的販毒活動（1910～1945）」（台湾：『中央研究院近代史研究所集刊』第二十七期、一九九七年六月）。

同右「本世紀30年代前後日本対華北的毒化政策」（『近代史研究』第一〇〇期、一九九七年七月）。

同右「日本在華中的販毒活動（1937～1945）」（台湾：『中央研究院近代史研究所集刊』第二十九期、一九九八年六月）。

同右「日本在華南的販毒活動（1937～1945）」（同右、第三十一期、一九九九年六月）。

《毒ガス・細菌戦》

【資料】

王国棟編訳『日本細菌戦戦犯伯力審判実録』（湖南人民出版社、二〇〇五年）。

邱明軒主編『罪証――侵華日軍衢州細菌戦史実――』（中国三峡出版社、一九九九年）。

同右『孽債難忘』（香港：香港天馬出版有限公司、二〇〇五年）。

中央檔案館・中国第二歴史檔案館・河北省社会科学院編『日本侵

略華北罪行檔案5　細菌戦』（河北人民出版社、二〇〇五年）。

同右編『日本侵略華北罪行檔案6　毒気戦』（同右、二〇〇五年）。

【自伝・回想録】

全国政協文史和学習委員会編『罪悪極限』（中国文史出版社、二〇〇五年）。

【研究】

（著作）

郭成周・廖応昌『侵華日軍細菌戦紀実』〈紀念盧溝橋60周年叢書〉（北京燕山出版社、一九九七年）。

呉永明『太陽旗下的罪悪：侵華日軍上饒細菌戦掲秘』（江西人民出版社、二〇〇五年）。

冉煒君『魔鬼的戦車』（昆侖出版社、二〇〇五年）。

歩平・高暁燕『陽光下的罪悪――侵華日軍毒気戦実録――』（黒龍江人民出版社、一九九九年）。

歩平・高暁燕・笪志剛編著『日本侵華戦争時期的化学戦』（社会科学文献出版社、二〇〇四年）。

（雑誌）

高暁燕「日本是如何掩蓋化学戦罪行的」（『抗日戦争研究』第二十八期、一九九八年五月）。

高興祖「論日本軍部進行細菌戦的罪責」（『南京大学学報（哲学・人文・社会科学）』第三十六巻第一期、一九九九年一月）。

沙東迅「侵華日軍也曾在粤進行化学戦」（『抗日戦争研究』第三十期、一九九八年十一月）。

謝忠厚「華北甲第一八五五細菌戦部隊之研究」（同右、第四十三期、二〇〇二年二月）。

同右「華北（甲）一八五五部隊的細菌戦犯罪」（同右、第五十期、二〇〇三年十一月）。

徐浩一「侵華日軍浙贛細菌戦中的炭疽攻撃」（『中共党史研究』第八十六期、二〇〇二年三月）。

徐勇「侵華日軍駐北平及華北各地細菌部隊研究概論」（『抗日戦争研究』第四十三期、二〇〇二年二月）。

張連紅「侵華日軍南京1644細菌部隊与七三一部隊之関係」（『民国檔案』第七十期、二〇〇二年十一月）。

歩平「第二次大戦期間日本軍隊的化学戦」（台湾：『近代中国』第一三〇期、一九九九年四月）。

同右「日本在中国的化学戦及戦後遺棄化学武器問題」（『民国檔案』第七十四期、二〇〇三年十一月）。

【図録】

中国侵略日本軍第七三一部隊罪証陳列館編『中国侵略日本軍第七三一部隊』（五洲伝播出版社、二〇〇五年）。

《「万人坑」・「無人区」・「三光作戦」》

【資料】

中央檔案館・中国第二歴史檔案館・河北省社会科学院編『日

本侵略華北罪行檔案4　無人区』（河北人民出版社、二〇〇五年）。
中共河北省委党史研究室編『長城線上千里無人区』第三・四巻（中央編訳出版社、二〇〇五年）。

【自伝・回想録】

中共河北省委党史研究室編『長城線上千里無人区』第二巻（中央編訳出版社、二〇〇五年）。
陳建輝主編『人間地獄〝無人区〟』（同右、二〇〇五年）。

【研究】

（著作）

朱成山主編『侵華日軍南京大屠殺　江東山〝万人坑〟遺址的発掘与考証』（江蘇古籍出版社、二〇〇二年）。
中共河北省委党史研究室編『長城線上千里無人区』第一・五巻（中央編訳出版社、二〇〇五年）。
李恩涵『戦時日本販毒与〝三光作戦〟研究』（江蘇人民出版社、一九九九年）。

（雑誌）

王小賓・李金錚「日寇〝三光作戦〟及其暴行之真相——以晋察冀辺区為例——」（『河北大学学報（哲学社会科学版）』第一〇六期、二〇〇一年十二月）。
朱成山「1998~1999年南京江東門〝万人坑〟遺址的発掘与考証」（『抗日戦争研究』第三十八期、二〇〇〇年十一月）。
申玉山・趙志偉「侵華日軍在華北製造〝無人区〟的幾個問題」（『抗日戦争研究』第五十五期、二〇〇五年二月）。
陳平「〝無人区〟真的不存在嗎？」（『東北淪陥史研究』第八期、一九九八年九月）。
李秉剛・劉桂琴「〝万人坑〟与日本侵華罪行」（同右、第十五期、二〇〇〇年六月）。

【図録】

中共河北省委党史研究室編『長城線上千里無人区図集』（中央編訳出版社、二〇〇七年）。

《抗戦勝利・終戦》

【自伝・回想録】

厳怪愚「芷江受降訪側記」（台湾：『伝記文学』第五一九号、二〇〇五年八月）。
文聞編『抗戦勝利後受降与接収秘檔』（中国文史出版社、二〇〇七年）。

【研究】

（雑誌）

袁成毅「戦後蒋介石対日〝以徳報怨〟政策的幾個問題」（『抗日戦争研究』第五十九期、二〇〇六年二月）。
高暁星「中国海軍対日抗戦和受降述評」（『民国檔案』第

五十五期、一九九九年二月）。
黄自進「抗戦結束前後蔣介石的対日態度——「以徳報怨」真相的探討——」（台湾：『中央研究院近代史研究所集刊』第四十五期、二〇〇四年九月）。
黄力民「中国戦区接受投降的日本陸海軍単位与人数考訂」（『民国檔案』第八十一期、二〇〇五年八月）。
臧運祜「現代中日関係史研究上永遠的欠憾——関于日本投降前後焼毀文書的情況及其他——」（『近代史研究』第一四九期、二〇〇五年九月）。

《東京裁判・漢奸裁判・戦犯・反戦》

【資料】

胡菊蓉編『南京大屠殺史料集24　南京審判』（江蘇人民出版社・鳳凰出版社、二〇〇六年）。
曹群主編『東京審判——庭審旧聞——』（上海書店出版社、二〇〇七年）。
中央檔案館・中国第二歴史檔案館・河北省社会科学院編『日本侵略華北罪行檔案2　戦犯供述』（河北人民出版社、二〇〇五年）。
南京市檔案館編『審訊汪偽漢奸筆録』（上・下）（鳳凰出版社、二〇〇四年）。
楊夏鳴編『南京大屠殺史料集7　東京審判』（江蘇人民出版社・鳳凰出版社、二〇〇五年）。

【日記】

梅汝璈『東京大審判——遠東国際軍事法庭中国法官梅汝璈日記——』（江西教育出版社、二〇〇五年）。

【自伝・回想録】

公安部檔案館編『火刑——日本戦犯供述檔案掲秘——』（中国人民公安大学出版社、二〇〇三年）。
同右編『史証——日本戦犯侵華罪行懺悔実録——』（同右、二〇〇五年）。
梅汝璈『遠東国際軍事法庭』（法律出版社、二〇〇五年）。
文思編『従鬼子兵到反戦闘士』（中国文史出版社、二〇〇五年）。

【伝記】

梅朝栄『把東條英機送上絞刑架的中国人』（武漢大学出版社、二〇〇六年）。

【研究】

（雑誌）
何天義「東京審判的反思」（『抗日戦争研究』第二十五期、一九九七年八月）。
魏宏運「正確認識日本投降和東京審判」（『民国檔案』第八十二期、二〇〇五年十一月）。
呉金華「東京審判的研究与評価」（『党史研究資料』第二六〇期、一九九九年三月）。

宋志勇「東京審判与中国」(『抗日戦争研究』第四十一期、二〇〇一年八月)。
同右「美国対日政策与東京審判」(『南開学報(哲学社会科学版)』第一七四期、二〇〇三年七月)。
同右「論東京審判的幾個問題」(『中共党史研究』第一〇七期、二〇〇五年九月)。
孫果達「東條英機自殺析疑」(『軍事歴史研究』第七十八期、二〇〇六年三月)。
楊玉林「走上法庭的日本細菌戦犯」(『東北淪陥史研究』第二期、一九九七年三月)。
洛河「日本侵華戦争与戦俘問題――従内海愛子的観点説起――」(『抗日戦争研究』第二十六期、一九九七年十一月)。

《歴史教科書・靖国神社参拝》

【研究】

(著作)
張海鵬・歩平主編『日本教科書問題評析』(社会科学文献出版社、二〇〇一年)。

(雑誌)
王宏志「中日歴史教科書的交流」(『歴史教学』第四二二期、一九九九年一月)。
王智新「〝日本会議〟与『最新日本史』」(『抗日戦争研究』第四十四期、二〇〇二年五月)。
同右「評2005年的日本教科書事件」(同右、第五十六期、二〇〇五年五月)。
郭素美・王希亮「従『新歴史教科書』到『最新日本史』」(同右、第四十四期、二〇〇二年五月)。
魏力文「攻撃教科書的逆流与藤岡信勝――日本政治右傾化剖析之一――」(『東北淪陥史研究』第三期、一九九七年六月)。
孫智昌「日本右翼勢力与歴史教科書問題」(『歴史教学』第四七〇期、二〇〇三年一月)。
趙仲明・彭曦「一本為軍国主義招魂的教科書――日本『新歴史教科書』問題的分析及其批判――」(『上海大学学報(社会科学版)』第四十八期、二〇〇二年三月)。
趙鉄鎖「日本人眼中的中国抗日戦争」(『歴史教学』第四二六期、一九九九年六月)。
馬玉珍「参拝靖国神社問題対中日関係的影響」(同右、第五〇〇期、二〇〇五年七月)。
潘銀良「近代日本的教科書問題及其影響」(同右、第三九八期、一九九七年一月)。
卞修躍「『新歴史教科書』与戦後日本国家的歴史認識」(『抗日戦争研究』第四十二期、二〇〇一年十一月)。
歩平「関于靖国神社問題」(『東北淪陥史研究』第二期、一九九七年三月)。
同右「関于日本歴史教科書問題」(『抗日戦争研究』第三十八期、二〇〇〇年十一月)。
同右「日本靖国神社問題的歴史考察」(同右、第四十二期、二〇〇一年十一月)。

同右「扶桑社『新歴史教科書』的歴史観」（同右、第五十六期、二〇〇五年五月）。

李秀石「日本歴史教科書問題剖析（1947～2002）」（『歴史研究』第二七九期、二〇〇二年十月）。

李鵬軍「戦後日本的歴史教科書問題及縁由」（『内蒙古大学学報（人文・社会科学版）』第一三五期、二〇〇三年三月）。

劉丹忱「日本靖国神社的由来和性質」（『歴史教学』第五〇二期、二〇〇五年九月）。

劉霊芝「靖国神社与侵華戦争」（同右、第五三五期、二〇〇七年九月）。

《戦後賠償・「遺留問題」》

【自伝・回想録】

歩平「関于日軍遺棄化学武器傷害的陳述」（『東北論陥史研究』第二十二期、二〇〇二年）。

【研究】

（著作）

呉広義『日本侵華戦争遺留問題』（昆侖出版社、二〇〇五年）。

唐力行主編『日本侵華戦争遺留問題和賠償問題』（上・下）（中国近代社会研究叢書）（商務印書館、二〇〇五年）。

（雑誌）

袁成毅「日本対亜洲国家戦争賠償立場之比較――以国家間的賠償為中心――」（『抗日戦争研究』第四十五期、二〇〇二年八月）。

何天義「日本侵華戦争遺留問題概述」（『抗日戦争研究』第二十六期、一九九七年十一月）。

居之芬「論戦後赴日華工帰国及遺留問題」（同右、第五十四期、二〇〇四年十一月）。

高暁燕「日軍遺留化学兵器危害着中国住民」（『東北論陥史研究』第二期、一九九七年三月）。

歩平「禁止化学武器公約和日本的戦争責任」（同右、第四期、一九九七年九月）。

孟国祥「関于日本大衆対侵略戦争応承担的責任問題」（『民国檔案』第七十四期、二〇〇三年十一月）。

劉士田・李思忠「戦後日本対華賠償問題」（『抗日戦争研究』第二十五期、一九九七年八月）。

郎揚・郎維成「日本皇軍官兵的〝独断専行〟与天皇政府的戦争責任」（『東北論陥史研究』第二十八期、二〇〇三年九月）。

（学習院大学学生）
（愛知大学大学院）

軍事史関係史料館探訪

軍事史関係史料館探訪㊺

中国における抗日戦争記念館

原　剛

中国には、抗日戦争記念館が数多く存在するが、その主要なものを簡単に紹介する。

一　「九・一八」歴史博物館

・所在地　瀋陽市大東区望花南街四六号（柳条湖事件の起きた場所）
・開館　午前九時～午後四時　月曜休館
・入館料　無料

満州事変の発端になった柳条湖事件（中国では九・一八事変という）以後の日中戦争を中心にした写真などが、中国語・英語・日本語の説明付で展示されている。九・一八事変の六〇周年にあたる一九九一年に開設されたが、一九九九年に増築・改装し、写真約八〇〇点、文物・資料約五〇〇点が、新設の本館に展示されている。旧館は、九・一八事変残暦碑として残されている。

旧館時代に比べ、写真史料など沢山集め、展示も工夫して多少の改善が見られるが、やはり愛国主義教育基地の枠内での、日本の罪状展示が中心になっている。展示の写真史料なども、客観性と実証性に乏しいものがある。日本では、偽文書となっている「田中上奏文」や、済南事変で殺害された日本人の死体を、細菌戦の人体実験による死体として展示されたり、ほとんどの写真に出所が記されていないなど問題点が多い。

二　撫順平頂山惨案記念館

・所在地　撫順市東州区南昌路一七号（平頂山事件の起きた場所）
・開館　午前九時～午後四時
・入館料　無料

一九三二年九月十六日に起きた平頂山事件に関する写真・遺品などが展示館に展示され、多数の遺骨が発掘された状態で、空調されたガラス張りの部屋に保存展示されている。二〇〇七年大幅に改装され、新館として開館した。

三　撫順戦犯管理所址陳列館

・所在地　撫順市新撫区寧遠街四三号
・開館　午前八時三十分〜午後四時　無休
・入館料　二〇元

旧満州国時代の撫順監獄として建てられたもので、一九五〇年六月、撫順戦犯管理所となり、満州国・日中戦争関係の日本人戦犯が収監されて思想教育された施設である。当時の施設・建物が保存され、生活状況を示す多くの写真などと合わせ、ここで日本人戦犯がいかに人道的に処遇されたかを展示している。

四　東北烈士記念館

・所在地　哈爾浜市南崗区一曼街二四一号
・開館　午前九時〜午後四時　月曜休館
・入館料　一〇元

旧満州国警察庁の建物を利用して、一九四八年に中国で最も早く開設された革命記念館であり、地上一・二階には中国東北部での抗日戦争および国民党との解放戦争において戦った烈士の活躍状況が写真などで展示され、地下一階には満州国警察庁の活動とその罪状が、写真と模型などによって展示されている。日本の罪状に関する写真などには、「田中上奏文」や出所の明確でないものがある。

五　侵華日軍第七三一部隊罪証陳列館

・所在地　哈爾浜市平房区新疆大街二五号
・開館　午前九時〜午前十一時三十分
　　　　午後一時〜午後三時三十分　無休
・入館料　二〇元

ハルビン市街の南方約二〇キロに開設されていた関東軍防疫給水部（第七三一部隊）の建物・施設を利用して設置された陳列館で、本部であった建物には、同部隊の罪状が写真・模型・人形などで展示され、関係者の証言がテレビ画像で放映されている。屋外には、地下監獄跡・巨大な煙突を備えたボイラー室・黄鼠飼育室・小動物地下飼育室・凍傷実験室・細菌弾製造室などの残存している施設が公開されている。

六　中国人民抗日戦争記念館

・所在地　北京市豊台区盧溝橋城内街一〇一号
・開館　午前九時〜午後四時　　月曜休館
・入館料　一五元

抗日戦争勝利六〇周年を記念して二〇〇五年に改修され、以前の露骨な展示は多少改善された。以前は共産党中心の展示であったが、改修後は国民党の協力や台湾・香港などでの抗戦も展示され、日中戦争を総括的に見ようという展示に変化しているのは一歩前進したといえよう。日本軍の暴虐コーナーの写真には出所が記入されていない、説明が不明確であるなど、問題点が残されている。

七　抗日戦争記念彫塑園

・所在地　北京市豊台区盧溝橋城南街七七号
・開園　午前八時〜午後五時
・入園料　一〇元

抗日戦争記念館の南方に、宛平城南壁に沿って二〇〇〇年に開設された、日中戦争関係の彫刻公園である。二万平方メートルの広大な園内に、日寇侵凌・奮起救国・抗日烽火・正義必勝の四部門に分け、合計三八個の銅製の彫刻（高さ約五メートル）が建てられ、各台座には英語・日本語の説明が付いている。

八　中国人民革命軍事博物館

・所在地　北京市復興路九号
・開館　午前八時三十分〜午後五時
・入館料　二〇元

兵器館・土地革命戦争館・抗日戦争館・全国解放戦争館の四部門からなる。一階・二階の中央は兵器館で、軍刀・小銃から戦車・航空機・人工衛星までが展示されている。一階の土地革命戦争館には、辛亥革命から西安事件までの国民党との戦いが展示され、二階の抗日戦争館には、八路軍・新四軍のほか、華南人民遊撃隊・東北抗日連軍などの抗日戦が展示されるとともに、日本軍の罪状も展示されている。同じく二階の全国解放戦争館には、国民党との内戦が展示されている。日本軍の殺害統計表に四五カ所が一覧表として展示されているが、何を根拠にして作成されたか明確に記されていない。

九　在日殉難烈士・労工記念館

・所在地　天津市北辰区鉄東路一号
・開館　午前九時～午後四時三十分
・入館料　無料

天津市街北方の天津市烈士陵園に、天津烈士記念館とともに二〇〇六年に開設された。日本の強制連行に関する記念館で、一階は遺骨館で、日本から返還された二、三一六柱の遺骨が安置されている。二階は強制連行に関する写真・史料が展示されている。記念館開設にあたり、日本の研究者などが史料収集などに協力しただけに、多くの日本側の史料も展示され、強制連行に関する記念館として存在価値あるものになっている。

一〇　北京焦庄戸地道戦遺址記念館

・所在地　北京市順義区龍湾屯鎮焦庄戸村
・開館　午前八時～午後五時
・入館料　三〇元

北京市街の北方約九〇キロの焦庄戸村の共産党根拠地跡に開設された記念館で、根拠地の地下道・見張り台と展示室からなっている。展示室には、関係写真・地下道模型などが展示されている。地下道は約一六キロあるが、そのうち八三〇メートルが公開され、ガイドが案内してくれる。

一一　侵華日軍南京大屠殺遇難同胞記念館

・所在地　南京市水西門大街四一八号
・開館　午前八時三十分～午後四時三十分　月曜休館
・入館料　無料

一九八五年に建設され、一九九五年に増築され更に南京事件七〇周年の二〇〇七年に大規模改修が行われ十二月十三日に再オープンした。ゲートを入ると、正面の「災難の壁」には、中国語・日本語・英語など一一カ国語で「遭難者三〇〇〇〇〇」と書かれ、中国側の三〇万虐殺説をアピールしている。旧館の東側に二階建ての新史料館が建てられ、写真史料など約三、五〇〇点などが展示されている。旧記念館に比べ、極めて多くの写真・史料を収集して展示し、それらによって実証的・客観的に三

○万虐殺を証明しようとの意図が窺えるが、展示された写真・史料には、十分な考証がされないまま展示されているものがある。また、安全区のコーナーを設け、ラーベ以下の欧米人の活躍を、かなりのスペースを割いて展示し、欧米人の関心を高めようとしている点も見逃せない。日本人協力者の写真・遺品などを展示し、彼らを高く評価しているが日本ではそれほどでもない。

一二　淞滬抗戦記念館

・所在地　上海市宝山区友誼路一号
・開館　午前九時～午後四時　月曜休館
・入館料　無料

上海市街北方の呉松にある臨江公園内に開設された淞滬（上海およびその周辺）の戦闘に関する記念館で、第一次上海事変と第二次上海事変の写真などが展示されている。日本軍の罪状写真がかなり展示されているが、第一次上海事変時の写真と第二次上海事変時の写真が混同されるなど、十分考証されていないものが散見される。

以上一二カ所の記念館などを簡単に紹介したが、共通して言えることは、写真・史料などをもっと厳密に考証して展示して欲しいということである。考証不十分な写真・史料を羅列して日本の罪状を執拗に展示し、結果として反日感情を生みだすことになっている。また、日中戦争は一〇〇％日本に責任があるとして、中国自身の責任についてまったく触れられていない。愛国主義教育の基地としての役割があるにせよ、このような展示では、中国の学者・研究者・学芸員などの、歴史研究に対する使命感と良心が問われることになり、日中関係の正常な発展を阻害することになると思う。

（軍事史学会副会長）

軍事史関係史料館探訪㊻

しょうけい館（戦傷病者史料館）

植野真澄

しょうけい館について

しょうけい館は、戦傷病者とその家族等が戦中・戦後に体験したさまざまな労苦についての証言・歴史的資料・書籍・情報を収集・保存・展示し、後世代の人々にその労苦を知る機会を提供する国立の施設である。平成十八（二〇〇六）年三月に開館し、財団法人日本傷痍軍人会が厚生労働省から委託を受け、その運営にあたっている。

館名は、戦傷病者とその家族等の労苦を知り、語り継ぐという趣旨から「承継」と名付け、子供から大人まで多くの人々に親しんでいただけるよう平仮名表記にした。なお、館の性格を示すものとして「戦傷病者史料館」という名称を附記している。

館設立の経緯

平成八（一九九六）年に財団法人日本傷痍軍人会から戦傷病者等の労苦継承事業の要望が出され、厚生労働省は日本傷痍軍人会に委託し、戦傷病者の現況実態調査や労苦継承についての調査検討等を重ねてきた。二〇〇〇年には、日本傷痍軍人会は約二〇〇〇人の戦傷病者やその妻が記した『戦傷病者等労苦調査事業報告書』『戦傷病克服体験記録』の体験記集を刊行した。平成十七（二〇〇五）年度から戦傷病者史料館（仮称）事務局が発足し、開館準備にあたった。

館内施設について

当館は二階の常設展示室と、一階の証言映像シアター、図書閲覧室、情報検索コーナー、企画展示コーナーからなっている。

二階の常設展示室は、戦中と戦後の戦傷病者とその家族の労苦を、時系列的に実物資料、ジオラマ、模型などで展示している。寄贈資料約三、〇〇〇点のうちから約一九〇点を展示している。

展示の構成は「戦争とその時代」（軍人と徴兵制、入営、出征）、「戦場での受傷病と治療」（戦地での生活、受傷、救護・収容、戦地での医療）、「本国への搬送」（搬送、病院船）、「帰還後の労苦」（戦時下の療養生活、退院後の社会復帰）、「戦後の労苦」（終戦／占領そして戦後復興、経済成長とくらしの変化、傷病とともに生きる、さまざまな戦後／さまざまな労苦）、そして「箱根療養所」の六つのゾーンからなり、各ゾーンはそれぞれのコーナーに分かれている。

主な展示資料としては、「受傷」のコーナーでは、負傷時に被弾した軍帽やメガネ、止血に用いた日章旗や千人針、体内より摘出した弾などがある。「救護・収容」のコーナーでは、負傷兵に付けられた傷票や元衛生兵が描いた戦場スケッチ、日本赤十字社の救護看護婦の制服などがある。展示室中央には野戦病院ジオラマとして壕内の手術風景を再現している。「帰還後の労苦」には、戦時中の恩賜の義眼や義足、繃帯、陸軍病院の病院着であった白衣などがある。「戦後の労苦」には、戦後使用した義肢、片足用に改良した自転車、戦後に体内から摘出した弾片などがある。「箱根療養所」は、脊髄損傷患者が使用していた「箱根式車椅子」などを展示している。展示資料にはできるだけ寄贈者の証言を展示キャプションにもりこみ、戦傷病者の労苦を体験者の言葉で伝えるようにしている。

一階には、「戦傷病者と援護のあゆみ」と題した展示と「平和へのメッセージ」と題したコーナー、証言映像シアター、図書閲覧室、情報検索コーナー、企画展示コーナーがある。

「戦傷病者と援護のあゆみ」では、明治以降現在までの戦傷病者に対する国の援護施策に関連する資料を展示している。大正期に設置されたという廃兵院の看板や当時の傷病兵のために考案されたという乃木式義手のレプリカ展示、日中戦争以降の戦時期に傷痍軍人に支給された各種義手、戦傷奉公杖、失明者用懐中時計などを展示している。

「平和へのメッセージ」では、戦傷病者とその家族から寄せられたメッセージや短歌を展示している。

証言映像シアターでは、今までに館で収録した戦傷病者とその家族の証言映像を毎日上映している。一つの映像の所要時間は約一〇分である。証言映像は情報検索コーナーでも随時検索、閲覧が可能である。現在までに約五〇本の映像を制作し、これらの映像には、戦傷病者本人だけでなく、その妻や子供など家族から見た戦傷病者の労苦を語る映像もある。映像の内容は、主に負傷やその後の治療の状況、帰還後のリハビリの苦労、戦後の生活の苦労など、戦中・戦後の戦傷病者の労苦を伝える

常設展示室

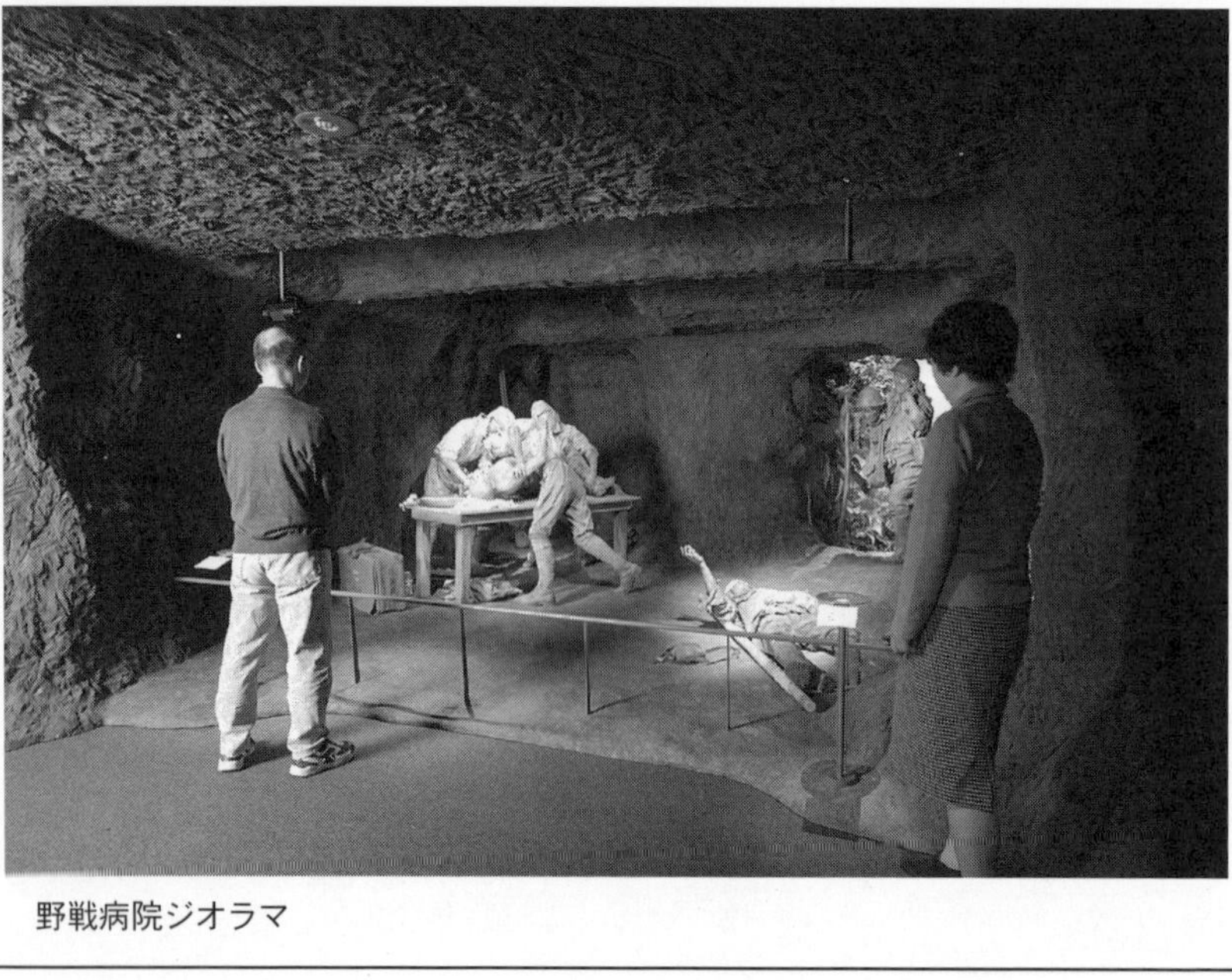

野戦病院ジオラマ

映像構成になっている。中国や南方、沖縄、小笠原諸島など各地の戦闘での受傷状況を語る映像のほか、ハンセン病や脊髄損傷のために戦後長く療養所生活を送った戦傷病者の証言映像もある。

図書閲覧室では、現在約四、〇〇〇冊の書籍がある。戦傷病者の体験記を中心に、戦傷病者の労苦に関係する書籍を揃えている。主に、軍事保護、医療・衛生史、恩給制度、部隊史、戦記、歴史などのジャンルがある。館外貸出はできないが、館内では図書検索端末とセルフコピー機を利用できる。また、館のホームページから蔵書検索をすることも可能である。

情報検索コーナーでは、当館が所蔵する証言映像、実物資料、「戦傷病者の記録」を館内のパソコンで随時検索、閲覧ができる。

証言映像は証言者の人名のほか、タイトル、受傷部位、受傷地の別で検索・閲覧できる。

実物資料は寄贈者名のほか、資料名、資料分類表、フリーワードで検索でき、撮影が済んだものは資料画像の閲覧ができる。

当館の所蔵資料の特徴としては、戦中に国から支給された義足や義手、義指、義眼の類、戦傷奉公杖などの実物資料や、軍人傷痍記章、傷痍軍人証、現認証明書や恩給診断書といった戦傷病を証明する記録文書などが多く寄贈されている。

「戦傷病者の記録」は、戦傷病者本人またはその家族等から当館に寄せられた戦傷病者の記録を検索・閲覧できる。戦傷病者の人名のほか、受傷部位、受傷地、出身地で検索できる。登録されている戦傷病者に関連する証言映像や寄贈資料、体験記が当館にある場合は、それぞれのデータベースにリンクしているので、あわせて検索・閲覧することが可能である。

利用案内

所在地　〒一〇二―〇〇七四　東京都千代田区九段南一―五―一三　共同ビル九段二号館

連絡先　TEL　〇三―三二三四―七八二一
　　　　FAX　〇三―三二三四―七八二六

交通　地下鉄「九段下」駅（東西線・半蔵門線・都営新宿線）六番出口から徒歩一分

★駐車場はないので、公共交通機関を利用。

★入場無料

★無料の音声ガイド・車椅子が利用可能。

開館時間　午前一〇：〇〇～午後五：三〇（入館は午後五時まで）

休館日　月曜日（祝日または振替休日の場合はその翌日）、年末年始（十二月二十八日から一月四日まで）

HPアドレス　http://www.shokeikan.go.jp（しょうけい館）

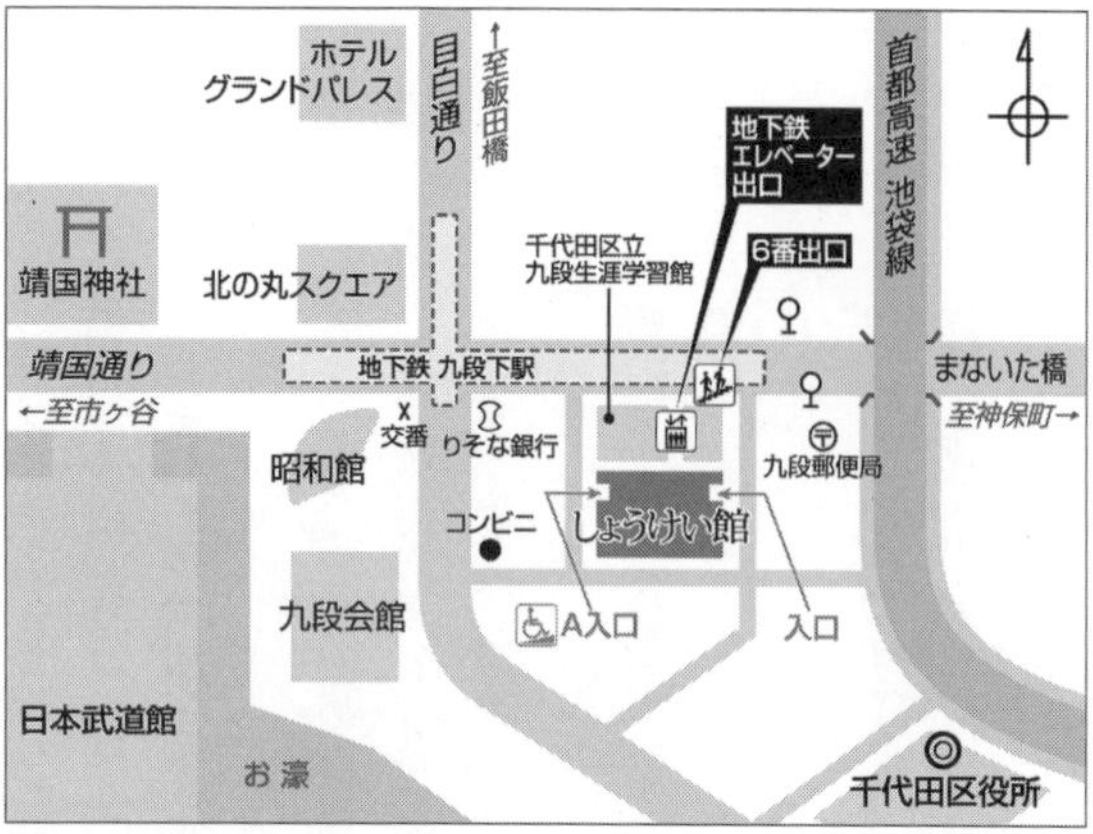

「箱根療養所」コーナー

あとがき

盧溝橋事件七〇周年を迎えた昨二〇〇七年は、日中間の歴史認識問題が再び蒸し返され、一九八〇年代の歴史教科書改定をめぐる騒動や、二〇〇五年春の反日デモのような事態が再発するのではないかと懸念された。しかしながら、表立った摩擦もないまま二〇〇七年の日中関係は比較的平穏に過ぎていった。これは二〇〇八年夏に北京五輪を控えた中国政府が自重したのか、それとも七〇年の歳月を経て中国にも日中戦争という国家的・民族的受難を冷静な目で見られる時代が到来したと見るべきか。そのいっぽう、中国各地には新たな抗日記念館が建てられ、また既存の記念館の拡大整備が行われており、日中戦争は中華人民共和国の「建国神話」の基礎にしっかりと組み込まれてしまった感がある。

このような事態が今後の日中関係にいかなる影響を与えていくのかは速断できないが、ひとつ明らかなことは、日中戦争が近代日本の経験した最長・最大の戦争であること、そして現在に至るまで日本と中国のみならず関係諸国の関係をさまざまな形で拘束し続けている巨大な歴史的事件であることである。

今回の特集にも内外の第一級の研究者・実務家から気鋭の大学院生まで、広範な方々から多くの玉稿をお寄せいただけた。とりわけ「インテリジェンス・プロパガンダ・メディア」の篇を立てられたことは、近年におけるインテリジェンス研究への関心の高まりが反映されている。また、ふたりの若手会員の尽力で過去一〇年のきわめて充実した研究文献目録を収められたことは、学会誌の使命を考える上で欣快に堪えない。一〇年まえに本学会が刊行した『日中戦争の諸相』所収の「日中戦争関係文献目録」とあわせて、会員諸氏と読者の今後の研究にぜひご活用いただきたい。

いつものことながら、査読をお引き受けいただいた編集委員と一部の会員の方々、このうえなく綿密な点検作業をしてくださった校正担当の方々、そして年度末の繁忙の中、刊行間際まで編集担当者の面倒な要求に根気よくお付き合いくださった印刷所と錦正社の方々に深甚な感謝を奉げたい。

なお、軍事史学会では近い将来、日中戦争の特集をもう一度組むことを検討中である。日中戦争の研究を温めていらっしゃる方々の積極的なご投稿を願ってやまない。

（編集担当　玉川大学准教授　等松春夫）

執筆者一覧

高《たか》橋《はし》久《ひさ》志《し》（軍事史学会会長　上智大学教授）

波《は》多《た》野《の》澄《すみ》雄《お》（筑波大学副学長）

鹿《ろく》錫《しゃく》俊《しゅん》（大東文化大学教授）

藤《ふじ》枝《えだ》賢《けん》治《じ》（駒澤大学大学院生）

服《はっ》部《とり》聡《さとし》（大阪大学非常勤講師）

岡《おか》部《べ》直《なお》晃《あき》（関東学院中学・高校非常勤講師）

広《ひろ》中《なか》一《いっ》成《せい》（愛知大学大学院生）

原《はら》剛《たけし》（軍事史学会副会長）

荒《あら》川《かわ》憲《けん》一《いち》（防衛大学校准教授）

王《おう》文《ぶん》隆《りゅう》（台湾・国立政治大学大学院生）

土《つち》屋《や》清《さや》香《か》（筑波大学大学院生）

臼《うす》杵《き》英《えい》一《いち》（大東文化大学教授）

幡《はた》新《しん》大《おお》実《み》（英国インナー・テンプル法曹組合法廷弁護士）

張《ちょう》瑞《ずい》徳《とく》（台湾・中国文化大学教授）

湯《ゆ》川《かわ》真《ま》樹《き》江《え》（慶應義塾大学大学院生）

馬《ば》場《ば》毅《たけし》（愛知大学教授）

西《にし》澤《ざわ》敦《あつし》（航空自衛隊幹部学校）

浅《あさ》野《の》豊《とよ》美《み》（中京大学教授）

小《こ》谷《たに》賢《けん》（防衛省防衛研究所戦史部教官）

岩《いわ》谷《たに》將《のぶ》（防衛省防衛研究所戦史部教官）

佐《さ》々《さ》木《き》太《た》郎《ろう》（京都大学大学院生）

川《かわ》島《しま》真《しん》（東京大学准教授）

中《なか》田《だ》崇《たかし》（会員）

駄《だ》場《ば》裕《ひろ》司《し》（会員）

高《たか》橋《はし》勝《かつ》浩《ひろ》（宮内庁書陵部）

長《は》谷《せ》川《がわ》怜《れい》（学習院大学文学部学生）

植《うえ》野《の》真《ま》澄《すみ》（しょうけい館）

等《とう》松《まつ》春《はる》夫《お》（編集担当　玉川大学准教授）

GUNJI SHIGAKU
(Quarterly)

Vol. 43 | March 2008 | Nos. 3 & 4

The Sino-Japanese War Revisited After Seventy Years
Edited by GUNJISHI GAKKAI (The Military History Society of Japan)

Table of Contents

第四十三巻総目次

総目次（第43巻）

『軍事史学』（第43巻第3・4合併号）

日中戦争再論

平成二十年三月三十一日 第一刷発行

編集 軍事史学会
ホームページURL http://www.mhsj.org/

代表者 高橋久志

発行者 中藤政文

発行所 錦正社
〒162―0041 東京都新宿区早稲田鶴巻町五四四―六
電話〇三（五二六一）二八九一
FAX〇三（五二六一）二八九二
URL http://www.kinseisha.jp

印刷所 株式会社 平河工業社

製本所 小野寺三幸製本所

ISBN978-4-7646-0322-6

■内容目次■

錦正社刊　　定価 4,200 円〔5%税込〕（本体 4,000 円）

日露戦争(一)
——国際的文脈——
軍事史学会編
錦正社

日露戦争(二)——戦いの諸相と遺産——

軍事史学会編

錦正社

■内容目次■